STRETCHING THERAPY

ストレッチングセラピー

著：Jari Ylinen　訳：泉秀幸

FOR SPORT AND MANUAL THERAPIES

医道の日本社

Authorized translation of the English language edition Stretching therapy for Sport and Manual therapies, Jari Ylinen © 2008 by Churchill Livingstone originally published in Finnish: Venytystekniikat, Manuaalinen terapia.
Jari Ylinen © 2005 by Medirehabook Ltd. Finland (www.medirehab.com).
Japanese edition copyright © 2010 by IDO-NO-NIPPON-SHA, Inc., Kanagawa. All rights reserved.

推薦の辞

　本書は、解剖学、生理学、方法論、安全性、バリエーション、効果、研究のエビデンスなど、ストレッチングに関する主要な要素が包括的に網羅されており、さらにビジュアル的に優れた各筋のイラストとテクニックの写真が収録されている重要なテキストである。

　ストレッチングは、一見やさしく簡単な方法だと思われがちだが、非常に奥が深く複雑である。間違った方法で行ったり、また、マイナスの効果を引き起こしたりする可能性がかなり高い。本来は、求められる効果によって、様々な正しいストレッチングの方法が存在する。

　本書の特徴は生理学、神経生理学、ストレッチングの方法論などの幅広い概要、そして事故の治療や術後の処置によって患部が固定されている際や、痙攣、関節の炎症など制限時のストレッチングの実践に加えて、腰痛や頚部痛、テニス肘や手根管症候群、椎間板傷害、神経損傷やハイパーモビリティーなどの解説をうまく組み合わせていることにある。

　また重要な点として、適切なストレッチングによる予防効果については、スポーツ、身体のタイプ、年齢、性別、遺伝要素（例：ハイパーモビリティー）だけでなく、1日のうちストレッチを行うにはどの時間帯が最も適しているのかなどについても述べられている。加えて、ストレッチングへのモチベーション、準備（温熱、冷却、マッサージ、バイブレーションなど）、血行改善の効果、ストレッチング後の反応（痛み）、体力、傷害をいかに避けるかなどの主要なトピックについても説明されている。さらに、アクティブ（自動）、パッシブ（他動）、アクティブ・アシスティッド、ダイナミック、バリスティック、スタティック、PNF、マッスルエナジーテクニック（MET）、コントラクト・リラックス（CR）、コントラクト・リラックス－アゴニスト（主動筋）・コントラクト（CR－AC）や、理学療法の現場においてのストレッチングなど、様々なストレッチの方法やシステムについて網羅されているのも本書の特徴だと言えるだろう。

　本書に含まれる豊富な情報は、様々なタイプのストレッチングによる影響や効果について調査されたエビデンスに基づいている。ストレッチングなどテクニックの使用に対して安全性や効果のエビデンスを求める流れは昨今ますます大きくなっており、本書の中では多くのページがエビデンスについて

割かれている。

　本書を読み終えると、ストレッチングについての多くの知識を得たことに驚くだろう。どのようにストレッチングすれば施術者の身体的負担を最小限にできるのか、どのくらいの時間で何回のストレッチングを行うべきなのか、またストレッチングに対する耐容度の上昇、結合組織の粘性、弾性やこれらの特性がストレッチングにどのように影響を与えるか（十分であるが過剰ではない力が必要である。最適なストレッチには組織の温度が適切であるということが、エビデンスではっきりしてきている）などが、本書には含まれている。

　習慣的なセルフアセスメントのコンセプト、問診などは、初学者にとって計り知れないほど重要である。そしてこれらの説明の後に、実際のストレッチングテクニックについての説明がなされている。

　イラストは解剖学的にわかりやすく、テクニックも明確に示されており、効果的なストレッチングを行う姿位を示している。解説されている姿位で、他動的なストレッチを行うか、アイソメトリック収縮を取り入れたテンション・リラクゼーションテクニックを行うか、またストレッチングプロセスのどの過程で行うかは、それぞれの臨床家の経験に基づいて決めればよいだろう。

　各筋肉は神経支配、起始、停止、機能の情報と共に描かれており、ストレッチングテクニックは写真と共に簡潔に説明されている。また写真に重ねられた矢印によって力の向きを正しく知ることができる。さらに、リスクが少しでもあるような個所にはすべて、注意点が書き添えられている。

　本書が正しく活用されれば、安全で効果的なストレッチングが臨床の場で行われることになるだろう。

ロンドン　ウエストミンスター大学
名誉フェロー　Leon Chaitow ND DO

序

　本書の目的は、臨床で多用されてきたストレッチングテクニックをより明確に、系統的な順序で示すことで学習しやすく、また治療院などでのクイックリファレンスとして活用してもらうことである。

　非特異的に脊柱全体の治療にあたったり、もしくは特定の関節に特化したりする関節マニピュレーションのように、ストレッチングも筋群全体に対してや特定の筋へアプローチをとることがある。したがって、この本はより上級のストレッチングテクニックを示すことを目的としている。

　しっかりとした人体解剖の知識の重要性を示した本書が、読者にとってマニュアルセラピーの分野への興味を持つきっかけとなることを望んでいる。

　ストレッチングの生理学的メカニズムについての知識は、研究の成果によって過去数十年の間に大きく変化している。理論の項目は教育を修了してから久しい専門家たちにとって、非常に興味深いものであると思う。そのため、第1部はストレッチングに関する理論と研究成果に割いている。またどのようにストレッチングが行われるかについての最新情報も含まれている。

　本書は、理学療法やカイロプラクティックやナプラパシー（naprapthy）、オステオパシーなどに携わるマニュアルセラピーの人達にとって、詳細な勉強のための情報を提供することを目的に書かれている。また、コーチやパーソナルトレーナー、体育教師など体育学領域の専門職にとっても非常に有用な本である。

謝辞

　ストレッチングは、すべての古代文化で行われてきた最も古い治療技術の一つである。マニピュレーション、マッサージ、ストレッチングを含むマニュアルセラピーは、医療教育の中で長い伝統を持っている。ギリシャでは医学の父、ヒポクラテス（BC460～BC377）も処方したという文献を、私はターク大学での医学史の授業のなかで発見した。大学の図書館では1900年初頭のドイツの医学教科書を見つけ、そこに書かれていた基礎的な徒手による治療テクニックを発見した。フィンランドでは他のヨーロッパ諸国と同様に、これらのテクニックが医学生にも教えられていたが、第二次世界大戦後、マニュアルセラピーは化学や薬学に取って代わられると同時に、医学の発達によって多くの医学専門領域の研究が継続してなされていった。

　しかしながらこの古い慣習に私は引き込まれ、ラティにある私立のマッサージスクールのジャンツナンで学ぶこととなり、そこでマッサージ師の資格を得た。私はこの場を借りて、そのマッサージスクールのディレクターであった故カウコ・ジュンツナンや、勉強熱心で深夜まで一緒にトレーニングを積んだ仲間達に感謝したい。ここで学んだことは、私がマニュアルセラピーを学ぶ上での基礎となった。マニュアルセラピー、解剖学を教えてくれた先生方、特にリスト・サンティ教授に感謝したい。

　ここでの勉学の後、私は徒手を使った軟部組織マッサージとストレッチングテクニックのみで、筋骨格系の障害を持った患者たちに対して非常に多くの結果を残すことができた。医学部を卒業した後、数年間、医師として働いたが、マニュアルセラピーへの興味は消えることなく、その興味はより強くなり、ロンドン・カレッジ・オブ・オステオパシック・メディスンへ進学した。関節モビライゼーションやマニピュレーションテクニックなどを深く学び、フィンランドやスイス式マッサージとはまた異なる、オステオパス達が使う軟部組織テクニックを学んだ。またマッスルエナジーテクニックやポジショナルリリーステクニックについても学び、その経験はストレッチングテクニックの中に新しい側面を見出す手助けとなった。ここにはイギリス国中から来た素晴らしい先生方に加えアメリカからも教えに来ており、多くのテクニックを学ぶことができた。臨床では幅広く、また豊富にテクニックを持つことの重要性を教えてくれた彼らの教育に対する情熱に感謝したい。

フィンランドへの帰国後は、リハビリテーション医学と痛みの治療を専門とした。痛みの治療のために長期間、副作用のある薬に頼りきる前に、マニュアルセラピーを試してみるべきだと私はますます確信していった。また私自身もこのマニュアルセラピーを他の人々に教えることに力を注いできた。私の学生達は、私の説明がもし書籍として存在しているなら、より学習しやすいとアドバイスしてくれた。マニュアルセラピーは本ですべてを学べるものではないが、このことが本書を書くきっかけとなったことに関して学生達に感謝したい。

　本書の目的は、様々なストレッチングテクニックの選択肢を示すだけではなく、過去30年間、私がマニュアルセラピーを教え、学ぶなかで最も効果的であると感じたテクニックを系統立てて紹介している。マニュアルセラピーは「代替医療」ではなく、科学が基礎となったオリジナルの医療であると知ることが重要である。まだまだ多くの研究がなされる必要があるが、ストレッチングの生理学的効果は多くの薬の効果よりも高いことが知られている。生理学的メカニズムやストレッチングの効用の評価に多くの時間を割いているすべてのこの分野の研究者に感謝したい。

　最後にフィンランド語で書かれたこの本の原著"Venytystekniikat"を英語に翻訳してくれたJulie Nurmenniemi氏に感謝したい。また本著でストレッチングテクニックを実際に行ってくれたマニュアルセラピーの専門家であるHilkka Virtapohja氏（PT、Msc）とモデルのJauni Leppänen氏、Juuso Sillanpää氏とVesa Vähäsalo氏に感謝する。

Jari Ylinen

CONTENTS

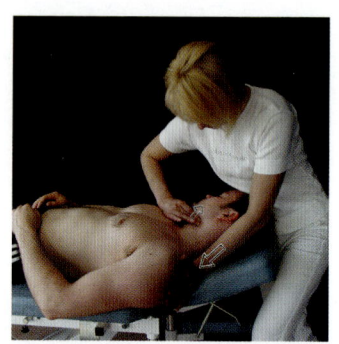

推薦の辞／iii

序／v

謝辞／vi

第1部　ストレッチングセラピー　理論編／1

序論／2　一般的な関節生理学／3　ストレッチングの概念／5　関節の種類／11

関節のモビリティーに影響を与える要因／11　筋緊張に影響する要因／12

固定されているときのストレッチング／14　ストレッチングの前の物理療法／16

表層温熱療法／16　深部熱療法／17　冷却療法／20　クライオセラピー／20

クライオストレッチング／21　マッサージ／23　バイブレーション（振動）／24

スポーツにおけるストレッチング／24　傷害予防／26　ウォームアップ／28　クールダウン／29

筋におけるストレッチング中の血行／29　遅発性筋肉痛（DOMS）／30

筋硬直へのストレッチング・エクササイズの効果／31　筋力へのストレッチングの影響／32

トレーニングによる筋緊張の増加／36　モビリティーに影響する要因／37

身体構造とモビリティー／37　年齢とモビリティー／37

モビリティーに影響する遺伝と性別要因／39　モビリティーの変化（日内変動）／39

筋―腱の生理学／40　関節における筋―腱システムの機能の分類／41

ストレッチングと結合組織／45　筋膜への効果／45　腱の効果／46　関節靱帯への影響／47

神経への影響／47　ストレッチングの神経生理学／48　筋―腱システムへの神経支配／48

ストレッチングの定義／57　アクティブ（自動）・ストレッチング／57

パッシブ（他動）・ストレッチング／58　アクティブ・アシスティッド・ストレッチング／58

ダイナミック（動的）・ストレッチング／58　バリスティック・ストレッチング（BS）／59

スタティック・ストレッチング（SS）／59　ストレッチングの研究／60

ストレッチング中の結合組織の粘性と弾性抵抗／60

健康な人におけるSSに関する研究結果／62　コントラクト・リラックス（CR）・ストレッチング／72

コントラクト・リラックス―アゴニスト（主動筋）・コントラクト（CR－AC）ストレッチング／73

健康な被験者におけるストレッチング法の比較／74　ストレッチング中の筋の電気活動／79
ストレッチングの研究のまとめ／82　PNF法／86　マッスルエナジーテクニック／88
ストレイン&カウンターストレイン／88　ファンクショナルストレッチング／89
理学療法におけるストレッチング／89　筋の傷害／89　筋痙攣／90　骨折と手術／91
外傷と火傷／92　痙性／92　関節の炎症／93　関節モビリティーの制限／94
下肢における筋の短縮／95　テニス肘／96　慢性腰痛／96　慢性頚部痛／100
手根管症候群／101　痛みの原因としてのストレッチング／101　筋緊張／102
ストレッチング力（フォース）の計測／103　主観的・客観的筋緊張／103　モチベーション／106
ハイパーモビリティー（hypermobility）／107　ストレッチングセラピーによる危険性／109
捻挫と肉離れ／109　神経損傷／110　血管への外傷／111　椎間板への傷害／112
骨折のリスク／113　ストレッチングテクニックの導入／113
ストレッチングにおける安全のための注意点／114　実践での注意点／115

第2部　ストレッチングセラピー　テクニック編／119

咀嚼筋　側頭筋／120　咬筋／121
頚部の筋肉　広頚筋／122　胸鎖乳突筋／123　前斜角筋／124　中斜角筋／125
後斜角筋／126　最小斜角筋／127　オトガイ舌骨筋／128　顎二腹筋前腹／128
顎舌骨筋／129　顎二腹筋後腹／131　茎突舌骨筋／131　肩甲舌骨筋／132
胸骨舌骨筋／133　甲状舌骨筋／134　胸骨甲状筋／135　頭長筋／136　頚長筋／136
前頭直筋／137　僧帽筋上部／138　肩甲挙筋／140　頭板状筋／142　頭最長筋／142
頚板状筋／143　頚腸肋筋／144　頚最長筋／145　頭棘筋／146　頭半棘筋／146
頚半棘筋／147　胸半棘筋／148　頚棘筋／149　上後鋸筋／150　頚棘間筋／151
胸棘間筋／151　大後頭直筋／152　下頭斜筋／152　小後頭直筋／153　上頭斜筋／153
外側頭直筋／154　横突間筋／155　頚前横突間筋／155　頚後横突間筋／155
頚多裂筋／156　頚回旋筋／156
肩部の筋肉　三角筋前部／157　三角筋中部／158　三角筋後部／159　棘上筋／160
棘下筋／161　小円筋／162　大円筋／163　広背筋／164　肩甲下筋／165
上肢の筋肉　上腕二頭筋長頭／166　上腕二頭筋短頭／166　烏口腕筋／168
上腕筋／169　上腕三頭筋長頭／170　上腕三頭筋内側頭／171　上腕三頭筋外側頭／172
肘関節筋／173　肘筋／174　腕橈骨筋／175　円回内筋／176　橈側手根屈筋／177
尺側手根屈筋／178　長掌筋／179　浅指屈筋／180　深指屈筋／181　長母指屈筋／182

方形回内筋／183　回外筋／184　長橈側手根伸筋／185　短橈側手根伸筋／185
尺側手根伸筋／186　（総）指伸筋／187　小指伸筋／188　長母指外転筋／189
長母指伸筋／190　短母指伸筋／191　示指伸筋／192　短母指外転筋／193
短母指屈筋／193　母指対立筋／194　母指内転筋／195　小指外転筋／196
短小指屈筋／197　小指対立筋／198　短掌筋／199　虫様筋／200　掌側骨間筋／201
背側骨間筋／202

胸部の筋肉　大胸筋／203　大胸筋の鎖骨部／203　大胸筋の胸肋部／204
大胸筋の腹部／204　小胸筋／205　鎖骨下筋／207　前鋸筋／209

背部の筋肉　僧帽筋中部／213　僧帽筋下部／215　大菱形筋／217　小菱形筋／218
胸棘筋／219　胸腸肋筋／220　腰腸肋筋／221　胸最長筋／222　下後鋸筋／223
腰方形筋／224　胸棘間筋／225　腰棘間筋／225

回旋筋と胸郭の筋肉　胸回旋筋／226　胸多裂筋／226　胸横突間筋／228
腰内側横突間筋／228　腰外側横突間筋／228　腰多裂筋／228　腰回旋筋／229
短肋骨挙筋／230　長肋骨挙筋／230　外肋間筋／231　内肋間筋／231　最内肋間筋／231

腹部の筋肉　横隔膜／234　腹直筋／235　外腹斜筋／236　内腹斜筋／237　錐体筋／239
腹横筋／240

下肢の筋肉　大殿筋／241　中殿筋／243　小殿筋／243　梨状筋／244　内閉鎖筋／246
上双子筋／246　下双子筋／246　外閉鎖筋／248　大腿筋膜張筋／249　腸腰筋／251
腸骨筋／251　大腰筋／252　小腰筋／252　大腿四頭筋／254　内側広筋／254
中間広筋／255　外側広筋／256　大腿直筋／257　縫工筋／259　膝関節筋／260
薄筋／261　大内転筋／262　長内転筋／262　短内転筋／263　恥骨筋／263
小内転筋／264　大腿二頭筋（長頭）／265　大腿二頭筋（短頭）／268　半腱様筋／269
半膜様腱／269　膝窩筋／270　前脛骨筋／271　長指伸筋／272　長母指伸筋／273
長腓骨筋／274　短腓骨筋／275　第3腓骨筋／276　足底筋／277　下腿三頭筋／278
腓腹筋／278　ヒラメ筋／279　後脛骨筋／280　長母指屈筋／281　長指屈筋／282
短母指伸筋／283　短指伸筋／284　背側骨間筋／285　足底方形筋／286　虫様筋／287
底側骨間筋／287　短指屈筋／289　短母指屈筋／290　母指外転筋／291
母指内転筋／292　短小指屈筋／293　小指外転筋／294　小指対立筋／295

参考文献／296

補足／302

索引／310

第1部

ストレッチングセラピー
理論編

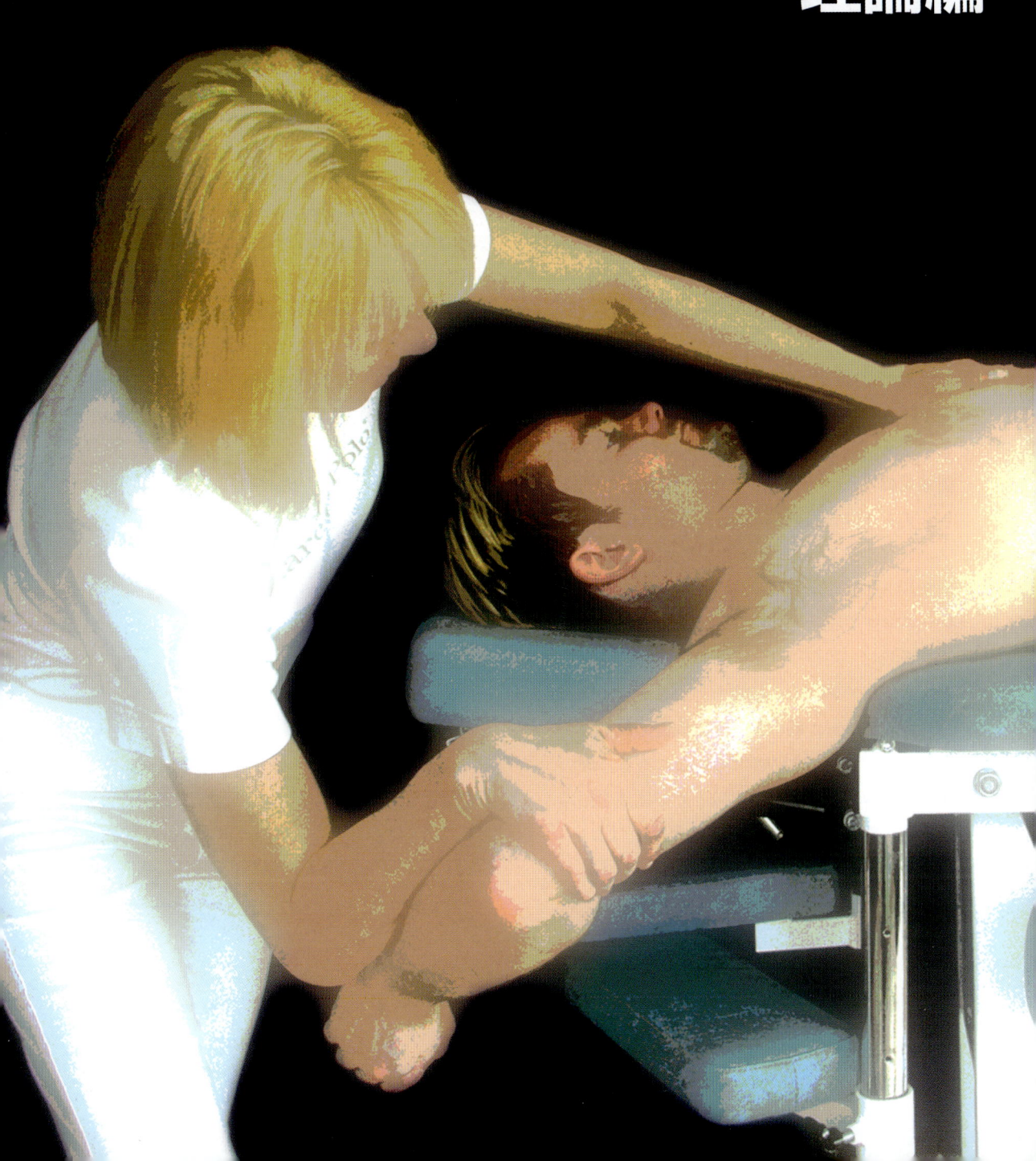

序論

柔軟性は身体の健康に影響を与える重要な要素と考えられており、また可動域（ROM）、可動性（モビリティー）は筋骨格システムの通常機能の基礎的なものの一つである（図1）。ある程度の柔軟性はすべての身体の動きに必要である。身体のコンディションや可動域は、その多くが生まれもったものや遺伝が要因である。しかしながら柔軟性は弾性結合組織のトレーニングを頻繁に行うことによって"生まれつき身体が硬い"人でも、顕著に向上させることができる。多くのスポーツでは、脊柱や四肢において、それぞれの種目に応じた特定の柔軟性が必要とされる。これらの柔軟性を持つ人は、年少の頃から、そのスポーツの分野で活動することを選んでいることが多い。

一般的な柔軟性の重要性については傷害予防が挙げられる。モビリティーの減少は機能に影響を与え、通常以上の負荷を筋－腱システムと関節組織にかけることがある。そのため、ストレッチングは一般的にトレーニングや試合でのウォームアップのプロセスの中に含まれている。またストレッチングは、高い強度で行われるトレーニングや試合の後からの回復に非常に重要である。

ストレッチングの一般的な目的は通常の関節のモビリティー、筋の長さや柔軟性の向上、または筋肉をリラックスさせることにある。硬い筋の代謝は、筋肉内の内圧の上昇や体液の循環の減少が起きるので、あまり効率的ではない。そのため、ストレッチングは代謝を向上させるためにも行われる。ストレッチングによる柔軟性の向上は筋－腱、関節への傷害予防やパフォーマンスの向上に役立つ。

学校での体育の授業でできることは限られており、系統立てた関節のモビリティーの維持、または向上のために多くの時間をそのなかで割くことはまれである。そうした背景のなか、青年期においてもすでに一部の子供達の間で筋－腱や末梢の関節の可動域制限や、脊柱のモビリティーの減少が見られている。関節の動きを含む問題は、成長期終了時までにすでに明らかに現れるため、健康診断や身体検査の場で注意を払っておくことが重要である。

また、現代の職業の多くはあまり身体的な活動が必要とされず、通常の生活では可動域の限界部分の活用が必要とされていない。レジャー時でのエクササイズも少なくなり、人々は多くの時間を、テレビを見たり、コンピューターを使ったりして過ごしている。さらに、身体活動を伴う趣味があったとしても、それは多くの場合、左右のうちどちらか片側だけのものである。柔軟性の向上や関節の柔軟性の維持を目指すものでもない。そのため、どうしても筋や関節が固くなってしまう。

それでも生まれつき体が柔らかい人々はストレッチング・エクササイズを楽しみ、また彼らにとっては、ストレッチングすることは容易だ

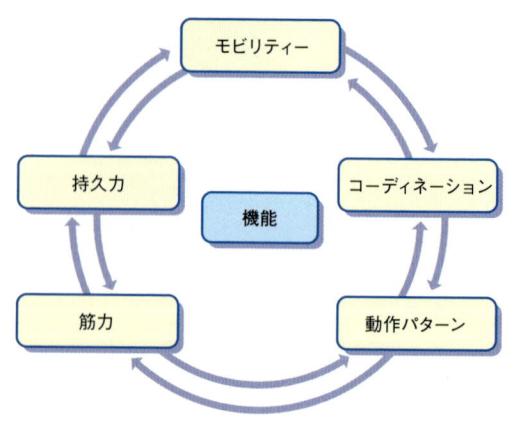

図1　筋骨格システムの通常機能

が、生まれつき身体が硬い人達にとっては、ストレッチングは苦痛であり、多くの場合避けていることが多い。したがって、ストレッチングが最も必要な人々はほとんどの場合、習慣的なストレッチングを行っておらず、悪循環を生むことになる。

特に多くの身体的活動が必要とされている仕事に従事している人にとっては、スタミナや筋力だけでなく適切な四肢や脊柱の柔軟性が必要とされている。モビリティーが低下すると、通常の活動を行う上においてもはっきりとわかるぐらいに困難さが増していく。可動域の減少によって起きる、筋組織への負荷に関連する痛みは、警告サインとして考えられるべきであり、その場合、可動域を維持するためにもストレッチング・エクササイズを開始すべきである。しかしながら、可動域のすべてを使ったエクササイズに慣れていないと、関節のモビリティーは知らない間に減少しているかもしれない。これは相当ひどくなって以前の可動域を維持するのには遅すぎる状況になるまで、痛みや違和感が非常に少ない、もしくは全く感じさせないからである。したがって、年齢を経るにつれ、習慣的なストレッチング・エクササイズを行うことがますます重要になってくる。フィットした状態で居続けるだけではなく、筋や関節の状態をモニターする上でも、ストレッチング・エクササイズは大切である。

ストレッチング・エクササイズは、リハビリテーションの分野では理学療法が最優先事項にしているものであり、患者の状況に合わせたストレッチングプログラムが行われている。平均寿命が増すにつれ、筋や関節の障害を持った人が増加することが今後、予想されている。関節の疾患や傷害は、一般的に関節周囲の結合組織の弾性や関節モビリティーの減少に関連している。

筋力は中年以降において年に約1%の割合で弱っていき、その反面筋肉は硬くなっていく。これはプロの施術家であれば、検知可能な変化である。理想的には施術家がモビリティーを維持するスキルと、患者の現時点での動きの制限に対する治療方法を持ち合わせているべきであろう。

一般的な関節生理学

関節の動きはそれぞれ特徴があり、それは関節の解剖的特徴や結合組織によって様々である。遺伝的な要因に加え、モビリティーは成長時の栄養や身体活動に影響される。成長期における身体的負荷は、組織の成長や結合組織の特徴に大きく影響を与える。一方で成長期は一生の長さを考えた場合に相対的に短く、それゆえに成年期と老齢期を通して筋骨格機能を維持していくには身体活動は重要である。

柔軟性の変化は、歩行システムの機能における生体力学的問題を引き起こす可能性がある。筋の短縮は可動域を制限して非効率な動作パターンを引き起こしてしまう原因になり、不必要なストレスが身体にかかり、それによって炎症や痛みが引き起こされる。したがって、早期の段階でモビリティーの低下を発見することは、障害を防ぐ上で重要である。モビリティーの制限が長期間にわたって続いた場合、弾性結合組織は徐々に線維性組織に取って代わられる。弾性の欠如した線維組織の大きな浸潤は、不可逆的なモビリティーの制限をもたらす。そうなると、正常な動きを回復するには、患者が麻酔をかけられている際にマニピュレーションを行うか、手術を行うかしかなくなってしまう。

モビリティーの減少は様々な要因によって引き起こされる。例として、身体活動を伴った趣味などに参加しなかった場合や、連続性があり

第1部　ストレッチングセラピー　理論編

図2　オーバーヘッドプリーシステムによる肩関節周囲の筋と肩関節の効果的なストレッチング

> **ポイント**
> **モビリティー（可動性）の制限は結合組織の様々な変化によって引き起こされる**
> ● 結合組織の筋膜の硬化（例：事故、手術、放射線による損傷や火傷の後遺症）
> ● 急性の傷害や感染症による関節内外の浮腫、慢性的な結合組織の増加
> ● 骨折による関節組織の変化
> ● 軟骨の剥離（例：関節表面からの軟骨や骨の剥離）
> ● 椎間板の損傷・断裂、ヘルニア、椎間板のずれ
> ● 神経痛（例：坐骨神経痛）
> ● 中枢神経システムの傷害による筋の硬直や筋線維の短縮
> ● 副木やギプスなどでの長期固定による筋線維の短縮
> ● 靱帯や関節包の一般的な退行と加齢による退行
> ● 強度のトレーニング後の過度の筋緊張と痛み（例：DOMS；遅発性筋肉痛）
> ● 外傷や炎症による結合組織内や関節の筋－腱システムにある痛みの受容器の活性化
> ● 長時間、もしくは過度の力を加えたストレッチングによる結合組織内や関節の筋－腱システムにある痛みの受容器の活性化

高い負荷が身体の小さい部位に集中してかかった場合、あるいは捻挫・肉離れ・炎症・加齢による退行性の変化があった場合や、神経疾患に罹患した場合などが挙げられる。また放射線治療や化膿した傷での瘢痕組織の過剰な生成など医原性の場合もある。また長期間のギプス固定もモビリティーを減少させる。

すべてのモビリティーの減少は、組織自体の変化によって引き起こされるわけではなく、結合組織の中の痛みの受容体の活性化によって運動神経も活性化され、筋が硬くなることでも引き起こされる場合がある。退行性の障害や、炎症、事故による怪我など関節の問題によって運動神経が活性化される場合もある。この場合は痛みを伴わないこともあり、筋緊張が増加する。

モビリティーはリハビリテーションによって改善することができる。関節のモビリティーを改善する最適なエクササイズとしてアクティブ（自動）とパッシブ（他動）のストレッチングや幅広い動きを行う動的エクササイズなどがある（図2）。

ストレッチングの目的は筋－腱、筋膜、関節周囲の靱帯、関節包などの弾性を向上させることにある。またストレッチング・エクササイズは一般的に神経筋システムをリラックスさせることを目指している。筋緊張の増加は神経終末を刺激したり、筋間での圧力増加で代謝を低下させたりすることによって起こり、痛みが生じ

てしまう。痛みの症状は、ストレッチング・エクササイズで筋をリラクゼーションさせることで和らげることができる。

　身体的な活動が要求される仕事、競技スポーツ、そして強度の高いレクレーション的なスポーツにおいて、筋バランスを維持したり筋線維が短くなったり硬くなったりするのを防ぐために、ストレッチングは重要である。そして筋の硬さによって起きる外傷を防ぐ上でも、同様に重要である。強度の高いトレーニングや仕事の前に最適な可動域でストレッチングすることによって、その活動に必要とされる部位の関節のモビリティーを向上させることができる。

　効果的なストレッチングは、特定の場所の組織の特性のみに影響を与える。つまりストレッチングだけであらゆる傷害のリスクを取り除けるわけではなく、また本書の第2部で説明するように、実践において様々な限界もある。スリップや衝突などによる急激な負荷の増加などによって通常の可動域の範囲を超えて筋が伸ばされることもあるし、過度の負荷によって組織の損傷を起こしたりすることもある。そのため、職業的、または他の環境的な条件を、アクシデントを予防する上で、評価し、コントロールすることが重要である。

ストレッチングの概念

　ストレッチングを行うことは、運動系機能に影響を与えることでもある。筋と腱の長さの変化は解剖学的、バイオメカニクス（生体力学）的、生理学的に大きな変化を引き起こし、またそれによって関節のバイオメカニクス的機能と軟部組織の代謝に影響を与えることができる。

　関節とその機能についての説明は、その意味を完全に理解しないまま不完全に行われることが多い。運動機能学ではこれらの定義は明確で詳細に説明されている。可動域（ROM）は、自動（アクティブ）可動域と他動（パッシブ）可動域に分けられている。アクティブ（自動）・モビライゼーション（可動化）は、特定の関節のモビリティーにおいて主動筋によって可能になった動作のことを指す。パッシブ（他動）・モビライゼーション（可動化）は、ある関節にストレッチングを加えることで、自動モビライゼーションによって到達できる位置、または、それを超えた動きを指しており、関節のモビリティーに直接関連している筋や他の人による補助に頼らないことを必要とする（図3、図4）。

　モビリティーは関節構造、周辺の結合組織、神経システムの活動に関連している。この言葉はバイオメカニクスの分野で頻繁に使われ、基本的には関節の柔軟性と同義である。柔軟性とは関節が様々な方向に対してどのくらい動くことができるかであり、その性質は神経筋システムの機能に大きく影響を受ける。関節の柔軟性

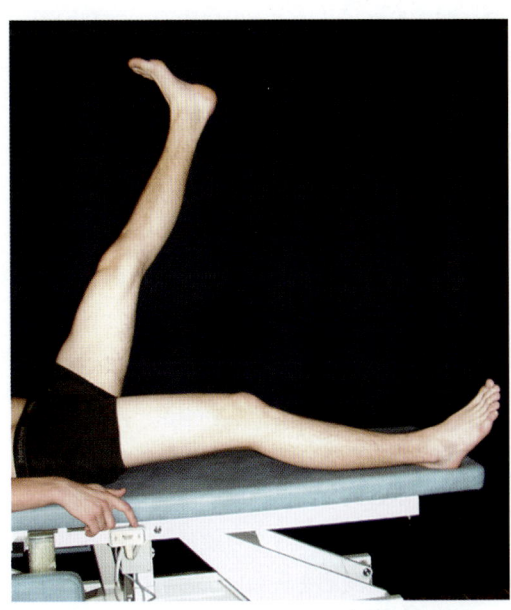

図3　主動筋の収縮による自動可動域

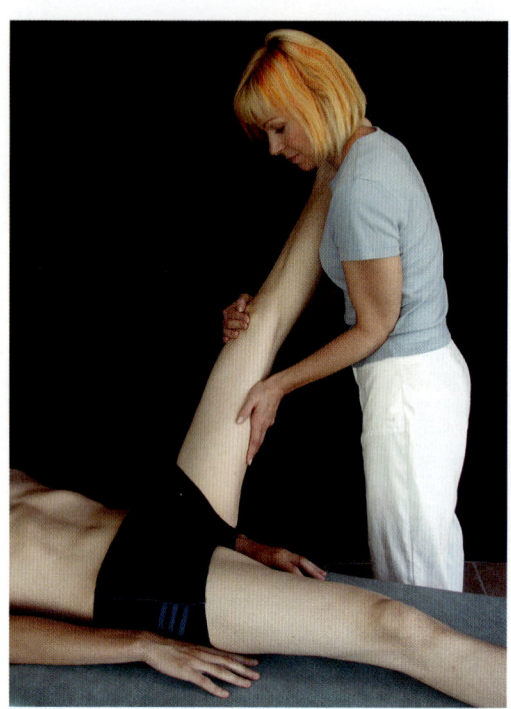

図4　スタティック・ストレッチングによる他動可動域

の低下や、関節周囲の軟部組織によって引き起こされる抵抗は、スティッフネス（硬さ）と呼ばれ、関節のモビリティーの自動的、他動的制限を引き起こす。再度、注意しておくが、制限は元来バイオメカニクス的なものである。「硬さ」は通常の動きを行う上で起きる困難についての表現であり、その人の主観的な身体組織の緊張についての印象である場合が多い。そのため、身体的なモビリティーの制限を指していないことがある。

動的柔軟性は自身の意思による関節の動きによって周囲の筋肉を動かすことで、関節を動かせる能力のことを指す。動的柔軟性は、主動筋が収縮すると同時に、反対側の筋である拮抗筋が弛緩することで動きを可能にしている（ただし、拮抗筋も関節を正しい状態を維持する程度には活性化されている）。そのため、動的な動きは潜在的な関節のモビリティーと筋－腱の制限によるだけでなく、その動きを支えている筋肉が、組織の抵抗に関わらず、動きを生み出せるかどうかが重要となってくる。静的柔軟性は筋が完全にリラックスした状態で、他動的に筋を伸ばされて到達できる範囲のことで、ここでは筋による出力は結果に影響しない。

関節の安定性は、柔軟性と同様に関節機能にとって重要である。例えば、もし下肢の関節が動作を支持することができなければ、歩行とランニングを行うことはできない。柔軟性と安定性は相対して働くわけではなく、両方とも関節機能において正常な性質である。健康な関節機能は、負荷に耐えるために十分な柔軟性と適切な安定性を持っている。他動的安定性は、解剖学的な関節面、関節軟骨、靱帯組織、そして筋力と筋緊張によって成り立っている。他動的安定性は通常、関節の位置と、そこにかかる負荷が関係している。自動的安定性は、その関節の筋－腱システムの動作筋と安定筋の2つの合わさった力によるものである。機能的関節の安定性は基本的に神経筋システムの機能に依存している。中枢神経システムの多くの傷害と障害は、症状として痙性という筋緊張の上昇を引き起こす。健康な人では、硬い筋が間違って痙性だと言われることがよくある。しかしながら痙性は上位運動神経システムの神経の損傷もしくは神経疾患に直接関係するもので、錐体路の皮質脊髄神経路上の脊髄、脳幹、もしくは大脳皮質に損傷が認められる。小さい損傷は四肢がリラックスした状態で前後に速く動かした際の中間位置で軽い痙性として現れる。重度の損傷であれば、関節の全体に対して見られる。強度の高いストレッチングの際には急激な痙性の消滅が見られ、この現象は「折り畳みナイフ現象」として知られている。痙性は伸筋もしくは屈筋に影響

を与え、神経システムのどの部位に損傷を受けたかによる。過反射は痙性の過剰な反応性を説明する語句である。臨床検査においては筋ー腱システムは最小の力で伸ばされ、それに対して反射が引き起こされるかで判断することとなる。筋の反射反応による収縮はクローヌスと呼ばれる間代性痙攣を引き起こす。錐体路の皮質脊髄神経路の損傷はバビンスキー反射を陰性から陽性に変える。先の丸いもので踵に刺激を与え、足の外側に沿って爪先に向けて素早く引くと、母指が屈曲する。この反応は7歳以下の子供では正常である。

錐体外路の中枢神経システムの神経伝達路への損傷は筋硬直を引き起こし、伸筋・屈筋を含む関節周辺すべてに影響を与える。遅い動きで硬さが感じられるが、痙性と違い、動きの速度には影響を受けない。過反射はなく、バビンスキー反射は陰性である。他動的屈曲・伸展を行った際には筋緊張は連続して増加、減少を急激に繰り返し、ぎくしゃくした動きを引き起こす。抵抗の度合いは、どのくらい速く関節を曲げたり筋肉が伸ばされたりしたかによって影響を受ける。パーキンソン病の初期に見られるような、中程度の筋の固縮は速い動作に対するスムーズでない抵抗以外では見つけることが難しいかもしれない。

中枢神経システムの病気は、特定の筋の痙性とジスキネジアとして知られている不随意的な動きを引き起こす可能性がある。痙性斜頚は痙性の一例であり、首の片側の筋のみに影響をしている場合が多く、頚部が回旋した状態を引き起こす。この状態は数秒間のストレッチングで一時的に改善するが、すぐに元の位置に戻ってしまう。

痙性による筋緊張や固縮は、すべてが神経の損傷によって引き起こされるわけではない。遅い運動神経が集中的に活用されると、筋の変化が見られるようになる。速い運動神経は活性化されず、それによって短縮して退行してしまい、さらに活性化の頻度が減少する。あまり関節の可動域を使わなければ、関節の結合組織や筋は短縮してしまう。これらの変化は徐々に恒常化し、通常の弾性線維が硬い線維組織に置き換わっていってしまう。疾病に罹った際には習慣的な活動や、他動的なエクササイズでモビリティーを維持することによって、動作制限が悪化しないように注意すべきである。

自然発生的な個々の運動神経の活性化は、筋線維攣縮と呼ばれ、引きつっているような状態を引き起こすが関節の動きは起こさない。これは一部の麻痺や痙性した筋で起きることが多い。この現象が健康な人に起きる場合で、そこまでひどくないものは一般的に「ひきつり」や「ミオキミア（筋波動症）」と呼ばれている。もっとも典型的なひきつりは上瞼に起きるが、どの筋にでも起こりうる。

下部運動神経への損傷（例：脊髄から出ている神経）は弛緩を引き起こす。筋は部分的、もしくは全体的に麻痺する。この場合、四肢の筋は筋緊張を失う（例：筋緊張低下）。これらの患者は、障害のある関節の可動域は十分あるのだが、可動域をフルに使う動作を習慣的に行っていないため、関節のモビリティーは制限されている場合が多い。

ハイパーモビリティー（Hypermobility）は関節の異常なモビリティーを指し、関節周囲の支持組織の支持力不足によって起きる。ハイパーモビリティーは可動域の過度のモビリティーを指すが、動きは正常な関節の動きの範囲で起きる（図5）。

ハイパーモビリティーは1つもしくは複数の関節に起き、ハイパーモビリティー症候群を示し

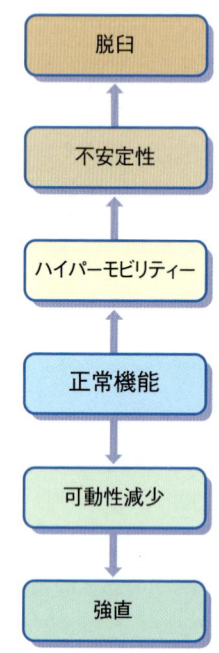

図5　筋機能と可動域の関係

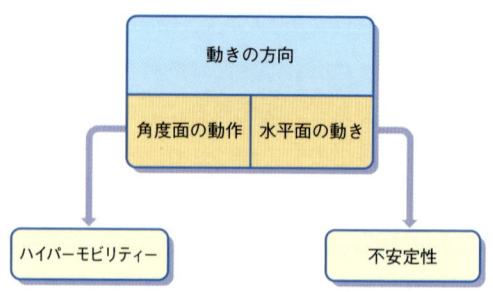

図6　動きのタイプと不安定性の関係

ていることがある。不安定性とハイパーモビリティーはよく間違われる。ハイパーモビリティーは通常の関節機能内での過度の可動域を指すが、不安定性は関節の安定化システムの組織学的で病的な症候群を指す。ただ、ハイパーモビリティーの関節は外傷を受けやすいため、正常な可動域と安定性を持った関節と比較して、関節の不安定性を多く引き起こす。

　不安定性は正常な可動域を持った関節にも見られ、また可動域の制限を持つ関節でも見られる。ハイパーモビリティーと不安定性は動きのタイプによって分類される（図6）。関節炎とリウマチは長期にわたり変性を起こし、屈曲・伸展の両方での可動域の制限が起きる。また過剰な水平面での動きが関節面で起きた場合も、関節の安定性を供給している関節包や靱帯が伸びてしまい、痛みや機能不全を起こすことがある（図7〜図10）。過度の可動域や不安定性を、関節面での過度な水平面の動きと見る人もいる。

　亜脱臼は関節の一部が正常な位置からずれているが、一部の関節面は接触していることを指す（図11）。脱臼は関節面の完全な離脱を指している。関節のモビリティーの低下は制限と呼ばれ、強直は関節が完全に硬化したほとんど動きがない状態を指す。この場合、低下したモビリティーによって構造的変化が関節とその周辺組織に起きている。

　異なる動きは柔軟性においても異なる可動範囲を必要とするため、最適な柔軟性を標準化することはできない。正常のモビリティーと考えられているものは人々の平均値であり、年齢や性別によって分けることで精度を上げられる。これらのデータは必ずしも良いモビリティーの値を示している訳ではなく、平均的なモビリティーを示しているということに注意しておくべきである。高齢者の間ではモビリティーの減少はよく見られ、関節の状態の維持や低下した可動域による多くの関節の障害についてはほとんど注意が払われていない。しかし、高齢者の中にも非常に高いモビリティーを保っている人もいる。

　不安定性は機械的な用語であるが、関節の不安定性を、機械受容器の過活性が支持筋群の同調性機能を阻害することによって生じる「筋の活

ストレッチングの概念

図7　正常な構造の膝関節

図8　内側への変位。外反変形による膝関節の不安定性

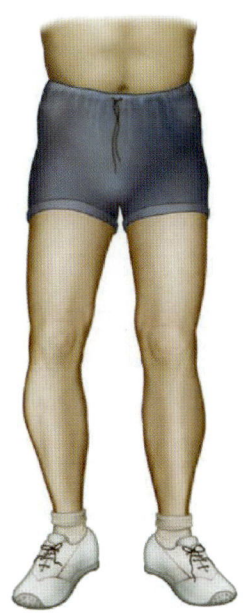

図9　外側への変位。内反変形による膝関節の不安定性

図10　過度の膝伸展位。反張膝による膝関節の不安定性

STRETCHING THERAPY

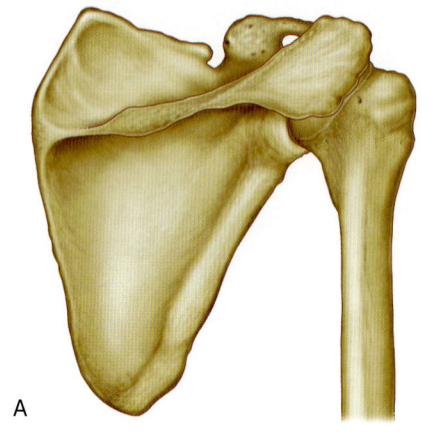
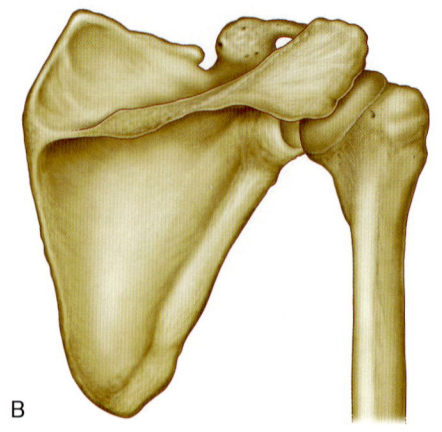
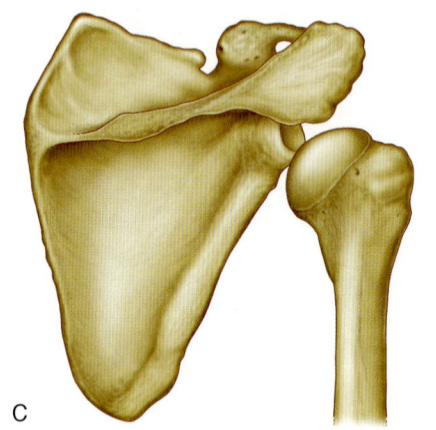

図11
A. 正常な肩関節。関節面は互いにしっかりと接しており、関節は筋活動と他の結合組織によって最大の安定性がある状態。
B. 肩関節の亜脱臼。関節面は一部のみ接している。整形外科的な不安定性がみられる。自動的上肢動作により正常な位置に戻ることがある。
C. 肩関節の脱臼。関節面は完全に離れている。一般的には手技によって正しい関節の位置に戻す必要がある。

性化ーコーディネーションの異常」としてとらえる人もいる。

　このような場合、特定の動作の支持結合組織をストレッチすることは、強い痛みを誘発することがある。それが数回繰り返されれば、常に痛みを伴う状況になってしまう（図12）。関節の不安定性は組織的というよりも機能的な問題である。検査は関節の可動域だけを行うのではなく、様々な関節の動きを含めるべきである。なぜなら、関節は柔軟性が正常もしくは低下していても、筋が機能不全であるために不安定となっている可能性があるからである。

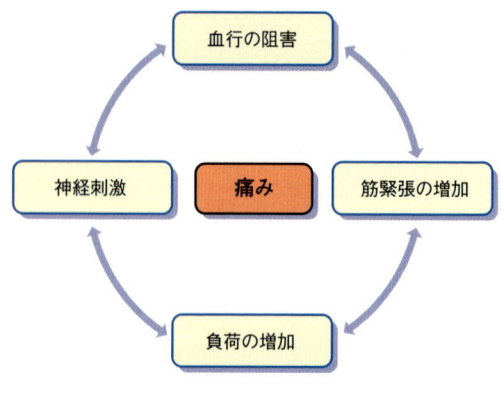

図12　筋緊張のメカニズム
神経の痛みによる刺激が筋緊張を起こし、それによって負荷が増加したり、血行が悪化したりする。そして筋緊張の増加が再び引き起こされる。

関節の種類

　運動系の柔軟性は個人や関節によって様々である。関節のモビリティーは解剖学的な要因と結合組織の構造によるため、遺伝の影響を大きく受ける。正常な関節の発達は、身体活動や関節にかかる負荷によって促進される。特に成長期初期の遺伝子の異常、欠乏性疾患症、感染、中毒や長期の固定は、病理的組織の変化を引き起こす可能性がある。過剰な負荷、外傷、関節や周辺組織の炎症は構造的変化を引き起こし、不可逆的なモビリティー制限や不安定性が起きてしまう。関節のモビリティーは、関節表面の形状による関節のタイプと、結合組織の構造に基づいて左右される。

ポイント
解剖学的構造と動作範囲による連結の分類

骨による連結：動きなし
　骨結合：仙骨椎間

線維性の連結：ごく小さい動き、もしくは全く動きがない
　縫合：頭蓋骨
　靱帯結合：遠位脛腓関節
　釘植：歯槽突起での歯根と歯槽の靱帯結合

軟骨性の連結：ごく小さい動き、もしくは全く動きがない
　軟骨結合：成長板（硝子軟骨）
　線維軟骨結合：椎間円板と恥骨結合（線維軟骨）

滑膜性の連結：自由に動く
　球関節：肩関節、股関節などで多軸動作
　鞍関節：対向する関節面が鞍を連想させる。2つの方向の動きを可能にする。母指の手根中手関節などで二軸動作
　顆状関節・楕円関節：一方の関節面は楕円型と凸面である。他方は凹面。腕橈関節、橈骨手根関節などで二軸動作
　蝶番関節：一面に沿ってのみの動作。肘関節、膝関節、足関節などで一軸動作
　車軸関節：1つの関節面が他方の関節面の周りを回旋することができる。上橈尺関節、環軸関節、平面関節など多軸動作
　他方の関節面が横滑りする：表面は平らでわずかにカーブしている。脊椎の椎間関節や手根間関節

関節のモビリティーに影響を与える要因

　遺伝要因は結合組織構造の基礎を作るため、モビリティーに影響を与える。遺伝要因は構成、組織、形の大きさを決定している。また関節表面の形と大きさも決めている。南アジアの原住民は柔軟性のある関節を持ち、アフリカ人はヨーロッパ人と比較すると関節のモビリティーが大きい（Wordsworthら1987）。エクササイズ、ホルモン、環境、体温など多くの他の要因が関節のモビリティーに影響を与えている。

　関節のモビリティーに影響を与える要因は、内在的要因と外在的要因の2つに分類することができる。他動的な柔軟性での関節モビリティーに影響を与える要因として、関節周囲の結合組織の「弾性」「量」「厚さ」「筋」「筋膜」「腱」「滑膜」「腱膜」「関節包」「靱帯」が挙げられる。柔軟性はこれらのうちのどれかによって制限を受け、特定の構造の病理的な機能不全に関連している可能性がある。

　正常な関節のモビリティーの制限は関節の種類と周辺組織による。手首の他動的抵抗は主に関節包と靱帯によるものである。制限のうち47％が関節包、41％が周辺筋と筋間の筋膜、10％

が腱、2％が皮膚によるものだと言われている（Johns and Write 1962）。肘関節ではこの数値は異なり、筋-腱が84％の抵抗を生み出している（Chlebounら1997）。このことからもわかるように、モビリティーを制限している要素は、関節や部位によって異なるのである。

過剰な脂肪は正常な動きを妨げる。また、関節のモビリティーを制限する内在的要因として、骨と関節軟骨の保護層がある。外傷や手術後の損傷や炎症はモビリティーを制限し、それはギプスやスプリントを外した際に見られる。外傷後の固定は結合組織の短縮や癒着、瘢痕組織、ケロイド、筋-腱、他の結合組織の線維性拘縮を引き起こすことがある。これらのケースでは通常の動きによる筋の伸長によっても大きな痛みを生じ、特別なストレッチングのプログラムを行わずに、モビリティーが自然に戻ることは少ない。

モビリティーに制限のある関節の治療やリハビリテーションを行う上で、基本的な解剖学、運動学、結合組織、関節機能、関連する病理の特性についての知識は必須である。関節のモビリティーに対する抵抗のうちの約半分は、関節包と靱帯によるものである。関節面、関節包、靱帯によって形づくられる構造は、他動的な関節の安定性と、関節のモビリティーの両方に貢献をしている。モビリティーが制限されている場合、効果的なストレッチングが重要な治療方法であり、初期の段階で行われれば、正常な機能を回復できる。治療は薬による鎮痛や他動的な理学療法のみに頼るべきではない。動的安定性は筋機能によるもので、短縮し、固くなった筋は機能不全を起こすが、正しいストレッチングとエクササイズによって元に戻すことができる。しかし長期の固定は弾性線維が硬い線維組織によって置き換えられることで構造的変化を生んでしまうと、そのような組織に対してはもはやストレッチングは効果的ではなくなり、麻酔下でのマニピュレーションによる治療が必要となる。

疾病、傷害、手術は皮膚組織のモビリティーを変化させる。ストレッチングプログラム後や長期の固定によっても組織の変化は起こる。それには神経筋システムの過活動も関連しており、ストレッチングに反応しての筋伸展性の病的反射、椎間板のヘルニアによる機械的な阻害で引き起こされる坐骨神経痛などが存在する可能性がある。

関節モビライゼーションを行うと、関節の位置がモビリティーの制限に影響を与えているのがわかる。靱帯が最も緩んだ中立位で操作は一番抵抗が少ない。関節が可動域の終末のほうに向かうと靱帯が緊張しはじめ、関節面間の圧力が増す。逆の方向に動かすと減少し、この状況は消滅する。

筋緊張に影響する要因

筋バランスは、正常な関節機能のためには非常に重要である。主動筋と拮抗筋のアンバランスは、関節機能を阻害する可能性がある。この筋のアンバランスは、どちらかだけトレーニングをしすぎた場合の片方の筋群の筋肥大によって引き起こされたものか、エクササイズによる筋緊張の増加（筋緊張の亢進＝ハイパートニア）によるものか、もしくはエクササイズによる改善が可能な、エクササイズの不足による一方の筋群の弱体化と退行か、もしくはストレッチングやマッサージによって減少させることができる、筋緊張の低下（筋緊張の低下：ハイポトニア）などによる。

関節にかかる力のバランスを取るには通常、

筋緊張に影響する要因

拮抗筋群の強化を行う。適切なストレッチングを行うためには、構造、バイオメカニクス、生理、神経、心理的要素を考慮する必要がある。これらすべての要素は神経筋システムに影響を与えており、筋緊張の増加と筋の短縮は自動運動システムの機能不全を引き起こしている場合がある。なかでもオーバーユースはよく見られる原因である。長期間一定の角度で関節を固定した場合、筋、靱帯、関節包を短くしてしまい、全身性の結合組織病変、構造異常、結合組織の炎症、外傷などの原因になりうる。内在もしくは外在のどちらでも痛みは運動神経を活性化し、筋緊張を増加させることになるので、効果的な治療計画のためには神経筋システムの機能不全の原因を突き止めなければならない。システムは同じような形で連続して反応するため、神経生理学的阻害によって引き起こされる筋緊張は、再発しやすい。筋反射機能はトレーニングと治療によって調整できる。神経筋システムの変化は神経機能の適応を起こし、筋肉間での新しいバランスを生みだす。

筋線維の収縮する部位のことを「筋節」と呼び、筋節は多くの弾性線維によって取り囲まれている。リラックスした正常な筋のストレッチングの際の抵抗のほとんどは、筋の内部と周囲の結合組織によるものであり、筋原線維によるものではない。

筋の短縮はモビリティーを長期にわたり制限し、筋の弱体化と関節機能のアンバランスを引き起こす。アクティブ・エクササイズによって筋の機能を回復することができるが、その反面、身体のシステムは短縮した筋に物理的にも機能的にもすぐ適応する。長期間のアンバランス状態は、筋や関節周囲の軟部組織において痛みを引き起こし、また関節へのストレスによって損傷を引き起こすことさえある。筋緊張それ自体は痛みを引き起こすわけではないが、関節の機能不全によって過負荷が継続され、症状が現れることがある。

柔軟性に影響を与える、筋と他の結合組織の特徴

筋や腱の痛みを引き起こしている慢性的な疾患は自動運動システムのものが最も多い。これらの筋膜症候群は神経筋システムに対しての、小さいが継続した刺激や、短い期間での強度の高い負荷によって起こされやすい。また、栄養、水分、電解質の供給とそのバランスなど、多くの要因が結合組織の機能に影響を与える。これらの要因の阻害は、負荷に対する筋の抵抗を減少させる。また湿気や寒さ、風通しなどの外在的要因は、筋の代謝や神経筋システムのバランスを阻害する。局所の炎症と広範囲の炎症の両方とも筋機能に影響を与える。また、心理的要因は神経とホルモンシステムを経由して筋機能に影響を与える。

> **ポイント**
> **組織の柔軟性に影響を与える要因**
> ● 組織の保水率
> ● 組織の化学構造
> ● コラーゲンと弾性線維の関係
> ● 結合組織線維の複素行列
> ● 結合組織線維同士を束ねている構造
> ● 結合組織線維の量と方向
> ● 互いに横切って走行している線維の量
> ● 速筋線維と遅筋線維の関係
> ● 筋の形状

筋緊張は筋肉の内圧の増加を引き起こし、筋膜で覆われた筋区分の血行と代謝を低下させる。代謝の阻害は血行の低下と機械的な摩擦によって起き、腫脹や炎症が筋組織の中にある痛みの受容器を活性化させ、コンパートメント症候群

を引き起こす。

　神経は筋とその筋膜の間や、またその中を通る。神経は、摩擦による負荷やストレッチングなどの刺激を受けるため、神経が筋に出入りする箇所は特にこれらの影響を受けやすい。刺激によって無感覚やヒリヒリ感、神経の走行に沿った痛みが引き起こされる。痛みは、局所的な場合と、もしくは刺激を受けている位置から遠位や近位に感じられる場合もある。神経の刺激と筋の痛みの両方がある場合、すべてが痛みの範囲に含まれるため、神経によるものなのか（神経痛）、筋肉によるものなのか（筋肉痛）の判断は困難である。神経生理学的な検査、もしくはレントゲンなどの検査は多くの場合、まるで何も問題がないかのように陰性であることが多い。ただし、これらの検査は末梢神経の絞扼や脊柱管狭窄などの特定の問題の鑑別診断を行う上では有用である。

　筋緊張の増加による強い痛みは、内臓疾患が原因の場合もある。肝臓、胆嚢、脾臓、胃、食道、心臓、肺などの腹部・胸髄上部領域の内臓の疾患は首や肩にかけて、関連痛を起こす場合がある。これらの部位での痛みは上肢に広がる場合もある。腹部の中央、下部にある内臓（例：腎臓、尿管、膀胱、腸、子宮、卵巣）の疾患は腰痛を起こしやすく、脚へと痛みが広がることもある。心理的要因は特定の箇所の小さい範囲の痛みを引き起こしたり、または身体全体の痛みを起こしたりする場合もある。ストレッチングによって一時的な痛みからの解放は可能かもしれないが、原因が治療されていない場合は症状をぶり返すだけである。人は一生において、小さなものから大きなものまで様々なレベルの外傷を受傷する。それら外傷には打撲、肉離れ、捻挫、火傷、凍傷、薬剤によるもの、放射線によるものなどがある。皮膚や靱帯などの結合組織の神経終末の刺激は、筋収縮を司る運動神経の反応を引き起こす。そして筋の短縮とそれによる関節のモビリティーの制限は痛みの二次的症状を引き起こすため、筋、筋膜、腱膜、腱、靱帯、関節包は摩擦や過負荷を受ける。Gunn (1996) は、筋の短縮による過剰な負荷は筋の痛みを引き起こすだけでなく、上顆炎、腱炎、腱鞘炎、滑液包炎、関節包炎、骨軟骨炎などの様々な自動運動システムの傷害を起こすという仮説を立てた。長期的な過負荷は最終的に関節の変性や骨折に結びつく可能性がある。強い痛みは交感神経システムを刺激することによって自律神経システムのバランスを阻害し、また交感神経システムの活動が亢進することで細動脈の収縮が起き、結合組織の血行を低下させてしまう。このような場合、トレーニングや仕事からの完全な回復が行われず、過負荷に陥りやすくなってしまう。

固定されているときのストレッチング

　固定による筋の萎縮は細胞のタイプによって影響を受ける。TomanckとLundの研究（1974）によると、正常なヒラメ筋では固定されて最初の3週間で筋線維の直径が有意に減少し、その後はほぼ一定であった。外側広筋においての減少は少なく、速度も遅いことが報告されている。ふくらはぎの筋細胞は主に遅筋であり、大腿の速筋よりも退行の影響を受けやすいようである。

　固定は構造に大きな変化を引き起こすだけでなく、筋収縮における神経メカニズムにも影響を与える。そのため、固定を始めた初期に見られるサイズの変化が示すよりも、さらに大きな筋の変化が見られる可能性がある。筋の萎縮によって、収縮の能力がない結合組織が増加し、

固定されているときのストレッチング

あまりストレッチングすることができなくなってしまう。長期にわたる固定は関節の構造にも影響を与え、関節包や靱帯が収縮することで、関節が固くなったり可動域制限を引き起こしたりする。そのため、手術や外傷の後には、早期に動かすことが行われるようになってきている。

手術や外傷後に固定すると、筋緊張によって関節の位置や筋の長さが変わってしまう。筋が短縮した位置で固定された場合、ギプスによって四肢が伸ばされた位置で固定されている場合に比べて筋の萎縮は速く、退行の可能性が増加する。遅筋細胞は速筋細胞よりも速く萎縮するため、組織の変化は筋それぞれで異なる。筋組成は個人差もあるため、ある人は固定による退行が他の人と比較して多く見られる。そのため、初期の筋の状態が非常に重要となってくる。短縮した位置で筋を固定しなければならない場合、30分の断続的なストレッチングによって筋節の損失を予防することができる（Wiliams 1988）。

Tabaryら(1972)、WiliamsとGoldspink(1978)、Frankenyら(1983)は、彼らの研究の中で固定時の四肢の位置が筋の構造に大きく影響を与えることを示している。筋が少し伸ばされている状態は、終末位置にある筋節の数を増加させる。このような場合、筋は長くなることで適応する。伸ばされた位置での30分の固定を6週間行うと構造的変化が見られ、筋が長くなるだけでなく毛細血管の量の増加も見られた。筋が伸ばされたとき、アクチン線維とミオシン線維の接触面は低下するので、発生できる最大筋力が低下する。そして、筋節の増加は筋が弱くなるのを防ぐ。この過程は代償機構として考えられている。先天性欠損症や関連する外傷で骨を伸ばす手術を行った後、筋は長期間伸ばされた位置で吊り下げられる。この場合、筋は自動的に骨の成長に合わせて長くなるので、筋自体を手術する必要はない。伸ばされた位置から解放された場合、長さと筋節は通常に戻ることが研究で示されている（Frankenyら 1993）。

筋は伸ばされた位置での固定のほうが、短縮された位置での固定よりも、バイオメカニクス的変化に早く適応する。たんぱく質の生成と分解のバランスは、成長（筋肥大）と筋の退行（萎縮）に直接的に影響する。ストレッチングによる他動的な緊張は、結合組織の変性と筋組織の中での蛋白質の分解を減らすことが報告されている。いくつかのケースでは他動的緊張は筋の増加を引き起こすことが観察されている（Vandenburgh 1987）。

筋が少し収縮した位置での固定は、長さが短縮しているため、筋節の量が約35％まで減り、筋力は減少する。このような場合、筋は長さに対して新しい安静時の位置から最大の力を発揮できるように機械的に適応する。筋の結合組織は筋内膜と筋外膜を厚くし、最終的にはこれらの変化によって筋の柔軟性は低下する。

筋の完全性を保つためには、伸ばされた位置での固定が、短縮した状態での固定よりは良いとされている。外傷もしくは手術によっては伸ばされた位置での固定ができない場合もある。また伸ばされた位置での固定は対応する拮抗筋が収縮するため、一方の筋群にとっての最適な状態とならず、望ましくない治療結果を他の部位に起こす可能性がある。妥協案としてすべての筋群はできるだけ中立位もしくは安静時に近い状態で固定される。場合によっては固定の期間中、固定の角度を変えることも行われ、それによってそれぞれの筋が伸ばされた位置になるようにする。

ストレッチングの前の物理療法

スタティック・ストレッチング(SS)を行う前に、最大のリラクゼーションを得るため、様々な物理療法が使用されている。筋緊張の高い筋のストレッチングには外傷の可能性が高くなるので注意が必要である。ストレッチングの成功と、ストレッチング中の事故の予防のためには、適切なリラクゼーションが必要であると考えている。もし運動神経の活動が非常に高い場合、ストレッチング中のリラクゼーションは困難になり、また特に痛みは運動神経活動を刺激し、筋収縮を起こし、最悪の場合、ストレッチングが全く行えない状況に陥ることもある。

表層温熱療法

ストレッチング前の温熱療法は、筋緊張を緩めるために最も幅広く用いられている方法である。温熱療法は局所、または全身性鎮痛、充血を緩和するためなどに使用される。正常な体温は約37℃であるが、手を45℃に温めることで、中手指節関節のこわばりが約20%減少する(WrightとJones 1961)。ほんの数度温度が上がるだけで血流がはっきりと増加し、神経の伝達速度も速くなる。

身体の自然な反応として、局所の組織の温度が上昇した場合、血行によって身体の他の部位に熱を運ぶ。そのため、表層温熱療法を用いれば、血行の増加と組織への直接的な伝導によって、深部の組織の温度も上げることができる。

表層温熱療法の方法は、広い身体部位への温熱ランプ、ホットパック、パラフィン、水治療法、サウナなどが挙げられる。温熱ランプの治療時間はランプのワット数とランプと皮膚との距離で決まり、赤外線温熱ランプは患者から40～50cm程離して使用する。

ホットパックはバクテリアの繁殖を防ぐために70～80℃の湯の中に入れられている。湯の中から取り出す際にはお湯を切り、断熱用のタオルを巻いて、一般的には30分ほど患部に当てる。ホットパックはその後ゆっくり冷めていく。

パラフィンバスは一般的に手の治療などで使われる。1:7の割合の鉱油とパラフィンが使われ、温度は52～54℃に保つ。パラフィンバスはあまり熱を搬送しないため、温度は高くても大丈夫である。パラフィンバスに手を浸けて取り出すことでワックスを固まらせるが、治療においてはこれを5～10回繰り返す。その後、手をタオルで10～20分間包んで、モビリゼーションやストレッチングが行われる。

パラフィンの温度は40～50℃で直接皮膚に当てることができ、20～30分間、その上を毛布で覆う。一般的に人体は露出した皮膚から体温が下がり、また、体表からの蒸発によって熱は奪われるので、身体を覆うことで体温の喪失を防ぐことができる。また、体温は室温や湿度による影響でも上下する。

水治療法は最も古いリラクゼーション・治療方法の1つである。全身を浸ける場合は、温度は39～40℃までで、身体の一部を水に浸ける場合、43～46℃の範囲とされている。治療時間は患者の状況によって変えられる。

サウナでは、最大の発汗と皮膚の血行を速めるためには80～90℃とが最適とされている。100℃以上の温度は空気が乾燥していれば耐えられるが、例えば熱い岩の上に水を播いたサウナのように温度が湿度で増強されている場合では、湿気を伴った空気が熱対流を活性させるため、耐えがたくなる。また、スチームバスでの温度は通常40～45℃に設定されている。

深部熱療法

　物理療法では超音波（US）、超短波ジアテルミー（SWD）、マイクロ波ジアテルミー（MWD）の3つのジアテルミー（透熱療法）が使われている。電子レンジは家庭でもよく使われているが、理学療法の現場ではマイクロ波を使った機器はほとんど使用されていない。

　超音波は深部熱治療のなかでも最もよく使われているものである。超音波療法は0.8～3の周波数帯の超音波を使用しており、これは人間の聴覚の範囲（17～21kHz）を超えている。物理療法機器の出力は一般的に3W/c㎡であり、その効果は様々な要因に影響される。伝導性は重要で、超音波の超音波治療器のヘッドと皮膚の間には十分な量のゲルが使用されるべきである。また、圧も重要であり、治療機のヘッドの大きさが4.0c㎡である場合0.6～0.7kgの圧で使用されるべきである。超音波のビームは脂肪と筋に対して数センチ貫通するが、骨に対しては0.1～0.9ミリ程度である。ヘッドは毎秒1～2cm程の速度でゆっくり動かし、100c㎡をカバーするには約5～10分かかる。超音波の使用の際の重要な問題としては同じ治療の設定であっても機器が違えば、違った筋肉内の温度を生じることである（Merrickら2003）。そのため、特定の機器を使って行われた臨床研究の結果はメーカーが違えば結果も違うため、一般的な臨床に当てはめるのは難しい。

　SWD機器はラジオ波の送信機を通じて高周波の電磁波を発生させている。これでは電波障害を起こすため、短波療法機器は27Hzに設定されるように定められている。様々なタイプの誘導装置があるが、一般的に患部に10～20分間あてられる。治療目的が患部の加熱の場合、連続出力が使われ、熱効果が主な目的ではない場合はパルス出力が使用される。平均出力パワーは同じである可能性がある。連続出力は脂肪など水分の少ない組織では加熱し、もし厚みがあった場合、皮下脂肪を加熱しすぎる可能性がある。

　熱は皮膚表面から蒸発によって奪われる。そのため、発汗は熱伝導を引き起こすが、電磁場では皮膚を非常に加熱してしまう。治療の前には皮膚をよくチェックしておくことが必要である。また治療の前には、服や宝石類を含むすべての金属は外しておくことが必要である。手術縫合やインプラント、コンタクトレンズ、子宮内の金属製器具、生理中や妊娠中の子宮などはジアテルミーの放射を受けてはならない。この治療法は過去には非常によく使われていたが、現在ではあまり使われていない。

　温熱療法はすべてのストレッチングに対していつも勧められているわけではない。炎症や神経の損傷の際に温熱療法を行うと、神経を刺激してさらに痛みを増長させ、筋緊張も増加する。臨床研究によると多くの場合、痛みの由来が純粋に神経だけによるのか、筋だけなのかの鑑別は不可能である。

　後頭下、頚神経節、目、甲状腺、心臓、妊娠の子宮、腫瘍、椎弓切除箇所、ペースメーカーやその他の機器をつけた患者は、SWDの治療を受けるべきではない。

ポイント

温熱療法の効果に影響を与える要因
- 熱の源
- 治療の強度
- 治療の長さ
- 各身体組織の厚さ
- 組織の状態
- 血行

> **ポイント**
>
> **温熱療法の禁忌**
> - 急性のコンパートメント症候群、炎症、外傷、出血、
> - 不整脈
> - 出血性障害、特に血友病
> - 滑液包炎
> - 心不全
> - 浮腫
> - 椎間板脱出
> - 線維筋痛症
> - 温熱蕁麻疹
> - 高血圧
> - 感染
> - 関節内腫脹
> - 無感覚
> - 動脈硬化に関連する血行障害による虚血
> - 悪性腫瘍
> - 神経絞扼
> - 神経因性疼痛
> - ペースメーカーをつけた患者
> - 皮膚の状態：萎縮、湿疹、皮膚組織の損傷
> - 表層末梢神経（末梢神経、尺骨神経）
> - 滑膜炎

　Noonanら（1993）による研究によると、筋の温度が25℃から45℃に上がると、筋－腱システムの緊張が低下し、ストレッチングの結果が向上する。筋の長さは筋組織の温度が上昇すると共に大きく向上するため、ストレッチング前の温熱の利用が勧められる。

　Wesslingら（1987）は、超音波にスタティック・ストレッチング(SS)を組み合わせたプログラムを健康な人達に対して行い、その効果を調査した。連続出力の超音波を7分間1.5W/cm²で下腿三頭筋に対して行った。スタティック・ストレッチングは治療の最後に行われ、23kp（キロポンド）の力で押された。2つ目のグループは超音波なしでスタティック・ストレッチングのみが行われた。超音波とストレッチングの組み合わせでは、ストレッチングだけのグループと比較して背屈を平均1.2度増加させた。また何の治療も行われなかったグループと比べて背屈を1.3度増加させた。これらの変化は統計的に有意であった。

　自動ストレッチング、他動ストレッチングのどちらについても、筋の温度が低いときに、大きなストレッチングの力に対して耐えうることが多くの研究で示されている。熱によって筋は広い範囲でストレッチングができるようにはなるが、同時に組織が力に対して耐えうる能力を低下させてしまうので、温熱療法はストレッチングに伴う傷害のリスクを減少させるわけではない。

　Kinghtら（2001）は74℃の湿式の深部熱を15分間、健康な人のコントロール群のふくらはぎの筋（群）に対して行い、他のグループでは超音波（1MHzでパワーは1.5W/cm²を7分）を行い、効果を検証した。これまでの報告ではふくらはぎの筋（群）の温度が3～4℃上昇し、組織の弾性に変化が見られていた（Draper Ricardら1995）。温熱療法の後、筋に対し、6週間にわたって週3回のスタティック・ストレッチングを行った。他動による足首の背屈の可動域は、温熱療法なしでストレッチングのみのグループでは6度増加した。表層温熱療法を受けたグループは5度、深部温熱療法を受けたものは7度改善した。4つ目のグループは動的なふくらはぎの活動を行い、カーフレイズを40回行った後にストレッチングを行った結果、モビリティーが4度増加した。これら治療群間での結果には統計的な有意差は見られなかった。ストレッチングを全く行わなかった人達では1℃だけ改善した。これらの結果からストレッチングはモビリティーを向上させるが、温熱療法を行った場合でも顕著な

プラスの効果は見られなかった。

Wardら（1994）は、局所に超音波治療を受けた火傷患者についての、可動域と痛みへの影響を研究した。無作為化研究で超音波治療の後、10分間のパッシブ（他動）・ストレッチングが行われた。コントロール群の関節においては、偽の超音波治療とストレッチングが行われた。治療は2週間を通して隔日で行われたが、2つのグループでは可動域、感じられる痛みで差が見られなかった。

Funkら（2001）の研究では、湿式ホットパックによるハムストリングのストレッチングに対する効果を検証した。30分のホットパックの後、スタティック・ストレッチングを30秒行ったところ、温熱療法なしでの30秒間のストレッチングのみのグループと比較して効果が高いことがわかった。

Sawyerら（2003）はホットパックをハムストリングに当てた後、2.5cmの深さで筋の内部の温度が0.4℃上昇するのに20〜25分かかることを発見した。ハムストリングの柔軟性は自動膝伸展テストで計測されたが、コントロール群（無介入群）と比較して有意な差は見られなかった。

DraperとRichard（2004）は、硬いハムストリングを持つ健康な人に対してパルス出力の短波治療を行い、コントロール群と比較をした。参加者はジアテルミーとストレッチングの群と、偽のジアテルミーとストレッチングの群、コントロール群（無介入群）に分けられた。SLR（ストレートレッグレイズ）ストレッチングは専用の機器を使用して行われた。ジアテルミー機器は27MHzの周波数で、デュアル200cm²の誘導ドラムコイルの電極がある2cmのスペースプレートが治療に使われた。被験者は寝た状態でジアテルミーを10分間あてられ、その後に5分間、ジアテルミーとストレッチングを同時に行った。そして5分間の滑車システムを使った4.5kgの重りによるストレッチングを行った。5日後、ジアテルミーの治療を受けたグループでは16度の膝伸展の増加、偽のジアテルミーのグループでは6度の増加が見られ、コントロール群では変化は見られなかった。最後の治療から3日後には、開始時と比較して「ジアテルミーとストレッチング群」は−2度、「偽のジアテルミーとストレッチング群」は−3度、コントロール群は0度（変化なし）となった。この結果から、ストレッチングの効果は短波ジアテルミーにより大きく改善するが、ストレッチングをすぐに繰り返して行わないと、長続きしないことが明らかになった。

これらの結果は、筋の柔軟性の向上のために、温熱を使用する際に考慮されるべきである。組織の力学的な性質に温度は影響し、それによってストレッチングの結果が影響を受ける。しかし、温熱療法単独ではモビリティーの改善には効果がなく、ストレッチングと組み合わせて使用する必要がある。ストレッチング中もしくはストレッチングの直前に、組織の温度を上昇させるのに十分な時間の温熱療法は行われるべきである。様々なストレッチングの手法が温熱療法と様々な方法で組み合わせされて使われている。多くの研究で温熱によって結合組織の弾性が向上することが認められており、温熱はストレッチングを行う前、または行っている最中に使用することができる。

しかし、これまでの研究でエクササイズやスポーツ前の温熱と、ストレッチングの組み合わせは傷害のリスクを増加させることが示されているため、勧められない。その理由としては温まった筋と、エネルギー吸収能力の低下に関連性が見られており、よって温まった筋の弾性は増加するものの、それと共に保護効果が薄れている可能性がある。

温熱は知覚と運動神経の伝達速度を増加させ、ストレッチングに対する固有受容覚を減少させ、筋のリラクゼーションを引き起こす。

冷却療法

冷却は神経伝達速度を低下させるが、その反面、筋活動を増加させる。全身的な冷却は全身の筋肉を過緊張にさせ、身震いを引き起こすことが知られている。

実験室内での実験（Lehmannら1970）では、温熱（45℃まで）とストレッチングによって増加した柔軟性を保つ一番の方法として、ストレッチングの位置でクールダウンさせることが示されている。その背景としてクールダウンの際に、コラーゲン線維がその長さを安定化できることが挙げられる。しかし、実際の場面では同じ結果は再現されてはいない。そのため現時点では、温熱療法が一番の結果を出していることになっている。実験室と現実の臨床現場の違いとして、実験室では組織のサンプルをテストする場合に温度を維持・管理するのは可能であるが、実際の人間の身体は組織の温度を自身で変化させているため、それを変化させるのが難しいことがある。

クライオセラピー

クライオセラピーの利用は多くの応急処置で見られ、その処置はRICE（安静、アイシング、圧迫、挙上、固定）として知られている。冷却療法は炎症や腫れを抑えるのに有効であり、また冷却によって患部は麻痺し、知覚神経の伝達を遅くする。効果的な冷却療法は痛みによる筋緊張を予防し、回復を早めることができる。

方法

冷却療法は急性外傷後、受傷箇所にできるだけ早くアイスバッグを乗せ、痛みの症状が消えるまでか、組織の厚さに合わせて1回につき15〜45分間冷却を行い、そのあと圧迫包帯を行う。その際、末梢血流が十分であるかを知るために、四肢の皮膚の色や脈はチェックする必要がある。

患者が動けるようであれば約1時間後、安静にしている場合は約2時間後に再度冷却をしてもよい。トータルでの治療時間は外傷の程度によるが、就寝の時間まで継続して行うこともある。腫脹が増してきたり、外傷の範囲が広がってきたりする傾向は、12時間から24時間続く。冷凍庫（4〜7℃）にあるゲル性のコールドパックは、非常に冷たくなる（−20〜−10℃）ので、皮膚の損傷を防ぐためにコールドパックと皮膚の間に濡れタオルを入れる必要がある。患部とその周辺の温度は5〜10分おきにチェックすべきであり、また濡れタオルが凍り始めている場合、パックは取り除かれなくてはならない。治療時間は30分未満で、治療部位の組織の厚さと血行のレベルによって時間を調整する。圧迫によって血行を低下させることで患部の冷却を早く行うことができ、治療時間を短くできる。しかし、凍傷のリスクを増加させるため、冷却療法と圧迫を併用する場合は注意が必要である。

患者は治療を受けている際、定期的に指や手、爪先や足首を動かしてみるべきである。機能が弱っているのであれば、運動神経の凍傷のサインで治療は停止されなければならない。神経の伝達は10℃で完全に消滅し、もし治療が継続された場合、損傷のリスクがある。

交代浴は手や足を4〜15℃の水と43〜46℃のお湯に交互に浸ける。これによって筋肉にリラクゼーションが起き、反射による充血と神経の

脱感作が起きる。最初、四肢はお湯に約10分浸けられ、その後1～3分の冷却と5分の温水のサイクルを3～5回繰り返す。

Basurら（1976）とHocuttら（1982）は受傷直後の冷却による外傷処置は、圧迫、温熱療法、受傷後36時間以内に行われた冷却療法と比較して、効果が高いと報告している。

クライオストレッチング

ストレッチングと冷却を組み合わせた方法は、急性外傷からの回復を促進するために使われる。冷却は筋緊張の高い筋の上に直接置かれ、患者が無感覚になるまで、または、感覚がある場合（すべての人が無感覚になるわけではないので）は20分が経過するまで行う。術者は関節を筋が硬くなる位置までか、痛みを感じるところまでできるだけ曲げる。その後、術者は力を弱めて関節の角度を1～2度減少させ、患者にリラックスするように言って、その位置を20～30秒保持する。さらに術者のかけている抵抗に対して5秒間力を加えるように患者に指示し、そしてリラックスをさせる。術者は再度、筋を伸ばし、その位置を10秒間保持する。このコントラクト・リラックス（CR）・テクニックは2～5回繰り返して行われる。患者は抵抗に対して力を発揮する際に、大きな力で押すように指示されるか、またはマッスルエナジーテクニック（MET）の方法を使った場合、最大出力の約20％の力で押すように指示される。治療は1日1～3回で、冷却が3時間空けて行われる。

冷却療法は皮膚の温度を下げ、硬さを増加させる。そのため、ストレッチングに冷却を組み合わせた方法は矛盾しているように思われる。しかし、冷却療法は強い痛みのためにストレッチングができないような際に効果的である。冷却療法は線維性癒着や瘢痕組織のモビリティーの改善のためによく使われる。加えて冷却の使用はストレッチングと組み合わせることで、激しいトレーニング後の痛みや筋緊張のある箇所にとても有用である。冷却は筋電活動と神経のインパルスの振幅を減少させ、また神経の伝達速度を遅くすることで、神経機能を間接的に阻害して筋緊張を低下させる。

結合組織のストレッチングに対して冷却は神経機構を阻害してしまうが、その反面、神経の感度を低下させ、筋のリラクゼーションを起こすことができる。この効果は皮膚へのコールドスプレーの使用や、コールドパックの短時間の使用、冷水や冷たい空気などの使用にも活用されている。現在、体表の組織に対しては最小の効果しか持たず、深部の組織に対してはほとんど影響を与えない様々なコールドゲルが販売されている。

Simonら（1999）は、皮膚にある冷感の受容体への治療によって反射が起き、筋緊張と痛みが改善することについて述べている。この反射に関しては、鍼の効果について説明したゲートコントロール理論（MelzackとWall 1965）によって知られるようになった。Simonsはコールドスプレーの使用とストレッチングを組み合わせて使用することで、トリガーポイントの治療に利用できるとアドバイスしている。多くの場合、治療は室内で行われるため、術者はそのガスを吸い込んでしまう。それを避けるためにコールドスプレーの代わりに氷のキューブやアイスパックをストレッチングする前に使用することができる。またコールドスプレーは皮膚表面しか冷却しないが、氷のキューブやアイスパックは皮下組織の温度も下げることができる。

深部の冷却は直接神経や神経終末に影響を与えることで、ゴルジ腱受容器や他の機械受容器

の感度を減少させる。もし痛みがストレッチングによって引き起こされているなら、冷却のほうが温熱を利用するよりも明らかに良い選択である。

　冷却療法は、痛みによってモビリティーが制限されているときのリハビリテーションにおいて、活用されるべきである。冷却療法は痙性を引き起こしているような神経系の問題がある場合、非常にすぐれた治療方法である。外傷や手術などで強い痛みや筋緊張が強い場合には、冷却とストレッチングを組み合わせた治療方法は勧められる。

　ClarkeとStelmach（1966）とFerettiら（1992）は、筋収縮への冷却の効果を研究した。筋の温度が低下すると、筋の最大出力は低下し、筋組織は硬くなる。もし冷却療法が短い時間だけ使用された場合、温度変化は浅い組織のみに見られ、筋の最大出力や筋の硬さは大きくは変わらない。Cornelius（1992）の研究では、冷却療法とコントラクト・リラックス・ストレッチング（略称は「CRストレッチング」）の組み合わせは効果が認められなかった。

　Lentellら（1992）は、軽いウエイトと温熱と冷却を使用した肩関節のスタティック・ストレッチング（SS）の効果を検証した。背臥位で肩は90度外転と20度屈曲で、肘は90度屈曲の位置で総体重の0.5％の重さのウエイトを手首に留めた状態でストレッチングを行った。時間は5分間で、1分間のインターバルで3回行った。次に湿式ホットパック（66℃）を、肩周辺部にストレッチングの前の10分間と、ストレッチング開始時に2分間当てた。肩の外旋は温熱療法を使用したケースでは11度改善し、温熱療法なしでストレッチングのみを受けたコントロール群では8度増加した。3つ目のグループは最後のストレッチングの間と終了後、10分間の冷却療法を受けた。冷却療法は温熱療法と組み合わせた場合と、そうでない場合の両方ともストレッチングの結果を向上させなかった。ストレッチングから24時間後の被験者のテスト結果では、スタティック・ストレッチングのグループはモビリティーを2％向上させた。温熱療法を受けたグループは9％の向上、温熱と冷却の両方を受けたグループは6％の向上を示した。すべての被験者は健康だったため、冷却による痛みの抑制効果を受けなかった。研究者は温熱療法の利用は有効であり、冷却療法はストレッチング前に痛みを和らげるために使用してもよい、との結論に達した。

　Brodwiczら（1996）は、ハムストリングのスタティック・ストレッチングを行う際に、冷却療法のほうが、温熱療法と組み合わせるよりも効果的であることを確認した。Lin（2003）は、ホットパックの後にコールドパックを行った場合と、ホットパックのみを行っての膝関節屈曲の他動可動域への効果を検証した。この実験のすべての被験者は膝のモビリティーの制限があった。スタティック・ストレッチングは20分間ホットパックが当てられた後に10分間行われ、腹臥位で股関節が真っすぐの状態、膝関節は最大屈曲の状態になるような方法が採用された。機械的な圧力は被験者によって様々（3〜8kg）で、ストレッチングは1つ目のグループではホットパック（70〜75℃）と組み合わせて行われ、2つ目のグループではコールドパック（5℃）と組み合わせて行われた。コールドパックを使用したグループでは8度の改善がみられ、ホットパックを使用したグループでは6度の改善が見られた。グループ間の差は小さいが統計的に有意な差が見られた。

　実験室での組織検体におけるストレッチングでは、通常の体温よりも高い温度で段階的にス

- 無感覚
- 寒冷不耐性
- 寒冷蕁麻疹
- レイノー症候群
- 動脈硬化に関連する血行障害による虚血
- 皮膚の状態：萎縮、湿疹、皮膚組織の損傷（火傷、凍傷）
- 末梢神経上を直接冷却しない（腓骨上部の腓骨神経、表層末梢神経〔末梢神経、尺骨神経〕、肘頭窩・尺骨神経溝）

図13　冷却療法の禁忌

トレッチングにかける力を増加させた実験で、よりよい結果が見られた。その組織の温度が下がるまで十分な間、もしくは冷却療法での治療が行われるまでの間、ストレッチングは維持されるべきである。

　組織の温度の低下が起きるまで、ストレッチングは維持されるべきである。この研究によると、エクササイズ、温熱療法、サウナによってストレッチングの直前に組織の温度を上昇させると効果的であることが示された。ストレッチングの最終段階では、冷却療法によって温度は下げられる。血行や組織の中での熱伝導などの恒常性を保つ機能を含む生理学的要因によって、冷却の効果はすぐになくなってしまう。臨床現場では温熱－冷却療法のほうが温熱療法単独よりも効果が高いというエビデンスはない。したがって温熱療法と冷却療法は別々に状況に合わせて使われるべきである。図13は冷却療法の禁忌である。

マッサージ

　基本的なマッサージテクニックにおいて、機械的に結合組織を操作するストレッチングテクニックに直接、焦点をあてることはない。マッサージは筋－腱反射システムと機械受容器に対して、圧と筋の伸長を通じて効果があることが示されている。

　Crosmanら（1984）は、ハムストリングのストレッチングにおけるマッサージの効果を検証した。マッサージは9〜12分行った。治療を受けた側の股関節屈曲は、マッサージを受けていない側と比較して大きな改善を示した。

　Wiktorsson-Mollerら（1983）は股関節、膝、足首のモビリティーと大腿四頭筋とハムストリングの最大筋力に対するウォームアップ、マッサージ、CRストレッチングの効用について比較した。ウォームアップにはエアロバイクが使われ、軽い負荷（50W）で15分の設定で行われた。マッサージ群は約12分のマッサージを受けた。ストレッチングのグループは、体系的に考えられた6つの下肢筋群を含むエクササイズを12分間行った。最大筋の収縮を5秒間行い、2秒間の休息後、痛みのない範囲での最大限のストレッチングの範囲を8秒間保持した。実験の結果、ウォームアップとマッサージを受けた患者では、足関節のみモビリティーが改善した。ストレッチングは評価が行われたすべての関節で有意に改善した。すべての群では筋力は向上しなかった。

　Van den DolderとRoberts（2003）は、ランダム化比較試験で肩の痛みに対するマッサージの効果を検証した。治療群は肩周辺部のマッサージを6セッション受け、コントロール群ではウエイティングリストに載せられている2週間、一度も治療は行われなかった。マッサージ群の外転、屈曲、スクラッチテストでの可動域は、コントロール群と比較して有意に改善した。つまりマッサージ群はモビリティーのすべての変数

と痛みにおいてコントロール群と比較して、有意に改善したのである。

バイブレーション（振動）

Issurinら（1994）は、股関節内転と伸展におけるスタティックとバリスティック・ストレッチング（BS）の効果について研究を行った。梃(てこ)の力によってストレッチングされた群と、44Hzで振幅3mmの機械的なバイブレーションが加えられた群では、後者のほうが高い効果を示した。

スポーツにおけるストレッチング

柔軟性を維持する方法としてのストレッチング・エクササイズは、経験に基づいている。高い身体能力を要求される仕事やアスリートにおいて、ストレッチングによって適切なモビリティーを維持することは、組織の損傷を避けるうえで優先度は高い。

スポーツは関節や結合組織の適切なモビリティーを必要とする。多くのスポーツにおいて、良いパフォーマンスを発揮するためには非常に高度な柔軟性が必要とされている。例えば、狭い可動範囲の中での最大筋力を必要とするパワーリフティングのようなスポーツでは、ある程度の筋の硬さが必要とされている。一方、ウエイトリフティングにおいては、筋力だけでなく上肢、下肢両方に適切な柔軟性が必要とされている。どのくらいの筋力を必要としているかは、スポーツによって様々である。

研究によると、筋−腱システムの弾力性は、CRストレッチングやスタティック・ストレッチング（SS）では変えられない。そのため、これらの2つの方法で向上したストレッチングの角度は、筋−腱システムに貯蔵されて放出されるエネルギーが増加したことを示している。もし、可動域全般が動作の中で使用されたなら、柔軟性の向上は利用可能な弾性エネルギーの増加によって、パフォーマンスを向上させることができる。そのため、ストレッチングは幅広いスポーツで非常に有用である。

スポーツ選手における研究では、スポーツの種目に応じて適した柔軟性が必要であることがわかっている。例えば、水泳は肩の柔軟性を必要とし、空手は股関節の高い柔軟性を必要としている。体操やエアロビクスは、特に全身すべての柔軟性を必要としている。通常、最大筋力やエネルギーの急激な放出を必要としているアスリートは、体操選手や他のスタミナを必要とするスポーツ選手と比較して柔軟性は低い。

Hortobagyiら（1985）は、ハムストリングと大腿四頭筋のストレッチングが、膝伸展群の筋力にどのように影響を与えているかを調査した。その結果、ストレッチングによって筋力の向上は見られなかったが、動作のスピードは向上していた。研究者はこれを筋の緊張の減少の結果であると結論づけた。

AlexanderとBennet-Clark（1977）らは、筋機能の違いは筋の構造に関連性があることを示した。長い腱を持った筋と短い筋線維を持った腱は、短い腱をもった筋と長い筋線維を持った腱と比較して、多くのエネルギーを貯めることができる。

複数の研究によると、体幹と下肢の柔軟性が、歩行やランニング効率に影響を与えることが示されている。Godgesら（1989）は、アスリートにおいて1回のストレッチングセッションで歩行効率の改善が見られた。股関節伸展・屈曲の柔軟性、筋膜バランス、骨盤の左右均整の向上は神経筋バランスと収縮を向上させ、最大下レベルの負荷の下での酸素消費量の減少を起こす

ことを可能にしている。

　Gleimら（1990）は、ランニングマシーン上のランニング時における「下肢モビリティーV.S.酸素必要量」について研究を行った。その結果、トレーニングの経験がなく筋緊張の高い被験者では、時速3〜11kmの速度でランニングを行っているときに酸素消費量は少なかった。この結果は、柔軟性の低い筋－腱システムが高いエネルギー貯蔵能があり、足が離れるときにそれが放出されることを示している。筋が硬くなることでエネルギーがより多く貯蔵され、筋活動が起きる必要性を少なくしている可能性がある。

　Godgeら（1993）は、他動的な股関節伸展のストレッチング・エクササイズプログラムの歩行と、ランニング効率における効果について検証をした。身体が硬くない健康な学生を被験者として、3週間で6回のストレッチングセッションを行った後、股関節伸展は11度向上したが、歩行とランニング効率での有意な変化は見られなかった。

　McNairとStanley（1996）は、ランニングがふくらはぎの筋緊張を低下させたことを発見した。しかしハムストリングには影響は見られなかった。エクササイズの効果がどのようにあるかは身体の部位に対して特異的であり、それはまたどのようなタイプのエクササイズを行ったかにもよる。

　Williforkら（1986）は、ジョギングによる関節のウォームアップを行った後にストレッチングを行ったときの関節可動域への影響を調べた。1つ目のグループは、様々なストレッチング・エクササイズを週2回、9週間行った。ウォームアップグループはこれに加えて、ストレッチングプログラムを行う前に5分間走った。両グループで柔軟性は同程度向上したが、9週間のトレーニング後のパフォーマンスには違いが見られなかった。この結果は、ストレッチング前のジョギングによる筋のウォームアップが肩、ハムストリング、体幹、足首の柔軟性を向上させるという考えを支持していない。

　Krolainenら（2001）は、ランニング時の減速期において硬い下肢の筋群は蹴り出し期の力ポテンシャル（フェースポテンシャル）を増加させることを発見した。プレ（前）・ストレッチングの最後で短い結合時間（coupling time）と大きな力での短い時間での急激なストレッチングは、他の多くのスポーツでも使用される筋－腱の弾性を増加させる。

　Nelsonら（2001）は、ランナーにおけるストレッチングの効果について研究した。他の人に補助してもらって12種類のストレッチングを行ってもらい、それに加えて被験者自身で3つのストレッチングを行ってもらった。スタティック・ストレッチング（SS）は15秒保持する方法で行われ、15秒間のインターバルの後3回繰り返された。違うストレッチングを行う場合のインターバルは1分とした。一連のストレッチングは、週3回10週間行われた。座位での前方リーチは、向上の見られなかったコントロール群と比較して介入群では平均で3cm改善したが、ストレッチングは酸素消費量には影響を与えなかった。この研究は、硬い筋が一定の筋の長さの変化に対して大きい弾性エネルギーを発揮することはなかった、ということを示しているのではなく、柔軟性エクササイズは筋の硬さを変えなかったということを示している。ゆえに、ストレッチングはランニング効率に対して、何も効果がなかったといえる。ただし、この研究の被験者は、効率よく効果的なランニングを行う上で、妨げとなるような筋の硬さを持っているとは診断されていなかった。

　Jonesら（2002）は、国際レベルの男性長距離

ランナーにおいて、下肢と体幹の柔軟性はランニング効率と逆相関であることを発見した。この研究では、座位体前屈の数値と速度が、時速16kmでの最大下レベルにおけるランニングでの酸素消費量との間に有意な逆相関が見られた。しかし、このことは柔軟性がランニングの質に対してマイナスの影響を与えるということを示しているわけではない。この研究では、ストレッチングについて考慮されたわけではなく、個人の身体的特徴を示しただけであった。筋の硬さは、筋のサイズと速筋線維と遅筋線維の比率に関連している。これらの研究では、あるレベルの筋の硬さは必須であり、またコンプライアンスが低く、少ない筋で良い結果を得るのが難しいことが論理的にわかる。しかし、ランナーはある一定の柔軟性が最適なストライド長、神経筋バランス、左右の対称性には必要であるため、これらの結果からトレーニングプログラムの一環としてのストレッチングを止めるようなことはすべきではない。ランナーやウォーカーのステップ長は、筋緊張が高まると短くなる。これは筋緊張をさらに増長させ、ランニングパフォーマンスを下げてしまう。よって、ストレッチングは結果を向上させる可能性があり、よりよい機能がストレッチングの直接的なトレーニング効果によるものだと言える。しかし、コンプライアンスやランニング効率のアップにつながる筋や腱のサイズなどの他の要因も存在する。これらの要因も、トレーニングを計画する際には考慮されるべきであろう。

傷害予防

ストレッチングは傷害予防において重要だと考えられている。しかし、ストレッチングの予防的効果についてのエビデンスはあまりはっきりとしていない。少しではあるが、この分野の前向き研究は存在するものの、矛盾する結果を示している。EkstrandとGiliquist(1982)は、筋が硬いフットボール選手において、多くの筋断裂損傷が見られたと報告している。フットボールプレーヤーは、一般の人と比較して下肢の筋が硬い。高負荷と高頻度でのエクササイズによって、彼らの筋肉は必然的に硬くなっている。無作為研究でEkstrand(1982)は、エクササイズ前の習慣的に行われているウォームアップと、ストレッチング・エクササイズ後のクールダウン、下肢の防具、特別なシューズ、足首のテーピング、適切なリハビリテーション、教育、細かい観察によって、これらの介入を行わなかったコントロール群と比較して75％傷害を減少させた。筋の硬さの予防はストレッチングにより対応した。しかしストレッチングの重要性についてはこれらの介入が、細かい観察や医師や理学療法士による指導など他の介入方法も含んでいたため、詳細には検証できない。無作為研究においてBixlerとJones(1992)は、高校のフットボール選手のウォームアップとストレッチングを日課として行う効果について調査を行い、傷害の発生率の有意な低下が見られたと報告している。ここではストレッチングはウォームアップの一部として行われたため、ストレッチング単独での効果の検証は行えなかった。

van Mechelenら(1993)は、男性のジョギング愛好家において、ウォームアップ、クールダウン、ストレッチング・エクササイズによるランニング傷害の予防の可能性について研究を行った。この無作為研究の結果によると軟部組織傷害数では、介入群とコントロール群（無介入群）間では差は見られなかった。他の研究者(Howell 1984, Jacob、Berson 1986, Kerner, D'Amico 1983)の研究も、似た結果を示していた。

研究に基づいて、Ekstrandら(1983)はフットボール選手達に対して、バリスティック・ストレッチングを完全に中止し、コントラクト・リラックス(CR)テクニックによるストレッチングに変更することを勧めていた。その理由としては、効果の違いとバリスティック・ストレッチング（BS）による傷害リスクが増加する可能性と、それによって引き起こされる筋緊張が挙げられる。

HartigとHenderson(1999)は、陸軍の新兵を対象に、通常のストレッチングプログラムを行っていたグループと、ハムストリングストレッチングメニューを週3回加えたプログラムを行ったグループを比較したところ、後者の方が下肢の疲労性傷害の数が少なかったと報告している。介入群のハムストリングの柔軟性はコントロール群（無介入群）と比較して有意に増加した。しかしこの研究は無作為化されたものではないため、ハムストリングのストレッチングによって下肢の傷害が減少したかどうかは疑問が残るところである。そのため、結論を導くにはより精度の高い分析が必要である。Popeら(1999、2000)は、無作為化した被験者においてエクササイズ前のウォームアップ中にストレッチングを行ったグループと、ウォームアップのみを行ったグループの間では、下肢の傷害について違いを示すことができなかったと報告している。

Witvrouwら(2001)は、彼らの行った2年間の前向き研究において、体育学の学生の大腿四頭筋とハムストリングの柔軟性の低さは、膝蓋骨腱炎の発症における素因であることを突き止めた。彼らは、硬い筋−腱単位は腱炎発症のリスク要因の1つであり、この障害の予防にストレッチングは重要な役割を果たすことについて言及している。またWitvrouwら(2003)は、ハムストリングと大腿四頭筋に問題を抱えるプロサッカー選手は同部位に傷害発生が見られなかった選手と比較し、傷害発生前に柔軟性が低いことを前向き研究で発見した。特にハムストリングの柔軟性が少なく、股関節屈曲が90度以上できない選手は傷害のリスクが顕著に高かったため、スポーツ選手はしっかりとしたストレッチングプログラムを行うことを研究者らは推奨している。

WeldonとHill(2003)は、エクササイズに関連する傷害の予防を目的としたストレッチングの効果のシステマティックレビューについて報告している。その報告では、要因が混在していたり、研究の質の低さによって、はっきりとした結論は導くことができなかった。しかし、エクササイズ前の厳しいストレッチングは傷害の可能性を増加させる可能性があるが、エクササイズ後の長めのストレッチングは筋のエネルギー吸収能を向上させ、それによる傷害の発生を減らすことができる可能性に言及している。

矛盾する研究結果も、違ったタイプのスポーツ活動によって説明できる可能性がある。通常のランニングではあまり大きなモビリティーを必要としない反面、他の活動では幅広い可動域で筋力が必要とされる。例えば、エアロビクス、体操、ハードル、槍投げ、武道、円盤投げ、ゴルフなどである。柔軟性の低い筋−腱単位は、これらのスポーツでは筋や腱を損傷の危険にさらすことになる。そのため、筋−腱システムの可動域全体を使い、また実際の動作を行う前に、パターンを練習することが重要である。

高い負荷がかかり、爆発的な動きを要求されるスポーツは大きな弾性エネルギーを貯め、放出することができる十分なコンプライアンスのある筋−腱単位を必要としている。エクササイズ直前の大きな外力のかかったストレッチングはコンプライアンスを一時的に減少させるため、

考慮すべきである。コーディネーションも阻害される可能性がある。そのため、傷害の予防対策としてのストレッチングの効果を、理解することが重要である。限られた可動域で、かつ低から中程度の負荷が与えられている状態のなかで一定の継続した動きのみを行っているスポーツ活動は、ピークのストレスによる傷害のリスクは低い、もしくはほとんどなく、傷害予防において可動域の向上が役立つことはない。

静的モビリティーは、多くのスポーツでは動的モビリティーと比較してあまり重要ではない。ストレッチングはスポーツ傷害の顕著な予防を行えることを示せてはいない。他方では硬さは高い柔軟性を必要とするスポーツでは、傷害のリスクを増加させる要因であることが示されている。ストレッチングは、また筋の硬さと関連する痛みを減少させ、動きを楽にする。

高い安定性を必要とするスポーツでは、高い強度のストレッチングは関節の不安定性を引き起こすことで傷害リスクを増加させる可能性がある。また、筋−腱の保護やコーディネーションに重要なストレッチングに対する反射を阻害したり減少させたりする。しかし研究によれば、この効果はストレッチング後、急激に元に戻って消滅してしまう。よって高い強度のストレッチングは勧められるが、高い強度のエクササイズや試合の直前ではすべきではない。

粘度や弾性の構成要素の変化は、特に最大筋力の発揮とスピードを要求するスポーツにおいて、パフォーマンスに影響を与える。そのため、パフォーマンス直前に高い強度のストレッチングを行うべきではない。しかしこのことはウォームアップが重要ではないということではない。現場ではよくウォームアップとストレッチングが混同されているケースを散見する。

ウォームアップ

激しい身体活動の前に、身体を自動的にウォームアップすることで準備を行う。このウォームアップは、身体組織の弾性を向上させることも目的にしている。ウォームアップ・エクササイズでは、いかに中枢神経システムを特定のパフォーマンスに集中するようにさせるかがポイントになってくる。神経システムの活性化は、動きのコーディネーションを助け、パフォーマンスを向上し、傷害のリスクを減少させる。ウォームアップは速い速度と力を必要とする高いレベルのパフォーマンスの発揮の前に神経を刺激し、自動運動システムが最適に働く上で特に重要である。

de Weijerら(2003)は、スタティック・ストレッチング(SS)を行って24時間後のハムストリングの長さへの効果を、ウォームアッププログラムがある場合とない場合とで比較して研究を行った。ウォームアップは10分の階段昇りで最大心拍数の70％で行った。1つのセッションは30秒3回のパッシブ(他動)・ストレッチングで行われた。両方のグループのハムストリングの長さは、開始時と介入後の計測で有意な向上が見られた。ウォームアップとストレッチングの両方を行ったグループでは、股関節の自動可動域が14度増加し、ウォームアップのみのグループでの増加は1度で、コントロール群では変化が見られなかった。モビリティーは相対的に維持されていた。24時間後、ウォームアップとスタティック・ストレッチンググループでは、10度の可動域の増加を維持し、スタティック・ストレッチングのみのグループでは開始時と比較して、8度も可動域の増加を維持していた。しかし、グループ間では有意な差は見られなかった。このことからウォームアップとして使われた階段

- 組織の温度を上昇させる
- 微小血行の解放
- 心拍数の上昇
- 組織の代謝の上昇
- 運動神経の活性化と神経機能の同調化
- 筋のコーディネーションの向上
- 粘度の低下による組織の抵抗の減少
- 筋－腱システムのコンプライアンスの向上
- 筋－腱システムに貯められる弾力の増加
- パフォーマンス能力の心理的、認識的向上

図14　ウォームアップの効果

登りによっては、それ単独ではモビリティーの向上は見られなかったが、ストレッチング・エクササイズと組み合わせた場合には向上が見られた。

　ウォームアップとストレッチングは混同されやすい。スタティック・ストレッチングは、ウォームアップのプロセスの一環であることがよくあるが、実際は2つはそれぞれ違ったコンセプトである。ストレッチング・エクササイズは多くの場合ゆっくり行われるので、それによって組織の温度が上がるわけではない。いくつかのケースではその効果は正反対であることもある。ウォームアップの目的は神経システムの活性化であり、組織の弾性を増加させ、コーディネーションを向上し、体温の上昇と血行の刺激を目的とする（図14）。心地よい程度の温かい気温下では体温はほんの少ししか上がらず、組織のストレッチングには影響を与えない。厳しい環境下での四肢の高い体温は、組織の弾性とパフォーマンスに対して非常に大きな影響を与える。反面、暑い環境下では、体温はすでに高い場合があり、それ以上体温を上昇させることは不利益になる場合がある。しかしウォームアップで負荷をかけて、ストレッチングを行うことは、筋活動と柔軟性の増加には効果的である。

クールダウン

　強度の高いトレーニングによる神経活動の増加は、パフォーマンス後の休息の間に筋緊張を徐々に増加させる。過剰な負荷は痛みの受容器を活性化し、中枢神経システムを経由して筋緊張を高める。筋緊張の増加は、さらに痛みの受容器を刺激し、悪循環に陥らせてしまう。ストレッチングはリラクゼーションを起こし、筋緊張を低下させるのを助ける。また筋鞘にも影響を与え、筋内圧を下げて、周辺組織の血行を向上させる。ストレッチングは自動運動システムと神経システムの両方での回復を向上させる。

筋におけるストレッチング中の血行

　筋緊張と関連している高い筋内圧は、筋における血行を低下させる。交感神経システムの活動の増加は、小さい細動脈を収縮させ、血行を低下させる。ストレッチングの間、筋内圧の上昇と共に血管が薄くなることで血行は減少する。安静位置からの10～20％のストレッチングで、血行が40％減少する。ストレッチング後、リバウンドが起こり、血行は実際増加する。一回ごとの間欠的なストレッチングによる一時的な数分の血行の阻害は、必要とされる酸素の供給や組織の代謝には悪影響を与えることはない。実際、スタティック・ストレッチング（SS）・テクニックでは血行を増加させる。しかしスタティック・ストレッチングを数分継続して行った場合、マイナス効果が見られる可能性もあり、避

けられるべきであろう。

Kjaerら（2000）は、段階的に行われるスタティック・ストレッチングは腱の周辺組織の血行を増加させることを発見した。この量は休息時の3倍近くにもなる。

しかし高強度のスタティック・ストレッチングを行っている状態を一定時間維持した場合、虚血が起こる。これはストレッチングをした位置で関節を固定した場合でも、起きる可能性がある。

遅発性筋肉痛（DOMS）

激しい筋活動は微小な外傷を引き起こし、それによって徐々に痛みが起き、筋を短縮させ固くする。症状は通常翌日に現れる。その筋活動がさらに激しいレベルで行われた場合、痛みはすぐには回復せず、2、3日後にさらに悪化する。高強度の筋活動はミクロレベルでの損傷を引き起こし、それによって徐々に痛みが増加し、筋の短縮や硬化が増してくる。通常翌日にこれらの症状が見られる。もし、通常行われる以上の非常に高い負荷がかけられた場合、痛みは2、3日後経過しても悪化していき、その後、ようやく改善へと向かう。このことを遅発性筋肉痛（DOMS）と呼ぶ。通常は数日中に筋は修復され、症状は和らいでくるが、大きな損傷が起きている場合では、1週間近く続くことがある。痛みがあるにも関わらず、高強度のエクササイズが継続された場合、筋への不可逆的な損傷を引き起こすことがある。

Highら（1999）やWesselとWan（1994）、Johanssonら（1999）の研究により、ストレッチングを行っても高強度の運動によって引き起こされたDOMSを予防できないことが示されている。DOMSを予防する唯一の方法は高い強度の運動に慣れるために、エクササイズの強度を徐々に増加させることである。

McGlynn（1979）やBurokerとSchwane（1989）は、エクササイズ後のスタティック・ストレッチング（SS）がDOMSを緩和するかどうかについて研究を行ったが、コントロール群（無介入群）と比較して有意な差は見られなかった。よってストレッチングはDOMSに関連する症状を緩和したり、筋の回復を早めたりすることはない。他の理学療法的方法や薬によっても、約1週間以内で起きる通常の回復を、早めることはないことが示されている。しかしながら、よく見られる臨床知見として非常に大きな痛みを引き起こしている場合や、筋が硬くなっているため動作によって筋が無理やり伸ばされることで痛みがある場合などは、その痛みを緩和するのにストレッチングは役立っている。これらの場合、ストレッチングを行うにも非常に痛みがあるが、ストレッチングなしでは、硬く痛みのある上腕三頭筋を動かすことすら不可能かもしれない。

Lundら（1998）は、エキセントリック・エクササイズが行われた後のパッシブ（他動）・ストレッチングのDOMSに対する効果について評価し、パッシブ・ストレッチングが最大筋力を低下させることを発見した。Jayaramanら（2004）は、膝へのエキセントリックの伸展エクササイズによって引き起こされた筋の損傷に対する局所的な温熱療法と、スタティック・ストレッチングによる治療の効果を調べた。その結果、アイソメトリックでの筋力評価、痛みの評価、大腿のMRIの結果は、これらの治療による腫れや筋の損傷の回復や、筋の痛みに対して鎮痛効果があることを示さなかった。

ストレッチングに慣れていない人は高強度のストレッチングそのものでDOMSが起きてしまう場合がある。Smithら（1993）は、研究で6分

間の高強度のストレッチングで、すでに中程度のDOMSを引き起こしていたことを示した。ここではスタティックとバリスティックの両ストレッチングテクニックが使われた。筋肉痛はスタティック・ストレッチングの後のほうがほんの少しだけ多く生じた。

適切な力と適切な時間がストレッチングの際に使われるべきであり、ストレッチング・エクササイズは習慣的に行い、低強度から開始されることが重要である。高強度のストレッチングは急性の捻挫の後、外傷を起こす可能性があり、組織の修復が進み、受傷組織が機械的なストレスに耐えられるレベルになるまで避けられるべきである。

筋硬直へのストレッチング・エクササイズの効果

レジスタンス・トレーニングによる筋力の向上は、神経の適応と筋肥大の2つによるものである。初期の神経の適応が起きる最初の2カ月の後、筋の組織自体が変化し、筋肥大が起きる。ストレングス・トレーニングは、筋硬度を増加させてしまうと一般には信じられている。

Magnusson(1998)は、ストレングス・エクササイズはエクササイズ直後の筋ー腱システムの弾性を低下させることを研究で示した。アイソキネティック機器を使用し、コンセントリック収縮による膝関節へ最大負荷をかけてストレングス・エクササイズを行ったところ、ハムストリングの筋ー腱のスタティック・ストレッチング(SS)に対する抵抗を20-28％低下させた（図15）。つまり、最大努力による連続したコンセントリック・エクササイズによる筋収縮は、筋ー腱システムの復元力を変え、ストレッチングしやすく、あまり硬くないようにする。

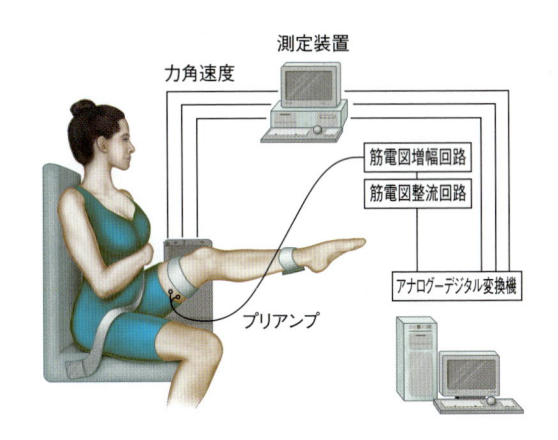

図15　ストレッチングの研究
研究現場では新しい機器によりストレッチングの研究がなされている。ストレッチングの力、組織の抵抗、関節の角度の変化、角速度、ストレッチング時の筋電活動の開始時点や量などのいくつかの要素の変数がコンピューターやセンサー、電極を使って同時に計測することができる（Dr. Peter Magnusson氏の論文〔1998〕より）。

ストレッチングがしやすくなるのは、筋収縮中の変化によるものである。筋ー腱システムの抵抗は、使用された力が非常に大きかったにも関わらず、エキセントリック・エクササイズの後には変わらなかった。エキセントリック・エクササイズは、筋肉痛と主観的な筋硬度の増加をより感じさせるが、粘度のコンプライアンスは、これらのエクササイズの後も変化しなかった。

このことは粘度を維持する上で非常に重要である。例えば歩行や、ランニング、ジャンプの際にふくらはぎの筋（群）が支持期にエネルギーを貯めて、その後、蹴り出し期にその力を解放するからである。もしストレッチングのしやすさが突然動作の途中に大きく改善、増加した場合、今度は筋がより働かなければならなくなる。つまり、復元力の低下はより大きな筋の収縮活動を必要とする。

GirouandとHurley(1995)は、肩のストレング

ス・エクササイズと、そのストレッチングに与える影響について研究を行った。肩のモビリティーはストレングス・エクササイズと、ストレッチング・エクササイズを組み合わせたプログラムでは増加が見られなかった。しかしスタティック・ストレッチング法のみでの介入により、明らかな改善を見せた。

Klingeら（1997）は、レジスタンス・トレーニングの他動での筋硬度への影響について研究を行った。被験者は左右のハムストリングのアイソメトリック・ストレングス・トレーニングを週3回行った。負荷は2週間で徐々に80％から最大へと増加させた。片方の脚では、アイソメトリック・トレーニングに加えてストレッチング・エクササイズ（各柔軟性エクササイズのセッションは45秒のストレッチングを4回、各ストレッチングの間に1分の休憩を入れたもの）が行われた。被験者は毎日2回のプログラムを週7日、12週間行った。その結果、アイソメトリックでの膝屈曲の筋力は両側で43％増加したが、コントロール群（無介入群）では変化は見られなかった。ストレッチングの評価ではピークと最終トルクはトレーニング期間を通じて顕著な筋電図の変化がないまま、トレーニングした両脚で増加した。他動での筋硬度は両側で増加したが、左右での違いが見られなかった。アイソメトリックでの筋力の増加は筋肥大に関連している可能性が高く、それは筋硬度の増加から説明できる。アイソメトリックでの筋力の増加とパッシブ（他動）での筋硬度の増加は、併せて筋－腱単位のエネルギー吸収のためのより高い能力を供給し、傷害予防を行う上で重要である。筋の硬度については、この研究で行われた毎日のストレッチングによる影響は見られなかった。

コンセントリックとエキセントリック・ストレングス・エクササイズは、翌日に評価された場合、ともに筋硬度を上昇させるが、トレーニング直後では変わらないことが知られている。これは筋緊張の増加が関連している。ストレングス・トレーニングは筋量を増加させ、高い負荷での長期のトレーニングによって腱の厚みは増加する。例えば、筋のサイズが大きいほど、筋の収縮の向上によって筋出力は増加する。筋－腱の復元性はストレッチングによって増加し、エネルギー吸収能力は、ダイナミックな動きによって向上する。筋の硬度は結合組織の増加によって高くなり続け、ストレッチングを行うにはより大きな力を必要とする。ストレングス・トレーニングは、ストレッチングに必要な力への耐用量を改善させる。通常のストレッチングテクニックは、大きな筋肉を持つ選手にはあまり効果がないかもしれない。結果を出すためには、術者による集中したアプローチが必要である。大きな筋群に対しては、おもりを使っての特別なストレッチング・テクニックが効果を挙げている。

筋力へのストレッチングの影響

ストレッチングはある状況下では筋出力を増加させ、他の状況では低下させる。力は筋の長さとレバーアームの長さに関係しており、柔軟性のトレーニングによって影響を受ける。多くの研究の結果、ストレッチングは関節のモビリティーを高め、筋－腱システムでの柔軟性を向上させることを示している。関節や筋－腱の硬さによる柔軟性不足は、可動域や潜在出力の低下を招く。モビリティーの低下は多くの場合に痛みを伴うため、それによって運動ニューロンの活動が抑制され、神経システムを通じて力ポテンシャルを減少させる。ストレッチングは通常のモビリティーと痛みのない可動域の回復に

役立つ。

　自動による筋収縮と弾性結合組織は、力ポテンシャルに影響を与える。他動的な筋の組織によって生み出される力の量は、最初の筋の長さと、長さの変化との関係による。筋収縮前に行う安静時の位置を越えてのアクティブ（自動）・ストレッチングは、リバウンド効果によって出力を大きく増加させる。この場合、筋は収縮前の結合組織に弾性エネルギーを貯め込むことで、リラックスした位置からの場合やアイソメトリック収縮からの収縮と比較して、より大きな力と機械的運動を引き起こす。

　ストレッチングは、筋トーヌスや力の発揮についての自律神経コントロールにも影響を与えている。パッシブ（他動）・ストレッチングは、中枢神経システムへのIa求心性神経線維とⅡ求心性神経線維を通しての求心性の筋紡錘の出力を変化させる。高い負荷は、ゴルジ腱紡錘を活性化させ、求心性Ibを通じて運動制御を行っている。求心性の活性の増加は、α運動ニューロンの活動にも影響を与える。

　Hornsbyら（1987）は、非活動時のヒラメ筋・腓腹筋の長さが足関節底屈にどのような影響を与えるかを研究した。底屈の力は底屈位からよりも背屈位からのほうが強かった。硬いふくらはぎは、リラックスしたふくらはぎの筋に比べて、大きな力を発揮した。硬い筋では結合組織が早く伸ばされ、他動的な力の発揮の増加がみられた。膝関節が真っすぐの場合、足関節底屈における筋力は屈曲位と比較すると15～20％ほど大きい。これは、膝の屈曲時では腓腹筋が短くなり、最適な力ポテンシャルを供給できる中立位から程遠くなることが関係している。

　RosenbaumとHennig（1995）は、アキレス腱反射とストレッチングの組み合わせによる筋肉への影響について研究を行った。ストレッチング後のアキレス腱反射では、ヒラメ筋・腓腹筋の最大筋力と筋電活動に低下が認められた。また、アキレス腱を叩くことでのストレッチング反射も低下した。

　Lundら（1998）は、DOMS（遅発性筋肉痛）のある部位をストレッチングした直後、筋力が低下することを発見した。Kokkonenら（1998）は、筋出力に対するストレッチングの効果を研究した。その研究によると、大腿四頭筋とハムストリングの最大筋力は強度の高いストレッチングによって、7～8％低下が見られた。最大跳躍ポテンシャルも、強度の高いストレッチングによって低下した。これらのことから、ストレッチングは、他動的または自動的な筋－腱単位の筋硬度を低下させることによって、最大筋力に影響していることが推察できる。

　Avelaら（1998, 1999）は、ストレッチング後のふくらはぎでの筋出力の低下を発見した。健康な被検者に対して、ふくらはぎの筋に長めの連続したパッシブ・ストレッチングを施した。ストレッチングはモーターでトルクをかけることのできる機械によって行われ、毎秒1.5サイクルの頻度で1時間の間、行われた。その結果、アイソメトリックによる最大随意筋収縮力は、ストレッチングの直後23％減少し、ヒラメ筋・腓腹筋の平均筋電活動は20％低下した。しかし、全体の回復は15分で見られた。

　このような変化はストレッチング反射感度の大きな低下と関連している。このことはより太い求心性神経の活動の低下と関係しており、連続したストレッチングに対する筋紡錘の感度の低下と、無髄の求心性神経ⅢとⅣによって引き起こされている。筋紡錘は代謝的疲労と筋の損傷に敏感である。これらの受容器は抑制的介在ニューロンへ情報を入力する。紡錘が介在する紡錘運動サポートが徐々になくなっていくこと

によるα運動ニューロンプールの脱促通があるかもしれない。よって疲労は錘外で起きるだけではなく、錘内線維でも起こり、α運動ニューロンへの随意的伝達力を低下させている。

同様の結果は、Cornwellら（2001）によっても報告されている。彼らの研究では、スタティック・ストレッチング（SS）を大腿四頭筋、ハムストリング、殿筋に対して行った後、最大跳躍能力を10分後に計測した。その結果、平均4％の減少が見られた。他のCornwellら（2002）の研究では、ふくらはぎに対する強度の高いストレッチングの後、ジャンプに7％の有意な減少が見られ、また筋硬度は3％の有意な減少が見られた。静的なジャンプの際にも筋電活動の減少が見られたが、ストレッチング後の対抗運動のジャンプには変化が見られなかった。

Fowelesら（2000）は、ふくらはぎの力ポテンシャルに対するストレッチングの影響について研究した。ふくらはぎに30分間の強度の高いストレッチングを行った5分後に評価をすると、20％の最大出力の減少が見られた。出力の減少は1時間後でも見られた。これらの研究により、ストレッチングによる一時的な筋線維の増加は筋紡錘によって発生するストレッチング反射の興奮性にマイナスの影響を与え、筋力を減少させる可能性があることを示唆している。

Behmら（2001）は、健康な被検者の大腿四頭筋の力ポテンシャルへの強度の高いストレッチングの影響を検証した。ストレッチングは45秒行われ、15秒の休憩を挟んで5回繰り返され、全体のストレッチングプログラムの時間は20分であった。4人の被験者は自分でストレッチングを行い、他は補助されてのストレッチングを行った。両グループ共できるだけ伸ばせる範囲でのストレッチングを行った。ストレッチング後、6～10分間、アイソメトリックによる最大筋力を測定したところ、12％の顕著な減少が見られた。この筋力の低下は研究者によると神経システム機能の低下と、それによる筋の活性化と筋収縮の低下による結果ではないかといわれている。他の研究でも強度の高いストレッチング後の筋出力の低下が確認されている。最適な力は、よくストレッチングされた筋やリラックスされた筋によっては発揮できないことが示されている。

Wilsonら（1994）は、動的なストレッチング・エクササイズと静的なストレッチング・エクササイズを組み合わせたプログラムの最大筋力と、筋─腱システムのストレッチングへの影響について評価した。実験では、ウエイトリフティング経験者に胸筋を斜め腕立て伏せでストレッチングをしてもらった。彼らには手を置いている2つの椅子の間でできるだけ前方に体を持っていき、その位置を8～20秒保持してもらった。2つ目の方法は、仰向けになった状態で両手に5～20kgのハンドウエイトを持ち、手を外側にできるだけ下げてその位置を8～20秒保持してもらうものである。これらの2つの方法は6～9回、2セット行われた。3つ目の方法は肩を90度外転し、手を壁に固定した状態で、外側に伸ばした腕を身体を回転させることで、胸をストレッチングする方法である。この方法では左右3回ずつストレッチングを行った。4つ目の方法は両方の手で棒を持ち、頭上に持ち上げた後、両肘を真っすぐ伸ばしたまま、できるだけ頭の背面に持ってくる方法である。この方法は6～9回、2セット行われた。ストレッチングは週2回8週間、ストレングストレーニングの代わりに行われた。身体の硬い被験者はコンプライアンス（伸縮性）が高かった被験者に比べて、アイソメトリックテストとコンセントリックテストの両方で最大筋力が有意に改善した。ストレッチングに

よる介入後、肩関節の外転のモビリティーは15％改善し、コントロール群（無介入群）と比較してベンチプレスでの最大筋力は5％も改善した。筋の収縮要素が高いレベルでアクティブなとき、筋一腱システムによって多くのエネルギーが吸収される。筋の収縮要素の活性レベルが低いとき、筋一腱システムによって少ないエネルギーしか吸収されず、動作を起こすためには多くの活性が必要とされる。これらのことにより筋一腱システムの状態が効率に影響を与えていることが示されている。筋一腱単位の状態をストレッチングで向上させることで、動作での筋一腱の弾性エネルギーの動作に対する貢献度を向上させることができる。

　Krollら（2001）の研究では、ハムストリングのストレッチングをモビリティーが30％向上するまで毎日行わせた後、アイソキネティックでの最大筋力を計測した。その結果、ストレッチングを行わなかったコントロール群と比較して最大筋力には変化が見られなかった。

　Kuboら（2002）は、筋の腱組織の粘弾性に対する8週間のストレッチングプログラムの効果について検証した。週7日間、1日2回のストレッチングセッションが行われたが、その結果、ストレッチングは筋の変化と同様、腱の組織のコンプライアンスを有意に向上させた。ストレッチングに適応することで起きた腱のコンプライアンスの向上は、よりエネルギーを吸収させ、それによって筋一腱システムの効率が向上したことが推察される。これらの発見はこれまでの研究と一致し、ストレッチングプログラムによって腱のコンプライアンスが向上することを示している（Frisenら1969, Viidik 1972, Wangら1995）。

　最適なパフォーマンスのためには、筋一腱システムの弾性バネの性質（エネルギーを吸収し、また筋力を向上させる）を、向上させておくことが重要である。習慣的なストレッチングは、筋の硬さの主観的感覚を低下させることができる。筋出力のテスト間での相違は、ストレッチング直後に計測されているか、それともしばらくたってから計測されたかに起因している。ストレッチング直後のテストは筋出力の低下を示すが、この効果はすぐに消えてしまう。

　力ポテンシャルは、筋収縮時のストレッチングの間に筋に蓄えられたエネルギーと関連している。ジャンプのための準備動作はその例である。求心性収縮が起きている蹴り出し期の間、筋に蓄えられたエネルギーは放出され、殿筋では遠心性収縮が起きている。1つもしくは複数のこれらの筋の強いスタティック・ストレッチングは、最大力ポテンシャルをストレッチングの後、低下させてしまう。ストレッチングは一時的に筋一腱システムの弾粘性を低下させてしまい、結果的にエネルギーの蓄積を減少させてしまう。しかし、この現象は長くは続かず数時間後には消えてしまう。これはトレーニングやスポーツ競技で高いレベルでパフォーマンスを発揮するために非常に重要な問題である。パフォーマンス前の高強度のストレッチングは、最適な速度と出力を得る上でのマイナスの効果を生んでしまう。ストレッチングは神経筋システムのバランスの変化に直接的な効果も持っているため、力ポテンシャルの急激な低下はコーディネーションの低下にもつながる可能性がある。

　ストレッチングでは、筋と結合組織の柔軟性を向上させ、抵抗を減少させることが共通したゴールである。強度の高いストレッチングプログラムは、競技の直前にウォームアップとして行われたときにはコーディネーションと、最大収縮力ポテンシャルを低下させ、障害の可能性を増加させてしまう可能性がある。

　ストレッチングの筋出力に対する効果は、人

それぞれの身体構造や生まれつきの筋-腱システムの硬さと、ストレッチングの際のテクニックと使われる力との組み合わせによって変わってくる。研究が示しているように、高強度のストレッチングは一時的に力ポテンシャルを低下させるが、その一方、動的ストレッチングが特異的なエクササイズと組み合わせて行われた場合、力ポテンシャルを増加させることができる。

高強度のストレッチングは過剰なモビリティーがあり、特に関節の不安定性があるケースには適していない。ウォームアップとストレッチングのパターンは、スポーツの種類とまたその個人のニーズに合わせて計画されるべきである。ストレッチングのパターンは人によって様々であり、コーチはチーム全体として行わなければならないときには十分注意する必要がある。過剰な柔軟性がある人には、動的なコーディネーションやスタビリティーエクササイズによってウォームアップが行われるべきであり、ストレッチングは行われるべきではない。

高強度のストレッチングは、筋が硬くない健康な人においては力ポテンシャルにはっきりと影響を与えることが証明されている。研究結果に基づいて言うと、高強度のストレッチングは高いレベルでの柔軟性を要求されていない限り、競技直前は避けるべきである。ウォームアップによって神経を活性化させ、できれば筋-腱のコンプライアンスを低下させるのではなく増加させるべきである。ウォームアップ中にそのスポーツにおいて要求されている以上の可動域を超えてストレッチングを行う必要はない。研究によると、そのようなストレッチングは傷害を予防しないだけでなく、一時的にではあるが最適なパフォーマンスを発揮するのを阻害してしまう。例外としては、筋の痛みや筋の短縮が激しい練習によって起きたとき、または効果的な

ストレッチングなしに獲得することはできない大きな可動域を必要としているような活動のあるときなどが挙げられる。

ストレッチングは力ポテンシャルに対して、長期のマイナス効果がないことはわかっている。このことから、練習の後に、筋のよい状態を保つのにストレッチングを行うことは重要であり、そうすることで適切なタイミングで筋のリラクゼーションを引き起こし、関節と結合組織のモビリティーを維持することに役立つ。

トレーニングによる筋緊張の増加

一般的には中程度の長さのエクササイズを20～30回、1回のトレーニングセッションで何度か繰り返されると、筋トーヌスは急増する。強度の高い無酸素系運動は筋内の乳酸の蓄積を引き起こし、筋間圧を上昇させ、血液の循環を低下させる。筋は老廃物をすぐには除去することができず、筋緊張は増加し、緊張の増加は筋紡錘や運動ニューロンを活性化させる。ボディービルダーは筋を肥大させるためにこの方法を使い、コンテストの直前には筋の張りを増加させて、筋が大きく見えるようにする。この効果は短い期間しか維持されないが、何度も繰り返すと筋は新しい要求に対して適応をしようとし、筋は大きくなり始め、代謝に重要な細胞器官の生成が増え、毛細血管も増加する。筋線維と結合組織の増加によって筋は大きくなり、筋のコンプライアンスを増加させる。一方、入院など長期のベッドレストは、これと反対に筋の廃用を起こす。

身体からの塩分の喪失または脱水は、筋を過活動にし、筋緊張は簡単に極限まで高まり、痙攣を引き起こす。脱水は通常、非常に気温の高い暑い環境の中で、気がつかない間に起きてし

まう。病理的状態が起きた場合、急いで治療を受けさせる必要がある。

モビリティーに影響する要因

身体構造とモビリティー

　遺伝的要因は一般的な柔軟性に対して顕著な影響を与えるものである。遺伝要因は関節の形や結合組織の質を決定する。しかし、環境要因は遺伝的要因を凌駕するケースもある。通常の成長過程が阻害された場合、特に妊娠中は環境要因に大きく影響される。実際、妊娠の最初の3カ月は非常に重要な時期で、感染、化学物質、放射能、栄養不足などの形での外的な影響を非常に受けやすい。

　身体部位のそれぞれの長さなど人体測定学的要因は、柔軟性には直接影響を与えない。しかし、腕の非常に長い人が行う立位体前屈のように、身体に対するの四肢の長さは柔軟性の測定結果に影響を与えることが考えられる。人間の体格はタイプによって、肥満型(pyknic)・筋骨型(athlete)・細長型(asthenic, letosomatic)の3種に分けられるが、柔軟性には関連しておらず、それぞれのタイプの中でも体の硬い人や柔らかい人もいる。モビリティーはエクササイズによって大きく向上させることができるが、その向上の度合いも個人によってまちまちで、その人の持つ組織の性質で、非常に早く目標に到達する人や、また高いレベルでのトレーニングや長い期間の努力が必要であったりする人もいる。

年齢とモビリティー

　柔軟性は小さい子供が一番高い。彼らの関節は構造が完全にできていないために成人のように動きを制限せず、そのため、非常に柔らかい。関節の靱帯もまた非常に柔軟なため、関節は安定していない。関節が硬くなっていく速度は、急激に身体が成長する通常5歳から12歳の頃から速くなる。骨は、筋－腱複合体と比較して早く成長し、他の結合組織は続いて順番に成長して完成されていく。その結果、筋－腱、筋膜、靱帯の硬さは急激に身体が成長をするときに増加し、「成長痛」を引き起こす。小学生は授業の際やまた家でも長時間座ることが多いが、体育の授業ではこれらの運動不足を補うために計画はされていない。そのため、運動不足はモビリティーの低下の原因であると言われている。

　BaxterとDulberg (1988) は、痛みの症状をアクティブ（自動）・ストレッチングによって和らげることができることを発見した。習慣的なアクティブ・ストレッチング・エクササイズは、成長時に四肢に痛みのある子供たちに薦められる。柔軟性は思春期後に18歳まで増加する。その変化は個人によって様々であり、同じ人でも関節によってその柔らかさが違うことは多い。30歳以上の人では、レントゲン検査によって多くの関節で退行的な組織の変性が見られることはよく知られている。しかし、一部の関節のみ症状が感じられ、早い時期では無症状のままであることが多い。しかし個々の関節のモビリティー制限は中年の時期に見られるようになる。初期の段階でのストレッチングによる治療によって効果的にモビリティーを維持することが可能であるが、治療されずにいると弾性組織が徐々に硬い線維組織へと変わっていき、それらの制限は恒久的なものとなる。よって痛みがまだないとしても、早期の段階で可動域の制限を見つけることが重要である。

　成人における柔軟性は年齢と共に徐々に失われていく。硬度は関節によって違うものの、一

般的に増加していく。研究によって運動不足は結合組織の硬度の増加と、一般的なモビリティーの低下に影響を与える要因であることが示されている。加齢は筋力、スピード、スタミナ、柔軟性、コーディネーションのすべての筋の機能を低下させていく。筋線維の短縮や、消滅が起きるのと同様に、筋内の末梢神経支配や中枢神経システムの退行は機能を弱体化する。筋細胞は脂肪細胞と線維的な結合組織によって置き換えられる。筋が活性化する閾値は上がり、よって機能するにはさらに努力が必要になる。

　筋組織の減少はストレッチングに対する抵抗の減少を引き起こす。よって加齢は必ずしも硬度の増加や、モビリティーの向上に結び付くわけではない。結合組織の筋内における増加によって筋が短くなった場合、モビリティーの問題を引き起こす。しかし、問題となる機能の制限は、関節の靭帯や関節包における多くの線維細胞の増加に関連する場合のほうが多い。

　平均的な筋力の低下は30歳以降、1年に1％だと言われている。しかしこれらの変化は一定ではなく、筋力の低下は50歳を超えると速度を増す。様々な病気、手術、事故は加齢やモビリティーの低下と関連して、機能的能力の変化を加速する。もし、すでに状態が悪く、一部の関節にすでに制限が見られているような場合では、機能的能力の変化は特にはっきり見られる。

　コラーゲンの生成と分解は、組織の中で継続して行われている。弾性結合組織の加齢や炎症、傷害による損傷や退行は、線維質が多い結合組織によって修復される。修復プロセス中のストレッチングは重要で、特に高齢者では重要である。アクティブなエクササイズとストレッチングは、筋の収縮方向に沿った筋線維の生成を促進し、コラーゲン線維間の線維の生成を抑制し、過剰なコラーゲン生成を抑制する。柔軟性のない分厚く、様々な方向に走る線維性の組織は、首や体幹、四肢に大きな力がかけられた場合に損傷を受けやすい。硬い組織は関節への負荷の増加、関節のモビリティー制限、関節症などの組織的変化を引き起こすといわれている。

　一般的な不健康さには、柔軟性不足を伴っていることが多い。関節の硬さはエクササイズを行うことを不快にさせ、痛みによってトレーニングの妨げとなり、そして運動不足は筋出力の低下を生む。股、膝、足首の関節の関節炎は関節腔の幅を狭め、関節包と靭帯の弾性組織の減少は関節モビリティーの低下を招く。効果的なエクササイズなしでは筋の出力は低下し、一般的な健康は悪化していく。レントゲン検査では、早期の関節症を見つけることはできない。筋のアクティブ・トレーニングによるストレッチングや筋力強化を取り入れて、関節のモビリティーを維持することで身体の機能を維持することができる。また組織の退行が進行したとしても、安定性とモビリティーが確保されていることで症状なく過ごすことが可能である。関節の炎症があり、トレーニングによる負荷をかけることが好ましくないような場合はアイソメトリック・ストレングス・エクササイズとストレッチングが行われるべきである。退行している関節の炎症や関節炎は一般的に一時的なものであるが、長期間にわたることもあり、リハビリテーションは状態に合わせて、調整されて行われるべきである。

　早期の段階で加齢に関連した動作制限を発見することは、エクササイズによる治療の成功にとって重要である。関節のモビリティーの制限は年齢とともに増していき、結合組織は徐々に硬い線維組織に置き換えられ、関節構造は退行していく。関節軟骨の退化は関節腔を狭め、モビリティーを減少させる。モビリティーの低下

モビリティーに影響をする要因

によって関節包と特に靱帯が固い線維性組織に置き換わっていき、柔軟性の低下につながっていく。柔軟性の不足は通常の機能を阻害し、日常の活動に支障をきたすことになる。

　人が痛みを引き起こす前に耐えられる最大のストレッチング力は、年配の人よりも若い人のほうが大きい。つまり、ストレッチングに対して耐えることのできる力は年齢と共に減少していく。しかし、高齢者がストレッチング・エクササイズをすることで、耐える能力と柔軟性を効果的に向上させることは可能である。柔軟性の維持は高齢者にとっては、機能を維持する上で非常に重要である。日常的なストレッチング・エクササイズを開始する時期が早ければ早い程、効果的に維持することができる。ストレッチングは不可逆的な組織の変化が起きる前に行われるべきである。ストレッチングは関節のモビリティーの維持を可能とし、また筋が硬くなることで起きる症状を緩和させる。線維組織の浸潤や急増が起これば、これらの組織に対するダメージは避けることができず、強度の高いストレッチングを行う際にも関節の痛みを伴う。もっと進行したケースでは、ストレッチングを効率的に行うために麻酔がモビライゼーションの際に必要となる場合もある。

モビリティーに影響する遺伝と性別要因

　関節の柔軟性は人によって異なり、また同じ人でも関節によって異なる。

　遺伝要因は安定性、柔軟性、スタミナを決定する組織の性質を決定する。異常に身体の硬い人や、逆にハイパーモビリティーのある人は、遺伝による組織異常または突然変異が原因かもしれない。これらの障害は成長するとともに組織に反映され硬く、もしくは柔らかくなっていく。遺伝要因は身体組織の基本的な厚さや長さも決定する。

　性別は様々な形でモビリティーに影響を与える。女性は平均的に男性に比べて柔軟である。この結果は解剖学的な構造や組織の要因、ホルモンの機能を反映している。男性の筋-腱システムと関節は、通常女性よりも大きく安定している。男性における男性ホルモンと、女性における女性ホルモンによる支配は、成長にそれぞれ影響し、腱膜、筋、腱、靱帯の弾性に影響を与えている。女性における妊娠中のリラキシンホルモンの生産と放出は、靱帯が緩くなり伸びやすくなるようにする。

　なぜ男性と女性に柔軟性の違いがあるのか。そのことについては、身体活動の違いによってある程度の説明はつく。女性は体操やエアロビクスなど、柔軟性を向上させるスポーツやエクササイズに参加することが多い。一方、男性は関節のモビリティーを向上させることはほとんど考えず、大きな力の発揮を必要とするスポーツに参加することが多い。これらの好みの違いは、性別による文化的な傾向や、生まれつきの能力を使いたいと思う気持ちを反映している。しかし、男性でも非常に身体の硬い人は柔軟性の向上に力を注ぐべきであることは言うまでもない。

モビリティーの変化（日内変動）

　四肢と脊椎の柔軟性は、1日のうちでも時間によって変化する。筋硬度は寝ている間に徐々に上昇する。そして日中の活動によって柔軟性は向上する。またストレッチングによって早く向上させることができる。

　研究によると、温度は組織の機能に顕著に影響しており、柔軟性は組織の温度と相関関係に

ある。温度の上昇は関節周囲の結合組織の柔軟性と、一般的な関節のモビリティーを向上させる。組織の温度が上昇すればストレッチングは行いやすくなる。また温度の変化は正反対の効果を引き起こすこともあり、結合組織が硬化すれば、負荷がかかった状況下では傷害は発生しやすくなる。1日の中では身体活動の変化によって、組織の温度の変化を説明することができる。睡眠中、消費エネルギーと身体の循環は低下し、硬度は増加する。特に遠位の身体部位では組織の温度は最も低下しやすく、また硬度も高くなる。このことはレイノー症候群のような状況として知られている。

末梢神経の伝達速度は身体の温度と相関している。神経機能は身体の温度が低下すると共に低下し、また四肢の柔軟性は睡眠から目覚めたときには室温、寝間着、寝具のタイプなどの外的要因に影響される。身体活動は組織の温度を上昇させ循環を刺激する。

中枢神経システムの活動レベルは、動作の機能とコーディネーションにとって重要である。睡眠中はこの活動が低下し、起床した際には中枢神経システムは完全な活動レベルに戻るまで少し時間がかかる。目覚めた後、身体動作は少しぎこちなく感じたりする。線維筋痛症の場合、四肢の硬さは中枢神経機能に関連し、一日中その状態が続く。高強度の身体的、精神的ストレスは、中枢神経システムを疲労させ、反射は低下してコーディネーションを阻害する。症状は休養や睡眠によって通常は消える。しかし、休養だけでは完全な回復は難しい場合がある。睡眠不足は主観的な筋のこわばりを強める重要な要因であり、不十分な睡眠は症状をほんのわずかしか改善できない。

椎間板の一部の髄核は、ゼリー状の物質でできており、88％が水分である。この柔らかい部分は非常に硬い椎間板線維の層でカバーされている。椎間板の垂直方向部位が水分の喪失によって影響を受け、脱水は関節のモビリティーを増加させる。椎間板が圧迫されると、関節の靱帯が緩んで腰椎のモビリティーが朝から夜にかけて約5％増加する。リラックスした状態では椎間板は再度水分を補充され、椎間板は垂直方向に厚くなり結合組織がきつくなることで硬くなる。そのため、脊椎の柔軟性は夜眠ると身体活動を行った前日と比較して低下する。椎間板は脊柱全体の長さの約3分の1を占めている。1日ごとのその変化は平均2cm弱、もしくは全体の長さの約1％程である。長さはストレッチングによって急速に伸ばすことができ、またそれによって髄核の水分の補充が可能となる。水平方向の水分は髄核に徐々に戻り椎間板は大きくなる。休息時の腰部の柔軟性は神経システムの活動の低下によって影響される。

筋－腱の生理学

筋－腱システムは3つの方法で力を生み出す。機械的な仕事が求心性収縮、遠心性収縮の際に起き、関節が動かないように固定された場合には、アイソメトリック収縮によって力が発生する。筋－腱システムの弾性は、人間のパフォーマンスにおいて非常に重要な役割を果たす。

活性化された筋が短縮する前に伸ばされる場合、投げる、歩く、自転車を漕ぐ、走る、跳ぶ、ウエイトを持ち上げる最中に、連続した弾性エネルギーがバネのような動きにおいて放出される。この現象は筋－腱システムにおいての弾性構造に貯められた歪みエネルギーの結果である。その弾性エネルギーの貯蔵と連続した放出は、エネルギーの節約機構であり、特に非常に速い速度での動きや、大きな力を発生させる

筋-腱の生理学

必要のある状況では、高いパフォーマンスを行う上で必要なものである。

関節における筋-腱システムの機能の分類

筋-腱システムの機能とストレッチングの機械的な効果を理解する上で、筋-腱システムの基本的構造を理解しておくことが重要である。筋細胞は両端で腱、もしくは腱膜を通じて結合している。筋-腱移行部は大きく波状になっており、横断面は10〜50倍に増加し、この部位の伸長に対する耐久性を向上させている。

直列弾性要素（SEC）と並列弾性要素（PEC）は、筋の弾性構造を代表している（図16）。収縮蛋白内の腱と結合組織は、SECの主要な要素である。自動的な要素である連結橋は弾性構造である。PECは筋膜、細胞膜、筋鞘、筋形質によって作られている。これらの組織は他動的な筋の弾性組織である（図17）。

硬い筋をストレッチしているときに腱はSECとPECの両方で長くなる。収縮時はアクチンとミオシンが重なり合い、連結橋の数は増加していく。収縮している筋を伸ばしながら（遠心性収縮）エネルギーを貯蔵する。筋が長くなることで弾性エネルギーは緊張している筋のすべての部位に蓄えられる。そして動きの速度に応じて伸ばされた筋を急激に、もしくはゆっくりと解放する。

リラックスした筋ではストレッチングの際に、エネルギーは均等にSECとPECの間に蓄えられる。SECとPECの中立的な部位は決めるのが難しく、アクチンとミオシンの相対的な位置にもよる（例：どの程度アクチン・ミオシンフィラメント同士が重なり合っているか、他動的な筋の張力がどれくらいか）。

主にスタティック・ストレッチング（SS）中の筋による他動的な制限は、収縮線維によってではなく、収縮する機能を持たないが高いストレッチング能をもつ長い蛋白質の連鎖で成る細胞膜と筋節をつないでいる線維によって起きる。筋を他動的に伸ばした際の抵抗は、ほとんどが

A. **直列弾性要素（SEC）**
- アクチンとミオシン蛋白によってできている筋の微細線維により筋の収縮は可能になっている
- 収縮弾性要素（CC）
- 非収縮弾性要素（NC）
- 外的、内的非収縮要素による支持
- 筋腱移行部、筋の両端の腱もしくは腱膜

B. **並列弾性要素（PEC）**
- 筋外膜－筋の外側の膜
- 筋周膜－筋細胞の集まりを覆っている膜
- 筋内膜－筋細胞を覆っている
- 筋鞘－筋の機能単位である筋節を覆っている
- 筋形質－筋細胞の細胞質

図17　筋-腱システムの構造

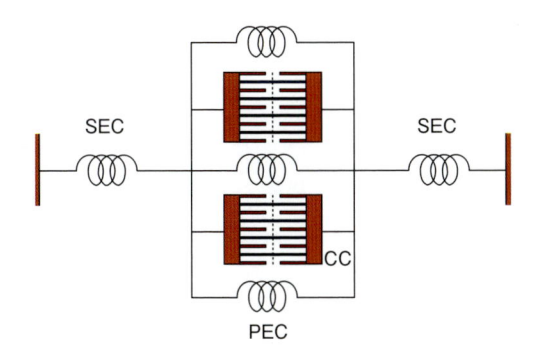

図16　収縮要素

筋は数多くの収縮要素（Contractile components: CC）によって成っており、並列弾性要素（Paralleled elastic components: PEC）に加えていくつかの連続した直列弾性要素（Serial elastic components: SEC）を筋肉内とその付着部位に持つ。

タイチン蛋白質によって引き起こされていることが、研究によって示されている。タイチン蛋白質は筋線維間を横断してつなぐことによって内在的支持線維（Endocsarcomeric cytoskeletons：筋内筋節細胞骨格）を形成している。タイチンはミオシンフィラメントに結合し（M橋）、線維を横断して末端に位置するZ線につながる。他の重要な蛋白質としてデスミンがあるが、これはZ線の横と他の細胞組織に結合している。デスミンの横断線維はZ線を筋細胞の外部に結合させている。タイチンとデスミンの量は筋量によって変わり、筋サイズが増すに連れ増加し、またその結果、他動的なストレッチングに対しての抵抗も増加する。タイチンは多くの免疫グロブリンのような領域を持っており、それは単体の分子機構の研究によって「ストレッチーリリース（伸長－解放）」の際に、開いたり再び折り重なったりしていることが示されている。

自動的な筋の収縮中、筋は短くなる。PECでは小さい変化しかなく、腱を構成しているSECは伸びる。どのくらい伸びるかは、収縮の強度と外部からの負荷による。エクササイズの強度が高ければ高いほどストレッチング効果が高くなる。エクササイズの直後はモビリティーが向上する。

筋は様々な筋細胞によって構成されている。それぞれの筋細胞は筋線維を持ち（長さ1－40mm）、筋線維全体の長さの中に走る多くの筋原線維によって成り立っている（図18）。筋原線維は連続した筋節（長さ2.3μm）によって構成されており、筋の機能単位と考えられている。典型的な筋線維は約8000の筋原線維を含んでおり、また4500の筋節によって成り立っている。それぞれの筋節の末端ではZ線と呼ばれる密集した境界線がある。Z線の間には連続するアミノ酸によってできている蛋白質が構成する厚いアクチンと薄いミオシンのフィラメントがある（図19、図20）。

筋節は横紋筋の一部で、1つの筋の単位として機能している。筋緊張はこれらのミオシン、アクチンとそれらの横断する橋を含む筋節の収縮力によって変わる。最大収縮は筋節が一番短くなり、アクチンとミオシンの連結橋が一番多くなった状態に起きる。アクティブなストレッチングに対する抵抗はどのくらいの数の連結橋がアクチンとミオシンの間にあるかによる（図21）。

アクティブな筋出力は、筋が通常の安静の位置から伸ばされると減少する。ストレッチングに対する筋緊張は、通常の安静位置の1.2～1.3

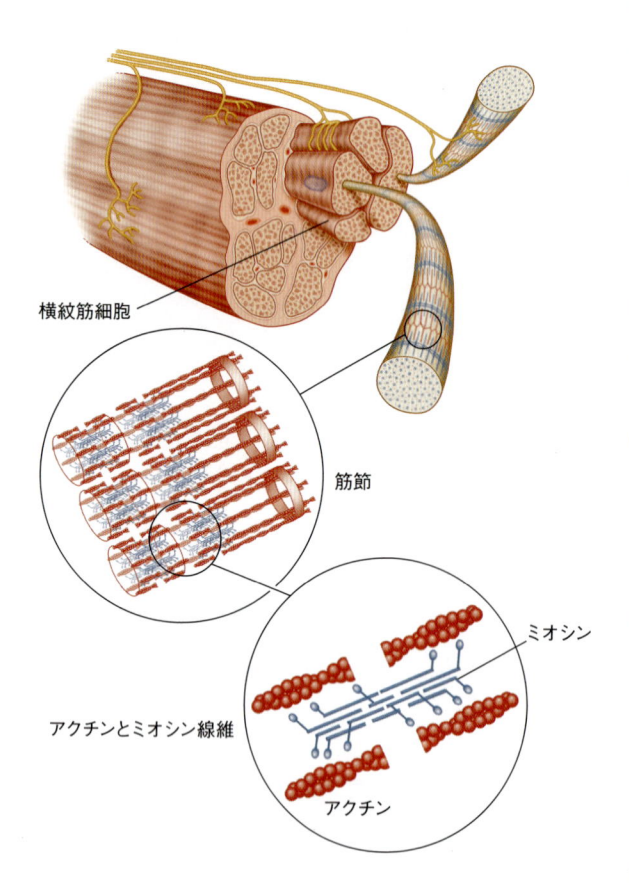

図18　錘内線維と錘外線維による運動単位

筋―腱の生理学

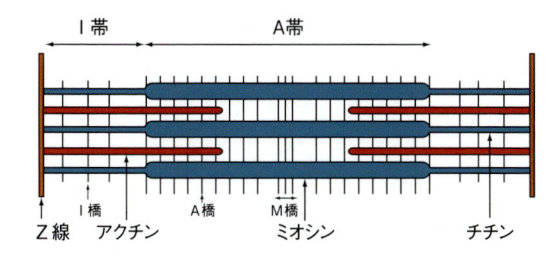

図19 安静時のアクチンとミオシンのフィラメント

安静位置でアクチンとミオシンのフィラメントはほんの少しだけ重なり合っており、少しだけ連結橋によってつながっている。ストレッチングはこの重なり合っている部分をさらに減少させる。

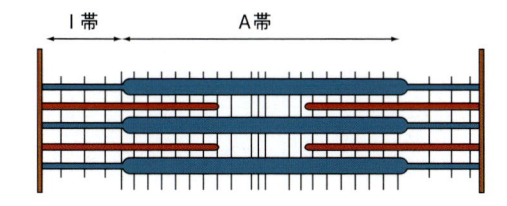

図20 収縮時のアクチンとミオシンのフィラメント

筋収縮の際にアクチンとミオシンのフィラメントは同時に引き合いストレッチングに対しての抵抗を増加させる。その抵抗はどのくらいアクチンとミオシンが重なり合っていて連結橋がどのくらい構成されるかによる。

- 伸ばされた筋：フィラメント同士の連結がほとんどない
- リラックスした筋：中程度のフィラメント同士の連結
- 収縮した筋：膨大なフィラメント同士の連結

図21 筋の収縮とフィラメント

倍の長さのときに最大になる。それより長い場合、蓄えられているエネルギーは安静時の筋の位置になるまで減少をしていく。この現象は安静位置のときの約1.5倍の長さの増加で起き、このときにはアクチンとミオシンが作る連結橋の数が最少になっている。

　収縮可能な筋の部分による緊張は、スタティック・ストレッチングに際には低下するが、全体の緊張は増加する。PECはスタティック・ストレッチング中、筋が伸びていく際に筋緊張の増加を引き起こす。最大に伸ばされている位置では他動的な緊張もSECによって増加し、また収縮部位の減少を代償する。SECに属する腱はほんの少しだけ伸びるが、筋の緊張での速い力の変化を吸収する上で重要である。

　安静時の筋緊張は、関節の位置によって大きく影響を受ける。筋の一方の末端が停止部から離れていれば、それでもその筋は安静時の長さから約10%収縮することができる。よって筋が安静の位置にあっても伸長と筋緊張は存在している。唯一、筋の末端が手術で取り除かれて、完全に収縮させられた場合でのみ消失させることができる。このことは腱の完全断裂の際にも言える。

　筋節は収縮可能な単位であり、アクチンとミオシンのフィラメントによって構成されている。非収縮の蛋白質が連続して並んでいることで筋原線維をつくり、筋小胞体によって囲まれている。

　筋節は筋の収縮単位で、アクチンとミオシンのフィラメントと非収縮蛋白が連続して連なり、筋小胞体に囲まれた筋原線維を構成している。筋線維（細胞）は膜（筋内膜と筋鞘）で覆われた筋原線維の束でできている。筋束は膜（筋周膜）で包まれた平行に走る筋線維によって構成されている。そして筋は複数の筋外膜によって包まれた筋束で構成されている。電子顕微鏡で筋の構造を見てみると、安静時はこれらの筋膜のコラーゲンは集団となっているが、筋が伸ばされているときにはコラーゲン線維はその構造を筋

線維と平行して薄く伸びていく。ストレッチングの後、ほとんどのコラーゲンはPECの重要な部分として元の集団に戻る。

　筋細胞の種類は筋中のコラーゲンの量に大きく影響をする。主に速筋（一過性筋）で構成されている筋と、主に遅筋（緊張筋）によって作られている筋では、後者のほうが、コラーゲンと筋の周囲もしくは内部の膜の厚さは大きい。緊張筋は、静的姿勢の維持やゆっくりした動作を連続して行う役割を持ち、一過性筋は速い動的な力を生み出す役割を持つ。コラーゲンの量は筋が機能する上での機械的な性質に影響を与えている。遅筋細胞は静的姿勢を行う上で効率的であり、伸ばされた際にコラーゲン構造に多くの弾性エネルギーを蓄えることができるため、動的な動作の機能は経済的で速筋細胞と比較してスタミナがある。速筋細胞は筋収縮の際に速くエネルギーを生成し放出できるが、遅筋細胞に比べて疲労しやすい。

　ストレッチングに対する筋による抵抗は、筋全体の長さ、筋の直径、活性化している筋線維の度合、筋トーヌス、コラーゲン構造、関節レバーシステム、関節角、そしてストレッチングされる速度などの要因に影響される。ストレッチングに対する筋-腱システムの抵抗は非線形であり、ストレッチングの速度と強度が上がればさらに線形ではなくなる。

　筋の電気活動は、力の発生と相関している。筋電計による筋の電気活動の検査は、筋の電気活動と力の関係を計測することができる。この関係はストレッチング中に蓄えられる弾性エネルギーなどの多くの要因に影響を受ける。しかし、動的なストレッチングや静的なゆっくりしたストレッチングにおいてみられる粘弾性反応へは、収縮性活動が貢献しないことが複数の研究で示されている。

　筋-腱単位は2つの違った粘弾性の性質をもっている。クリープは一定または増加していく負荷を与えられたときに、筋組織が長くなることを指している。ストレスリラクゼーションは、筋の長さを一定に保つために必要な一定時間にわたる力の減少を指している。

　筋の長さと筋緊張は関節の位置に影響を受ける。多くの筋が2つもしくはそれ以上の関節をまたいでおり、複数の関節位置の組み合わせがある。

　同じ筋によって2つの違った関節で起きる動作は、2つの違った方法で達成される。もし関節での動作が筋に対して同じ方向に起きているのであれば（平行動作）、筋は片側の末端で短縮し、他方では伸びている。筋の長さとストレッチングに対する抵抗の変化は最少である。このような状況は、膝と股関節の両方が屈曲位から同時に伸展位になるときのハムストリングに見られる。関節での動きが筋肉に対して正反対の方向で起きる（反平行動作）とき、筋は短縮、もしくは両端に対して長くなる。その結果、ストレッチングに対する抵抗が減少、もしくは増加する。股関節伸展と膝屈曲を組み合わせることでハムストリングの緊張を減少させることができる。もし関節が最大近くに屈曲された場合、筋の端同士の距離は、最も短い状態となる。自動的な収縮は弱くなり、筋は動的な動きの中で弾性エネルギーを貯めることができなくなる。膝関節が伸展位で股関節が屈曲位の際には、ハムストリングは伸び、動的な動きの中で大きな量の弾性エネルギーを蓄えることができる。もし関節が最大屈曲に近い状態まで曲げられたなら、筋は最長となり他動的なストレッチングに対する抵抗は最大になる。

　通常の動きでは、求心性筋収縮はその前に起きる外的なストレッチングによる遠心性筋収縮

によって、アシストされる場合が多い。例えば、歩行の際の支持期に遠心性収縮が起こるとふくらはぎの筋（群）は伸ばされ、蹴り出し期での求心性収縮では伸ばされた筋に蓄えられたエネルギーは同時に放出される。

ほとんどの動きは筋－腱システムの伸長－短縮サイクルに関連している。筋肉の弾性を活用するには、求心性収縮は筋が伸ばされた直後に行われる必要がある。求心性収縮は筋肉がリラックスした状況からの収縮やアイソメトリック収縮と比較して、遠心性収縮と筋の伸長後のほうが機械的な力を発揮することができる。遠心性収縮は一時的に筋の弾性性質と収縮メカニズムを変えることで、最大のアイソメトリック収縮による出力によって大きな力を発揮させる。収縮速度は貯められた弾性エネルギーのおかげで最大下の負荷で、最大努力と比較し増加する。

運動系における痛みと機能阻害は、筋の長さの異常な短縮が影響している場合がある。筋の長さにおける変化は関節の痛みを引き起こし、過荷重、退行、炎症などの発生に関与する。関節包にある痛みの受容器への刺激は緊張を引き起こし、そして筋収縮を起こす。筋の長さと機能の長期にわたる異常は構造的、生体力学的、生理学的変化を起こす。筋の長さの変化は炎症や、外傷、医原性の問題（例：固定、腱切除術、関節の手術）などによって起こされる。関節周囲の筋の短縮は筋のアンバランスを生じさせ姿勢の傾きを起こし、関節の機能を阻害することで不必要な荷重や怪我に結びつくこともある。もし筋が自動的に使われなかったり、習慣的にストレッチングされなかったりしたなら、安静時の筋の長さは短縮する。筋が短くなった位置で長期にわたって固定された場合、筋を伸ばすことは非常に難しくなり、不可逆的な変化が時間と共に起きる。

ストレッチングと結合組織

ストレッチングの際、すべての組織で変化が起きるが、その影響は力の量とストレッチングが行われた時間の長さによる。血管は周辺の結合組織と一緒に伸ばされるが、健康な人はストレッチングによる変化に適応できる。皮膚と皮下組織はストレッチングに対してあまり大きな抵抗を与えることはないが、マニュアルストレッチングを行っているとき、皮膚は制御をしない限り、最も伸ばされる組織である。しかし外傷、火傷、放射線治療、手術などの後では、瘢痕組織が皮膚、もしくは皮下結合組織で生成され、それによって動きやストレッチングは制限されるようになる。

筋膜への効果

筋膜は連続した構成物質で皮膚の表面から深部の組織まで身体全体に見られる。運動系システムの筋膜は、3つのレベルに見られる。1つ目が皮膚（表皮）下に存在し、多くの血管が走り血液の豊富な供給がある真皮、2つ目がその下にある薄い筋膜の層である。3つ目の次の筋膜の層は分厚く、密度が高くあまり柔軟性がない。

多くの箇所で表面の層は深部の層の上で自由に滑り、そのため、皮膚は非常にしなやかである。筋膜の深層は筋と周辺の内臓を分離し、支持、安定の役割を担っている。

結合組織は筋、血管、神経を支持し、安定させる役割を担っている。組織の膜は筋の力を筋全体へと導き、筋間、筋膜間、筋線維間での摩擦を減少させる。結合組織層（CTS）は筋量の30％を占めている。筋膜は腱の重要な部位の一つである。

習慣的なストレッチングが行われなければ

- 組織を一定の形に維持する
- 違う組織を一緒につなげる
- 動作の際に違った組織の機能を組み合わせる
- 柔軟性を提供することにより違った組織間でのストレスを軽減する
- 摩擦を軽減することで連続した動きを可能にする
- 筋の弛緩中も、ある一定の筋トーヌスを維持する
- 動きのエネルギーを蓄える
- 動きの際に組織が通常の構造を再獲得できるように助ける
- 組織を保護する

図22　結合組織層（CTS）の機能

CTSはその柔軟性を徐々に失う。その変化の際には、構造的変化と脱水の両方が存在する可能性がある。CTSは異常な機械的、化学的影響下において損傷を受けたり、分厚くなったり、短くなったり、石灰化したりすることがある。伸ばされて硬くなったCTSは動きに制限を起こし、痛みを引き起こすことがある。このような場合、痛みが原因でストレッチングやエクササイズが行われなくなることがあるが、エクササイズは通常のモビリティーを維持するのに重要である。筋があまり硬くなく、他動的な動きが行われてリラックスしている場合、CTSはほんの少しだけ動きに抵抗を与え、関節包と靱帯はCTSより多くの抵抗を与え、動作を制限する（図22）。

腱の効果

　腱は同じ方向に走るコラーゲン線維の束によって成り立っている。腱には様々な長さと厚さがある。腱を包む筋膜は腱上膜と呼ばれる。筋膜は腱全体を包み、腱上膜は腱の束を包む。束は様々な位置で結びついている。腱周膜は最深部層にあり腱膜を包んでいる。

　安静時の腱線維は波状の形をしており、筋が伸ばされる際には真っすぐになる。可能な範囲以上に伸ばされた腱は微視的損傷を受け元の長さに戻ることはできない。研究では腱は安静時の長さから一定の牽引力によって20％伸ばされることが示されているが、その長さの1％未満しか伸ばされてなくても裂けたり、断裂したりすることがある。完全なストレッチング能を保っている状態では、腱の弾性性質は約2％の伸長しかできない。

　関節が動いている間、腱は約10％の他動的抵抗を生み出す。健康な腱は非常に大きな伸ばされる力（50-100N／㎟）に耐えることができ、直径約100㎟のアキレス腱の場合、もし健康であれば1000kgまでの力に耐えることができる。腱は骨と比較しても頑丈である。その強度は成長と直径の増加と共に増加する。その強度は成長期を過ぎても強くなっていき、25歳～35歳の間に最も分厚くなる。荷重に対する抵抗はその後、弱くなっていく。腱は筋や骨よりはるかに大きな負荷に耐えられるが、傷害は健康な腱よりも前にまず筋や骨に起きる。傷害や加齢は腱の耐久力を弱める。断裂は腱炎の起きやすい部位である上腕二頭筋長頭とアキレス腱で多発する。これは退行過程で中年以降に腱に影響を与えていることが影響している。しかしスポーツ選手では大きなストレスがかかりやすいため、もっと早期に影響を受けている可能性がある。過剰な線維組織が元にあった弾性腱組織に置き換わり、その場合、腱炎などの炎症がなくても腱を徐々に分厚くしてしまう。このような腱は低い荷重限度やストレッチング能しかなく、痛みが

起き、大きな荷重は腱の断裂を起こす。

　筋−腱移行部のストレッチング能は腱と比較して非常に大きい。安静時の長さに比べて8％程伸びることができる。しかし移行部が筋−腱システムの中で最も傷害を起こしやすい。そして2番目に腱の断裂の前に裂けやすいのは腱−骨の付着部である。腱の裂傷は通常急激で過剰な負荷がかかった際に起きる。剥離骨折は強く、健康な筋と、強い付着部を持っている若い人の間で多く見られる。高齢者においては腱の弾性は少なく、強度の高い負荷がかかった際に腱の損傷や断裂が起きる。

　腱の弾性は、組織の温度の上昇と共に増加し、腱の傷害リスクを低下させる。その反面、組織の温度の低下は傷害リスクを増加させる。過去の傷害は組織の性質とストレッチング能を変化させ、その結果で生じる傷害を起きやすくする。回復早期の段階での過剰な負荷は、まだ組織が修復中であるため大きな損傷を起こすことがある。腱の断裂は筋と比較し、長期の回復期間を必要とする。負荷に対する抵抗は1年後でも通常時の70〜80％でしかなく再傷害の可能性は高い。

関節靱帯への影響

　関節靱帯はコラーゲンと弾性線維とでできている。靱帯の中の線維の量は様々で、多くの場合、靱帯は弾性線維よりコラーゲン線維のほうを多く含む。しかし例外として主に弾性線維でできている靱帯として、椎骨弓間の靱帯（黄色靱帯）と頚椎の靱帯（項靱帯）がある。靱帯は形態学的には腱に似ているが、線維は不規則に並んでいる。加えて靱帯内のコラーゲン線維は薄く、多くの弾性線維を間に含んでいて腱よりも柔軟性を持っている。弾性線維は断裂が起こるまでに通常の長さの約150％の長さまで伸ばすことができる。

　靱帯構造は年齢と共に変化し、弾性線維は減少しコラーゲン線維は増加する。ミネラルとカルシウムの沈殿が靱帯を浸潤し、線維間で結合組織の橋が形作られる。その結果、硬度が増加してモビリティーの制限を引き起こす。硬い組織は負荷がかけられている状態では弾性組織に比べて簡単に裂けて、外傷のリスクを増加させる。

神経への影響

　神経は相対的に大きく伸ばす力に対して耐えることができる。傷害のリスクは力、長さ、使用されるストレッチングテクニック（スタティックもしくはバリスティック）によって影響される。神経は通常の長さから約5％伸ばされたときに変化が見られ始めるが、この時点ではその機能は通常に戻ることができる。組織的変化は神経が安静時の長さから10％を超えて伸ばされたときに起きる。神経はストレッチングの力がさらに加わるにつれ、安静時の長さよりも真っすぐに5〜20％伸びる。それ以降は柔軟性が低下し、その神経が元の長さに戻ることなく、長期間その長さを保つ。ストレッチングによる損傷は神経の一点だけに留まらず、伸ばされた神経全体に広がり、手術による修復を困難、もしくは不可能にする。

> **ポイント**
> **神経は四肢において動きが可能である**
> ● 神経は関節が中立位に保たれている場合、例外的に緩い
> ● 神経は関節が動いている間、大きく伸ばされなくてもいいような位置に置かれている
> ● 神経の弾性はある程度のストレッチングが可能である

神経においてのストレッチングに対する抵抗は炎症（神経炎）によって、または傷害によって永久に変わってしまうことがある。炎症または傷害によって阻害された機能は、外部からの刺激に弱くなる。ストレッチングや圧迫中に起きる神経への微小循環の阻害によっても損傷は起きる。神経が安静位置から8％伸ばされたとき、循環は低下し、15％になるとなくなってしまう。しかし循環はストレッチングが中止された時点で通常レベルに戻る。この点リスクがあるのは長い時間のスタティック・ストレッチングである。

> **ポイント**
> 神経の弾性と柔軟性を弱める要因
> - 圧迫を受けている構造
> - 神経の炎症
> - 癒着と瘢痕組織
> - コラーゲン線維による弾性組織の置き換え
> - 異常な神経の構造
> - 異常な神経の走行
> - 傷口の縫合

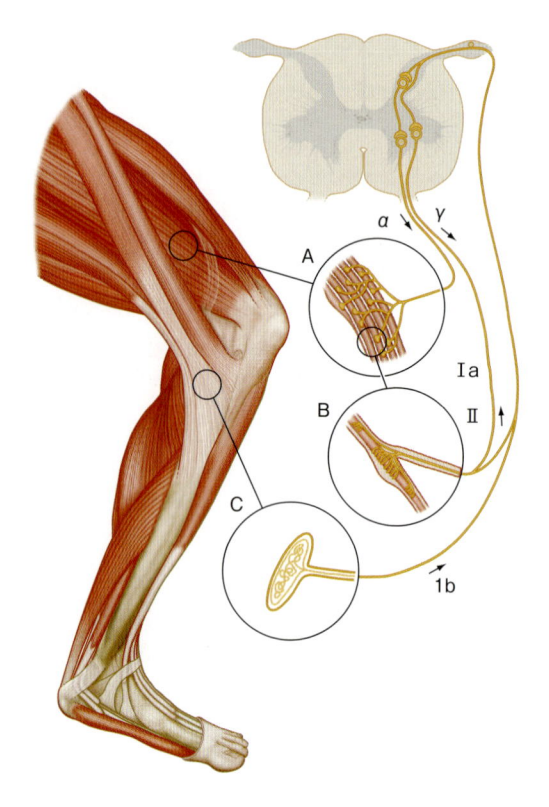

図23　筋-腱システムへの神経伝達
A. 錘外線維と遠心性α運動ニューロン
B. 筋紡錘とγ運動ニューロンとIa求心性神経線維、II求心性神経線維
C. ゴルジ腱紡錘とIb求心性神経線維

ストレッチングの神経生理学

筋-腱システムへの神経支配

神経筋システムの役割は、筋トーヌスを制御しながら動きを発生させコントロールし、姿勢や体の一部を維持することである（図23）。筋緊張の増加によって動きを発生させつつ、静的筋緊張が姿勢を維持する。筋紡錘、ゴルジ腱器官や関節にある機械受容器は、筋の反射機能において重要である。これらの器官は筋の長さ、緊張度、関節の位置などについての情報を中枢神経システムに伝える。伸張反射は、この入力される感覚情報の助けを借りて筋緊張の制御を行う。

この運動サーボ系の一部は、分節レベル別で機能する。機械受容器と目や内耳の平衡器官などの感覚器からの情報は、求心性神経を経由し中継され、筋機能を制御して伸張反射をコントロールする中枢神経に伝達される。このことから棘上神経システム（例：脊髄より上の神経システム）は、筋機能にとって必須である。筋緊張の制御は主に自律神経で行われる。神経筋システムは、各筋の適切な機能がなされるために必要な一定の筋トーヌスを維持しようとする。運

ストレッチングの神経生理学

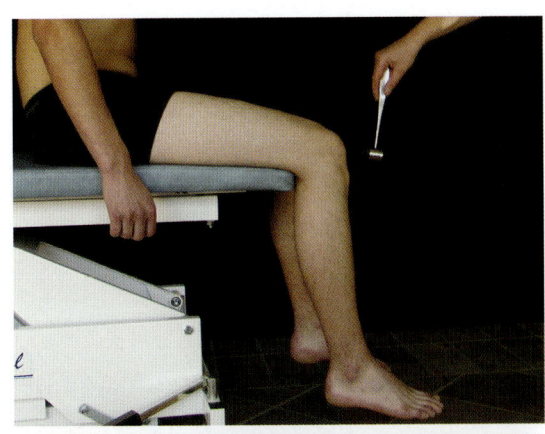

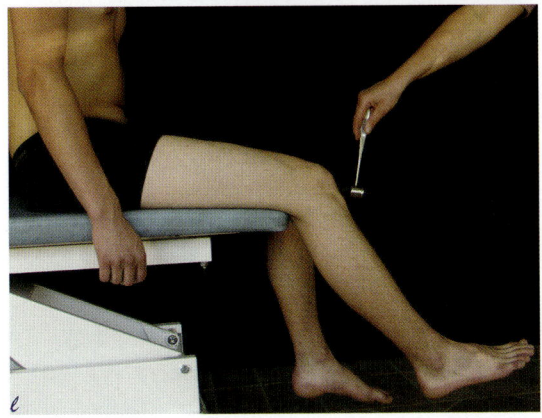

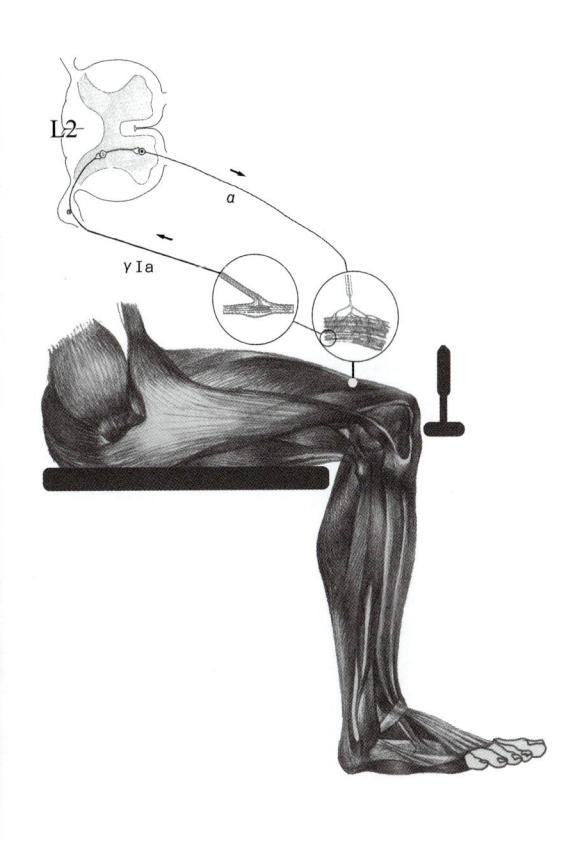

図24　膝蓋腱反射
伸張反射の典型的な例として挙げられる膝蓋腱反射。膝蓋骨の真下の腱を叩くことでインパルスは主要神経終末を活性化しγIa求心性神経を伝い、インパルスは脊髄後角へと伝達され、介在ニューロンを経由して第2腰椎（L2）の前角と遠心性α運動ニューロンへと達する。そしてそのインパルスは大腿四頭筋へと伝えられる。筋は急激に収縮し、痙動を起こす。

動ニューロンの活動は、姿勢を維持するために中枢神経によって自動的に送られるメッセージと筋中の機械受容器によって制御されている筋の長さと筋緊張に影響されている（図24）。このシステムは意識的な動きの間にも機能している。より高いレベルの中枢神経システムが脊椎レベルでの反射反応を刺激（活性化）することや、遅くする（抑制する）ことができる。

ゴルジ腱器官は筋－腱移行部にあり、筋組織と腱膜との間の移行部にあるが、腱自体の中にはない。1つのゴルジ腱器官が3～25の筋細胞と関連しており、筋緊張の変化に敏感に反応している。また、ゴルジ腱器官は最小の筋収縮によってすでに活性化されており、負荷がかかっている期間すべてを通じて筋緊張に反応をし続けている。インパルスはゴルジ腱器官からβ求心性神経を経由し、脊髄の後角へと伝えられる。シナプス後、インパルスは求心性脊椎神経を伝って脳の皮質に伝達され緊張を感じる。ゴルジ腱器官からのインパルスは脊髄で介在ニューロンに連絡され、直接α運動ニューロンに影響して、運動神経活動と筋緊張（自律抑制）を減

少させる。ゴルジ腱器官が非常に高い刺激を受けた場合、筋緊張は対応する筋肉と同時に、同じ動きを発生させる筋肉（主動筋、協動筋）の両方で低下する。これは筋収縮が過度にならないよう調整するシステムで、組織が損傷を受けるのを防ぐためにある。ゴルジ腱器官に対する大きな刺激は運動神経から拮抗筋を活性化（興奮、促通）し、これらの筋の筋緊張を高める。このメカニズムは負荷をかけた際に関節を安定させることに役立つ。ゴルジ腱器官はほんの少しパッシブ（他動）・ストレッチングの際に影響を受けるが、顕著な反応は起こさない。また臨床において打腱器で腱を叩く検査が行われる腱反射とは関連していない。しかし、ゴルジ腱器官からのある程度の反応がパッシブ・ストレッチングの初期の段階であるかもしれないが、長くスタティック・ストレッチング（SS）を行った際にはアクティブな機能は減退する。ゴルジ腱器官の刺激に対する閾値はとても高いため、適切な活性化は最初に非常に高い強度での筋―腱移行部のストレッチングによって起こされる。そしてゴルジ腱受容器は主に自動的な収縮による筋緊張を検知する。

　筋紡錘機能は筋の長さを制御する役割を持ち、ゴルジ腱機能は筋収縮時の筋緊張の制御の役割を持っている。筋紡錘はパッシブ・ストレッチングに反応する主たる感覚受容器である。パッシブ・ストレッチングは結合組織の機械的なストレッチングと、新しい長さに適応する筋紡錘受容器のストレッチングの2つによってモビリティーを向上させる。筋紡錘の活動は低下し、運動神経活動は減少していく。ゆっくりとしたパッシブ・ストレッチングでは、一時的なゴルジ腱器官からの求心性反応でさえも引き起こさない。しかし、長さの変化は自動的な動作の間の放電に影響を与える可能性がある。コントラク

- 筋紡錘は主に筋の伸長に対して敏感な受容器である
- ゴルジ腱器官は主に自動的（アクティブ）な筋収縮に反応する

図25　ゴルジ腱器官と筋紡錘受容器の反応

ト・リラックス（CR）テクニックとバリスティック・ストレッチング（BS）は、アクティブな筋の収縮がゴルジ腱器官と筋紡錘受容器の両方を活性化するため、それぞれ違った形で影響する（図25）。これらのストレッチングテクニックは、筋―腱システムのストレッチングに対する痛みの許容範囲を上げることによって増加させる。つまり、これらのストレッチングテクニックは1回のストレッチングごとに、痛みを感知する自由神経終末が適応し、より大きな力でより大きな範囲に筋を伸ばすことができるのである。

　錘外線維は、筋組織の主要部分と力を発生する収縮メカニズムを構成する。これらに平行して筋の内部には感覚器が存在し、錘内線維と呼ばれている。筋紡錘の数は筋によって違う。これらの受容器は指の小さい筋や目、上頚部の深層にある筋のような、速く正確なコーディネーションを必要とする筋に多く見られる。紡錘細胞は筋細胞の両端に付着しており、筋細胞と同時に動く。筋が伸びるとともに両端にある紡錘細胞の収縮性のある部分も同時に伸びる。紡錘内線維には2種類あり、核袋線維と核鎖線維と呼ばれる。非収縮性の中央部には一次核袋線維がある。収縮性の両端には二次核袋線維がある。

　核鎖線維は鎖のような形態で筋紡錘の中央部で広がっている。その末端は通常核袋線維につながっており、同様に錘外線維の筋内膜につながっている。核鎖線維は核袋線維よりも薄く短く、小さなストレッチングでも大きく活性化さ

ストレッチングの神経生理学

れる。

　感覚神経とその終末は一次螺旋形終末と二次散形終末の2つのタイプに分類される。一次螺旋形終末は核袋線維を覆い、核鎖線維の枝もそこにつながっている。一次終末からの求心性神経は大きなタイプIaグループに分類される。これらは放電の増加でストレッチングによって起こされた刺激に対してすぐ反応し、また動的な動きと静的な緊張下の両方で活性化をしている。動的な動きの間に放電が大きく増加すると同時に、相性反応が見られる。最終位置が維持されているか、あるいはストレッチングが完了している場合、神経活動は減少し、強直性反応は新しい筋の長さで定着する。つまり、一次螺旋形終末はこれらの神経は筋の長さそのものと、筋の長さが変化する速度についての情報を中継し、ストレッチングの速度と力を感知する。二次散形終末は花のように枝を分岐させた形態を持ち、核鎖線維の中央部のみに位置する。求心性神経の神経支配は小さなタイプⅡ線維グループからであり、二次散形終末は静的な状態の筋の長さに関する情報のみを担当する。

　紡錘状細胞の運動神経支配はγ遠心性神経によって供給され、筋紡錘の収縮性終末を神経支配している。終末での収縮は、筋紡錘の中央部の伸長を起こすことで求心性神経の活動を変える。よってγ遠心性活性化は筋紡錘の感覚終末の活動を制御する。紡錘細胞へのγ遠心性神経には2つのタイプがあるが、γ1は核袋線維を支配し、γ2は核鎖線維と核袋線維を支配する。

　筋が収縮する際に、他動的に筋紡錘は短くなる。これによって中枢神経システムへの筋の長さと筋緊張についての感覚情報が終わるべきポイントである一次、二次終末での緊張は取り除かれる。これを防ぐためにγ運動ニューロンは自動的に活性化し、筋紡錘の収縮を達成する。

γシステムの機能は伸展受容器を制御し、収縮や筋の伸長の際に　筋紡錘感覚検知を一定レベルで保護する。

　γ運動ニューロン機能の活性化は、中枢神経システムを通じて起きる。筋の両端が収縮するにつれ、感覚神経終末がある中央部分は他動的ストレッチングが引き起こされる。中央にある一次神経終末での感度は上昇し、それによって速い動きの感覚受容は向上し、筋の長さの感知も保護されるのである。

　また、筋緊張はストレッチングを行っている際に増加する。これは神経支配のせいではなく機械的な反応によるものである。一方、伸張反射は中枢神経システムを経由して中継されるが、この反射は急激なストレッチングによって起きる筋収縮に伴う運動ニューロンの刺激によって起こる。伸張反射は反射弓の感覚神経と運動神経の両方が関わっている。唯一の神経間のイン

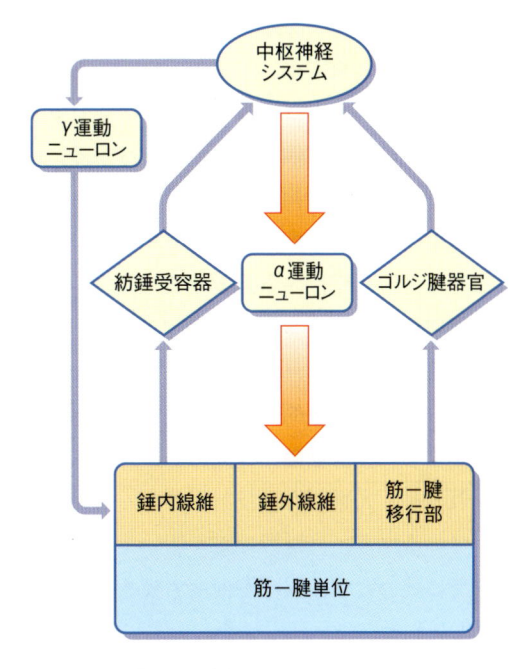

図26　筋機能の神経コントロールについての概略図

STRETCHING THERAPY

パルス移行部が脊髄の後角にある。そのため、打腱器で腱を叩くことで筋に急激なストレッチングを引き起こし、腱反射を検査することができる（図26）。筋にある筋紡錘は伸張に反応し、錘内線維の長さが変わると一次終末を活性化し、Ia求心性神経に沿ってインパルスが脊髄後角に送られる。刺激は直接、脊髄前角に送られ、α運動ニューロンを活性化し、インパルスを筋に戻す。この結果、速い筋収縮が起こり、すぐに弛緩するのである。

もし筋が緊張している場合、運動ニューロンの活性化による筋の引きつりはない。もし筋が短縮した位置で弛緩していた場合、伸張反射は起こらないため、腱を叩いても反射は起こらない。よって筋-腱システムに筋が弛緩している際に検査する場合には、少し前伸張を持たせたほうが良い。この単シナプス反射弓は筋機能の制御においては必須ではない。腱反射は椎間板ヘルニア、炎症、糖尿病神経障害や加齢による神経の退行によって圧迫がある場合、部分的もしくは完全に消滅する。

さらに複雑な反射は中枢神経システムと介在ニューロンの下行路の多くに影響を与える。中枢神経システムへの損傷によって反射コントロールは阻害もしくは喪失することがあり、それによって弛緩や痙性の原因となる病理的に増加した反射反応が起きる。痙性を起こしている筋の高い筋トーヌスは、リラクゼーションエクササイズによって随意的にコントロールすることはできない。反射活動の亢進はクリニックで評価されるが、亢進した腱反射がクローヌスを起こしている場合、打腱器で腱を叩いても一回の収縮では終わらず、収縮が何度も続き、徐々に消滅していく。

歩行動作の最中では、収縮しているふくらはぎの筋（群）が伸ばされる支持期に弾性エネルギーがふくらはぎに蓄えられる。ふくらはぎの筋（群）が遠心性収縮を起こした後、蹴り出し期に求心性収縮が起こり、蓄えられたエネルギーが放出される。筋の電気活動は支持期で増加し、蹴り出し期の求心性収縮で増加し続け、伸ばされた筋が解放される遊脚期で減少する。

リラックスした筋では筋電活動は少し見られるが、スタティック・ストレッチング中のアクティブな抵抗を生み出すような顕著な筋活動は見られない。健康な人における伸張反射、または他の反射メカニズムで中枢神経システムを経由して転送されるものは、安静時の筋トーヌスまたは安静時のストレッチングに対する抵抗には直接影響を与えない。ストレッチングに対する抵抗は、主に粘性などの他動的な要素の性質によるものである。しかし痛みが出るような強引なストレッチングを行うと自由神経終末を刺激し、筋トーヌスが反射メカニズムを経由して増加する。パッシブによる筋のストレッチング

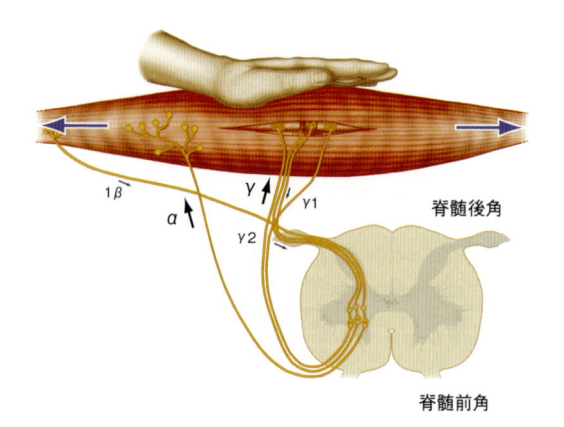

図27　筋紡錘への影響

筋-腱システムへの機械的影響に加え、徒手による圧迫とストレッチングも筋紡錘（γ1とγ2）に影響を与える。筋-腱移行部にあるゴルジ腱器官はスタティック・ストレッチングによっての活性化は少ないが、自動的な筋の収縮を行うテクニックの際にはより大きな活性化が見られる。

ストレッチングの神経生理学

と動きに関連する伸長は、錘外線維の長さと錘内線維の長さに影響する（図27）。パッシブ・ストレッチングが行われると、二次機械受容器の筋紡錘の活性化が起こる。それによってタイプⅠと、タイプⅡの感覚神経での活動電位が引き起こされ、これらの神経線維からの情報は脊髄の求心性神経に沿って中枢神経システムの皮質に送られる。インパルスは脊髄の中の遠心性ニューロンによって筋の神経支配のレベルまで移動させられ、そして末梢運動ニューロンを経由して筋に戻る。もし刺激が十分強ければ筋は脊椎の介在ニューロンの活性化によって反射的に収縮し、脊髄反射を起こす。

　計画された動きは運動皮質からのもので、随意的に反射活動を抑制することも可能である。反射は2つの違ったタイプに分けられる。急激な反応（速い反射）は急な短い筋への刺激によって、ストレッチングの力と速度に対応して緊張を増加させる。ゆっくりとした反応（緊張性反射）は徐々に増していき、ストレッチングが行われている期間中ずっと続いている。反応の量はストレッチングの力に関連する。

　ゆっくりした伸張反射はⅡa求心性神経グループを経由して転送され、ストレッチングが行われている間中続いている。立位の際に身体の重力が前方に動いたとき、ふくらはぎの筋は伸びて自動的に活動を増加させることでバランスを保とうとする。歩行の際にふくらはぎの筋は支持期では伸び、反射的に収縮し始め、蹴り出し期の最初のところで解放される。多くの筋が動作の間、収縮したり、長くなったりを交互に繰り返す。動作の制御は非常に系統立った、複雑なシステムである。小さな動きであっても複雑なシステムと高い神経コントロールセンターの両方に関連している。

相互支配

　筋は求心性の知覚と遠心性の運動の神経支配を持っている。相互支配によって筋機能のコーディネーションが可能になっている。しかしこれらの反射弓は多くの中枢神経システムの違った部位同士が複雑なシステムを構成し身体の機能を制御しているため、単純化された仮説モデルで表わされていることが多い。

　関節を超えて同じ方向に走行する筋は通常グループとして働き、関節の反対側を超えて走行するうちに筋とペアになり、機能的に頼り合う。単純化された逆制止理論によると、一方の筋が収縮するとき、拮抗筋は中枢神経システムの逆制止で弛緩する。しかし、現実には拮抗筋は主動筋と同時に収縮し（共収縮）、多くの動作の中で関節を安定させる。動作は負荷の下ゆっくりと行うことができ、特定の位置もしくは安定した姿勢で様々な筋群の交互の活性化（またこれらには主動筋と拮抗筋が関連していることが多いが）と組み合わせて関節の動きを止めることができる。よって中枢神経システムは筋の共収縮の制御にとって重要で、またそれは1つの関節だけでなく脚や身体、腕などのウエイトリフティングを行うときのように、複数の関節の動きにとっても重要である。筋の知覚と運動支配は、関節の安定性と身体全体のバランスを保ちながらコーディネートされた動きを行うために重要である。筋、関節包、靭帯や他の知覚器官（バランス器官や目）からの情報を受け取り、中枢神経システムでこの膨大な情報を急速に無意識で分析することは、適切な機能を発揮するためには必須である。受け取る情報にもよるが、中枢神経システムはいくつかの筋を同時に活性化させて動きを開始し、速度を上げ、またいくつかの筋を抑制することで、動きを遅くしたり止めたりする。

自律性抑制は筋の自身の機能を抑制する能力を含んでいるが、自律性抑制の目的は筋への過剰な負荷を防ぐことに関連している。筋が強い力で伸ばされたとき、筋紡錘の緊張の上昇は筋自体の反射を活性化させる。逆伸張反射は運動神経の抑制を起こし、筋緊張の急激な低下を引き起こす。伸長力がある一定レベルに達すると抵抗が突然消え、その後、「折り畳みナイフ現象」が起きる。これは、以前はゴルジ腱器官のみに関連していると考えられていたが、現在では筋紡錘γニューロンと、薄いミエリン鞘のある疼痛神経とが関連していると考えられている。関節包と靭帯にある機械受容器と疼痛神経が、過剰な負荷がかかったときの筋活動の抑制に関連していることが多い。

スタティック・ストレッチング(SS)は、ほんの少しだけしか通常の筋の電気活動を増加させないことが示されており、このことは運動ニューロン活動がほとんど増加しないことを示している。ストレッチングが維持されているとき、筋の電気活動は低下し、パッシブでのストレッチングの間、ゴルジ腱器官の筋紡錘からの求心性神経ではほとんど顕著な活動は見られない。

急性の捻挫による組織損傷から回復した患者のうち、約3分の1が慢性の機能性問題に苦しんでいる。これは修復期間中の結合組織の構造的変化によるもので、不完全な固有受容覚と痛みの神経の活動亢進によると考えられている。

ストレッチングと自動的な筋収縮は、結合組織と他の組織の性質である機械的な柔軟性を向上させるだけでなく、感覚情報に関連する筋-腱システムと関節の受容活動にも影響を与える(図28)。エクササイズは神経が活性化することで、筋の活性化とコーディネーションに影響を与え、中枢神経システムの機能的、構造的変化を起こすことができる。行われるエクササイズは、

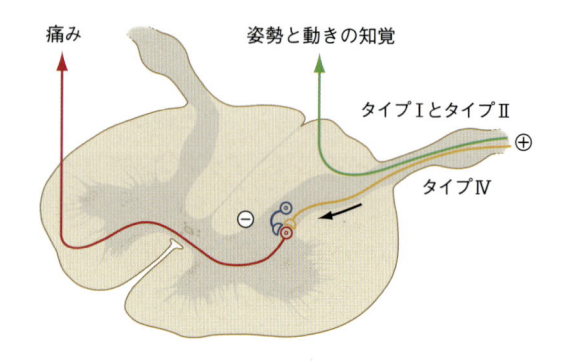

図28　ゲートコントロール理論の改定図
知覚神経の刺激が脊髄の後角での痛みの伝達活動を抑制する(MelzakとStillwekk 1977)。痛みの抑制は中枢神経の他のレベルでも起きている。エクササイズは機械受容器を活性化し、痛みの通り道を妨げる。しかし、特に静的な荷重は反対の効果を引き起こして痛みを生じさせ、神経を刺激することがあり、場合によっては状態を悪化させることもある。

神経機能を正常化させることを目的とすべきである。正しいエクササイズを行うことによって神経機能が向上し、主動筋と拮抗筋の収縮と弛緩をさらに速く、効率的に行うことができる。

関節の機械受容器

関節には様々な受容器が存在し、動きと姿勢の制御を助けている。これらの受容器は腱、腱鞘、靭帯、関節包に見られ、構造と機能によって4つのタイプに分類される(表1)。受容器はほとんどの場合に筋-腱移行部で見られるが、腱が骨に停止するところでも見られる。靭帯は通常関節の外側に存在し、関節包を補強しているものと、関節包から完全に分かれているものとがある。膝の十字靭帯はこのルールには当てはまらず、膝関節の内側に存在する。無理矢理に靭帯を伸ばそうとした場合、大腿四頭筋は緊張反射を起こすことで関節を安定させようとする。関節内の痛みの受容器は結合組織を異常なストレスから保護する。もし競技の際に、局所麻酔

表1　関節にある機械受容器の性質

タイプ	場所	大きさ	神経線維	刺激	検知
ルフィニ小体	関節包、外側の層	100×40 μm	薄いミエリン鞘（6–8 μm）	容易に活性化 ゆっくり適応	位置 方向 動き
パチニ小体	関節包、内側の層	280×120 μm	中型のミエリン鞘（9–12 μm）	容易に活性化 速く適応	動き
ゴルジ腱器官	靱帯と筋-腱移行部	600×100 μm	厚いミエリン鞘（13–17 μm）	大きな刺激が必要 ゆっくり適応	筋収縮 圧 ストレッチング
自由神経終末	靱帯、関節包、筋-腱	1 μm	ミエリン鞘なし（＜1 μm） ミエリン鞘（2–5 μm）	大きな刺激が必要 簡単には適応しない	化学的感受性 虚血 "痛みの検知"

の使用などの影響で受容器が適切に機能していない場合、大きな力の発揮と負荷により、組織の損傷が起こる可能性がある。

　タイプⅠ受容器はルフィニ小体、もしくはルフィニ終末と呼ばれている。これらは関節包の外側の層にある薄い包で囲まれている神経終末によって構成されている。これらの機械受容器は手や足などの小さい関節と比較し、股関節や膝などの四肢の大きな関節に多く見られる。これの受容器は伸長刺激で活性化しやすく、その機能はストレッチングの期間が長ければゆっくり減少する。この受容器は非常に小さい負荷（約3g）によっても活性化され、負荷が除かれるまで続く。簡単に活性化されるこれらの機械受容器は、関節の位置に基づいていつも部分的に活性化されており、安静中でも情報を伝達している。タイプⅠ受容器は関節の動き、方向、範囲、速度などの情報をその動作が自動的なものか他動的なものかにかかわらず情報を送り、また、関節への圧力を感知し、反射的に筋緊張を高めて姿勢を保持、さらに動きを補助して痛みの通り道における活動を低下させる。この受容器には静的、動的な両方のタイプがある。

　タイプⅡ受容器は、パチニ小体と呼ばれる。パチニ小体は神経終末でタイプⅠ受容器よりも分厚い包で覆われている。タイプⅡ受容器は、小さい関節よりは四肢の大きな関節に多く見られる。この受容器はタイプⅠ受容器と同様、遅い、または速い関節の動きに活性化されやすいが、静的負荷やストレッチングによってこれらの機能はすぐ停止する。この受容器の機能は動きの変化に関する情報を連絡し、関節が動いていない場合は活動しない。この受容器は動的タイプである。

　タイプⅢ受容器はゴルジ腱器官として知られ、薄く、多くの関節の関節包内と靱帯内に位置するが、脊椎の靱帯には見られていない。他の関節受容器より大きく、活性化の閾値は高い。ゴルジ腱器官は可動域の限界に近い位置や靱帯が大きく伸ばされているときなど高い刺激によってのみ活性化する。その活動は関節の位置が維持されている間、数秒間に徐々に減少する。よって関節が動いていない間、この受容器は機能しない。この受容器の主たる役割は関節の動き

の方向に関する情報を伝達し、保護的反射によって関節の動きを減らすことで、動的タイプの受容器である。

　タイプⅣ受容器は、包のない自由神経終末で2つのカテゴリーに分類される。タイプα受容器は関節周囲の脂肪組織内と、滑膜組織を含む関節包全体に位置する。この受容器は関節軟骨内には見られず、ミエリン鞘のない神経によって支配されている。もう1つのタイプβ受容器は特定の組織と関連していないが、内的もしくは外的関節靱帯に最も多く見られる。この受容器はミエリン鞘のある薄い神経によって支配されている。通常これらの痛みの受容器は、大きなストレスが機械的な損傷を引き起こすか、感染、もしくは関節内での化学的な炎症が起きるまで活性化しない。これらの痛みの受容器はあまり簡単には適応せず、その機能は長期にわたり継続する。

筋緊張の制御における中枢神経システムの機能

　動作中、もしくは安静時の筋トーヌスの制御は大脳、小脳、脳幹、そして脊髄の中枢神経システムを経由して行われる。主要運動野は大脳皮質の中心前回に位置し、またその前には運動前野がある。インパルスはこれらの場所から出て、皮質脊髄路を通り脊髄に降りていく。この運動インパルスの主要な経路は「錐体路」と呼ばれている。錐体路はα運動ニューロンがインパルスを筋へ中継し、動きを誘発する前角で終わる。

　いくつかのγ遠心性神経は、下行神経シナプスによって筋紡錘へ走行している。小脳から視床への神経路は錐体路へも走向し、動作のコントロールに重要な役割を果たす。これらの神経は、動きの際と安静の際の筋細胞の収縮に影響を与える筋紡錘の活動を制御する。動作は筋紡錘とγ反射によって緻密にコントロールされている。

　中枢神経システムは筋トーヌスと筋紡錘を通じて長さを評価し、変化させることによって制御している。また同様に、筋紡錘からの求心性の情報は、α運動ニューロンへのインパルス活動に影響を与える。筋紡錘は意識的、またはストレッチングによって影響を受けるものの、その多くを自律的に調整し、筋トーヌスを制御しているサーボシステムの重要な一部である。抑制に関わる脳の領域の刺激は筋トーヌスを低下させ、促通に関わる領域の刺激は筋トーヌスを増加させる。通常、これらの中枢神経システムの機能はバランスが取られている。

　中枢神経システムの1つである網様体は身体で機能するいくつかの臓器を制御しており、動作と筋トーヌスと同様に重要である。感覚神経から入ってくる情報は、網様体によって処理される。筋緊張に関連する筋紡錘からの感覚は、辺縁系と視床下部によって制御されている。求心性γ神経活動は無意識に網様体の活動を増加させる。網様体脊髄路は神経の通路で網様体を脊髄へとつながっており、α運動ニューロンとγ運動ニューロンに影響を与える。これらの領域は単独では機能せず、大脳皮質との神経接続によってコントロールされている。大脳皮質はγ運動ニューロンの活動を抑制する。もし皮質が網様体から切り離されていたり、損傷や壊死があった場合、例えば脳梗塞などでは筋トーヌスは増加し、筋の痙性麻痺が起こる。脳幹網様体（Bulboreticular formation）もγ運動ニューロン活動を抑制するが単独では機能せず、その活動は錐体外路と小脳の活動による。それとは対照的に、脳幹網様体（Bulboreticular formation）の高次センターは、独立してγ運動ニューロンを活性化する。この領域は視床と視床下部核か

ら小脳脚中央部を経由して、橋へ伸びている。この領域は小脳の歯状核によって活性化され、視床へと広がる。そのことによってまたγ運動ニューロン活動も増加する。これらの小脳への路は筋の低緊張麻痺を起こし、部分的もしくは完全に反射を抑制する。脳卒中や、脳出血や打撲などの結果、脳幹神経節、小脳、大脳皮質の動きに対する制御が減少し、γニューロン活動はその後、減少する。

　過反射による痙性は前述したようにγシステムの抑制の欠如の結果、γ運動ニューロン機能の過剰反応を生み出し、α運動ニューロン活動の増加を引き起こす。γ運動ニューロン機能の過活動は高い運動センターの損傷によって見られるが、痙性を引き起こす顕著な要因として、通常の抑制介在ニューロン（レンショー細胞）活動を維持する皮質より下の下行抑制路での活動不足が関連することがわかっている。そのため、脊髄運動ニューロンの機能が減少する。これらの活動の減少は自動的にα運動ニューロン活動の増加を起こし、筋トーヌスの増加と反射活動の増幅につながる。

　一方、ゴルジ腱器官からのIb求心性神経線維は抑制介在ニューロンを活性化する。しかし抑制効果は減少し、中央抑制が欠損する。また、その際に抑制介在ニューロンでの筋からのIa求心性神経線維は減少し、速いストレッチングは痙性のある筋の活動を顕著に増加させる。痙性による筋のこわばりは神経機能によるものだけでなく、粘度と弾力の段階的変化で組織が安静時にでも伸長に対して抵抗するようになることにも関連している。

　網様体機能は、内耳のバランス器官からの情報を中継する前庭神経核から受け取る情報に影響を受け、運動ニューロンへの直接反射神経路を経由して筋トーヌスを増加させる。その核は目や機械受容器、特に頚の上部付近から情報を受ける。前庭神経核機能は他のその情報によって核機能を低下させる脳幹神経節や、小脳などの自律性分野によって影響を受ける。よって筋トーヌスの上昇も沈静化される。

　ほとんどの場合、神経システムの下部中央は自動的に身体、腕、脚の姿勢を完全に制御する。皮質は主に指の意識的機能をコントロールする。特化した正確な動きは腕や脚の大きな動きと比較して、皮質からのガイダンスを多く必要としている。中枢神経システムへのγ情報は細かな運動機能、特に指の制御を行う。よって指の筋は四肢の大きな筋と比較して多くの筋紡錘を含んでいる。

　筋のこわばりは、機械的または代謝的要因に影響される。内的な筋の硬さは、短期では線維間の連結橋の変形によって制御されている。しかし末梢神経の絞扼、外傷、もしくは神経根の圧迫、例えば椎間板ヘルニアによる圧迫などによって、遠心性運動ニューロン機能が停止した場合、筋は完全に弛緩しまう。安静中の筋トーヌスの制御は自律性機能であり、脊髄前角からの運動ニューロンの活動による。この自律システムは様々なリラクゼーションエクササイズやバイオフィードバック、催眠などの他のテクニックなどによって影響を受け、意識的に影響を与えることができる。

ストレッチングの定義

アクティブ（自動）・ストレッチング

　通常筋のアクティブ（自動）・ストレッチングの間には外的な力は全くかからず、アクティブな主動筋の収縮によって自動可動域を生みだす。よって可動域は、伸ばそうとしている筋の抵抗

やストレッチングを行っている主動筋の筋力に影響される。アクティブ・ストレッチングは主に正常なモビリティーの維持に使われ、パッシブ(他動)・ストレッチングは可動域の増加を目的に使われる。

パッシブ(他動)・ストレッチング

　パッシブ(他動)・ストレッチングは、シンプルなストレッチング方法である。この方法は外的な力を使い、希望する身体の組織を、補助、術者、機械、ウエイト、プリーシステムなどの助けを借りながら、または外的な補助なく自分自身で引っ張ることでストレッチングを行う。例としては、自身の手で脚を持ったり、身体部位にかかる重力を使ってストレッチングの力を生み出すなどの方法がある。

　他の人が力をかける場合はストレッチングをパッシブなものと考え、他の人の補助を受けずに行うストレッチングをアクティブととらえる人もいる。しかし、他の人がそのストレッチングを行う場合、アシスティッド(補助された)・ストレッチングになり、パッシブ、もしくはアクティブのどちらでもある可能性がある。パッシブ・ストレッチングでは治療を受けている人は治療の対象としての役割で、ストレッチングの行為に直接参加していない。しかし治療対象であるという考えは疑問である。補助役の人がストレッチングを対象者に行っていても、対象者は正しい位置を取り、自動的に筋をリラックスさせることで参加しなければならない。コントラクト・リラックス(CR)・ストレッチングを行っている際には、最初伸ばしたい筋肉を補助者の抵抗に対して収縮させその後にパッシブ・ストレッチングを行う。コントラクト・リラックス－アクティブ・コントラクト(CR－AC)・テクニッ

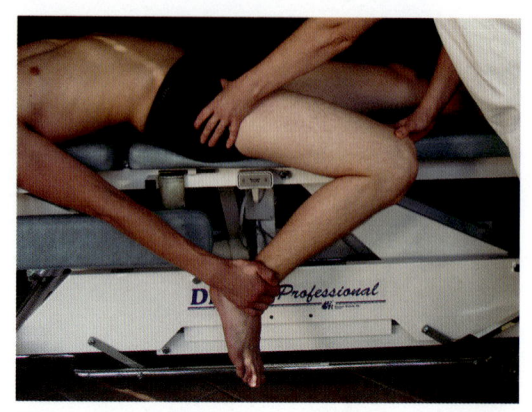

図29　重力と徒手によって腸腰筋と大腿直筋の筋－腱移行部を圧迫してのパッシブ・ストレッチング

クを行う場合は、拮抗筋と主動筋の収縮期の両方で補助があったとしても、アクティブなストレッチングである。ストレッチングと同時に使われる徒手による圧迫テクニックがあるが、これらもこのパッシブ・ストレッチングのカテゴリーに入る (図29)。

アクティブ・アシスティッド・ストレッチング

　アクティブ・アシスティッド・ストレッチングでは、術者はパッシブ・ストレッチングを行い、対象者は主動筋を収縮させることで動きをサポートする。このストレッチングテクニックは、モビリティーの向上と共に弱い筋を強化し、コーディネーションの向上のためにも使われる。コントラクト・リラックス(CR)・ストレッチングは、アクティブ・アシスティッド・ストレッチングでの形で多く使われる。

ダイナミック(動的)・ストレッチング

　ダイナミック(動的)・ストレッチングは伸ばしたい筋が伸びる方向に関節を動かし、その直後

にそのストレッチングが緩む方向に戻す。これを数回繰り返し、徐々に可動域を増加させる。そうすることによって、目的の組織が段階的に長くなっていく。ストレッチングは一定の速度でゆっくり行うか、バリスティック・ストレッチング(BS)で行われるように、速い速度へ加速し可動域の終末で減速させるが、これは必然的にダイナミック・ストレッチングとなる。ダイナミック・ストレッチングは(a)拮抗筋を使って動きを発生させるアクティブ・ストレッチングか、もしくは(b)ウエイトを使ったり(c)重力を使ったりしてストレッチングを行うことでパッシブ・ストレッチングにもなり得る。アスリートはウエイト・アシスティッド・ダイナミック・ストレッチングをよく行う。

バリスティック・ストレッチング(BS)

バリスティック・ストレッチング(BS)法では、強い連続した主動筋の筋収縮による動きを拮抗筋のストレッチングのために行う。動作は通常停止することなく何度も繰り返し行う。このストレッチングはダイナミック(動的)・ストレッチングテクニックに分類される。ダイナミック(動的)・ストレッチングは、ゆっくりとした一定の速度で行うこともできるが、このような場合、その動きはバリスティックではなくなる。強く速いストレッチングは反射を起こし、筋を活性化してストレッチングに対する抵抗を増す。しかしバリスティック・ストレッチングでは、可動域終末に近づくにつれ速度が遅くなるため、動きを制限するほど大きな筋収縮を引き起こすことはない。筋緊張レベルはスタティック・ストレッチング(SS)とCRテクニックよりは高い。

バリスティック・ストレッチングは、多くのアスリートにとって重要なストレッチング法で

ある。可動範囲の終末のところでのストレッチングストレングスの向上や、コーディネーションの向上に使うことができる。この方法はバランスや動作のコントロール、筋力とスピードを要求されるストレッチング法である。水泳、ウエイトリフティング、やり投げ、様々な陸上競技など、特定のスポーツにとっての特異的トレーニングエクササイズとして非常に人気のあるストレッチングテクニックである。バリスティックテクニックは高いモビリティーの要求されるスポーツにおいて、ウォームアップ中によく行われる。この方法の特徴として、ストレッチングとコーディネーションエクササイズを組み合わせていることが挙げられる。

スタティック・ストレッチング(SS)

スタティック・ストレッチング(SS)は関節を筋緊張による抵抗が非常に高まるところまで動かしていく。ストレッチングは筋緊張の低下がみられるまでこの位置で維持され、その後、関節は元に戻されストレッチングからは解放される。スタティック・ストレッチングは数回繰り返して行われることが多い。

スタティック・ストレッチングはストレッチングポジションにまで動かしたとき、また再度元の位置に戻すときに、アクティブな要素を含む。関節はストレッチングされた位置である一定の時間維持されなければならないため、ストレッチングの定義では必然的にパッシブである。もちろん拮抗筋もこの状態を作りだすことができるが多くの場合力が低いため、効果的なストレッチングを生み出すことはできない。

主動筋コントラクト(AC)・ストレッチング

アクティブな可動域トレーニングでは、四肢

は自動的にストレッチングポジションに動かされ、その位置を一定時間保持する。よってスタティックな状態を持つことになる。主動筋はストレッチングされた位置に持っていくために使われ、ある程度の筋力と意思が必要となり、そうすることでストレッチングが効果的に行われる。このストレッチングテクニックは、傷害や過労した状態で主動筋の収縮で痛みを起こしたり、筋力が弱っている状態には適しない。

　アクティブとパッシブ両方のストレッチング法は、プラスの面とマイナスの面を持っている。スタティック・ストレッチングは簡単に行いやすい。一方、アクティブ・ストレッチングは、組織の損傷を引き起こしたりすることが少なく、また筋力の向上が可能である。どんなテクニックを使用する場合でも、補助者が患者のモチベーションを高めることが重要である。術者は患者を励ますことで、ストレッチングの力が段階的に増やされ、その結果、痛みの軽減が起こる。しかしアシスティッド・スタティック・ストレッチングはオーバーストレッチングと他の組織損傷のリスクをある程度持つ。

ストレッチングの研究

　効果的なストレッチングの間、結合組織にはその動作に抵抗する力よりも大きな力がかけられている。ストレッチングは力を増したり、ストレッチングの長さや量組織の抵抗を減らしたりすることによって、効果的に行うことができる。ストレッチングに対する抵抗は、主に関節を取り巻く結合組織と筋ー腱システムのパッシブな要素と、筋の収縮性要素によるものである。抵抗のパッシブな要素としては、筋や腱の弾性や速度が含まれ、結合組織、関節靱帯、関節包、皮下組織と皮膚（図30）が影響している。アクティブな抵抗の要素は、中枢神経システムの複雑な反射メカニズムが関わる随意と自律による筋緊張である。ストレッチングテクニックはパッシブとアクティブの両方の抵抗を減少させることを目的としている。

ストレッチング中の結合組織の粘性と弾性抵抗

　基本的な結合組織の構造は、蛋白質ー多糖構造によって囲まれている様々な厚さと複雑な方向性をもったコラーゲン線維によって作られている。コラーゲンはストレッチングに対して強く、特化したニーズによって腱、靱帯、腱と膜、関節包のように違った結合組織構造の形に構成されている。

　結合組織の粘性と弾性要素の性質は、その構造と組織線維の量に影響される。違った結合組織は特定の粘性と弾性を持ち、それぞれストレッチングに対して独自の方法で反応している。パワーは弾性要素から放出されるが、粘性要素の反応は遅い。ストレッチングは結合組織の弾性と塑性の変形を引き起こすが、結合組織の弾性要素をストレッチングした後、その構造はストレッチングがあまり無理に行われていなければ元の状態に戻る。組織構造は粘性によって長い期間維持することができる。十分な力で、連続した、もしくは繰り返されたストレッチングは、塑性変化を結合組織のずれ現象によって引き起こし、ストレスを取り除いてからも変形が残る。よってストレッチングに対する抵抗は減少する。塑性の変化は主に筋ー腱間移行部で起きる。

　引っ張ったバネの原理で起きる抵抗は、バネが耐えられる範囲まで直線的に増加する。結合組織などの生物学的物質の抵抗は直線的ではないが、対数的に変化する（図31）。

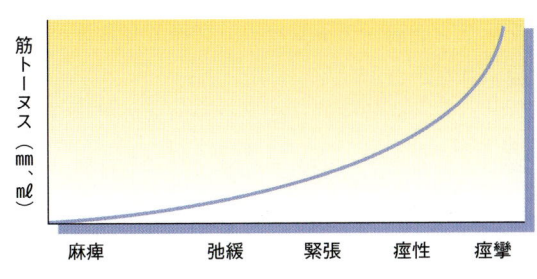

図30　筋トノメーターによる筋トーヌスの計測と筋の状態

図31　関節角度の急激な増加によって起きるストレッチング力の小さな増加が見られている。しかし関節角の増加と共に抵抗は増加し可動域（ROM）の終末近くでは大きなストレッチング力をもってしても可動域はほんの少ししか増加しない。

歩行の際にはふくらはぎの筋（群）はプッシュ期で伸び、スイング期では元の位置に戻り、次のステップではモビリティーともしくは弾性力の変化はない。よってこの過程は遠心性筋収縮とストレッチング力、重力と前方への動きのため、必然的に弾性の変形が関与している。粘性変形は弾性力の減少を意味し、歩行はぎこちなくなり、一歩一歩に集中しなければならなくなる。

結合組織が強く伸ばされると、ある程度の機械的な弱体化を引き起こすが、組織への損傷があるとは限らない。弱体化はストレッチングのテクニックや力の大きさによる。組織が大きな力で速く伸ばされるか、あるいはゆっくりで少ない力で伸ばされた場合とを比較すると、大きな力で伸ばされたほうが大きな組織的な損傷を引き起こしたり、組織が断裂したりする危険性が高まる。

何度も高い強度のストレッチングが繰り返された後、硬く短い筋は塑性の変化によって関節のモビリティーを向上させる。弾性と塑性の変化の関係と度合は、ストレッチングが行われる状況に影響を受ける。主な要因は力、期間、組織の温度である。軟部組織の弾性の変化はヒステリシス現象として知られ、この効果は漸進的な力を使うことで起こるが、それは組織に損傷が起きるレベルまでである。ストレッチングに

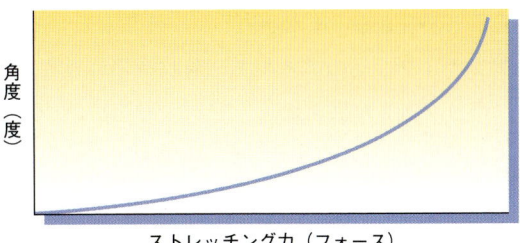

よって起きる効果は、小さい力が使われた場合に長く持続し、大きな力で変化を早く得ようとした場合にはあまり持続はしない。スロー・ストレッチングは塑性変形のために勧められるが、その力が小さすぎる場合、ストレッチングがどれほど長くても塑性変形は起きない。結合組織の短縮と硬化によって柔軟性が低下しているとき、維持可能な向上を確保するためには、ストレッチング力は十分大きく長くなければならない。ただし、塑性変形を引き起こすときに結合組織を断裂しない範囲に抑えることが大事である。癒着はストレッチングの際に動きを機械的要因によって制限し、痛みを引き起こすので、このことに関しては例外である。組織に損傷を与えることなく塑性変形を獲得するためには、ストレッチングが行われている際に適切な力を使う技術が必要とされる。力が大きすぎる場合、結合組織、筋-腱、関節靱帯、関節包に損傷を与えてしまい、筋パワーの喪失、関節のハイパーモビリティー、癒着や瘢痕組織の生成を引き起こしてしまう可能性がある。

Garrettら（1988）によると、アクティブに筋収縮を行った筋はパッシブでリラックスした筋と比較して、15％大きいストレッチング力に耐え

ることができる。また類似していることとして、アクティブな筋のエネルギー吸収能の大きさはリラックスした筋と比較して2倍を超えている。よってパッシブにストレッチングされている場合と比較し、アクティブな状態では、筋はより大きいストレスに耐えることができる。疲労した筋はストレス下では耐久性は少ない。

健康な人におけるSSに関する研究結果

足関節背屈

　Henricsonら（1983）は、バドミントン選手のふくらはぎの筋（群）に対するスタティック・ストレッチング（SS）の効果を検証した。対象者は一般的な立位で、壁を使ったストレッチングを15秒5回、週に3回、12週間行った。すべてのストレッチングの前に15秒のかかとを上げた位置を維持するエクササイズを行った。足関節背屈の自動可動域の獲得は5度であったが、コントロール群（無介入群）と比較して統計的に有意ではなかった。

　Toftら（1989）は、ハンドボールとサッカー選手の足首の背屈によるパッシブでの筋緊張を、1回の底屈筋群のCRストレッチング（p.72参照）の前と90分後に評価した。ストレッチングによってパッシブでの筋緊張は18%減少し、1日2回のストレッチを行った3週間後では、36%の減少が認められた。評価の前には20時間以上ストレッチングは行われなかった。

　GradyとSexana（1991）は、ふくらはぎに対する1日1回のスタティック・ストレッチングの効果について調べた。3つのグループともに壁を使ってのストレッチングを、毎日6カ月間行った。グループ1は30秒行い、グループ2は120秒、グループ3は300秒ストレッチングを行った。可動域の向上の平均は2〜3度でグループ間とストレッチング前、ストレッチング後で有意な差は見られなかった。

　Zitoら（1997）は、足関節に左右対称の背屈制限のある対象者へのスタティック・ストレッチングの効果を検証した。5秒間のアクティブ（自動）な背屈収縮を4回、プレ・コンディショニングとして行った。15秒2回のスタティック・ストレッチングを1セットとして背屈に対して行った。ストレッチングは片方ずつ立位で行い、踵はプラットフォームの端で宙に浮いた状態で行った。パッシブ（他動）での背屈可動域は24時間の間計測されたが、有意な変化は見られなかった。

　NcNairら（2000）は、足関節へのスタティック・ストレッチングの効果を調べた。被験者は背臥位になって膝を真っすぐ伸ばした状態で、15秒のスタティック・ストレッチングを4回、30秒を2回、60秒を1回と、60秒間連続した他動的可動域エクササイズを行い、ストレッチングの合計時間が同じになるようにした。抵抗の力は60秒間毎秒5度の角速度でアイソキネティック機を使って計測された。その結果、足関節背屈の最大可動域の80%のところで、足関節の硬さが計測された。軟部組織のリラクゼーション反応によるの力の減少が、足関節最大可動域の80%のところで見られた。筋の硬さは、連続した他動的可動域エクササイズによってのみ有意に減少し、その影響の平均は16%の減少であった。もし筋硬の低下がストレッチングプログラムの目的であるのならば、この結果は他動的な連続動作はスタティック・ストレッチングよりも効果的であることを示唆している。粘弾性の抵抗は最も早くて最初の15秒で減少する。緊張力の減少は最初の15秒間で11%減少し、ストレッチの位置を保持している時間と連続での他動的可動域エクササイズが行われている時間

に約20度減少する。腱においての連続した減少は最初の20秒で起きる。

　Duongら（2001）は、長いストレッチングの後の足関節のストレスリラクゼーションと、ストレッチング後の時間ごとの変化を研究した。1つ目の実験では足首は背屈位に20秒間ストレッチングされ、その後2分間その位置から解放され、その間被験者はリラックスしたままかアイソメトリック収縮を行い、再度ストレッチングを行った。2つ目の実験では足首は20分間ストレッチング、そして20分間解放し、再度ストレッチングを行った。その結果、ストレッチングの間、足首のトルクは急激に低下した。5分後にはすでに最大のストレスリラクゼーションの半分が得られていた。しかしながら抵抗はその後も継続して低下し続けた。ストレッチングから解放されて最初の2分間以内に43％のトルクが回復した。回復は被験者がリラックスしたままだったかアイソメトリック収縮を行ったかには影響されなかった。時間による回復は、ストレスリラクゼーションの時間による回復と似ていた。この研究では、長時間のストレッチングは最大のストレスリラクゼーションのうちの大部分を生み出すためには必要であり、その回復はストレッチングから解放されてから急激に見られることがわかった。

　Youdasら（2003）は、下肢に特に硬さのない人のふくらはぎの筋に対するスタティック・ストレッチングのアクティブな背屈可動域への効果を研究した。被験者は立位でのウオールストレッチングを1日1回行った。1つ目のグループは30秒のストレッチングを行い、2つ目のグループは1分間のストレッチング、3つ目のグループは2分間ストレッチングを行った。結果をまとめると、健康な人ではストレッチングは足関節の可動域を顕著に増加させるとは言えず、また、このことによりモビリティーの低下の見られない健康な人に対して、可動域を向上させることを目的にストレッチングを行うことをはっきりとは正当化できないことがわかる。ストレッチング後の組織の抵抗を計測した研究では有意な効果が見られたが、その効果は早く消滅しがちである。

　ふくらはぎの筋のストレッチング中、足関節の背屈位置での他動的な筋緊張増加が見られる。足関節の構造的要因による他動的抵抗は膝関節が曲がっている場合に顕著に見られる。膝が伸展している場合、腓腹筋は抵抗の多くに関与するが、他のふくらはぎの筋（群）からの抵抗と足関節は通常の可動域の終端近くで重要な要素になる。足関節と比べてどの時点でストレッチングが筋－腱単位からの抵抗を受けるのかどうかを見分けることは難しい。そのため、ふくらはぎの筋（群）はあまり人気のある研究トピックではない。

股関節屈曲と膝関節伸展

　膝関節屈曲筋はストレッチングの効果を検証する上で、最も多く使われる筋である（表2）。これらの筋の多くは股関節伸展筋でもある。ハムストリング筋として知られている筋は、大腿骨の背面を走行し、股関節と膝関節をまたいでいる。多くの人にとってハムストリングは硬い筋群で、股関節の正常な他動可動域に制限を起こす、短縮したハムストリングを持つ人を見つけるのは難しくない。膝関節が伸展されているとき、同じことが足関節にも当てはまるのだが、ストレッチングの際には膝関節は真っすぐでなければならない。複数の研究者がストレッチングとその計測に関して、股関節を固定した状態で膝関節を伸ばすことによってハムストリングをストレッチングする代替方法を使っている。

表2 健康な人のハムストリングに対するスタティック・ストレッチング（SS）のテスト結果

研究者名	1回のストレッチングの長さ（秒）	回数	1日の頻度（回／週）	プログラムの長さ（週）	1週間での合計時間（秒）	変化（角度）
Medeiros 1977	3	20	8	―	480	6
Tanigawa 1972	5	3	6	―	90	7
Sady ら 1982	6	2	3	6	216	11
Prentice 1983	10	3	3	10	300	9
Starring ら 1988	10	50	5	―	500	15
Bandy と Irion 1994	15	1	5	6	450	4
Li ら 1996	15	10	7	3	3150	12
Gajdosik 1991	15	10	7	3	3150	13
DeWejer ら 2003	30	3	1	―	90	13
Halbertsma ら 1996	30	10	1	4	300	9
Hardy 1985	30	3	6	―	360	12
Bandy と Irion 1994	30	1	5	6	900	12
Babdy ら 1998	30	1	5	6	900	11
Bandy と Irion 1997	30	3	5	6	2700	10
Willy ら 2001	30	2	5	6	1800	9
Willy ら 2001	30	2	5	2×6	3600	11
Chan ら 2001	30	10	3	4	3600	9
Chan ら 2001	30	5	3	8	3600	11
Magnusson ら 1996	45	1	1	―	45	5
Magnusson ら 2000	45	3	1	―	135	14
Magnusson ら 1996	45	10	7	3	9000	17
Bandy と Irion 1994	60	3	5	6	5400	10
Bohannon 1984	480	1	3	―	1440	7
Halbertsma と Goeken 1994	600	2	7	4	33 600	5
Starring ら 1988	900	1	5	―	4500	13

※角度の変化は膝を伸展させた状態での股関節もしくは股関節を90度に固定した状態での膝を計測

　関節に問題のない健康な被験者では筋―腱システムはストレッチングの対象が関節包に向かう前に硬くなる。これは多くの他の関節のように関節のモビリティーの制限に邪魔されることなく、筋―腱システムのストレッチング効果だけに検証を集中することを可能にしている

　Bohannon（1984）は、8分間の長さのハムストリングストレッチングの効果を研究した。測定とストレッチングは被験者が背臥位になり、プーリー式のウエイトによって脚を真っすぐ挙げるという形で行われた。膝関節はスプリント（添え木）によって真っすぐに維持された。被験者が8分の間耐えられる最大の力は介入が始まる2週間前にテストされ、それがストレッチング用の力として使われた。股関節の可動域はストレッチングの15秒後に計測された。3日間の介入後、ストレッチング群で可動域は7度向上し、コントロール群（無介入群）では1.5度であった。フォローアップの評価は1日後に行われ、可動域はストレッチング群で4.54度、コントロール群

では0.5度開始時と比較して向上していた。群間比較では有意な差は見られなかった。

Bornら（1987）は、ハムストリングのスタティック・ストレッチングでストレッチングの時間の影響を比較した。最初のグループでは10秒のストレッチングの長さで、2つ目のグループは20秒、3つ目のグループでは30秒とし、8〜15秒の休憩を各ストレッチング間に入れた。ストレッチングは45分間、週2日、10週間の間行われた。股関節のモビリティーは、被験者は背臥位で脚は天井に向けて真っすぐ挙げて評価が行われた。モビリティーの平均は全グループで約13度だった。研究者は他の長いストレッチングと比較して同等の効果が見られたため、10秒のストレッチングが好まれると結論づけた。向上は最初、20秒と30秒のグループで早かったが、7週間でレベルは下がっていき、最終的な結果は同じだった。他の研究においてはストレッチングの合計時間は約15分であるなか、この研究においてのストレッチング時間は特に長かった。

Gajdosik（1991）は、短くない筋と、臨床的に短いとされたハムストリング筋のパッシブでの整合性（コンプライアンス）と長さを比較した。ストレートレッグレイズ（SLR）と股関節が90度に固定されている状態からの膝伸展の角度のグループ間の違いは約13度であった。ストレッチング中トルクと角度は計測され、その結果パッシブ（他動）でのコンプライアンス（整合性）を示すカーブは、身体の硬い人では左にシフトした（図32）。ストレッチングは被験者が最大に伸ばされたと感じた時点で中止されるか、もしくは筋電活動の上昇によって中止された。ストレッチング中に耐えられる最大パッシブトルクはグループ間では差はなく、パッシブ・コンプライアンスは硬いハムストリングのグループで大きかったため、筋線維の長さの変化は柔軟性の低

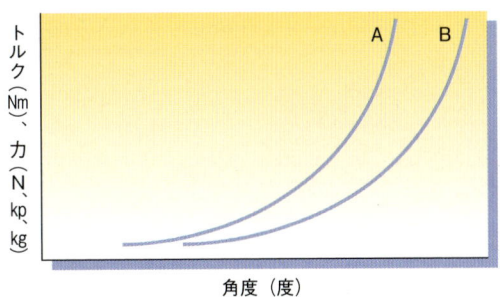

図32 筋－腱単位による抵抗：トルク（もしくはフォース）－アングル（角度）カーブ。ストレッチング中に一定の速度で関節の角度は徐々に増加している。
A：硬い筋、B：通常のトーヌスを持った筋トルク－角度カーブの下の部分はストレッチング中に行われた仕事とストレッチングに使われたエネルギーの量を示している。またストレッチング中の筋－腱システム単位に蓄えられているエネルギーの量を示している。

いグループで少なかった。

Hughら（1992）が、ハムストリングに対する45秒のスタティック・ストレッチング（SS）の効果を検証したところ、抵抗の粘性と弾性要素は15％減少することがわかった。しかし、この変化はストレッチング後、10分で開始前のレベルに戻った。1回のストレッチングの効果は有意だったが、その効果は比較的短い時間の間しか続かなかった。

Bandyら（1997）は、短いハムストリングを持った健康な被検者に対して、長さの違うストレッチングプログラムを行って比較した。ストレッチングは1日1回、週5日で6週間行われ、ストレッチングの長さは最初のグループは15秒、2つ目のグループは30秒、3つ目のグループは60秒で行われた。その結果、股関節屈曲のモビリティーは15秒のストレッチンググループでは4度しか増加が見られなかった。一方で30秒と60秒のストレッチングのグループでは、モビリティーが12度向上した。つまり60秒のグルー

プは30秒のグループと比較して、大きな向上が見られなかった。

　次に、同じ被験者を今度は2つのグループに分け直し、30秒と60秒の長さでストレッチングプログラムを6週間行った。これらの2つのグループの結果の違いに有意差はなく、1日1回または1日3回での差は見られなかった。ストレッチングの効果はある程度はストレッチングの長さと回数を増加することで向上させることができるが、これらの結果から30秒のストレッチングを1日1回行うことが薦められる。

　HalbertsmaとGoeken（1994）は、短いハムストリングを持った健康な被検者に対するスタティック・ストレッチングの効果を検証した。ストレッチングの長さは10分で、1日2回、4週間行われた。可動域は機械によるストレートレッグレイズ（SLR）ストレッチンググループで5度の増加が見られ、コントロール群（無介入群）では1度の増加であった。この増加はストレッチング耐性への影響によるもので筋の硬さには何も影響はなかった。

　Magnussonら（1995）は、ハムストリングの1回のSSの効果を検証した。被験者はハムストリングを立位から前に体を倒しながら、痛みが起きるポイントまでストレッチングして、その位置を90秒保持した。その結果、ストレッチングを行うことで結合組織によって起きる抵抗の30％の低下がみられた。この変化は最初の30秒の間で最大になり、その後ほとんど変わらない状態であった。ストレッチング中の筋の電気活動は一定であった。よって、この効果はリラクゼーションによって引き起こされたものではなく、主に機械的な変化によって起きたものであると言える。しかし、その効果は介入して45分後に再度評価されたときには消えていた。

　Liら（1996）とGajdsik（1991）は、ハムストリングに対する15秒のスタティック・ストレッチング（SS）の効果を検証した。SSとして前屈エクササイズを1日10回、3週間行った。その結果、12～13度の可動域の増加が見られた。この実験の結果よりも良い結果を収めたBandyとIrion（1994）の実験と比べて、1回のストレッチングの長さは同じであったが、全体のストレッチングの長さは有意に短かった。つまり結果はストレッチングの長さだけでなく、どのくらいストレッチングが繰り返されるかに影響されるということがわかる。ストレッチングを行った合計時間は、結果に影響を与える重要な要素である。

　Halbertsmaら（1996）は、ハムストリングへのスタティック・ストレッチングの効果を研究した。被験者は立位の体勢から片足を体の前のテーブルの上に挙げた状態で上体を前に倒すことでハムストリングをストレッチングした。ストレッチングの長さは30秒間で、30秒の休憩を間に挟んで毎日10分間、週4日行った。柔軟性の計測は機械によって行われ、被験者が背臥位で痛みが感じられるまで脚を挙げたところ、股関節屈曲はストレッチング群で9度増加し、コントロール群（無介入群）では増加が見られなかった。この研究結果から、ハムストリングの筋の長さと硬さは影響を受けなかったが、大きなストレッチングの力に耐えられるようになったために、可動域は有意に増加したことがわかった。

　Magnussonら（1996）は、45秒のハムストリングのスタティック・ストレッチングの効果を検証した。ストレッチングは1日10回繰り返したところ、3週間のトレーニング後の最初の関節角度の増加は5度と17度であった。この研究ではそれまでのスタティック・ストレッチングの研究と比較して、一番大きい向上を生み出した。この研究ではストレッチング時間の長さに注目したため、ストレッチング時間の合計は9000秒

と長かった。粘弾性の適応よりはストレッチングに対する許容度の増加による関節可動域の増加を意味する「トルクー角度カーブ」は変わらないことが示された。このことからモビリティーが増加しても、組織の弾性は長い間のストレッチングによる変化の後でも変わらないことが示された。

Bandyら（1997）は、短いハムストリングを持った健康な被検者に対するスタティック・ストレッチングの時間と頻度の影響を評価した。介入群では、1日1回、週5日のストレッチングを6週間行い、コントロール群ではストレッチングを行わなかった。グループ1は30秒のストレッチングを行い、グループ2では60秒のストレッチングを1回行った。柔軟性の変化はストレッチングによるものかと思われたが、ストレッチンググループ間では有意な差は見られなかった。ストレッチングの頻度が1日1回から3回に増加されても、それ以上のモビリティーの向上は見られなかった。この結果から、30秒のストレッチングを1回行うのが、可動域を向上させるためには効果的な量であることが示された。

Magnusson（1998）は、90秒のハムストリングストレッチングの効果について研究を行った。ストレッチングは30秒のインターバルで5回繰り返された。テストの結果、粘弾性性質の変化によって抵抗が13％減少した。最初のストレッチングと同じ角度が継続して使われたが、ストレッチングを繰り返すことで徐々に抵抗が減少した。しかしストレッチングの1時間後ではその効果は消え、最初と同じだけのストレッチング力が新しいストレッチングを行う上で必要となった。研究者は、もしストレッチング力が痛みの許容範囲を超えないレベルであれば、スタティック・ストレッチング単独では筋-腱のコンプライアンスに対する長期的な効果はないと結論づけた。ストレッチングの際の角度は増加されず、ストレッチングに対する抵抗が一時的に減少したため、ストレッチングを繰り返すなか、ストレッチング力は減少した。

Starringら（1988）は、ハムストリングが短い健康な被検者に対してスタティック・ストレッチングを反復した群と継続した群で効果を検証した。被験者は座位で片方の足に対して機械によってストレッチングが行われ、反対の脚は介入を行わず比較に使われた。ともにスタティック・ストレッチングは1日15分5日間行われ、行われたストレッチングの合計時間は同じとした。継続群では位置が維持された状態で15分間、反復群は10秒で8秒間の休憩のインターバルを挟んで行われた。モビリティーは座位で股関節は90度の角度で固定する方法で計測された。その結果、膝のモビリティーは継続群において13度向上し、ストレッチングをやめてから1週間後、膝のモビリティーは開始時から8度の改善を維持していた。反復群ではモビリティーは15度向上し、ストレッチング停止後1週間では10度向上した状態であった。しかしながら、グループ間に有意差は認められなかった。また男性と比較して女性のほうがモビリティーは向上し維持されていた。これは結合組織の構造と筋のサイズによるものと推測される。研究者は男性の結合組織は女性よりも多くのコラーゲンを含んでおり、これによってストレッチングに対する抵抗力が高いことを示唆した。このことは、塑性変化は男性のほうが起こりにくいことを示している。

Magnussonら（2000）は、30秒のインターバルを3回繰り返して、45秒のハムストリングのストレッチングを行った場合についての効果を検証した。この介入の結果、最終的に関節可動域は14度改善した。最初のストレッチングと3回

目のストレッチングの後での有意な差はなかったものの、ストレッチングの際の抵抗は約20％減少した。複数回のストレッチングを繰り返して行った場合、粘弾性のストレスリラクゼーションを即座に引き起こすが、筋の持つ絶対的抵抗とエネルギーには変化が見られなかった。このことは筋－腱単位にとって弾性エネルギーの活用を維持するのに必須である。

　Magnussonら（2000）は、身体の柔らかい人と硬い人のハムストリングのストレッチングに対する他動的な抵抗を比較した。ゆっくり膝を他動的最大角度へ伸展させ、その位置で90秒静止させたところ、ハムストリングの横断面はMRIによって撮影されて比較されたが、グループ間では大きな差は見られなかった。最大角度での抵抗のピークは、最後の長さの変化の最終域20％のところで見られ、身体の柔らかい人のほうが硬い人と比較して大きかった。静止期での粘弾性ストレスリラクゼーションには有意な差は見られなかった。身体の柔らかい人は身体の硬い人と比較して、大きい伸長ストレスとエネルギー貯蓄能力によって、大きなストレッチング角度に到達した。これは外的にかかった力に対する大きな許容力によるもので、モーメントアームでの変化は大きかった。加えて体の柔らかい人のほうが硬い人と比べて長さの変化の最終域40％のところで、エネルギーを多く吸収できることもわかった。

　Chanら（2001）は、2つの違ったスタティック・ストレッチングのプロトコールのハムストリングの柔軟性と、他動的抵抗への効果を検証した。被験者は座位で片足を前に伸ばし、反対の脚は曲げて殿部に付けた状態で股関節から腰を前に曲げて、痛みを生まない範囲の力でパッシブ・ストレッチングを行った。1つのグループは30秒のストレッチングと、30秒の休憩を5回繰り返し、1分の休憩を挟んで2セット目を行った。ストレッチングは週3回で4週間継続された。2つ目のグループは、30秒のストレッチングと30秒の休憩を5回で1セットとして、週3回、8週間行った。その結果、両方のグループで股関節屈曲90度での膝の伸展は約160度だった。コントロール群（無介入群）ではモビリティーに変化は見られなかった。痛みのない範囲でのモビリティーは4週間のストレッチングを行ったグループで9度、8週間のグループで11度増加したが、群間での有意な差は見られなかった。4週間のグループでのモビリティーの向上は、ストレッチングによる痛みに対する許容量の増加によるもので、可動域終末での他動的抵抗は低かった。一方、8週間のグループでのモビリティーの向上は結合組織の適応によって起きたものであった。テストの結果、ストレッチング回数による向上はストレッチング時間の増加による効果ほど、顕著ではないことがわかった。研究者らは柔軟性の変化が組織レベルで起きるためには、ストレッチングによる介入プログラムを2カ月間、続けることを推奨した。

　Willyら（2001）は、ハムストリングに対する1回のスタティック・ストレッチングの効果について検証した。被験者は立位で片方の足を前方に挙げて高い位置に置いた。腰部は股関節から前方にハムストリングに痛みがあるまで倒されて、ストレッチングが行われた。その位置は30秒間維持され、次のストレッチングまで30秒間の休憩を持った。スタティック・ストレッチングは1日1回、週5回行われた。その結果、6週間後では、被験者が背臥位で股関節が90度に保たれた位置で膝の伸展を計測した場合でモビリティーが9度増加していた。介入後、4週間の休みの後の計測では、モビリティーは介入前の計測から2度向上したところまで戻ってしま

っており、介入によって得られていた効果がほとんど消えていたことがわかった。新たな6週間の介入で、最初の介入前の評価値と比較してモビリティーは11度向上した。

　Felamdら（2001b）は、65歳の被験者に対するハムストリングストレッチングについて研究した。3つに分けられたそれぞれのグループは、15秒のストレッチングを行うグループ、30秒のグループ、60秒のグループに割り当てられ、4回のストレッチングを10秒間のインターバルで連続して行った。ストレッチングは週4回で6週間行われた。柔軟性はそれぞれのグループで4度、8度、12度の順で向上が見られた。このことから60秒のストレッチングが推奨された。年齢は筋－腱組織の性質に影響を与え、高齢者は若い人たちと比較し、長いストレッチングのほうが効果が得られた。評価はストレッチング終了後も毎週1ヵ月の間行われたが、可動域は徐々に開始時へと戻っていった。よって向上したモビリティーは習慣的なストレッチングなしには維持できないことがわかった。

　Ciprianiら（2003）は、2つのハムストリングのストレッチングのプロトコールを比較した。片方のハムストリングに対して10秒間のストレッチングを10秒の休憩を入れて6回行った。30秒のストレッチングを30秒の休憩を入れて2回反対の脚に対して行った。ストレッチングは両脚に対して1日2回、6週間行われた。その結果、被験者では股関節屈曲の可動域に顕著な向上が見られたが、2つのプロトコール間に差は見られなかった。分母は1回のストレッチングの時間ではなく、1日のストレッチングの合計時間が使われた。

　ストレッチング期間終了後、結合組織の弾性の変化（弾性の変形）は以前の形に戻ったが、構造の変化（塑性の変形）は変わらないままであった。弾性の変化は結合組織が伸ばされるとともに急激に起こるが、ストレッチングに対する抵抗を減少させることなく、以前の状態に完全に戻った。塑性の変化は主に筋－腱移行部で起き、粘性と弾性に関連している。効果的なストレッチングを行うには、新しい筋の長さやストレッチングに対する抵抗を得るために十分な時間をかけて、塑性の変化が起きるレベルまで力をかけることが必要である。

股関節の伸展と膝関節屈曲

　股関節の可動域の計測は、ハムストリングと同じくらいに股関節屈曲筋が硬い人が多いにも関わらず、あまり研究者の興味を引いていない。

　Godgesら（1993）は、股関節伸展の可動域制限のある健康な被験者に対するスタティック・ストレッチング（SS）の効果を検証した。ストレッチングの長さは6分間で週2回、3週間行われた。角度は角度計によって股関節を伸展させている際に骨盤が浮き上がり始めるまでの時点として計測された。その結果、他動的可動域はストレッチング群において11度の向上が見られ、コントロール群（無介入群）では変化が見られなかった。

　Clarkら（1999）は、大腿前面の筋に対して行われたCRストレッチングテクニックとパッシブ・ポジショニング（他動的にストレッチされた位置を保持してストレッチング）による、他動的SLR（ストレート・レッグ・レイズ：腹臥位における股関節伸展によるSLR）への効果を検証した。ストレッチングは、被験者を腹臥位にし、片脚をテーブルの端から出し、膝・股関節を屈曲させ、足を床に着けた状態で行われた。そして反対側の介入側の脚を、股関節を真っすぐにした状態でテーブルにストラップで固定し、膝に抵抗を感じるまで屈曲させた。そしてCRテ

クニック群では、被験者は抵抗に対して膝関節を伸展させ、大腿の筋肉を6秒間緊張させ、その後5秒間のリラクゼーションの後、膝関節を痛みのない範囲でできるだけ大きく屈曲させた。このストレッチングを6回繰り返した。パッシブ・ポジショニングの群では、被験者は上記と同じポジションを取るが、下肢はテーブル上に真っすぐな状態で2分間維持した。その結果、SLRはCRグループでは平均8度増加し、ポジショニンググループでは5度増加、コントロール群（無介入群）では1度の増加であった。すべての群間で有意差が認められた。ポジショニンググループではストレッチングは行われなかったものの、骨盤を後傾させ、他方の股関節の屈曲によってテーブル上の脚の大腿直筋のストレッチングを引き起こしていた。大腿前面の筋のストレッチングは股関節の位置を変え、骨盤のアライメントをよりニュートラルになるように変化させることで、SLRの角度を増加させた。

Bjoklundら（2001）は、膝関節伸展筋のストレッチングの効果を研究した。被験者はアイソメトリック収縮を5秒間行い、2～3秒のリラクゼーションの後、20秒のストレッチングを行うサイクルを1回として、週に4回、2週間行われた。ストレッチングの合計時間は320秒だった。その結果、屈曲の可動域は約15度増加したが、同じストレッチング力を使用した場合の膝の屈曲角度は増加しなかった。このことは他動的な筋の硬さはストレッチング・エクササイズによって影響を受けなかったことを示し、また主観的なストレッチングの感覚が減少し、それによって許容範囲と可動域は向上したことを示している。もし力が計測されなかった場合、結論は抵抗の減少によってモビリティーが向上したことになり、角度計が唯一の計測機器であった過去の研究でありがちな誤った解釈となる。

股関節外転

Mollerら（1985b）は、サッカー選手の大腿内転筋に対するスタティック・ストレッチング（SS）の股関節の可動域への影響を研究した。研究ではストレッチングの長さによって15秒、45秒、120秒のグループに分けられた。コントロール群（無介入群）における可動域は強度の高いトレーニングの24時間後に減少した半面、すべてのストレッチンググループにおける可動域はコントロール群と比較し有意に増加した。また股関節内転筋の15秒のストレッチング時間による介入は、2分のストレッチング時間の介入と同程度の効果が見られた。

Maddingら（1987）は、1回のパッシブ（他動）・ストレッチングの大腿内転筋に対する影響について研究した。被験者は他動的なストレッチングを受けて、痛みを感じ始めたときに知らせ、その位置をグループによって決められた時間である12秒、45秒、120秒の間保持した。その結果、3つのグループ間では有意な差は見られなかった。よって研究者は特にスポーツの現場でのストレッチングとして一番短いストレッチングを推奨した。

ストレッチングの量と長さ

スタティック・ストレッチング（SS）は被験者ができるだけリラックスしている状態で、筋一腱単位を伸ばすために関節をできるだけ遠く動かし、その位置をしばらく維持する。ストレッチングは、筋に関連する関節に過剰なストレスをかけることなく行われることが理想である。何回ストレッチングを行うべきかについては、様々な人たちが様々な回数での推奨を行っているが、多くの場合、それらの推奨は研究に基づいていない。一方、多くの研究者が回数ではなく、1回のストレッチングの長さによる効果とス

ストレッチングの研究

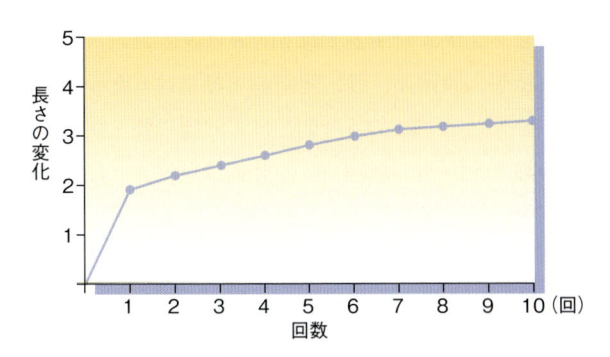

図33　同じ力で連続して行うストレッチングは最初のストレッチングが最大の効果を発揮する。4回まで筋の長さはある程度増加するが、その後はあまり変化が見られない。

トレッチングの合計時間についての研究を行っており、これらの情報は推奨を考える上で活用することができる。

　スタティック・ストレッチングは関節モビリティーの向上と組織の抵抗の減少に対して、長期間の効果を示している。しかし組織への効果が継続するようになるには、十分な時間をかけたストレッチングが行われなくてはならない。組織レベルでの効果は約2カ月のストレッチングプログラムと習慣的なエクササイズを必要としており、そうすることによって獲得した効果を維持できる。

　ストレッチング力は一般的に痛みのない範囲で力が加えられる。しかし、これは被験者とストレッチングを行う状況に左右される。痛みを感じだしたとき、もう少し伸ばすように指導される被験者は、痛みや不快感があればすぐに止めるよう言われている被験者と比較して、使われるストレッチングの力は大きくなる可能性がある。よってストレッチングの量と長さが十分だとしても、もしストレッチングの力が顕著な効果を生むには小さすぎる場合、必ずしも効果が上げられるとは言えない（図33）。

　Taylorら(1990)は、筋―腱単位の検査検体に

よって、スタティック・ストレッチングの最初の12〜18秒で最大の効果が起き、連続したストレッチングによって起きる筋―腱単位の塑弾性の変化の75%は最初の4回のストレッチングで起きると述べている。これらにより繰り返して行われるストレッチングの際、最初の数回のストレッチングによって最も大きな長さの変化をもたらすことを示している。このことは臨床研究によっても立証されている。各週でのストレッチングを行った合計時間は、各ストレッチングに使用した時間より重要である。

　64ページのスタティック・ストレッチング(SS)の表によると、結果には多くのばらつきがあることがわかる。このことから多くの研究者によって考慮に入れられていなかった何か別の要素が存在することがわかる。その要素とはストレッチング・エクササイズによって使われる力であり、これは時間と同様に非常に重要な要素である。

> **ポイント**
>
> **推奨されるスタティック・ストレッチング(SS)ルーチン**
> - 若者や中年が対象の場合は、30秒のストレッチング。
> - 高齢者が対象の場合は、60秒のストレッチング。
> - 4回を週2回。
> - 目標とする可動域まで段階的に力を増加させていく。
> - ストレッチングは習慣的に行われる必要がある。
> - 疾病や傷害がある場合はより改善が必要となるため、ストレッチングの時間や回数は状況に合わせて増加させる。

STRETCHING THERAPY

コントラクト・リラックス(CR)・ストレッチング

CRストレッチングは、柔軟性を向上する上でスタティック・ストレッチング（SS）テクニックに続いて最もポピュラーなテクニックである。パッシブ（他動）・ストレッチングの場合と同様に補助あり、なしのどちらでも行うことができる。ストレッチング開始前の位置は、はっきりとした抵抗が感じられるまでできるだけ動かして決める。被験者はその位置でアイソメトリック収縮を行い、術者がその動きに抵抗をかけるか、堅い物に対して5秒間、拮抗筋を収縮させて行う。被験者は筋－腱システムが再び硬くなる位置まで関節を伸ばしている間、筋をリラックスさせる。このCRストレッチングのサイクルは複数回繰り返してもよい。

Medeirosら(1977)は、ハムストリングでスタティック・ストレッチングとアイソメトリック収縮とを比較した。ストレッチングの長さは3秒で1日20回、8日間行い、アイソメトリック収縮も同様とした。アイソメトリック収縮のグループでは可動域は7度向上し、スタティック・ストレッチングのグループでは6度、コントロール群（無介入群）では1度向上した。2つの介入群の比較の結果、スタティック・ストレッチングとアイソメトリック収縮はコントロール群と比較して有意でかつよく似た効果が見られた。

Mollerら(1985a)は、CRストレッチングとスタティック・ストレッチング(SS)を組み合わせたストレッチングプログラムの下肢関節に対する効果について検証した。被験者は最初にストレッチングを行う筋群を5秒間緊張させ、それから筋を2秒の間、できるだけリラックスさせた（CRストレッチング）。その後、スタティック・ストレッチングを使ってできるだけ大きい可動範囲のところまで伸ばして8秒間その位置を保持し、ストレッチングは6回繰り返された。その結果、股関節、膝、足首の可動域は4度から6度増加し、また1.5時間後にも同様に膝・足首の動きを計測、記録した。それはパフォーマンス中に高いモビリティーを必要とするアスリートにとって、ストレッチングの効果が一体どのくらい続くのかを知ることが重要であるためである。

Nelsonら(2001)は、CRストレッチングの有効性について収縮時間の長さの影響を研究した。3秒、6秒、10秒の収縮時間の違いは、結果にはっきりした影響を与えなかった。これは被験者のアイソメトリックで数秒以内に最大パワーに到達する能力と関係していることが考えられ、また筋の疲労もストレッチングの結果の向上には寄与しなかったことを示している。

FelandとMarinら(2004)は、CRストレッチングで最大下収縮と最大収縮の効果について比較した。SLRで股関節屈曲70度未満という定義によってハムストリングの硬い健康な被験者が選ばれた。被験者はハムストリングを20%、60%、最大のアイソメトリック収縮を行う3つの介入グループと、1つのコントロール群（無介入群）の4つのグループのうちの1つに無作為に割り付けられた。ストレッチング群は6秒間のストレッチングを（収縮の間は10秒の休憩を入れて）、3回行い、これを1日1回、5日間行った。3つのストレッチング群で柔軟性の向上には差が見られなかったが、ストレッチング群はコントロール群と比較して有意に大きい柔軟性の向上が見られた。その結果から最大下収縮を利用してのストレッチングは、最大収縮を利用してのストレッチングによる改善と同等の効果があることが示された。

コントラクト・リラックス－アゴニスト（主動筋）・コントラクト（CR－AC）ストレッチング

　このテクニックは主動筋の動的収縮のあとに行う、CRストレッチングテクニックに関連するものである。順を追ってそのテクニックを説明すると、被験者はまず筋－腱単位を伸ばされた位置に自分でもっていき、術者もしくは物に対してその筋を収縮させ緊張させる。被験者は主動筋を収縮させ、これらの拮抗筋をリラックスさせることで、ストレッチングが起きて可動域が増加する。そして被験者は新しいストレッチングを新しい位置で行い、このサイクルを繰り返す。

　ストレッチングのサイクルは、拮抗筋のアイソメトリック収縮、拮抗筋のリラクゼーション、主動筋の動的収縮（コントラクト・リラックス－主動筋・コントラクト）で構成されている。このテクニックは文献では「ホールド－リラックステクニック（HR）」とも呼ばれている。身体全体が最初のポジションに動かされたときにパッシブ・ストレッチングが起きるが、術者によってはアクティブな筋収縮の後にパッシブ・ストレッチングを使う人もいる。このテクニックは主動筋、拮抗筋の両方のアクティブな筋収縮を活用する。

　ストレッチング前の筋収縮はゴルジ腱器官を活性化することが示唆されており、それによって収縮に対する筋の感度を低下させる役割を持つレンショー細胞が活性化し、運動ニューロンの抑制が起き、筋のリラクゼーションが促進される。その他の理論では、ストレッチング前の筋収縮が筋紡錘受容器を活性化することで、筋紡錘受容器の感度が低下し、筋緊張とストレッチングに対する抵抗が低下する。よって拮抗筋の収縮は筋のリラクゼーションを促進し、ストレッチングに対する抵抗を低下させるはずである。しかし、アクティブな筋の収縮は神経筋システムの活動を増加させ、それによって筋は収縮に対してより敏感になる。他方では、ある研究によると、安静時の電気活動は小さく、効果的なストレッチングを行うには完全な筋のリラクゼーションは必要ではない（Osternigら1987）としている。

　ハムストリングをストレッチングする際に、ストレッチングの方向に対して主動筋である大腿四頭筋を収縮させると、Ia求心性神経線維によって仲介されている筋紡錘が相反抑制を起こし、ハムストリングの活動を減少させると言われている。しかし、実際には主動筋の収縮は拮抗筋の活動を増加させることがわかっている。拮抗筋のアクティブな収縮は、ストレッチングによる不快な感覚を減少させる可能性がある。よって不快な感覚は、拮抗筋の収縮段階よりもストレッチングの段階から起きている確率が高い。筋紡錘とIa求心性神経線維はその活性化によって、ストレッチング中の重要な反射制御を行う。1つもしくは2つの関節をまたぐ筋群は、違った筋の長さで違った方法で機能する。筋が2つの関節をまたいでいる場合、両方の関節の位置が筋の長さやパワーポテンシャルに影響する。運動コントロールは2つ、もしくはより多くの関節をまたぐ筋においてはさらに複雑で、1つの関節しかまたがない筋の主動筋－拮抗筋システムと同じようには機能しない。

　このようにアクティブな収縮は一時、拮抗筋の筋緊張を低下させると思われていた。しかし、これまで行われてきた研究は古い相反抑制の理論を確認するには至っていない。リラックスした健康人の正常な筋をストレッチングした場合では、緊張性伸張反射を起こすことは確認され

ていない。反射による筋緊張の上昇は通常では見られず、存在する場合は中枢神経への損傷があることを示している。

　McCarthyら（1997）は、CR－AC法の頚椎の自動的可動域への効果を研究した。ストレッチング・エクササイズは1日2回、1週間行われた。計測をする前に、アクティブでの左右両方への最大側屈と回旋が5回続けて行われた。その結果、全体的な回旋の可動域としては平均で22度向上し、10度しか向上しなかったコントロール群（無介入群）と比較して有意であった。しかしグループ間の差はストレッチング・エクササイズをやめてから1週間後になくなった。この現象はスタティック・ストレッチング（SS）の研究からもすでによく知られている事実である。

健康な被験者における　ストレッチング法の比較

　違ったタイプのストレッチングが、他動的な筋の硬さと筋組織の中のエネルギーを急性的・慢性的の両面で変えることができることを研究によって示してきた。ストレッチング方法は研究によって比較されてきたが、その結果は、いまだ一つの方法が他の方法より優れていることを示してはいない（表3）。しかし、ストレッチング方法の間で、ストレッチングの機械的な原理と効果、違ったコンディションの下での傷害のリスクと、それらのストレッチングの方法が使われている目的について大きな違いが存在する。この項以降は、ストレッチングテクニックは略称で称す（表3の下段参照）。

　Holtら（1970）は、SSとBS、CR－ACの各ストレッチングテクニックを比較した。SSは床に座り両膝は伸ばされた状況で行われた。被験者はふくらはぎを手で持ち20秒間引っ張り、身体を前に倒した。BSは、座位で身体を前後させながら指先でつま先を触ろうとする方法で行われた。両方のグループでは被験者は各ストレッチングを4回、10秒間の休憩を挟みながら行った。ストレッチングの合計時間は2分で、30秒の休憩の後、今度は立位で両方のエクササイズが繰り返された。CR－ACテクニックでは被験者は背臥位で足を真っすぐ伸ばし、膝を真っすぐ伸ばしたまま、その股関節をできるだけ屈曲させた。そして評価を行っている人の抵抗に対して6秒間、筋を最大収縮させた。各グループはそれぞれのストレッチングテクニックを1週間行った。それから被験者は再度、股関節をできるだけ屈曲させるが、この動きは評価を行っている者によって4秒間ほんの少し押してもらって行われた。このストレッチングは20秒のストレッチングと10秒の休憩の流れを4回行い、その後、反対側の脚に対しても同様のストレッチングが行われた。ストレッチングの合計時間は2分だった。2回目のストレッチングは立位で両脚を伸ばした状態で行われた。被験者は最初にできるだけ前に身体を倒し、つま先に向かって届くような形でストレッチングを行った。この後、被験者は6秒間、ゆっくりと上体を戻すように指示を受けた。この間、術者は仙骨と胸椎上部に対して、両手で圧力をかけて動きに抵抗を加えた。この後、被験者は再度前方に向けて身体をできるだけ倒すように指示された。このストレッチングは約20秒間に3回繰り返され、その後10秒の休憩を挟み、2分間の間行われた。すべてのグループは週3回これらのストレッチング・エクササイズを行った。最終結果によると、座位からの前方へのストレッチングを含む両方のエクササイズではストレッチング・エクササイズのSSとBS法の両方でモビリティーは2cmの増加が見られた。CR－AC群ではモビリティー

表3 ストレッチングテクニックの比較研究の結果

研究者と発表年	評価に使われた筋	結果（良い＞悪い，'='はNS）
DeViries 1962	様々	SS=BS
Holt ら 1970	ハムストリング	CR－AC>BS=SS
Tanigawa 1972	ハムストリング	CR>SS
Medieros 1977	ハムストリング	CR=SS=NS
Moore と Hutton 1980	ハムストリング	NS
Harley-O'Brian 1980	ハムストリング	SS=BS>CR=CR－AC
Cornelius と Hinson 1980	ハムストリング	CR－AC>CR>SS
Sady ら 1982	様々	CR>SS=BS
Holt と Smith 1983	ハムストリング	CR－AC>CR>SS
Lucas と Koslow 1984	ハムストリング	CR－AC=CR=SS
Wallin ら 1985	ハムストリング、股関節内転筋、腓腹筋、ヒラメ筋筋	CR>BS
Hardy 1985	ハムストリング	CR－AC=CR>SS
Etnyre と Abraham 1986	腓腹筋、ヒラメ筋	CR－AC>CR>SS
Condon と Hutton 1987	腓腹筋、ヒラメ筋	CR=CR－AC=SS
Ostering ら 1987	ハムストリング	CR=CR－AC>SS
Etnyre と Abraham 1986	腓腹筋、ヒラメ筋	CR－AC>CR>SS
Etnyre と Lee 1988	ハムストリング	CR－AC>CR>SS
Etnyre と Lee 1988	肩の筋肉	CR－AC, CR>SS
Godges ら 1989	ハムストリング	SS>CR+マッサージ
Cornelius 1992	ハムストリング	CR－AC>SS
Sullivan ら 1992	ハムストリング	CR－AC>SS
Bandy ら 1998	ハムストリング	SS>AC
Feland ら 2001	ハムストリング	CR>SS
Payne ら 2003	ハムストリング	AC>CR>SS
O'Sullivan 2009	ハムストリング	SS=BS

AC＝主動筋収縮
BS＝バリスティック・ストレッチング
CR＝コントラクト－リラックスストレッチングテクニック（ストレッチングされた筋のアイソメトリック収縮を行う）
CR－AC＝コントラクト－リラックスと主動筋－収縮ストレッチングテクニック
IC＝アイソメトリック収縮
NS＝有意差なし
PNF＝固有受容性神経筋促通法
SS＝スタティック・ストレッチング

　被験者数はすべての研究において小さく、いくつかの研究では群間の可動域の変化に統計的に有意差が見られなかった。しかしこの図を見るとストレッチングテクニックの中ではCRが良い結果を多く残していることがはっきりわかる。Harley-O'Brian（1980）とGodgesら（1989）はSSのほうがアクティブテクニックより少しだけモビリティーの改善が大きかったと報告している。

は5cmと有意に向上した。

　Hartley-O'Brian（1980）は、ハムストリングの柔軟性向上のための6つのストレッチングテクニックを比較した。

1) パッシブ（他動）・ストレッチング＋患者によるアクティブなポジション保持

　下肢をリラックスしてもらい、術者が被験者の痛みの出ない範囲で挙上し、その位置を6秒間、被験者自身に保持してもらう（股

関節屈曲筋の収縮）。その後、術者により、再度パッシブ・ストレッチングを行う。この一連の流れを1分間に5回繰り返す。

2）パッシブ・ストレッチング

　　患者が痛みの我慢できる範囲で術者が下肢を挙上し、その位置で1分間維持する。

3）ダイナミック（動的）ストレッチングと位置の保持

　　股関節を45度の角度に屈曲させ、前後にアクティブに動かす。1秒に1回を4回行って、最終的な屈曲位置で6秒間保持。これを6回繰り返す。

4）リラクゼーション・ストレッチング

　　被験者に視覚化テクニック（患者に鏡等を使用して伸ばしている筋を見させて、その筋のリラックスする手助けをする）を用いて筋肉をリラックスさせる。それ以外はパッシブ・ストレッチングと全く同じ。

5）アクティブPNF

　　被験者自身で痛みの我慢できる範囲で下肢を挙上してもらう。術者はその位置を維持し、被験者はその位置で股関節を6秒間伸展させようとする。そのあと6秒間のパッシブ・ストレッチングを行う。これを5回繰り返す。

6）パッシブPNF

　　術者が痛みの我慢できる範囲でできるだけ下肢を上げ、被験者は股関節の伸筋を6秒間、最大まで収縮させる。その後、股関節の角度を増加させ、再度股関節の伸筋を6秒間収縮させる。この流れを1分以内に5回繰り返す。

　　すべてのストレッチング法でモビリティーの増加が見られた。1)、2)、4) のSS群は他のテクニック群よりほんの少し効果があったが、有意な差は見られなかった。

　　Grahnら（1981）の研究では、CRテクニックはBSテクニックよりモビリティーの向上は少なかった。Sadyら（1982）は、SSとBS、CRテクニックを比較した。モビリティーにおいて最も有意な結果が見られたのは、CRテクニックによるものだった。関節によって関節モビリティーの向上は大きく違っていた。

　　HoltとSmith（1983）は、CR−AC、AC、SS−IC（スタティック・ストレッチング-アイソメトリック収縮）の3つのテクニックの効果を比較した。ストレッチングは床に座った状態で、膝を伸ばした状態で行われた。CR−ACストレッチング法を使って被験者は背臥位で両脚は伸ばした状態から始める。被験者は膝の伸展位を保ち、足首は背屈を維持した状態で股関節をできるだけ屈曲させた。そしてハムストリングを研究者による抵抗に対して6秒間最大収縮させた。それから研究者による補助を少し受けながら再度、股関節をできるだけ4秒間屈曲させ、その後10秒の休息を取った。ACグループの被験者は膝の伸展位を保ち、足首は背屈を維持した状態で股関節をできるだけ屈曲させた。この位置を10秒間保持し、その後10秒の休憩が取られた。SSグループの被験者は、膝の伸展位を保ち、足首は背屈を維持した状態で股関節をできるだけ屈曲させた。その後、研究者によってかけられた抵抗に対して6秒間のハムストリングの最大収縮を行った。しかし被験者は股関節をその位置から深く屈曲はしないよう指示され、その後10秒間の休憩をとった。各ストレッチは5回繰り返された。自動的可動域はCR−ACテクニックで15度、ACテクニックで8度、SSで2度の向上が見られ、コントロール群（無介入群）では開始時と比較して差は見られなかった。他動的可動域の向上は上記の順で14度、4度、4度、0度の変化だった。20分後のCR−ACグループ

での自動的可動域は9度で1週間後では開始時と比較して2度の増加だった。

Prentice (1983) は、ハムストリングに対しての2つの違ったテクニック（SSとCR−AC）を比較した。両方のテクニックによるストレッチングは週3日、10週間行われた。被験者は背臥位の状態で、補助者は膝の伸展を維持し、足首を90度に保った状態を維持したまま、筋は筋緊張もしくは痛みの増加によってストレッチングが困難になるところまで下肢を挙げた。SS群ではこの位置を10秒間保持し、その後10秒間の休息が取られた。これを3回繰り返した。CR−ACテクニックが行われた群では、被験者が股関節を伸ばされた位置で、被験者がハムストリングを10秒間収縮させ、その間、補助者によってはその位置から動かないように抵抗がかけられた。その後、被験者は主動筋を10秒間収縮させるよう指示され、下肢をより広げた角度へと動かした。そしてその位置で補助者の固定に対して、再度ハムストリングを収縮させることを繰り返した。その結果、モビリティーはCR−ACテクニックで平均12度増加し、SSでは8度の増加を示した。このことから、CR−ACはSSと比較して有意によい結果を残した。

Corneliusら(1984) は、3つのストレッチング法 (SS、CR、CR−AC) の足首の背屈に対する効果を研究した。研究の結果、CRとCR−AC法だけがストレッチング前の計測値と比較して有意な向上を見せた。CR−AC法はCR法よりも多くのモビリティーの向上を引き起こしたが、その差は有意ではなかった。他のCorneliusら(1992) による研究では、CRストレッチングを行う際に冷却を併用した介入の研究を行ったが、冷却が使われた場合と使われなかった場合の両方で、SSテクニックに比べて効果があったことを示した。

WillfordとSmith (1985) は、SSとCRの効果について研究をした。彼らはこの2つの方法によって得られた効果に有意な差を見つけることはできなかった。

Hardy(1985)は、ハムストリングに対する4つのストレッチング方法 (SS、AC、CR、CR−AC) の効果を比較した。ストレッチングについては、被験者は背臥位で、補助者によってハムストリングの緊張でそれ以上伸展できない位置までSLRを6日連続で行った。SSグループではストレッチングは30秒間維持、30秒休憩の流れを3回行った。CR法では1つ目のグループでは補助者が抵抗をかけている際に、3秒間ハムストリングの筋収縮が維持され、2つ目のグループでは筋収縮が6秒間維持された。その後、股関節がそれ以上動かせない位置まで筋肉が伸ばされ、その位置を10秒間保持した。ストレッチングは両方のグループで間に休憩を入れず3回行われた。ACグループでは可動域の許す範囲で脚はゆっくり屈曲させられ被験者は股関節屈曲筋の収縮を10秒間行い、そこの30秒の休憩をとっている間に脚をより伸展された位置にもっていった。CR−AC法では補助者がハムストリングを動かないように抵抗を与えるなか、1つ目のグループでは被験者は3秒間筋を収縮させ、2つ目のグループでは6秒間収縮させた。それから被験者は補助者がより股関節の屈曲角度を増加させた位置で抵抗を与えるなか、アクティブに股関節の屈曲を増加するように10秒間、筋収縮を行った。すべてのグループは3回と30秒の休息を3セット、6日間行った。計測は最後のストレッチングセッションの後と翌日に行われた。最後のストレッチングの後、モビリティーはSSグループとCRグループの両方で約13度向上した。ACグループのモビリティーは8度の変化しか見られなかった。3秒間の筋収縮を行ったCR−AC

グループのモビリティーは16度増加し、6秒の筋収縮を行ったCR－ACグループのモビリティーは20度増加した。1日経った後、SSグループの増加は10度になり、両方のCRグループの増加は7度、ACグループでは5度、両方のCR－ACグループは13度、開始時と比較して増加を維持していた。コントロール群（無介入群）ではモビリティーの向上は見られなかった。

　Wallinら（1985）は、ハムストリングとふくらはぎの筋に対して2つのストレッチング方法（CRとBS）を比較した。CR法でふくらはぎのストレッチング方法を行うために、被験者はサポートのために手すりを持ち、前方に身体を倒していきながら踵を床に対して7秒間下げた。それから足を1、2歩分前方に動かし、再度5秒間、腰を前方に倒し、ふくらはぎを7秒間伸ばした。BS法では被験者は、左右交互に脚を変えて身体を前に傾けて両足のふくらはぎのストレッチングを行った。股関節の伸展筋をCR法でストレッチングを行う際は、被験者は脚を真っすぐにし、片足を支持脚とし、他方の脚を椅子に乗せた。脚を押し下げることで椅子に圧力をかけて7秒間収縮を保持し、そのあとに5秒間の休憩をとった。最後に股関節を屈曲させながら、身体を前傾させて伸展筋へのストレッチングを7秒行った。大腿内転筋に対しては被験者が手すりを持って両脚をできるだけ広げて、CR法でストレッチングを行った。この位置から足底を地面に対して7秒間押した後、5秒間休憩を取り、両脚は大きく広げられた。BSの被験者はしゃがみこんで片脚は真横に広げた状態を取り、脚を真っすぐに伸ばした側に身体を曲げることで内転筋のストレッチングを行った。ストレッチングは反対側に対しても行われた。CRストレッチング法は5回繰り返し行われた。BSは1分間継続して行われ各筋に対して10秒行われた。

ストレッチングプログラムは両グループで週3回、1カ月間行われた。14回のトレーニングセッション後、有意な差が見られ、CRグループでのモビリティーは6～11度増加し、BSグループでは1～4度増加した。

　CRテクニックについてはその後、1カ月間、週1回、週3回、週5回ストレッチングを継続した。週1回のストレッチングは柔軟性を維持するのに十分だったが週3日と週5日ストレッチングを行った場合、大きく改善し、5倍以上の改善が見られた。

　Sullivanら（1992）は、ハムストリングに対する2つのストレッチング法（CR－ACとSS）を比較した。被験者は股関節を90度に曲げて片足をテーブルの上に置いた。セッションは2回行われ、最初のSSグループとCR－ACグループでは、ストレッチングは腰は真っすぐに保った状態で前に上体を傾けてストレッチングを行った。2つ目のSSグループとCR－ACグループでは、腰を真っすぐ保つ必要はなく曲がった状態でもよいこととし、それによって骨盤は後傾した状態でストレッチングを行った。SSの長さは30秒とした。CR－ACグループは脚を下に向けて5秒間押し続け、5秒間の休憩後、大腿四頭筋の筋緊張を5秒間、高めた。このパターンは数回繰り返された。休憩の間、身体を前に傾けることで筋は伸ばされ、その後、次の収縮の前には上体は真っすぐ元に戻された。

　ストレッチングセッションは5分間で1日1回、週4日で2週間行われた。膝関節の伸展は股関節が90度の状態で計測された。背中を丸めるテクニックで行ったグループでは、SSでもCRテクニックのどちらでも何も変化は見られなかった。股関節から背中を真っすぐに維持して前傾を行う方法を行った人達はSSで可動域が9度、CRテクニックで13度向上した。しかし、

グループ間では有意な差は見られなかった。このことから、どのストレッチング方法が使われたかということより、正しい姿勢で行うことのほうが結果に対して重要であることがわかった。

Bandyら（1998）は、ハムストリングに対して行われた2つのストレッチング法（ACとSS）を比較した。ストレッチングは週5日で6週間行われた。1つ目のグループは背臥位でまず股関節を90度に屈曲させ、膝を5秒間できるだけ伸展させた。この位置は5秒間保持され、その後、5秒間元の位置に戻された。このACは各セッションで6回行われた。ストレッチングの合計時間は30秒であった。2つ目のグループは1日1回30秒のSSを週5日で6週間行った。ストレッチングの時間は最終的には両グループで同じであった。可動域はSSグループで平均11度向上し、ACグループでは4度向上した。これらの結果から、主動筋がストレッチングのための十分な力を発揮するのは難しいため、ACテクニックはSSテクニックよりも効果が少なくなってしまっていると結論づけた。よってストレッチング前の拮抗筋の収縮とリラクゼーションはアクティブ・ストレッチング・テクニックにとって必須であるようである。

Felandら（2001b）は、健康な高齢者を被験者として2つのストレッチング方法（CRとSS）の効果を比較した。脚はSLRで中程度の違和感を持つ位置まで挙げられ、被験者は股関節伸展筋の最大収縮を6秒間行うように指示された。その後、中程度の違和感を持つ位置まで元の位置からさらに挙げられた状態で10秒間維持し、その後再度のストレッチングとリラクゼーションを行った。ストレッチングの合計時間は32秒となり、SSを行う際にもこの32秒がストレッチング時間として使われた。CRグループでは柔軟性は5度増加し、SSグループでは4度、コントロール群（無介入群）では1度増加した。ストレッチングを行った両方の群では有意な増加が見られたが、グループ間では有意な差は見られなかった。

Payneら（2003）は、ハムストリングに対する3つの違ったストレッチングテクニック（SS、AC、CR）について研究した。1つ目のグループはSSを30秒行った。2つ目のグループは大腿四頭筋を30秒収縮させてアクティブ・ストレッチングを行い、3つ目のグループは1秒のCRストレッチングを30回行った。ストレッチングは1日1回週5日、5週間行われた。すべてのグループで股関節屈曲時のモビリティーが増加したが、グループ間では有意な差は見られなかった。

ストレッチング・エクササイズの効果をどのような方法で向上させるかについては、研究が不足している。Swankら（2003）は、ストレッチング・エクササイズに軽めのウエイトを使用することで、ウエイトによる負荷なしでストレッチング・エクササイズを行ったコントロール群と比較した。その結果、この方法は高齢者へのパッシブ・ストレッチングでの可動域を向上させることができることを発見した。

ストレッチング中の筋の電気活動

これまで複数の研究者が、表面筋電図（sEMG）機器を使用して、ストレッチングとアクティブな筋の収縮によって起きる筋電活動のレベルとの関係を量的に示している。

MooreとHutton（1980）は、3種類のストレッチングテクニック（SS、CR、CR-AC）のハムストリングの電気活動と股関節のモビリティーに対する効果について検証した。被験者が背臥位になった状態で、プリーシステムを使用することで力をコントロールしてSSを行った。SS法

ではハムストリングにはほとんど電気活動は見られなかった。一方、CRとCR-ACストレッチングテクニックでは最初の段階で、ストレッチング前の拮抗筋の収縮は大きい電気活動を引き起こした。SSとCR法のストレッチングを行う際の手順は同じ方法で行われた。よって初期段階中の筋収縮は、開始時点での筋のみに影響を与えたと結論付けられた。CR-AC法ではほとんどの被験者で、主動筋の収縮は拮抗筋の筋活動を増加させた。主動筋の筋収縮は相反抑制による拮抗筋の活動の減少を引き起こすことはなかった。よってストレッチングに対する抵抗はCR法で大きく、CR-AC法が最も高かった。股関節のモビリティーは、すべての方法ではっきりと向上が見られた。介入方法による効果のレベルはある程度は個人によってまちまちであったが、方法間での効果の差の平均は統計的には有意な差は見られなかった。

Thigpenら(1985)は、SSのα運動ニューロンの興奮性への効果について研究した。被験者の片方のふくらはぎの筋をトーレイズによって疲労させておき、反対側の脚はコントロール群(無介入群)として使われた。ヒラメ筋のH反射の大きさは足関節がSSで背屈位置になった際に減少した。

アキレス腱への圧力はふくらはぎの筋(群)を伸ばし、背屈とほぼ同等の抑制を引き起こす(図34)。SSは、コントロール群として使われたほうの脚では減少が見られなかったのとは対照的に、有意にH反射の大きさを減少させた。これによってゴルジ腱器官からのIb求心性神経線維の活動は、筋紡錘からのγ求心性神経と同様に運動神経機能を抑制する。

EtnyreとAbraham(1986)は、α運動ニューロンの機能に対する3つのストレッチングテクニック(SS、CR、CR-AC)の影響についてH反射を

- M反射はα運動ニューロンへの直接の電気刺激によって活性化される。
- H反射はIa求心性γ神経の刺激によって起こり、インパルスは脊髄後角を経由し、脊髄で同じレベルで前角とα運動ニューロンにつながり筋を支配している。
- H反射とM反射の関連は、研究ではα運動ニューロンの興奮性を示すのに使われている。

図34　M反射とH反射

使って比較した。反射が最も減少したのはCR-ACストレッチング法をヒラメ筋に行った後だった。CRストレッチングはSS法と比較してより反射を減少させたが、1秒も経たないうちにその差は消えてしまった。

CondonとHutton(1987)は、4つのストレッチング法(SS、AC、CR、CR-AC)による足関節の背屈に対する効果を比較した。α運動ニューロンの興奮性はH反射を使って計測された。各方法別の感度はSSテクニックやCRテクニックと比較してACとCR-ACテクニックでは低かった。このことから主動筋の収縮は運動ニューロンの活動を相反抑制によって減少させていることが示唆された。しかし可動域へのストレッチングテクニックの違いによる有意な差は見られなかった。

Osteringら(1987)は、様々なストレッチング法を行っているときのハムストリングスの電気活動について調べた。彼らはSSテクニックを行っている際には、平均で電気活動が11%減少しているのを発見した。CRテクニックでは、CRとCR-ACテクニックを行っている際の電気活動が開始時と比較して8〜43%増加した。この結果にも関わらず、CRテクニックでのストレッ

チングの向上はSSエクササイズと比較して5％も大きかった。

Osteringら(1990)は、3つのストレッチングテクニック（SS、CR、CR－AC）のハムストリングの電気活動と座位での膝関節のモビリティーに与える影響について比較した。筋電活動はSS法でストレッチングを行っている際には安定して減少し、CRとCR－AC法ではストレッチング開始前の開始時での数値と比較して筋電活動は増加した。この活動の増加は筋の硬さを増加させると思われた。しかし可動域の増加は、SSグループでは他の2つの方法と比較して約5％低かった。CRテクニックは筋電活動を増加させるため、筋の硬さを増加させ、それによって効果的なストレッチングを阻害するとして批判されている。この論理は間違いであったことが示されている。

Magnusson (1998)とMcHughら(1988)は、痛みに耐えられる範囲でハムストリングをストレッチングしている際に被験者に筋をできるだけリラックスしてもらった。その状態で筋の電気活動を計測すると、最大収縮時とは比較して1％未満であった。SSが維持された状態では、筋機能に関連する電気活動は増加が見られなかった。Magnussonは電気活動の増加がストレッチングを行っているときのSSとCRテクニックを比較した際に、大きな違いを生まなかったことも示した。筋収縮による電気活動はリラクゼーションの際には消滅し、抵抗の増加を生むとは証明できなかった。SSと比較してCRテクニックは、痛みの許容度が増加することで、さらに力が加わり、筋を伸ばすことが可能になるため、よりパワーを必要とする。よってCRテクニックは筋の伸長に対する許容範囲が広がるため、短期的には大きな関節可動域を生む。これはクリニックにおいて、痛みの強い筋と高い感度を持った結合組織に対してパッシブ・ストレッチングを行おうとしても、すぐに中止しなければならないケースとして見うけられる。しかし、このような場合、CRテクニックを使うことで、痛みがあるにも関わらず、段階的に筋を収縮させることができる。

Halbertsmaら(1999)は、被験者が背臥位の状態でSLRを行う機械を使って、ハムストリングのパッシブ(他動)・ストレッチングの効果について検証した。被験者はストレッチングに耐えられる範囲で可動域を増加させ、痛みを感じ始めた時点でストレッチングを中止し、止めた時点で脚はすぐに下ろされた。ストレッチングは2分間のインターバルで4回繰り返された。その結果、繰り返して行われたストレッチングによってモビリティーは向上しなかった。また組織の抵抗も有意な変化が見られなかった。研究者は短期の痛みの許容範囲を超えないストレッチングでは、組織の柔軟性を向上させないと結論づけた。筋電活動は少なく、電気活動は筋が最大に伸びている位置ではなく、中間の位置に来た際に最大となった。

Carterら(2000)は、CRストレッチング後、筋の電気活動は全般的に減少することを発見した。これはストレッチング直後に柔軟性が増加する理由として示されている。筋のアイソメトリック収縮は、収縮の度合いに応じてゴルジ腱器官を活性化させるとされており、筋の収縮が大きければ大きいほどその活性は高くなる。ゴルジ腱機関の活動の増加は運動ニューロン機能を阻害し、筋のリラクゼーションを促進すると言われている。これに対し、パッシブ・ストレッチングではゴルジ腱器官の活動は非常に小さい。

Guissardら (1988、2001)とGuissardとDucateau (2004) は、ふくらはぎの筋（群）へのパッシブ・ストレッチングを行っている際の脊

髄反射についての研究を行った。電気刺激に対するヒラメ筋の筋活動は、足関節の複数の背屈角度で計測された。ホフマン反射と腱反射の大きさは、ストレッチング中に低下した。これらの結果からストレッチング中の運動ニューロンの興奮の減少は、シナプス前機構とシナプス後機構によって引き起こされ、足関節が中立位に戻るとともにすぐに反射反応は元に戻ることがわかった。前運動性ニューロン機構は主に小さなストレッチングに関連しており、大きなストレッチングを行った場合にはシナプス後の機構が反射の抑制に対して主に働く。30回のセッションのSSプログラムで足関節背屈角度の31%の増加を起こした。この可動域の増加は、筋の他動的な硬さの減少に関係している。これらの変化はストレッチングセッションが終わって1ヵ月しても部分的には維持されていたが、反射活動は元のレベルに戻っていた。よって神経の効果は長期のモビリティーの増加に重要な役割を果たす機械的な効果と比較して、時間的に様々なパターンを持っていることがわかる。最初の10セッションの後の柔軟性の増加は、筋の他動的な硬さの減少が関与している。

複数の研究者がふくらはぎの筋（群）へパッシブ・ストレッチングがホフマン反射の大きさを減少させたことを報告している（EtnyeとAbraham 1986、CondonとHutton 1987、Nielsenら 1993）。この抑制はストレッチングの力の増加とともに相関して増加することが示されている（Guissardら 1988）。CR法で伸ばされた筋のアイソメトリック収縮の後のパッシブ・ストレッチング、もしくは拮抗筋の収縮による補助で、パッシブ・ストレッチング・テクニック単独で引き起こされるよりも大きいH反射抑制と可動域を引き起こした。

Vallbo（1974）の研究では、パッシブ・ストレッチングの際には、筋紡錘からの有意なγ活動は見られなかった。ストレッチングの効果は、放電の閾値を上げることにつながる筋紡錘の伸長と関連している可能性がある。Enoka（1994）は、CRストレッチングテクニックがストレッチングに対する筋紡錘反応を低下させることを示唆している。またそれはアクティブな筋収縮が筋紡錘の長さを変えることによって起きている可能性がある。

ストレッチングの研究のまとめ

スタティック・ストレッチングテクニック（以下、SS）とCRテクニックのどちらが優れているかは長い間、議論されてきた。様々なストレッチングテクニックによる効果の違いについての研究の結果はある種矛盾しており、モビリティーを向上させる上で、どの方法も他の方法よりも優れているとは明確に証明されていない。

その違いは検証中の多くの要因による可能性がある。すべての研究での被験者数は小さく、ストレッチングを行っている個人の差によって無作為なバラつきが結果に影響を与えている可能性がある。また、ストレッチングに使われる力、長さ、回数は臨床において標準化するのが難しく、特別な技術によってのみ可能であったりするため、様々な計測方法や計測機器がその再現性の検証なく使われている。多くの研究で信頼性の確保が難しい徒手での角度計による計測のみに頼っており、測定者がはっきりとした解剖学的な目印もなく、主観的に角度計を当てている場合はブラインド化されるべきである。研究ではストレッチング力、速度、角度はすべて計測されるべきであり、評価条件のうちの一つだけを行うべきではない。Chan、Gajdosik、Goeken、Halbertsma、Magnussonと他の研究者たちが行った最近の研究ではすべての要素を同時

に計測できる、高度化した機器を使用して行っており、これらの要因を考慮した評価の質は向上を見せている。またストレッチング研究において筋電図が導入されたことによってストレッチングの効果についての新しい情報が注目されている。

　多くの研究者によってハムストリングのストレッチングについて研究がなされているが、筋のタイプによってその構造や機能は違い、これらの研究の結果がすべての筋群に当てはまるわけではない。ハムストリングは2つの関節をまたいでいる。ある筋肉は複数の関節をまたいでいる一方で、他の筋は1つの関節しかまたいでおらず、これらによって柔軟性は影響を受ける。複数の研究では足関節にストレッチングを行い背屈させて、下腿三頭筋のみに注意を払っているが、しかしふくらはぎにはいくつもの深部筋が存在し、それらは少なくとも可動域終末付近で、動きに対する抵抗とモビリティーに影響を与えている。

　ストレッチングの検査にハムストリングを使用することは坐骨神経を伸ばすことにもなるため、筋単独のストレッチングではないという批判がある。加えてハムストリングのストレッチングの長さについては、骨盤の回旋に影響を受けることもあり、評価の際の標準化が難しい。

　関節包と靱帯のストレッチングは、筋の緊張以上に抵抗に影響を与える可能性がある。これらの結合組織は筋と違って様々な形で反応をする。痛みを中継する自由神経終末は、関節内にある固有受容器と同様、それぞれ違った反応を起こし、モビリティーに影響を与える。

　複数の研究においてCRテクニックは他のテクニックより優れていることが示され、またSSと比較してCRテクニックが優れていることを説明するいくつかの理論がある。よく一般的には

その効果は筋機能の神経筋反射機構に基づいて説明される。神経筋リラクゼーションの理論によると、ストレッチング前の収縮は自律性抑制によって運動ニューロンの活動を減少させる。よって筋-腱システムはアクティブな筋の抵抗が神経システムを通じて減少した場合、伸ばされることができる。しかし、ストレッチング前のアクティブな筋収縮は運動神経を活性化し、筋緊張を増加させるため有害であるという意見もある。研究によると両方の理論は正しくないことが示されている。まず被験者は筋をリラックスさせることができ、また少なくとも神経筋の疾患のない被験者の筋においては、ストレッチングを行う前に減少させるべき過剰な電気活動は見られなかったことが示されている。Ia求心性機能はアクティブな筋の収縮の後、上昇することがわかっている。これは筋の電気活動を上昇させ筋緊張の増加を少しだけ引き起こす。しかし、リラクゼーション中には減少し、よってストレッチング中には有意な上昇を引き起こしはしない。

　アクティブな筋の収縮は、他の神経生理学的効果があることが示されている。アクティブな筋の収縮は痛みの抑制を引き起こす。また筋は痛みの許容レベルが高くなることでさらに長く伸ばされる。これがストレッチング後の可動域が増加する理由である。またこれによって筋の中では、筋の収縮の大きさと比例して塑性と弾性の変化が起きている可能性が高い。

　多くの研究でBSは、モビリティーを向上させるにはあまり効果的ではないと報告されており、またこの方法は怪我を起こしやすいと考えられている。ストレッチング・エクササイズを行う速度が速いと、組織が適応する十分な時間がなく、可逆性の弾性の変化のみが起こるとして、結合組織のストレッチングにはゆっくりし

たストレッチングを行う必要があると考えられている。伸張反射の活性化は、筋緊張を増加させる組織の損傷を引き起こすと考えられているが、筋活動の増加はリスク要因ではなく、保護的な役割を持っている。BSを行うには高いスキルが必要であり、この方法の安易な活用は傷害を引き起こすことにつながる。

　SSエクササイズの際に筋をリラックスさせることは可能である。というのも、SSでは伸張反射の兆候は見られていない。SS中、動きは単純でストレッチングはゆっくり行われるため、コントロールを維持することはBSを行っているときよりも簡単である。自分で行うSSエクササイズは非常に安全で数千年も行われてきている。その例がヨガである。筋の電気活動はBS中よりもSS中のほうが少なく、強度の強いストレッチングを行っても痛みは少ない。いくつかのスポーツを考えると、SSはそれらのスポーツで必要とされる動きにはあまり役立たないと言われる場合もあるが、非常に高度な柔軟性と弾力を必要とするスポーツは、アクティブなBSエクササイズによってコーディネーションも向上させる必要がある。

　様々な研究でCRテクニックはSSテクニックと比べて可動域を向上させるのに効果的であることが示されている。研究によると、主動筋の収縮と組み合わせた場合、可動域の増加は大きくなる。これはストレッチングの際の主動筋の収縮によって引き起こされた相反抑制によって、拮抗筋の電気活動が減少したためだと考えられている。しかし、多くの研究で電気活動は消滅せず、実際は増加することが報告されている。その後、筋によるアクティブな抵抗は増加するが、最近の研究によると、完全な筋のリラクゼーションはストレッチングによってモビリティーを向上させるには必要ではない。

　正しい姿勢をとり、身体部位の必要な固定を行い、目的とする箇所へストレッチングを行うことは重要である。ストレッチングプログラムはよく5～10秒のストレッチングの長さを推奨している。しかしハムストリングのストレッチングを行う場合、20～30秒行うのが効果的である。60秒へと長くしても健康な若者を対象にした研究では大きな向上は見られないが、傷害部位や、痙性、高齢者などを対象にした場合、長めのストレッチングを行うほうが効果的である可能性がある。ストレッチングの効果は主に最初の4回の間に起きる。ストレッチングの量を増やしてもあまり価値がないことが研究によって示されている。

　ストレッチングを行う時間帯は、最終的な結果にはあまり影響を与えない。朝ストレッチングを行うことで睡眠中に増加した身体の硬さを減少させるのには役に立つので、特に身体の硬くなりやすい構造の人には効果的である。他方で、モビリティーは午後までに自然と向上し、午後のほうがストレッチングを行いやすい。一番重要なのはモビリティーを向上し維持するためにストレッチングを習慣的に行い続けることである。

　ストレッチング力（フォース）は筋が伸ばされている感覚を生むものである。筋の緊張が非常に高まったとき、不快に感じるかもしれないが、さらに激しい痛みを引き起こさないようにすべきである。ストレッチングは柔軟性の向上を目的とする場合ゆっくりと行われるべきである。速い動きは傷害を引き起こし、痛みを起こしてしまう。特に補助者がストレッチングの強度を上げる場合に起きることがある。最も簡単なストレッチング方法を考えているなら、SSテクニックは良い選択肢である。

　ストレッチング・エクササイズを補助してい

る際、コミュニケーションを取ることは重要である。ストレッチングは急には行わず患者が術者に対して説明する十分な時間を持つことによってストレッチングが組織に対して強すぎないようにすべきである。ストレッチングの効果はストレッチング力の量に関連する。SSでは力は徐々に増していくが、ストレッチングによって痛みが許容範囲を超えた場合、組織の損傷を引き起こす可能性がある。痛みは警告サインであり、ストレッチングは痛みの我慢できる範囲で行われるべきである。痛みの許容範囲のレベルは人によって違い、その人の状態や組織にかかっていたそれまでのストレスにも影響される。個人の身体持久力だけに関連するのではなく、多くの場合、治療の際にも明らかになる神経生理学的要素や精神的要素にも影響を受ける。過敏な組織の病的な状態では痛みのない状態と範囲で、という条件に従う場合、まったくストレッチングを行えない可能性もある。よって術者はモビリティーを向上させるために、適切なストレッチング力を経験に基づいて推測する必要がある。残念ながら経験不足によって不適切な力の量を選んでしまう可能性もあり、徐々に力を増加していったとしても、組織の最大伸長の許容範囲を超えてしまうかもしれない。よって痛みのある状態の人に対しては、まずCR法を勧めることがある。アクティブな筋収縮の後、可動域が自由になることでモビリティーは徐々に増加していく。よってCRは経験の少ない理学療法士にとっても安全な方法である。

　研究者は自発的な筋活動による制限はパッシブ・ストレッチングでは有意には見られないと結論付けている。しかし、アクティブなトルクを避けるために治療はゆっくり行われ、痛みを引き起こさないようにする。このタイプのストレッチングでは関節の結合組織が動きを制限していない場合、抵抗は筋と腱の粘性とパッシブのトルクを引き起こす弾性によるものがほとんどである。もしストレッチングが急激に行われた場合、筋活動は増加し、アクティブな筋の収縮性要素によってストレッチングに対しての抵抗が起き、その抵抗にとっての重要性はストレッチングの初期で最も大きい。ストレッチングの速度は通常関節が可動域の終末近くに近づくと遅くなり、結合組織のパッシブの要素の抵抗にとっての重要性が増加する。ストレッチングが可動域の終末位置で維持された場合、ストレッチングを行う速度はほとんど関係ないものとなる。

　ストレッチングの効果は、初期には運動ニューロン機能の抑制であると考えられていた。現在、研究によってこの推測は誤っていることが示されている。筋の電気活動は通常意識的に筋をリラックスさせようとすると非常に低くなる。筋の自動収縮組織の電気的活動は、ゆっくりしたパッシブ・ストレッチングを行っているとき、痛みの閾値に到達する前の時点で増加するとは示されていない。反対にストレッチングの開始地点近くでの速い動きは反射的に筋活動を増加させるが、ストレッチングが同じ位置で維持された場合この活動は急速に減少しなくなる（例：スタティック・ストレッチングを行っている間）。

　アクティブな筋収縮は筋－腱システムの粘性に影響を与え、増加したモビリティーは機械的な要素の変化によるものの可能性がある。最初のほうで示したSSテクニックの研究に基づいて述べると、健康な人におけるストレッチングの効果は主にストレッチングに対する許容範囲の増加であり、CRテクニックではこのテクニックでのスタティックな段階の前に、筋－腱システムでの痛みの許容範囲を増加させることにある。よってCRは多くの面で効果的で安全であると言える。

ストレッチングの研究で考えるべき要素
- 評価される四肢と評価中の身体の安定性
- 評価の際のストレッチング力の計測
- 違った角度で評価されるストレッチング力への身体部位の重さの影響
- ストレッチング速度の計測
- 筋の電気活動の計測
- 可動域の計測
- 環境の温度
- 患者のストレッチングに対する許容能力
- 集中力に影響を与える環境要素

PNF法

Proprioceptive Neuromuscular Facilitation (PNF) 法は、小児麻痺の患者のリハビリテーションの中でHerman Kabatによって使われ始めた。彼はこの方法について1950年代に多くの論文を発表し、世界中にPNFは広まった。Kabatは自然な動きは通常直線的には起こらず、投球動作やキックのように斜め・螺旋パターンで起こると指摘している。PNFは最初、他動可動域の動作を繰り返し、その後、自動可動域エクササイズを行うことによって神経筋機能のコーディネーションの向上を目的としている。考え方としては神経システムの促通であり、同じ動きを複数回行うことで、患者が動きのパターンを学び、それが自動的に行えるようになるように助けることを目的としている。PNFテクニックは多くの関節の動きは斜めの動きを組み合わせたもので、それによって中枢神経システムを効率的に活性化できると考えられているため、直線状の動きは行わない。動きは姿勢と、成長初期で見られ、通常成長とともに消滅する伸展反射モデルに基づいている。

動きはパッシブ（他動）・エクササイズに、アクティブなアイソメトリックでのエキセントリックとコンセントリックエクササイズで構成されている。この治療方法は多くの理学療法士によって使われており、脳卒中の患者の回復過程を促進するとされている。筋の痙性はポジショナル・エクササイズまたはストレッチング・エクササイズによって神経筋の過活動を抑制することで治療を行う。最初、エクササイズはパッシブで行われる。動きのパターンが確立され制御されるようになってくると、エクササイズは部分的に補助された（アシスティッド）ものへ移行し、最終的には患者本人によるアクティブな動きへと移る。促通エクササイズは主動筋を活性化させ、抑制テクニックは拮抗筋をリラックスさせることを目的としている。PNFの目的はこの両方のテクニックを利用して神経筋システムの中でのバランスを生みだすことで、機能を向上させることである。これらのテクニックは弛緩した主動筋の活動を増加させ、相反抑制によって痙性のある拮抗筋の活動を減少させる。意図としては痙性によって起きている動きの制限を減少させ、筋のコントロールを改善することにある。麻痺を起している筋の緊張は、筋緊張を検知するゴルジ腱器官、筋と関節の機械受容器を経由して起きる反射の活性化によって改善すると考えられている。可動域の最大域へと伸展させることで最大の活性化を得られるとされている。しかし、スロー・パッシブ・ストレッチングでは筋の収縮は起こらず、ゴルジ腱器官を顕著に刺激しない。他方では急速な動きは筋紡錘を活性化し、痛みの受容器の活性化を引き起こす。そしてこれによって反射が起こり、運動活動が増加し、ストレッチングを行い難くする。よってすべての動きは、ゆっくり行われるべきである。

高次機能をつかさどる中枢神経システムは運

動神経の活動に影響を与える。そのため、どのように運動神経の活動を意識的に減少させるかが重要である。アクティブ・リラクゼーションは運動神経の活性を減少させ、痙性を減少させるのに役立つ。痙性によって部分的に麻痺が起きている筋であっても安静時には筋電図検査（EMG）では完全に静寂を保っているときもある。"アクティブレスト"とスロー・パッシブ・ムーブメント、そして痙性を起こしている筋のスロー・ストレッチングが痙性を減少させる最善の方法だと言われている。

PNFストレッチングテクニックは斜めの動きを取り入れたエクササイズで、動きのコントロールを学習することを目的としている。できるだけ広い可動範囲を使って行われる。術者によってエクササイズは指導され、パッシブ、完全なリラクゼーション、部分的アシストのテクニックを使い分け、患者がアクティブに参加し、定期的に休憩を取る。可動域全体を通じて患者は術者が行う動きに対してエキセントリック収縮を含んだ筋収縮によって抵抗する。

PNFテクニックの欠点は、よく訓練された術者の補助を必要とし、患者自身では全体の動きのうち一部しかできないことにある。そのテクニックにはアイソメトリック収縮が含まれ、また術者は努力期には関節を安定させることを要求される。もし患者が非常に力のある場合、これらを行うのは非常に難しいことが証明されている。しかし、術者が関節の機能を理解し、適切なコンタクトテクニックを用いれば、そんなに難しいことではない。大きな力の発揮はよく呼吸を止め、咽頭蓋が閉められた状態で最大努力の際に血圧が上がってしまう「バルサルバ効果」を引き起こしてしまう。これを防ぐにはリラックスした呼気を努力期に行うことである。

Tanigawa（1972）は、ハムストリングが硬いと診断された健康な人を対象に、PNFストレッチングテクニックとSSを比較した。選択基準は筋緊張によって脚が真っすぐ挙げられた際に、股関節屈曲が70度以下であることである。2つの螺旋の動きに基づいた古典的なPNFストレッチングテクニックが使われた（KnottとVoss 1968）。PNFグループでは、被験者は背臥位で膝を伸展位に保ったまま脚を挙げる。術者は股関節を屈曲、内転、内旋させ、同時に術者が足関節を背屈させ、内側に回旋させ、つま先を伸展させた。被験者はこの一連の動きに対して抵抗した。SSグループでは、術者が被験者の膝が伸展した状態で脚を挙げ、股関節は屈曲、外転、内旋、足関節は背屈、外旋、つま先は伸展させた。両テクニックでは被験者は股関節と足首を伸展しようと7秒間努力した後、5秒間の休憩を取った。脚は次のストレッチングが始まるまでテーブル上で休ませてもよいこととした。両方のテクニックは繰り返され、2回目は最初パッシブで行われたものの、アクティブな抵抗で2回繰り返された。一方、SS法では股関節は屈曲を5秒間保持し、ストレッチングの間は5秒間の休息とし、4回繰り返した。ストレッチングは両グループに対して週2日、4週間行われた。関節のモビリティーはPNFグループでは16度向上し、SSグループでは7度、コントロール群（無介入群）では1度増加した。ストレッチングを中止して1週間後、モビリティーはそれぞれ10度、2度、0度へと減少した。

PNFというタイトルは文献でも多く使われてている。それらの中には健康な人での単関節のストレッチングや、特に最もよく使われているものとしては、CRとCR-ARテクニックに関連するものが含まれている。しかし、これらのテクニックはストレッチングの際に斜めの動きを含んではいない。

マッスルエナジーテクニック

　マッスルエナジーテクニック（MET）は、モブライゼーションテクニックの一種でオステオパスのFred L. N Mitchellによって1940年代後半に開発された。オステオパシーのマニピュレーションによる治療法で、患者が術者によるカウンターフォースに対してコントロールされた位置から特定の方向に、筋をアクティブに収縮していく。そのテクニックは術者が行うストレッチング前の位置への関節のマニュアルストレッチングと、それに対して、患者が力をいれて抵抗することを含んでいる。患者はその後、できるだけすぐにリラックスするように指示され、その間、術者は関節を新しい位置に動かす。このテクニックは基本的にCRテクニックに似ている。しかし、METでは最大の力を使う代わりに最大の力の20～25％の力を使うように指示される。重要な要素としては、関節の位置取りに対する抵抗の方向で、伸ばされる筋は収縮させる筋と同じである。最大収縮をさせようとすればするほど、他の筋も収縮し、特に脊柱の筋が収縮してその位置を変えてしまいがちなため、それは防がれなければならない。METにおいてはストレッチングのために特定の位置取りが重要とされており、特に腰部の筋ではこのことが重要である（Mitchellら1979）。

　METは四肢に対してCRストレッチングの代わりに使うことができる。もし、患者の力が非常に強い場合、術者は正しい身体の位置を保つことが難しくなるため、筋力の一部だけを使うように指示することができる。

ストレイン＆カウンターストレイン

　他の興味深いオステオパシーのテクニックとしてストレイン＆カウンターストレインがある。このテクニックはLawrence Jonesによって1960年代に開発されたもので、異常なストレスで起きた筋のスパズムは、保護機能が損傷を受けた状態であり、関節が通常に機能することを阻害する（Jones 1981）。治療の目的は脊椎の椎骨間の1つ、もしくはいくつかの分節にあることの多い、痛みのある筋の過剰になった筋紡錘の放電を減少させることである。外傷によって結合組織にできた、圧通のある個所を触診によって見つける。圧痛点は治療が成功すれば筋スパズムが消えると共に消滅する。このことは、緊張がある部分からできるだけ大きく関節を動かすことによって得られる。そのポジションは痛みのある筋が最大に収縮したところと同じであり、またストレッチングによっても痛みもはっきりと緩和する。

　錐外線維の長さを評価している筋紡錘はこの時点では一番短い。長期にわたる過活動になっている状態の筋スパズムは筋を30秒から1分間、非常に短い位置に維持することで解放される。この後、関節を元の中立の位置にゆっくり戻すことが重要で、そうすることによって筋紡錘が再度活性化されることを防ぐ。この理論は筋肉内の受容器に過剰な興奮性があるとき、筋を伸ばす位置ではなく、一番短くなる位置に維持することでその興奮は減少するということを利用している。ストレイン＆カウンターストレインは1分30秒が安全な時間だと言われている。複数の研究で、ストレッチングによって直接関節が伸ばされ、その状態が一定時間保たれた場合、靱帯の伸びや痛みの増加によって患部の刺激を引き起こしてしまう可能性があることが指摘されている。

ファンクショナルストレッチング

オステオパスのHarold Hooverは、1950年代後半にファンクショナルストレッチングについて説明をしている。関節はカウンター・ストレインテクニックと同じように痛みができるだけ少なくなるような位置を取らせる。したがって、関節は痛みが和らぐ方向に動かされる（Hoover 1958）。しかし、考え方としては筋肉が最大収縮する位置に持っていくのではなく、中立の位置に持っていくことで主動筋と拮抗筋の緊張は同じになる。これはダイナミックニュートラルポジションと呼ばれる。リラクゼーションは皮膚の表面の状態で判断される。

理学療法におけるストレッチング

ストレッチングは、筋-腱システムと関節のモビリティーを通常の機能に回復し維持するために使われる。ストレッチングは痛みのある筋の状態を治療するためにも使われ、筋のアンバランスや神経筋システムのコーディネーションの傷害を正しく元に戻すのにも使われる。またストレッチングを行うことは組織の状態（ストレッチングに対する伸びる機能や耐久性）にとっても重要である。

ストレッチングの目的は柔軟性を高め、動きに対する他動的な抵抗を減少させることである。ストレッチングによる治療は正しい身体部位に対して効果的に処方されなければならない。関節や周辺組織に不必要な負荷をかけたりせず、痛みが起きないように注意する。動きの制限が、短くなった筋だけによるものでなく、関節や関節面に起因したものであれば、マニピュレーションとトラクションテクニック（牽引法）も選択肢となる。

その関節のすべての可動域を使う動き、もしくはストレッチング・エクササイズのみが結合組織の柔軟性を失わないようにすることができる。健康な関節包と靱帯は動きが可能になるのに十分なだけ伸びるが、関節の安定性は保っている。もし伸ばし過ぎた場合、その関節は不安定になり、関節周囲の安定のために働いている結合組織に過剰なストレスがかかる。関節構造における結合組織は、不安定な関節では動きに抵抗を与えず、モビリティーを増加させる。そして、関節の安定性は筋緊張に完全に頼ってしまうようになる。痛みは関節が不安定にもかかわらず、筋緊張を亢進させ、それによって可動域を制限してしまう。

動きのエネルギーは、歩行中やランニング中、弾性結合組織によって蓄えられ、力、速度を増加させ、効率的なエネルギーの活用を行えるようにする。筋-腱器官はバネのように働き、動きをスムーズにし、関節を保護する。

ストレッチングは傷害予防にとって役立つ。例えば自動車事故の際に、頚部が持つ弾性で首は曲がることができる。年をとるごとに結合組織の弾性線維は硬いフィブリンに置き換わっていき柔軟性を失う。大きな傷害は、これらの荷重下であまり伸びない硬い組織にダメージを引き起こす。結合組織の構造はストレッチング・エクササイズがうまくいくかどうかに影響を与え、治療が効果的であるためには、十分な弾性線維がなければならない。長期の固定が行われた場合、これらの弾性線維は戻ってはこない。

筋の傷害

急性の肉離れの治療は安静、アイシング、圧迫、挙上（RICE）である。固定とアイシングの使用は炎症を抑え、回復過程を促進するために受

```
急性期　受傷後0〜7日
●炎症
●フィブロネクチンと弾性タイプⅢコラー
　ゲン線維の合成
●衛星細胞の分裂が最初の2〜3日の間に
　始まる
●受傷後3〜4日で衛星細胞の筋細胞への
　特化が始まる
●より強いタイプⅠコラーゲン線維の合成
　が受傷後5〜7日で始まる

亜急性期　受傷後1〜3週間
●筋細胞は成長、整列し、結合組織は連結
　橋ができることによって強化される

受傷3週間後
●受傷した部位の組織は成熟し、ストレス
　によって強くなる
●小さな外傷は1カ月以内に治癒するが大
　きな外傷の場合、完全な回復は数カ月か
　かるときがある
```

図35　筋外傷からの回復

傷後すぐに行われる必要がある。受傷初期の段階での固定は瘢痕組織を抑制するのに役立つ。治療の長さは傷害の程度による。軽い傷害は24時間の固定で十分であるが、大きな傷害では2〜7日間の固定が必要になることもある。7日以上の固定は、結合組織の浸潤による再生が健康な組織のそれとは違う方向で始まり、正常な組織を阻害するために勧められない。他方では受傷後早すぎる時期に筋への負荷をかけ始めることによって、大きな損傷を引き起こすこともある（図35）。

ストレッチングは急性期の治療の後の回復のためには重要である。ストレッチングは指示された固定の後、痛みの我慢できる範囲で注意しながら始めることができる。軽いケースの場合、受傷後2〜3日でストレッチングを始めることは可能である。早期のモビライゼーションは、受傷部の結合組織と毛細血管による循環を改善すると報告されている。また線維の修復が元の線維と同じ方向で起こり、様々な方向に向いた線維性の結合組織の過剰な生成を防ぐことができる。

筋の結合組織は、力の発生を増加させるために収縮性筋線維と同じ方向に形成されるべきである。パッシブとアクティブ・ストレッチングはアイソメトリック収縮と同様、筋への受傷後、1週間で痛みの許容量に応じて始めることができる。受傷部位に直接的なストレスをかける動的なエクササイズは、受傷後3週間で開始することが可能である。負荷量は徐々に増加させていく。組織は筋力が通常のレベルに戻れば健康であると考えてよい。これは身体部位の機能によるが簡単な動的もしくはアイソメトリックの筋力テストを行うことで確認できる。

筋痙攣

筋痙攣は通常、すでに短くなっている筋に対して急激な負荷の増加によって起きる。また水分と電解質のバランスの阻害は、筋痙攣を起きやすくする。同じことが激しいエクササイズの後のエネルギーの枯渇にも当てはまる。

短くなった状態が長時間維持された場合、筋肉はそれ以前に負荷がかかっていなかったとしても筋痙攣を起こしやすい。足底筋の筋痙攣は通常安静時、足関節が伸展したときに起こり、足の筋は足底が伸展された際に起こしやすく、歩行中ではふくらはぎの筋（群）を伸ばしたときにも筋痙攣は起きる。足が地面に接触しつつも荷重されていないときに、ふくらはぎの筋が収

縮するため、強い痙攣を起こす。痙攣が起き始めた際には、できるだけ早くストレッチングを行うのが最善の方法である。これはその足を立位の状態でストレッチングするか、徒手でストレッチングを行う2つの方法がある。徒手で筋を圧迫したり、ストレッチングを行う方法も、筋痙攣を解放する方法としてよく使われる。ストレッチングとマッサージは筋痙攣に結びつく筋緊張を緩和し、筋痙攣の再発を防ぐ。

筋膜は筋を覆い、筋と融合する。加えて筋群を区切る。解剖的な位置によって筋膜は厚さも密度も様々であり、厚さについては非常に大きな個人差がある。エクササイズをすることによって筋膜内の圧力を上昇させ、血液循環や代謝にも影響を与える可能性がある。身体活動やスポーツ競技後のストレッチングは、過度の筋緊張、筋肉内圧を低下させ、組織の回復過程を向上させる。筋膜の束や靱帯組織のストレッチングは筋膜内を通る神経の圧迫による刺激を緩和し、症状の再発を防ぐ。

神経障害では筋トーヌスをコントロールしている神経システムの活動に過活動が見られることがあり、それによって筋緊張が増加する。習慣的なストレッチングとリラクゼーションエクササイズは、筋緊張を低下させ、モビリティーを維持する上で重要である。ストレッチングは痙性を減少させ筋痙攣を予防する。

筋のコンディションに注意を払うことは非常に重要である。弱い筋は強い筋と比較して疲労しやすい。負荷による疲労からの回復は重要である。疲労した筋はストレスに対して回復力が低く、急激な負荷の増加は筋痙攣を起こすことがある。

健康に関して言えば、柔軟性に影響を与える重要な要素として、主観的な筋のリラクゼーションが挙げられる。硬い関節と筋は睡眠を妨げるような痛みをたびたび引き起こす。身体活動やスポーツ競技の後のストレッチングは組織の回復過程を向上する。

あまりそれまで行っていなかったような強度の高いエクササイズは、筋緊張を起こしやすい。筋緊張が不快でエクササイズを中止する程になるときもある。エクササイズを最初は軽めに、ストレスの量を徐々に増加させていくことによって筋に適応するための十分な時間を与え、参加者は新しい筋トーヌスに数週間で適応することができる。もし結合組織の変性がすでに起きていたり、慢性的な痛みがあったりした場合、エクササイズはオーバーストレスと痛みを引き起こしている可能性があり、ストレッチングに加えて、他の治療法が必要になる可能性がある。

骨折と手術

関節のモビリティーは受傷後と手術の後、固定によって急激に減少する。指関節は特に硬化しやすい。もっともよくみられる骨折は転倒による手首の骨折である。

指は通常ギプスによる固定の間、自由にされる。関節は筋が硬くなることを防ぐために、機能的にニュートラルな位置に固定される。ひどい手首の腱鞘炎も固定を必要とする場合がある。患者は関節が硬くなることを予防するために、指のエクササイズをすることを勧められる。しかし、医療スタッフはこのことを患者に伝えることを忘れたり、患者自身が指のエクササイズを習慣的に行うことを忘れていたりする。このような場合は4週間以内であっても、固定は関節の硬化を引き起こしてしまう。ある程度のモビリティーは回復できるが、厳しいストレッチングプログラムをもってしても、すぐに始められなかった場合、完全な回復が難しいときがあ

る。骨の形成が遅れて長期の固定が必要になった場合、骨折における関節の硬化のリスクは増加する。近位の関節、この場合は肘関節や肩関節に対しては、特に積極的にエクササイズを行うべきである。

似たところでは足首や足の骨折でモビリティーを維持するために、つま先のアクティブ・エクササイズを行う必要がある。エクササイズは可能な限りいつでも積極的に行うことで、効果が得られる。もしアクティブな動きができないようであればパッシブ（他動）・ストレッチングやモビライゼーションによって、関節包の硬くなるのを防ぐことができる。固定中アクティブな筋の機能を行うことは組織の廃用や、浮腫や血栓症を予防するのに重要である。動的な動きができない場合は、連続した短いアイソメトリック収縮を行うことは有用である。外部からの電気刺激によって筋細胞が結合組織によって置き換わっていくことを遅らせたり、また部分的に予防することはできる。しかし固定中の関節の結合組織線維の短縮は予防できない。

手の腱の手術後のストレッチング・エクササイズはモビリティーを確保し、癒着が起きるのを防ぐ上で非常に重要である。これは特に掌に当てはまり、複雑な屈曲筋腱は癒着によって簡単に屈曲位で硬くなってしまうことがある。局所的な感染も、手術後の合併症としてよく問題となる。感染症は過剰な結合組織の浸潤を腱の周囲に引き起こし、ストレッチングが習慣的に行われなかった場合、モビリティーを制限してしまう。また遺伝的な要因も過剰なコラーゲンの形成を手やまたは足の腱の周りに起こす。最も多く見られるものとしては手の第4指と第5指の屈曲筋腱に影響を与えてしまうケースが挙げられる。デュピュイトラン拘縮のようなケースでは手術が必要になる場合があるが、手の屈曲筋腱の習慣的なストレッチングによって予防することができる。

外傷と火傷

きれいな外傷は通常早く治癒するが、患部が汚れている場合、局所的に感染が起きて過剰な結合組織の形成が起きてしまうことがある。ストレッチングを行うことは、モビリティーを確保する上で重要である。手の火傷からの回復中、弾性瘢痕組織が形成されるようにすることで組織が硬くなることを予防し、可動域を確保することが非常に重要である。瘢痕組織の形成を減らすために治療後は圧迫包帯を使用すると同時に、ストレッチングが毎日行われるべきである。

痙性

頭への外傷で脳内の出血と梗塞は筋の痙性を引き起こす。Halarら（1978）の研究によると、痙性は筋組織に影響するが、腱には影響しない。脚においては歩行を阻害し、腕においては日常生活に必要な通常機能を困難にする。両腕と両脚においてスプリンティングをすることでSSを効果的に行うことができる。

Harveyら（2000）は、脊髄の怪我を負った患者の足首のモビリティーへのSSの効果について検証した。足首は背屈に7.5Nmのトルクで30分間連続のSSを、平日毎日4週間の間行った。反対側の足首にはストレッチングは行われなかった。その結果、SSによってモビリティーは変化せず足首の「トルクー角度カーブ」も膝を伸展させていた場合と屈曲させていた場合のどちらでも変化しなかった。よってこのストレッチング方法は、対麻痺や四肢麻痺による痙性のある患者において有意な変化をもたらすのには十分で

はなかった。

BresselとMcNair (2002) は、下肢の痙性のある脳卒中患者を対象に、スタティック(静的)テクニックとダイナミック・(動的)テクニックを用いた2種類の30分のストレッチングプログラムで足関節への効果を比較した。両方のテストでのストレッチングの位置は背屈の最大可動域の80%の位置とした。ダイナミック・ストレッチングでは角速度は5度／秒とし、ストレッチングされた位置から通常の位置まで動かし、それを前後に休みなく繰り返した。足首の硬さはSSによって35%減少し、動的ストレッチングでは30%の減少が見られたがこの2つの方法の間では有意な差は見られなかった。また歩行速度についてもストレッチングによる影響は見られなかった。

Harveyら(2003)は、脊髄を損傷した患者のハムストリングの伸展性に対するSSの効果を研究した。患者は十分な股関節の屈曲ができず、膝を真っすぐにしたまま、後ろに倒れやすい状況であった。随意運動のパワーがほとんど下肢になくハムストリングの伸展性は不十分な状態だったからだ。ハムストリングは股関節を伸ばすことでストレッチングされ、30Nmのトルクで30分間、平日に毎日、4週間行われた。反対側の筋はストレッチングされなかった。その結果、この介入によってモビリティーに有意な変化は見られなかった。

効果的なストレッチングによる可動域の増加は、健康な被験者においては見られている。しかし機能的に顕著な拘縮が見られる患者において、臨床では幅広くストレッチングが使われているものの、そのストレッチングの効果は研究ではまだ示されてはいない。拘縮の予防や改善を目的とする介入は、組織の伸長や再生を促進するためには、十分な機械的刺激を組織に与える必要がある。しかし倫理面で問題があるため、コントロール群を用いた研究は行われていない。

脊髄損傷の患者は、日々の活動の中で服を着て、移動をする際にハムストリングに大きなストレッチングのトルクを与えている。このことはこれらの患者が長期にわたってハムストリングの伸長性を保っていることがわかる。自重による短縮したハムストリングに対するストレッチングトルクは　座位で股関節が90度、屈曲位で膝伸展位の際には144Nmを超えると推測されている(Harveyら2003)。このことからこのレベルでのトルクが効果的なストレッチングを行うのに適切であり、それまでの研究でストレッチングに使われた力は低過ぎたことを示している。

関節の炎症

ストレッチングを行う際は関節への過剰なストレスは避けられるべきで、特に関節に炎症がある場合には注意が必要である。アクティブで強度の高いエクササイズだけでなく、パッシブ(他動)で行われるモビライゼーションでさえ患部を刺激し、炎症を悪化させ、症状をさらに悪化させる。炎症の際にはモビリティーを維持する治療として少ない量の弱いパッシブもしくはアクティブ・ストレッチングを行い、コンディションを悪化させないように気を付ける。1日1回の弱いストレッチング(例：炎症のある関節の痛みのない可動域をすべて使っての伸展を2回行う)で通常十分である。バクテリアによって起きた炎症は抗生物質によって治療され、無菌性炎症は痛風、リウマチ用の薬や抗炎症鎮静剤、副腎皮質ステロイドによって治療される。痛みと炎症が落ち着いたら、通常のモビリティーに戻すために、さらに強度の高いエクササイズを開始する。長期の炎症は関節包内の弾性線維を硬いフィブリンによって置き換えてしまい、正

常な可動域へ回復させることが不可能になる場合がある。モビリティーの制限がさらに長期になり、また大きくなっている場合、完全な回復は難しくなる。関節のモビリティーの長期間の制限は筋-腱システムの短縮も引き起こしており、正常な可動域を回復させるにはストレッチングを必要とする。

> **ポイント**
> **関節の炎症が起きた後、柔軟性に影響を与える要因**
> - 年齢
> - 性別
> - 関節の種類
> - 関節面の関節構造
> - 関節包と靱帯構造
> - 周辺の筋群
> - 炎症や感染の種類
> - 関節組織の外傷
> - 負荷
> - 固定
> - 投薬
> - パッシブとアクティブなエクササイズ
> - モビライゼーション
>   - テクニック
>   - 力
>   - 時間
> - 追加される治療

関節モビリティーの制限

　関節の変性によって、段階的なモビリティー制限の悪化が起きるが、初期の段階では痛みを伴わないこともあるが、動きがモビリティー制限を超える可動域を必要とした際に痛みが起きる。関節包はリラックスした状態で長期間静的な負荷がかけられた際に伸ばされ、その後、痛みが起きるようになることがある。炎症は関節を硬くし、安静時の激しい痛みを伴う。激しい炎症の場合、モビリティー向上のための治療を開始する前に、薬によってコントロールする必要がある。そうしなければ、治療によって関節の炎症をさらに刺激し、痛みを増加させてしまう。炎症が治まるにつれ、痛みの許容範囲内で可動域エクササイズからリハビリテーションを開始することができる。炎症が完全に収まったら強いモビライゼーションも可能となる。軟部組織に圧痛がある場合、モビライゼーションを行う前にクライオセラピーや局所麻酔、場合によっては麻酔が使われなければならないときがある。

　ストレッチングテクニックの選択は、関節の組織と不動性の起きた原因によって影響される。炎症による肩関節の制限は、CRテクニックによって改善を図るのが最も良い場合がある。凍結肩（有痛性肩拘縮症）では他動的可動域の終末で固定され、関節包をストレッチングするのにアクティブな筋収縮が使われる。肩甲下筋の収縮によって回旋筋腱板は内側に向けて伸ばされ、棘下筋は外側に向けて伸ばされる。リラクゼーション期で筋緊張が緩和された後の自由になった可動空間によって可動域は増加する。その後は、関節包のストレッチングを行う際には、あまり大きな力は必要ない。このテクニックは目標とする可動域が獲得できるようになるまで繰り返し行われる。最初行うには局所麻酔の関節内注射を必要とする場合もある。

　関節包の炎症の場合、SSテクニックは強い痛みを引き起こすため、勧められない。固定の後のSSは効果的である場合があるが、患者のストレッチングに対する痛みの許容度による。軽い負荷によるストレッチングはストレッチングでの痛みに対する許容度を増加させるが、その力が小さすぎる場合、どのくらい時間をかけても向上は起きない。

　関節症による可動域制限の場合、関節面から

直角に牽引することが、多くの場合において最も痛みを引き起こし難い方向である。この場合、安定性をもたらしている関節構造が直接ストレッチングの影響を受けるため、他の方向に動かすのと比べてさらに大きな力を必要とする。関節包と関節の靱帯に恒久的な変化をもたらすには、ストレッチングは十分長くなくてはならない。これは継続した静的なストレッチングと休憩を入れた間欠性の連続したストレッチングの両方で行うことが可能である。

SteffenとMollinger(1995)は、高齢者における短縮した膝関節への長期間のSSの効果について研究を行ったが、モビリティーの改善は見られなかった。関節がこわばり出した初期の段階で、ストレッチングプログラムを開始することが重要である。もしモビリティーが長期にわたり制限されていた場合、弾性線維の多くが柔軟性のない、線維質の結合組織によって置き換わってしまう。このシナリオでは、実際は関節形成術によって行われる線維組織の機械的な切断によってのみしかモビリティーを確保できない。長い臨床経験に基づき、大きなモビリティー制限はストレッチングが十分早い時期に開始されたときのみ回復され、痛みも軽減できる。高齢者は関節がこわばりだした段階で、できるだけ早く治療を受けることが推奨される。もし関節可動域の半分以上が失われてしまっている場合、その制限が不可逆的なものになる可能性が高い。

下肢における筋の短縮

下肢関節におけるモビリティーの制限は、関節の変性によるものばかりではなく筋-腱システムの硬さによるものもある。炎症による痛み、または異常な姿勢な筋緊張、そして関節部分の外へモビリティーの制限を引き起こす。重要な要素として筋のタイプと、1日ではなく週単位で全可動域のうちどのくらいが使われているかが挙げられる。姿勢によって筋-腱システムが短縮した位置で長期間保持された場合、顕著なこわばりが見られ、弾性線維は徐々に硬い結合組織によって置き換わっていく。この時点では腱切断術による癒着の緩和によってのみ、モビリティーの改善は可能である。多くの場合、こわばり始めの最初の時期にストレッチングを開始することができたなら、アクティブな習慣的ストレッチングによってこれらの治療を避けることができる。

Leivsethら(1989)は、股関節の変形性関節症の患者を対象に、大腿の内転筋群に対するストレッチングの効果を検証した。患者の股関節を45度屈曲させた状態で、膝を術者の大腿で支え、最大外転の状態でパッシブ(他動)・ストレッチングを20〜30キロポンドの力で内転筋に対して行った。ストレッチングの長さは30秒で、10秒ごとに繰り返されて25分間行った。介入は週5日、4週間行われた。その結果、外転は8度増加し、すべてのケースで痛みの低下が報告された。変形性関節症のある側の筋のグリコーゲンレベルは、初期の段階で健康な反対側と比較して85%であったが、介入中は変形性関節症側のグリコーゲンレベルが反対側と同等レベルに上昇した。変形性関節症側の長内転筋のタイプⅠ線維の直径は68%、タイプⅡ線維では79%の増加が見られた。これはモビリティーの向上と痛みの低下によるものと考えられる。

Felandら(2001b)は、平均年齢85歳の高齢者におけるハムストリングのSSの効果について研究を行った。被験者には背臥位になってもらい、股関節を90度にした屈曲位で膝伸展の角度が計測された。最初の段階では20度を過ぎるとモビリティーの制限が見られた。患者は背臥位の状

態で脚を真っすぐ挙げ、ストレッチングを行った。ストレッチングは10秒の休憩を入れて4回、週5日1カ月間行われた。柔軟性は60秒のストレッチングを行ったグループでは平均14度向上し、30秒のストレッチングを行ったグループでは8度、15秒のグループでは4度平均で増加した。ストレッチ期間終了後1カ月で、柔軟性は60秒のグループ以外すべてのグループでほぼ元のレベルまで戻り、60秒のストレッチングを行ったグループは開始時から5度増加の状態まで戻っていた。

これらの研究結果から高齢者の硬い筋を伸ばすには、若い被験者で行われたこれまでの研究結果と比較して長いストレッチングを行うことが必要であることが示されている。短い筋はストレッチングが完全に中止された場合、急激に元の長さに戻る。よって高齢者において、筋—腱器官のモビリティーを維持するには、筋力を維持するためにレジスタンス・トレーニングを行う必要があるのと同様に、習慣的なストレッチングを行うことが必要である。

テニス肘

Solveborn (1997) らは、外側上顆炎の治療として行われた習慣的なストレッチングと前腕のテニス肘用バンドの効果を比較した。患者は最初の月に理学療法士と6回面会し、ストレッチングの指導を受け、1日2回ホームストレッチングプログラムを行うように指示された。継続した痛みの緩和を行う上では両方の治療は効果的であったが、症状の緩和はストレッチンググループのほうがテニス肘バンドを使用したグループと比較して統計的に大きかった。手首のモビリティーの向上はストレッチンググループでのみ見られた。

慢性腰痛

椎間板の変性と椎体の脊椎症は加齢に関係して起き、脊柱のモビリティーを減少させる。これらの変化は機能制限を起こし、特に体幹の前屈によって痛みを引き起こしやすくなる。脊柱のモビリティーは他の四肢と同じようにストレッチングによって向上させることができる。もしこわばりが脊椎全体で同じ速度で痛みなく進んでいたなら、エクササイズを行うことは簡単だが、実際は関節のモビリティーは椎体によって違い、ストレッチングは柔軟な関節にストレスをかけてしまいがちである。ハイパーモビリティーが見られる場合もあり、そのような場合は硬くなった関節へのストレッチングへの効果は少なくなる。モビリティーを必要としている部位に対して、過剰な動きがある関節の状態を悪化させることなくモビリティーの向上を行うには、特別なモビライゼーションと特別なエクササイズプログラムが必要である。

モビリティーが制限されている関節は椎体間の深部筋を退行させ、腰部の筋力の低下を招く。筋組織は厚く、柔軟性のあまりないフィブリンと脂肪組織によって置き換わる。腰部の問題は早期の時点で、アクティブなエクササイズを行うことでのみ、このような状態を予防することができる。

硬いハムストリング、腸腰筋、梨状筋、大腿四頭筋、腰方形筋と脊柱起立筋が通常、腰痛の原因であり、もしくは痛みによる合併症として関与している。理学療法では下肢の治療でハムストリングのストレッチングに注意が払われるが、腸腰筋が腰の機能において重要な役割を果たしており、実際には腸腰筋が腰痛や股関節の痛みの原因だったりすることがある。腸腰筋の緊張は腹部下部、腰部下部、股関節周辺の痛み

によって引き起こされることがよくある。股関節屈曲位を維持しての長時間の静的負荷や、股関節の過伸展による肉離れが筋緊張の原因である場合もある。腸腰筋のトリガーポイントからの関連痛は腹部下部、股関節、腰部に影響を与える。腸腰筋の緊張は腰部のカーブを真っすぐにしてしまい、負荷が椎間関節から椎間板に移動することで椎間板により多くのストレスをかけてしまう。椎間板の機能と代謝は、腰椎の椎間板内の圧の上昇で阻害され、また椎間板が脱水することで腰部はさらにこわばってくることになる。

硬いハムストリングは骨盤を後傾させ、正常な腰椎の前弯を消滅させ、真っすぐになることでモビリティーを減少させ、脊柱後弯症を引き起こす。加えて異常な姿勢となり、真っすぐな脊椎は胸椎を曲げ、肩と頭が前方に突き出すようになる。腰椎が平坦になり、胸椎が過度に曲がることで特に下部の椎間板の腰椎椎体前方への圧力が増す。このことによって椎体間靱帯、腸腰靱帯、椎間板後部を伸ばし、腰部の負荷に対する耐久性は低下する。この過程は加齢によって加速し、腰部のモビリティーは低下していき、それに伴い脊柱へのストレスは大きくなり、腰痛を引き起こす。この姿勢性症候群は慢性腰痛の原因であることが多い。もし仕事やレクレーション活動で前に腰を曲げる動作を何度も行わなければならない場合、もしくは静的に前傾の体勢を維持しなければならない場合、腰痛は起こりやすくなる。慢性の腰痛患者は姿勢不良、椎間板の変性という2つの問題をかかえている場合が多い。腰の凝りが長期になり不可逆的な拘縮になる前にアクティブ（自動）・ストレッチングによって腰部のモビリティーの回復と維持をし、エクササイズによって正常な姿勢を維持することが重要である。

若者や中年の人の腰椎の痛みは、不安定性によって引き起こされていることがある。このような場合、腰のこわばりに対して良く勧められるアクティブ・ストレッチング・エクササイズは不安定性や痛みを助長する可能性がある。治療はまず筋トーヌスと筋力を向上させ、関節の安定性を向上させることを行うべきである。年齢はこわばりかハイパーモビリティーのどちらが問題かを判断する上で、常に役に立つわけではない。学校に通う年代の子供たちでさえ腰部のこわばりがあったり、高齢者にハイパーモビリティーが見られたりすることがあり、一般的な場合と少しかけ離れている例外的なケースも存在する。またその人の関節の一部のモビリティーが低く、他の関節でハイパーモビリティーが見られる場合もある。ストレッチングプログラムは臨床的な検査で各関節のモビリティーが評価された後、その結果に基づいて決められるべきである。全体的な動きをみる検査は脊椎全体の評価を一度に行うため、それぞれの関節面でのモビリティーの違いを明らかにするには十分ではない。実際、全体の評価は正常であっても半分の分節がハイパーモビリティーで、残り半分の関節が低可動である可能性がある。

長時間の座位で特に前傾した状態が長く続いた場合、椎間板に大きな負担をかける。このような負荷は長時間座っているような子供にも影響し、腰や胸、首に痛みを引き起こす。運動不足と悪い姿勢は最初胸椎に影響を与え、思春期までにこわばりが見られるようになる。生理学的な脊柱の後弯構造と胸郭の安定効果によって、通常モビリティーはこの付近では少ない。よってこの周辺のこわばりは早い時期に見られ、腰椎のこわばりは後期に見られることが多い。上背部の痛みを引き起こす胸椎のこわばりは、中年の早い時期に特によく見られる。心臓疾患

と比較して年輩になってからの胸の痛みの原因として知られている。

　深呼吸は腰部の機能にとって重要である。深い吸気の際には脊柱は伸展し、呼気の際には頸椎と腰椎の前弯は、胸椎の後弯と共に増加する。椎間板に圧迫が交互に起こることで代謝が向上する。このポンピングシステムは姿勢が悪いと効率が低下してしまう。身体のこわばりは胸郭のモビリティーを低下させ、深呼吸を行い難くする。また脊柱のモビリティーの不足は、高齢者においては一般的な機能を減少させる。呼吸は筋機能において重要な機能である。深い吸気は首や肩、胸の筋肉を活性化し、それ自体が胸部を可動させる効果的な方法である。強制的な呼気は首、胸、腹部、背中の筋を活性化する。最大呼気は身体の前傾を増加させる。またストレッチングと呼吸のエクササイズは特にヨガにおいては効果的に使われており、筋をリラックスさせ、モビリティーを向上させる。

　腰椎の椎間板の変性は子供たちの間でも見られる。これは椎間板組織の生まれつきの構造の特性によるものが大きい。問題がある場合すべての関節の椎間板に影響するが、かかる圧力の違いによって変性は腰椎に多く見られる。非日常的な突然の高い負荷によって損傷が起こされ、健康だった椎間板を変性へと導いてしまう。髄核は椎間板にある柔らかい中央部位で線維輪の分厚い結合組織によって囲まれ、その中に閉じ込められている。髄核には神経または血管は浸潤していない。変性は線維輪の破壊と引き伸ばしを起こし、椎間板の破裂、突出、脱出に結びつく。神経が多く通う線維輪の後方にこれらの症状が起きたとき、首や腰の強い痛みを引き起こす。痛みによる強い反射は、傍脊椎の筋肉を緊張させる。

　腰方形筋と腸腰筋もまた椎間板の変性に関与

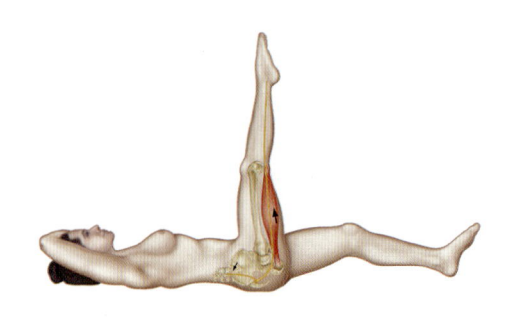

図36　ハムストリングはSLRによって伸ばすことができるが、椎間板ヘルニアがある場合、神経根を圧迫し、痛みのために角度をあまり大きく取れない

していることが多い。強度の高い長時間の筋収縮は筋内部の血液循環を減少させ、筋を硬くし圧痛や痛みを引き起こす。ストレッチングとモビライゼーションは筋緊張による腰痛を緩和し、椎間板の髄核の脱出は自然に消滅する。

　変性と損傷による線維輪の外側からの髄核のヘルニアは、椎間板脱出として知られており、動きを防ぐための防御性の筋スパズムと同時に強い痛みを引き起こす。坐骨神経痛は椎間板ヘルニアによる坐骨神経の神経根への圧迫か、もしくは少量の酸性の髄核による化学的刺激によって起こされている。坐骨神経痛の患者はSLRによるハムストリングのストレッチングが有効だが、60度未満とし、筋防御が起きるのを防ぐ必要がある。ラセーグテストと同様患者が背臥位の状態から、膝を伸展させたまま脚を挙げた場合、挟まれている神経は椎体間の管もしくは脊柱管の中で伸ばされる（図36）。

　これは自動的に防御性筋スパズムをハムストリングに起こし、神経根のさらなるストレッチングを妨げ、股関節のモビリティーを制限する。背臥位での脚の挙上や、立位の状態から前傾姿勢になったりするとき、股関節を屈曲させるのは難しくなる。患者によっては椎間板のヘルニ

アがあっても腰痛はないが、下肢に放散痛が見られモビリティーが制限される場合がある。また、まれに下肢に全く痛みがないのに、ハムストリングにスパズムがあるときもある。椎間板脱出の場合に、強度の高いストレッチングを行えば神経に損傷を与える可能性がある。よってCRによっても改善しないハムストリングによる大きな抵抗がある場合、SSを含めたすべてのストレッチングが禁忌である。

腰痛はレントゲン検査やMRI検査で実際の椎間板の変性が見つかる前に現れることが多い。椎間板の変性は症状を引き起こさないことがあり、よって椎間板ヘルニアは症状がない状態で起きる可能性がある。多くのケースで子供の頃から症状が現れ、椎間板突出、椎間板断裂になるまでに数年以上かかることがある。椎間板の変性は水分の減少と共に徐々に進行し、凝りを引き起こす。特に人によってはモビリティーの欠如が一部の椎間板でのみ進行し、他の椎間板全体に広がっていない場合、腰部のこわばりは痛みを伴う。脊柱のこわばっている部位は長いムーブメントアームの捻りの圧が最初に動く分節へかかり、痛みと防御性筋スパズムを起こす。アクティブ・ストレッチング、モビライゼーション、マニピュレーションが治療として考慮される。ハイパーモビリティーは同じような症状を生むが、その場合、ストレッチングやモビライゼーションには効果がない。治療計画はモビリティーの臨床検査によって原因を究明し、最良の治療方法を選択すべきである。

胸椎の平坦化や胸椎後弯の増加などの姿勢の変化は、筋肉の凝りを増す。側弯症ではモビリティーは低下し、その場合凸側に曲がっているほうで可動域が減少し、凹側では可動域は増加する。腰椎の平坦化は伸展と側屈を制限するが、ケースによっては前屈を制限する。腰椎の前弯症はすべての方向でモビリティーを増加させる。

腰部のモビリティーは、積極的に動き、運動する子供のほうが高いことが研究によって示されている。子供の姿勢の検査には腰部のモビリティーの評価を含むべきで、その際には側弯症の有無をチェックする。もし腰部のこわばりが見られた場合、腰部のモビリティーを向上し維持するエクササイズについてアドバイスするべきであろう。

Halbertsmaら(2001)は、特定の原因が見られない腰痛患者のハムストリングの伸長度と硬さについて研究を行った。患者群の可動域とハムストリングの伸長性は、健康なコントロール群（無介入群）と比較して有意に制限があった。ハムストリングの筋の硬さにおいては、2つのグループで有意な差は見られなかった。よって患者の動きの制限は筋の硬さによって引き起こされたのではなく、腰痛に関連するストレッチングに対する許容量の減少によることがわかった。

ストレッチングの慢性腰痛に対する効果についてのコントロール群を使った研究は、非常に少ない。治療はストレッチング以外の他の方法も含んでいるため、特定の方法の効果だけを取り出すのは難しい。Elnaggarら(1991)は、慢性の腰痛に苦しんでいる患者での伸展と屈曲のストレッチング・エクササイズの効果を比較した。治療はアクティブ・ストレッチングとスタティック・ストレッチング(SS)法を繰り返し行った。痛みの症状は両方のグループで同じ程度減少した。しかし、モビリティーの増加に関しては屈曲のストレッチング・エクササイズを行っているグループのみに見られた。

Khalilら(1992)は、筋の状態によって起きていると診断された慢性腰痛に対するSS法の効果について研究した。コントロール群は理学療

法、腰椎の牽引、筋力トレーニングを受け、ストレッチング群では2人の術者によって系統的にスタティック・ストレッチング(SS)が行われた。ストレッチングの前には患部に対するクライオセラピーが施された。SS法では人によって2秒から2分間の長さのストレッチングをし、治療は2週間で4日、1回の治療日で3回行われた。

　ストレッチングは脊柱起立筋、腰方形筋、大腿筋膜張筋とハムストリングに対して行われた。腰部に対しては屈曲、伸展、回旋の方向へストレッチングが行われ、被験者が痛みを我慢できる範囲でできるだけ伸ばされた。このリハビリテーションプログラムは、非常に高い成功を収めた。最初、平均の腰痛レベルはVASスケール(VAS；0-100)で計測され、痛みは中から強であった。ストレッチングによる介入後、痛みはVASスケールで63から16へと大きく低下した。コントロール群では痛みは71から53へ低下したが、この減少は臨床的には有意ではなかった。

慢性頚部痛

　非特異的な慢性頚部痛は、先進国の中で腰痛に次いで2番目に多い傷害である。慢性の頚部痛に対するトレーニングの長期の有意な効果を示す研究は少ない。最近ではYlinenら(2003)が無作為化臨床比較試験で慢性の頚部痛のある女性に対して、アイソメトリックストレングストレーニング、頚部筋の動的持久力トレーニング、ストレッチング・エクササイズの効果の比較を行った。2つの筋力トレーニンググループは、ストレッチンググループが行ったのと同じストレッチングプログラムを行った。すべてのグループは家で週3回エクササイズを行うようにアドバイスを受けた。頚部痛と障害は、12カ月のフォローアップの間すべてのグループで有意に減少をした。しかし、両方のトレーニンググループはストレッチンググループと比較して有意に改善した。また頚部の可動域についても、トレーニング群はコントロール群(無介入群)と比較して統計的に有意に向上した。回旋の可動域はストレングストレーニングのグループで12度、持久力トレーニンググループで7度、ストレッチンググループで1度だけ改善が見られた。よってストレッチングプログラムと組み合わされたストレングストレーニングプログラムはモビリティーを改善する上で、ストレッチングプログラム単独での介入よりも効果的であった。一般的に信じられているのとは反対に、ストレングストレーニングは少なくともストレッチング・エクササイズを組み合わせた場合にはモビリティーを減少させなかった。Winkelsteinら(2001)は、下部頚椎関節への深層の頚部筋線維の停止部分が、関節面包の22％を覆っていることを発見した。また彼らは遠心性収縮による頚椎関節包への負荷の大きさを最大51Nと推測した。この関節包のストレッチングの量の大きさは、ストレングストレーニングを行った群で大きなモビリティーの向上がなぜ見られたかを示唆している。ストレングストレーニングによって大きいモビリティーを獲得できるメカニズムは複数あるようである。実際、いくつかの頚部の筋は、トレーニング中の筋の収縮の際に伸ばされる靭帯や筋膜だけでなく、筋自体の非収縮性弾性要素にも付着している。機械的負荷、動作、圧力、過敏な筋のストレッチングは痛みを引き起こすが、適切な負荷による習慣的なエクササイズは軟部組織の感度を低下させ、慢性痛を解消する可能性がある。よってリハビリテーションではストレングストレーニングとストレッチングを組み合わせることが推奨される。

手根管症候群

手根管症候群は、繰り返しの動作によって引き起こされる障害で、病的な状態である。上肢の中で、最も手術の適応が多い疾患である。

臨床検査では、症状の原因をファレン徴候、ティネル徴候などで判別する。しかしながら、これらの検査は末梢神経上を圧迫したり叩くことで判断をしており、特異的ではないため、手根幹症候群ではない可能性もある。そのためもし手術を考慮しているのであれば、神経筋電図による検査が診断のために使われるべきである。手根幹症候群の治療に手術はよく行われるが、軽いケースの場合はまずストレッチングやモビライゼーションが行われるべきである。保存療法は手根幹内の圧を減少させるのに効果があることが報告されている（Seradgeら 1993）。また半分の患者の症状が改善され、手術を避けられることが多くの研究で示されている（Bonebrake 1994, Sucher 1994, ValenteとGibson 1994, Garfinkelら 1998, Rozmarynら 1998, SucherとHinrich 1998, TodnemとLundemo 2000）。緩めのスプリントによって寝ている間、手首を中立位に保ち、手根幹内の圧を低下させる方法は、有用な保存療法であることが報告されている（Gerritsenら 2002）。また特定の就労状況の中で行うことも効果があるようである。手術を受けた半分の患者は様々なレベルの症状を手術が終わっても訴えており、手術は状態の非常に悪い人にとってのみ第一の選択として勧められる。手術後はできるだけ固定を避けることが重要であり、ストレッチングとアクティブ・エクササイズを行うことで、回復が促進されることが報告されている（Cookら 1995, Provincialiら 2000）。

痛みの原因としてのストレッチング

関節への長期にわたる強度の高いストレッチングは、靭帯や関節包へのストレスや痛みを引き起こすことが知られている。

Harms-RingdahlとEkholm（1986）は、健康な被験者による頚椎の前屈の影響について研究したところ、頚をできるだけ屈曲させた状態で3分間その位置を保持させた場合に痛みが起きた。またDalenbringら（1999）が、頚椎を回旋した状態で保持させたときの症状について調査したところ、パッシブ（他動）・ストレッチングを行っている際に平均3分で痛みを引き起こした。被験者は腹臥位で首を横に回旋させた後、顎の下に枕を置くことでさらに回旋を増加させた。痛みはストレッチング開始後、7分で見られるようになった。ストレッチングが継続された場合、痛みは増加し続けた。痛みについての表現は個人によって様々で、人によってはつかまれているような痛みであるとか、びりびりする痛み、ひっぱられるような痛み、燃えるような痛み、チクチクする痛みなどの表現をしていた。関節の靭帯や関節包にある痛みの受容器は、組織の損傷を引き起こす過剰なストレッチングから関節を保護しようとし、末梢の関節にある神経受容器と結合組織は同様に反応する。受容器の数や組織の構造は様々であるが、関節間で痛みが起きるのにかかる時間は様々である。しかし、関節包と靭帯を数分間ストレッチングすることですでにある痛みや新しい痛みを引き起こすため、これらは避けられるべきである。これらの研究は、ストレッチングは長時間行われるべきではないことをはっきり示している。

急激で高い強度で、またはゆっくりで長時間行うストレッチングは組織の損傷を引き起こす。痛みの受容器は組織のオーバーストレッチング

を起こす異常な姿勢を検知し、運動ニューロンを活性化させ、強い静的な収縮を起こすことで、異常な姿勢による結合組織への過剰なストレスを防ぐ。しかしこの防御性筋スパズムはそのまま消えず、持続することが多い。

ストレッチングの研究は、高いモビリティーを持った若い被験者で行われることが多い。高齢者においては組織の弾性が加齢によって減少すると、ともに関節の可動域は減少する。モビリティーの制限は筋－腱システムの通常のストレッチングをすることを妨げ、これらの研究よりも早く痛みが起きる可能性がある。

ストレッチングによる痛みのある状態は職業的なものであるかもしれない。このメカニズムは長時間継続した前傾や、回旋位置によるものであることが多い。例えば、農業従事者はよく腰や首を回旋させて後ろを向いてトラクターを運転する必要があり、似た状況はフォークリフトの運転手でも見られる。しかし、このような職場で実際に働く人は相対的に少なく、安静時に痛みが起きることが多い。ストレッチングが原因で痛みが起きる状況は、就寝の際に変な体勢で寝てしまった後に起きることが多い。この場合、変な体勢で数分間寝ていただけでも起きる。うつ伏せで寝ると首は回旋による歪みを起こしやすい。側臥位でも、首と腰ともに側屈と回旋のストレスがかかりやすく、歪みを起こしやすい。座位で適切な首のサポートなしに寝ている姿勢は、首の痛みを引き起こす原因になりやすい。現代社会で腰痛がよくみられる原因の一つに身体構造のことがあまり考えられていないデザインの椅子が挙げられる。こういった椅子では骨盤が後傾してしまい、腰部の靭帯や椎間板を伸ばすことになる。姿勢による腰痛症候群（postural back syndrome）は姿勢による頚部痛症候群（postural neck syndrome）と同様に現代社会で多く見られる問題である。

筋緊張

KrivickasとFeinberg（1996）は、身体部位の筋緊張を計測する一連の検査法を考案した。下肢に対する5つの検査に基づくポイントは合計されて左右で10が最大となる。これにより最も筋の緊張の高い状態を表す筋緊張スコアが計算できる。

筋－腱単位のモビリティーの検査

大腿筋膜張筋：オバーテストの変形法を行う。腹臥位で脚を伸ばした状態にし、片方の足は90度屈曲位の状態で外転させられ、股関節は足首を持ち上げられて伸展、内転させる。もし内転が身体の中心線に達しない場合はポイントを1つ加える。

大腿直筋：背臥位で股関節を90度の屈曲位に保った状態で膝関節の屈曲を測定する。その後、腹臥位で股関節を伸展した状態でも計測する。もし2つの計測の角度差が10度以上であれば、1ポイント加える。

腸腰筋：背臥位でトーマステストを行い、片方の股関節を屈曲させ、屈曲状態の膝を胸に向けてできるだけ引き寄せる。他方の脚が股関節で屈曲した場合は1ポイントを加算する。

ハムストリング筋群：患者は背臥位で股関節は90度屈曲位の状態で、パッシブでの膝伸展角度が計測される。25度以上の場合は1ポイント加える。

下腿三頭筋：患者は背臥位で股関節と膝は伸展させた状態で、足関節背屈を計測する。もし角度が5度未満であれば1ポイント加える。

主観的・客観的筋緊張

> **ポイント**
> ### ストレッチングテクニックの効果に影響を与える要素
> **機能的要素**
> - ストレッチング力（フォース）
> - ストレッチングの速度
> - ストレッチング動作の方向
> - ストレッチングの長さ
> - ストレッチングの回数
> - ストレッチングプログラム全体を行う回数
> - ストレッチングを行う日数
> - 各ストレッチングの間の時間
> - ストレッチングの方法
> - 組織の温度
>
> **構造的要素**
> - 関節のタイプ
> - 関節症
> - 浮腫
> - 筋のタイプ
> - 筋トーヌスとスパズム
> - 癒着
> - 周辺の結合組織

ストレッチング力（フォース）の計測

　歪みゲージと圧ゲージが、ストレッチング力の計測でよく使われる。このような場合では、ストレッチングの速度は組織の抵抗によって大きく影響を受ける。ある研究によれば、ストレッチングは痛みの許容量に合わせて止められるが、この場合、伸ばされた組織によって生みだされた抵抗と同じストレッチング力が計測される。ストレッチング中に動きが止められた場合、抵抗はすぐに落ち始め、組織がストレッチングに適応する。ストレッチング中の測定時間は重要であり、研究では力は連続測定で計測される。

主観的・客観的筋緊張

　筋緊張は通常、触診によって感じられる。これは筋緊張を大まかに推測できるものの、客観的観察としてとらえることはできない。よりよい方法としては患者がリラックスするように努力している間に身体部位を動かして抵抗を計測することだが、患者によってはリラックスするように言われた段階で筋が緊張してしまったり、四肢を動かしてしまったりすることがあり、この方法も問題がある。

　主観的な筋緊張は連続尺度によって計測されるが、連続尺度ではどのくらいのストレッチング力なのかを、0～100のVASスケールで表し（図37）、一方を完全に筋がリラックスしている緊張のない状態とし、他方を筋緊張が高い状態やスパズムが起きている状態とする。この連続尺度を使う利点はほんの小さい変化でも計測できることにある。

　統計学者は連続尺度のほうが価値があると考えているが、主観的筋緊張度を分類尺度によって計測することもできる。ストレッチング力の評価においてストレッチングに対する主観的な感覚に基づいたボルグスケール（運動したときのつらさ）が活用できる。これによりSSの安全性を向上することができる（図38）。分類尺度は簡単で、普通の臨床現場で特に高齢者にとっては使いやすいという利点もある。また連続尺度の

　100mmの直線上で先週のあなたの筋の緊張の度合いを表すのに、最も適切な個所に×印を付けてください。

　緊張なし　　　　　　　　　非常に緊張している
　　　　　　　100mm

図37　緊張の度合いのVASスケール(1)

STRETCHING THERAPY

番号	感覚
0	感じない
0.5	非常に弱い
1	やや弱い
2	弱い
3	〜
4	多少強い
5	強い
6	〜
7	とても強い
8	〜
9	〜
10	非常に強い

図38 ストレッチング感覚の測定

直線上で先週のあなたの筋の緊張の度合いを表すのに最も適切な個所に×印を付けてください。

完全に弛緩している　　　異常に緊張している
100mm

図39 緊張の度合いのVASスケール(2)

選択肢の中で先週のあなたの首、腰、腕、脚などの筋の緊張の度合いを表している最も適切な選択肢の四角に×印を付けてください。

【1】
☐ 正常（normal）
☐ すこし緊張している（slightly tense）
☐ 多少緊張している（moderately tense）
☐ 非常に緊張している（very tense）
☐ 異常に緊張している（exceptionally tense）

【2】
☐ 常に弛緩している（extremely flaccid）
☐ 多少弛緩している（moderately flaccid）
☐ 正常（normal）
☐ 多少緊張している（moderately tense）
☐ 非常に緊張している（extremely tense）

図40 筋緊張のチェック表の2パターン

問題点として、人によって様々な解釈が可能である。ある人は自分の状態を線の最初のあたりの位置だととらえ、特に異常な筋緊張はないことを示し、他の人は真ん中の位置を示し、通常のある程度の緊張がある筋緊張の状態と関連づけたりしてしまう。このような問題は連続尺度による測定を信頼できないものにし、他の人の結果との比較を難しくする。たとえば、図37のVASスケールも、図39のように尺度を示す項目を変えれば、結果は変わってしまう。図40も1と2では、結果が変わってくるだろう。信頼性を得る唯一の方法としては尺度上に「通常」の位置を加えることである。

このように質問の形態は答えの質に影響を与える。前の一連の質問は筋緊張に関する主観的な経験に注目している。この形態は筋が緩んだ状態の感覚とは関連していない。質問が同じであっても尺度が変更された場合は答えは大きく違ってくる。

筋緊張も客観的に評価することができる。機器を使用したSLRテストでは骨盤と大腿骨の角度、脚を持ち上げる力、表面筋電計によって筋の電気活動、痛みや緊張が感じられた時点への脚の軌跡の範囲を同時に計測できる（Goeken and Hof 1991）。これらの数値は可動域、ハムストリングの伸長性、筋の硬さと活動、防御反応を引き起こす痛みの知覚、ストレッチングに対する許容度についての情報を与えてくれる。

筋の痙性は電気活動の増加に関連し、その変化は表面筋電計によって計測することが可能である。動きのある際には、"アクティブな筋緊張"を捉えられる。しかし、パッシブ（他動）・ストレッチングによって起きる電気活動の変化の計測

主観的・客観的筋緊張

常増加し、筋緊張の高い場合も電気的活動は高い状態である。このような状況であっても、電気的活動は意識的に筋をリラックスさせることで消滅させられる。このことはほとんどの場合、痙性のある筋に対しても言えることで、これらの筋をリラクゼーションの後、表面筋電計で評価をしても完全に活動が見られないことがある。しかし、痙性のある筋があまり刺激されていなくても、また痙攣性発声障害で安静時であっても、過活動が見られる。

しかし筋電活動がゼロの状態で、筋収縮活動がない完全なリラクゼーションの際でさえも、筋トーヌスは人によって大きく違う。筋トーヌスは塑弾性の伸長抵抗をアイソキネティック機器によってか、筋に対して一定の速度でフォース（力）ゲージを使って直接圧力をかけることで計測することができる（図41、図42）。安静時の筋は、あまり有用ではない。なぜなら筋がリラックスしている場合、筋活動は起きないからである。激しいエクササイズの後、電気的活動は通

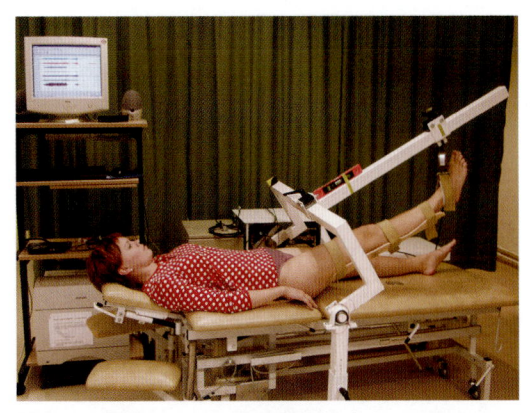

図41　機械によってSLRを行うシステム。このシステムには表面筋電計（Mega Electronic LTd, Kuopio）を含んでいる（ユヴァスキュラ中央病院　リハビリテーション課）

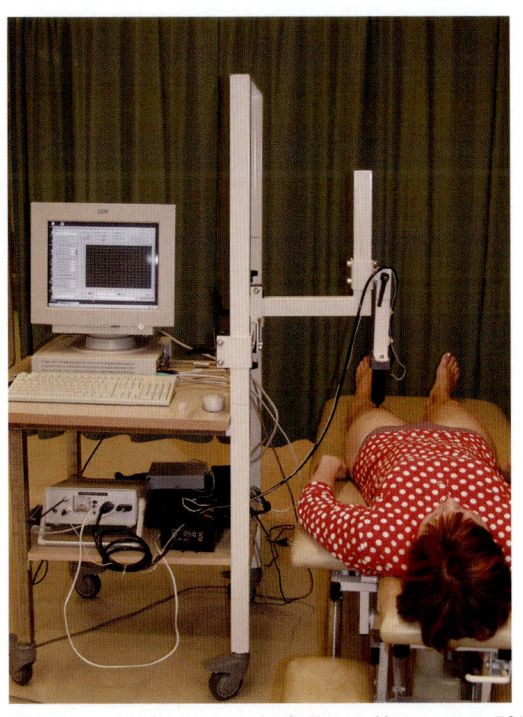

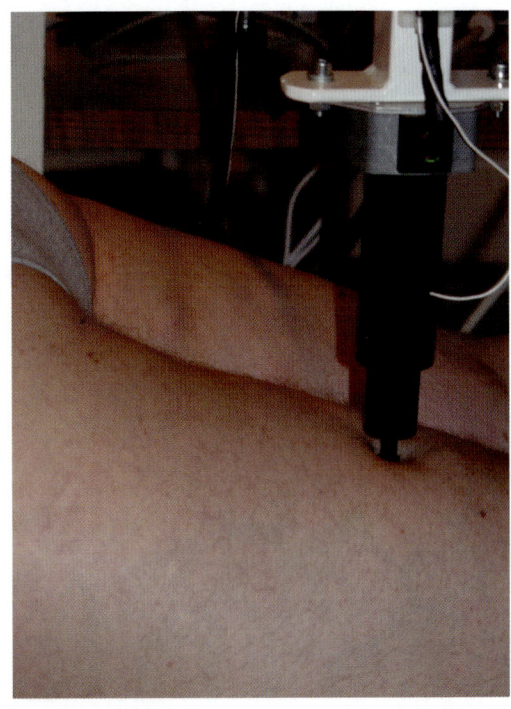

図42　コンピューターと連動した筋トーヌス計測器（Medirehabook LTd, Muurame, Finland）による筋トーヌスの計測（ユヴァスキュラ中央病院　リハビリテーション課）

STRETCHING THERAPY

緊張は一定ではなく、環境要因や心理的要因、身体的特徴によって上下し、前述の身体活動に大きく影響される。

非身体的筋緊張

患者は身体的にきつい仕事によって、怪我や痛みがなくても、筋緊張を経験するときがある。関節のモビリティーは検査では正常とされ、客観的な筋緊張の評価も筋電活動も見られないときで、筋は非常に柔らかくしなやかに感じられても、患者は高い筋緊張を感じる。この主観的な感覚と客観的な検査との不一致は、過剰な意識と筋の状態に注がれている心理的エネルギーに関連しており、それにより筋緊張の感覚を生んでいる。暫定的なものかもしれないが、非常に高い心理的ストレスや患者の生活を悪化させているひどい精神病による可能性がある。

客観的な筋緊張が存在しなくても、精神的コンディションにより筋緊張を感じているような場合、ストレッチングの効果はない。認知療法とトレーニング療法を組み合わせた治療法は、エクササイズによって筋緊張を増加させ、患者が実際の筋緊張とリラックスした筋とを識別する訓練を行うことを目的にしている。このような患者においては、理学療法でリラゼーションのために行われるすべての方法は無益で、症状を逆に悪化させる可能性がある。もし転換症状を伴う難しい心理的障害に関連するものとわかったら、身体的症状よりも心理的障害の症状を治療するべきである。このような場合の身体的な治療は、状態を悪化させるだけである。

患者の状態の評価は通常、身体的な要素と心理的要素の両方の評価を行う必要がある。多くの姿勢と外傷に関連する状況において、筋緊張は深部の筋のある、特に脊柱と頚椎のエリアに影響し、各個別の関節の徒手による検査を必要

とする。これは適切な臨床検査にとって必要であるものの、医師や理学療法士が通常の教育課程で学ぶものではない。

表層の筋はリラックスしていて、また、深層の緊張は直接触診で見つけることはできないかもしれないが、その緊張によってこわばりや関節のモビリティーが制限されている可能性がある。局所の痛み、もしくは身体の他の部位に投射されている痛みなどがあるかもしれない。これらのケースでは検査を行う人の技術レベルが低く、身体的な原因が見つけられなかった場合、心理的な問題であると片付けられやすく、そして治療されないことになる。筋緊張の病理的状態と痛みが精神的な問題と判断された場合、患者は感情のストレスに苦しむ。精神的な問題だという判断がなされなくても、問題に対して適切な診断や治療が見つけられないようなときでも同様なストレスに晒される。

慢性的な身体の痛みは心理的なストレスになりやすい。一方で心理的疾患が姿勢の問題を起こし、過剰なストレスがかかることで、筋緊張や痛みを起こすこともある。筋緊張は通常肉体的、心理的要素の両方に関連している。どちらが先だったかの判断は常に重要なわけではない。違ったケースでもすべての場合において、心理的要素と身体的要素の両方に治療を行う必要がある。どちらかに集中することで問題を隠してしまう、もしくは存在しないこととしてしまい、治療自体が不安を増長し、症状を悪化させることがある。

モチベーション

患者が指導を受けた後にストレッチング・エクササイズを継続しない理由のなかで、最も重要なものはモチベーションである。ストレッチ

ングが日常的に行われるようになるには、体験してもらい、自分の健康に役に立つと患者に思ってもらわなくてはならない。関節のモビリティーは、人それぞれで大きく違う。残念ながら最も身体が硬く、最もストレッチングが必要な人が痛みや不快な感覚のためにストレッチングを行わないことが多く、同様に柔軟性のある人ほど、ストレッチングは簡単で楽しいため、習慣的にストレッチングを行っていることが多い。

女性は他のエクササイズと組み合わせてストレッチングを行うことが多い。男性はストレッチングよりストレングストレーニングを行うことを好む。ストレングストレーニングが非常に重いウエイトを使って行われるとモビリティーを低下させやすく、可動域を減少させやすい。男性は一般的に女性と比較してあまり柔軟性は高くなく、特に歳を経るごとに、ストレッチングの必要性がますます増していく。

習慣的なストレッチングは、しばしば生活習慣の変更を必要とするため、実際に実行することが難しい。モビリティーの制限によって痛みがあるとき、ストレッチングで痛みが緩和できるために、患者のストレッチングに対するモチベーションが高いことが多い。しかし、痛みがなくなるとストレッチングを習慣的に行わなくなりやすい。

身体認識能力の高いアスリートは、モビリティーの変化を感知することができる。身体認識能力の少ない人はストレッチングの前後の動きの中でその変化を感知することが難しい。患者に治療をしているとき、モビリティーの変化は計測することができる。ストレッチング・エクササイズを勧めていき、改善をしていく上で観察は重要である。ストレッチングはしばしば難しく感じられるため、避けられてしまう。このようなケースでは教育的な指導が非常に重要で

ある。すべてのストレッチングがすべての人に必要なわけではなく、個人のニーズに合わせて行われるべきである。ストレッチングプログラムを計画する際に重要なこととして、その人のモビリティーを向上させる上で、その人にとって最も適切なストレッチングを選択し行うことが挙げられる。誰でも、もしそのエクササイズが結果を生まなかったり、きつすぎたりすれば、エクササイズを嫌いになるだろう。

モチベーションを高める要素
- ストレッチングのゴールがはっきりとしている
- 個人のストレッチングの計画が書面にされている
- ストレッチング・エクササイズが適切に行われるように初期の段階で術者の監視の下での指導が行われている
- ストレッチングメニューの習慣的な実行
- エクササイズ日記
- 可動域を計測することによる進捗状況の確認

ハイパーモビリティー (hypermobility)

ハイパーモビリティーは正常で身体的な制限を超えている可動域のことを指す(図43)。一般的にストレッチングを行う際の禁忌と考えられ

- 小指の中手指節関節の伸展が90度を超える
- 親指を曲げて屈曲側の前腕につく
- 肘の可動性が10度より大きい
- 膝の伸展が10度より大きい
- 膝をロックした状態で前屈して床に両手がしっかりつく

※ハイパーモビリティーの検査はBeighton(1993)の評価システムを使って広く行われている

図43 ハイパーモビリティーのポイント

ている。

　個人が複数のハイパーモビリティーの関節を持っている場合、その状態はHMS（hypermobility syndrome：ハイパーモビリティー症候群）として知られている。一般的に過剰な靱帯の緩みは、結合組織に影響を与える先天的なものである。結合組織には普通の人より弾性があり、多くの場合タイプⅠかタイプⅢコラーゲンの異常によってハイパーモビリティーが引き起こされている。コラーゲンの合成は遺伝的要因によるもので、ハイパーモビリティー症候群は先天的なものである。ハイパーモビリティーは人口の5～7%で見られ、大人より子供に影響を与える。ハイパーモビリティーは関節の問題を常に起こすわけではないため、一般的に病理的なものとは考えられていない。スポーツ選手にとっては利点である場合もある。

　関節構造と靱帯が過剰なストレスに晒されたとき、組織は損傷する。ハイパーモビリティーはオーバーストレッチングによる結果として起きる可能性がある。ハイパーモビリティーは遺伝的な要因と、小さい頃の組織の生成による先天的な組織の性質の結果によるものであることが非常に多い。ハイパーモビリティーは1つの関節にのみ見られる場合がある。強度の高いストレッチング・エクササイズは、特に小さい頃、骨が成長しているときにハイパーモビリティーを引き起こすことがある。成人においては、ハイパーモビリティーは靱帯の変性によって起こされることがあり、関節症のような慢性的な炎症では関節の緩みを起こしている関節包と、靱帯の変性が存在する可能性がある。関節への外傷による軟部組織の大きな断裂は、成人における単関節のハイパーモビリティーを引き起こす最も多く見られる原因である。

　スポーツや仕事における習慣的な、過剰な強度のストレッチングは、正常な関節でも不安定にしてしまう。痛みの症状はストレッチングが中止されれば消滅する。しかし安定化のためのエクササイズセラピーを受けてない場合、長期の関節の痛みを生じさせてしまうケースが見られる。

　ハイパーモビリティーの関節は、可動域の終末域で非常に大きなストレスを受ける。筋が関節を安定させる能力は、正常な可動域を超えた場合、弱くなってしまう。関節軟骨と周辺の軟部組織はストレスに晒され、痛みを引き起こし、組織の損傷を起こすこともある。ハイパーモビリティーの関節のストレッチングは避けられるべきであるが、適切な徒手によるモビリティーの検査を受けていないため、患者はしばしばストレッチングを行うように言われている。妊娠中のストレッチングは、エラスチンの生成がすべての関節の柔軟性を増加させるため、注意を要する。

　関節の不安定性は、過剰なストレスを周辺の結合組織に与えてしまう。痛みの症状は外傷を受けることなく、時間を経るごとに増していくことが多い。そのため、仕事での動作による直接的な影響は、注意されるべきである。重い負荷がかかる仕事は安定した関節が必要となるので、ハイパーモビリティーの関節のある患者に対しては勧められない。ハイパーモビリティーで見られる他の症状としては四肢の無感覚（感覚異常）がある。

　強度の高い、静的で長いストレッチングは、関節の靱帯と関節包にある神経終末を刺激し、治療なくしては解決しないことのある痛みを引き起こす。鎮痛剤はこのタイプの痛みにはあまり効果がない。結合組織のストレッチングは分節の筋スパズムを起こし、局所の強い痛みと筋の凝りを首と腰に起こしてしまう。モビリゼ

ーションとマニピュレーションによって痛みは軽減できるが、ストレッチングはしばしば症状を悪化させる。

　運動系の痛みの治療プログラムは、しばしばストレッチングのみに集中しがちである。過動で痛みが出る患者に対してストレッチングでモビリティーを増加させることは、逆に害を及ぼす可能性がある。もし筋肉が伸ばされるべきであれば、術者は関節を伸ばさないように注意して行うべきである。治療は姿勢と、固有受容、人間工学的エクササイズを行い、関節の靱帯のストレッチングを避けるべきである。筋力を増加し、関節を安定させるエクササイズを行うことが身体コントロールを向上させる上で必要である。習慣的なエクササイズは、関節のパッシブ（他動）な安定性にとって重要な筋トーヌスを維持することに役立つ。

　まれに関節の弛緩に関連する遺伝による症候群として、関節の過動と曲がった骨、皮膚の伸長、瘢痕化などが特徴のエラー・ダンロス症候群のような遺伝的結合組織障害が見られる。脱臼と骨折のリスクを増加させる関節の緩さは、マルファン症候群、骨形成不全、ラーゼン症候群とも関連している。これらの患者は特別な医療を必要とし、骨の脆弱性は考慮に入れられなければならない。

ストレッチングセラピーによる危険性

捻挫と肉離れ

　捻挫はストレッチングによって起こされる最も多い傷害である。この傷害の程度は、患部にかけられた力と速度により、また組織の柔軟性にも影響される。筋節は筋全体に平均して伸びるわけではない。筋-腱移行部に近いところは筋の中央部近くよりも伸びやすい。そのため、傷害は通常筋-腱移行部か、その近くで起きる。肉離れのリスクは、年齢とともに弾性線維が減少し、線維性線維が筋の中で増えるため、年齢が高くなればなる程増加する。

　ストレッチングによるこれらの傷害はSSテクニック中に起きることが多い。多くの場合、力をかけ過ぎてストレッチングを行ったか、急激にかけ過ぎたことによって、患者が防御筋収縮で反応する時間、または痛みについて伝える時間が十分でなかったかによる。患者は術者に対して一生懸命がんばっているところを見せたかったり、治療に耐えられるところを見せたいがために、痛みを感じていても早く伝えない場合がある。痛みの許容範囲は人によって違い、局所の感覚の喪失がある可能性もある。ストレッチング力は術者のテクニックによって影響されるが、もしストレッチングが急激に行われた場合、かかる力は非常に大きく、また、組織は伸びる時間がないため、傷害の起きる可能性は増加する。結合組織の性質とストレッチングの許容範囲には人によって大きな違いがある。

　CRテクニックは患者によるアクティブな参加を必要とし、このテクニックにおいて患者は痛みがあれば強い筋収縮をできず、またストレッチング期で少ない力しか必要とされないため、筋を損傷させるリスクはSSと比較して少ない。このテクニックは特に筋損傷のリスクが高い場合、ストレスに弱くなって疲労している筋などの場合に選択されるべきである。昔の傷害や手術によってできた瘢痕組織は、肉離れのリスクを増加させるため、ストレッチングテクニックを選択し、行う際に考慮されるべきである。

　ストレッチング中に患者自身が起こしてしまう肉離れは、体重を使ってストレッチングを行

っている際にバランスを崩すことによって起きることが多い。これはストレッチング・エクササイズの際に適切なサポートを使用することで避けることができる。また効果的なストレッチングは集中力を要するため、注意散漫になりやすい環境もリスク要因である。感覚異常や筋力が不十分な場合、バランスを失ったりする危険が増加し、ストレッチングを安全に行うために補助が必要かもしれない。

もしSS中に力が継続して増加され続けた場合、最終的には筋や腱の部分断裂、もしくは完全断裂を引き起こす。最も傷害が起きやすい個所は筋-腱移行部である。筋と腱は影響を受けないこともあるが、その場合は骨の一部を付着部から引きはがし、剥離骨折を引き起こす。これらすべてのケースでは、筋は痛みの伴う収縮で反応する。最初の外傷に加えて、再度の外傷を恐れることによって二次的問題が起きることがある。患者はストレッチングを行うことを拒否し、将来的にモビリティーがさらに低下することが起こりうる。

大きい筋と腱の断裂は手術によって修復できる。小さな肉離れは特別な治療をされることなく、自然回復に任されることが多い。治療の選択は外傷の程度や機能喪失の度合いや機能の残存度などによって、個別に決定される。毎日行われているストレッチング治療の量を考えると、傷害はまれである。

神経損傷

SLRは、腰椎下部の神経根への圧迫の有無を検査するために使われる。この検査はラセーグテストとしても知られており、結果が陽性であった場合、坐骨神経への刺激があることを示している（Dyck 1984）。神経根の圧迫は頚椎、または腰椎での椎間板脱出が関係していることが多く、腰椎での神経圧迫は坐骨神経痛を引き起こし、痛みは下肢へと放散する。10%の患者は足への放散痛のみ経験し、少ない割合であるが全く痛みを感じない人もいる。神経根での圧迫が見られる場合、坐骨神経はあまり伸びることはない。ハムストリングのスパズムによって神経が伸びないように保護しているため、ラセーグテストで股関節屈曲が60度以下に留まった際には陽性である。もしストレッチングを行っている際に術者の手にかかる抵抗が、弾性的なものではなく、突然であった場合、神経の圧迫を疑う。神経の圧迫があった場合、圧迫が解消されるまでストレッチングは禁忌である。このようなケースではCRテクニックの際にでも抵抗が大きく、収縮期の後にストレッチングを行うのは不可能である。強引なSSは神経への損傷を引き起こす。

頚部と体幹の屈曲は、脊椎と硬膜の18%の伸長を起こすことが記録されており（Reid 1969）、座位での前かがみの姿勢は、神経組織複合体に対してさらなる緊張を引き起こす。LassoeとVoigt（2004）は、膝関節の可動域は背弯姿勢で減少することを発見した。頚部と腰部の屈曲は、股関節や膝関節に機械的にかつ直接的に関連していないため、神経組織複合体が動きを制限する要因として考えられる。よってSLRや座位での膝伸展が制限されている場合、神経組織からの影響を考えておく必要がある。

神経は通常、その弾性によって過度のストレッチングから保護されている。この緩みは、椎間孔の圧迫や神経の末梢での絞扼によって失われる。筋と関節のモビリティーの向上のためにストレッチングを行う際には、他の組織への影響を常に考えておく必要がある。強度の高いストレッチングは神経を損傷する可能性があり、

ストレッチングセラピーによる危険性

坐骨神経、尺骨神経、腓骨神経はその走行位置によって他の神経と比較して損傷を受けやすい。尺骨神経は体表近くを通り、肘関節では保護されておらず、腓骨神経は腓骨の表面を通る。これらの神経鞘、または神経上膜は横断表面のほぼ90％を形成しており、座位やうずくまった姿勢は、急激な負荷やストレッチングによる影響に晒されやすい。椎間板ヘルニアがあるところに強度の高いハムストリングのストレッチングを行った場合、坐骨神経は神経根で損傷を受ける可能性がある。神経根での神経圧迫は、脊椎症による脊椎の構造的変化によって起こされることもある。このような場合、神経組織は他の組織より早くストレッチングに対して反応する。これらの原因による抵抗があるにもかかわらず、ストレッチングを行った場合、神経の損傷を起こし、知覚の変化、麻痺、慢性痛などを引き起こしてしまう。

頚椎や胸椎部の脊髄損傷のある患者では、ストレッチング後に坐骨神経の自律神経過反射症候群（Autonomic Hyper-reflex syndrome）が見られる。症状は血圧の上昇、頭痛、脈が遅くなる、発汗である。ハムストリングのストレッチング後、上記のような症状が見られた場合、自律神経過反射症候群の可能性を考えるべきである。

血管への外傷

大腿骨遠位や脛骨近位の骨や軟骨の腫瘍は、ストレッチングの際にかかる圧によって血管に損傷を与えることが知られている。良性と悪性の両方の関節軟骨の腫瘍はまれであり、よってこの種の傷害もほとんど見られない。しかし、大腿骨もしくは脛骨が異常に分厚い場合、注意すべきである。臨床検査の際に下肢に大きな差が見られる場合、レントゲン検査が行われるべきである。

骨化性筋炎は炎症や傷害によって起こされ、筋組織の石灰化が見られる。ストレッチングは石灰化した組織に対して血管や神経組織が擦れてしまうことによって損傷を起こすことがある。異所性骨化や原因不明の従属栄養性骨化などの軟部組織の他の変化も起きうる。骨化性筋炎の起きている箇所のアクティブ（自動）とパッシブ（他動）の両方のストレッチングは痛みを増加させ、すでに活性化している石灰化過程を悪化させることがあるため、高い強度のストレッチングは石灰化によって起きたモビリティーの制限を改善することはできない。アクティブとパッシブの両方のストレッチングは正常な機能を再度得るためには重要だが、石灰化した組織の除去が手術で行われた後のみに行われるべきである。

関節症のある頚椎に対して過度の回旋を頭を後ろに反らせた状態で行った場合、椎骨動脈の血液循環を阻害し、血管に損傷を与える可能性がある。最悪のシナリオでは脳卒中や出血が起きるリスクもあり、動脈硬化では血管は柔軟性を失い、伸長や圧によって損傷を引き起こす可能性がある。損傷のリスクは年齢と血管の硬化とともに増加し、中年においてはすでに顕著になっているかもしれないので、首の伸展は避けるべきである。加えて、過度の首の回旋は特に環椎関節レベルで血管に圧をかけ、閉塞や閉塞症、そして脳梗塞も引き起こす可能性がある。伸展、回旋、側屈の組み合わせは関節のマニピュレーションでは禁忌であり特にストレッチングでも行ってはならない。マニピュレーションでは数分の一秒の血行の阻害でもストレッチングでは数秒間血行が止められてしまう。

患者にストレッチングセラピーを行う際に、

組織の検査とリスクの可能性に注意を払うことは非常に重要である。適切なストレッチング力と、テクニックを患者に合わせて選択するには知識と技術が必要である。小さい力でストレッチングを行えば安全であるが、効果が見られないかもしれない。ストレッチング力は痛みの許容範囲に近いところでかけられるべきで、それによって組織の柔軟性が増加し、組織構造に良い変化が見られることでモビリティーが向上する。効果的で安全なストレッチングを行うには、技術と実践での経験が必要である。

　筋の付着部同士を離すことで行う単純なストレッチングテクニックは、関節の構造や通常の動きの方向によって可能ではない場合がある。靱帯をオーバーストレッチングしたり、関節包に損傷を与えたりハイパーモビリティーを引き起こさないように筋をストレッチングしている間、関節を過剰に捻ることは避けるべきである。

　頚椎前面部の筋のストレッチングは、頭部の回旋と後方への伸展を必要とする。研究によると、このポジションは頭への血流を阻害することが分かっている。もし長時間にわたって行われた場合、脳の酸素不足を招き、閉塞症や脳梗塞を引き起こす可能性もある。若い人では血管壁の弱い箇所が、局所の血管拡張、動脈瘤になるかもしれず、またここに圧を受けると、破裂することがある。頚部の表面の屈曲筋群を治療する際には、下部付着部で固定をして頭を斜め後ろではなく、斜め前方に傾けながら側屈のストレッチングを行うほうが賢明である。これによって純粋な側屈よりも大きい可動域が可能になる。頚部前面の深層部の筋のストレッチングは全く行うべきではない。

> **ポイント**
> **関節のストレッチングの禁忌**
> ● ハイパーモビリティー
> ● 関節強直
> ● 神経圧迫
> ● 血管障害
> ● 骨粗鬆症
> ● 急性外傷
> ● 関節の炎症
> ● 最近手術を受けた場合
> ● こわばった関節の強い痛み

椎間板への傷害

　椎間板ヘルニアは多くの場合、負荷に対する抵抗が弱くなったとき、椎間板の変性を伴い起きる。ヘルニアは椎間板の突出や、椎間板の断裂による頚部や腰部の軽めの痛みから始まることが多い。痛みや椎間板の変性によって起きる筋緊張は、モビリティーを制限する。座位や立

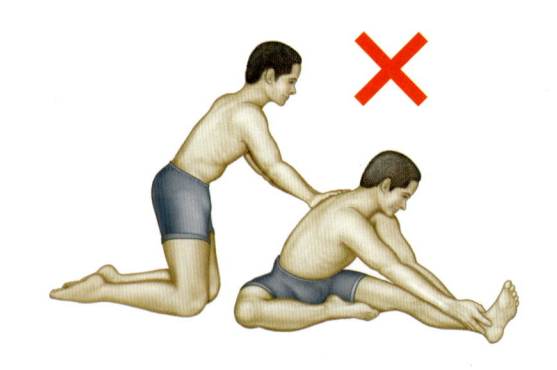

図44　椎間板損傷のリスクがあるストレッチング法

ここでの補助者はハムストリングのストレッチングの補助をする際にストレッチングによって得られる効果以上により大きいダメージを与える可能性がある。腰部に対して強すぎる力がかけられた場合、椎間板の突出と骨折のリスクがあるため、このタイプのストレッチングは行われるべきではない。

位での頚椎や腰椎の強度の高い屈曲のストレッチングは、椎間板の後部に負荷をかけてしまい、損傷や椎間板の突出を起こす。もし椎間板が座位のときのように圧を受けている場合は、強く腰椎を捻ることは危険である。側屈は常にある程度の回旋を含み、脊柱に対してそれ以上の負荷はかけないようにすべきである。難治性の腰痛のケースでは椎間板にストレスが一番かからない寝た状態でストレッチングを行うことが勧められる。椎間板の圧は地面に座っている状態で、脊椎が曲げられるときに特に高い（図44）。

骨折のリスク

肋間部のストレッチングを行っているとき、骨折のリスクは非常に高い。特に下部肋骨は圧がかかると、傷害を受けやすい。骨粗鬆症が進んでいるケースでは、強度の強い脊柱を前屈させるストレッチングを行うと、胸椎または腰椎の前部に圧迫骨折を起こすことがある。カルシウムやビタミンDが不足している人ではリスクが高い。このようなカルシウム不足は、乳糖不耐症か牛乳アレルギーもある閉経後の女性にしばしば見られる。腸管での消化不良はカルシウムの適切な吸収を妨げる。大量のコルチゾンによる治療が繰り返された場合、数ヵ月間で骨が変性してしまうことがある。骨の変性は甲状腺、副甲状腺、副腎の疾患やあまり見られないような多くのまれな疾患と関連しているかもしれない。

ストレッチングに影響を与える重要な要素
- 関節のバイオメカニクス
- 筋の構造と筋の付着部
- 筋と腱の柔軟性
- 関節包と靭帯の柔軟性
- 血管の柔軟性
- 神経の自由経路
- 周辺の結合組織の柔軟性と同じ動きを行う筋
- 固定の期間
- 外傷、手術、放射線治療
- 癒着と瘢痕組織
- 血管への手術（人工血管とステント）
- 特定のタイプの人工関節
- 炎症
- 痙性もしくは強直
- ストレッチングテクニック
- 痛みの許容度

関節の強直は組織的変化が起きており、強いこわばりを引き起こしている。ストレッチングは通常痛みを誘発するだけなので使用は適切ではない。強いコラーゲン線維は伸びることはなく断裂を起こすのみで、ひどい痛みを起こし、関節のこわばりよって関節の不安定を引き起こす。

ストレッチングテクニックの導入

筋—腱システムのストレッチングは理論上簡単で、筋の付着部を互いにできるだけ遠く離すだけである。しかし関節の可動域と他の結合組織は、筋の付着部間での直線的な動きを制限し、阻害している場合がある。よってストレッチングは単純ではない場合が、往々にある。いくつかのケースでは、筋の付着部を動線に沿って真っすぐ離すことによって行うストレッチングは禁忌で、頚部の前面筋へのテクニックと同様に命に関わる傷害を起こすことがある。

関節の構造と柔軟性は筋のサイズや、腱、付着部と同様、人によって違う。ある人には"余分な"筋が存在し、ある人には本来あるべき筋や筋の部分がない場合もあり、遺伝的要因によ

る違いや傷害、手術などが原因で、ストレッチングテクニックを変えなければならないケースがある。

　通常効果的であると思われているテクニックでも、個々の柔軟性の違いが原因で、すべての人で効果的であるとは限らない。痛みのある筋は筋緊張が高いかもしれないし、また非常に弛緩しているかもしれない。短縮している筋にストレッチングを行うことは非常に簡単であるが、その反面、簡単に伸びてしまう柔らかくリラックスした筋の場合、術者による工夫が必要である。瘢痕組織、癒着、トリガーポイントも緩い筋には見られる。伝統的なストレッチングを使用し、筋を伸び切らせてしまった場合、本来の目的ではなかった関節を伸ばしてしまう。術者はストレッチングを行う際にこれらの状態に対して固定テクニックを学ぶなどして、対応できるように準備しておく必要がある、

　各関節は結合組織構造を持っており、安定性を維持するのに役立っている。これらの構造は関節包と靱帯を含み、またいくつかの関節では、安定性を向上させ、滑膜関節の完全性を保っている椎間板や半月板などの関節内構造が存在する。関節の締まりの位置（Closed-packed position）は、可動域の終端で靱帯と関節包が緊張した状態で関節面がお互いに圧迫し合っている状態のことを指す。関節の動きは締まりの位置に近づけば近づく程減少する。緩みの位置（loose-packed position）では、靱帯と関節包は緩んでいる状態で関節の遊びは最も大きい。よって関節が最大の緩みもしくは少なくとも最大の緩みの位置に近いところにある状態で、筋−腱単位をストレッチングすることが重要である。そうでなければストレッチングのほとんどが筋−腱単位ではなく、関節にかけられてしまうことになる。

　筋の付着部を互いにできるだけ遠く離すという基本的なストレッチングテクニックは、ハムストリングのような少なくとも2つの関節をまたぐ筋のストレッチングを行う際には適切である。しかし、大胸筋のような1つの関節のみをまたぐ筋は、筋が伸ばされる前に締まりの位置が動きを制限してしまうため、違うストレッチングテクニックを使用する必要が出てくる。筋が伸ばされず、関節がその可動範囲の終端の位置まで動かされて強い力がかけられた場合、術者はその間、筋を伸ばしていると思っていてもストレッチングは効果がないばかりか害を及ぼしてしまう。基本的なストレッチングテクニックを使っていても、オーバーストレッチングによって靱帯や関節包の損傷を起こし、関節の痛みを起こしている場合がある。

ストレッチングにおける安全のための注意点

　筋は通常のストレッチング中、電気的に活動がないか、可動域の制限近くまでは低い電気的活動しか見られない。

　多くの研究者はSSエクササイズにおける低い電気活動は良いことで傷害のリスクを減少させていると考えている。これとは反対にCRテクニックは筋の電気活動を増加させ、ある種、筋緊張増加の可能性によって傷害のリスクが高まると考えられている。しかし、これは理論に基づいての推測で、研究によって証明されているわけではない。臨床での経験と最近の研究の両方から、実際に起きている現象は研究者がこれまでに示してきたものと逆のものであることを示している。

　SSエクササイズと比較して、CRテクニックでは術者が非常に大きな力を発揮することが収縮期には必要である。患者は彼らのアイソメト

ストレッチングテクニックの導入

リックでの最大の力、もしくは一部の力を術者の抵抗に対して発揮する。可動域が増加されるストレッチング期は筋の電気活動が消滅するリラクゼーション期の後に来る。ストレッチング期で術者によってかける必要のある力は、収縮期と比較して非常に小さい。新しいバリアに到達するためにほんの少しだけストレッチングが増加されるが、それに必要なストレッチング力は最初と比較して同じか、もしくはほんの少しの増加で行うことができる。

SSテクニックでの安全なストレッチング力は推定することが難しい。しかしこれはCRストレッチングではあまり大きい問題にならない。なぜならCRテクニックでは筋の収縮が解かれ、抵抗が消えたときのモビリティーの向上に合わせてストレッチングが増加される。よって可動域は増加されるものの、ストレッチング力を増加させる必要はないからである。

Harveyら（2003）は、理学療法士によって長期の筋の伸長性の増加を目的として、脊髄損傷の患者のハムストリングにかけられたSSの大きさについて研究した。異なる術者によってかけられたストレッチング力は、1人の患者に対してかけられたもので最大で40倍もの違いが見られた。複数の術者が、患者の感覚での安全な許容範囲を遥かに超えるストレッチングのトルクをかけていた。

ストレッチングの方法に様々なバリエーションがあるその理由として、術者がストレッチングに関して学んでいる際に、どのくらいのストレッチングの力を与えるかについてはあまり練習しておらず、またそのための設備もほとんどの教育機関には準備されていないことが挙げられる。CRテクニックは麻痺の場合には行うことができないため、これは重要な問題である。CRとMETテクニックはポピュラーであるが、SSテクニックの教育的指導もしっかり行われるべきである。

実践での注意点

第2部の「実践編」では、写真によりストレッチングテクニックが明確に示されており、その分、テキストは簡潔で、なおかつできるだけシンプルにまとめることができている。

このテキストでの近位、遠位の筋の付着部の基準は、立位の姿勢での関係で示されており、写真で示されたのとは違っている。ある筋は他の筋と同調して働き、同じストレッチングテクニックをグループのすべての筋に対して使用することができる。重複を避けるため、共通のストレッチングテクニックを行う1つの筋群に属する各筋の解剖については、テクニック解説の前に書かれている。

徒手による圧迫を行うストレッチングテクニックは、あまり短縮していない筋に対してどのように効果的なストレッチングを行うかについての可能性を示している。筋の本体にかけられる圧は前伸長（Pre-Stretch）を起こし、例えば筋－腱移行部に向けて簡単に誘導することができる。メインになるストレッチングは固定後、1つの関節もしくは複数の関節を動かして行われる。圧迫ストレッチングテクニックは、筋の硬さをあまり示していない患者にとっては、重要な方法である。例えば、このテクニックは腓腹筋の内側や外側や、筋の遠位、近位の末端など特定の個所の治療にも使うことができる。手による固定はそのまま動かさずストレッチングを導き、それから次のストレッチングの固定のために筋の他の部位へと移る。連続する筋の部位の治療が必要な場合、圧迫は筋に沿って動かしてもよい。この方法はストレッチングマッサージテク

ニックとして知られている。このテクニックは重複を防ぐため、すべての筋での説明はされていない。

筋−腱システムのストレッチングは神経のストレッチングも含んでおり、ストレッチングを行う筋によっては避けることができない。同様に筋−腱システムのストレッチングをすることなく、特定の神経だけをストレッチングすることもできない。神経根の圧迫や炎症の場合、問題になっている個所の神経にストレッチングを行うことは痛みを悪化させ、不可逆的な損傷を引き起こす可能性があるため、避けるべきである。また、体表の知覚異常の進行が見られる場合も、神経組織にストレッチングを行うことは禁忌である。四肢のストレッチングを行う際に、無感覚、ピリピリ感、痛み、感覚の喪失や筋力の低下が見られた場合、これは神経の圧迫の際の症状の可能性がある。これらの症状はすべて神経圧迫による症状かどうかは確定できないものの、場合によっては医師による診断を受ける必要がある。

ストレッチングを防ごうとして防御性筋緊張が起きることがある。防御性筋緊張と筋緊張の増加は、CRテクニックによって判別することができる。防御性筋スパズムは治療によって解放することはできない。伸ばされているのが結合組織なのか神経組織なのかを確実に知ることは不可能である。強度の強いSSを治療の最初に使うことで神経の損傷を引き起こす可能性がある。例えば、約10%の頸椎または腰椎の椎間板ヘルニアがある患者は、四肢には様々なレベルでの痛みを感じるが、首や腰に痛みを感じはしない。

様々な身体の部位に対するストレッチングテクニックの一部として固定を使う際、手全体を使うだけでなく、前腕、手のひら、小指球、親指、他の指を使うことも可能である。

前腕はストレッチングを行う際に最も多く使われる身体部位である。筋線維と同じ方向にストレッチングを行う際、その姿位で体重をかけることによって、術者自身への負担を減らし、楽に必要な圧を加えることができる。適切なストレッチングを行うことによって、術者は自身の体重を効果的に使うことができる。また、ストレッチングをかけるのに手の異なる部位を使い分けることができる。そうすることで圧を特定の方向に向けたり、母指、四指、手のひら全体を使って小さい面に対して圧をかけたりできる。テクニックのバリエーションは筋全体に対して効果を与えたいのか、通常のストレッチングではできない筋の特定の部位だけに効果を与えたいのか、など求める結果によって使い分ける。

ストレッチングテクニックによっては全く同じに見えるものもあるが、実践では固定の位置と圧力の方向によって違った筋に効果を与える。筋は通常多くの層になっており、関節の近くでは関節をまたいでいる大きな筋の下に短い筋が位置している。ストレッチング中の関節の位置によってどの筋群が伸ばされるかが決まり、治療がある特定の関節をまたぐ筋群を対象にしている場合でもすべての関節の位置を考慮しなければならない。例えば、股関節が部分的に屈曲されている状態で膝を屈曲する場合、中間広筋、内側広筋、外側広筋に対してストレッチングを働きかけることができる。

股関節を伸展した状態で膝を屈曲することは大腿直筋のストレッチングを行うことになる。

ストレッチングは、筋もしくは筋の一部の特別な治療を行う上で、高いレベルでの解剖と運動学の知識を必要とする。解剖学的な情報と臨床の実践を組み合わせることでセラピーを向上

ストレッチングテクニックの導入

させることができる。

　関節を動かしながら筋を伸ばし、徒手によってストレッチングを行う。2つのことを同時に行うには伝統的で単純なストレッチングを行うよりも、多くのスキルと練習が必要である。これらのテクニックは正しく行われるべきである。ほとんどのストレッチングテクニックはCRテクニックへと適合させてもよい。

　これらのテクニックは不必要な重複を避けるために筋によっては説明がないものもあるが、適切であると感じた場合や術者のスキルに応じて使用してもよい。

マニュアルストレッチングはいろいろ違った方法で行うことができる
- 伝統的なマッサージを行えるように関節は中立位の状態。
- 筋は伸ばされた位置で徒手での圧迫によってストレッチングを増すようにする。
- 筋は少し伸ばされた状態で、患者は筋を5秒間緊張させ、リラックスさせ、それから術者が徒手でストレッチングをするか、ストレッチングマッサージを行う。
- 筋は少し伸ばされた状態で、徒手でのストレッチングが行われ、角度を増加するのと同時にストレッチングを増加する。

徒手でのストレッチングの効果をさらに大きくするために、様々な方向に行うことができる
1. 近位の筋-腱移行部から離れて、筋の主部へ向かって（例：上腕二頭筋、大腿二頭筋）
2. 遠位の筋-腱移行部から離れて、筋の主部へ向かって（例：大腿直筋）
3. 筋の主部を横切って（例：円回内筋）
4. 筋-腱移行部から離れて、筋の停止部へ（例：斜角筋）

---

5. より筋を伸ばすために徒手によって圧力をかける様々な方法がある
   (a) 手で筋-腱移行部、トリガーポイント、過去の外傷による線維組織上の局所のみに対して圧をかける。
   (b) 手は筋-腱移行部から段階的に筋腹に向けて動かしていき、ストレッチングの強度を上げていく。
   (c) 大きな筋では手を筋の横に動かすことで、筋の外側と内側をさらに伸ばす。
   (d) 手は筋-腱移行部から段階的に筋腹に向けて滑らしていき、筋の違った部位のストレッチングの強度を上げていく。大きな筋では滑らせる方向を変えることで筋全体をまんべんなく効果的に伸ばす。このテクニックをストレッチングマッサージと呼ぶ。

　以上の理論編を踏まえたうえで、第2部の実践編へと入っていきたい。

　第2部では各筋、もしくは各筋群に対して通常1つのストレッチングが示されている。いくつかのケースではオプションとして複数のテクニックを示している場合もある。異なるテクニックはそれぞれの患者によっては他の選択肢と同等に効果的である場合もある。一方で、身体構造の違いによって特定のテクニックのほうが効果的であったり、他の患者に対して効果的であったものがそうでなかったりする場合もある。

　以下に略語、用語を示しておく。

【略語】

AC（agonist contract）：主動筋収縮
BS（Ballistic stretching）：バリスティック・ストレッチング

C（Celsius）：摂氏（温度の単位）
CR（contract-relax）：コントラクト・リラックス
DOMS（delayed onset muscle soreness）：遅発性筋肉痛
DS（Dynamic stretching）：ダイナミック（動的）・ストレッチング
HR（hold-relax）：ホールド・リラックス
IC（isometric contraction）：アイソメトリック収縮
MET（muscle energy technic）：マッスルエナジーテクニック
MHz（Megahertz）：メガヘルツ(周波数の単位)
N（Newton）：ニュートン（力の単位）
PEC（parallel elastic component）：並列弾性要素
PNF（proprioceptive neuromuscular facilitation）：固有受容性神経筋促通法
ROM（range of motion）：可動域
SEC（series elastic component）：直列弾性要素
sEMG（surface electromyography）：表面筋電図
SS（static stretching）：スタティック(静的)・ストレッチング
W（Watt）：ワット（仕事の単位）
神経支配：C－頚椎レベル、Th－胸椎レベル、L－腰椎レベル

第2部
ストレッチングセラピー
テクニック編

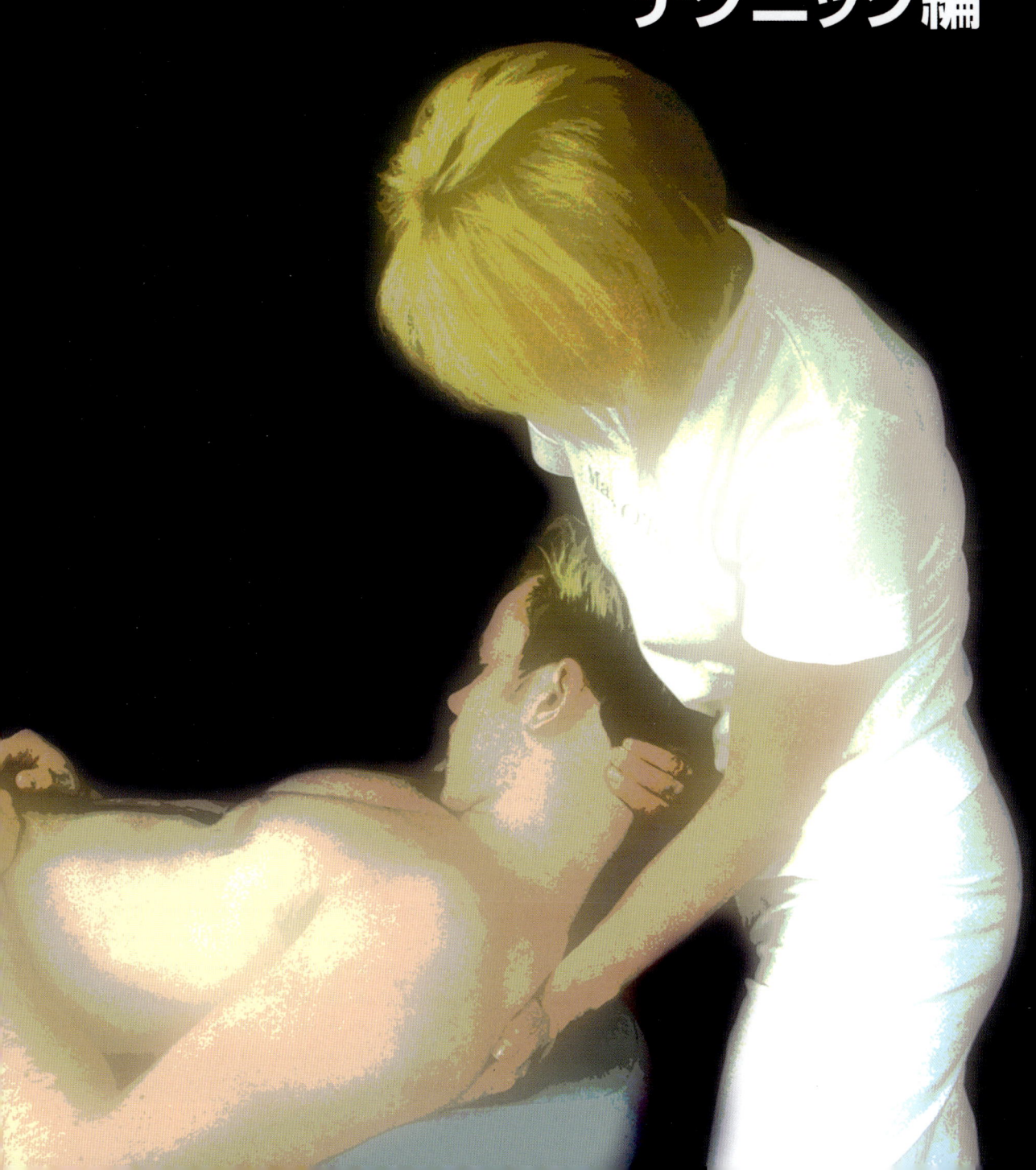

側頭筋 （そくとうきん）**Temporalis**

神経支配：深側頭神経（第Ⅴ脳神経である三叉神経が下顎神経へと分枝し、下顎神経から深側頭神経へと分枝する）

起　始：側頭窩

停　止：下顎の筋突起、下顎枝の前下方面

機　能：下顎を挙上することで、口を閉じる。最も強い顎関節の筋肉

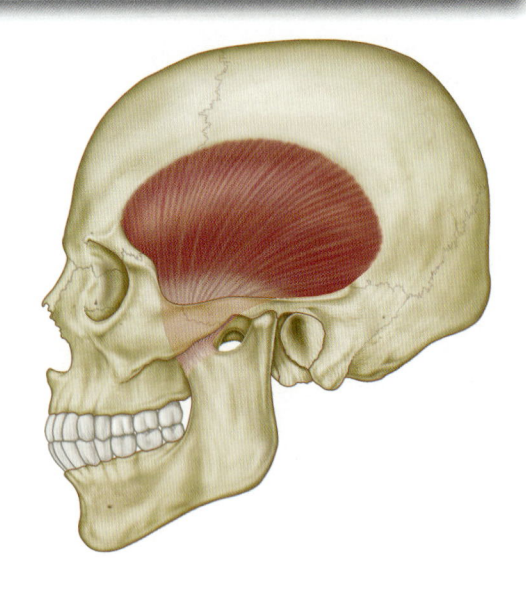

●ストレッチングテクニック

患者を側臥位にし、口を開けさせた状態で頭部を固定する。術者は片側の手で顎関節を下方に向かって押しながら、もう一方の手の母指を使って、頬骨の上に位置する筋肉を筋腹に向かって上方向にストレッチングする。

注意：口を閉じた状態で顎の筋肉をストレッチすることはできない。

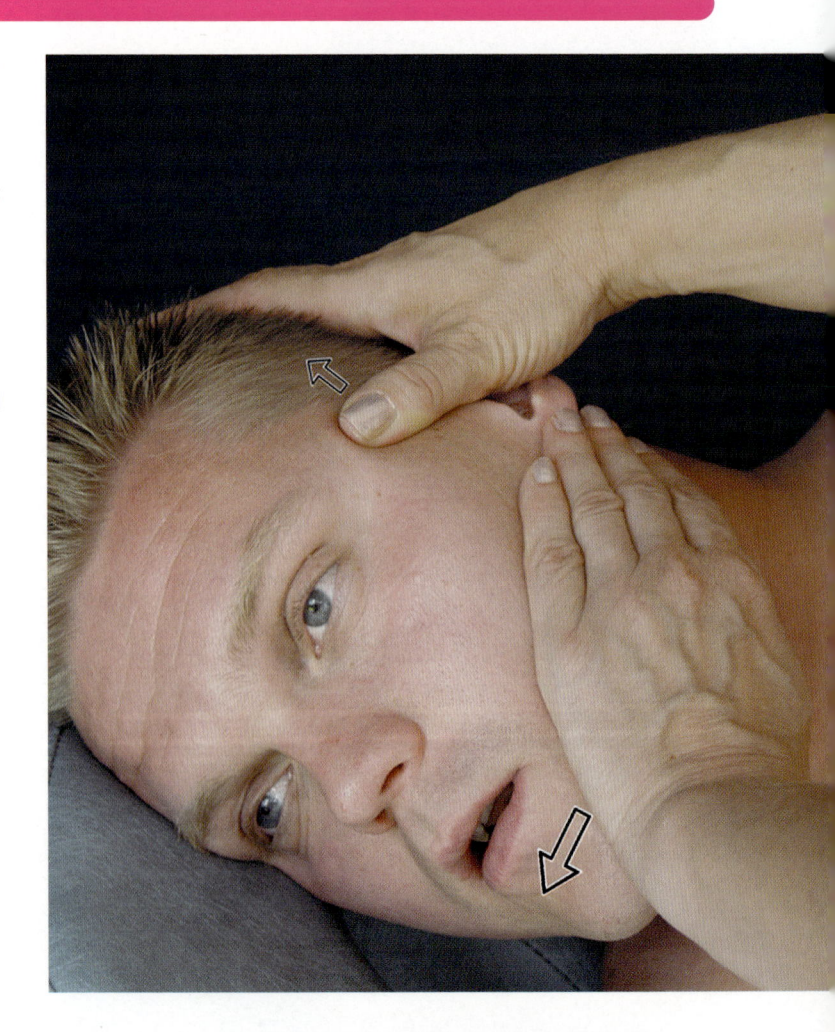

咀嚼筋

咬筋 (こうきん) Masseter

神経支配：咬筋神経（第Ⅴ脳神経である三叉神経が下顎神経へと分枝し、下顎神経が咬筋神経へと分枝する）
起　始：上顎骨の頬骨突起、頬骨弓
停　止：下顎枝、下顎角の外面
機　能：下顎を挙上することで、口を閉じる

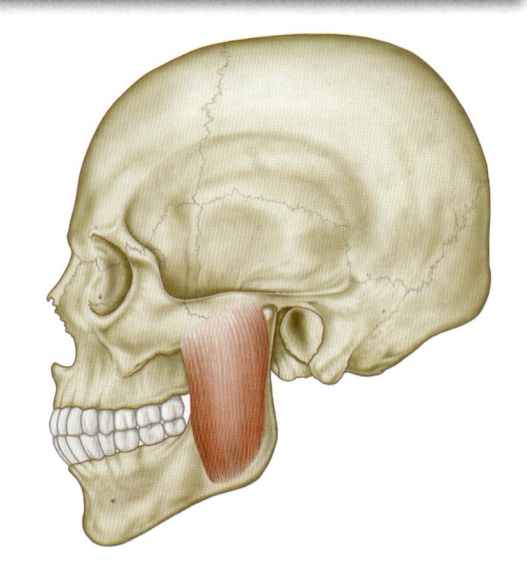

●ストレッチングテクニック

患者を側臥位にし、口を開けさせた状態で頭部を固定する。術者は片側の手で頭部を固定しながら、もう一方の手の母指を使って頬骨の下にある筋肉を筋腹に向かって下方にストレッチングする。この時、同時に顎関節をやや下方に向かって押すようにする。

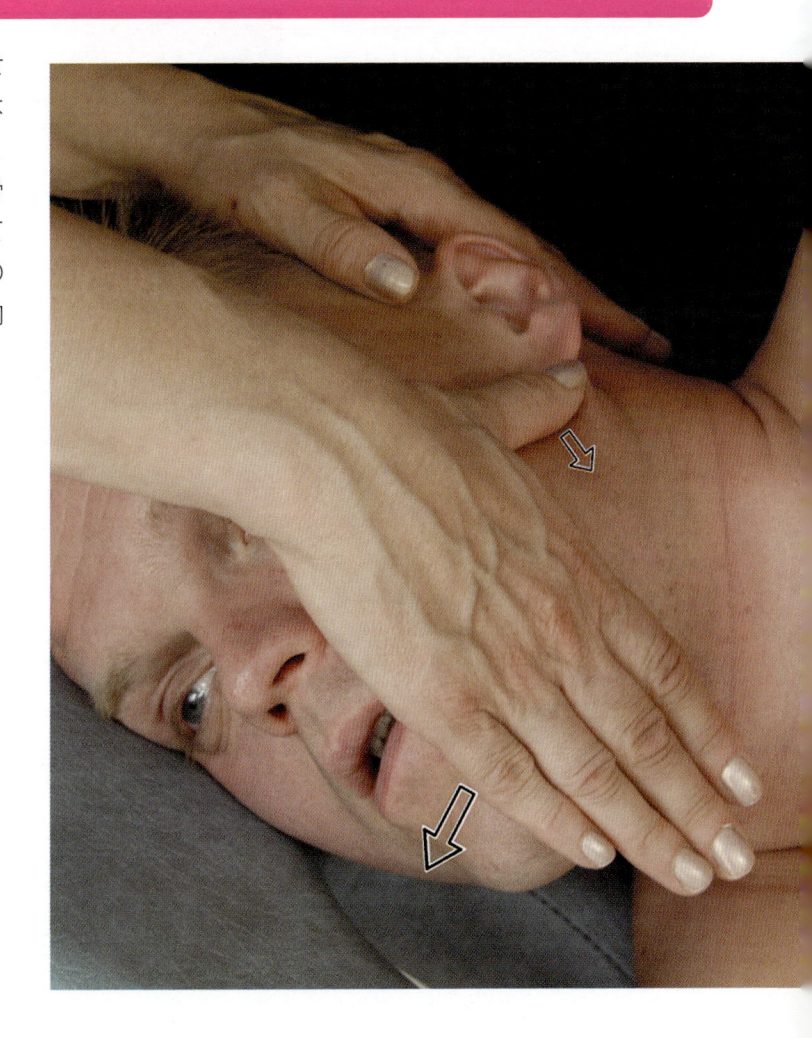

広頸筋 （こうけいきん） Platysma

神経支配：顔面神経（第Ⅶ脳神経）
起　始：胸上部の浅筋膜
停　止：下顎骨の下縁、口角、口角部の顔面筋
機　能：口を開ける、唇を下方に引く

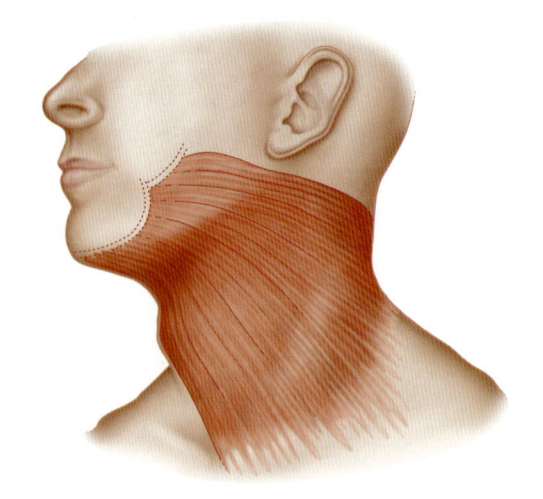

●ストレッチングテクニック

患者を背臥位の状態にし、頭部と頸椎をストレッチングしたい側と反対方向に側屈、回旋させる。術者は片側の手で鎖骨下の胸部を下方に押し下げ、もう一方の手で顎を上方に向かって押し上げて、頭部をより回旋、屈曲させるようにストレッチングする。

注意：頸部前面の筋肉をストレッチングする場合、頸椎を大きく伸展させないようにする。必要以上に伸展させてしまうと、頸動脈や椎骨動脈などに動脈硬化がある場合、プラークが緩み、これらの血管を詰まらせたり、塞栓を起こしたりする危険性がある。また、脆弱な動脈瘤があるような場合では出血を招きかねず、これらは若年者でも起こり得るものである。
頸部を手でしっかりと固定すれば、不必要なリスクを犯さなくとも、効果的なストレッチングを行うことは可能である。

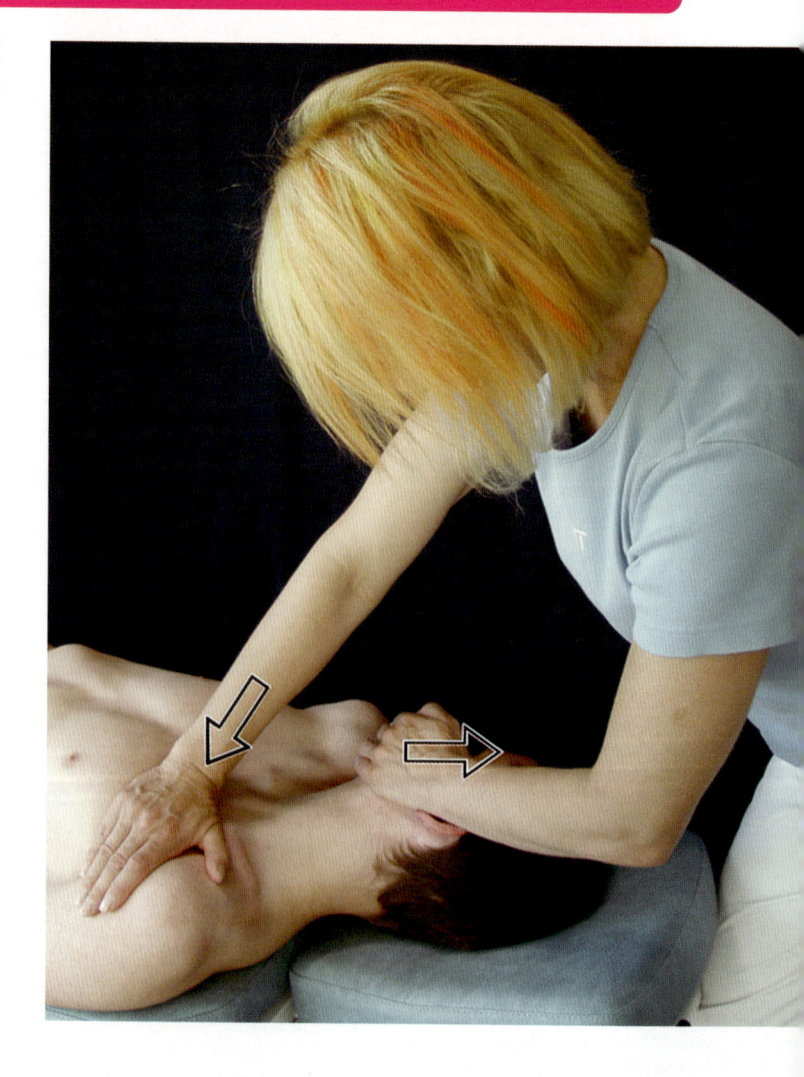

頚部の筋肉

胸鎖乳突筋 （きょうさにゅうとつきん） Sternocleidomastoideus

神経支配：副神経（第XI脳神経）、脊髄神経前枝（第1〜第2頚神経）
起　始：胸骨柄、鎖骨の内側部
停　止：側頭骨の乳様突起、後頭骨の上項線
機　能：片側の筋肉を用いて頭部を反対側に回旋、両側の筋肉を用いて頭部を前方に突出、頚椎を前方に曲げながら頭部を伸展。深吸気の補助

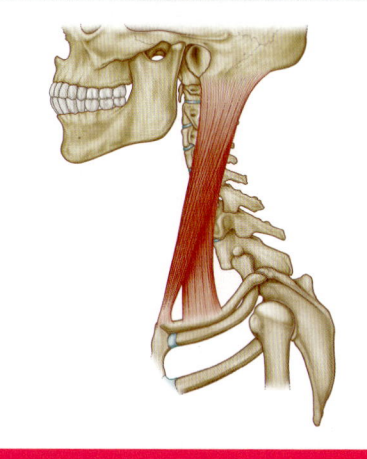

●ストレッチングテクニック

患者を背臥位にし、頭部と頚部を反対側に回旋させながら、上方に持ち上げて、筋肉に触れやすい状態にする。術者は頭部を片側の手（手をテーブルなどに着けず浮かせた状態）で支えながら、もう一方の手の母指と指を使って筋肉を引き上げるようにしてストレッチングする。

注意：絶対に頚動脈を圧迫しないようにすること。筋肉を手でつかむ前に、頭部がしっかり回旋、持ち上げられていないと、頚動脈を圧迫しやすくしてしまう。患者に能動的に頭部を持ち上げてもらうことで、より正確に筋肉と周囲の脆弱な組織を見分けることができる。また、安全性をより確保するために、ストレッチングをかけている間は、患者自身の力で能動的に頭部を持ち上げ続けさせたほうがよい。その際、ストレッチングとストレッチングの間は、患者は力を抜いてリラックスしてもよい。

警告 頚部を伸展、回旋、側屈した状態でストレッチングすると、動脈硬化や動脈瘤がある場合、頚動脈や椎骨動脈にダメージを与える危険がある。このようなポジションは、反対側のこれらの血管に圧迫を加えることもあるため、脳への血液供給に支障をきたすこともある。過度に脊椎を回旋させてしまうと、頚動脈に石灰化がある場合、脳卒中や、若年者であっても血管が脆弱な場合は、大動脈瘤の破裂などを引き起こしかねない。また、頚動脈洞を圧迫すると、脳卒中や不整脈を引き起こすこともあるため、十分に注意が必要である。

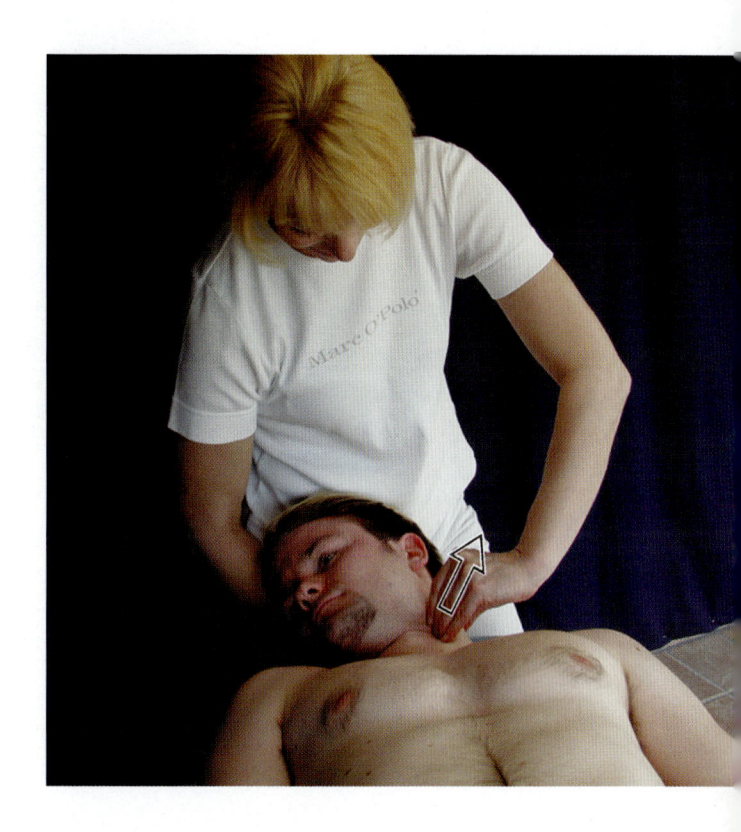

前斜角筋 （ぜんしゃかくきん） Scalenus anterior

神経支配：脊髄神経前枝（第4～第7頚神経）
起　始：第3～第6頚椎の横突起の前結節
停　止：第1肋骨の前斜角筋結節、骨縁
機　能：第1肋骨の引き上げ、頚椎の前屈と側屈（同側へ）、深吸気の補助

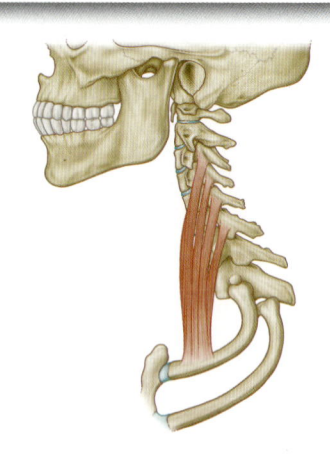

●ストレッチングテクニック

患者を背臥位にし、術者は片側の手で頭蓋骨の根元を持ち、患者の頭部を支える。もう一方の手の母指、または第1中手骨で肋骨にある筋肉の停止部を押さえる。その状態から術者は患者の頭部を持ち上げ、頚椎を前方に引き出し、ストレッチングしている筋肉に対して反対の方向に回旋、屈曲させる。ストレッチングする角度や頚部のどの位置に手を置くかは、筋肉のどの部位をストレッチングしたいかによって異なる。ストレッチングする部位を変える場合は、頚椎を一度真っすぐな状態に戻してから、次のポジションでのストレッチングをするようにする。

ストレッチングするための頚椎の位置は、個人の姿勢や可動性によって異なる。そのため、最も適切なストレッチングポジションは、個人の状態に合わせて行うべきである。

テンション・リラクゼーションテクニック：患者に5秒間、頭部をストレッチングする筋肉の方向に向かって屈曲するように力を入れさせ、それに対し術者は抵抗をかける。息をゆっくり吸い、それから徐々に力を抜くよう患者に指示し、再びストレッチングをかけるようにする。

⚠ **警告** 術者のほうから圧を加えないようにすること。

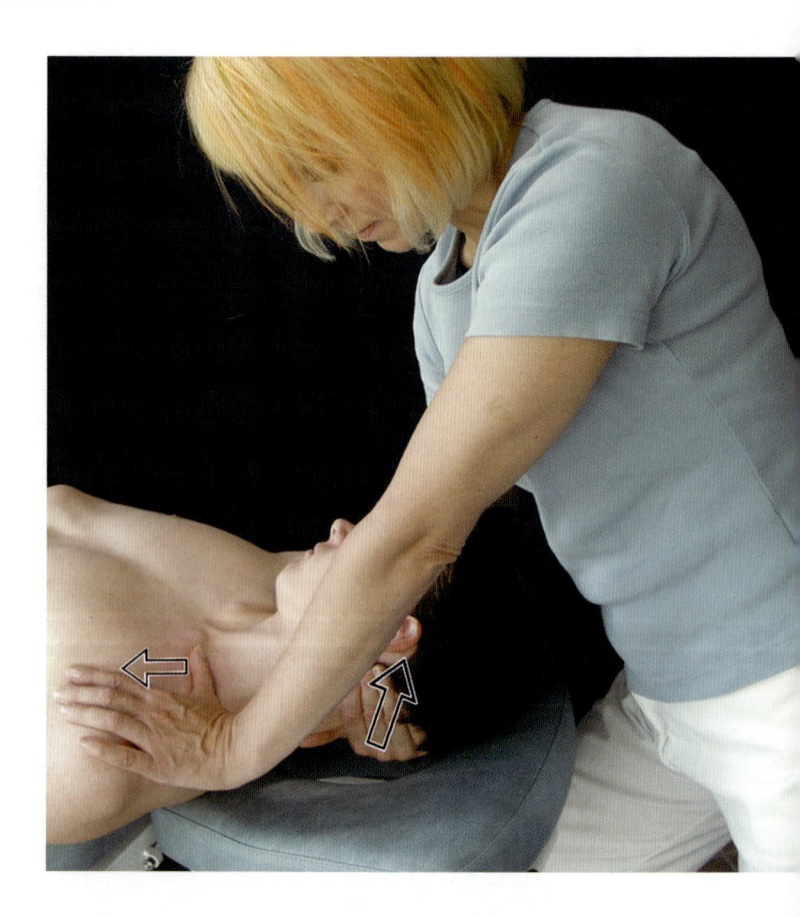

頚部の筋肉

中斜角筋 (ちゅうしゃかくきん) Scalenus medius

神経支配：脊髄神経前枝（第3～第8頚神経）
起　　始：第2～第7頚椎の横突起の後結節
停　　止：第1肋骨鎖骨下動脈溝の後方突起、第1肋間腔の外肋間膜
機　　能：第1肋骨の引き上げ、頚椎の前屈と側屈（同側へ）、深吸気の補助

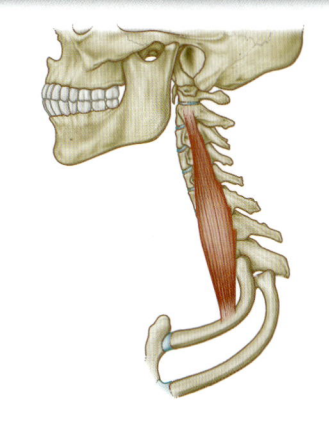

●ストレッチングテクニック

患者を背臥位にし、術者は母指球を使って、鎖骨の真下にある第2肋骨を押し下げる。そしてもう一方の手で頭部と頚椎を前方に引き上げながら、反対側に側屈、回旋させてストレッチングする。患者によっては前斜角筋の停止部が胸鎖乳突筋のすぐ下に位置していることもあるため、直接触れられない場合もある。

テンション・リラクゼーションテクニック：患者に5秒間、頭部をストレッチングする筋肉の方向に向かって屈曲するように力を入れさせ、それに対し術者が抵抗をかける。または患者に深く息を吸い込ませるようにしてもよい。それから徐々に力を抜くように指示し、力を抜いた状態で再びストレッチングする。

注意：起始の位置から考えると、ストレッチングを行うためには頚椎を同側に回旋させる方が理にかなうかもしれない。もし頚椎に十分な可動性があるのであれば、そのような方法でストレッチングを行っても構わない。しかしながら、頚椎の関節面がロックされ、可動域が制限される場合が多いため、この方法ではストレッチング効果が薄いとされている。

警告 根管狭窄や椎間板ヘルニア、変形性頚椎症などがある場合、頚椎を側屈させることによって、上肢に放散痛をきたすこともある。そのような場合はただちにストレッチングを中止すること。術者は自身の身体を使って患者の頭部を支える際、狭窄を助長する恐れがあるため、椎間板に圧迫をかけないよう注意する。

母指を用いてストレッチングをかける場合、筋肉の上方で圧をかけると頚動脈に障害をきたしたり、動脈硬化症を有する患者に循環器系の合併症をきたしたりする恐れがある。そのため圧をかける時は、筋肉の停止部のすぐ近くで圧をかけるようにすること。また、不整脈を引き起こす危険があるため、頚動脈への圧迫は避けること。

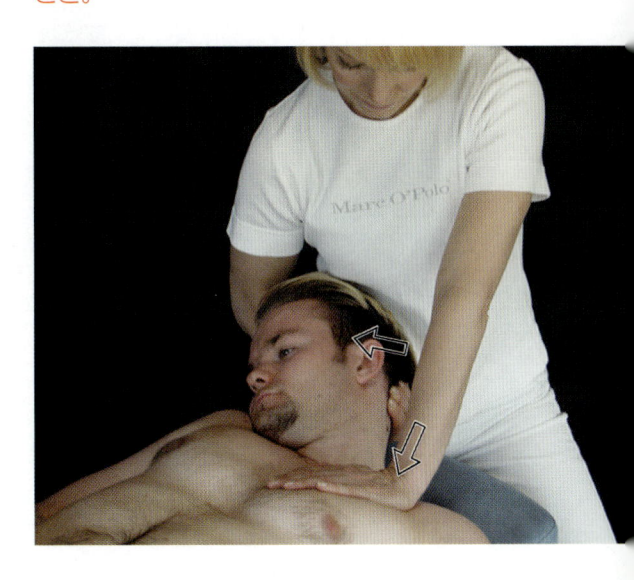

後斜角筋 （こうしゃかくきん） Scalenus posterior

神経支配：脊髄神経前枝（第6～第8頚神経）
起　始：第4～第7頚椎の横突起の前結節
停　止：第2肋骨の外側面
機　能：肋骨の引き上げ、頚椎の側屈（同側へ）、深吸気の補助

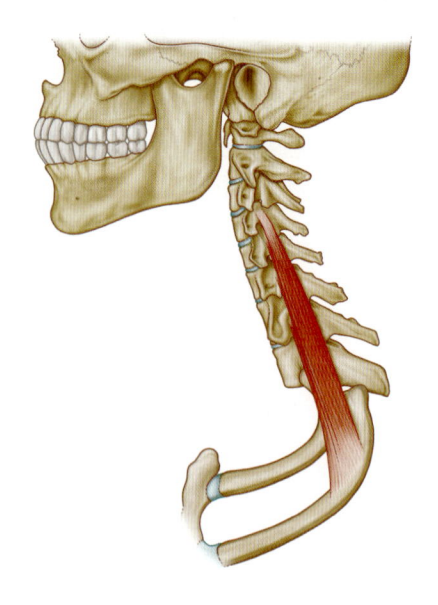

●ストレッチングテクニック

患者を背臥位にし、頭部、頚椎を前屈させ、ストレッチングしたい側と反対方向に少しだけ回旋、側屈させて筋肉に触れやすい状態にする。術者はより大きく回旋、側屈をさせながら、第4～第7頚椎あたりの筋肉を引っ張る。もう一方の手で第2肋骨を斜めに、下方、外側に向かって押す。その際、患者が息を吐ききった時にストレッチングをかけるようにする。

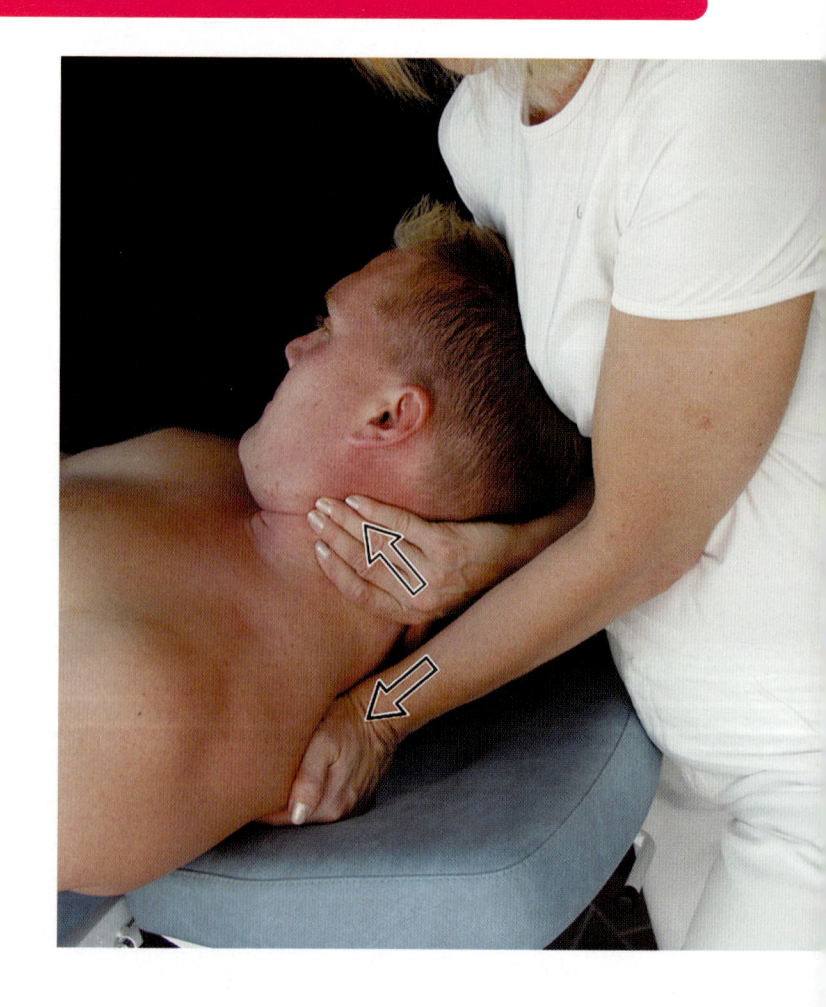

頸部の筋肉

最小斜角筋 （さいしょうしゃかくきん） scalenus minimus

患者の1/3にしか認められない筋肉で、多くの場合は、萎縮していたりする。

神経支配：脊髄神経前枝（第7～第8頸神経）
起　始：第6～第7頸椎の横突起の前結節
停　止：中斜角筋とともに第1肋骨、肺尖の胸膜
機　能：第1肋骨の引き上げ、胸膜の引き上げ、頸椎の側屈（同側へ）、深吸気の補助

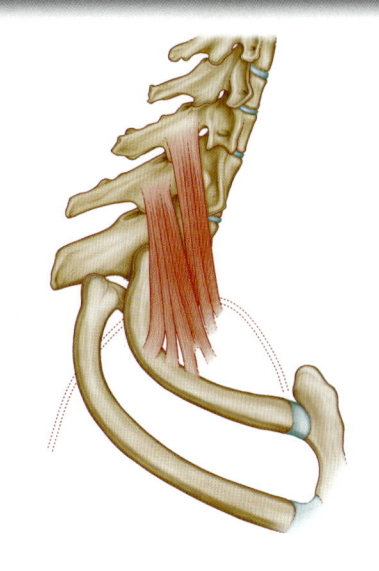

●ストレッチングテクニック

患者を腹臥位にし、頭部と頸椎を前屈させ、ストレッチングしたい側と反対方向に回旋、側屈させて筋肉に触れやすい状態にする。術者は小指球を筋肉に当て、第1、2肋骨の方向に向かって圧をかけ、同時にもう一方の手を第4～第7頸椎の椎体の側面に当てて、頸椎をより大きく回旋と側屈させるように引っ張り、ストレッチングする。その際、患者が息を吐ききった際にストレッチング行うようにすること。

テンション・リラクゼーションテクニック：患者に5秒間、頭部を筋肉のある方向に向かって屈曲するように力を入れさせ、それに対し術者が抵抗をかける、または患者に深く息を吸い込ませる。それから徐々に力を抜くように指示し、再びストレッチングをかけるようにする。

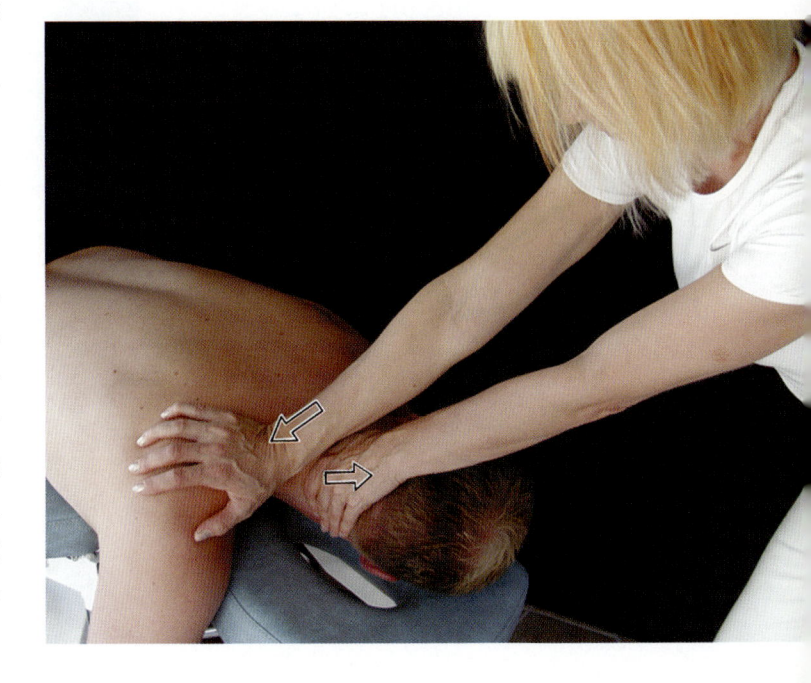

オトガイ舌骨筋 (おとがいぜっこつきん) Geniohyoid

神経支配：脊髄神経前枝（第1頚神経）
起　始：下顎骨の中央、前面および内面
停　止：舌骨体中央部
機　能：舌顎骨を下方に引き下げ、舌骨を前方に挙上

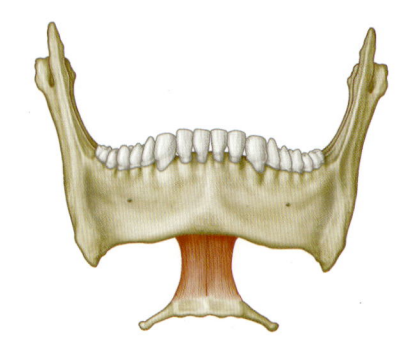

顎二腹筋 (がくにふくきん) 前腹 Digastric, Aterior belly

神経支配：顎舌骨筋神経（三叉神経が顎舌骨筋神経、下顎神経、下歯槽神経、顎舌骨筋神経へと分枝）
起　始：下顎骨体内面
停　止：中間腱を介し、横靱帯下の舌骨外側面
機　能：下顎骨を後下方に引き、舌骨を挙上

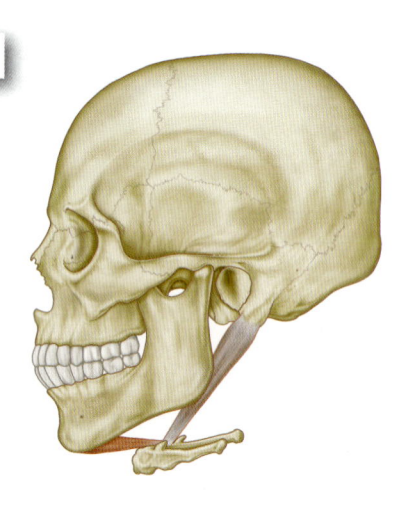

●ストレッチングテクニック

患者を背臥位にし、頚椎をやや後屈させる。指で顎の下を押し上げながら、もう一方の手の母指と示指で舌骨を下に引き下げてストレッチングする。

注意：頚動脈に圧を加えないようにすること。ストレッチングをかける際は、舌骨よりも下に触れないようにする。

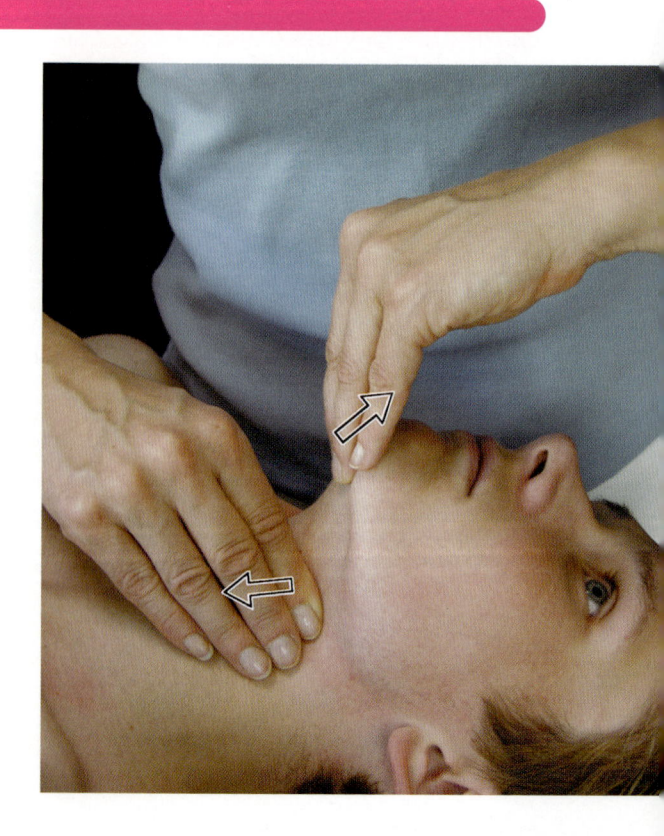

頚部の筋肉

顎舌骨筋 (がくぜっこつきん) Mylohyoid

神経支配：顎舌骨筋神経（三叉神経が顎舌骨筋神経、下顎神経、下歯槽神経、顎舌骨筋神経へと分枝）
起　始：下顎骨体内面
停　止：舌骨体中央部
機　能：下顎骨を後方に引き下げ、舌骨をやや前方に挙上

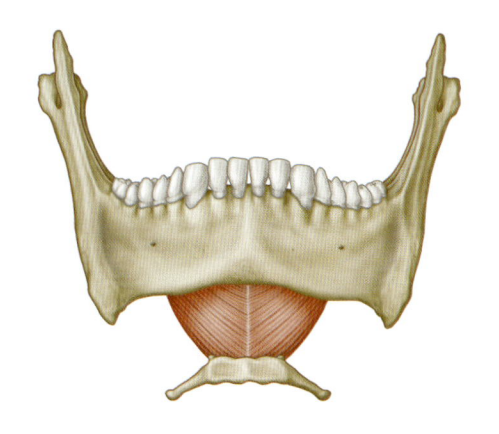

●ストレッチングテクニックA

患者を背臥位にし、頭部と頚椎をやや後屈させる。術者は筋肉の停止部に圧をかけ、後方に向かってストレッチングする。

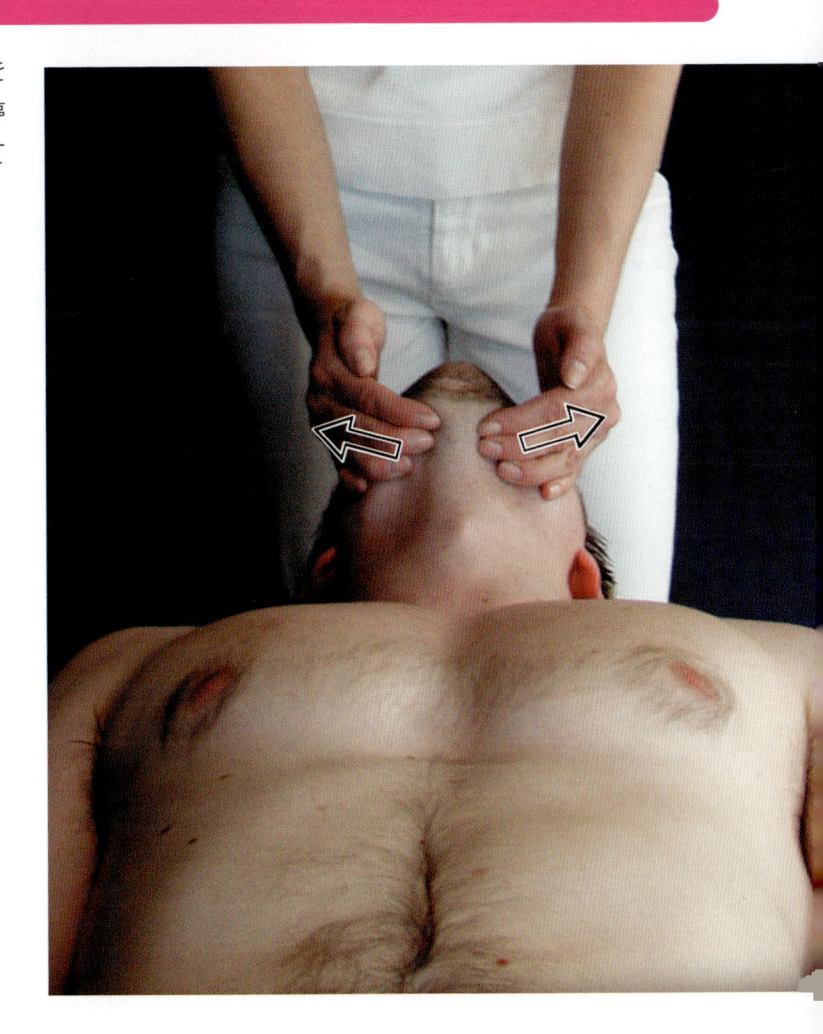

第2部　ストレッチングセラピー　テクニック編

●ストレッチングテクニックB

患者を背臥位にし、頭部と頚椎をやや後屈させながら側屈させる。術者は一方の指で下顎骨の起始部に圧をかけながら、もう一方の手の母指と示指を使って筋腹にストレッチングをかける。

注意：頚動脈に圧を加えないようにすること。ストレッチングをかける際は、舌骨よりも下に触れないようにする。

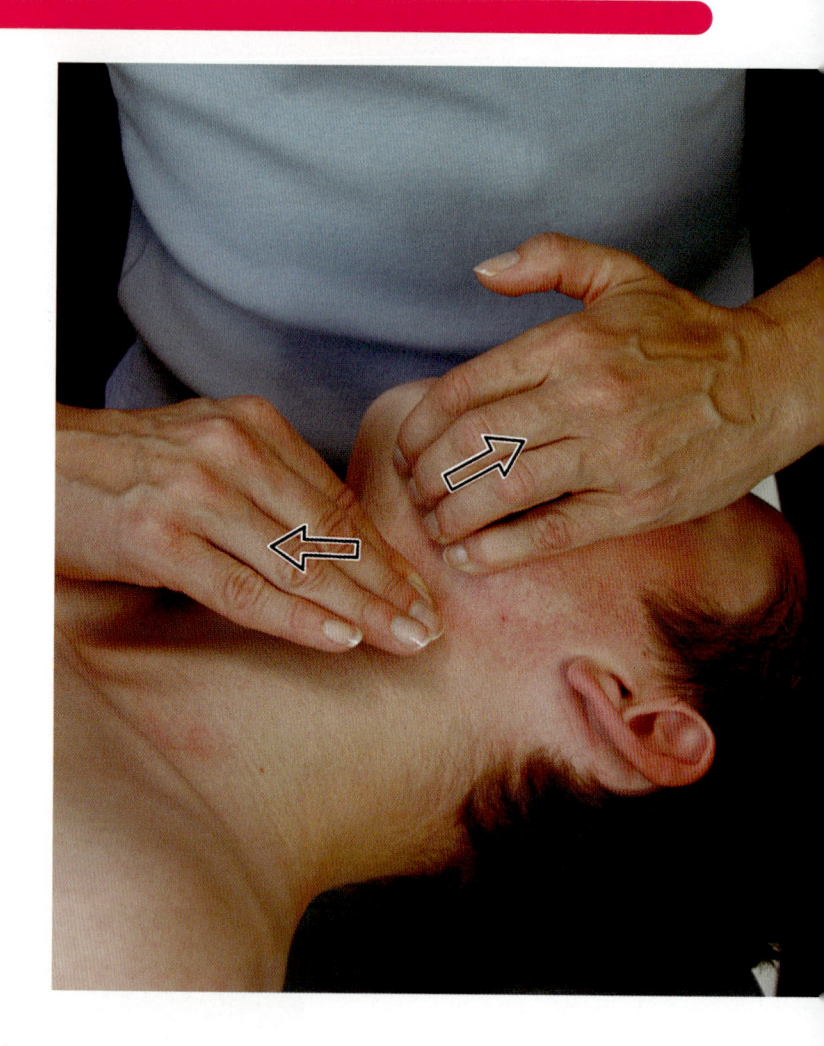

頚部の筋肉

顎二腹筋 (がくにふくきん) 後腹 Digastric, Posterior belly

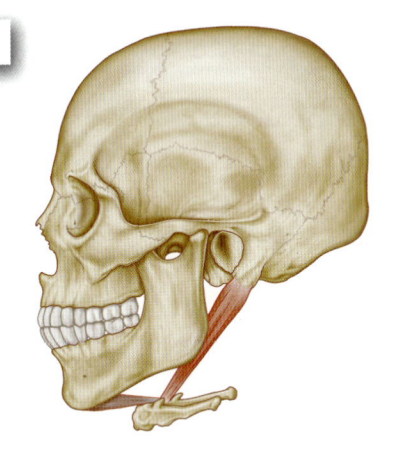

神経支配：顔面神経（脳神経Ⅶ）
起　始：側頭骨、乳様突起
停　止：中間腱を介し、横靱帯下の舌骨外側面
機　能：舌骨を挙上

茎突舌骨筋 (けいとつぜっこつきん) Stylohyoid

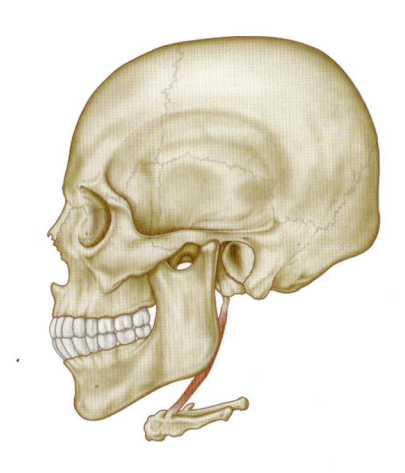

神経支配：顔面神経（脳神経Ⅶ）
起　始：側頭骨の茎状突起
停　止：舌骨の小角
機　能：舌骨を後方に挙上

●ストレッチングテクニック

患者を側臥位にし、頭部と頚椎をストレッチングしたい側と同じ方向に回旋させる。術者は母指で乳様突起を押さえ、もう一方の手の母指と示指で舌骨をつかむ。そして、その両手が離れるように動かしながら筋肉にストレッチングをかける。

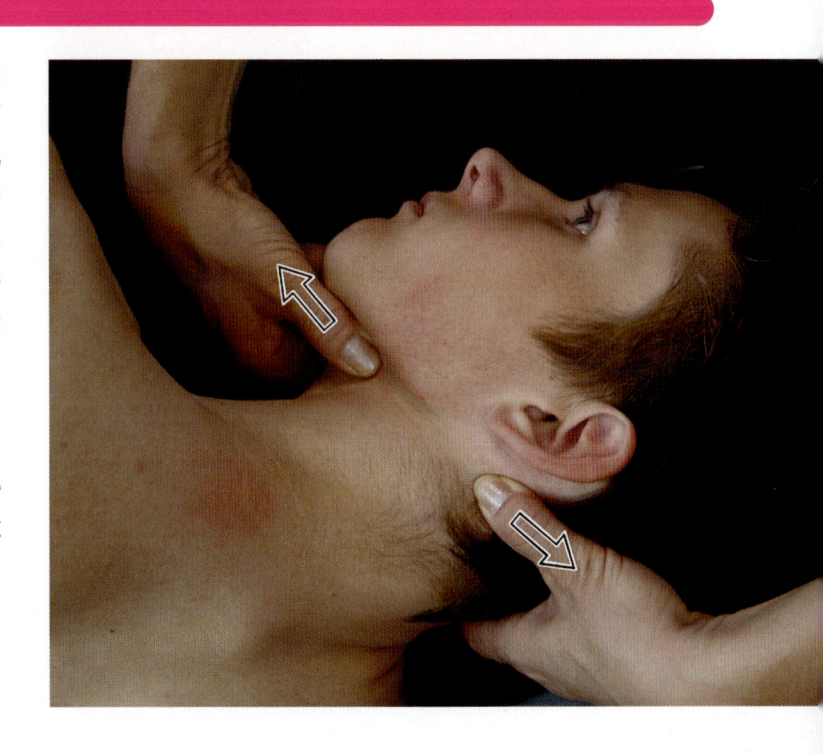

注意：頚動脈に圧を加えないようにすること。ストレッチングをかける際は、舌骨よりも下に触れないようにすること。

肩甲舌骨筋 （けんこうぜっこつきん） Omohyoid

神経支配：脊髄神経前枝（第1～第3頚神経）
起　始：肩甲切痕の内側
停　止：舌骨体の下縁部外側
機　能：舌骨を下方に引く

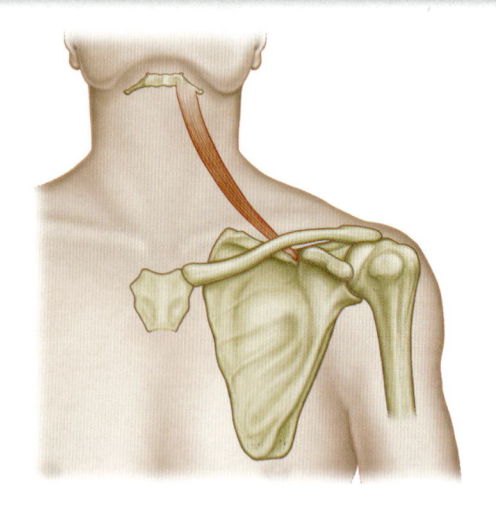

●ストレッチングテクニック

患者を背臥位にし、頭部と頚椎を前屈させながらストレッチングしたい側と反対方向に最大限に側屈、回旋させる。術者は母指球で肩甲骨にある筋肉の起始に圧をかける。もう一方の手の指を使って停止部である舌骨を挙上させて、ストレッチングする。

注意：頚動脈に圧を加えないようにすること。ストレッチングをかける際は、舌骨よりも下に触れないようにすること。

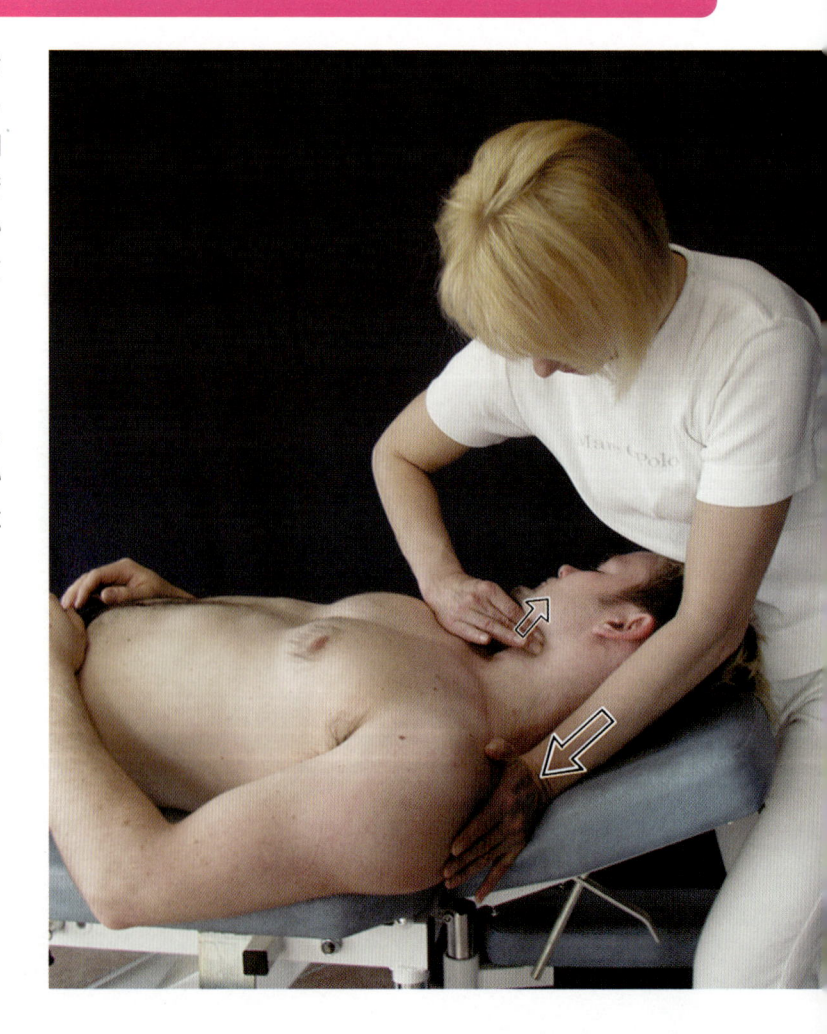

頚部の筋肉

胸骨舌骨筋 (きょうこつぜっこつきん) Sternohyoid

神経支配：脊髄神経前枝（第1～第3頚神経）、頚神経叢
起　始：胸骨柄の上縁や後面、鎖骨の内縁
停　止：舌骨体の下縁内側部
機　能：舌骨を下方に引く

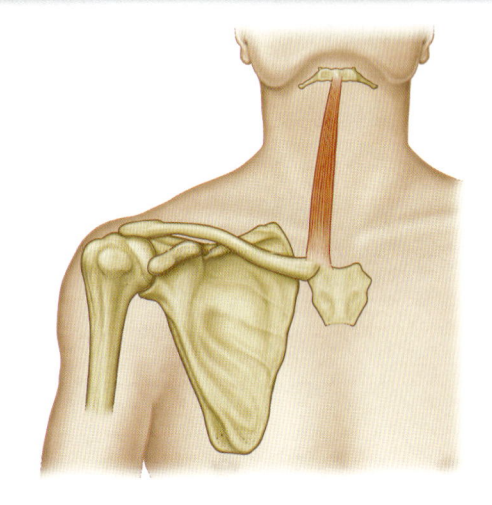

●ストレッチングテクニック

患者を背臥位にし、頭部と頚椎をやや後屈させる。術者は小指球で起始部である胸骨に圧をかけ、もう一方の手の指で舌骨をつかんで挙上させる。その際、押す方向が反対になるため、術者の前腕はクロスした状態になる。

注意：椎骨動脈を圧迫する危険があるため、頚椎を過度に伸展させないように気をつける。また、頚動脈に圧を加えないようにし、ストレッチングをかける際は、舌骨よりも下に触れないようにすること。

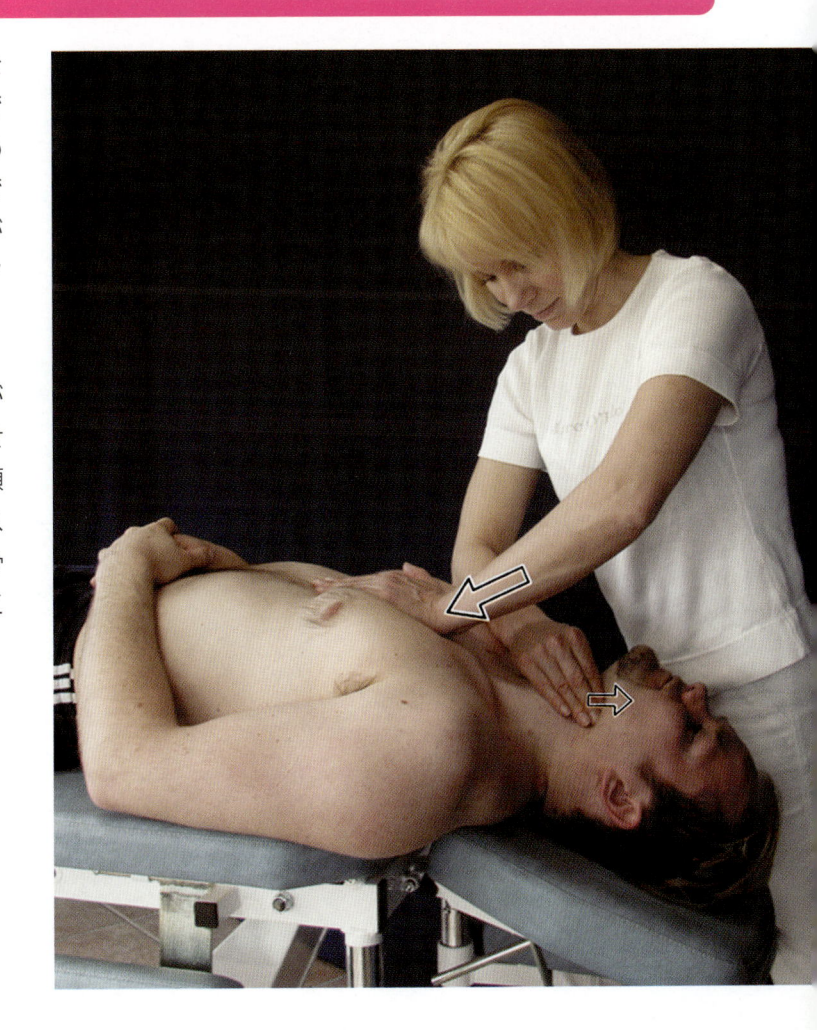

甲状舌骨筋 （こうじょうぜっこつきん） **Thyrohyoid**

神経支配：脊髄神経前枝（第1頚神経）
起　始：甲状軟骨斜線
停　止：舌骨大角
機　能：舌骨と甲状軟骨を互いに近づける

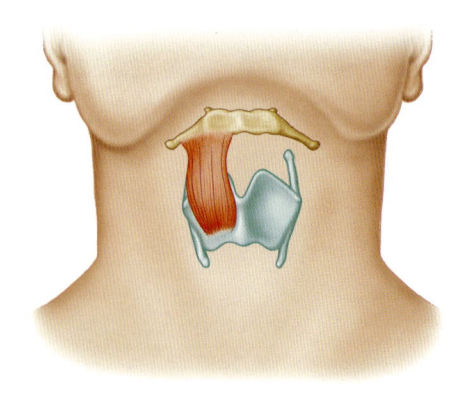

●ストレッチングテクニック

患者を背臥位にし、頭部と頚椎をやや後屈させる。術者は両手の指を使って、舌骨と甲状軟骨をつかみ、互いを引き離すようにしてストレッチングする。

注意：椎骨動脈を圧迫する危険があるため、頚椎を過度に伸展させないように気をつける。また、頚動脈に圧を加えないようにし、ストレッチングをかける際は、舌骨よりも下に触れないようにすること。

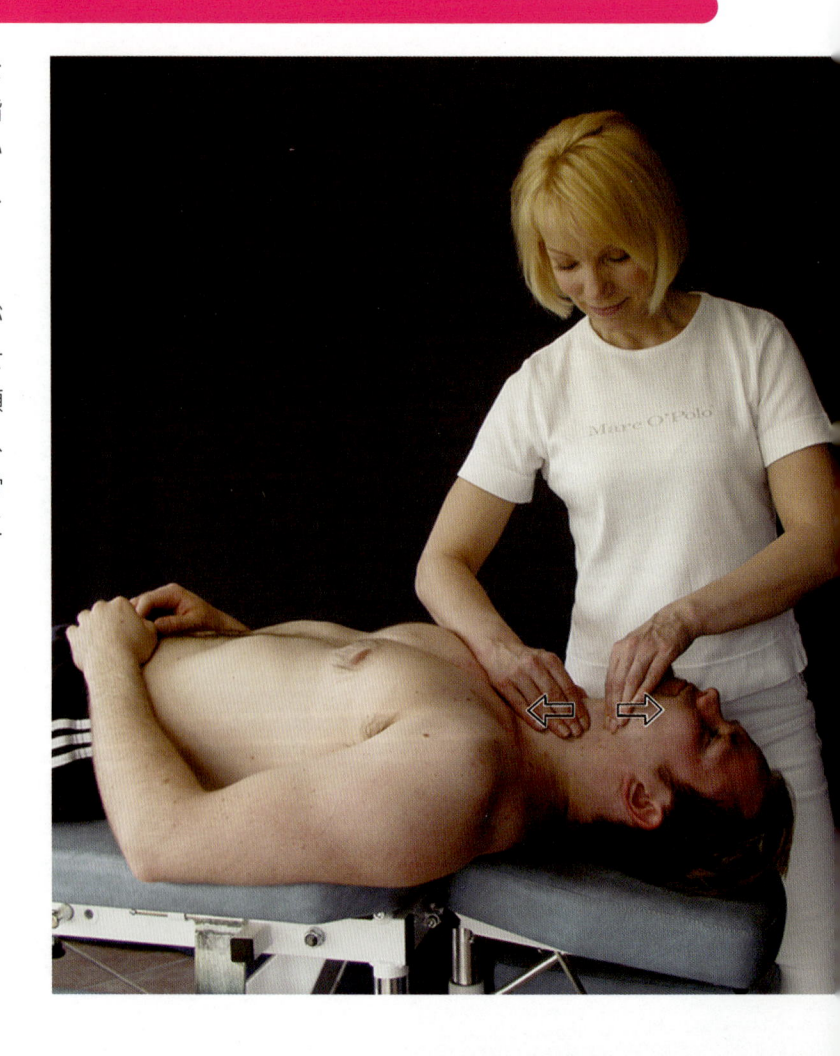

頚部の筋肉

胸骨甲状筋 (きょうこつこうじょうきん) Sternothyroid

神経支配：脊髄神経前枝（第1〜第3頚神経）
起　始：胸骨柄、第1肋軟骨の後面
停　止：甲状軟骨
機　能：甲状腺を下方に引く

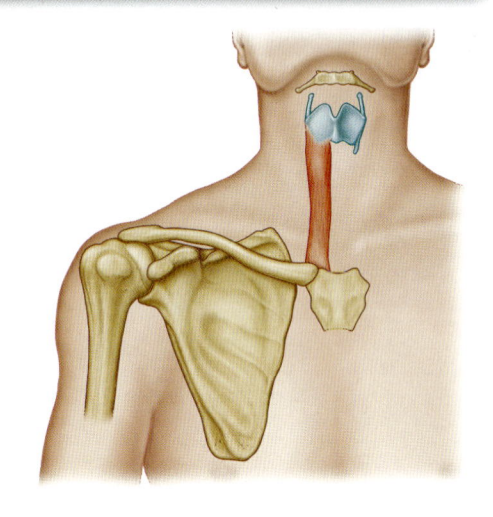

●ストレッチングテクニック

患者を背臥位にし、術者は母指球を使って胸骨を下方に押す。もう一方の手の指で停止部である甲状軟骨をつかみ、上方に向かってストレッチングをかける。

注意：頚動脈に圧を加えないようにすること。甲状軟骨よりも外側に圧を加えないように、つかむ幅を広くしないように気をつける。

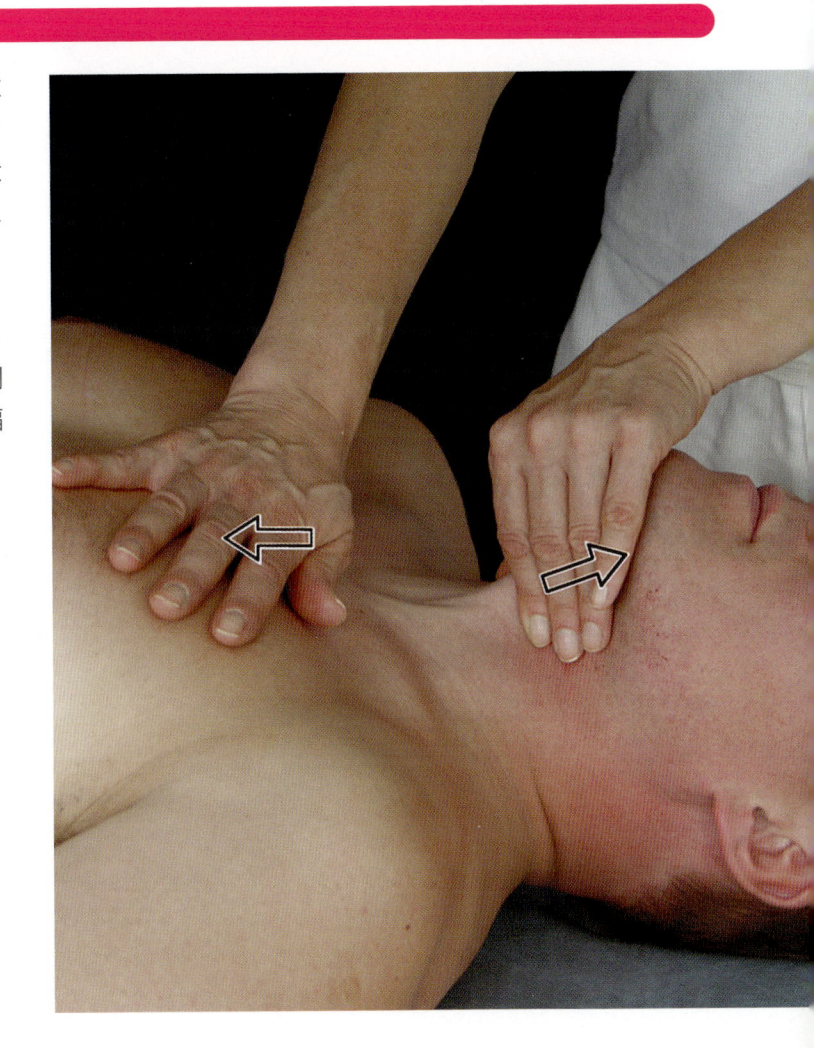

頭長筋 （とうちょうきん）Longus Capitis

神経支配：脊髄神経前枝（第１〜第４頚神経）
起　始：第３〜第６頚椎の横突起の前結節
停　止：後頭骨底部の下面、大後頭孔の前方
機　能：頭部と頚椎の前屈、側屈

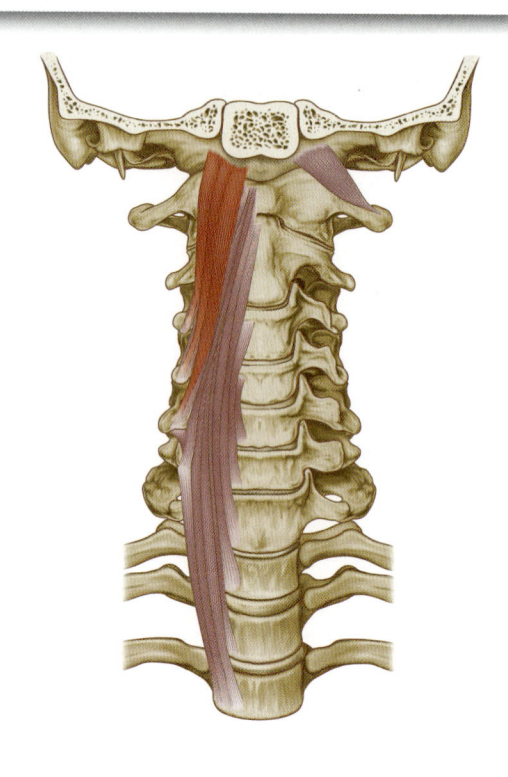

頚長筋 （けいちょうきん）Longus Colli

神経支配：脊髄神経前枝（第２〜第７頚神経）
起　始：a) 上斜部：第３〜第５頚椎の横突起前結節
　　　　　b) 垂直部：第５〜第７頚椎、第１〜第３胸椎の椎体
　　　　　c) 下斜部：第１〜第３胸椎の椎体

停　止：a) 上斜部：環椎の前結節
　　　　　b) 垂直部：第２〜第４頚椎の椎体
　　　　　c) 下斜部：第５〜第６頚椎の横突起

機　能：頭部と頚椎の前屈、同側への側屈、反側への回旋

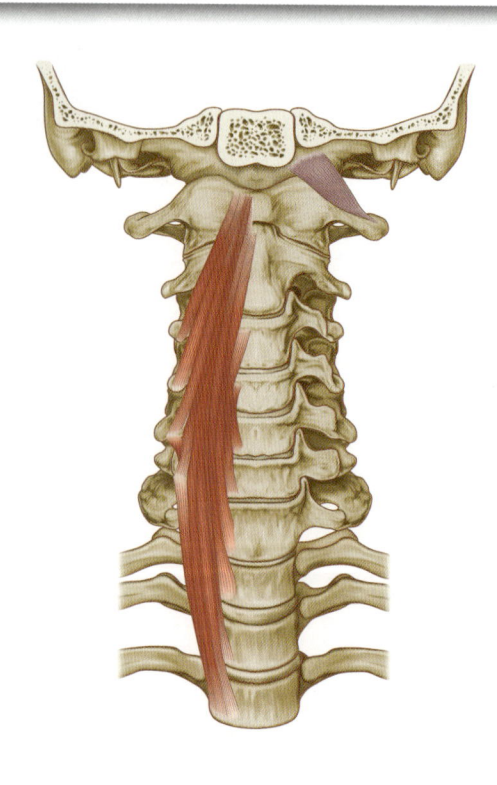

頸部の筋肉

前頭直筋 （ぜんとうちょくきん） Rectus Capitis Anterior

神経支配：脊髄神経前枝（第1～第2頸神経）
起　　始：環椎の外側
停　　止：後頭骨の底部、大後頭孔の前方
機　　能：頭部の前屈

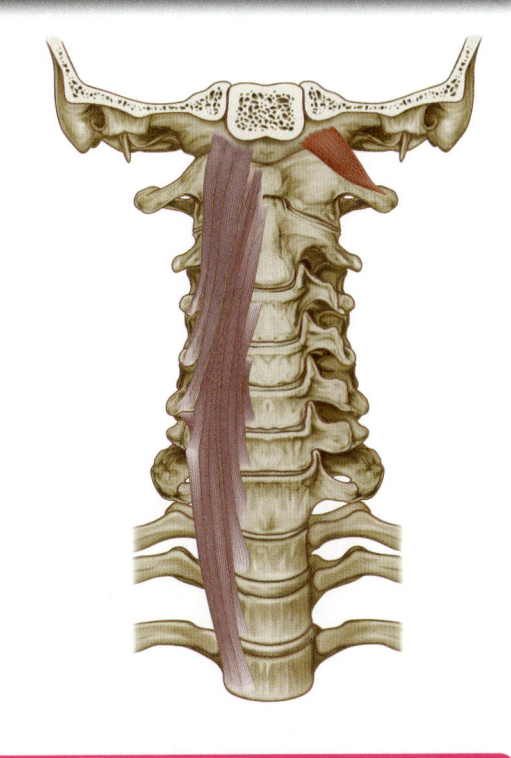

●ストレッチングテクニック

患者を背臥位にし、術者は頸椎を後屈させてストレッチングする。しかしながら、これらの筋肉に直接触れることは困難であると同時に、頸椎の可動域には制限があることから、これらの筋肉に効果的なストレッチングはできない。行うとすればこのようなかたちになるが、あまりこのストレッチングを行うことは薦められない。

注意：頸部に痛みを伴う例では、頸椎の前方にある浅部筋肉が緊張しているにも関わらず、深部筋肉は弱く、短縮している場合が多い。

警告 椎骨動脈を圧迫する危険性があるため、頸椎を過度に伸展させないように気をつける。特に動脈硬化を有する高齢者においてはリスクが高い。また、若年者により多く見られる、動脈瘤の危険についても注意をすること。

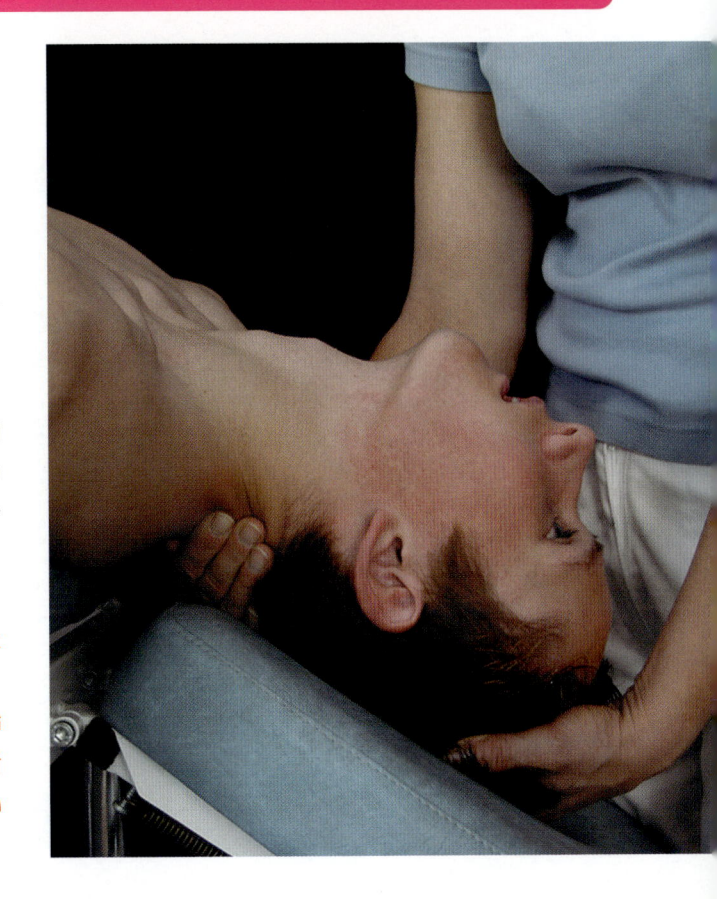

僧帽筋（そうぼうきん）上部 Trapezius（Superior descending part）

神経支配：副神経（脳神経XI）、第2〜第4頸神経
起　始：後頭骨の上項線、外後頭隆起、項靱帯
停　止：鎖骨外側1/3、肩甲棘
機　能：肩甲骨の固定、挙上、後退、上方回旋。頭部と頸椎の側屈。深吸気時の補助

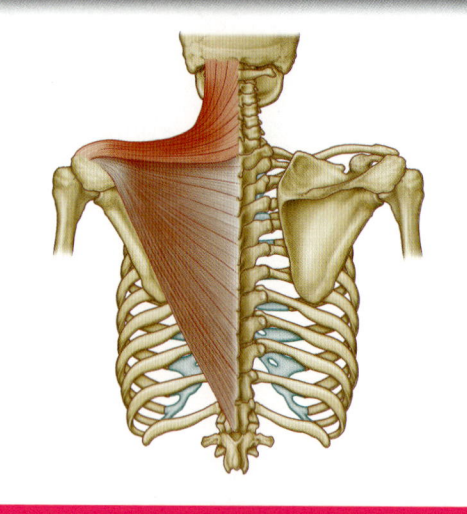

●ストレッチングテクニックA

患者を背臥位にし、術者はやや前屈させた状態で患者の頭部を支える。母指球を用いて停止部に向かって、筋腹にストレッチングをかけながら、もう一方の手と身体を使って患者の頭部と頸椎を反対側に屈曲させる。

テンション・リラクゼーションテクニック：患者に5秒間、肩を挙上するように力を入れさせ、それに対し術者が抵抗をかける。そして患者にゆっくりと力を抜くように指示し、より大きなストレッチングをかけていく。

注意1：頸椎の椎間関節がロックしないようにするため、側屈する際、頭部と頸椎を同側に回旋させるようにしてもよい。

注意2：手を起始と停止部に固定し、術者の身体を動かしてストレッチングするほうが、手だけの力でストレッチングを行うよりも、より楽に効果のあるストレッチングを行うことができる。

注意3：頸椎上部の屈曲によって生じる過度のストレスを防ぐために、手で頸椎の上部を支えるようにする。特にハイパーモビリティーを有する患者に対しては、重要なポイントである。

警告 頸椎の椎間板に圧迫が加わってしまうため、術者は患者の頭部にもたれかかってはならない。

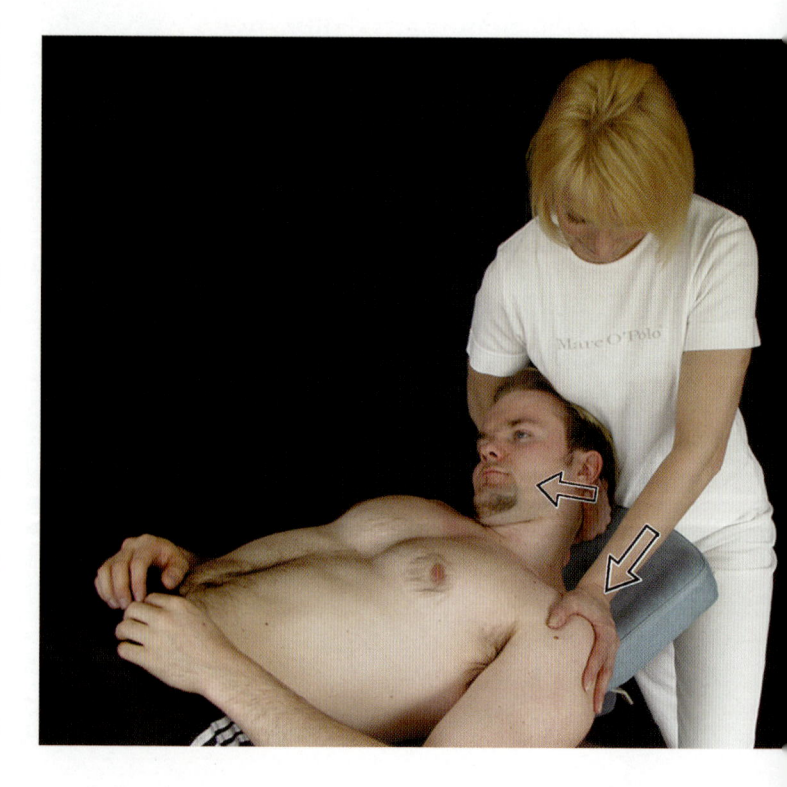

頚部の筋肉

●ストレッチングテクニックB

患者を側臥位にし、ストレッチングする筋肉と反対の方向に頭部と頚椎を側屈させる。術者の前腕で患者の上腕を下から包み込んだ状態で、肩甲骨棘をつかみ、下方に引く。同時に、もう一方の手の母指と第1中手骨を用いて、筋線維を起始部に向かってストレッチングする。

注意：横突起や棘突起に直接圧をかけてしまうと、痛みを生じさせるだけでなく、筋肉にダメージを与えることとなるため注意する。圧は、椎間関節の方向に向かってかけるようにする。

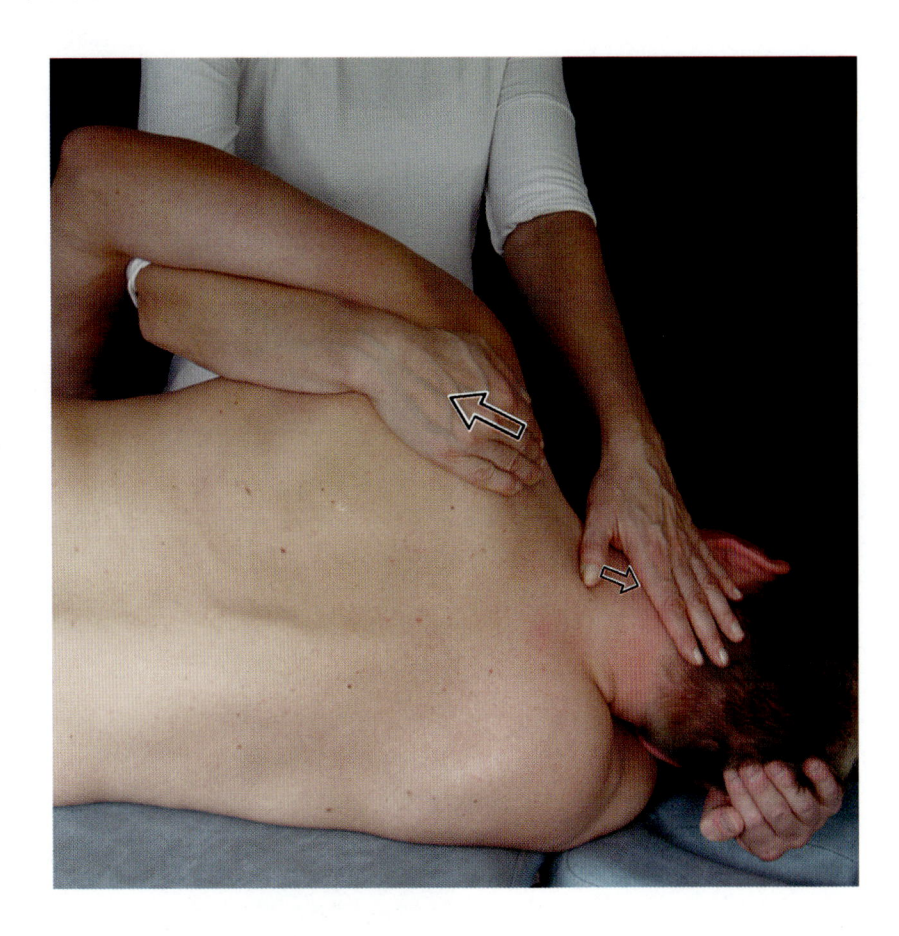

肩甲挙筋 (けんこうきょきん) Levator scapulae

神経支配：肩甲背神経（第3～第5頚神経）
起　始：第1～4頚椎の横突起
停　止：肩甲骨上角と肩甲骨内側縁上部
機　能：頚椎の伸展と側屈、肩甲骨の前方突出、挙上

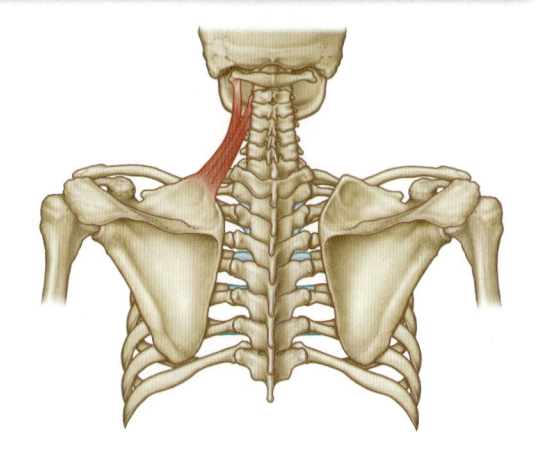

●ストレッチングテクニックA

患者を側臥位にし、患者の上腕を術者の前腕の上に載せる。術者は肩甲骨の上内角をつかみ、下方に向かって押しながら、もう一方の手の母指球を用いて頚椎を反対方向に向かって回旋、側屈させてストレッチングする。

テンション・リラクゼーションテクニック：患者に5秒間、頭部を持ち上げるように力を入れさせ、それに対し術者が抵抗をかける。そして患者にゆっくりと力を抜くように指示し、より大きくストレッチングを行う。

注意：側屈と反対方向に回旋させてしまうと、ストレッチングの効果が薄れてしまうため、側屈と回旋は必ず同じ方向にさせること。

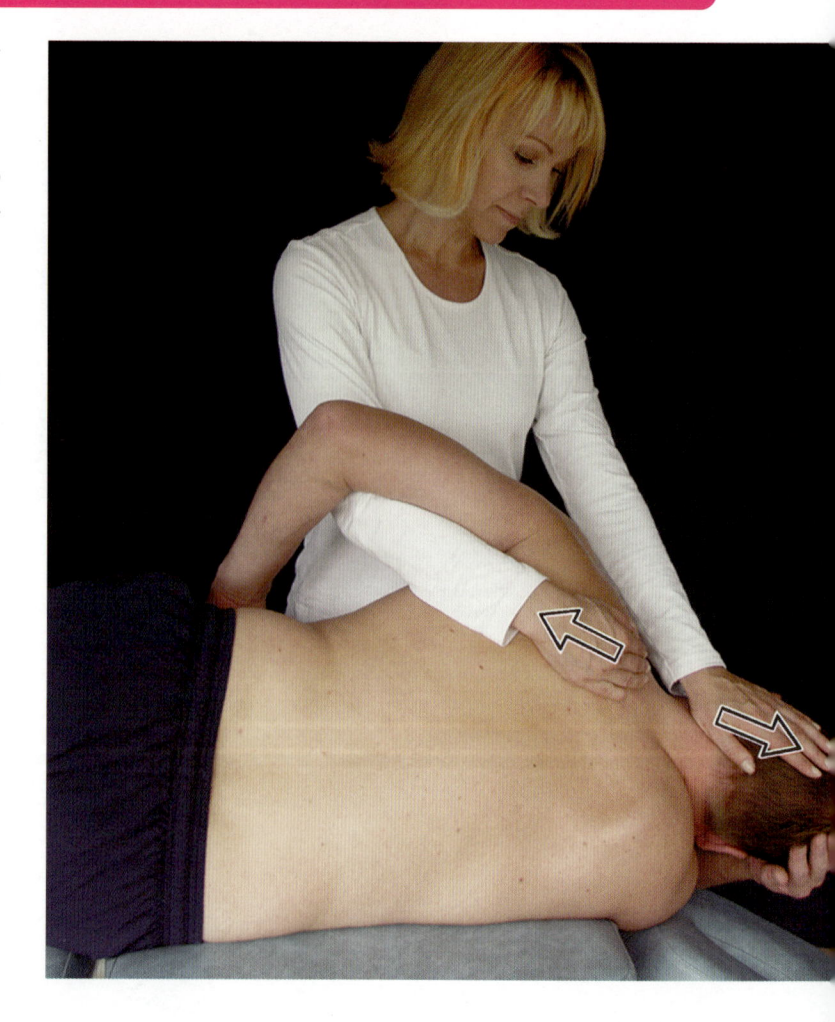

頚部の筋肉

●ストレッチングテクニックB

患者を背臥位にし、前屈させた頭部を術者の身体で支える。術者は身体を前に倒しながら、もう一方の手の母指球を使って、筋の停止部である肩甲骨の上角に向かって押し、第1〜4頚椎を同じ方向に回旋・側屈させてストレッチングする。

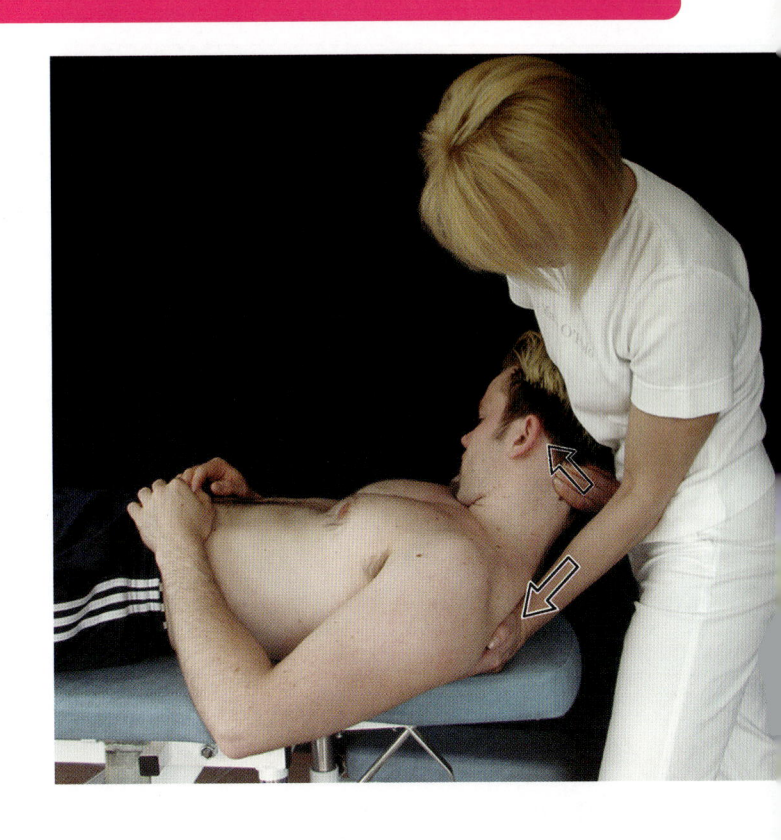

●ストレッチングテクニックC

患者を腹臥位にし、筋肉の停止部が下方回旋するように、腕を患者の頭部より上に挙げる。術者は小指球を使って筋肉の停止部である肩甲骨の上角を外・下方向に押しながら、もう一方の手で頚椎が側屈・回旋するように斜めに押す。術者の前腕が交差した状態でストレッチングを行う。

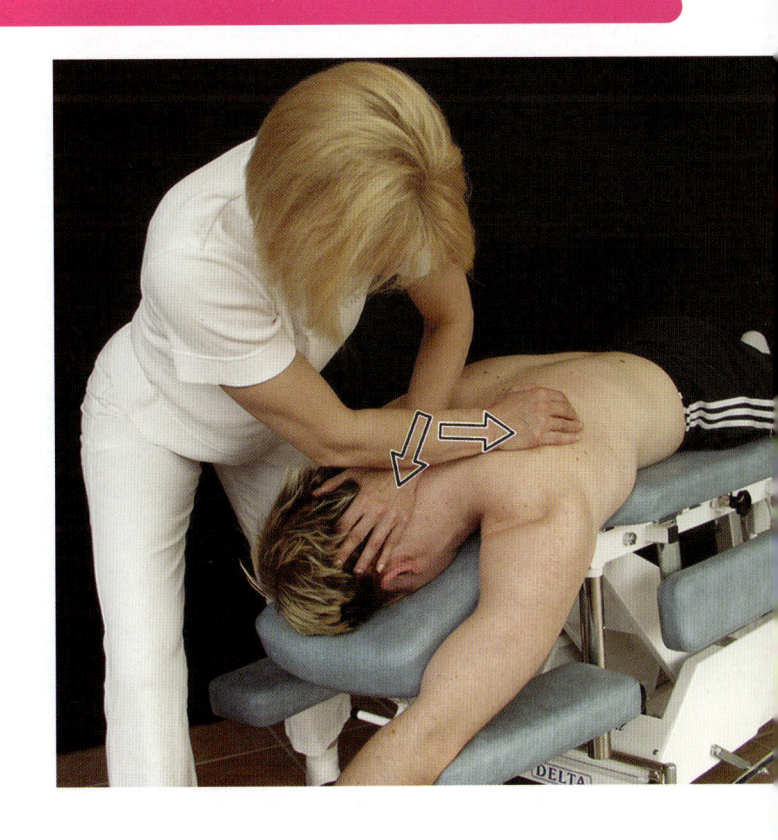

頭板状筋 （とうばんじょうきん） Splenius Capitis

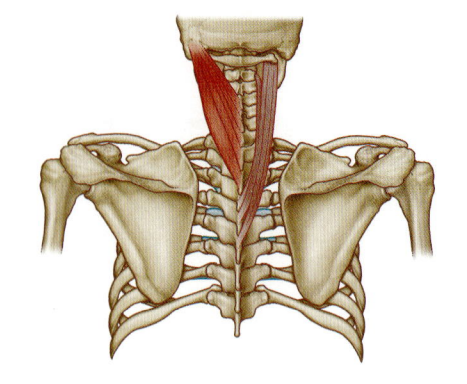

神経支配：脊髄神経後枝（第3〜第5頚神経）
起　始：第7頚椎、第1〜第3胸椎の棘突起、項靱帯の下方
停　止：側頭骨の乳様突起
機　能：頭部と頚椎の回旋、伸展

頭最長筋 （とうさいちょうきん） Longissimus capitis

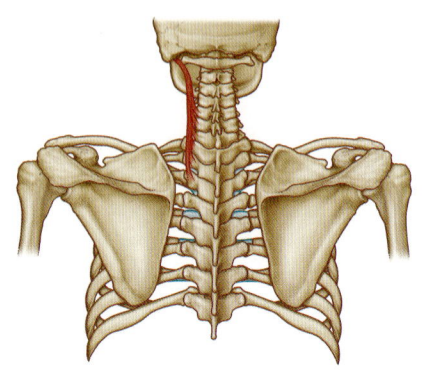

神経支配：脊髄神経後枝（第2〜第7頚神経、第1〜第4胸神経）
起　始：第5〜7頚椎の関節突起、第1〜3（5）胸椎の横突起
停　止：乳様突起
機　能：頭部と頚椎の伸展、側屈、回旋

●ストレッチングテクニック

患者を背臥位にし、頭部をやや前屈させ、ストレッチングしたい筋肉と反対方向に側屈させる。術者は母指球を使って第5〜第7頚椎の横に圧をかけ、脊柱から離れるように斜め下方に向かって第1〜3胸椎の位置まで手を動かす。もう一方の手で、乳様突起と後頭骨を包み込むように持ち、頭部底面を引いて頭部をより側屈・回旋させてストレッチングを行う。

テンション・リラクゼーションテクニック：患者に5秒間、術者の前腕に対して頭部を回旋するように力を入れさせ、それに対し術者が抵抗をかける。そして患者にゆっくりと力を抜くように指示し、より大きなストレッチングを行う。

注意：頭板状筋は頚部後側面において、最も強く頚部を回旋させる筋肉である。そのため、患者に頚部を回旋させるときは、2割程度の力でさせるようにし、最大限の力で回旋させないようにする。

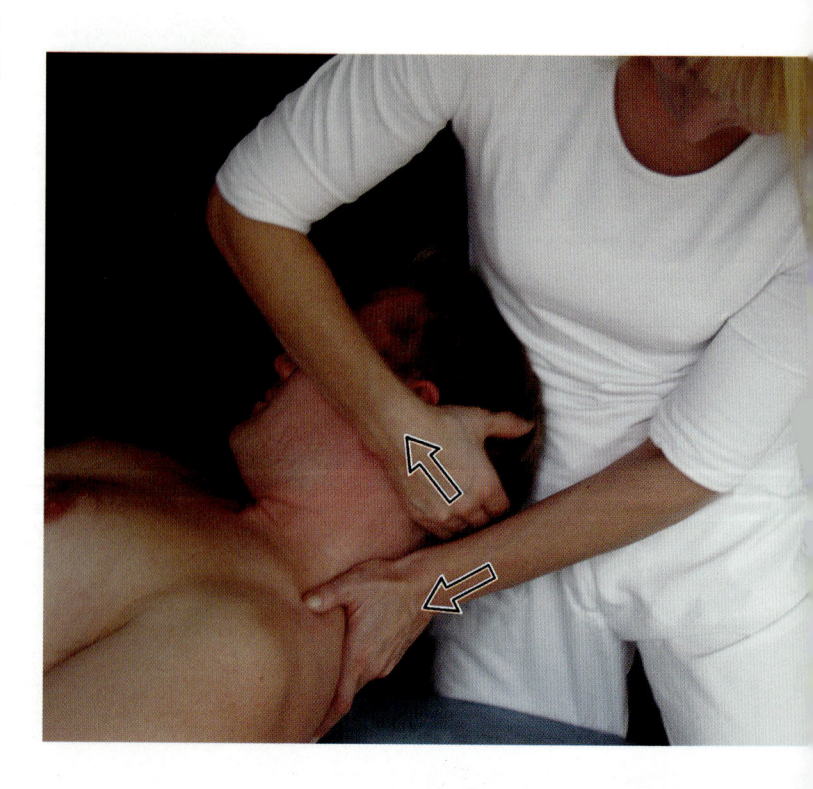

頚部の筋肉

頚板状筋 (けいばんじょうきん) Splenius cervicis

神経支配：脊髄神経後枝（第5～第7頚神経）
起　始：第3～6胸椎の棘突起
停　止：第1～2（3）頚椎の横突起
機　能：頚椎の伸展、側屈、回旋

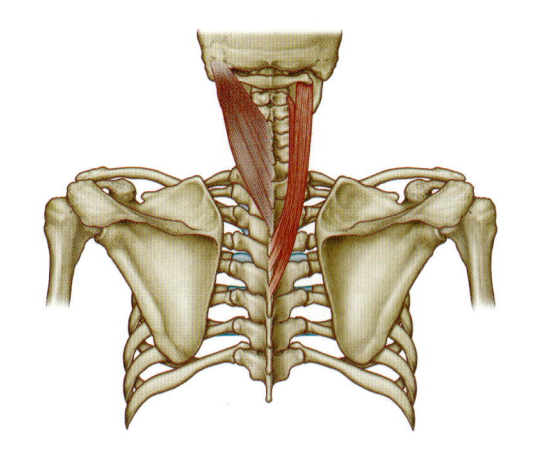

●ストレッチングテクニック

患者を腹臥位にし、頭部をやや前屈させた状態からストレッチングしたい筋肉と反対側の方向に側屈、回旋させる。術者は第1頚椎と第2頚椎をつつむように持ち、上方に引き上げるようにしながら、より大きく頚椎を回旋、側屈させる。同時にもう一方の手の母指球を使って第3～第6胸椎の横突起に下方に向かって圧をかけ、ストレッチングを行う。

テンション・リラクゼーションテクニック：患者に5秒間、術者の前腕に対して頭部を回旋するように力を入れさせ、それに対し術者が抵抗をかける。そして患者にゆっくりと力を抜くように指示し、より大きなストレッチングをかける。

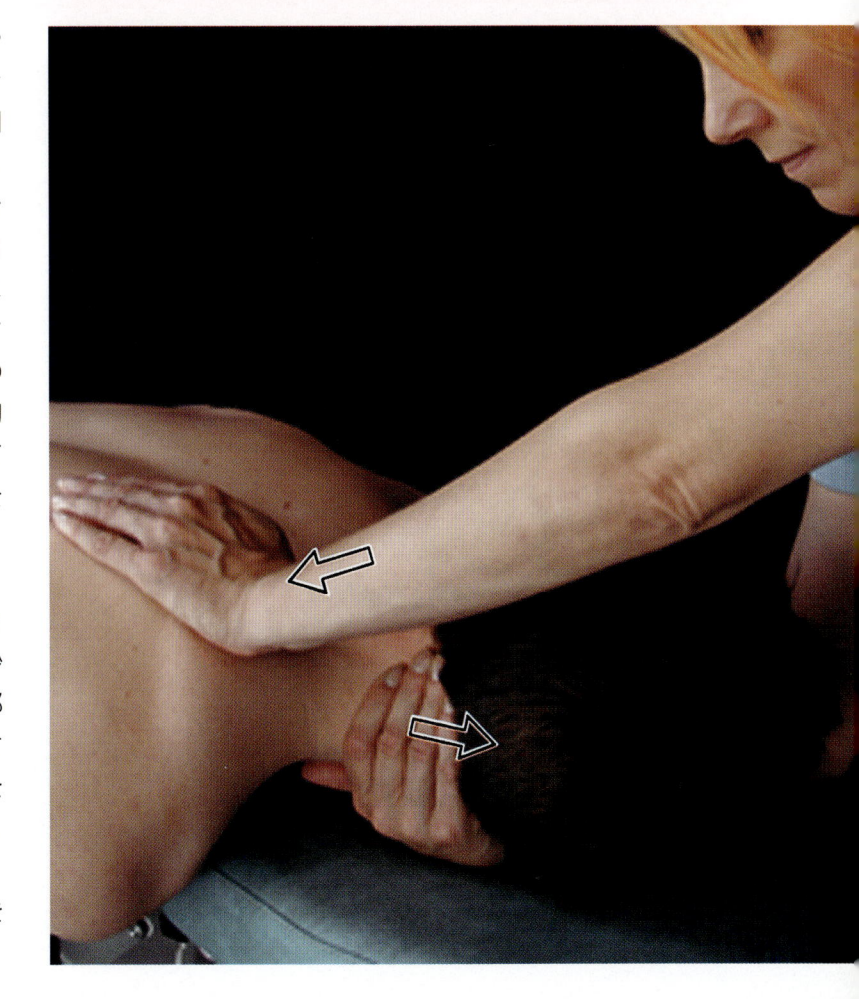

頸腸肋筋 （けいちょうろくきん） Iliocostalis cervicis

神経支配：脊髄神経後枝（第4〜第6頸神経）
起　始：第3〜第6肋骨
停　止：第4〜第6頸椎横の突起
機　能：頸椎の伸展、側屈、回旋

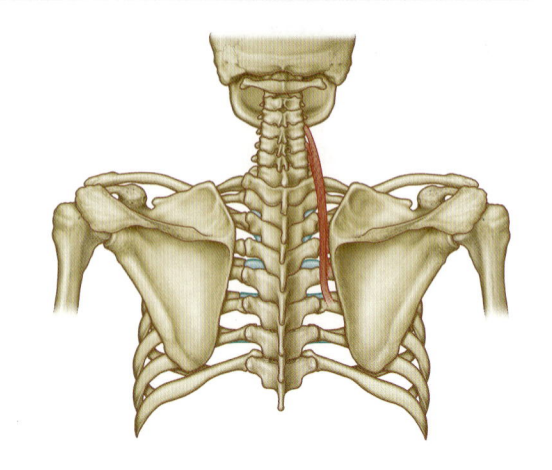

●ストレッチングテクニック

患者を腹臥位にし、頭部をやや前屈させた状態からストレッチングしたい筋肉と反対側の方向に側屈、回旋させる。術者は小指球を使って第4〜6頸椎の棘突起の横に圧をかけ、頭部をより大きく側屈、回旋させる。もう一方の手の小指球を使って、頸椎から離れるように斜めに第3〜6肋骨を押す。術者の前腕が交差した状態でストレッチングを行う。

テンション・リラクゼーションテクニック：患者に5秒間、頭部を伸展するように力を入れさせ、それに対し術者が抵抗をかける。そして患者にゆっくりと力を抜くように指示し、より大きなストレッチングをかける。

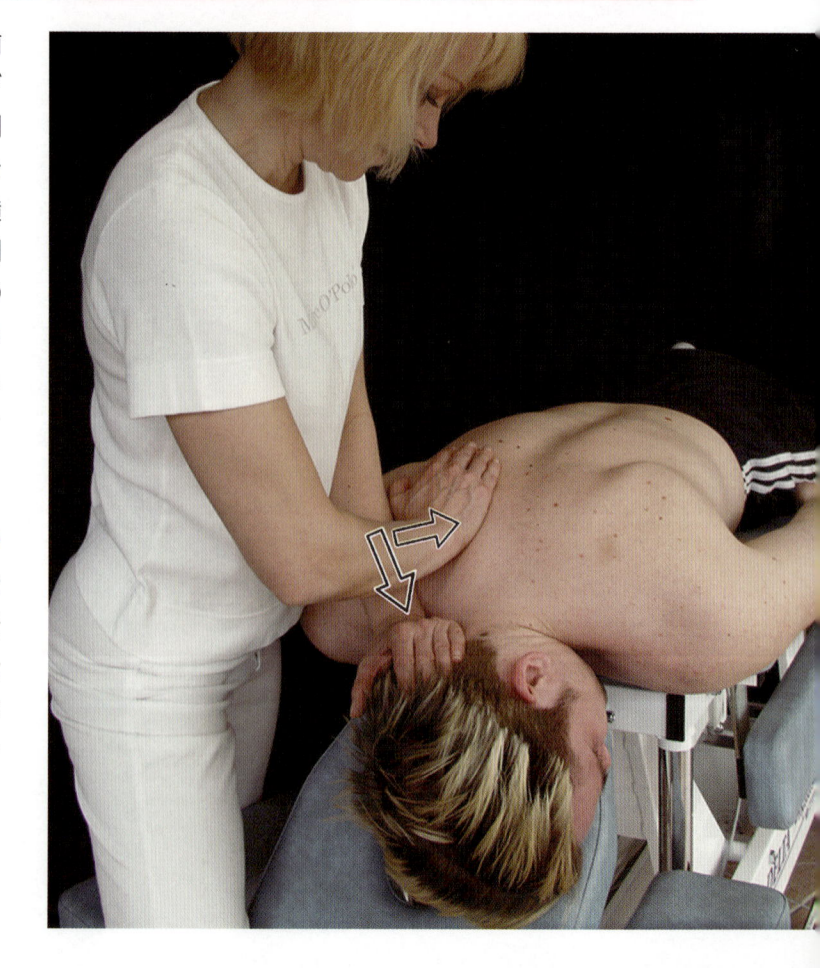

頚部の筋肉

頚最長筋 （けいさいちょうきん） Longissimus cervicis

神経支配：脊髄神経後枝（第4～第6頚神経、第1～第5胸神経）
起　始：第1～第5（6）胸椎の横突起
停　止：第2～第5（6）頚椎の横突起
機　能：頚椎の伸展、側屈、回旋

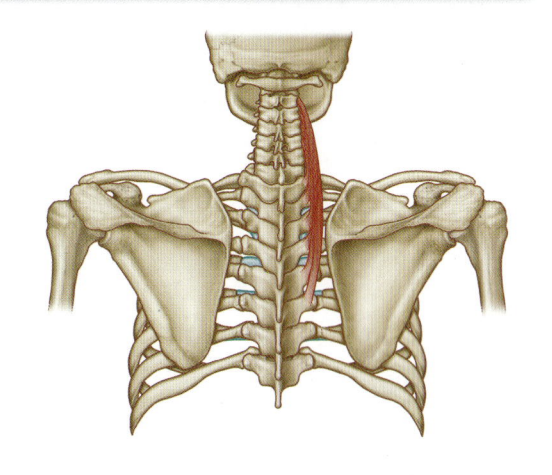

●ストレッチングテクニック

患者を腹臥位にし、頭部をやや前屈させた状態からストレッチングしたい筋肉と反対側の方向に側屈、回旋させる。術者は母指球を使って、第2～5頚椎の棘突起の横に手を置き、頚部を回旋させた方向と同じ方向に、斜めに圧をかける。もう一方の手を第1～6胸椎の棘突起の横に置き、頚椎から離れるよう斜めに押す。術者の前腕が交差した状態でストレッチングを行う。

テンション・リラクゼーションテクニック：患者に5秒間、頭部を伸展するように力を入れさせ、それに対し術者が抵抗をかける。そして患者にゆっくりと力を抜くように指示し、より大きなストレッチングを行う。

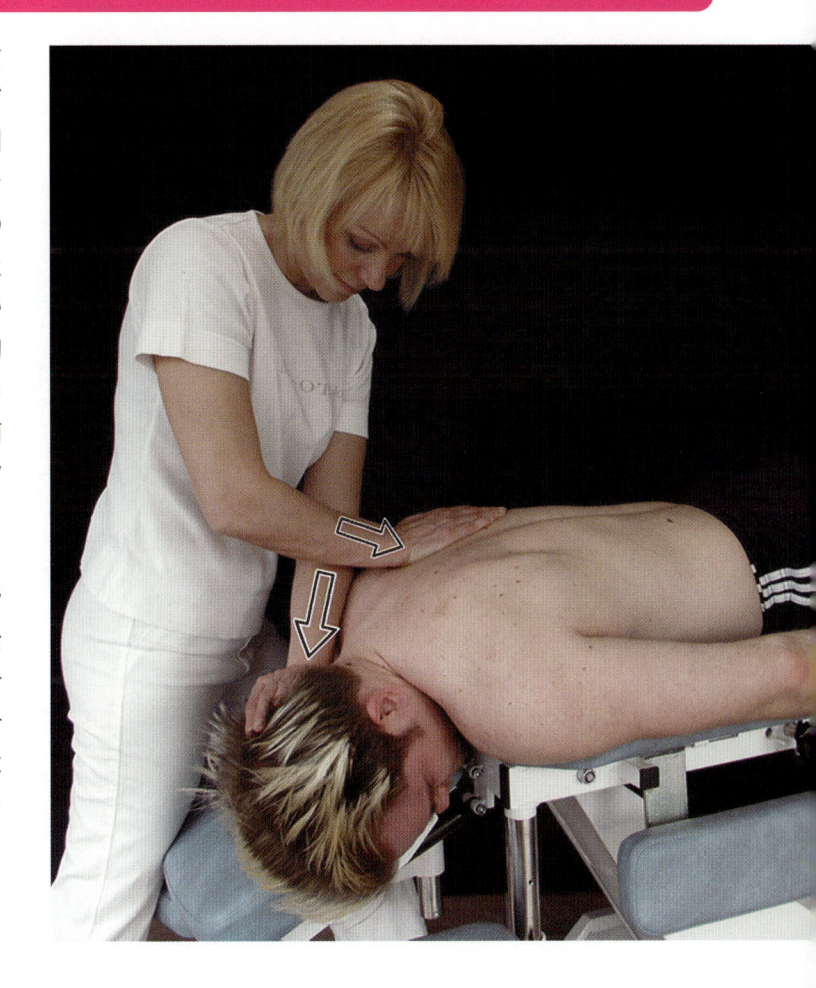

頭棘筋 (とうきょくきん) Spinalis capitis

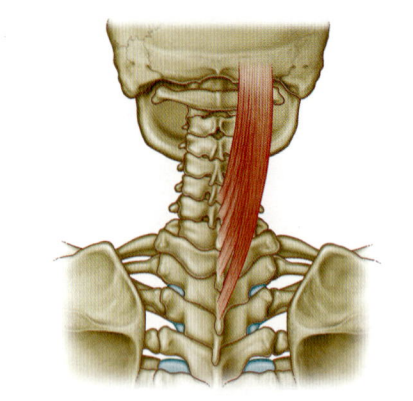

神経支配：脊髄神経後枝（第2～第6頚神経、第1胸神経）
起　始：第6頚椎、第1～第2胸椎、棘突起
停　止：後頭骨底面
機　能：頭部および頚椎の伸展、側屈、回旋

頭半棘筋 (とうはんきょくきん) Semispinalis capitis

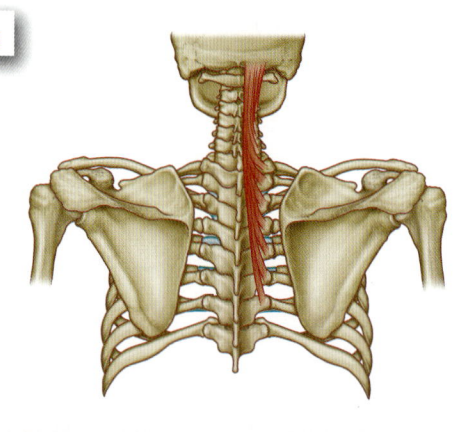

神経支配：脊髄神経後枝（第1～第6頚神経）
起　始：第1～第4（7）胸椎および、第3～第7頚椎関節突起
停　止：上項線と下項線の間の後頭骨
機　能：頭部の伸展、側屈、回旋

●ストレッチングテクニック

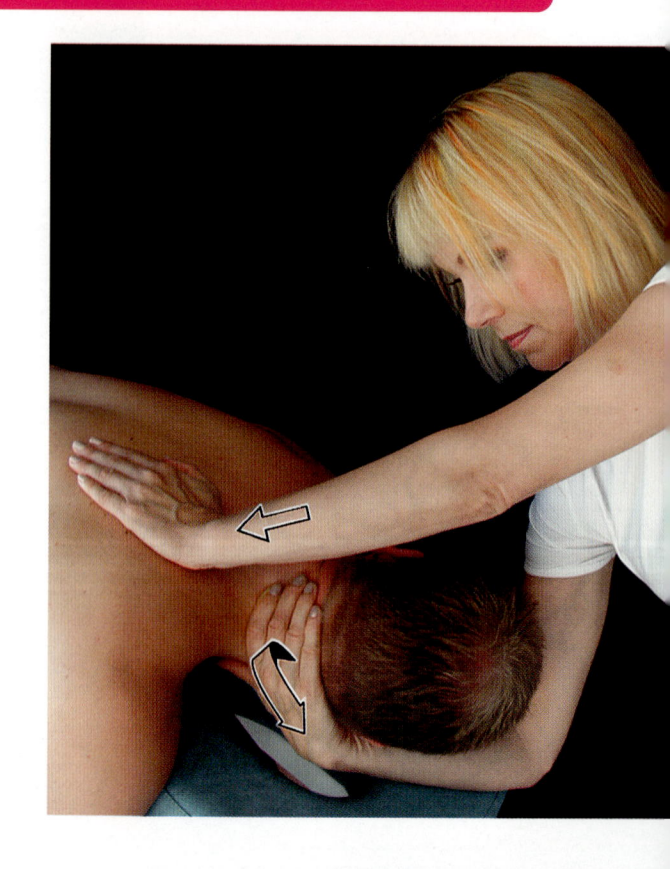

患者を腹臥位にし、頭部を前屈させた状態で術者の身体で支える。術者は片手で後頭骨をつかみ、ストレッチングしたい筋肉と反対の方向に頚椎を回旋、側屈させる。もう一方の手の小指球で、第3～第7頚椎の棘突起の横から離れるように下方に押す。第1～第4胸椎のレベルまで押したら、再び、ストレッチングを繰り返す。

テンション・リラクゼーションテクニック：患者に5秒間、頭部を術者の前腕に対して伸展するように力を入れさせ、それに対し術者は抵抗をかける。そして患者にゆっくりと力を抜くように指示し、より大きなストレッチングを行う。

注意：頭半棘筋は最も強く頚部を伸展させる筋肉のひとつである。術者の上肢に過度な負荷がかからないように、患者の頭部を術者の腰の位置で、身体と肘を使って支えるようにするとよい。

頚部の筋肉

147

頚半棘筋 (けいはんきょくきん) Semispinalis cervicis

神経支配：脊髄神経後枝（第2〜第7頚神経、第1〜第6胸神経）

起　始：第1〜6胸椎の横突起

停　止：最低4つの椎骨を超え、第2〜5頚椎の棘突起

機　能：頚椎および胸椎の伸展、側屈、回旋

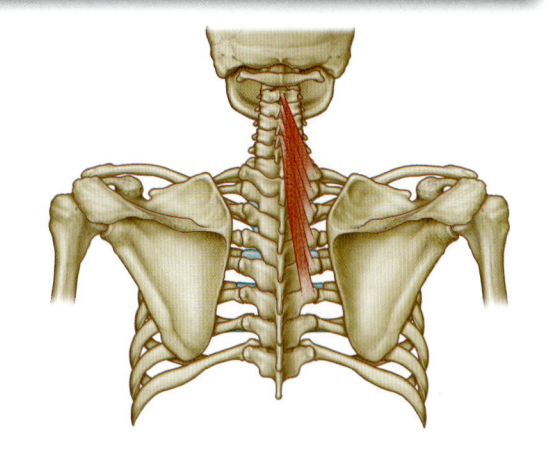

●ストレッチングテクニック

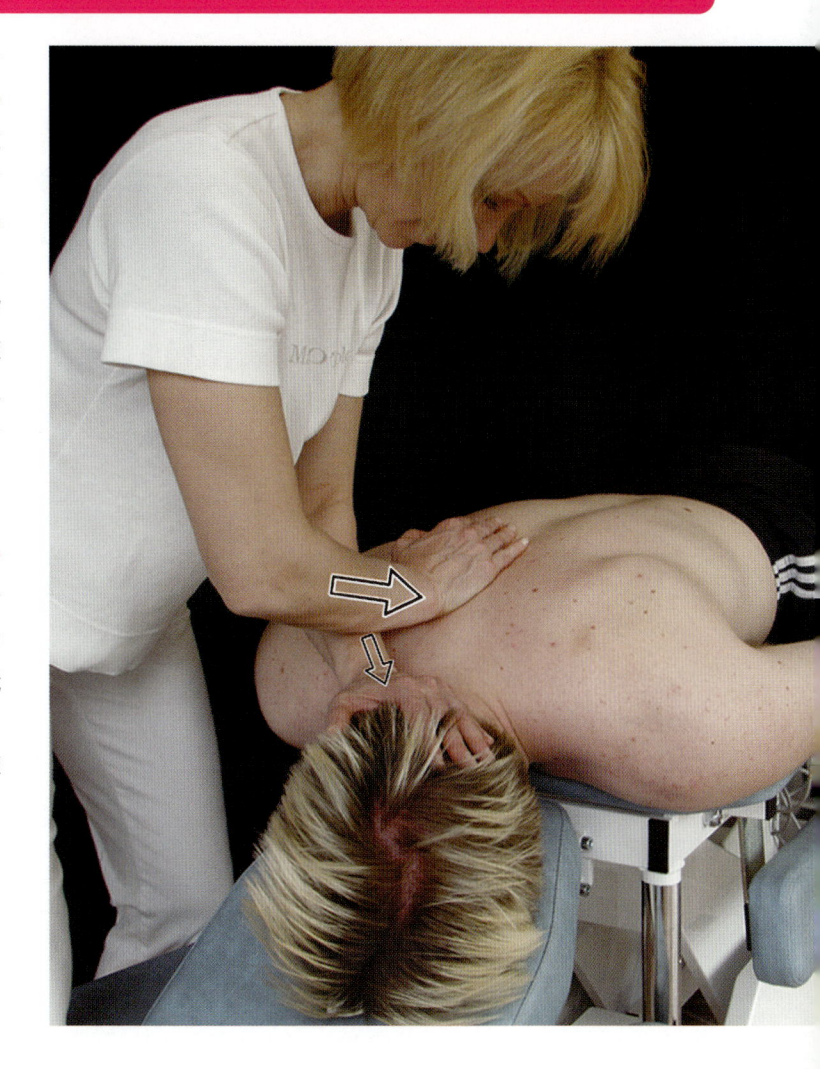

患者を腹臥位にし、頚部をストレッチングしたい側の筋肉と反対の方向に側屈させる（回旋はさせないこと）。術者は小指球を使って第2〜第5頚椎の棘突起に圧をかけ、頭蓋骨に向かって斜め方向に圧を加える。もう一方の手の小指球を頚椎と同側の第1〜第6胸椎の棘突起横に置き、頚部から離れるように斜めに押してストレッチングを行う。

テンション・リラクゼーションテクニック：患者に5秒間、頭部を持ち上げる（伸展する）ように力を入れさせ、それに対し術者が抵抗をかける。そして患者にゆっくりと力を抜くように指示し、頚椎を上方に、胸椎を下方にゆっくりと押す。

胸半棘筋 (きょうはんきょくきん) Semispinalis thoracis

神経支配：脊髄神経後枝（第1～第7頚神経、第1～第6胸神経）
起　始：第7～10（12）胸椎の横突起
停　止：最低5つの椎骨を超え、第6～第7頚椎、第1～第6胸椎の棘突起
機　能：頚椎と胸椎の伸展、側屈、回旋

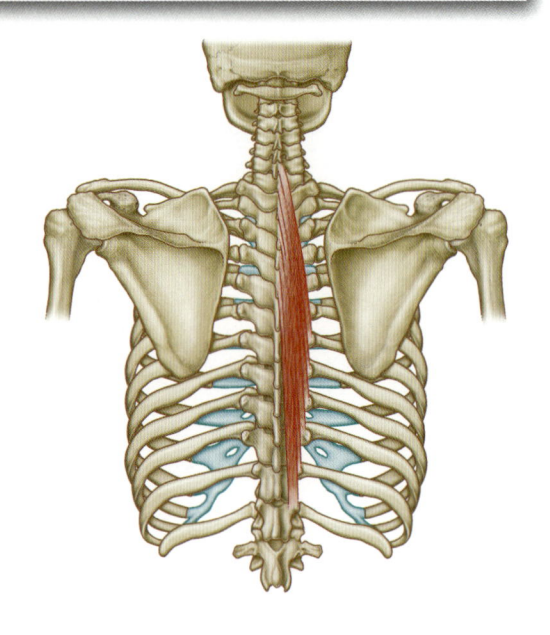

●ストレッチングテクニック

患者を腹臥位にし、頚椎の下方を回旋、側屈させてストレッチングしたい筋肉がよく見える状態にする。術者は小指球をつかって斜めに頭部の方向に第2～第5頚椎の棘突起の横から頭部に向かって押す。もう一方の手の小指球で、同側の第1～第6胸椎の棘突起の横から下方に向かって頚部から離れるように押してストレッチングを行う。

テンション・リラクゼーションテクニック：患者に5秒間、胸椎を伸展するように力を入れさせ、それに対し術者が抵抗をかける。そして患者にゆっくりと力を抜くように指示し、より大きなストレッチングをかける。

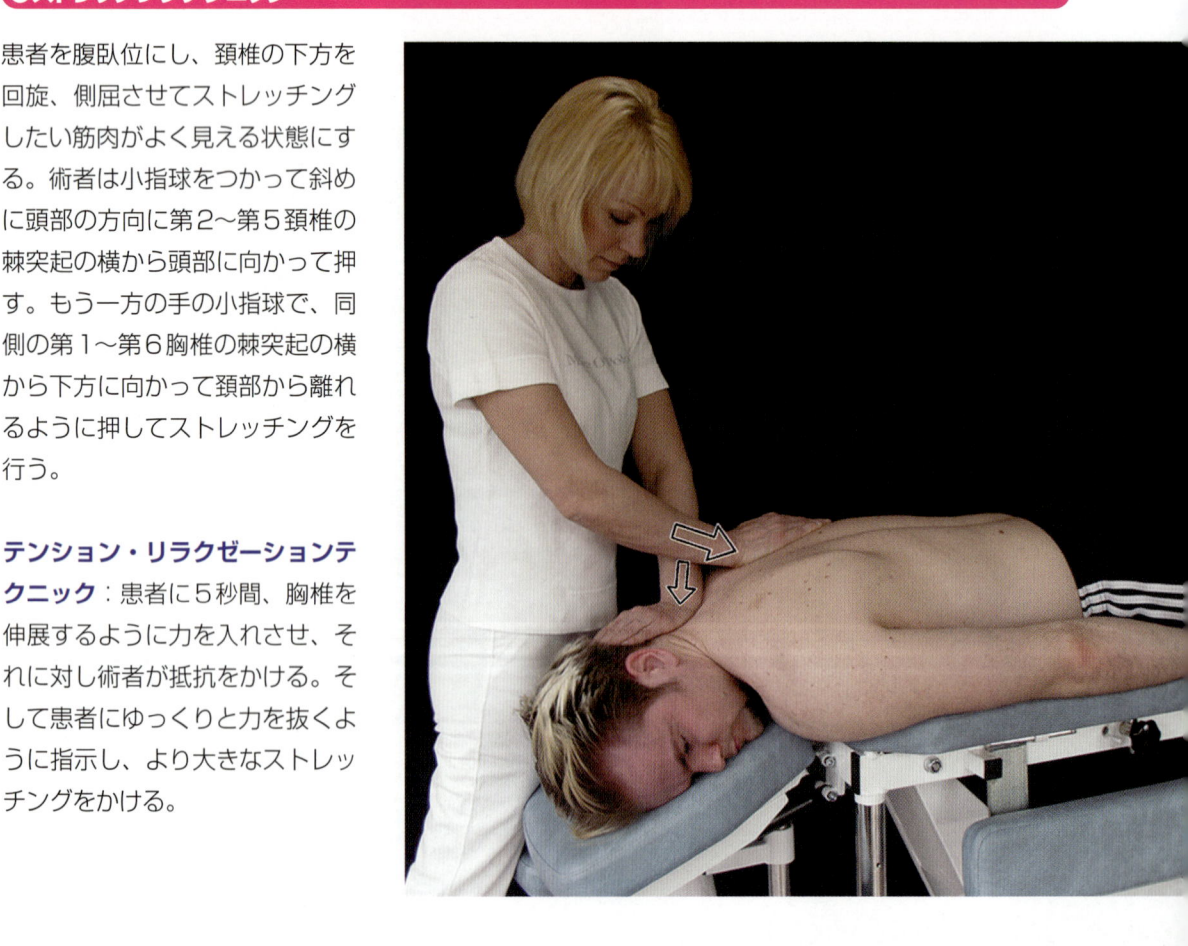

頚部の筋肉

頚棘筋 (けいきょくきん) Spinalis cervicis

神経支配：脊髄神経後枝（第2～第7頚神経、第1胸神経）
起　始：第6～第7頚椎、第1～第2胸椎の棘突起
停　止：第2～第4頚椎の棘突起
機　能：頚椎の伸展

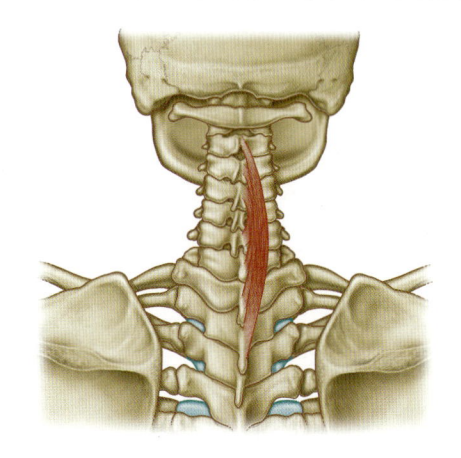

●ストレッチングテクニック

患者を腹臥位にし、頚椎を大きく前屈させる。術者は小指球を用いて第2～第4頚椎の棘突起の横に向かって斜め上方に押す。もう一方の手の小指球で同側の第6～第7頚椎、第1～第2胸椎の横から離れるように斜め下方に向かって押し、ストレッチングを行う。

テンション・リラクゼーションテクニック：患者に5秒間、頚椎を伸展するように力を入れさせ、それに対し術者が抵抗をかける。そして患者にゆっくりと力を抜くように指示し、より大きくストレッチングを行う。

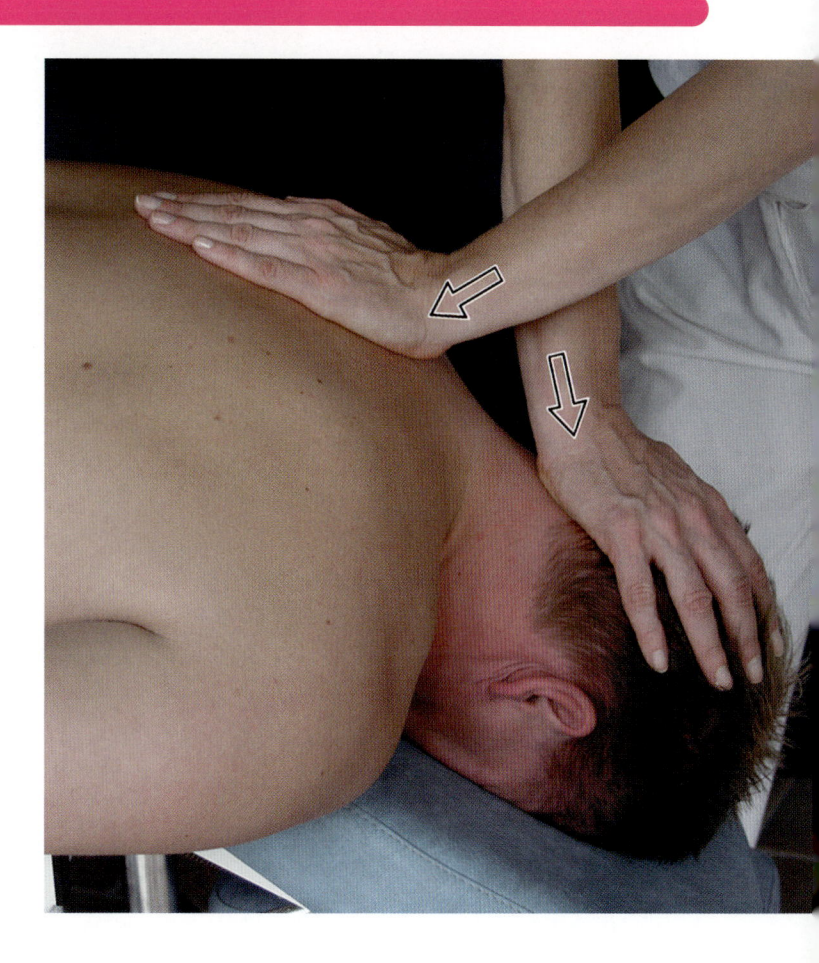

上後鋸筋 （じょうこうきょきん）Posterior superior serratus

神経支配：肋間神経（第1～第4胸神経）
起　始：第6～第7頚椎、第1～第2胸椎棘突起および項靭帯
停　止：第2～第5肋骨
機　能：肋骨の挙上、深吸気の補助

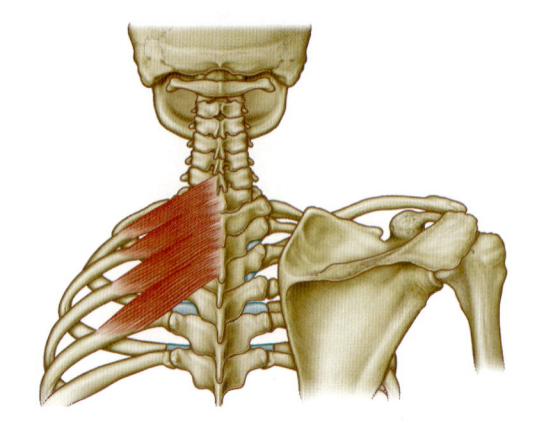

●ストレッチングテクニック

患者を腹臥位にし、頚椎の下部を前屈させ、頭部をストレッチングしたい側の筋肉と反対の方向に回旋させる。術者は小指球を使って第6～第8頚椎、第1～第2胸椎の横から頭部に向かって押す。もう一方の手の小指球を使って第2～5肋骨を斜め下方に押す。術者の前腕が交差した状態でストレッチングを行う。

テンション・リラクゼーションテクニック：患者に大きく息を吸ってもらう。そしてゆっくり息を吐くように指示しながら、より大きくストレッチングを行う。

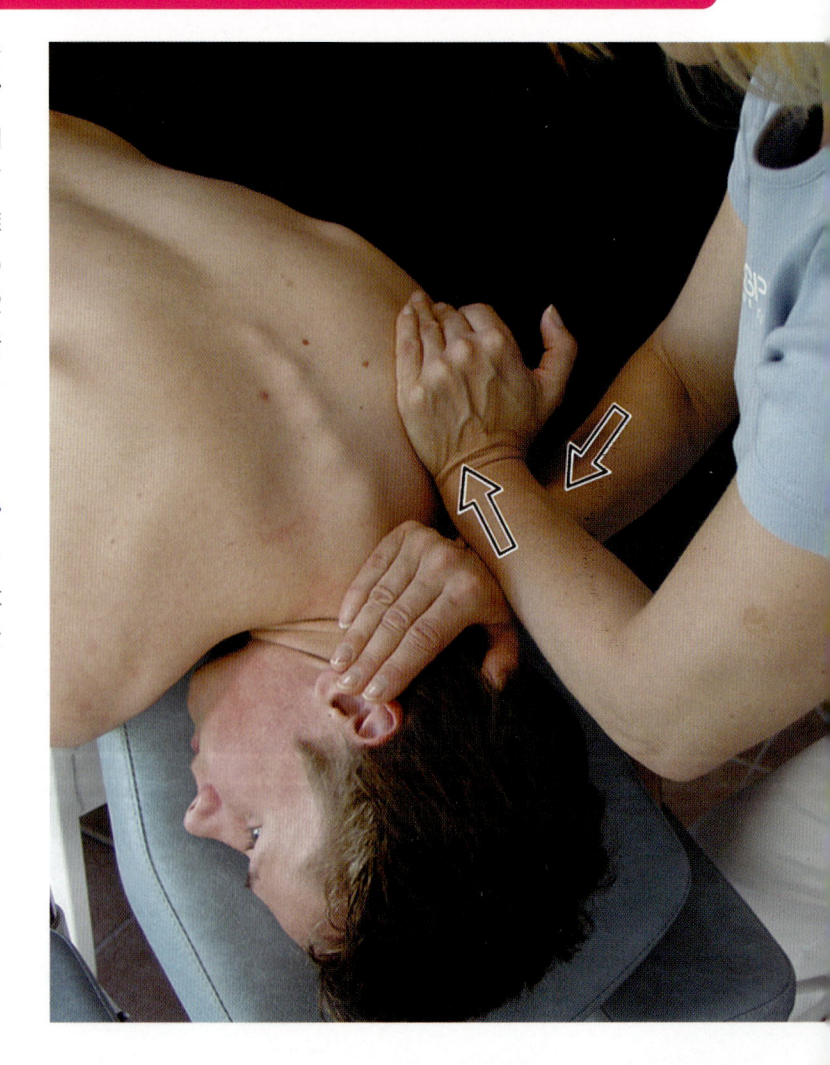

頸部の筋肉

頸棘間筋 （けいきょくかんきん） Interspinales cervicis （6組の筋肉群）

神経支配：脊髄神経後枝（第2～7頸神経）
起　　始：第2～第7頸椎の棘突起
停　　止：1つ下方にある椎骨の棘突起
機　　能：頸椎の伸展

胸棘間筋 （きょうきょくかんきん） Interspinalis thoracis （2組の筋肉群）

神経支配：脊髄神経後枝（第1～第2胸神経）
起　　始：第1～第2胸椎の棘突起
停　　止：1つ下方にある椎骨の棘突起
機　　能：胸椎上部の伸展

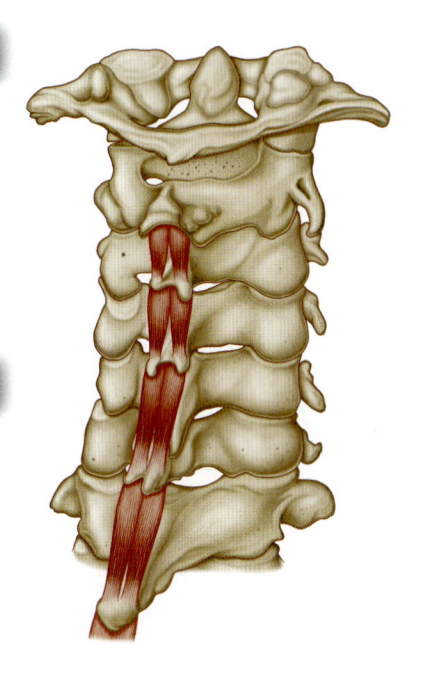

●ストレッチングテクニック

患者を背臥位にし、頭部を前屈させる。術者は前腕を交差させた状態で、両手を使って患者の肩を押し下げる。そして術者の身体を前傾し、患者の頭部を最大限に前屈させてストレッチングを行う。

テンション・リラクゼーションテクニック：患者に5秒間、頭部を後方に向かって押すように力を入れさせ、それに対し術者が抵抗をかける。そして患者にゆっくりと力を抜くように指示し、術者が前腕と上体を前方に押してより大きなストレッチングを行う。

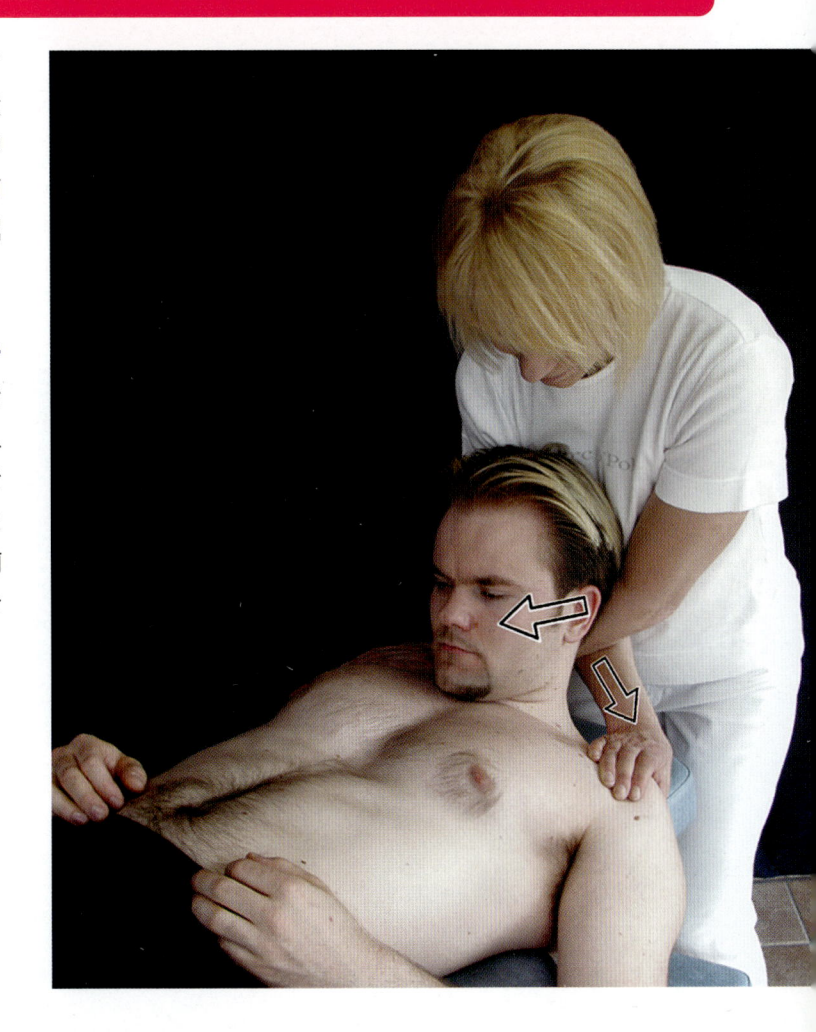

大後頭直筋（だいこうとうちょくきん）Rectus capitis posterior major

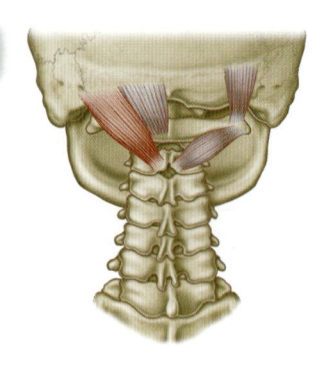

神経支配：後頭下神経（第1頚神経）
起　始：軸椎（第2頚椎）の棘突起
停　止：後頭骨の下項線
機　能：頭部の伸展、側屈、回旋

下頭斜筋（かとうしゃきん）Obliquus capitis inferior

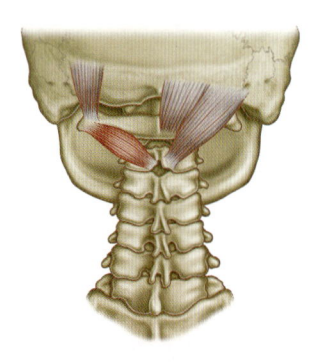

神経支配：後頭下神経（第1頚神経）
起　始：軸椎（第2頚椎）の棘突起
停　止：環椎（第1頚椎）の横突起
機　能：環椎の回旋

●ストレッチングテクニック

患者を背臥位にし、頚椎を真っすぐにした状態で、ストレッチングしたい筋肉と反対の方向に頭部を少し側屈させる。術者は示指の根元に軸椎がしっかり載るような状態で、手で頚椎の下を包み込むようにして患者の頭部を支える。もう一方の手を使ってストレッチングしたい筋肉と同じ方向に患者の顎を回旋させる。同時に患者の頭部を反対の方向により側屈させながら、45度の角度で斜め後方に引っ張りストレッチングを行う。

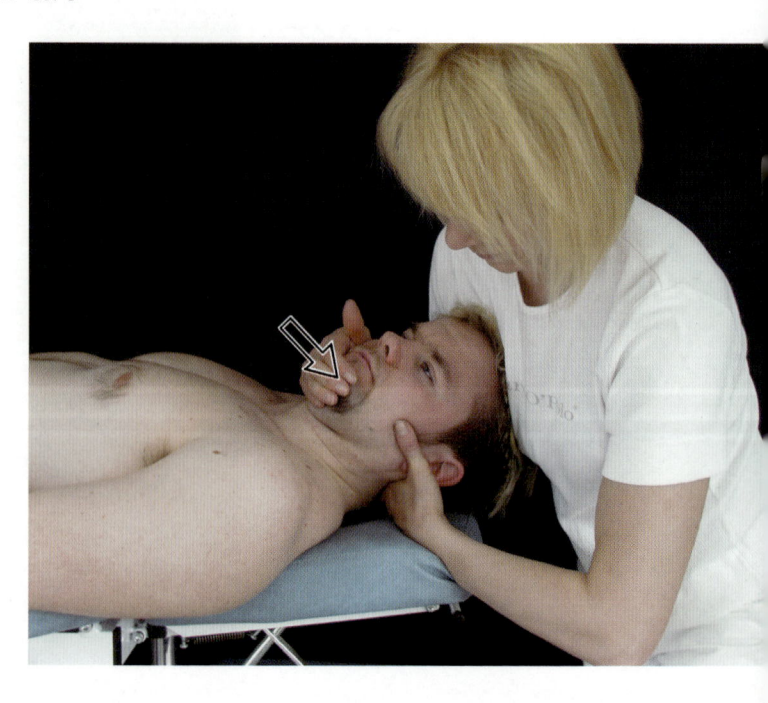

テンション・リラクゼーションテクニック：患者に5秒間、頭部を伸展するように力を入れさせ、それに対し術者が抵抗をかける。そして患者にゆっくりと力を抜くように指示し、患者の顎をより斜め後方に向かって押し、より大きなストレッチングをかける。

注意：頚椎外傷患者やリウマチなど、頚椎に不安定性がある患者に対してこのストレッチングを行ってはならない。

警告 ストレッチングをかける動きが、頚椎の上部のみで起こるように、頭部はしっかりと側屈させなければならない。回旋についても同様である。絶対に頚椎を伸展させないように気をつける。前屈はさせてもよい。

頚部の筋肉

小後頭直筋 (しょうこうとうちょくきん) Rectus capitis posterior minor

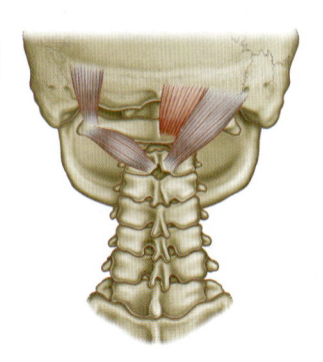

神経支配：後頭下神経（第1頚神経）
起　　始：環椎後弓
停　　止：後頭骨の下項線
機　　能：頭部の伸展、側屈、回旋

上頭斜筋 (じょうとうしゃきん) Obliquus capitis superior

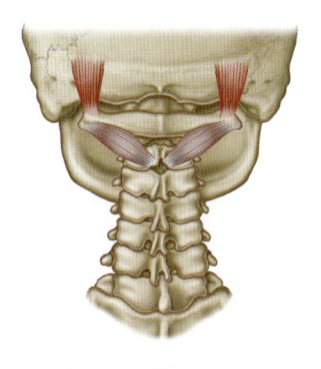

神経支配：後頭下神経（第1頚神経）
起　　始：環椎（第1頚椎）の横突起
停　　止：後頭骨
機　　能：頭部の伸展、側屈、回旋

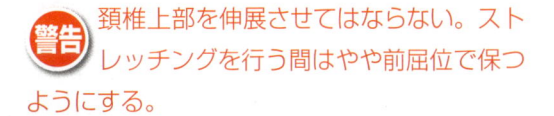

●ストレッチングテクニック

患者を背臥位にし、頚椎を真っすぐにした状態にさせる。術者は示指の付け根に患者の環椎がしっかり載るように、頚椎の下を手で包み込む。術者はもう一方の手を患者の顎に置き、45度の角度で後方に引き、ストレッチングを行う。

警告 頚椎上部を伸展させてはならない。ストレッチングを行う間はやや前屈位で保つようにする。

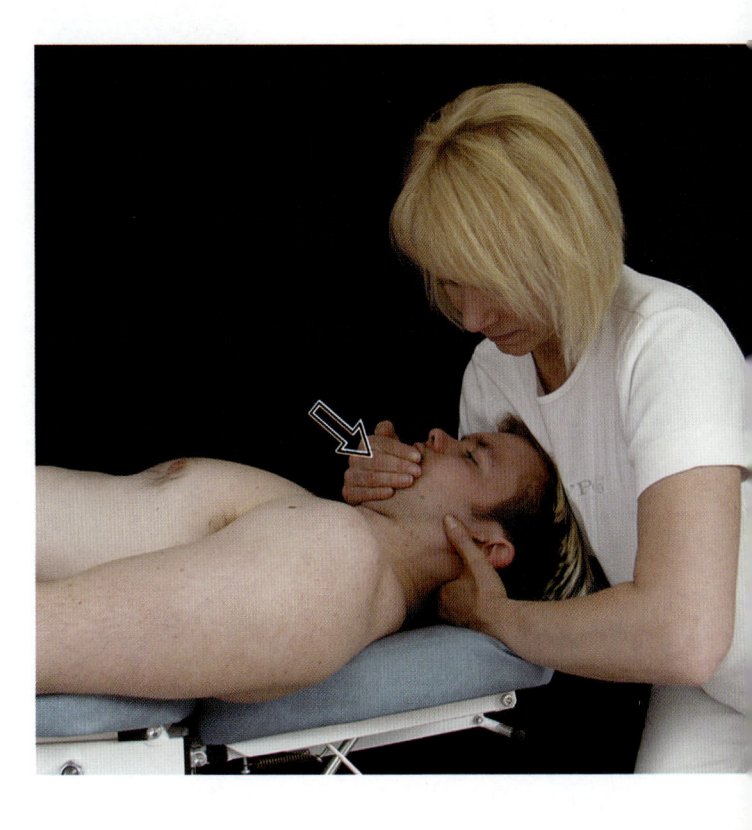

テンション・リラクゼーションテクニック：患者に5秒間、頭部を伸展するように力を入れさせ、それに対し術者が抵抗をかける。そして患者にゆっくりと力を抜くように指示し、患者の顎をより後方に向かって引き、より大きなストレッチングをかける。

注意：頚椎外傷やリウマチなどによって頚椎に不安定性がある患者には、このストレッチングを行わないようにする。

外側頭直筋 （がいそくとうちょくきん） Rectus capitis lateralis

神経支配：脊髄神経前枝（第1～第2頚神経）
起　始：環椎（第1頚椎）の横突起
停　止：後頭骨の頚静脈突起
機　能：頭部の固定と側屈

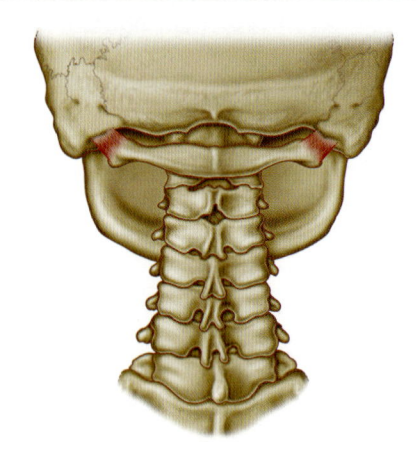

●ストレッチングテクニック

患者を背臥位にし、頚椎を真っすぐにした状態にする。示指の根元にしっかりと後頭骨が載るように手で包み込むようにして後頭部を支える。術者は患者の顎をつかみ、前腕を使って患者の側頭部に圧をかけ、頚椎の上部だけを側屈させるようにしてストレッチングを行う。

テンション・リラクゼーションテクニック：患者に5秒間、頭部を反対方向に側屈するように力を入れさせ、それに対し術者は抵抗をかける。そして患者にゆっくりと力を抜くように指示し、より大きくストレッチングを行う。

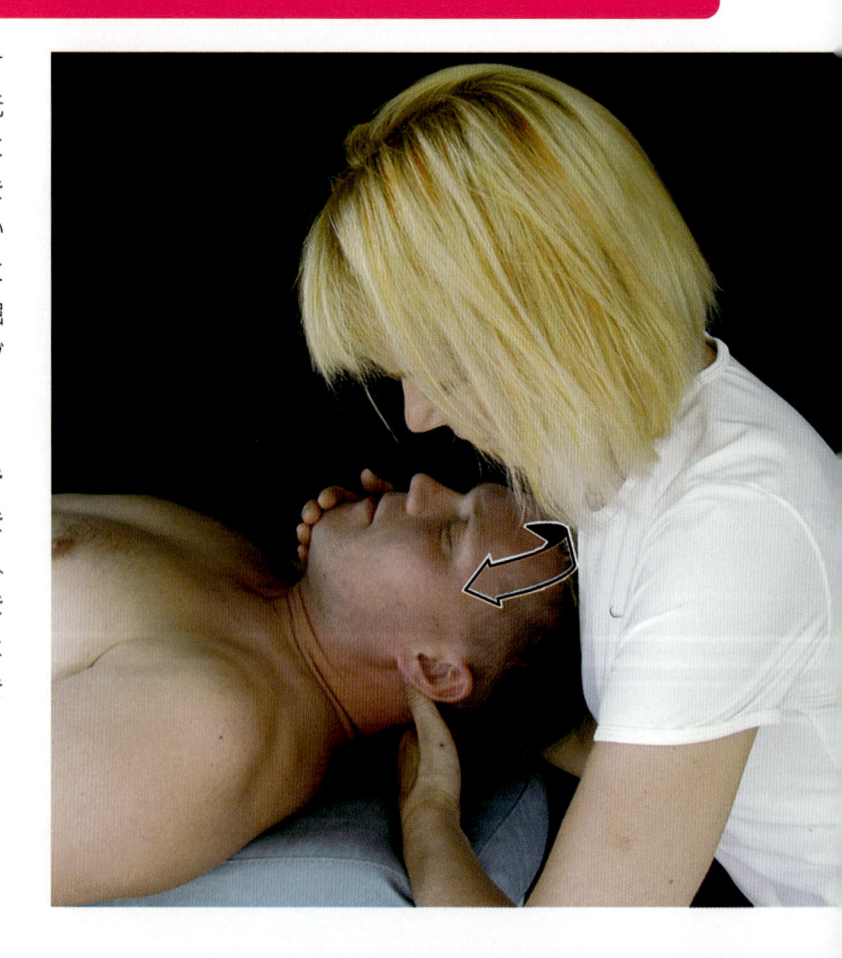

頸部の筋肉

横突間筋 （おうとつかんきん） Intertransversarii muscles

神経支配：脊髄神経後枝（第2～第7神経）
機　能：椎骨の固定と側屈

頸前横突間筋 （けいぜんおうとつかんきん） Anterior intertransversarii muscles

起　始：第2～第6頸椎の横突起、前結節
停　止：1つ下の椎骨横突起

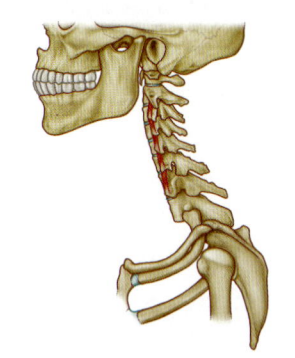

頸後横突間筋 （けいこうおうとつかんきん） Posterior intertransversarii muscles

起　始：第2～第6頸椎の横突起、後結節
停　止：1つ下の椎骨横突起

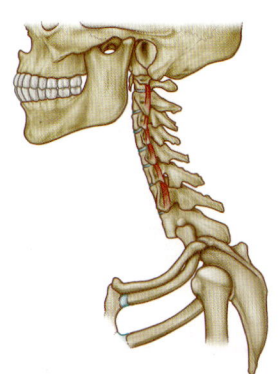

●ストレッチングテクニック

患者を背臥位にし、両手で患者の後頭骨の真下に四指がくるようにして頭を支える。手のすぐ下の位置で頭部を側屈させる。最も大きなストレッチング効果は、術者の手の真上にある関節で得られる。そのため手の位置を少しずつ下にずらし、一つ一つの頸椎間の関節をストレッチングするようにすると、それぞれの筋肉に最大限のストレッチングを行うことができる。手の位置を変える際は、その都度、頭の位置を真っすぐに戻してから変えるようにする。

テンション・リラクゼーションテクニック：患者に5秒間、頭部を伸展するように力を入れさせ、それに対し術者は抵抗をかける。そして患者にゆっくりと力を抜くように指示し、より大きくストレッチングを行う。

注意：このストレッチング法は非常に特異なものである。また、肩に下方への圧をかけると、僧帽筋をストレッチングしてしまうため、本来の目的とするストレッチングを行うことができなくなる。

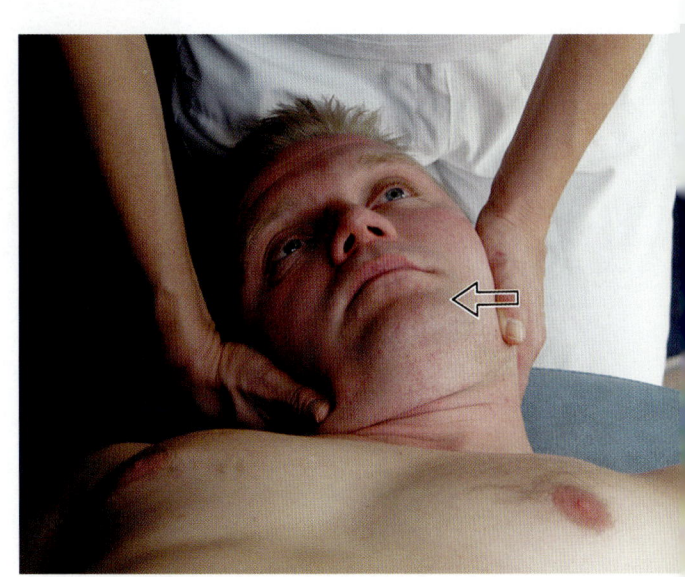

頚多裂筋 （けいたれつきん） Multifidus Cervicis

神経支配：脊髄神経後枝（第3～第4頚神経）
起　始：第5～第7頚椎の関節突起
停　止：2～3の椎骨を超え、第2～第4頚椎の棘突起
機　能：頚椎の固定、伸展、回旋、側屈

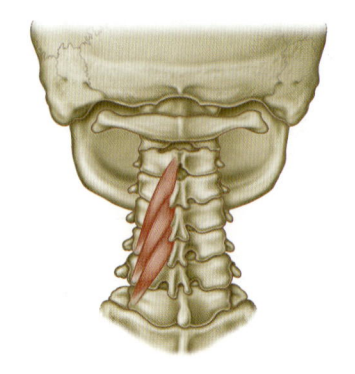

頚回旋筋 （けいかいせんきん） Rotator Cervicis

神経支配：脊髄神経後枝（第3～第7頚神経）
起　始：頚椎の横突起
停　止：短筋は1つ上に位置する椎骨の棘突起、長筋は2つ上に位置する椎骨の棘突起
機　能：頚椎の固定、伸展、回旋、側屈

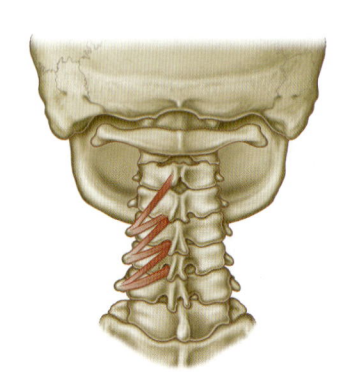

●ストレッチングテクニック

患者を背臥位にし、術者の両手の四指を重ねて患者の頭部と頚部を後ろから支える。そして患者の頚部と頭部をやや前屈させ、同じ方向に回旋・側屈させる。術者の手の真上にある関節において、最も大きなストレッチング効果が得られる。そのため手の位置を少しずつ下にずらし、一つ一つの頚椎間の関節をストレッチングすると、それぞれの筋肉を最大限にストレッチできる。

テンション・リラクゼーションテクニック：患者に5秒間、頭部を回旋するように力を入れさせ、それに対し術者は抵抗をかける。そして患者にゆっくりと力を抜くように指示し、より大きくストレッチングを行う。

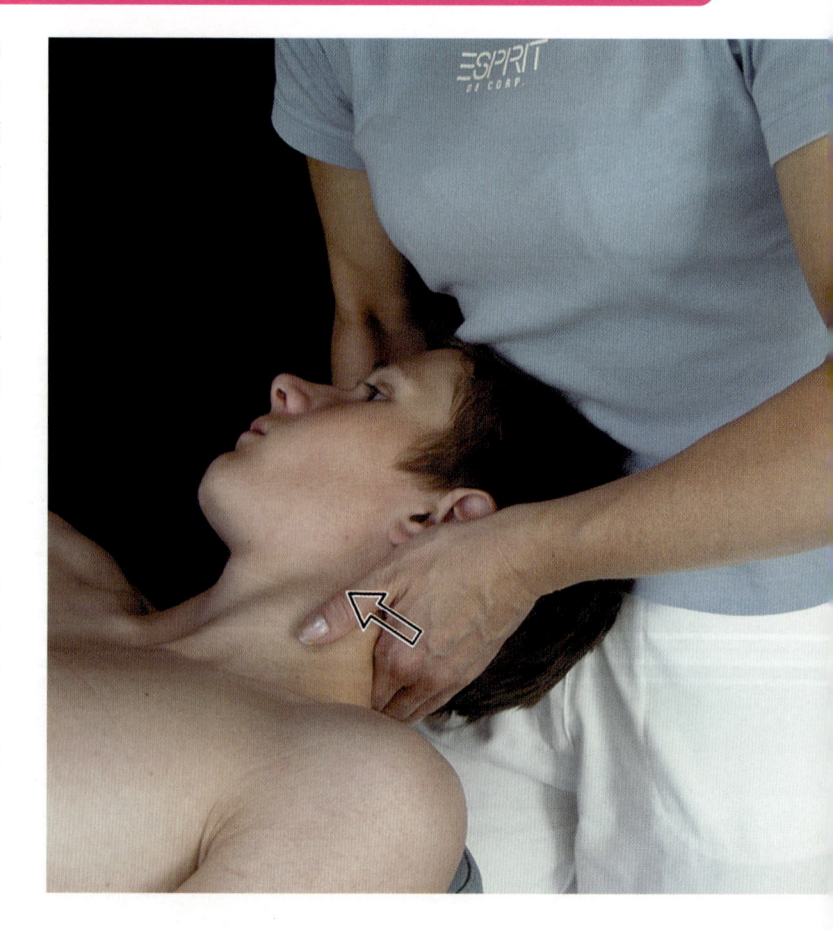

頚部の筋肉／肩部の筋肉

三角筋（さんかくきん）前部 Anterior part of the deltoid muscle

神経支配：腋窩神経（第4～第6頚神経）
起　始：鎖骨の外側1/3、烏口突起、肩甲棘
停　止：上腕骨の三角筋粗面
機　能：肩関節の外転、屈曲、内旋

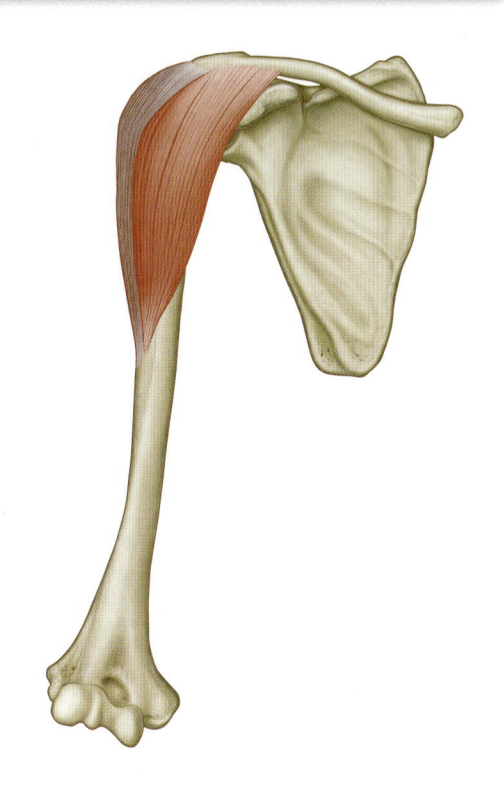

●ストレッチングテクニック（伸展）

患者を背臥位にし、術者は母指球を使って停止部から離れるように筋腹を上方に押す。もう一方の手を使って、患者の上腕を押し下げることで、より大きくストレッチングをすることができる。

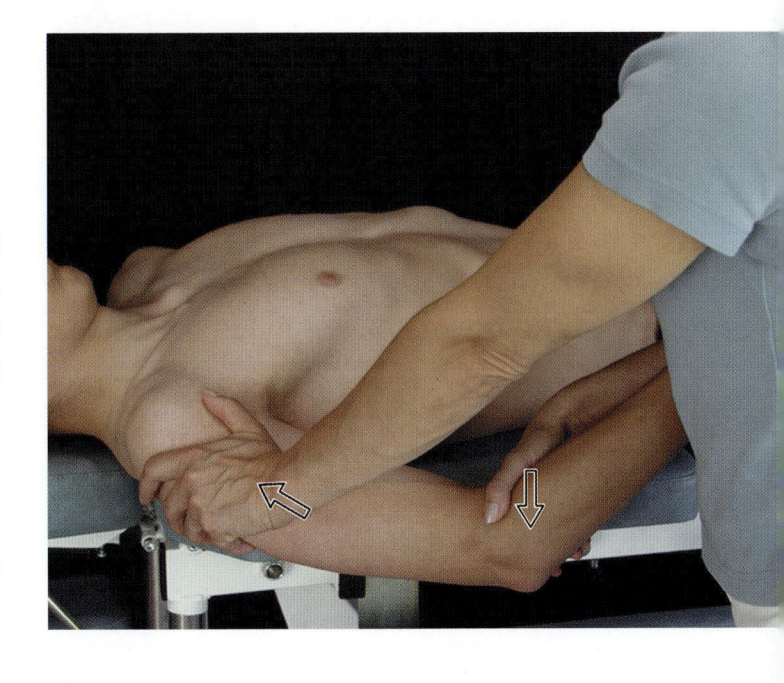

テンション・リラクゼーションテクニック：患者に5秒間、肩関節を屈曲するように力を入れさせ、それに対し術者は抵抗をかける。そして患者にゆっくりと力を抜くように指示し、術者は肩をゆっくり伸展させて、より大きくストレッチングを行う。

注意：上腕二頭筋の長頭がストレッチングされることを防ぐため、患者の肘をやや屈曲位に保つようにする。

三角筋（さんかくきん）中部 Middle part of the deltoid muscle

神経支配：腋窩神経（第4〜第6頚神経）
起　始：鎖骨の外側1/3、烏口突起、肩甲棘
停　止：上腕骨の三角筋粗面
機　能：肩関節の外転

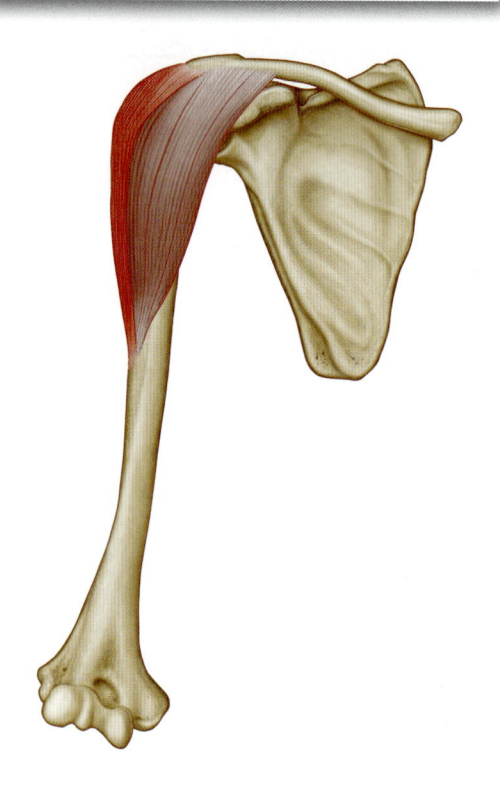

●ストレッチングテクニック（内転）

患者を側臥位にし、術者は母指球を使って停止部のすぐ真上部分から筋腹に向かって筋肉を上方に向かって押す。もう一方の手を使って、患者の上腕を胸の前に押し下げることで、より大きくストレッチングを行うことができる。

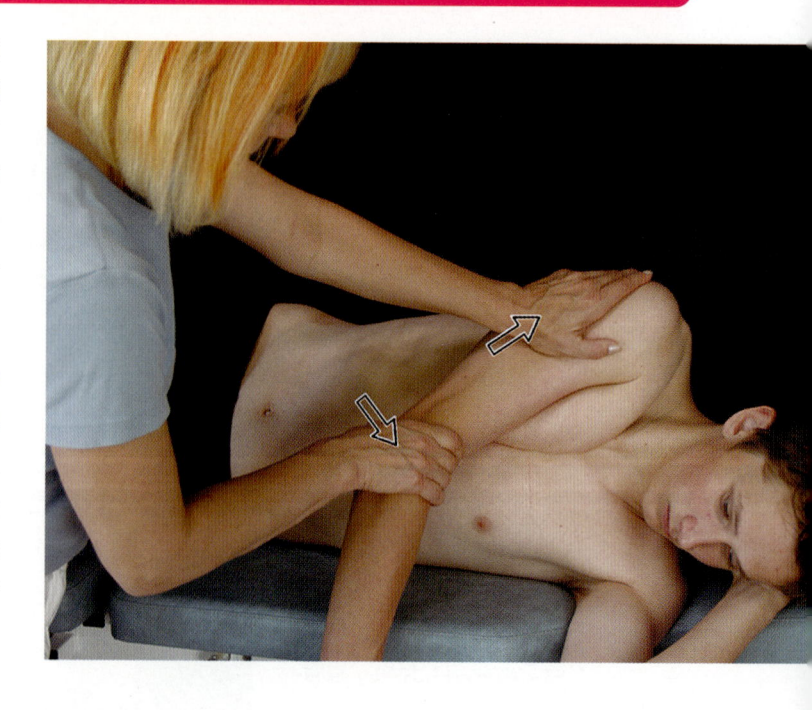

テンション・リラクゼーションテクニック：患者に5秒間、肩関節を外転するように力を入れさせ、それに対し術者は抵抗をかける。そして患者にゆっくりと力を抜くように指示し、より大きくストレッチングを行う。

肩部の筋肉

三角筋（さんかくきん）後部 Posterior part of the deltoid muscle

神経支配：腋窩神経（第4〜第6頚神経）
起　始：鎖骨の外側1/3、烏口突起、肩甲棘
停　止：上腕骨の三角筋粗面
機　能：肩関節の外転、伸展、外旋

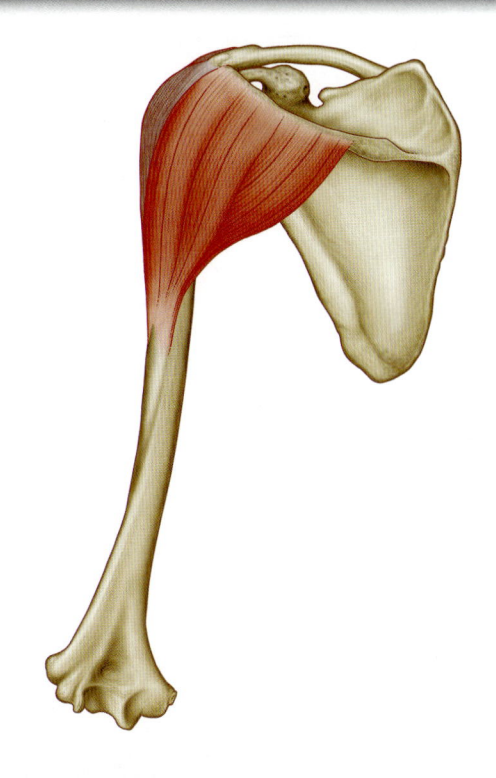

●ストレッチングテクニック

患者を背臥位にし、上腕を頭部の横に、肩関節を約135度屈曲させた状態にする。術者は母指球を使って、停止部のすぐ中枢よりの部分から三角筋の筋腹に向かって、筋肉をストレッチングする。もう一方の手を使って、患者の肘を下方に押し下げることで、より大きくストレッチングを行うことができる。

テンション・リラクゼーションテクニック：患者に5秒間、肩関節を伸展するように力を入れさせ、それに対し術者は抵抗をかける。そして患者にゆっくりと力を抜くように指示し、より大きなストレッチングをかける。

注意：上腕二頭筋の長頭にストレッチングがかかることを防ぐため、患者の肘をやや屈曲位に保つようにする。

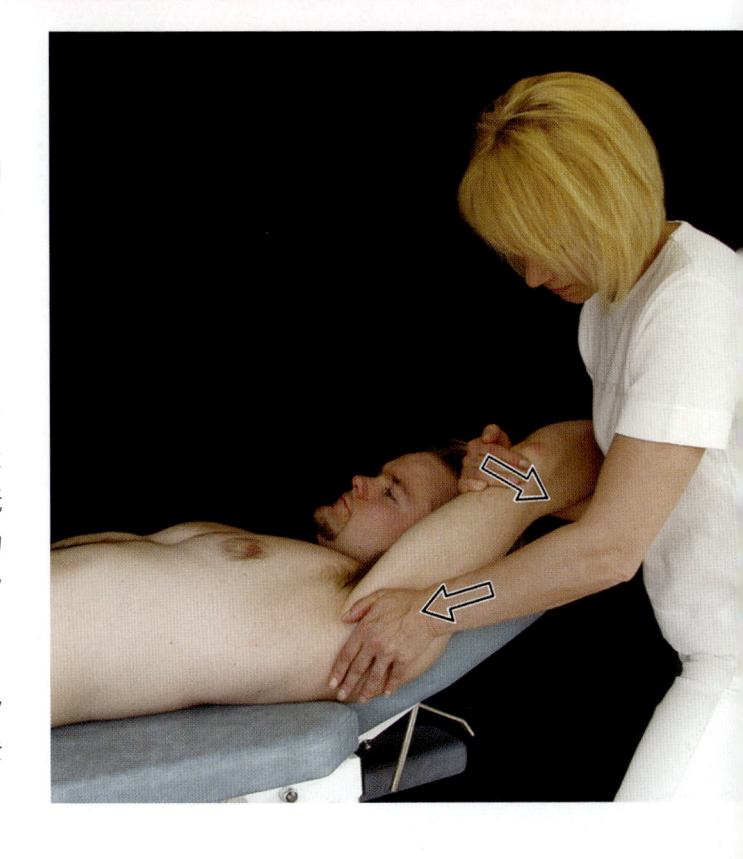

棘上筋（きょくじょうきん）Supraspinatus

神経支配：肩甲上神経（第4〜第6頚神経）
起　始：肩甲骨の棘上窩
停　止：上腕骨の大結節の上端
機　能：肩関節の外転、外旋の補助

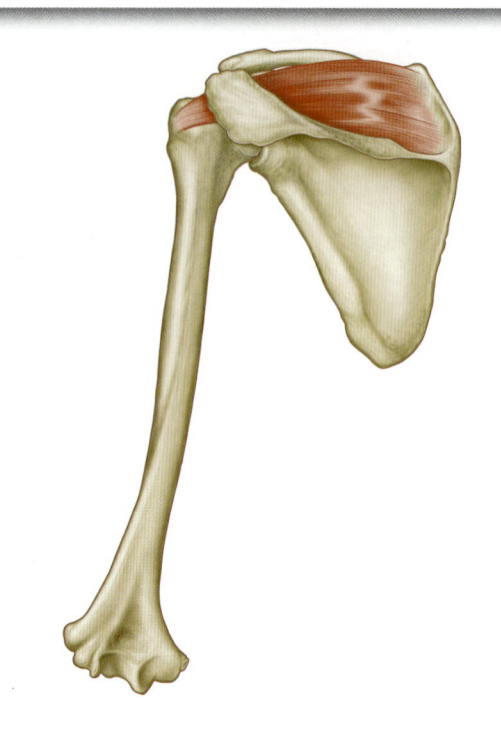

●ストレッチングテクニック（伸展＋内転＋内旋）

患者を側臥位にし、腕を背中の方に内転させた状態で内旋させる。術者は患者の肘を押し下げるように圧を加えることで、腕をより大きく伸展、内転させながら、もう一方の手で筋腹を起始に向かって押し、ストレッチングを行う。

テンション・リラクゼーションテクニック：患者に5秒間、肩関節を外転するように力を入れさせ、それに対し術者は抵抗をかける。そして患者にゆっくりと力を抜くように指示し、より大きくストレッチングを行う。

注意：このストレッチングを行う際、柔らかい球体のものを脇の下に入れることによって、上腕骨を「てこ」のように動かし、上腕骨頭が関節窩から出るようになるため、より効果的にストレッチングをかけることができる。

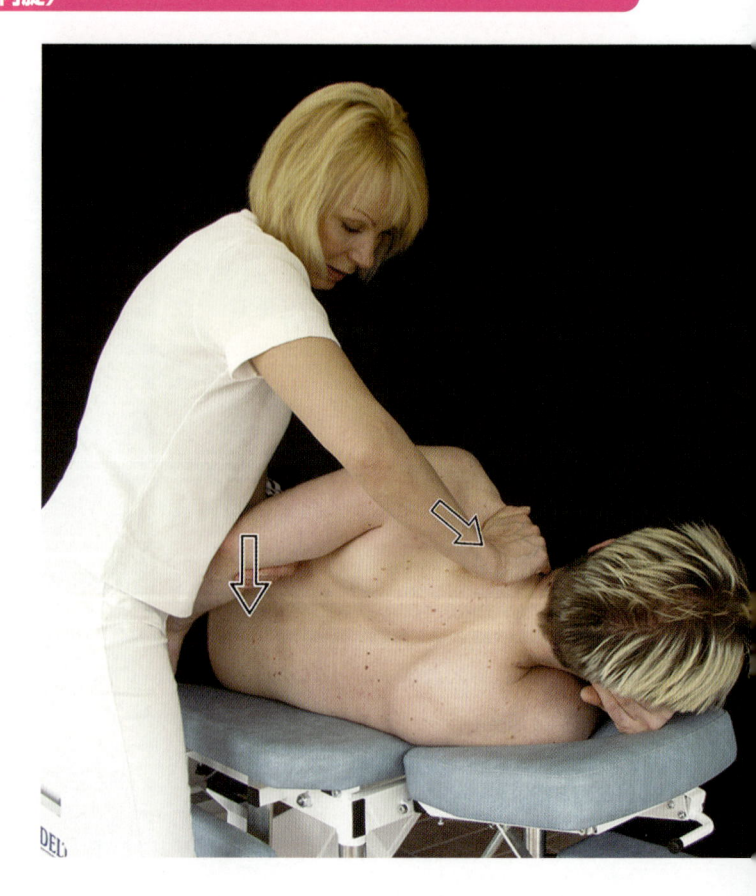

肩部の筋肉

棘下筋（きょくかきん）Infraspinatus

神経支配：肩甲上神経（第4〜第6頸神経）
起　始：肩甲骨の棘下窩
停　止：上腕骨の大結節の後部
機　能：肩関節の外旋

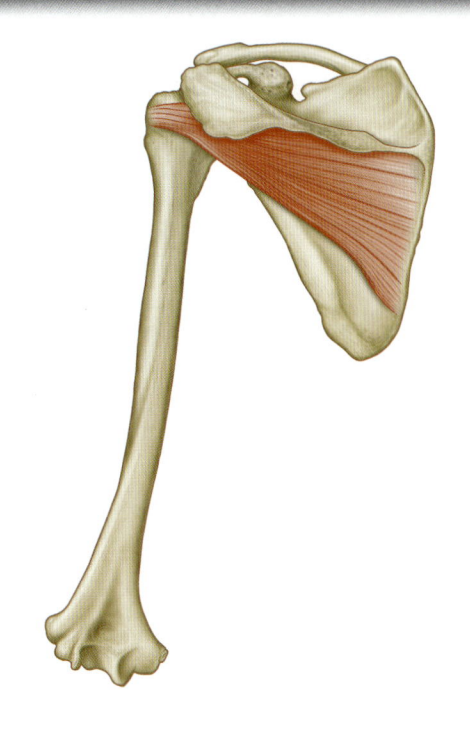

●ストレッチングテクニックA（屈曲＋外転＋内旋）

患者を側臥位にし、肩関節を135度外転させ、肘を90度屈曲させた状態にする。術者は母指球を使って筋線維を停止部から離れるように押しながら、もう一方の手で患者の肘を引き、腕を内旋させてストレッチングを行う。

テンション・リラクゼーションテクニック：患者に5秒間、肩関節を外旋するように力を入れさせ、それに対し術者は抵抗をかける。そして患者にゆっくりと力を抜くように指示し、より大きく腕を外転、内旋させてストレッチングを行う。

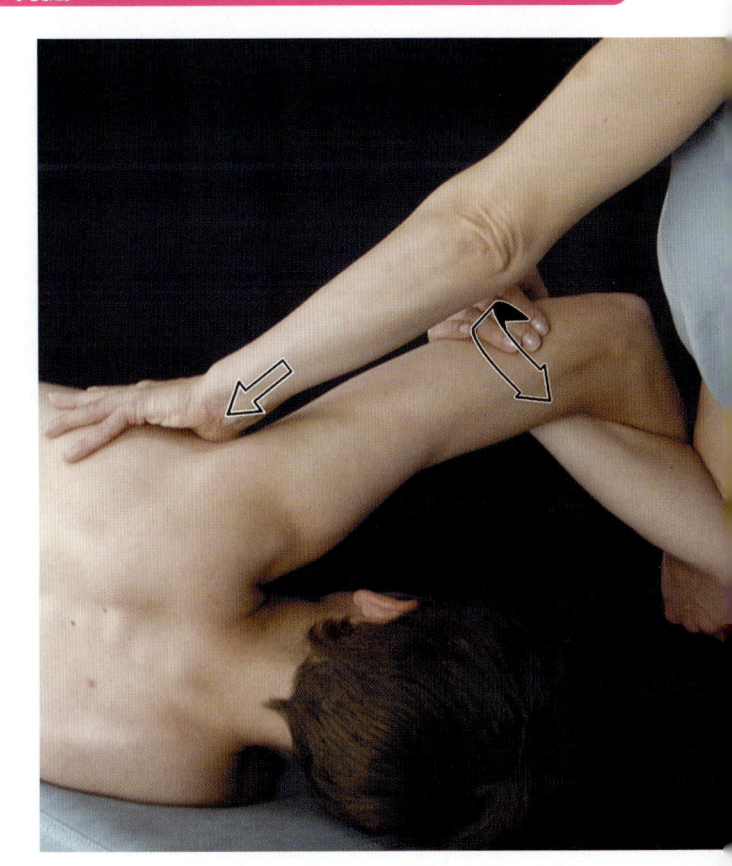

小円筋 (しょうえんきん) Teres Minor

神経支配：腋窩神経（第5～第6頚神経）
起　始：肩甲骨の後面外側
停　止：上腕骨の大結節下部、関節包
機　能：肩関節の外旋

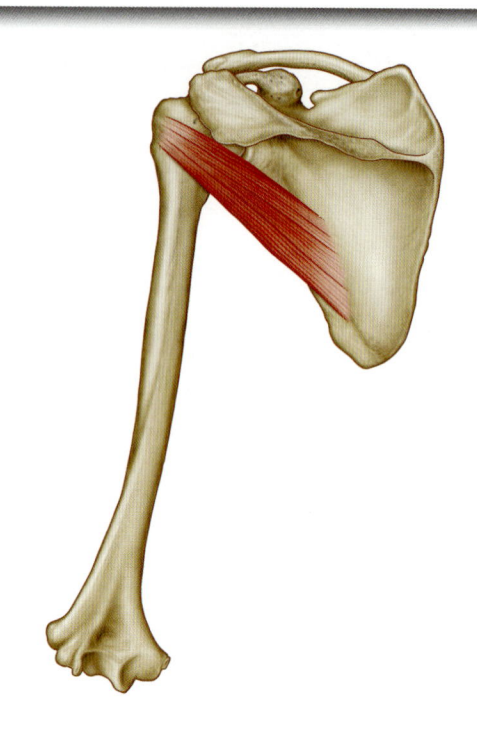

●ストレッチングテクニックB（屈曲＋外転＋内旋）

患者の肩関節を120度、肘関節を90度屈曲させた状態で患者を背臥位にする。術者は母指球を使って筋線維を停止部から離れるように押しながら、もう一方の手で患者の肘を引き下げ、腕を内旋させてストレッチングを行う。

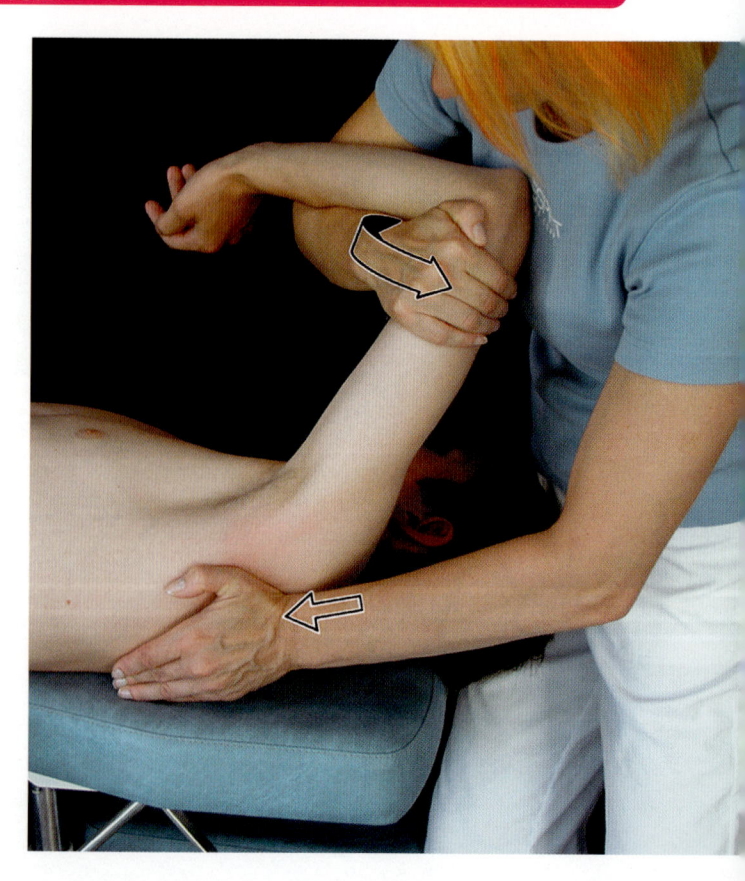

肩部の筋肉

大円筋 (だいえんきん) Teres Major

神経支配：肩甲下神経（第6〜第7頚神経）
起　始：肩甲骨の下角後面
停　止：上腕骨の小結節稜
機　能：肩関節の内旋、伸展、内転

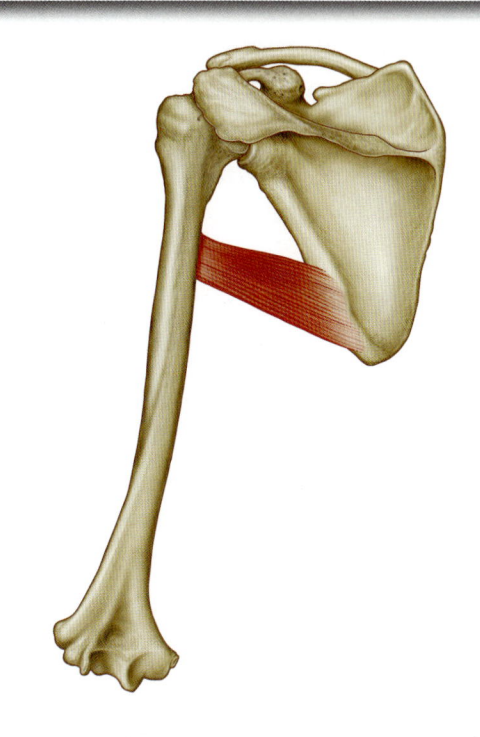

●ストレッチングテクニック（屈曲+外転+外旋）

患者を側臥位にし、肩関節を約135度外転、肘関節を約90度屈曲させた状態にする。術者は母指球を使って筋線維を停止部から離れるように押す。同時にもう一方の手で患者の肘を引き下げながら、腕を外旋させてストレッチングを行う。

テンション・リラクゼーションテクニック：患者に5秒間、肩関節を内旋するように力を入れさせ、それに対し術者は抵抗をかける。そして患者にゆっくりと力を抜くように指示し、より大きくストレッチングを行う。

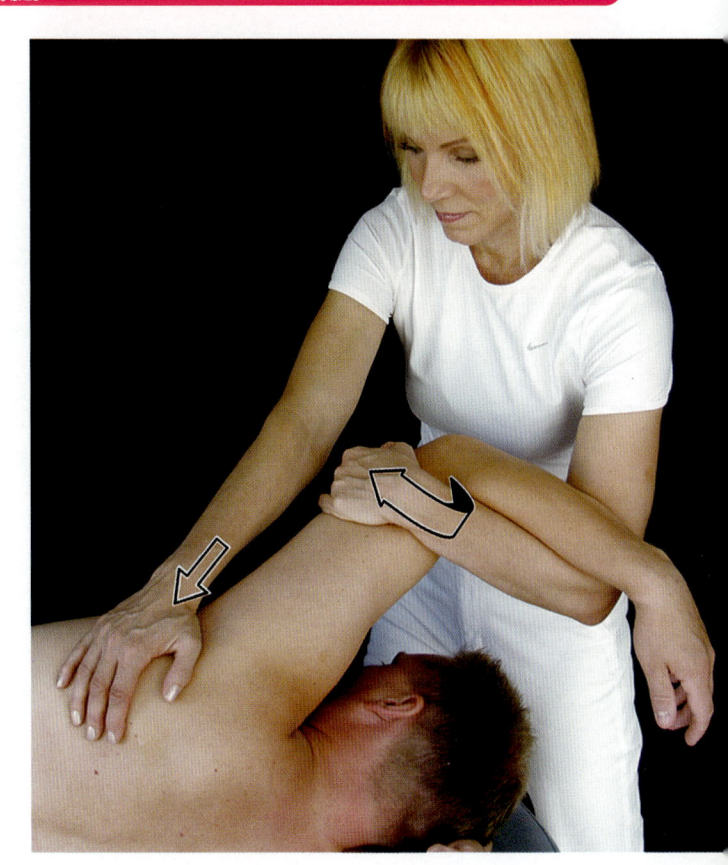

広背筋 （こうはいきん） Latissimus dorsi

神経支配：胸背神経（第6～第8頸神経）
起　　始：肩甲骨の下角、第10～第12肋骨、第7～第12胸椎の棘突起、胸背腱膜を介して腸骨稜、仙骨、第1～第5腰椎の棘突起
停　　止：上腕骨の小結節稜
機　　能：肩関節の伸展、内転、内旋、深呼気の補助

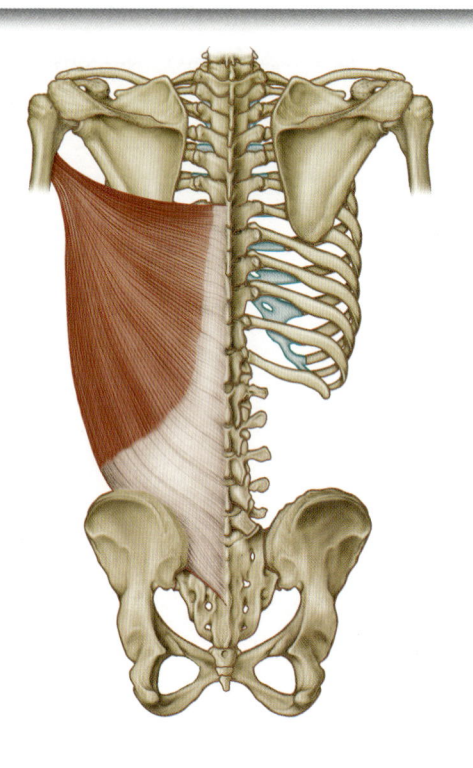

●ストレッチングテクニック（屈曲＋内転＋外旋）

患者の肩関節を約135度外転、肘関節を約90度屈曲させた状態で患者を側臥位にする。術者は母指球を使って筋線維を押しながら、反対側の手で患者の肘を引き下げ、腕を外旋させてストレッチングを行う。

テンション・リラクゼーションテクニック：患者に5秒間、肩関節伸展、内転方向に力を入れさせ、それに対し術者は抵抗をかける。そして患者にゆっくりと力を抜くように指示し、より大きくストレッチングを行う。

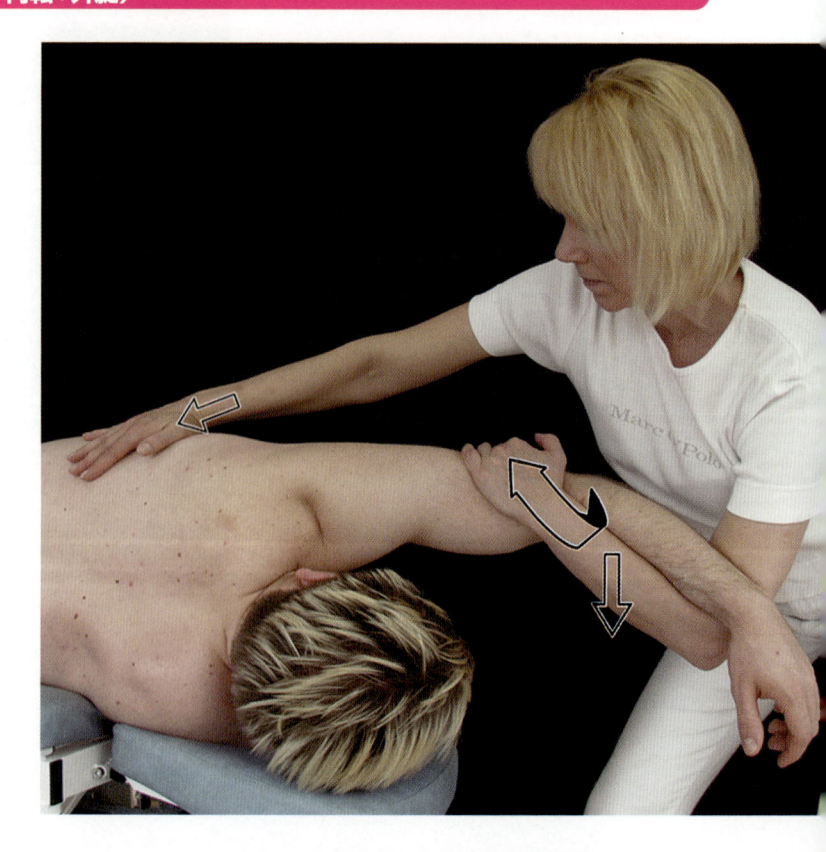

肩部の筋肉

肩甲下筋 (けんこうかきん) Subscapularis

神経支配：肩甲下神経（第5～第8頚神経）
起　始：肩甲下窩
停　止：上腕骨の小結節稜
機　能：肩関節の内旋

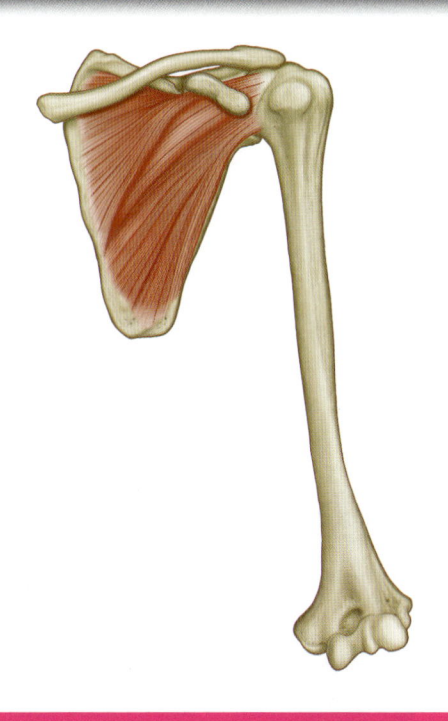

●ストレッチングテクニック（外旋）

患者を背臥位にし、上腕が身体の横にくるように、肘を約90度屈曲させた状態にする。術者は小指球を使って烏口突起下の上腕骨の小結節稜のすぐ横から筋腹の方向に向かって押し、同時にもう一方の手で患者の肘と前腕をつかんで上腕を外旋させながら、ストレッチングを行う。

テンション・リラクゼーションテクニック：患者に5秒間、肩関節を内旋するように力を入れさせ、それに対し術者は抵抗をかける。そして患者にゆっくりと力を抜くように指示し、より大きくストレッチングを行う。

注意：肩関節の外転を大きくしすぎると大胸筋を緊張させてしまい肩甲下筋のストレッチングを妨げてしまうため、このストレッチングを行う際は、肩の外転は少しでよい。

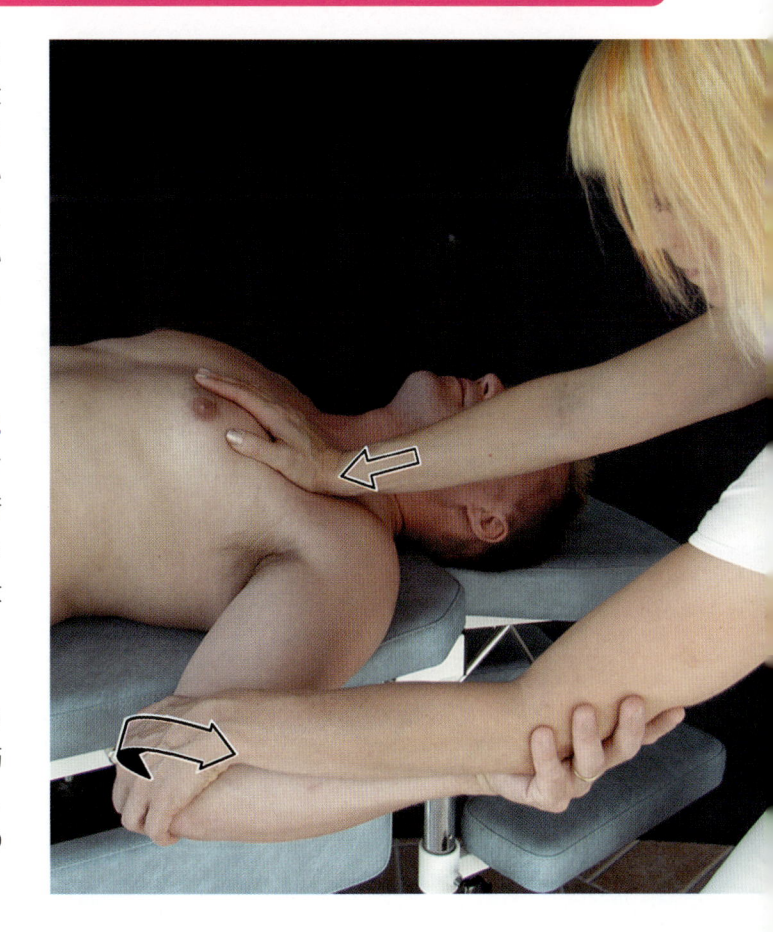

上腕二頭筋（じょうわんにとうきん）長頭 Long head of the biceps brachii

神経支配：筋皮神経（第5～第6頚神経）
起　始：肩甲骨の関節上結節
停　止：橈骨粗面、上腕二頭筋筋膜
機　能：肩関節の屈曲・内転・固定、肘関節の屈曲・外旋

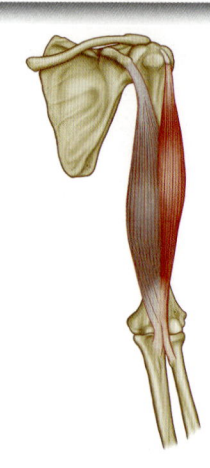

上腕二頭筋（じょうわんにとうきん）短頭 Short head of the biceps brachii

神経支配：筋皮神経（第5～第6頚神経）
起　始：烏口突起
停　止：橈骨粗面、上腕二頭筋腱膜
機　能：肩関節の屈曲・内転、肘関節の屈曲・外旋

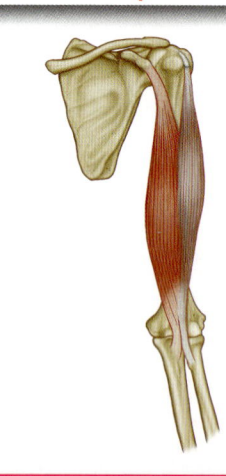

●ストレッチングテクニックA（伸展＋外転＋内旋）

患者を背臥位にし、腕を約45度外転させ、肘を真っすぐ伸ばした状態にする。術者は患者の上腕を内旋位に保持しながら、もう一方の手の小指球を使って筋腱移行部から筋腹に向かって圧をかけてストレッチングを行う。

注意：このストレッチング方法は腕全体をてことして使うため、非常に強いストレッチング作用を及ぼす。過度に肩関節を伸展させないように注意すること。

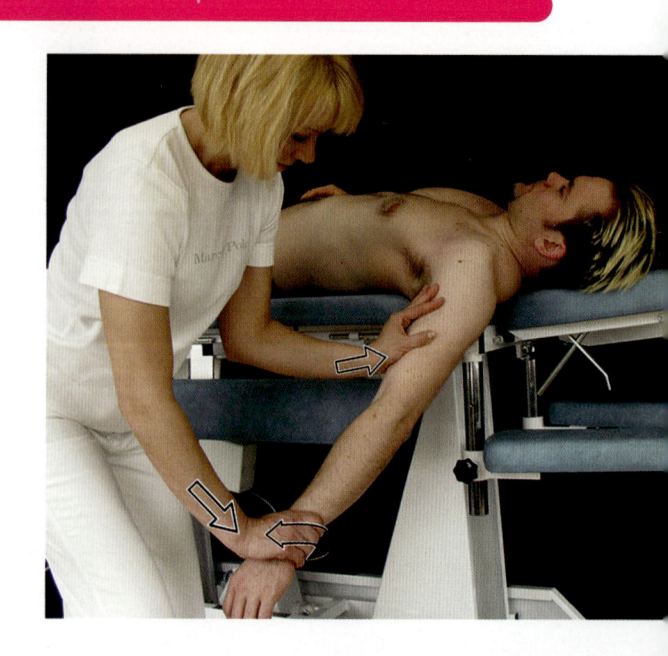

上肢の筋肉

●ストレッチングテクニックB（伸展＋外転＋内旋）

患者を背臥位にし、腕を約45度外転させた状態にする。術者は一方の手で上腕を内旋位に保持しながら、もう一方の手の母指を使って、筋の起始部に近い筋腱移行部から筋腹に向かって圧をかけ、徐々に母指の位置を下にずらしながらストレッチングを行う。

テンション・リラクゼーションテクニック：患者に5秒間、肩関節を屈曲するように力を入れさせ、それに対し術者は抵抗をかける。そして患者にゆっくりと力を抜くように指示し、より大きくストレッチングを行う。

注意：徒手で筋肉をストレッチングする場合、起始側からストレッチングを行う方法と、停止部からストレッチングを行う方法がある。不必要な反復を避けるため、以後、同様の記述は控えるが、その他の筋肉でも同様に行ってもよいこととする。

警告 肩関節の靱帯を痛める原因となる恐れがあるため、上腕上部に過度な圧をかけないようにする。過度に肩関節を捻ると、長頭の腱を断裂させる危険もある。

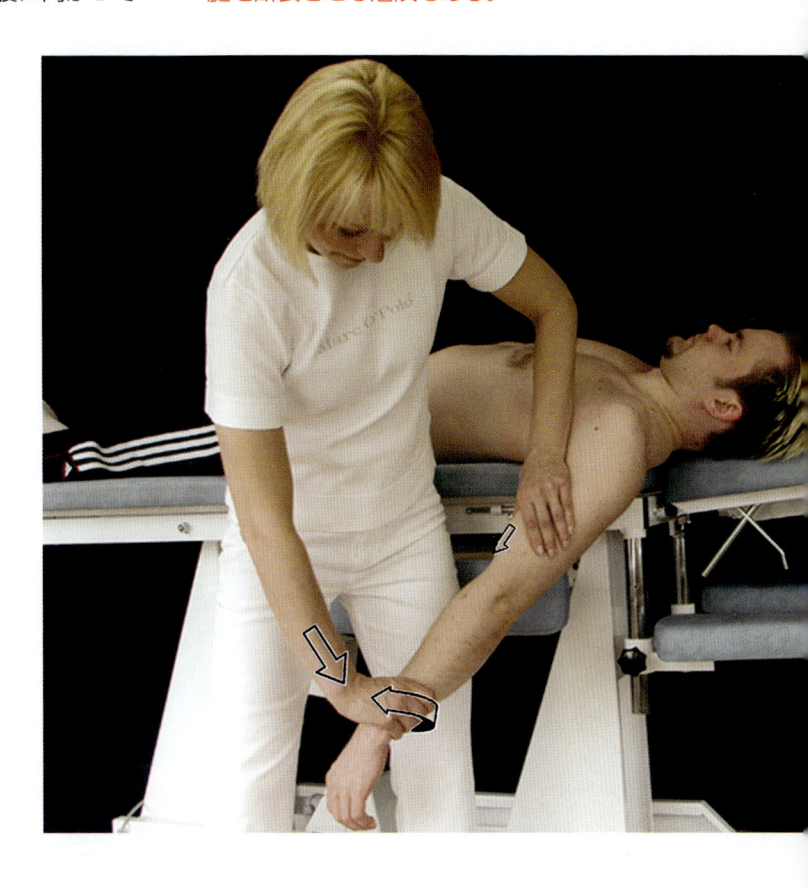

烏口腕筋 （うこうわんきん） Coracobrachialis

神経支配：筋皮神経（第6～第7頚神経）
起　始：烏口突起
停　止：上腕骨の内側縁中部
機　能：肩関節の屈曲、内転、水平屈曲

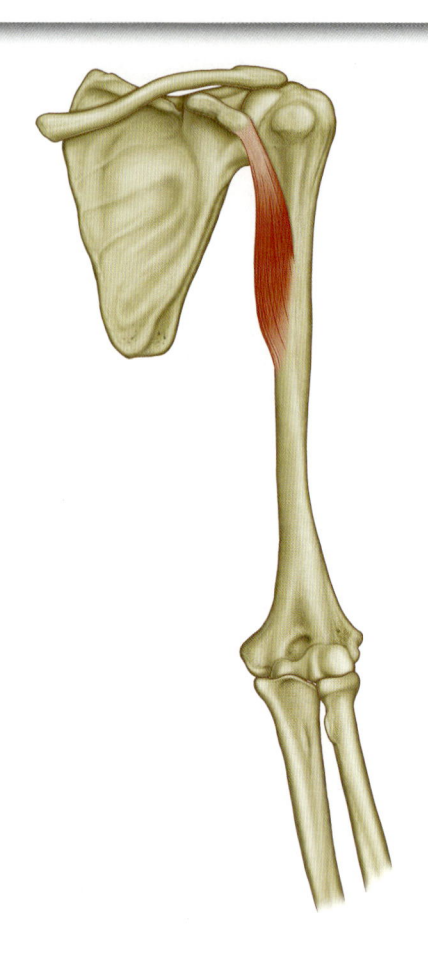

●ストレッチングテクニック

患者を背臥位にし、腕を約45度外転させた状態にする。術者は上腕を下方に押し下げながら、もう一方の手の小指球を使って、筋・腱移行部から烏口腕筋の筋腹に向かって圧をかけ、ストレッチングを行う。

テンション・リラクゼーションテクニック：患者に5秒間、肩関節を屈曲するように力を入れさせ、それに対し術者は抵抗をかける。そして患者にゆっくりと力を抜くように指示し、より大きくストレッチングを行う。

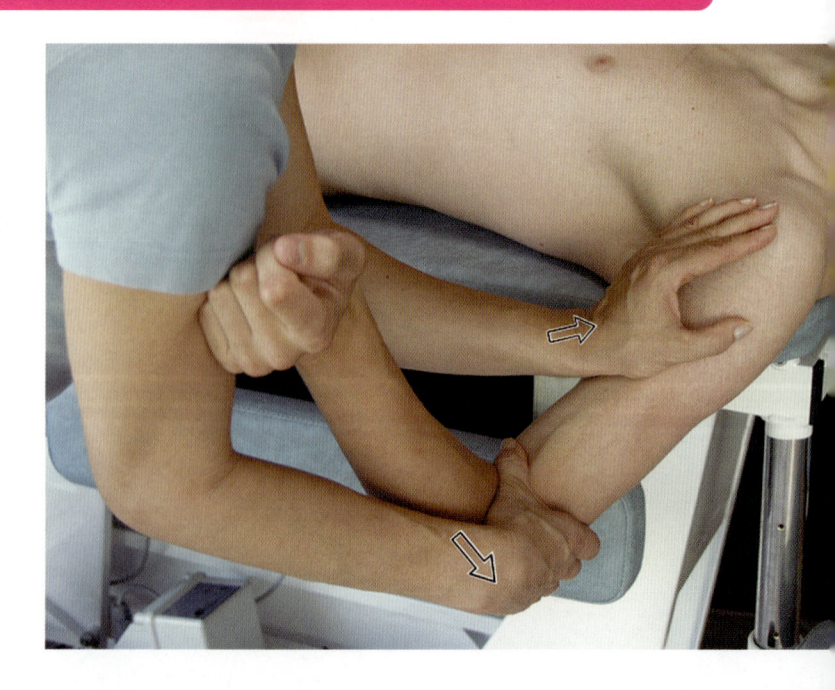

上肢の筋肉

上腕筋 (じょうわんきん) Brachialis

神経支配：筋皮神経（第5～第6頸神経）
起　始：上腕骨の前面遠位1/2
停　止：尺骨粗面、関節包、鉤状突起、筋間中隔
機　能：肘関節の屈曲

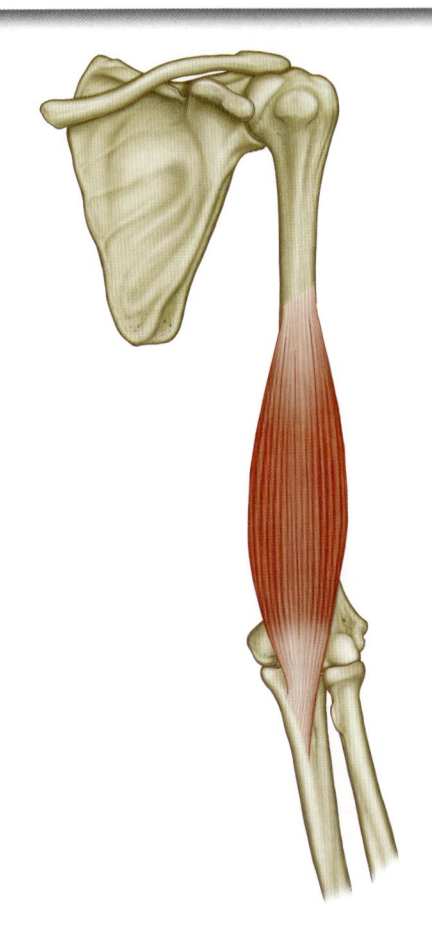

●ストレッチングテクニック

患者を背臥位にして、腕を身体の横に沿わせ、肘関節を約45度屈曲させた状態にする。術者は患者の前腕を下方に押し下げながら、もう一方の手の母指球で筋・腱移行部から筋腹に向かって圧をかけ、ストレッチングを行う。

テンション・リラクゼーションテクニック：患者に5秒間、肘関節を屈曲するように力を入れさせ、それに対し術者は抵抗をかける。そして患者にゆっくりと力を抜くように指示し、より大きくストレッチングを行う。

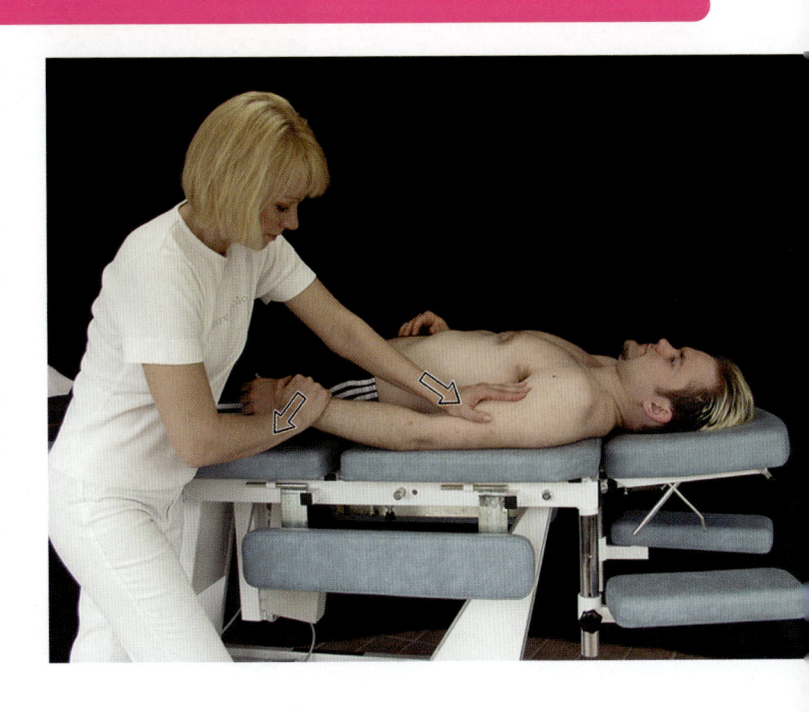

上腕三頭筋 (じょうわんさんとうきん) 長頭 Long head of the triceps brachii

神経支配：橈骨神経（第6〜第8頚神経）
起　始：肩甲骨の関節下結節、時として肩甲骨の外縁、肩関節包
停　止：肘頭
機　能：肘関節の伸展、肩関節の伸展、内転

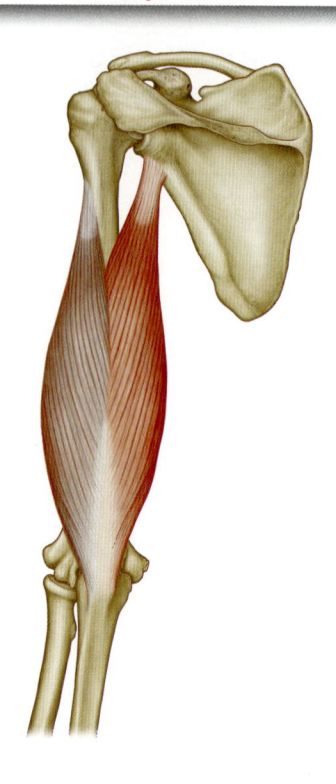

●ストレッチングテクニック

患者を背臥位にし、腕を頭部の上に上げ、肩関節を約135度屈曲させた状態にする。術者は患者の肘を最大限に屈曲させながら、上腕を下方に押し下げ、もう一方の手で筋・腱移行部から筋腹に向かって圧をかけ、ストレッチングを行う。

テンション・リラクゼーションテクニック：患者に5秒間、肩関節を伸展するように力を入れさせ、それに対し術者は抵抗をかける。そして患者にゆっくりと力を抜くように指示し、より大きくストレッチングを行う。

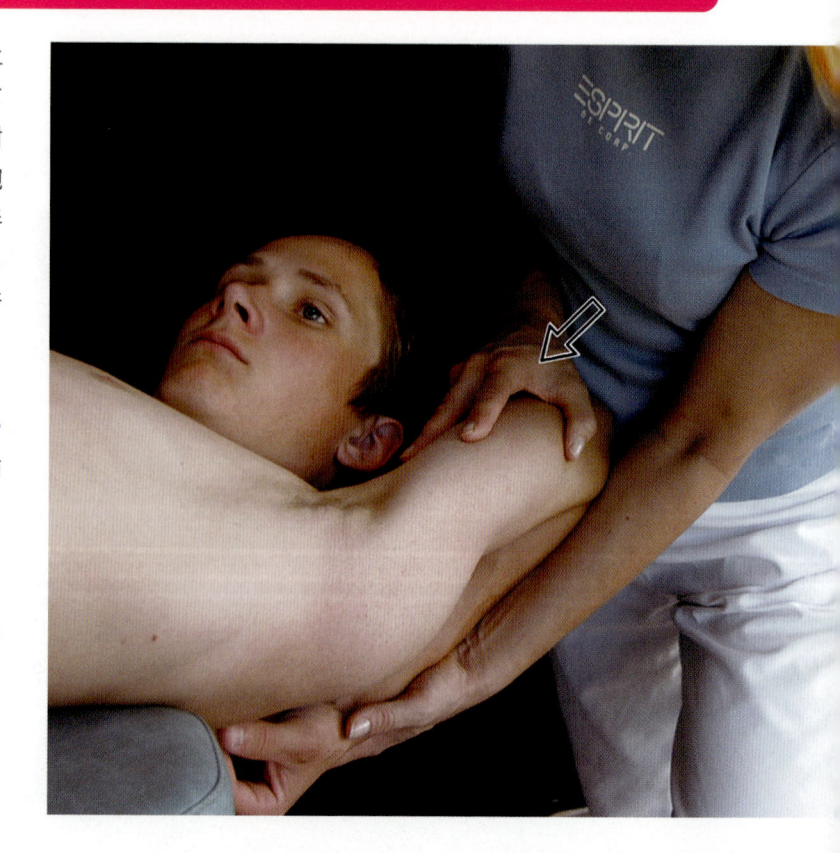

上肢の筋肉

上腕三頭筋（じょうわんさんとうきん）内側頭 Medial head of the triceps brachii

神経支配：橈骨神経（第6～第8頚神経）
起　　始：上腕骨の前面の中央・遠位2/3
停　　止：肘頭
機　　能：肘関節の伸展

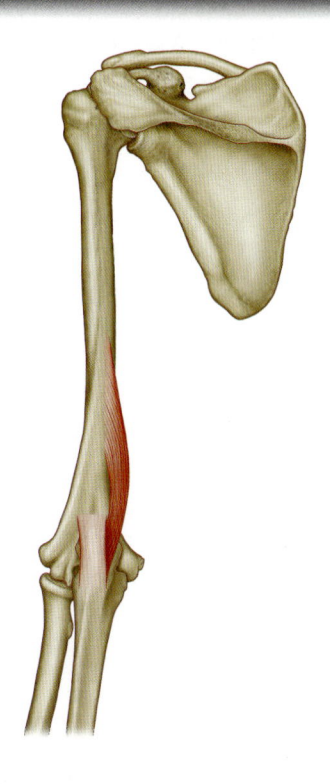

●ストレッチングテクニック

患者を背臥位にし、腕を肩関節で約90度屈曲させた状態にする。術者は患者の肘関節を屈曲させながら、もう一方の手の母指球で筋線維が停止部から離れるように圧をかけ、ストレッチングを行う。

テンション・リラクゼーションテクニック：患者に5秒間、肘関節を伸展するように力を入れさせ、それに対し術者は抵抗をかける。そして患者にゆっくりと力を抜くように指示し、より大きくストレッチングを行う。

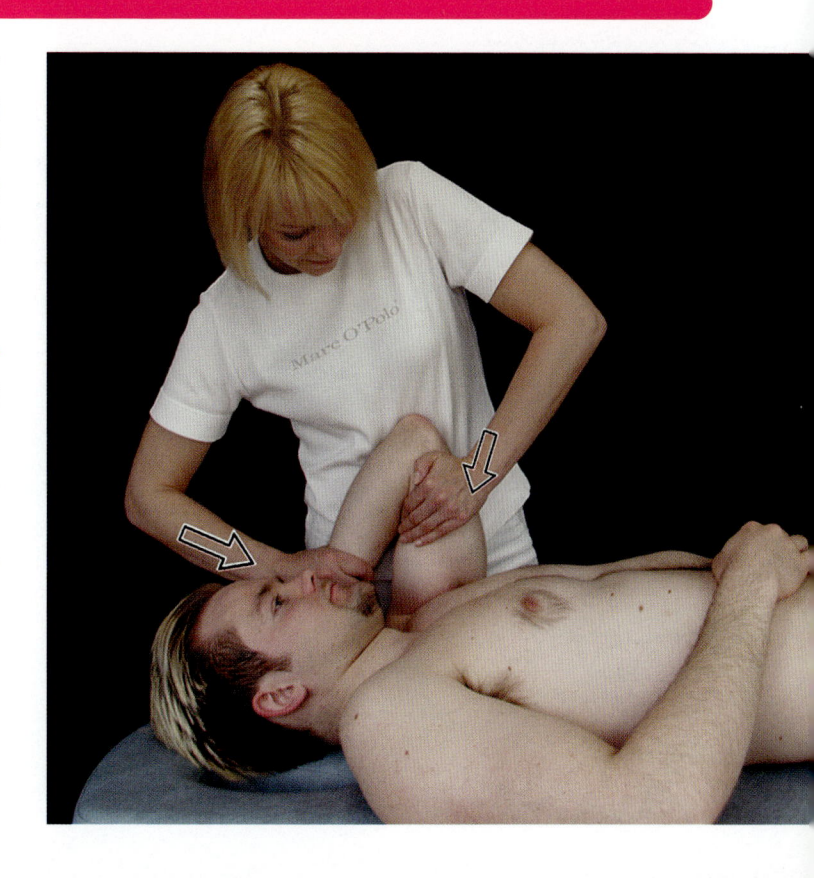

上腕三頭筋 （じょうわんさんとうきん） 外側頭 Lateral head of the triceps brachii

神経支配：橈骨神経（第6～第8頸神経）
起　始：上腕骨の後面外側、近位1/2
停　止：肘頭
機　能：肘関節の伸展

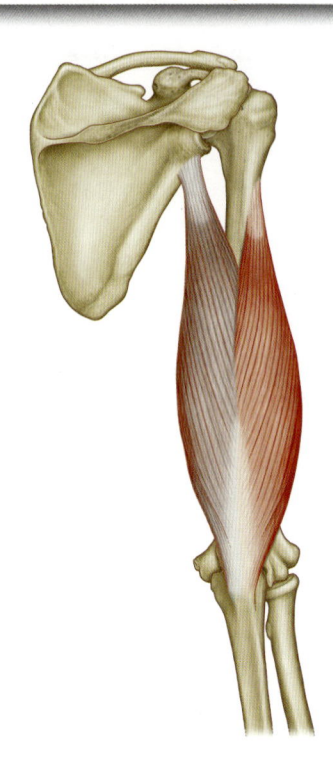

● ストレッチングテクニック

患者を背臥位にし、肩関節を約90度屈曲させた状態にする。術者は患者の肘関節を屈曲させながら、もう一方の手の母指球を使って筋線維を停止部から離れるように圧をかけてストレッチングをかける。

テンション・リラクゼーションテクニック：患者に5秒間、肘関節を伸展するように力を入れさせ、それに対し術者は抵抗をかける。そして患者にゆっくりと力を抜くように指示し、より大きなストレッチングをかける。

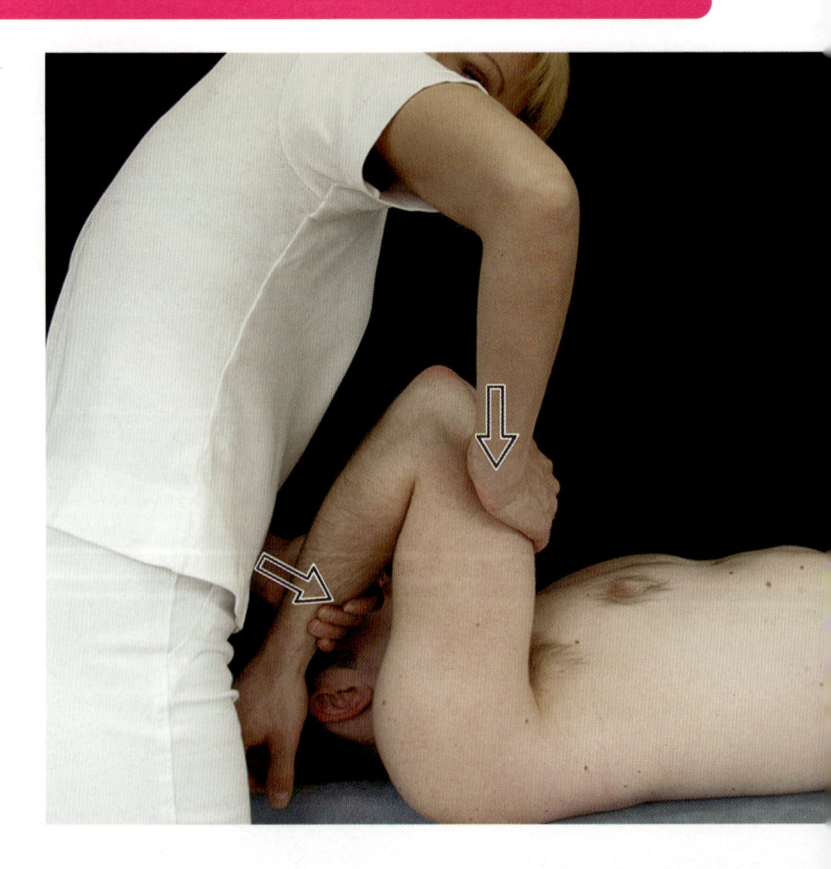

上肢の筋肉

肘関節筋 （ちゅうかんせつきん） Articularis cubiti （subanconeus）

神経支配：橈骨神経（第6〜第8頚神経）
起　始：上腕骨遠位部後面（上腕三頭筋内側、頭の深部線維）
停　止：肘関節の関節包
機　能：関節包を緊張させる

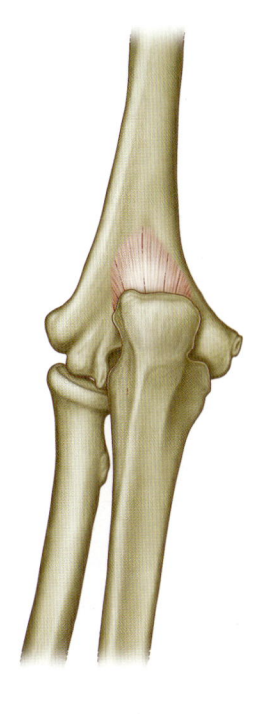

●ストレッチングテクニック

患者を背臥位にし、肩関節、肘関節をともに約90度屈曲させた状態にする。術者は肘関節をさらに屈曲させながら、もう一方の手の母指で下方に向かって筋腹に圧をかけ、ストレッチングを行う。

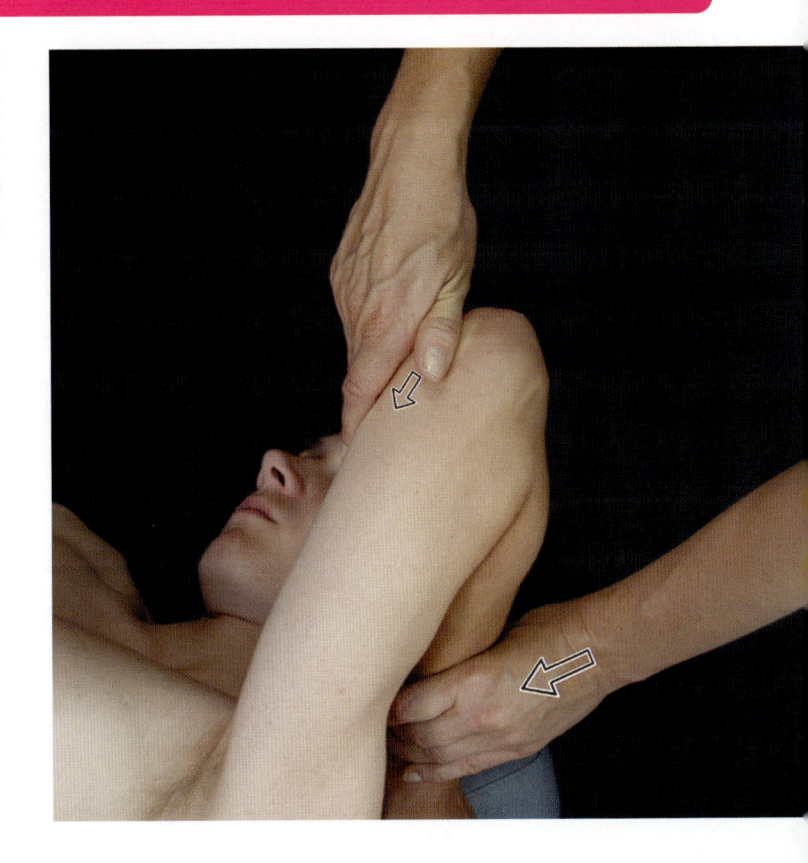

肘筋 （ちゅうきん） Anconeus

神経支配：橈骨神経（第7〜第8頚神経）
起　始：上腕骨の外側上顆および外側靱帯
停　止：尺骨背側の近位1/4
機　能：肘関節の伸展

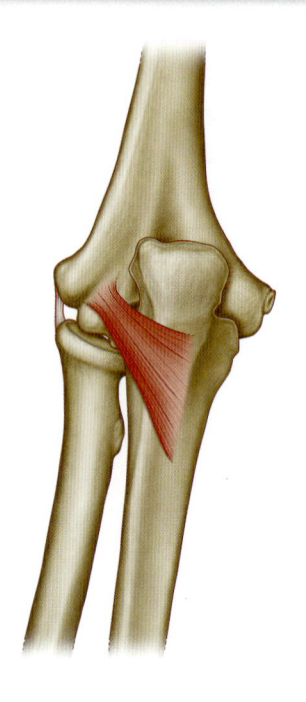

●ストレッチングテクニック

患者を背臥位にし、肩関節、肘関節をともに約90度屈曲させた状態にする。術者は患者の肘関節をさらに屈曲させながら、もう一方の手の母指で停止部から離れるように筋腹に圧をかけ、ストレッチングを行う。

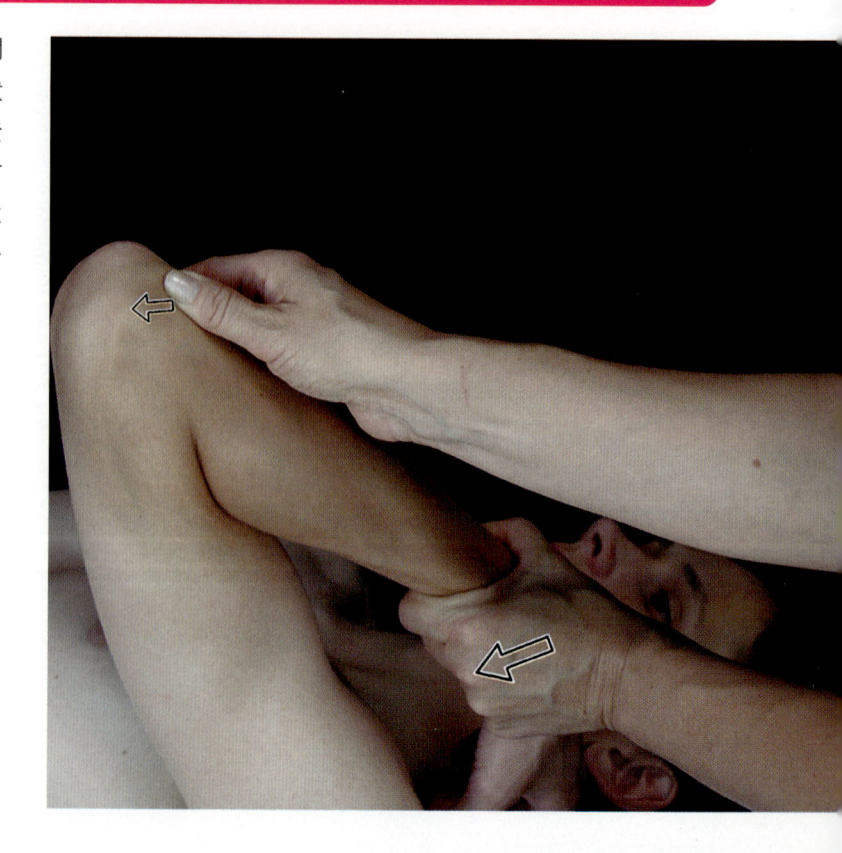

上肢の筋肉

腕橈骨筋 （わんとうこつきん） Brachioradialis

神経支配：橈骨神経（第5～第6頚神経）
起　始：上腕骨の外顆上稜、外側筋間中隔
停　止：橈骨茎状突起
機　能：前腕を回内・回外位から中間位までの回旋、肘関節の屈曲

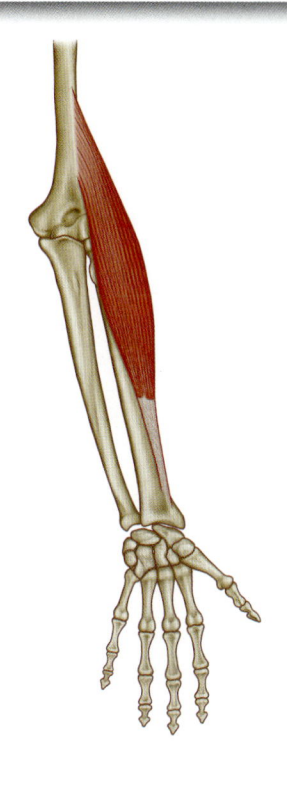

●ストレッチングテクニック（回内＋伸展）

患者を背臥位にし、肘関節を約45度屈曲させた状態にする。術者は患者の肘関節を伸展、内旋させながら、もう一方の手の母指球で筋線維に沿って圧をかけ、ストレッチングを行う。

テンション・リラクゼーションテクニック：患者に5秒間、肘関節を屈曲するように力を入れさせ、それに対し術者は抵抗をかける。そして患者にゆっくりと力を抜くように指示し、より大きくストレッチングを行う。

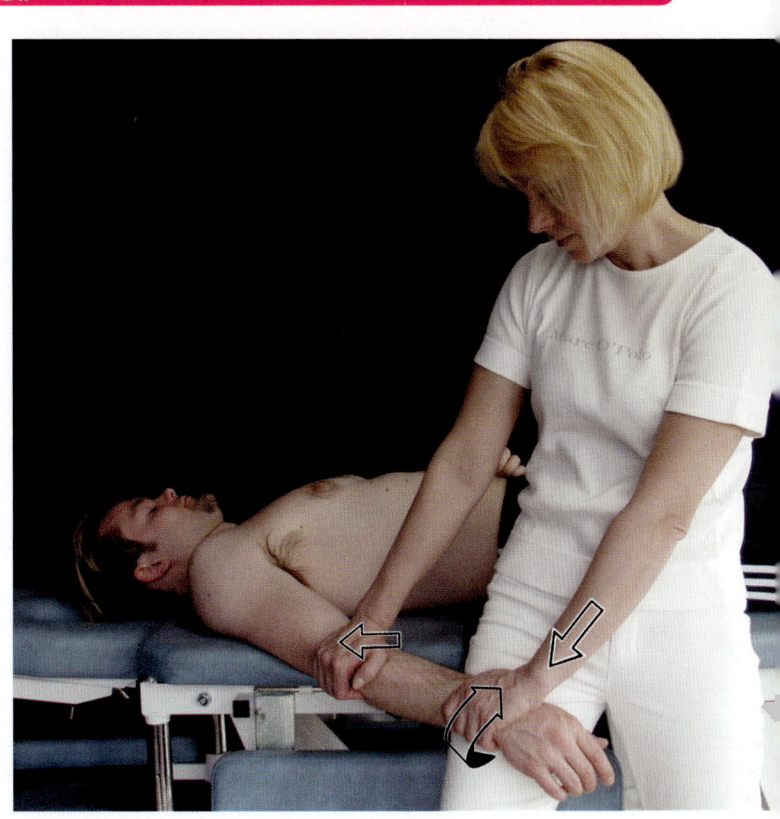

円回内筋 （えんかいないきん） Pronator Teres

神経支配：正中神経（第6～第7頚神経）
起　始：上腕骨内側上顆、筋間中隔、尺骨鈎状突起
停　止：橈骨の回内筋粗面
機　能：前腕を回内（内旋）、肘関節の屈曲の補助

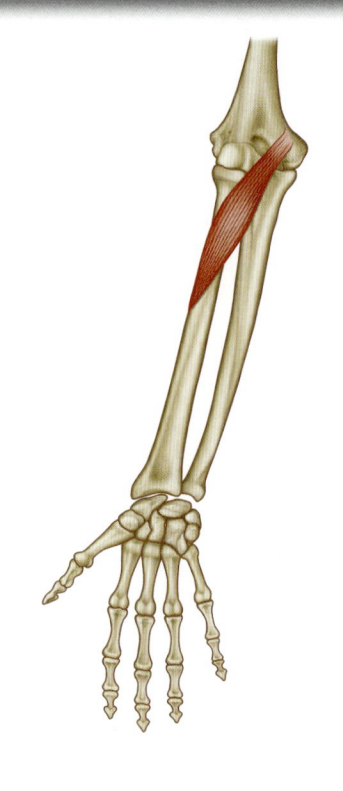

●ストレッチングテクニック（回外＋伸展）

患者を背臥位にし、肘関節を約45度屈曲させた状態にする。術者は一方の手で肘関節を伸展、外旋させながら、もう一方の手の母指球で停止部のすぐ上から筋腹に向かって圧をかけ、ストレッチングを行う。

テンション・リラクゼーションテクニック：患者に5秒間、前腕を内旋（回内）するように力を入れさせ、それに対し術者は抵抗をかける。そして患者にゆっくりと力を抜くように指示し、より大きくストレッチングを行う。

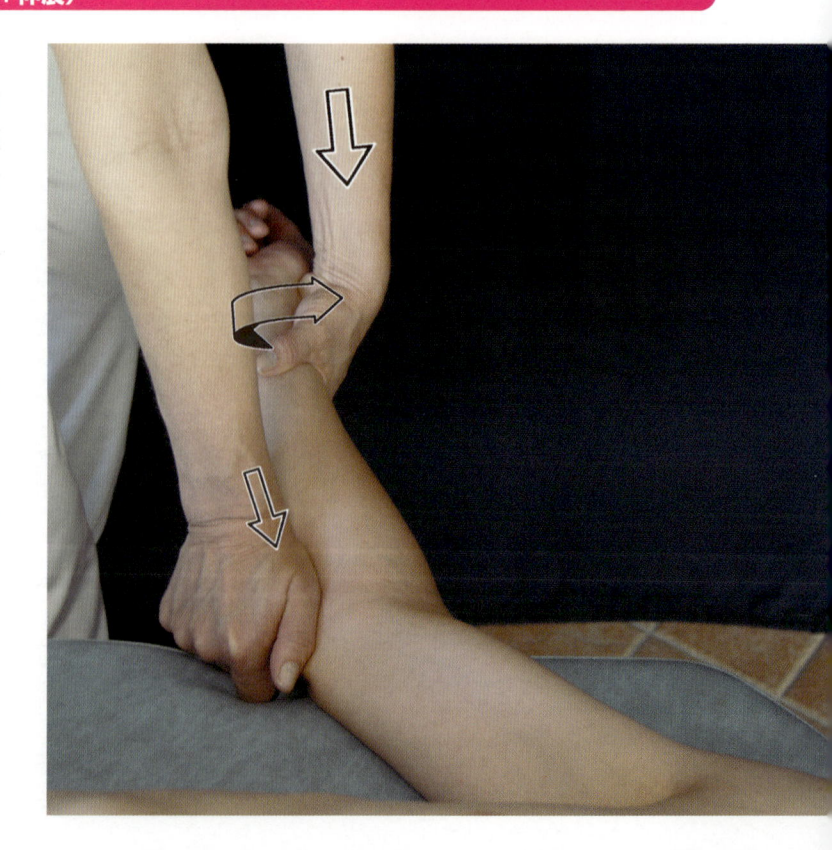

上肢の筋肉

橈側手根屈筋 (とうそくしゅこんくっきん) Flexor carpi radialis

神経支配：正中神経（第6～第7頸神経）
起　始：上腕骨の内側上顆、前腕の浅筋膜
停　止：第2～第3中手骨底前面
機　能：手関節の屈曲、前腕の回内・手関節の橈屈の補助、肘関節の屈曲の補助

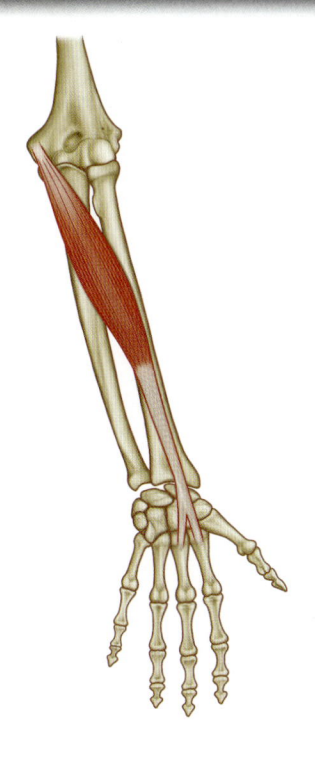

●ストレッチングテクニック（回外＋伸展）

患者を背臥位にし、腕を身体の横で真っすぐに伸ばした状態にする。術者は患者の手関節を押し下げ、第2中手骨から前腕を外旋させながら、もう一方の手の小指球で筋・腱移行部から筋腹に向かって押し、ストレッチングを行う。

テンション・リラクゼーションテクニック：患者に5秒間、手首を屈曲するように力を入れさせ、それに対し術者は抵抗をかける。そして患者にゆっくりと力を抜くように指示し、より大きくストレッチングを行う。

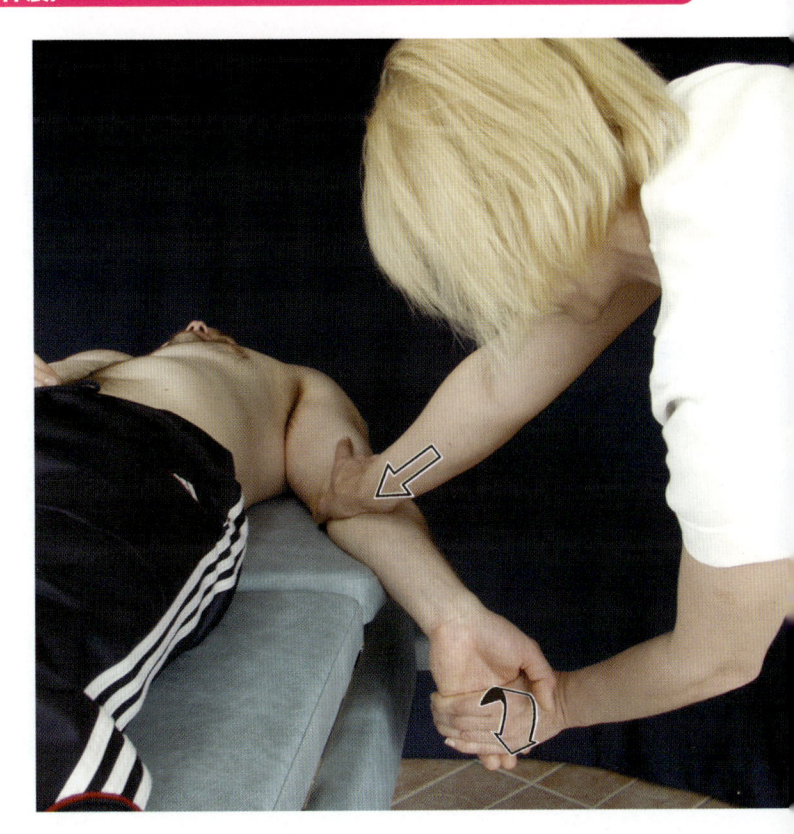

尺側手根屈筋 （しゃくそくしゅこんくっきん） Flexor carpi ulnaris

神経支配：尺骨神経（第7～第8頸神経）
起　始：上腕骨内側上顆、尺骨肘頭、尺骨後面上部2/3
停　止：豆状骨、豆中手靱帯、第5中手骨底、有鉤骨
機　能：手関節の屈曲、尺屈の補助

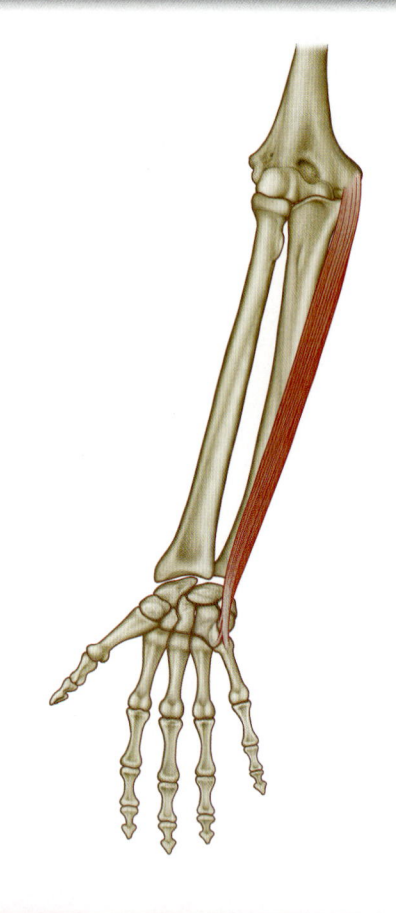

●ストレッチングテクニック（回内＋伸展）

患者を腹臥位にし、腕を身体の横で真っすぐに伸ばした状態にする。術者は患者の手関節を伸展させ、第5中手骨から前腕を内旋させながら、もう一方の手の母指球で筋の停止部から筋腹に向かって押すように圧をかけ、ストレッチングを行う。

テンション・リラクゼーションテクニック：患者に5秒間、手首を屈曲するように力を入れさせ、それに対し術者は抵抗をかける。そして患者にゆっくりと力を抜くように指示し、より大きくストレッチングを行う。

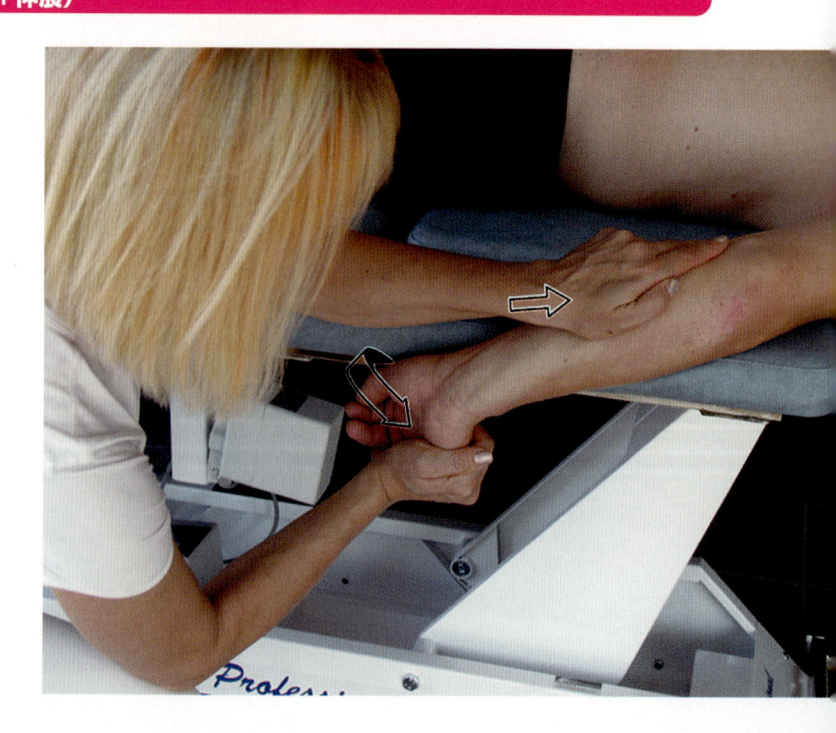

上肢の筋肉

長掌筋 （ちょうしょうきん） Palmaris longus

神経支配：正中神経（第7〜第8頸神経、第1胸神経）
起　始：上腕骨内側上顆
停　止：手首の屈筋支帯と手掌腱膜
機　能：手関節の屈曲、前腕の回内、手掌腱膜の緊張

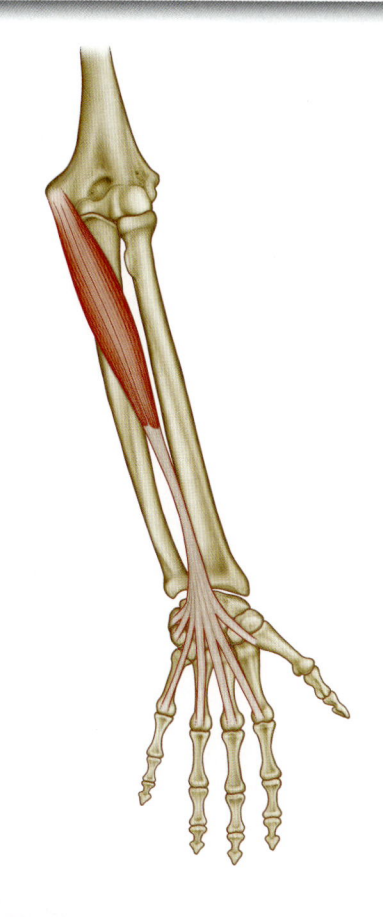

●ストレッチングテクニック（回外＋伸展）

患者を腹臥位にし、肘を伸ばした状態にする。術者は患者の手関節と第2〜第5中手指節関節を伸展させ、前腕を外旋させながら、もう一方の手の母指球で筋の停止部から筋腹に向かって押すように圧をかけ、ストレッチングを行う。

テンション・リラクゼーションテクニック：患者に5秒間、手首を屈曲するように力を入れさせ、それに対し術者は抵抗をかける。そして患者にゆっくりと力を抜くように指示し、より大きくストレッチングを行う。

注意：一般人口の約10％においてこの筋は欠如するが、手掌腱膜としてはすべての人に存在する。

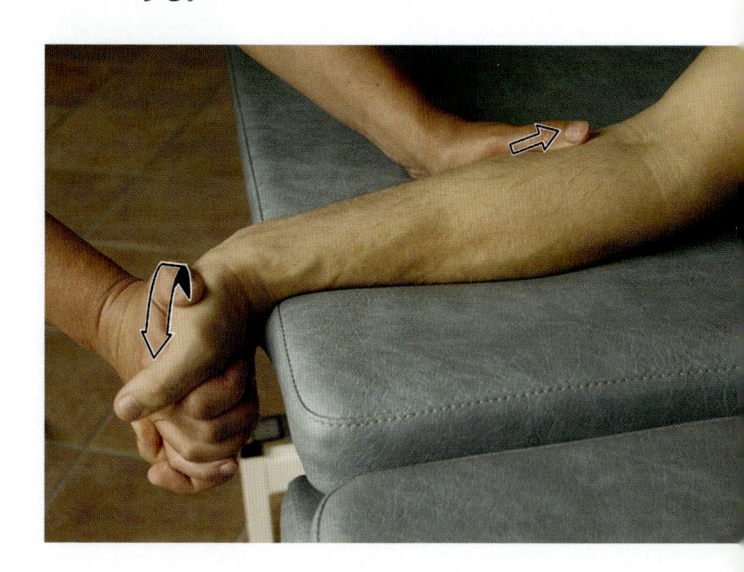

浅指屈筋 (せんしくっきん) Flexor digitorum superficialis

神経支配：正中神経（第7〜第8頚神経、第1胸神経）
起　始：上腕骨内側上顆、尺骨鉤状突起、橈骨の前面
停　止：第2〜第5指中節骨の中央部
機　能：手関節の屈曲、第2〜第5指近位指節間関節（PIP関節）の屈曲

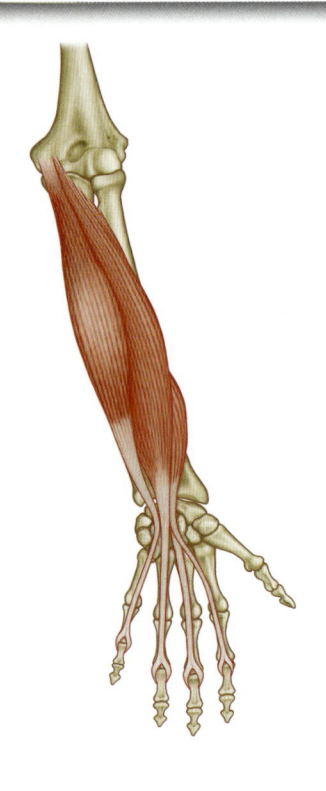

●ストレッチングテクニック（回外＋伸展）

患者を腹臥位にし、肘を伸ばした状態にする。術者は患者の手関節と第2〜第5中手指節関節、近位指節間関節（PIP関節）を伸展（遠位指節間関節は屈曲）させながら、前腕を外旋させる。同時に、もう一方の手の母指球で筋の停止部から筋腹に向かって押すように圧をかけ、ストレッチングを行う。

テンション・リラクゼーションテクニック：患者に5秒間、手を握るように力を入れさせ、それに対し術者は抵抗をかける。そして患者にゆっくりと力を抜くように指示し、より大きくストレッチングを行う。

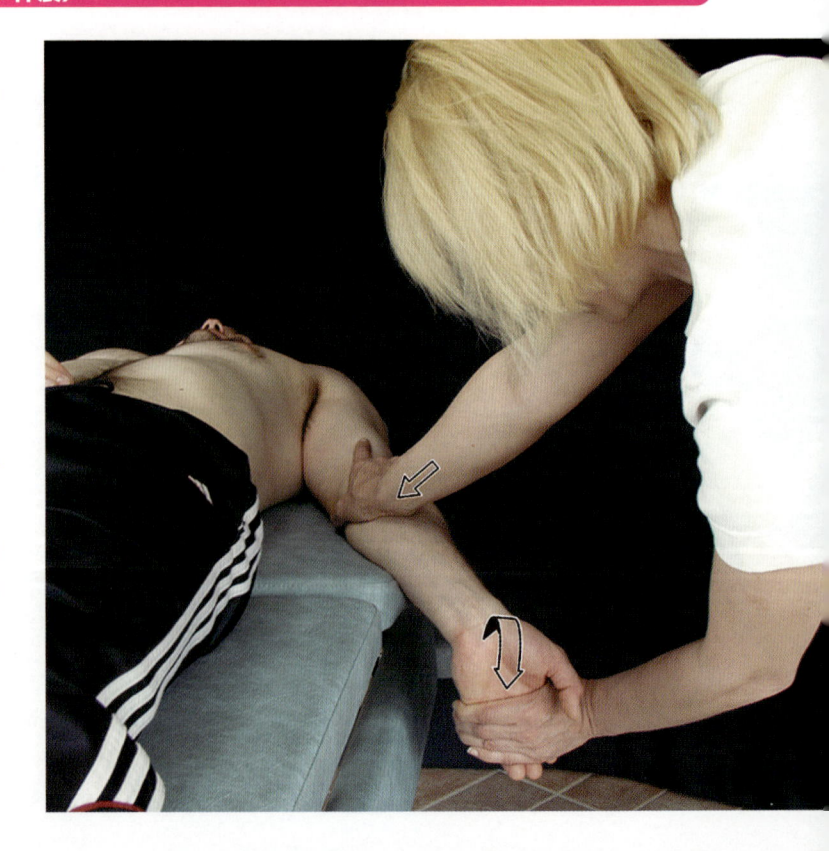

上肢の筋肉

深指屈筋（しんしくっきん）Flexor digitorum profundus（perforatus）

神経支配：正中神経（尺骨神経、第7～第8頚神経、第1胸神経）
起　始：尺骨前面の中枢部2/3、前腕骨間膜
停　止：第2～5指の末節骨底
機　能：手関節の屈曲、第2～5指遠位指節間関節（DIP関節）の屈曲

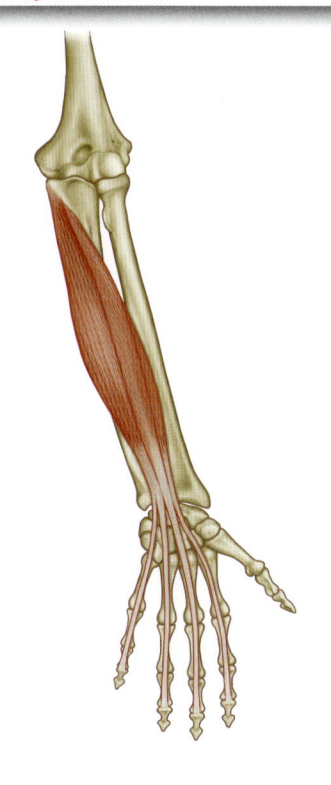

●ストレッチングテクニック（回外＋伸展）

術者は患者の手関節と第2～第5中手指節関節、近位指節間関節（PIP関節）、遠位指節間関節（DIP関節）を伸展させながら、前腕を外旋させる。もう一方の手の母指球で筋の停止部から筋腹に向かって押すように圧をかけ、ストレッチングを行う。

テンション・リラクゼーションテクニック：患者に5秒間、指を屈曲させるように力を入れさせ、それに対し術者は抵抗をかける。そして患者にゆっくりと力を抜くように指示し、より大きくストレッチングを行う。

注意：上腕骨内側上顆に付着する屈筋群を伸ばさないように、この筋肉をストレッチングする際は肘関節を屈曲位に保つようにする。

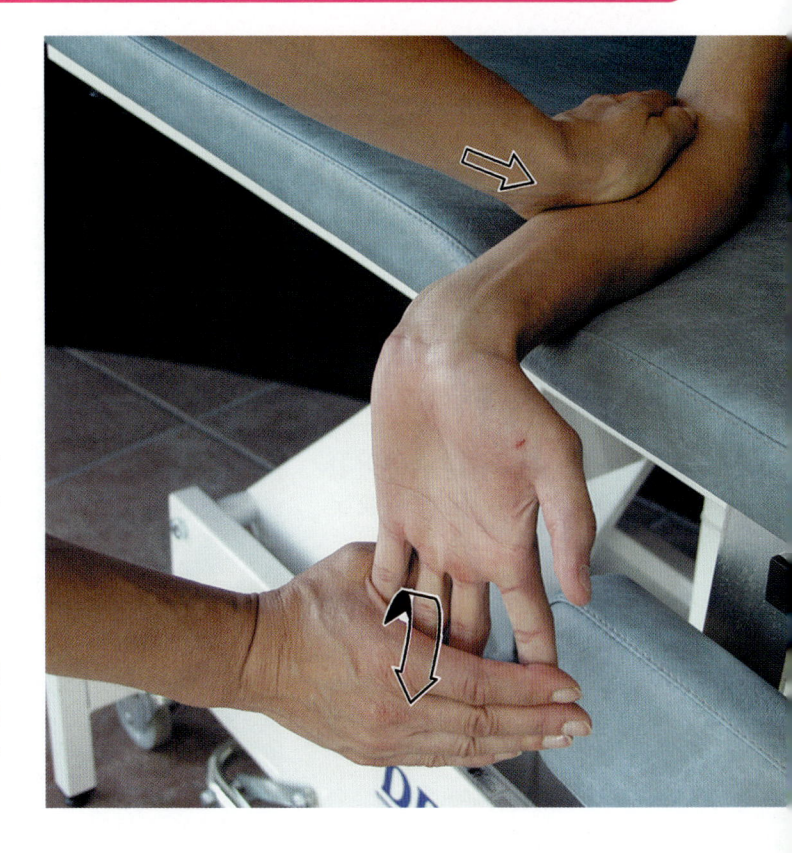

長母指屈筋 （ちょうぼしくっきん） Flexor pollicis longus

神経支配：正中神経（第7～第8頚神経）
起　始：橈骨と骨間膜の中央1/3前面
停　止：母指末節骨底
機　能：母指、手関節の屈曲、橈屈の補助

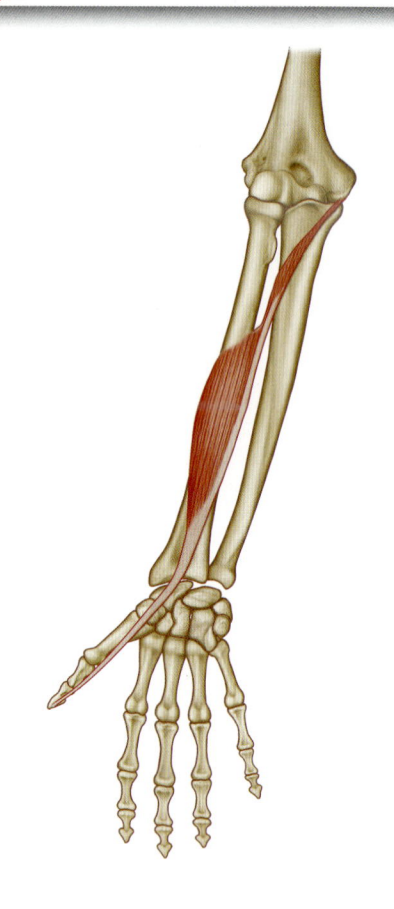

●ストレッチングテクニック（回外＋伸展）

術者は患者の手関節と母指を伸展させながら、前腕を外旋させる。同時にもう一方の手の母指球で、筋の停止部から筋腹に向かって押すように圧をかけ、ストレッチングを行う。

テンション・リラクゼーションテクニック：患者に5秒間、母指を屈曲させるように力を入れさせ、それに対し術者は抵抗をかける。そして患者にゆっくりと力を抜くように指示し、より大きくストレッチングを行う。

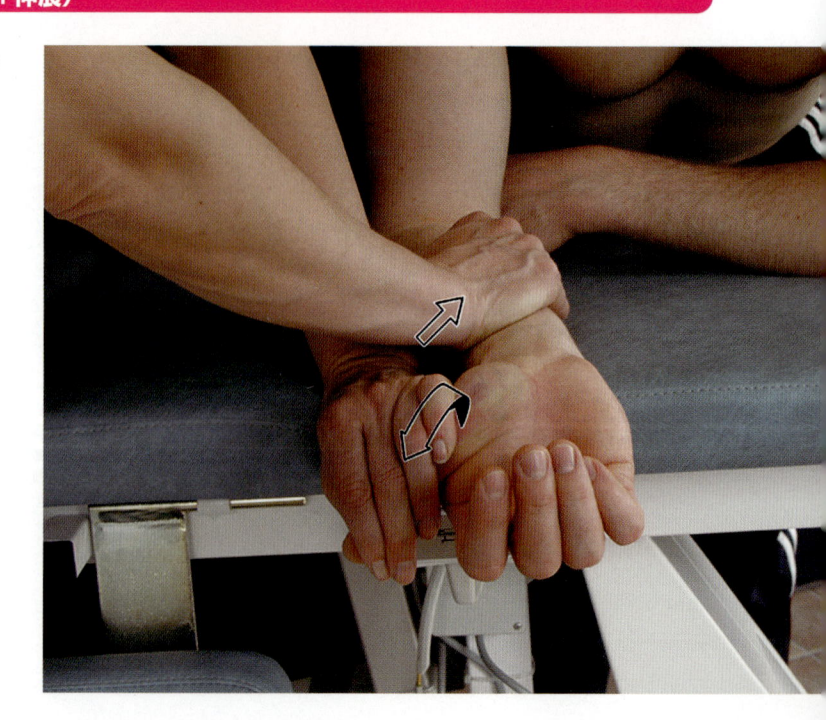

上肢の筋肉

方形回内筋 （ほうけいかいないきん） Pronator quadratus

神経支配：正中神経から分岐した前骨間神経
（第7～第8頚神経）
起　始：尺骨の遠位前面
停　止：橈骨の遠位前面
機　能：前腕の回内

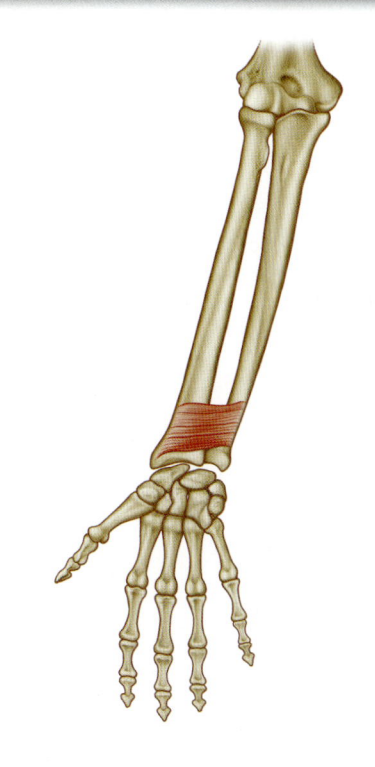

●ストレッチングテクニック（回外）

術者は母指と母指球で患者の母指と橈骨をつかみ、もう一方の手で、患者の第5指と尺骨の茎状突起をつかむ。その状態で、術者が両手でつかんだ部分を互いに引き離すように力を入れ、ストレッチングを行う。

テンション・リラクゼーションテクニック：患者に5秒間、前腕を内旋させるように力を入れさせ、それに対し術者は抵抗をかける。そして患者にゆっくりと力を抜くように指示し、より大きくストレッチングを行う。

注意：人によっては、この筋肉が欠如している場合もある。

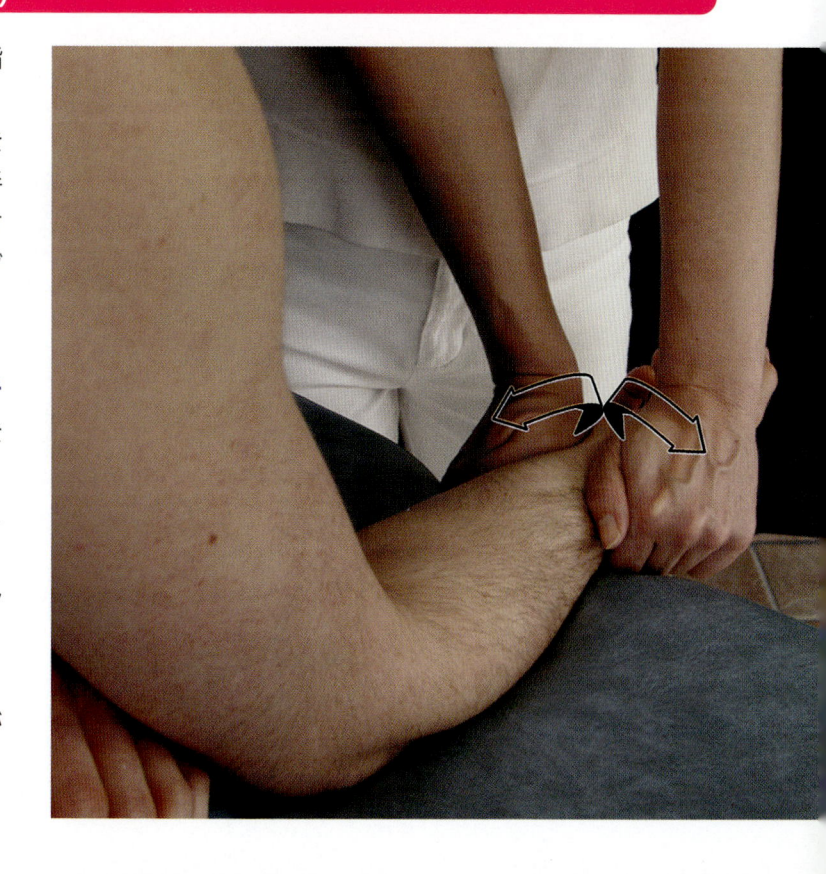

回外筋 （かいがいきん） Supinator

神経支配：橈骨神経から分岐した後骨間神経（第5～第6頚神経）
起　　始：上腕骨外側上顆、尺骨の回外筋稜、外側側副靱帯、上橈尺関節の輪状靱帯
停　　止：橈骨近位の外側面
機　　能：前腕の回外

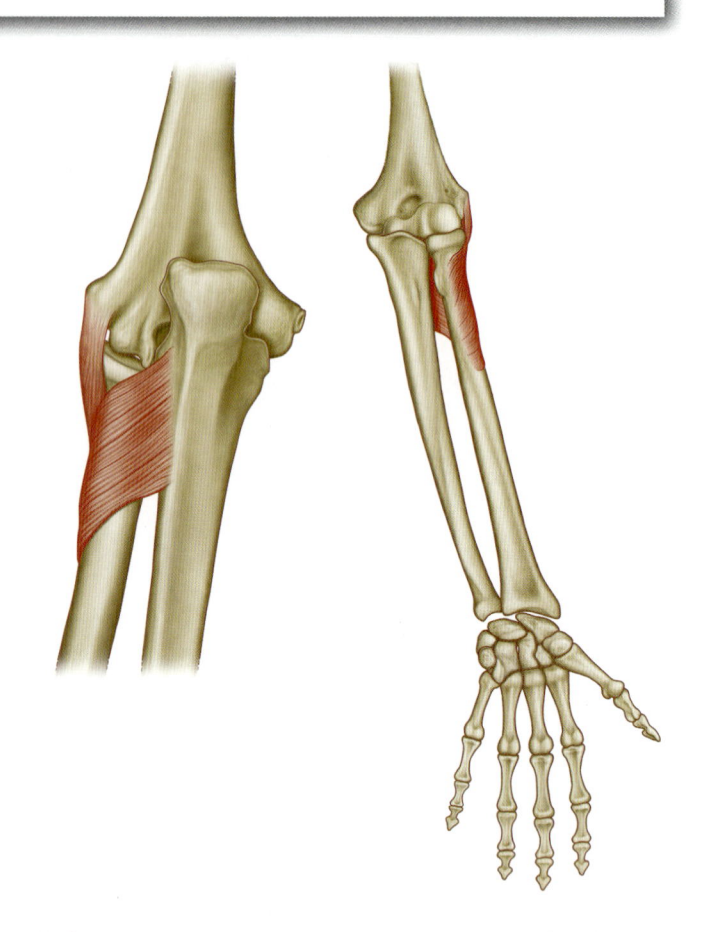

●ストレッチングテクニック（回内＋伸展）

患者を背臥位にし、肘を約45度屈曲させた状態にする。術者は患者の前腕を伸展、内旋させながら、もう一方の手の母指球を使って筋線維に沿って圧をかけ、ストレッチングを行う。

テンション・リラクゼーションテクニック：患者に5秒間、前腕を外旋させるように力を入れさせ、それに対し術者は抵抗をかける。そして患者にゆっくりと力を抜くように指示し、より大きくストレッチングを行う。

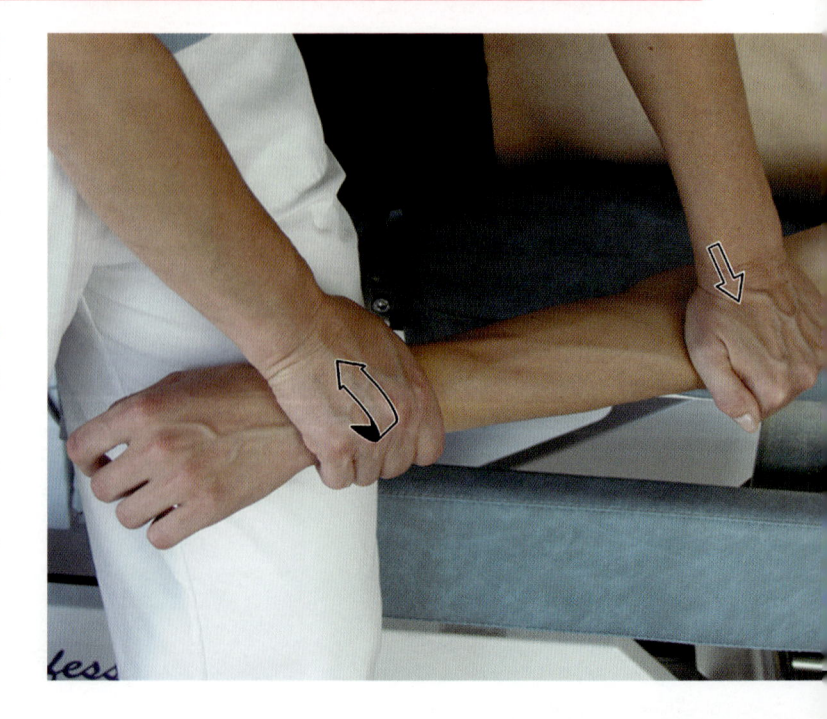

上肢の筋肉

長橈側手根伸筋 （ちょうとうそくしゅこんしんきん） Extensor carpi radialis longus

神経支配：橈骨神経（第6～第8頸神経）
起　始：上腕骨外側上顆上稜
停　止：第2中手骨底
機　能：手関節の背屈、橈屈、回内・外位から中間位に前腕を回旋させる

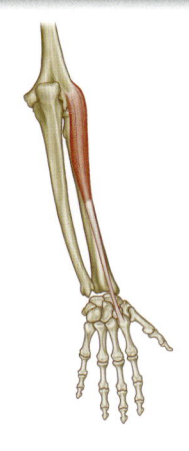

短橈側手根伸筋 （たんとうそくしゅこんしんきん） Extensor carpi radialis brevis

神経支配：橈骨神経から分岐した後骨間神経（第6～第8頸神経）
起　始：上腕骨外側上顆、外側側副靱帯、輪状靱帯
停　止：第3中手骨底
機　能：手関節の背屈、橈屈、肘関節の屈曲、回内・外位から中間位に前腕を回旋させる

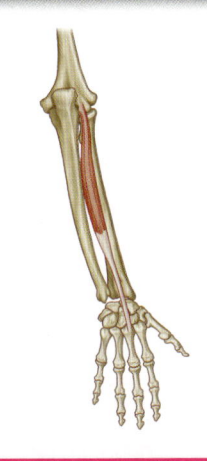

●ストレッチングテクニック（回内＋屈曲）

患者を背臥位にし、腕を身体の横で真っすぐに伸ばした状態にする。術者は患者の第2、3中手骨をつかみ、手関節を屈曲させつつ前腕を内旋させながら、もう一方の手の母指球を使って筋の停止部から離れるように筋腹に向かって圧をかけ、ストレッチングを行う。

テンション・リラクゼーションテクニック：患者に5秒間、手関節を伸展するように力を入れさせ、それに対し術者は抵抗をかける。そして患者にゆっくりと力を抜くように指示し、より大きくストレッチングを行う。

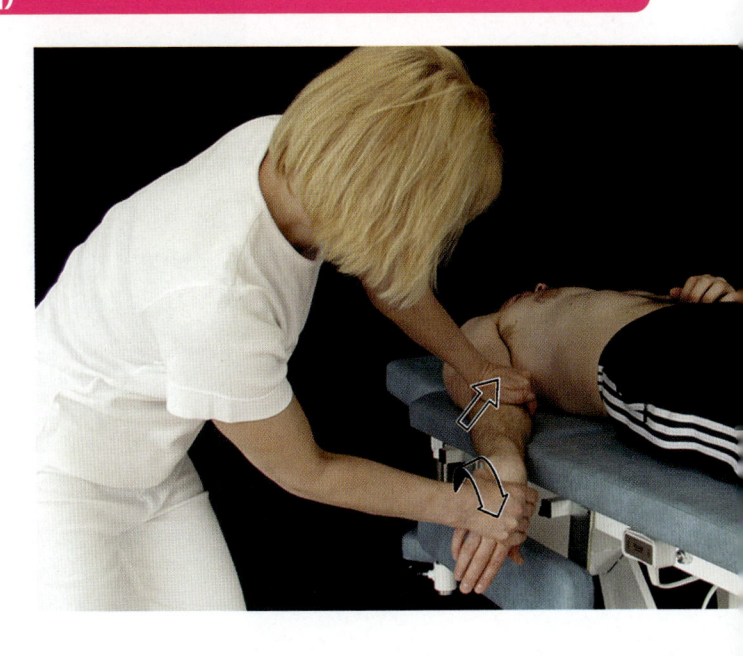

尺側手根伸筋 （しゃくそくしゅこんしんきん） Extensor carpi ulnaris

神経支配：橈骨神経から分岐した後骨間神経
（第6～第8頚神経）
起　始：上腕骨外側上顆、外側側副靱帯、尺
側上部後面
停　止：第5中手骨底（背側）
機　能：手関節の背屈、尺屈

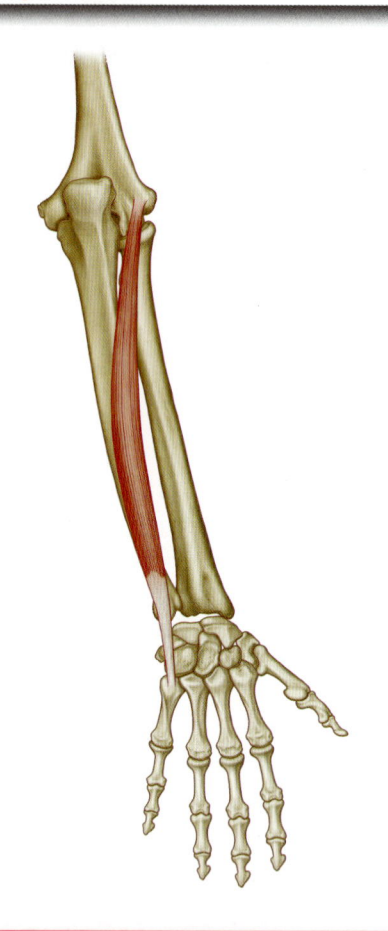

●ストレッチングテクニック（回外＋屈曲）

患者を腹臥位にし、腕を身体の横で真っすぐに伸ばした状態にする。術者は患者の第5中手骨をつかみ、手関節を屈曲させつつ前腕を外旋させながら、もう一方の手の母指球を使って筋・腱移行部から筋腹に向かって離圧をかけ、ストレッチングを行う。

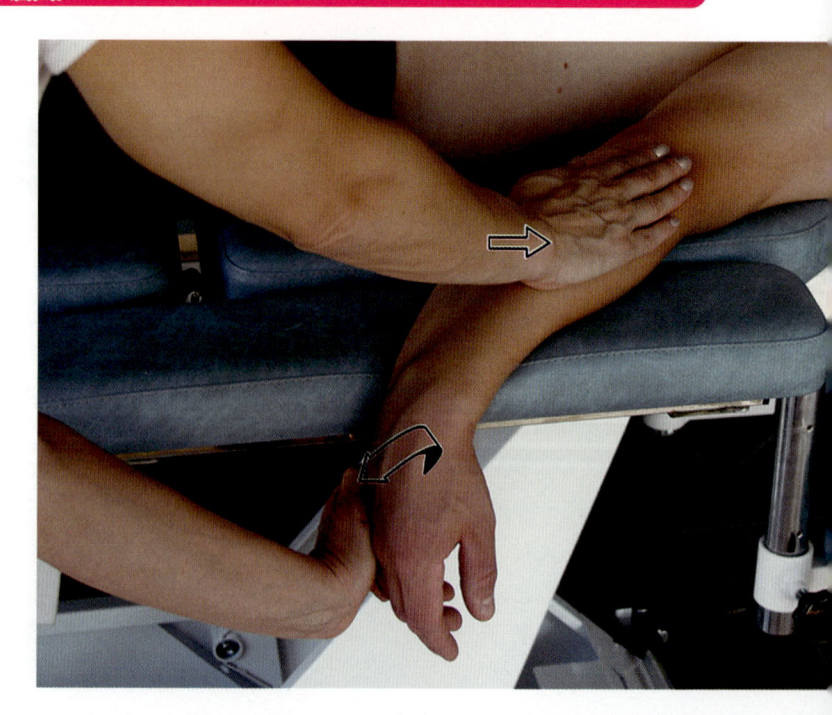

テンション・リラクゼーションテクニック：患者に5秒間、手関節を伸展するように力を入れさせ、それに対し術者は抵抗をかける。そして患者にゆっくりと力を抜くように指示し、より大きくストレッチングを行う。

上肢の筋肉

（総）指伸筋 （そうししんきん） Extensor digitorum

神経支配：橈骨神経から分岐した後骨間神経
（第6～第8頚神経）

起　始：上腕骨外側上顆、外側側副靱帯、輪状靱帯、前腕筋膜

停　止：指背腱膜を介して第2～第5指中節骨底および末節骨（第5指への腱が欠如する場合もある）

機　能：第2～第5指の遠位指節間関節（DIP関節）、近位指節間関節（PIP関節）、中手指節関節（MP関節）の伸展、指の外転、手関節の背屈および尺屈

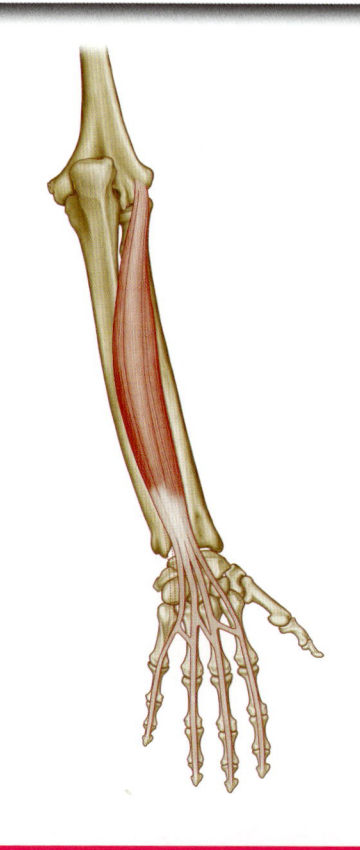

●ストレッチングテクニック（回外＋屈曲）

患者を背臥位にし、腕を身体の横で真っすぐに伸ばし、手をしっかりと握らせた状態にする。術者は患者に自分の手をしっかりと握らせて手関節を屈曲させながら、前腕を内旋させる。同時にもう一方の手の母指球を使って、停止部から筋腹に向かって離れるように圧をかけ、ストレッチングを行う。

テンション・リラクゼーションテクニック：患者に5秒間、手関節を伸展するように力を入れさせ、それに対し術者は抵抗をかける。そして患者にゆっくりと力を抜くように指示し、より大きくストレッチングを行う。

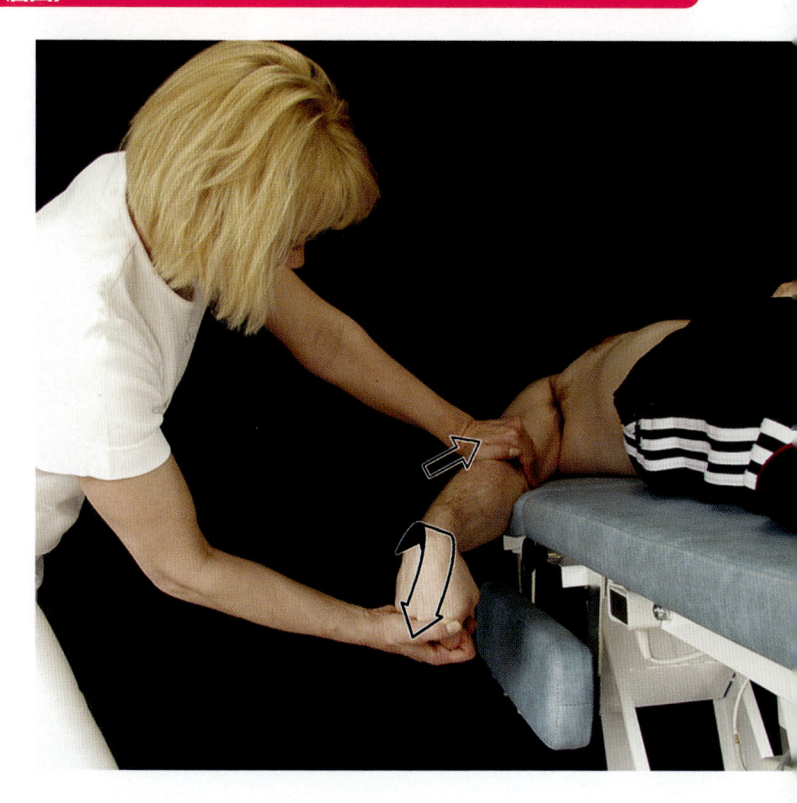

小指伸筋 （しょうししんきん） Extensor digiti minimi

神経支配：橈骨神経から分岐した後骨間神経
　　　　　（第6～第8頚神経）
起　始：上腕骨外側上顆
停　止：第5指の中節骨と末節骨の骨底
機　能：第5指の伸展、手関節の尺屈の補助

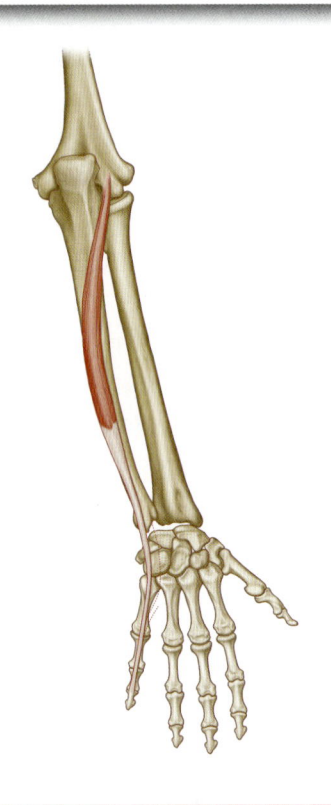

●ストレッチングテクニック（回外＋屈曲）

患者を腹臥位にし、腕を身体の横で真っすぐに伸ばし、第5指を屈曲させた状態にする。術者は屈曲させた第5指をつかみ、手関節を屈曲させながら前腕を外旋させる。同時にもう一方の手の母指球を使って停止部から筋腹に向かって離れるように圧をかけ、ストレッチングを行う。

テンション・リラクゼーションテクニック：患者に5秒間、手関節を伸展するように力を入れさせ、それに対し術者は抵抗をかける。そして患者にゆっくりと力を抜くように指示し、より大きくストレッチングを行う。

注意：この筋が欠如する場合もあり、その場合は（総）指伸筋によって代用される

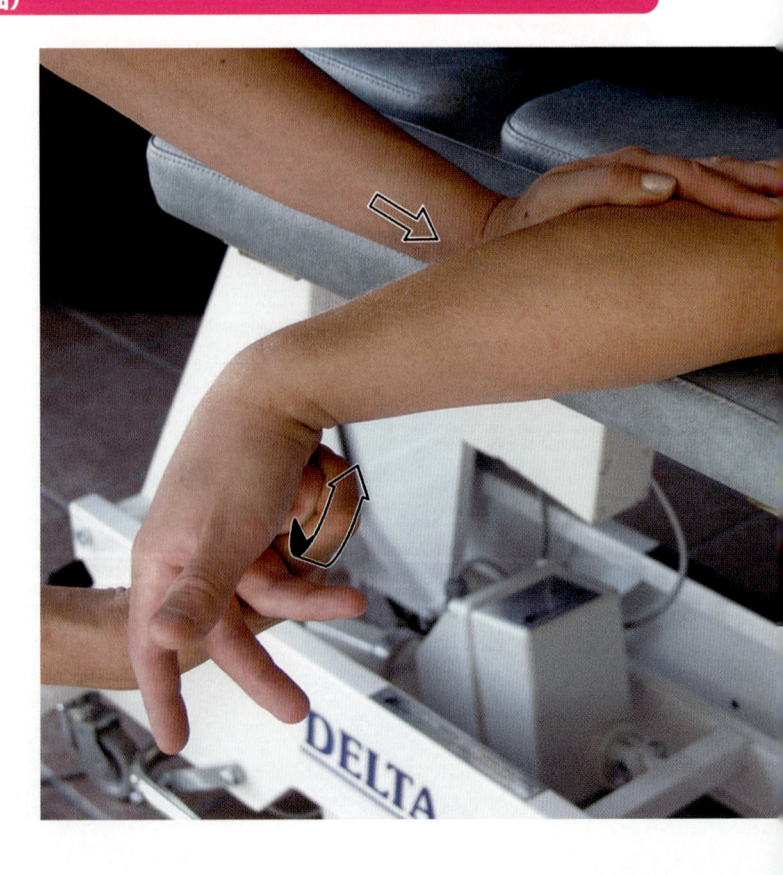

上肢の筋肉

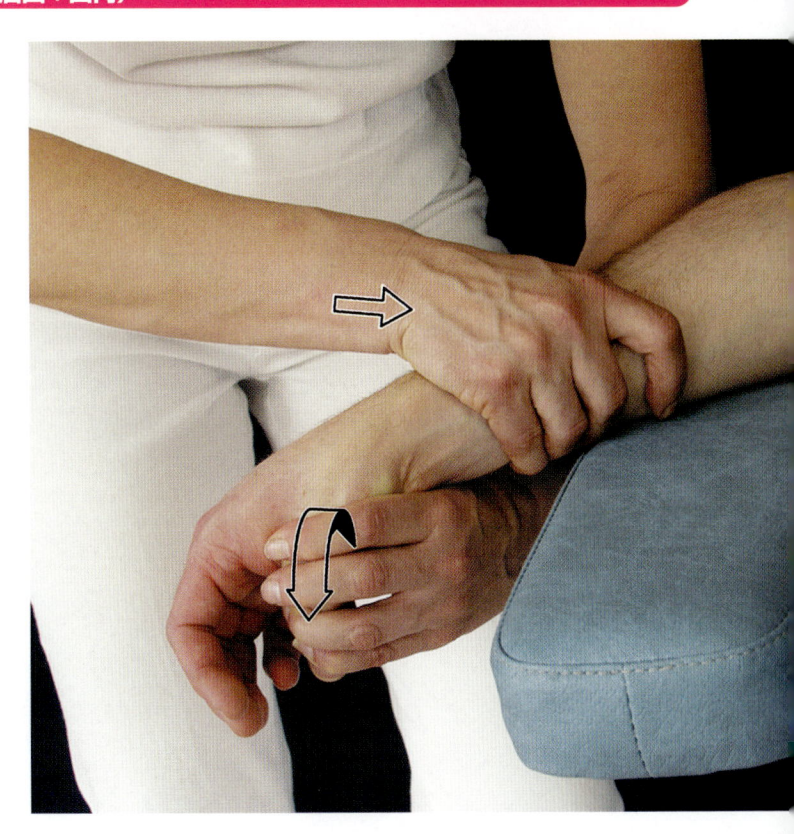

長母指外転筋 （ちょうぼしがいてんきん） Abductor pollicis longus

神経支配：橈骨神経から分岐した後骨間神経（第7～第8頚神経）
起　始：尺骨後面、大菱形骨、橈骨後面、前腕骨間膜
停　止：第1中手骨底、短母指伸筋・短母指外転筋腱
機　能：母指の伸展、外転、手関節の橈屈

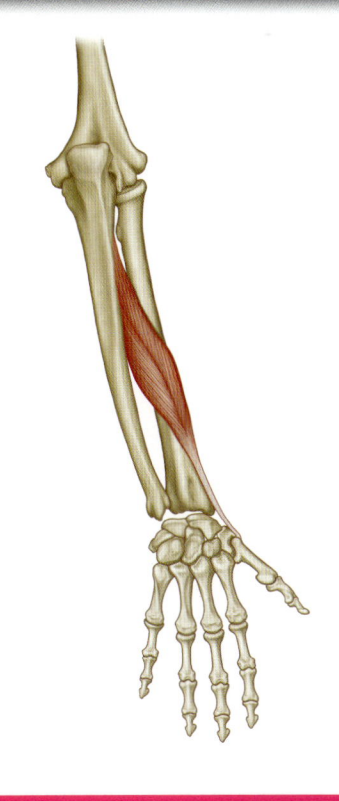

●ストレッチングテクニック（尺屈＋屈曲＋回内）

術者は患者の母指をつかみ、中手指節関節と手関節を屈曲、前腕を内旋させる。同時にもう一方の手の母指球を使って停止部から筋腹に向かって離れるように圧をかけ、ストレッチングを行う。

テンション・リラクゼーションテクニック：患者に5秒間、手関節を伸展するように力を入れさせ、それに対し術者は抵抗をかける。そして患者にゆっくりと力を抜くように指示し、より大きくストレッチングを行う。

長母指伸筋 （ちょうぼししんきん） Extensor pollicis longus

神経支配：橈骨神経から分岐した後骨間神経
（第7～第8頚神経）
起　始：尺骨後面、前腕骨間膜
停　止：母指の末節骨の骨底
機　能：母指の伸展、手関節の伸展、橈屈

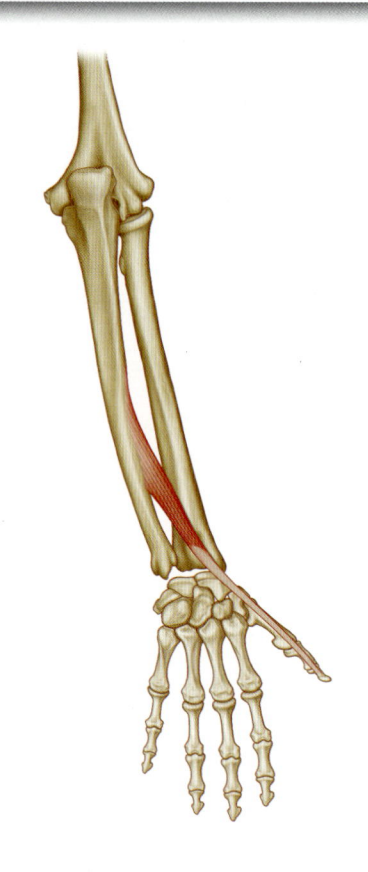

●ストレッチングテクニック（尺屈＋屈曲＋回内）

術者は患者の母指を屈曲、手関節を屈曲、前腕を内旋させる。同時にもう一方の手の母指球を使って停止部から筋腹に向かって離れるように圧をかけ、ストレッチングを行う。

テンション・リラクゼーションテクニック：患者に5秒間、手関節を伸展するように力を入れさせ、それに対し術者は抵抗をかける。そして患者にゆっくりと力を抜くように指示し、より大きくストレッチングを行う。

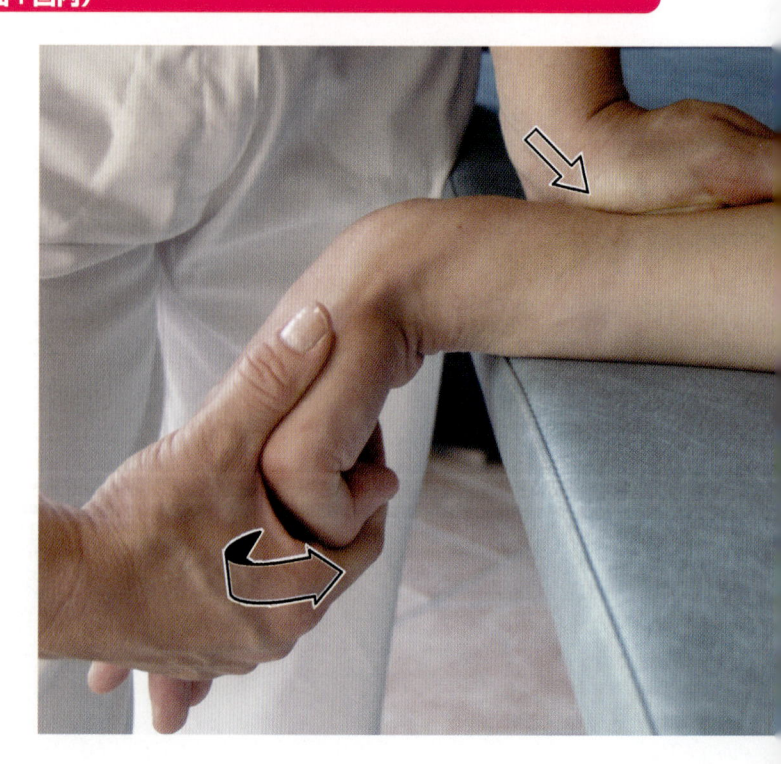

上肢の筋肉

短母指伸筋 (たんぼししんきん) Extensor pollicis brevis

- **神経支配**：橈骨神経（第7～第8頚神経、第1胸神経）
- **起　始**：尺骨および橈骨の後面遠位、前腕骨間膜
- **停　止**：母指の基節骨の骨底
- **機　能**：母指の伸展、外転

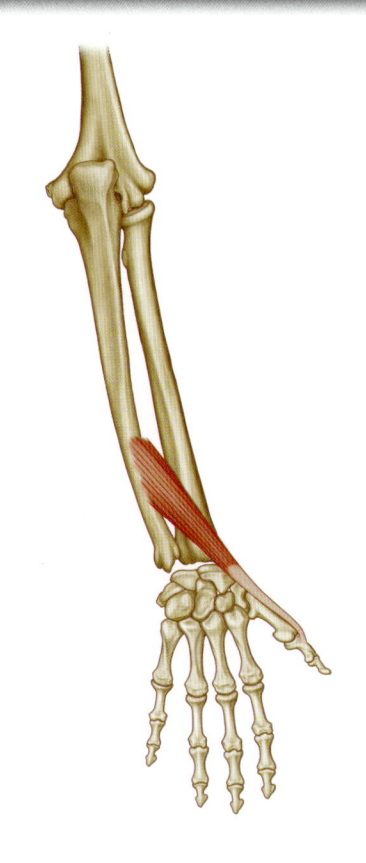

●ストレッチングテクニック（尺屈＋屈曲＋回内）

術者は第1中手指節関節を屈曲させながら、手関節を尺屈、屈曲、前腕を内旋させる。同時にもう一方の手の母指球を使って停止部から筋腹に向かって離れるように圧をかけ、ストレッチングを行う。

テンション・リラクゼーションテクニック：患者に5秒間、母指を伸展するように力を入れさせ、それに対し術者は抵抗をかける。そして患者にゆっくりと力を抜くように指示し、より大きくストレッチングを行う。

注意：この筋肉が欠如していたり、腱が2本あったりする場合がある。

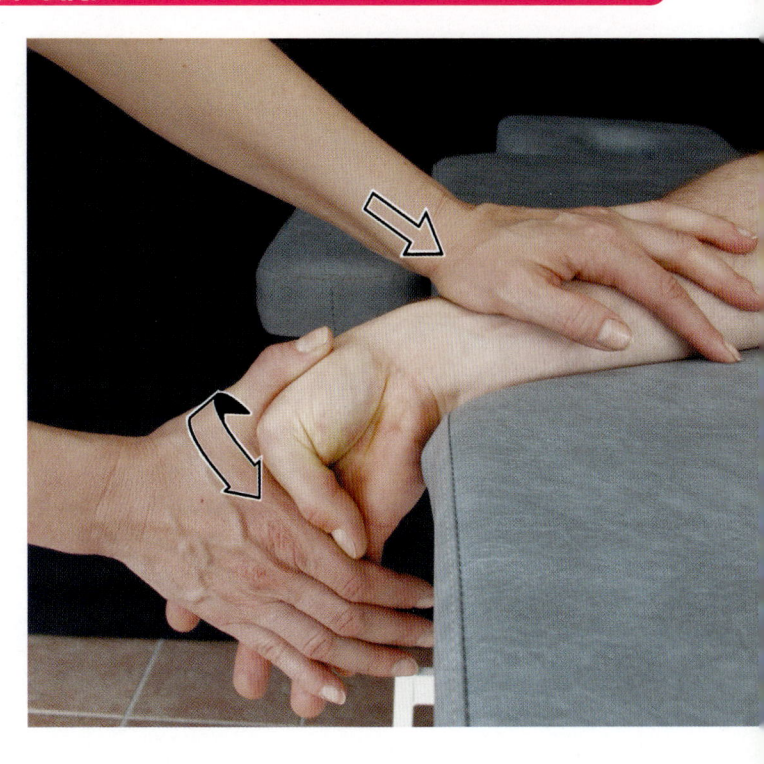

示指伸筋 (じししんきん) Extensor indicis

神経支配：橈骨神経から分岐した後骨間神経
（第6～第8頸神経）
起　始：尺骨の後面遠位1/3、前腕骨間膜
停　止：指背腱膜を介して第2指の末節骨
機　能：第2指の伸展、手関節の伸展の補助

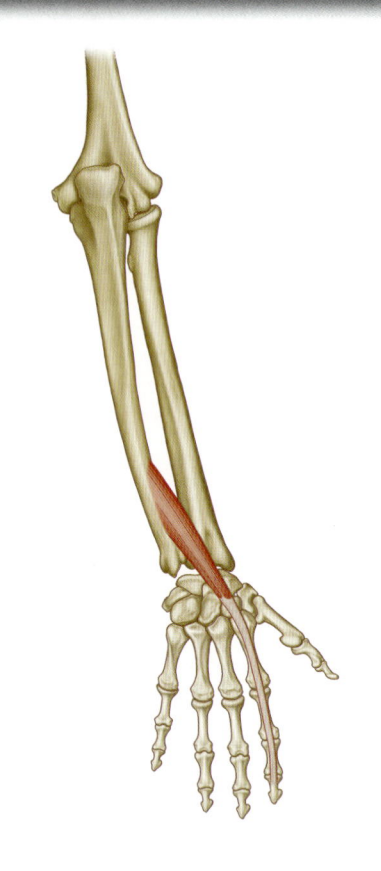

●ストレッチングテクニック（尺屈＋屈曲＋回内）

術者は一方の手で第2指を屈曲、手関節を屈曲、尺屈、前腕を内旋させ、同時にもう一方の手の母指球を使って停止部から筋腹に向かって離れるように圧をかけ、ストレッチングを行う。

テンション・リラクゼーションテクニック：患者に5秒間、第2指を伸展するように力を入れさせ、それに対し術者は抵抗をかける。そして患者にゆっくりと力を抜くように指示し、より大きくストレッチングを行う。

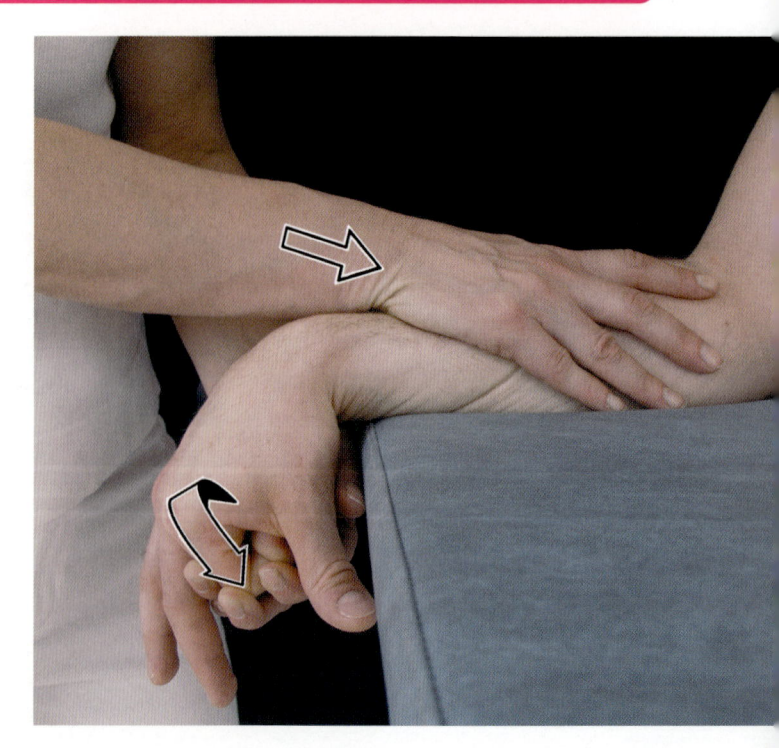

上肢の筋肉

短母指外転筋 （たんぼしがいてんきん） Abductor pollicis brevis

- **神経支配**：正中神経（第7〜第8頚神経、第1胸神経）
- **起　始**：屈筋支帯、舟状骨、大菱形骨
- **停　止**：橈側種子骨、母指基節骨底の橈側
- **機　能**：母指の屈曲・外転

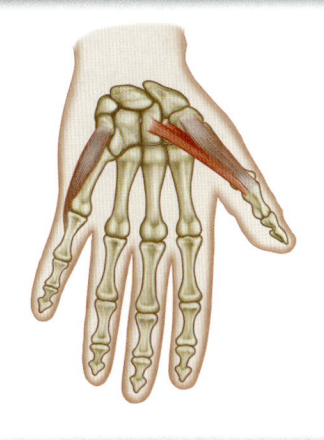

短母指屈筋 （たんぼしくっきん） Flexor pollicis brevis

- **神経支配**：正中神経（浅頭）、尺骨神経（深頭）、第8頚神経、第1胸神経
- **起　始**：横手根靱帯、大菱形骨
- **停　止**：橈側種子骨、母指基節骨底の橈側
- **機　能**：母指の屈曲・外転・内転

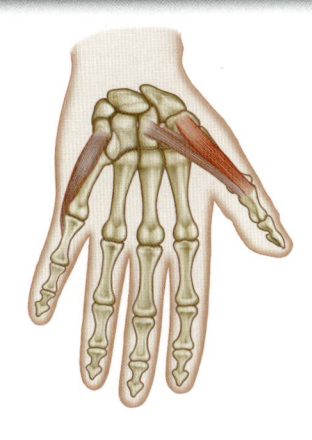

●ストレッチングテクニック

術者は患者の母指を伸展させながら、もう一方の手の母指で停止部から筋腹に向かって離れるように筋線維に圧をかけ、ストレッチングを行う。

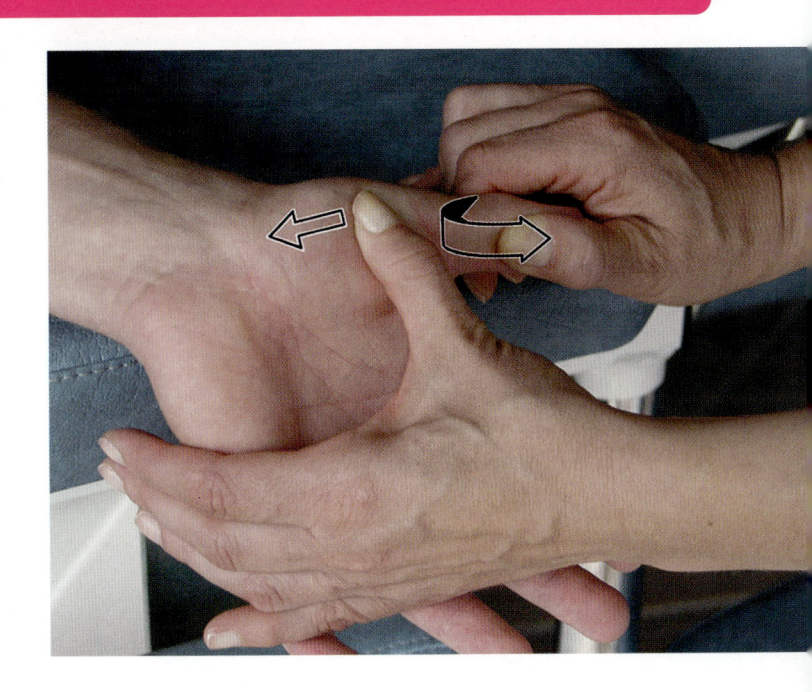

母指対立筋 (ぼしたいりつきん) Opponens Pollicis

神経支配：正中神経（第7〜第8頚神経）
起　始：横手根靱帯、大菱形骨
停　止：第1中手骨の橈側縁
機　能：母指の対立、母指の内転の補助

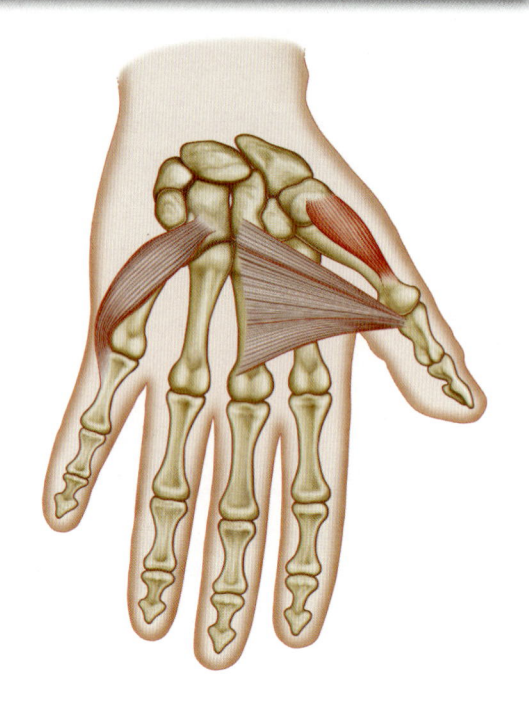

●ストレッチングテクニック

術者は患者の第1中手指節関節を伸展、外転させながら、もう一方の母指で停止部から筋腹に向かって離れるように筋線維に圧をかけ、ストレッチングを行う。

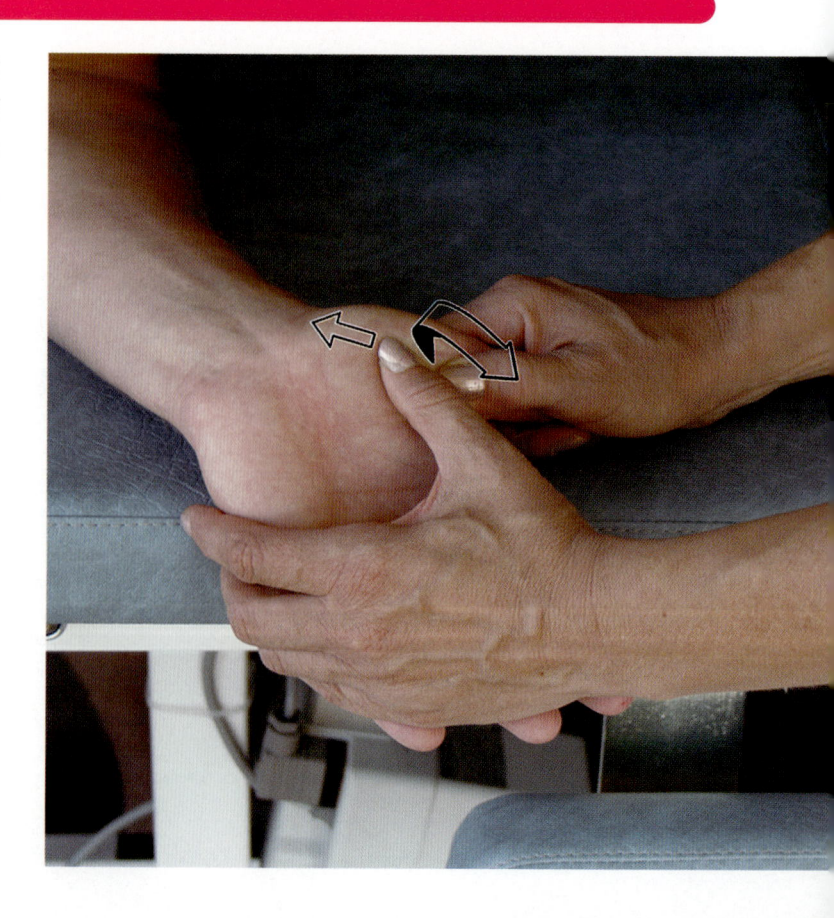

上肢の筋肉

母指内転筋 (ぼしないてんきん) Adductor Pollicis

神経支配：尺骨神経（第8頸神経、第1胸神経）
起　始：小菱形骨、第3中手骨、有頭骨
停　止：母指基節骨の骨底尺側部
機　能：母指の内転、母指の対立、屈曲の補助

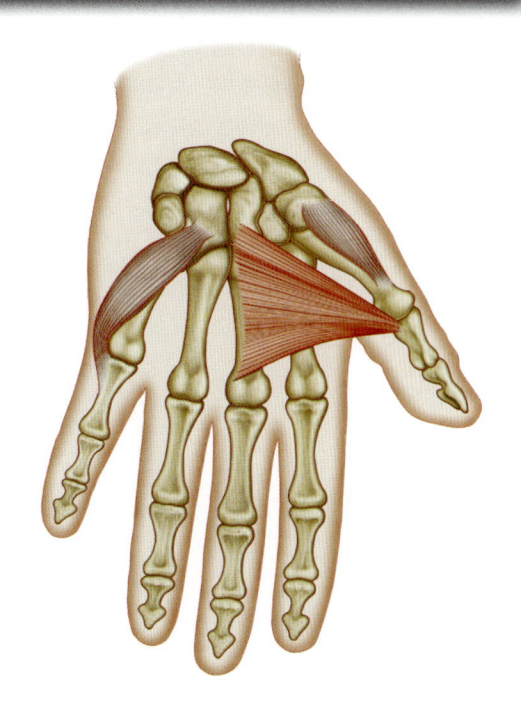

●ストレッチングテクニック

術者は患者の母指を伸展、外転させながら、もう一方の手の母指で停止部から筋腹に向かって離れるように筋線維に圧をかけ、ストレッチングを行う。

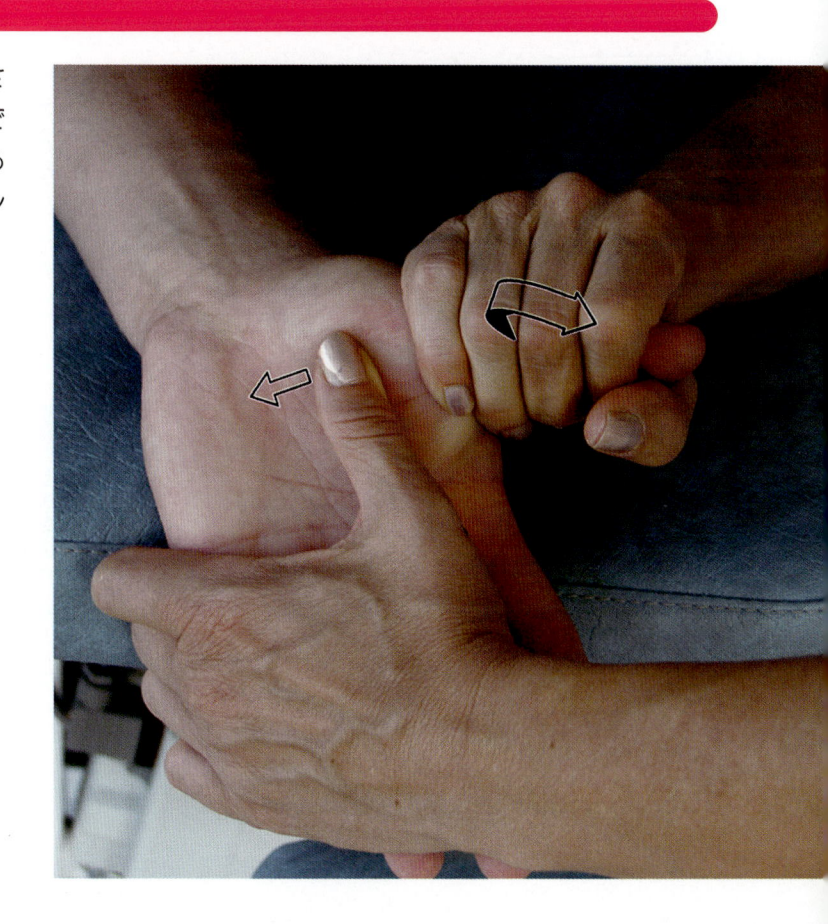

小指外転筋 (しょうしがいてんきん) Abductor digiti minimi

神経支配：尺骨神経、第8頚神経、第1胸神経
起　始：豆状骨、屈筋支帯、豆鉤靱帯
停　止：第5指の基節骨底の尺側
機　能：第5指の外転

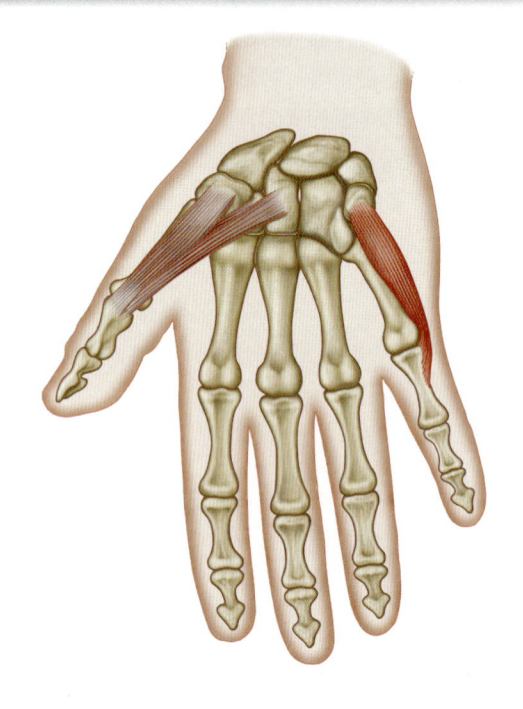

●ストレッチングテクニック

術者は患者の第5指を伸展、内転させながら、もう一方の手の母指を使って筋の停止部から筋腹に向かって離れるように圧をかけ、ストレッチングを行う。

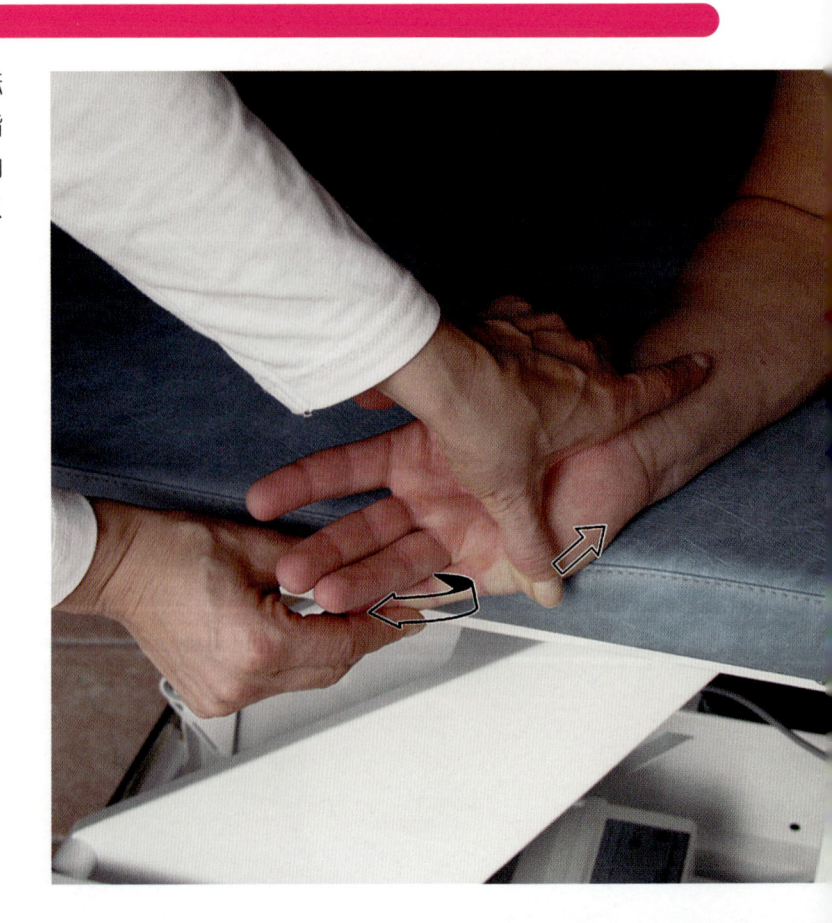

上肢の筋肉

短小指屈筋 (たんしょうしくっきん) Flexor digiti minimi brevis

神経支配：尺骨神経（第8頚神経、第1胸神経）
起　始：横手根靭帯、有鈎骨鈎
停　止：小指外転筋腱を介して第5指基節骨底の尺側
機　能：第5中手指節関節の屈曲

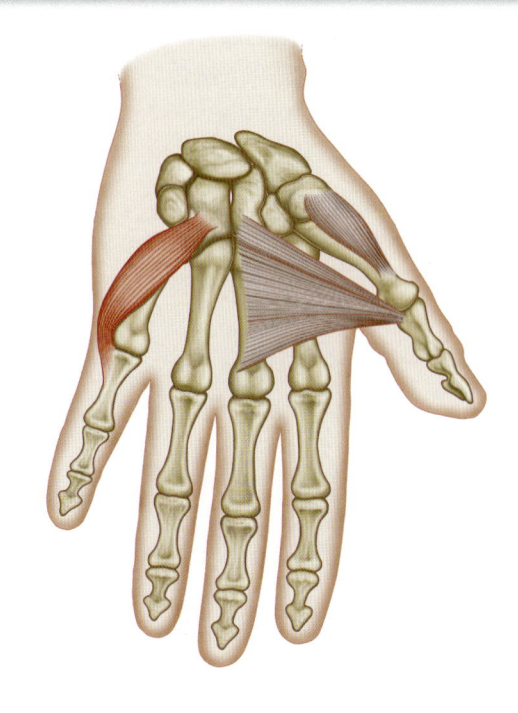

●ストレッチングテクニック

術者は患者の第5指を伸展させながら、もう一方の手の母指を使って筋の停止部から筋腹に向かって離れるように圧をかけ、ストレッチングを行う。

注意：この筋肉が欠如している場合もある。

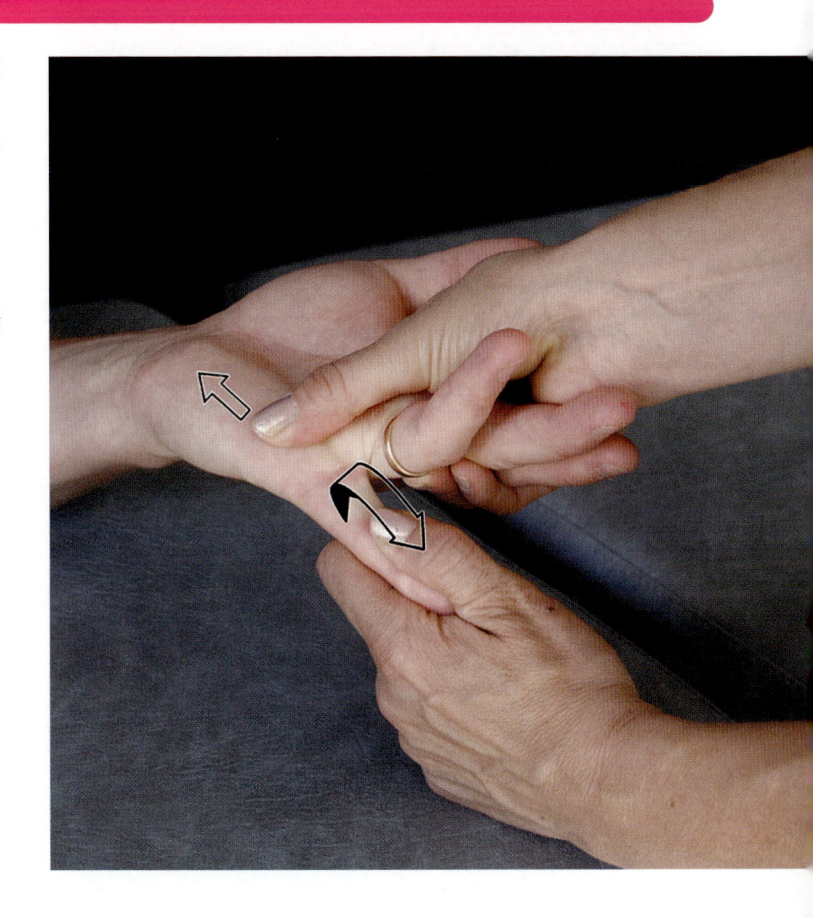

小指対立筋 （しょうしたいりつきん） Opponens digiti minimi

神経支配：尺骨神経（第8頚神経、第1胸神経）
起　始：横手根靭帯、有鉤骨鉤
停　止：第5中手骨の尺側
機　能：第5指の対立

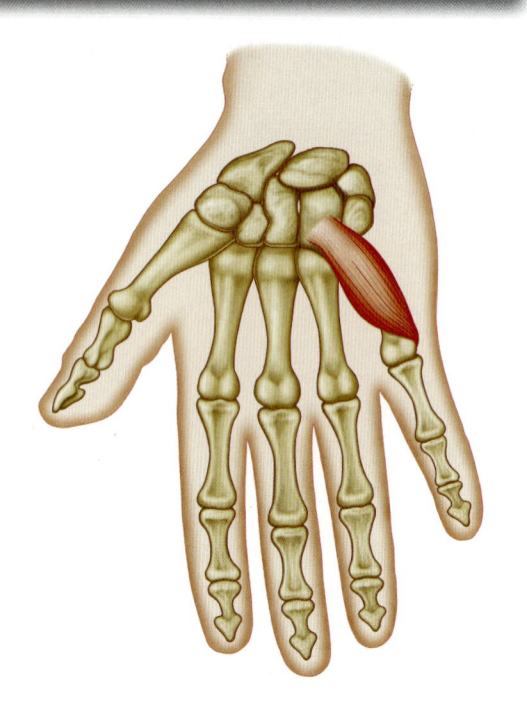

●ストレッチングテクニック

術者は患者の第5中手指節関節を伸展させながら、もう一方の手の母指を使って筋の停止部から筋腹に向かって離れるように圧をかけ、ストレッチングを行う。

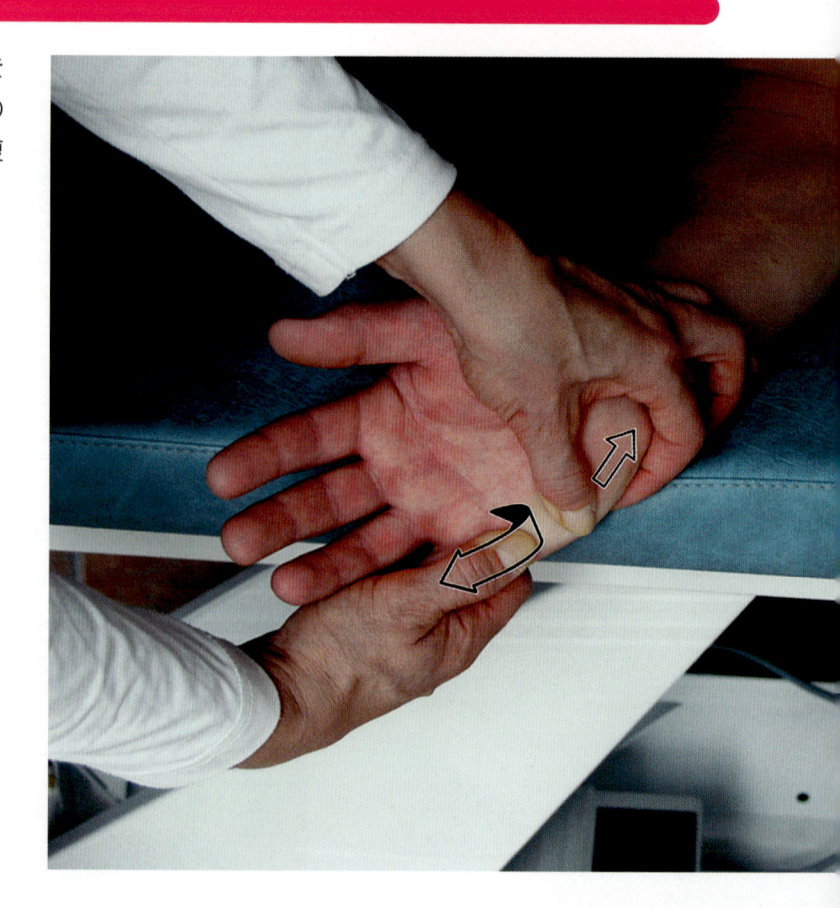

上肢の筋肉

短掌筋 (たんしょうきん) Palmaris brevis

神経支配：尺骨神経（第8頚神経、第1胸神経）
起　始：横手根靱帯、手掌腱膜
停　止：掌皮の小指縁
機　能：手掌腱膜の緊張、掌を厚くする

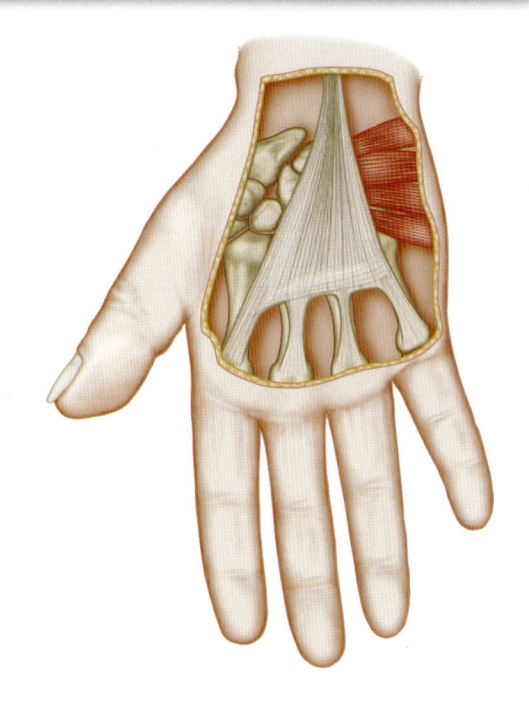

●ストレッチングテクニック

術者は患者の母指を横からつかみ、もう一方の手の母指で筋の起始から筋腹に向かって圧をかけ、ストレッチングを行う。

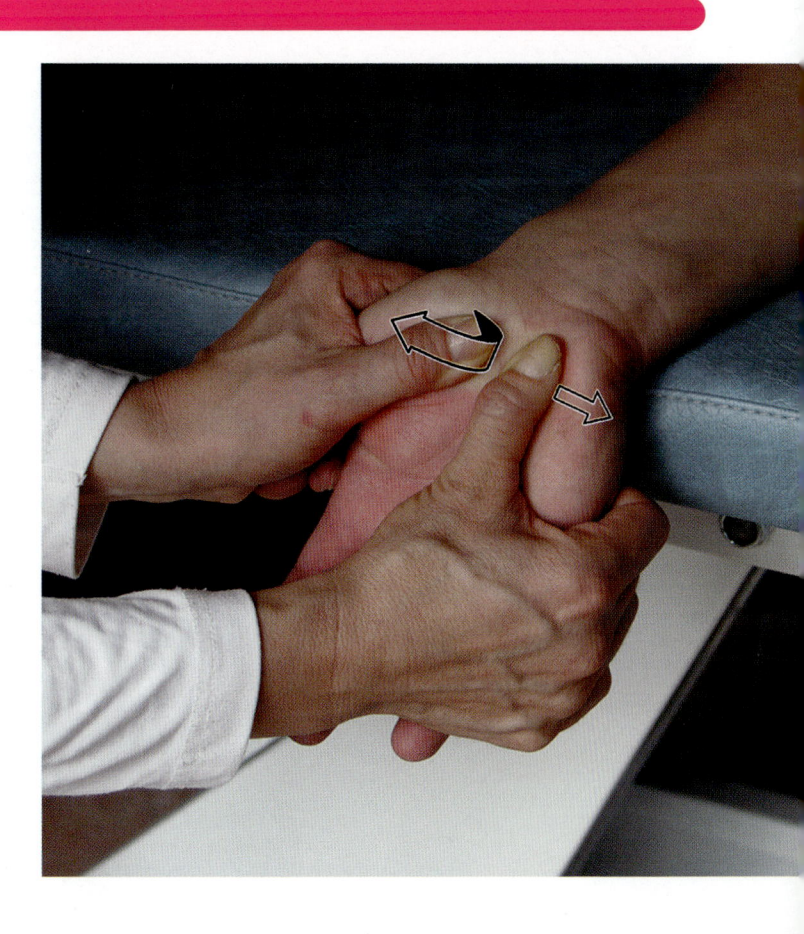

虫様筋 （ちゅうようきん） Lumbricales

神経支配：橈側の2つの筋は正中神経、尺側の2つの筋は尺骨神経（第8頸神経、第1胸神経）

起　始：深指屈筋腱の橈側

停　止：指背腱膜の橈側、第2～第5中手指節関節の関節包

機　能：中手指節関節の屈曲、IP関節の伸展

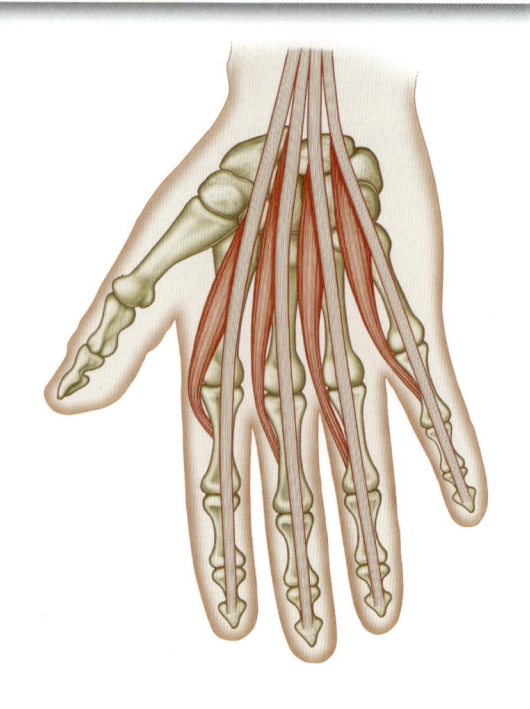

●ストレッチングテクニック

術者は患者の指を屈曲させながら中手指節関節を伸展させる。同時にもう一方の手の母指で筋の停止部から筋腹に向かって圧をかけ、ストレッチングを行う。

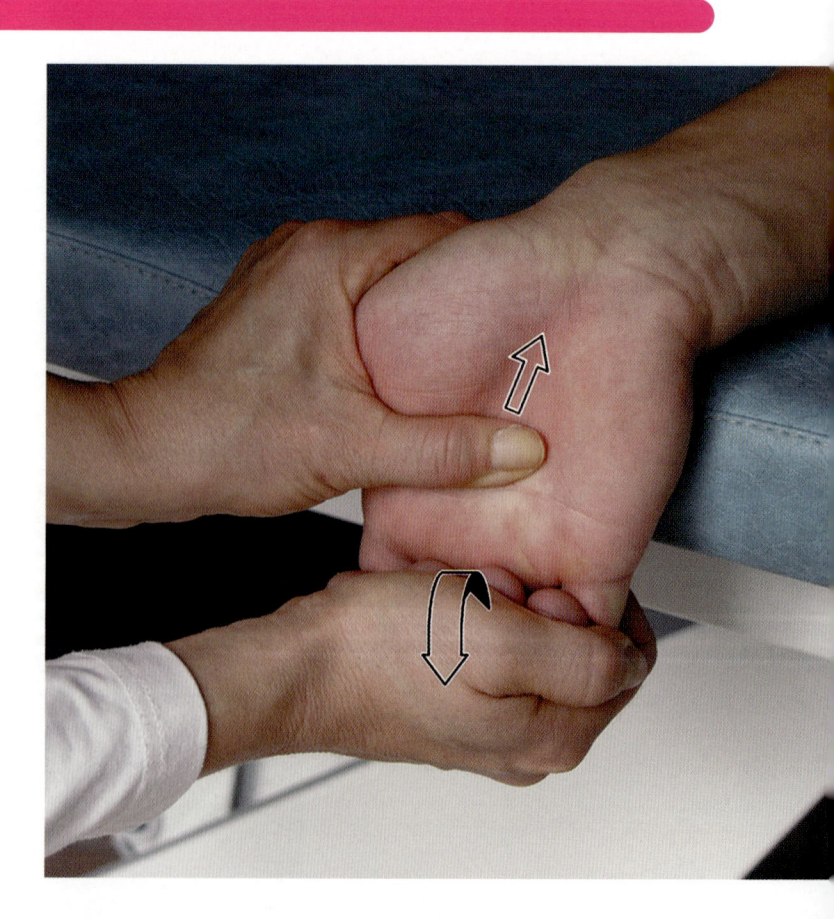

上肢の筋肉

掌側骨間筋 (しょうそくこっかんきん) Palmar interossei（中手骨間の3つの筋）

神経支配：尺骨神経（第8頸神経、第1胸神経）
起　始：第2中手骨の尺側、第4、第5中手骨の橈側
停　止：第2、4、5指の基節骨底、指背腱膜を介して中節骨、末節骨
機　能：中手指節関節の屈曲、近位指節間関節（PIP関節）の伸展、指の内転

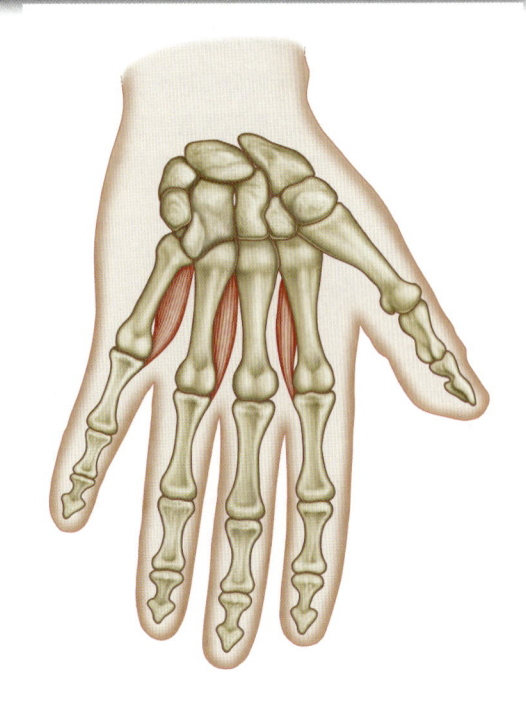

●ストレッチングテクニック

患者の中手指節骨関節を伸展、近位指節間関節（PIP関節）、遠位指節間関節（DIP関節）を屈曲させた状態で、患者の指と術者の指を組み合わせる。その状態で、術者は母指を使って筋の停止部から筋腹に向かってストレッチングする。

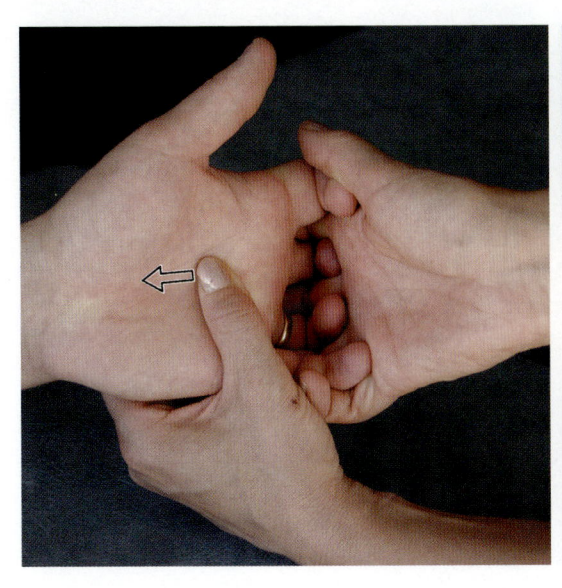

背側骨間筋 (はいそくこっかんきん) Dorsal interossei（中手骨間の4つの筋）

神経支配：尺骨神経（第8頚神経、第1胸神経）
起　始：第1〜5中手骨の相対する面
停　止：第2、3指の基節骨底・指背腱膜の橈側、第3、4指の基節骨底・指背腱膜の尺側
機　能：中手指節関節の屈曲、IP関節の伸展、指の外転

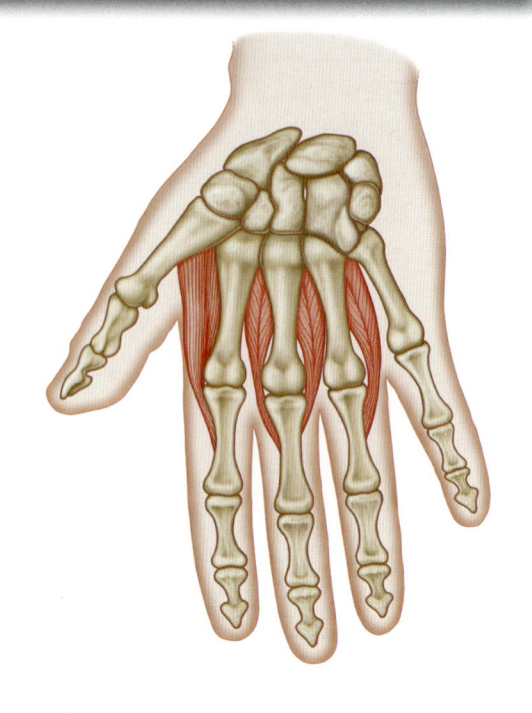

●ストレッチングテクニック

患者の中手指節関節を伸展、近位指節間関節（PIP関節）、遠位指節間関節（DIP関節）を屈曲させ、母指を外転位に保った状態で、患者の手をつかむ。その状態で、術者は母指を使って中手骨間にある筋線維をストレッチングする。

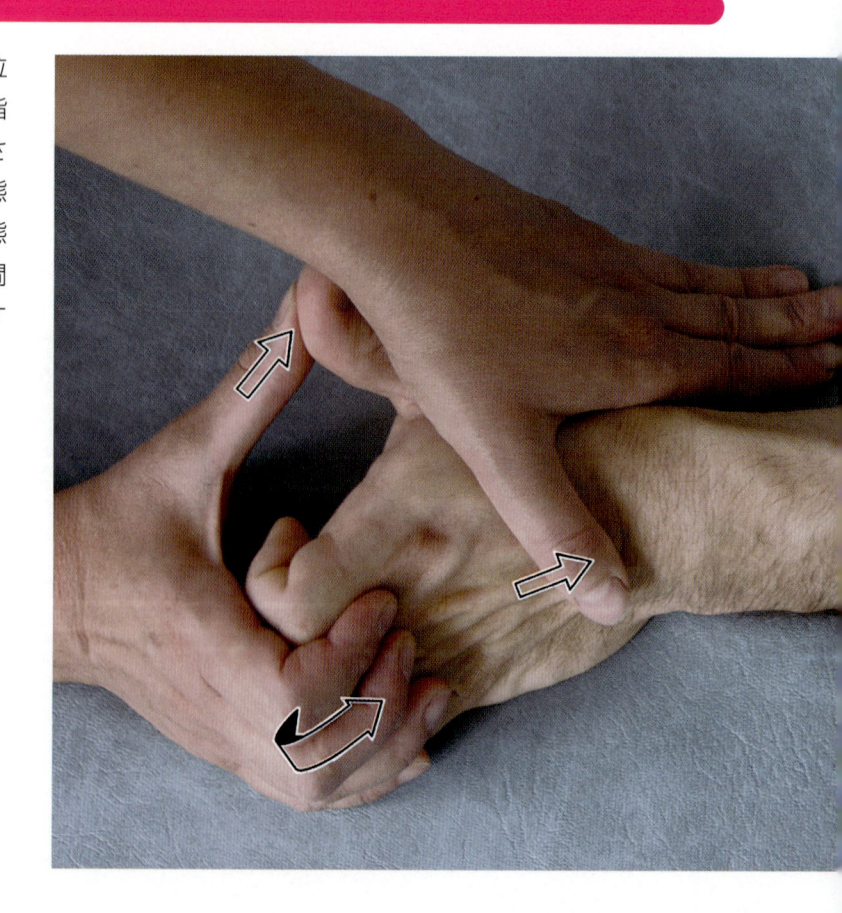

上肢の筋肉／胸部の筋肉

大胸筋 （だいきょうきん） Pectoralis major

神経支配：内側・外側胸筋神経（第5〜第8頚神経、第1胸神経）

起　始：鎖骨前面内側1/2、胸骨と肋軟骨（第2〜第6肋骨の前面）、腹直筋鞘

停　止：上腕骨の大結節稜

機　能：肩関節の内転、内旋、前方突出。上部は肩関節を屈曲、下部は屈曲位にある肩関節を伸展。肩関節の固定。腕が屈曲位にある場合、深吸気の補助。腕が中間位の場合は深呼気の補助

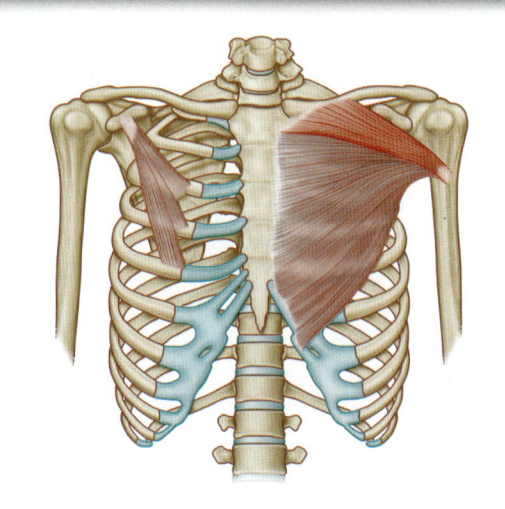

大胸筋の鎖骨部

●ストレッチングテクニック

患者を背臥位にし、肩関節を45度外転、肘関節を90度屈曲させた状態にする。術者は患者の肘と前腕を下方に向かって押し下げながら、もう一方の手の小指球を使って筋線維を停止部から筋腹に向かって圧し、ストレッチングを行う。

テンション・リラクゼーションテクニック：患者に5秒間、腕を挙上するように力を入れさせ、それに対し術者は抵抗をかける。そして患者にゆっくりと力を抜くように指示し、より大きくストレッチングを行う。

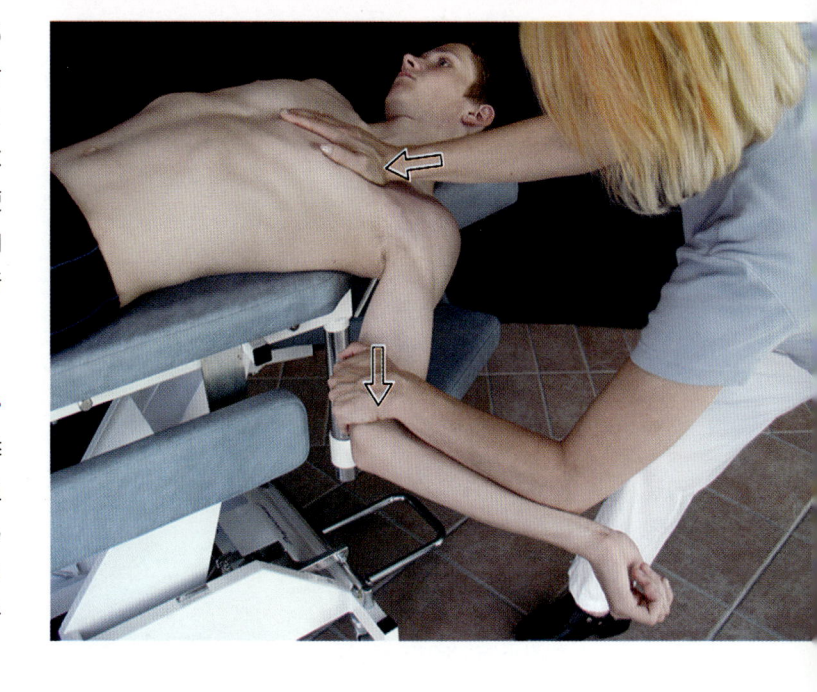

大胸筋の胸肋部

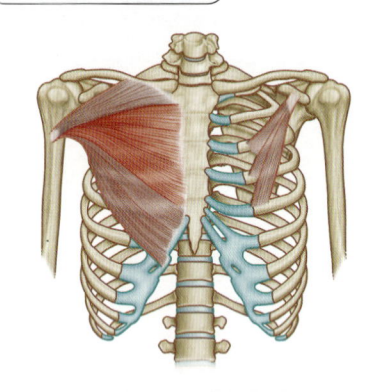

●ストレッチングテクニック

患者を背臥位にし、肘関節を90度に屈曲、肩関節を90度外転、上腕を外旋させた状態にする。術者は患者の腕が水平伸展するように下方に押し下げながら、もう一方の手の母指球で筋の停止部から筋腹に向かって圧をかけて内側方向に手を動かしてマッサージするようにストレッチングを行う。

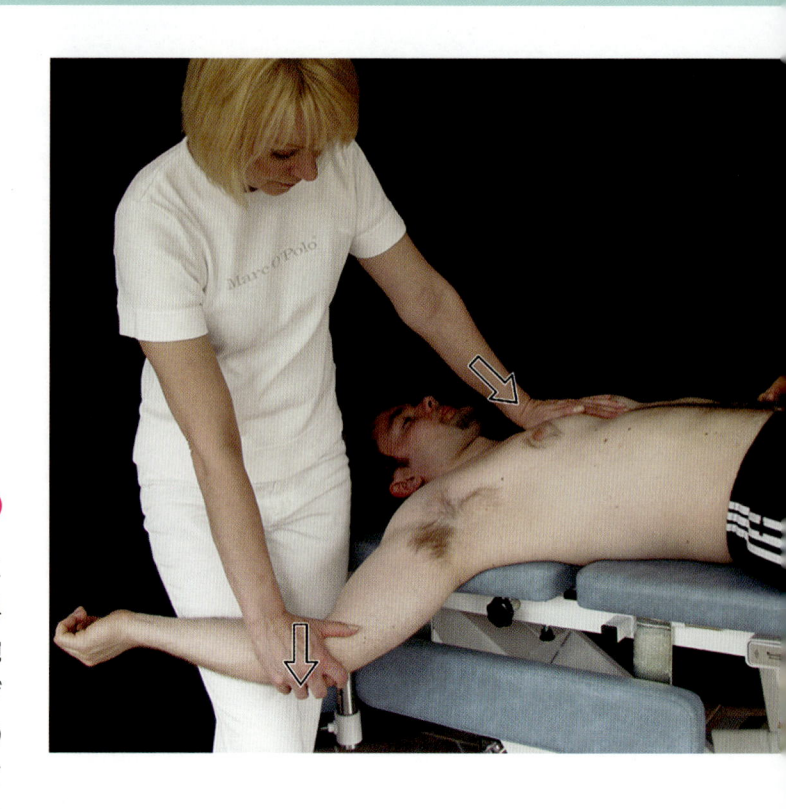

大胸筋の腹部

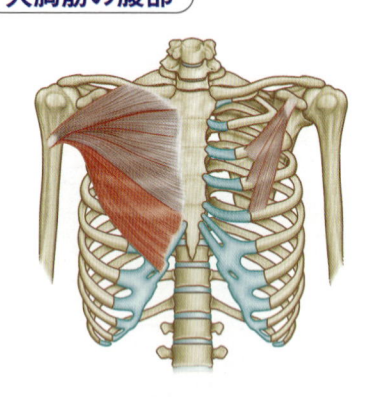

●ストレッチングテクニック

患者を背臥位にし、肘関節を90度に屈曲、肩関節を135度外転、上腕を外旋させた状態にする。術者は患者の肘と前腕をつかみ下方に向かって押し下げながら、もう一方の手の母指球で筋の停止部から筋腹に向かって圧をかけつつ内側方向に手を動かし、マッサージするようにストレッチングを行う。

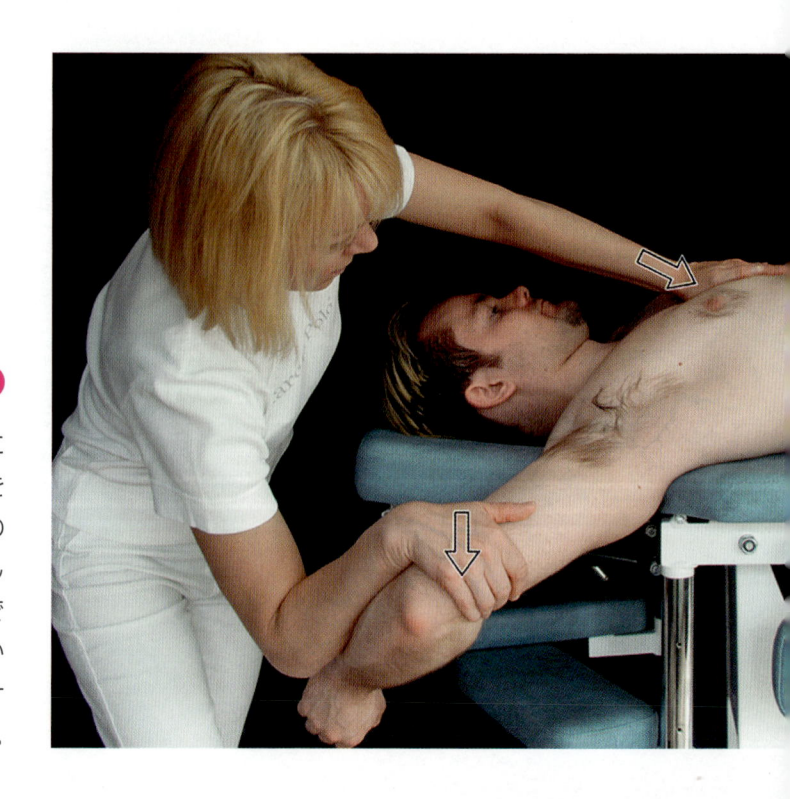

胸部の筋肉

小胸筋 （しょうきょうきん）Pectoralis minor

神経支配：内側胸筋神経（第5〜第8頚神経）
起　始：第3〜第5肋骨
停　止：烏口突起
機　能：肩甲骨の外転、下方回旋、下制、肋骨の挙上、深吸気の補助

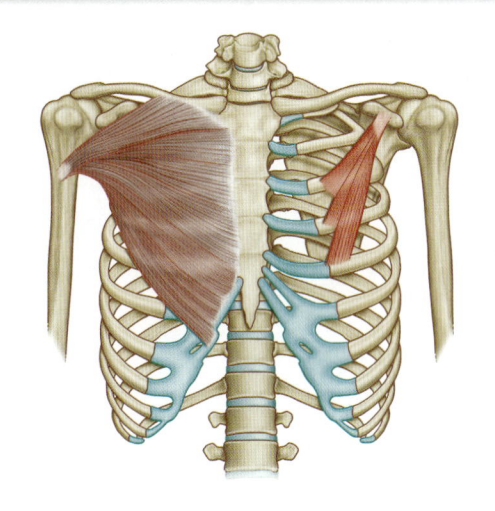

●ストレッチングテクニックA

患者を背臥位にし、肩関節を90度屈曲、肘関節を自然に屈曲させた状態にする。術者は患者の肘を下方に押し下げながら、もう一方の手の小指球を使って筋を停止部から筋腹に向かって圧し、ストレッチングを行う。

テンション・リラクゼーションテクニック：患者に5秒間、肩関節を伸展するように力を入れさせ、それに対し術者は抵抗をかける。そして患者にゆっくりと力を抜くように指示し、より大きくストレッチングを行う。

注意：このストレッチングを行う際、圧を加える部位が低すぎたり、身体の中心線に近すぎたりしがちなため、効果的にストレッチングが行われない場合が多い。小指球で圧をかける位置は、烏口突起のすぐ下から始めるようにし、第5肋骨または男性の場合では乳頭の位置より低い位置では圧をかけないようにする。術者の前腕は、患者の胸郭の大きさによって異なるが、約30度〜45度の方向に位置づけることが望ましい。胸郭が大きければ大きいほど、前腕の角度は小さくするようにする。

警告 肩関節を捻って、痛みを与えないように気をつける。肩関節の障害や外傷があり、可動域が制限されているような場合では、このストレッチングを行ってはならない。

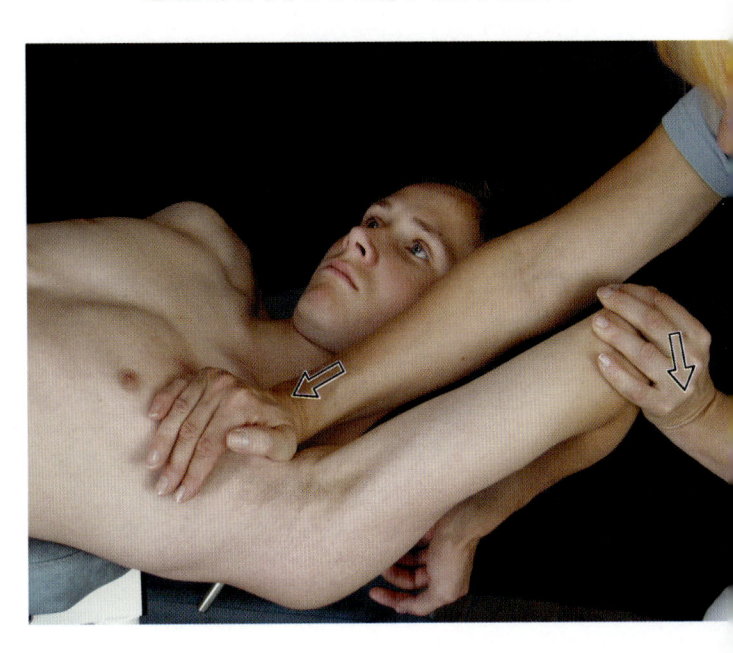

●ストレッチングテクニックB

患者を背臥位にし、肩関節を30度屈曲させ、さらに肘関節を最大限に屈曲させた状態にする。術者は小指球を使って患者の烏口突起の下から筋腹に向かって圧を加える。同時にもう一方の手で患者の上腕を斜めに反対の方向に向かって押し、ストレッチングを行う。

テンション・リラクゼーションテクニック：患者に5秒間、上腕を下肢のほうに向かって押し、それに対し術者は抵抗をかける。そして患者にゆっくりと力を抜くように指示し、筋肉をリラックスさせた状態で、より大きくストレッチングを行う。

注意：患者の上腕と同じ線上で圧をかけるようにしなければならない。すなわち、正しい方向に圧を加えるためには、術者の前腕と患者の腕がほぼ一直線上になるような状態にすべきである。この2つ目のストレッチ法は、自分の体重を使ってストレッチングすることができないため、1つ目のストレッチ法と比べて技術的に困難である。また、このテクニックに関しては、必ず筋肉に圧をかけてから、肘を押すことが重要である。

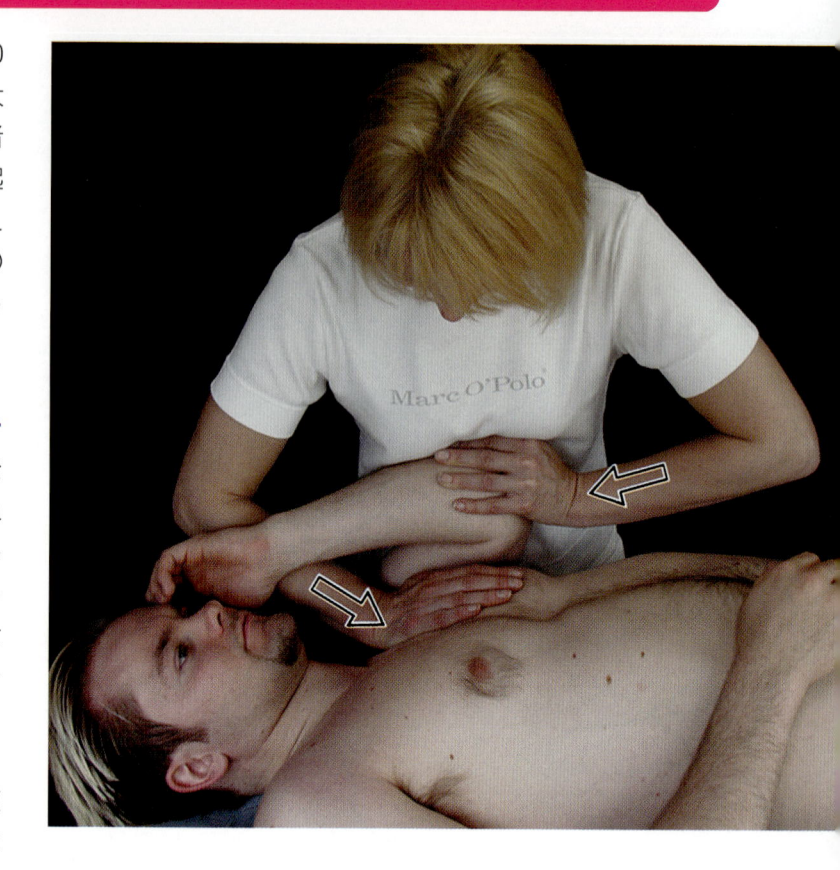

胸部の筋肉

鎖骨下筋 (さこつかきん) Subclavius

神経支配：鎖骨下神経（第5～第6頚神経）
起　始：第1肋骨近位の上面
停　止：鎖骨末梢の下面
機　能：鎖骨の遠位側を下方に動かし、胸鎖関節を安定させる

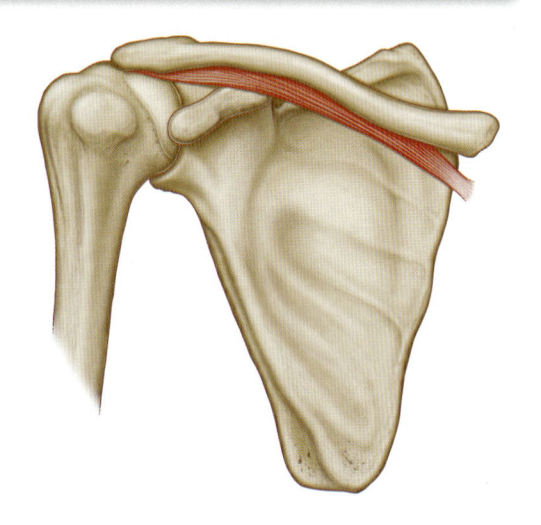

●ストレッチングテクニックA

患者を背臥位にし、肩関節を45度屈曲させた状態にする。術者は小指球を使って筋肉の停止部から離れるように筋腹に圧をかける。同時に肩と鎖骨の肩峰端が上方に動かせるように、もう一方の手で患者の肘を押してストレッチングを行う。

このテクニックを用いてストレッチングする場合、必ず筋肉に圧をかけてから、肘を押すことが重要である。

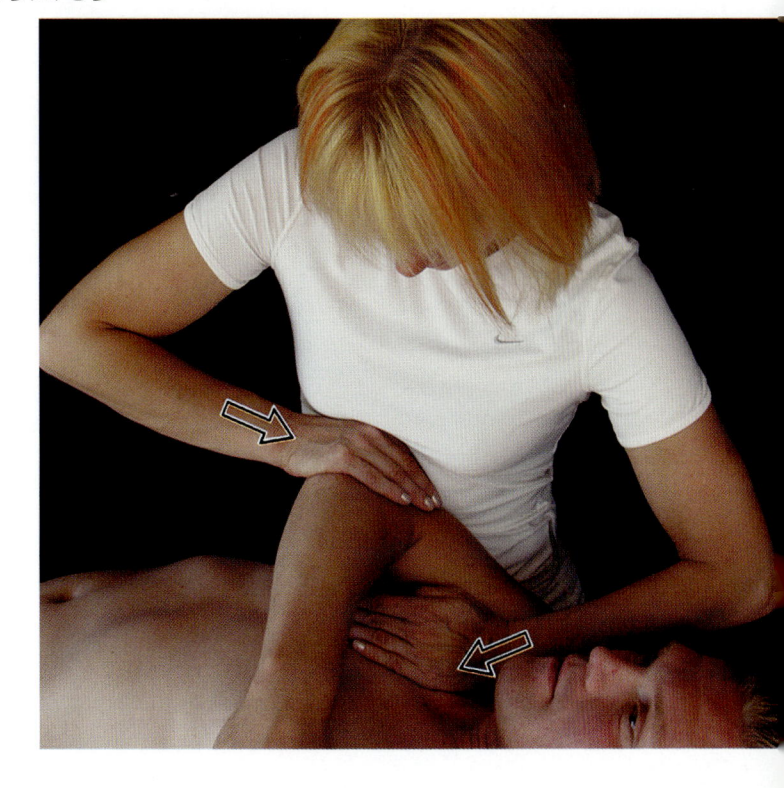

テンション・リラクゼーションテクニック：患者の上腕を5秒間、下に向かって押し、それに対し術者は抵抗をかける。そして患者にゆっくりと力を抜くように指示し、筋肉をリラックスさせた状態で、より大きくストレッチングを行う。

注意：患者の上腕と同じ線上で圧をかけるようにしなければならない。すなわち、正しい方向に圧を加えるためには、術者の前腕と患者の腕がほぼ一直線上になるような状態にすべきである。

●ストレッチングテクニックB

患者を背臥位にし、術者は両手の母指球を使って肩を後方に押し下げながら、筋の停止部から離れるように、筋腹に向かって圧をかけてストレッチングする。

注意：このストレッチングでは大胸筋・小胸筋の両方も同時にストレッチングすることができる。

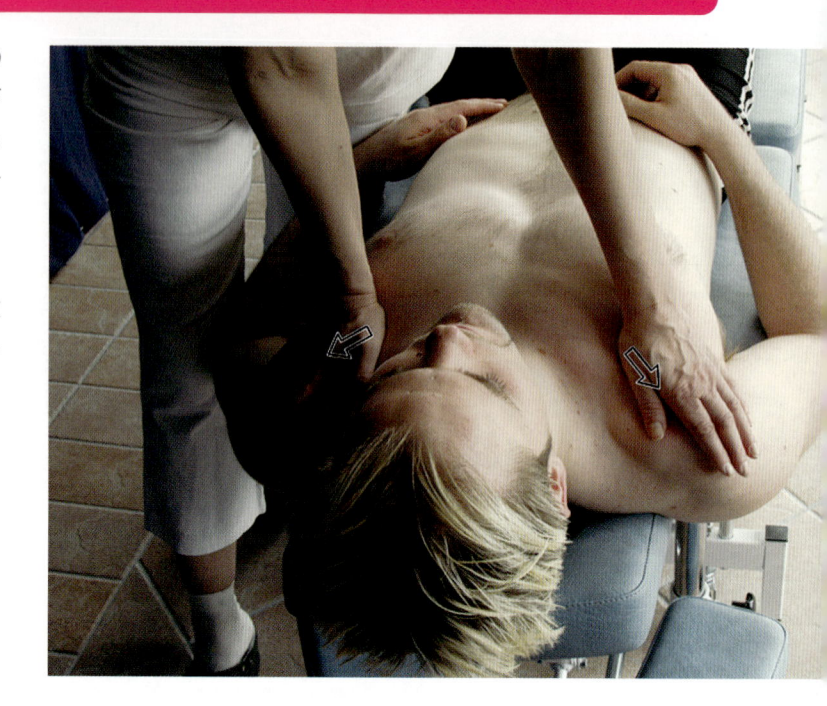

胸部の筋肉

前鋸筋（ぜんきょきん）Serratus anterior

神経支配：長胸神経（第5〜第7頚神経）
起　始：第1〜第9肋骨
停　止：肩甲骨の内縁
機　能：肩甲骨の固定・外転・上方回旋。肩が固定されている場合は肋骨の挙上、深吸気の補助

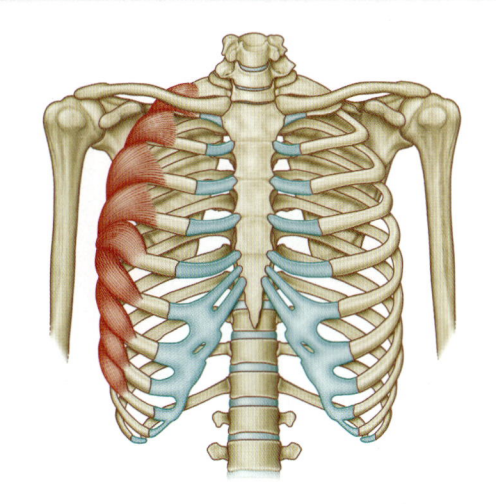

●ストレッチングテクニックA（前鋸筋下部）

患者を背臥位にし、肩関節を45度外転させた状態にする。術者は母指球を使って筋腹に向かって圧し、もう一方の手で患者の肘を上腕骨頭に向かって押し込むようにしながら、ストレッチングを行う。

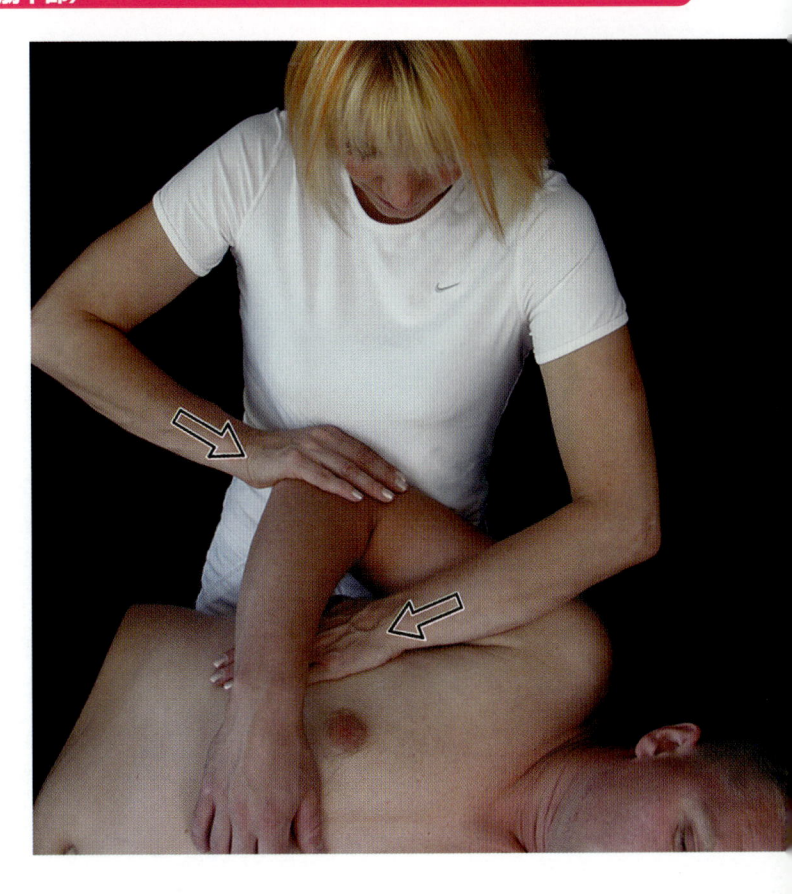

テンション・リラクゼーションテクニック：患者に5秒間、上腕を斜め方向に押すように力を入れさせ、それに対し術者は抵抗をかける。そして患者にゆっくりと力を抜くように指示し、より大きくストレッチングを行う。

注意：肘を押す前に、先に筋腹に向かって圧をかけることが重要である。術者の前腕が患者の上腕と一直線に位置するような状態で肘を押し込むようにすること。

●ストレッチングテクニックB（前鋸筋中部）

患者を背臥位にし、肩関節を90度外転させた状態にする。術者は母指球を使って筋の停止部から筋腹に向かって圧しつつ、もう一方の手で患者の上腕を下方に押し下げる。術者の大腿前面を使って肩甲骨を内転させ、上腕をより外転させるように患者の肘を押す。

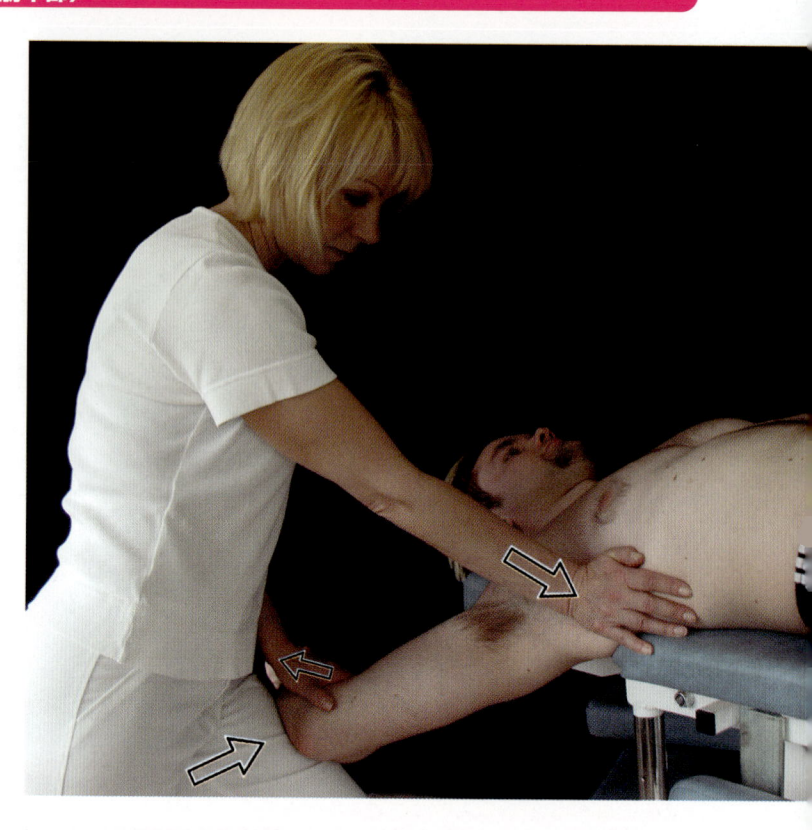

テンション・リラクゼーションテクニック：患者に5秒間、肩甲骨を外転させるように力を入れさせ、それに対し術者は抵抗をかける。そして患者にゆっくりと力を抜くように指示し、より大きくストレッチングを行う。

●ストレッチングテクニックC（前鋸筋上部）

患者を背臥位にし、肩関節を45度外転させた状態にする。術者は小指球を使って筋の停止部から筋腹に向かって圧し、もう一方の手で患者の肩甲骨が挙上されるように肘を押してストレッチングする。

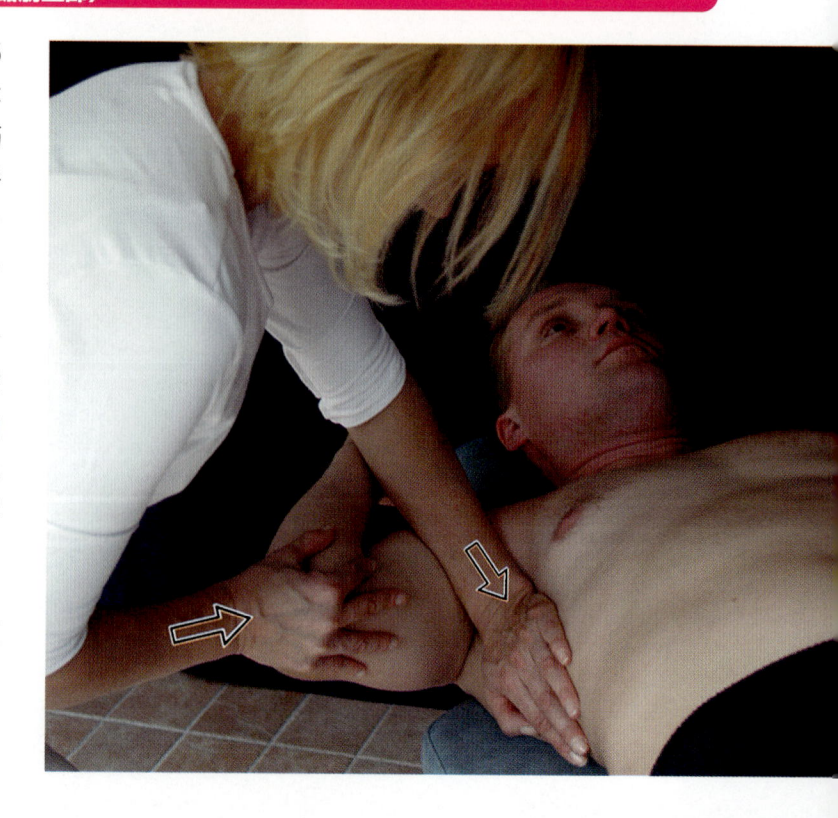

注意：患者の上腕の方向と同じ方向に圧をかけるようにしなければならない。すなわち、正しい方向に圧をかけるためには、患者の上腕と術者の前腕がほぼ一直線になるような状態で押すようにすることが重要である。また、肘を押しこむ前に、先に筋腹に向かって圧をかけることも重要である。

胸部の筋肉

●ストレッチングテクニックD

施術側が下にくるように患者を側臥位にし、術者は患者の肩甲骨の内縁を両手の母指で押し、肩甲骨と肋骨の間を引き離すようにストレッチングする。

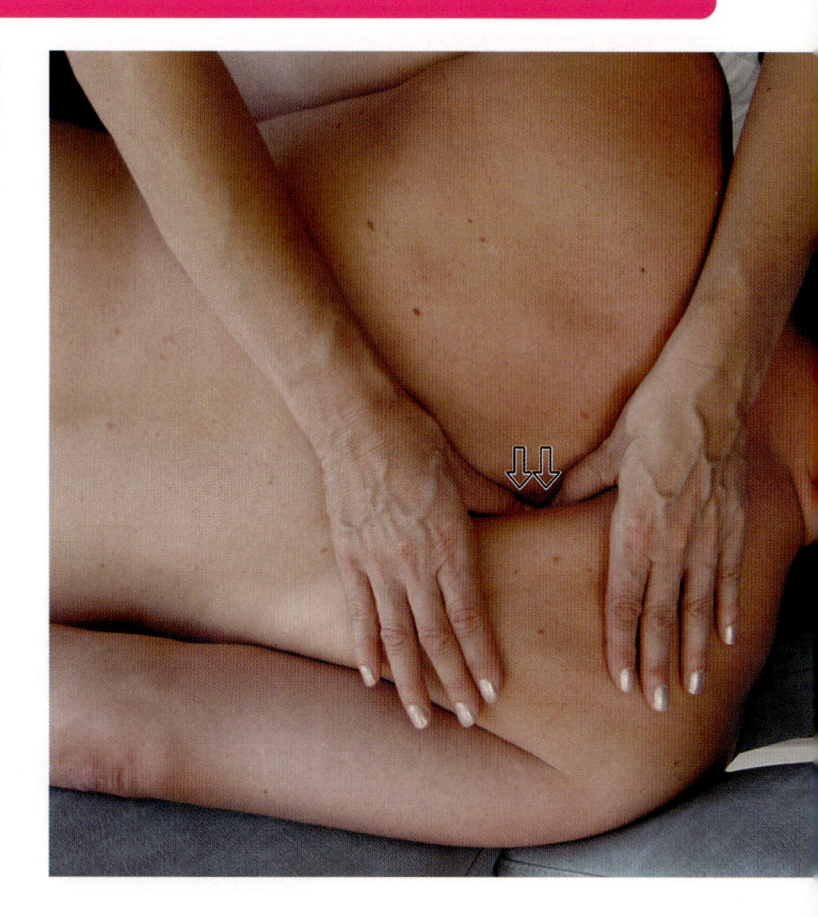

第2部　ストレッチングセラピー　テクニック編

●ストレッチングテクニックE

患者を腹臥位にし、術者は患者の肩の下（肩甲骨の外側）に膝を入れ、「てこ」の支点とする。その状態で、術者は患者の肩甲骨の内縁をつかみ、上方に向かって引っ張るように筋をストレッチングする。

警告 長胸神経を損傷し、翼状肩甲骨を引き起こす恐れがあるため、このストレッチングを行う際には肩甲骨を下肢の方向（下方）に強引に引き下げてはならない。

警告 患者の前腕を腰の後ろに回し、肩甲骨の内縁を挙上させてから、このストレッチングを行ってもよい。そのように行う場合は、無理矢理にではなく、ゆっくりと前腕を動かすようにすること。力強く、または急に前腕を腰の後ろに回すことによって、肩回旋筋腱板の断裂や肩鎖関節の障害を引き起こす恐れがあるためである。

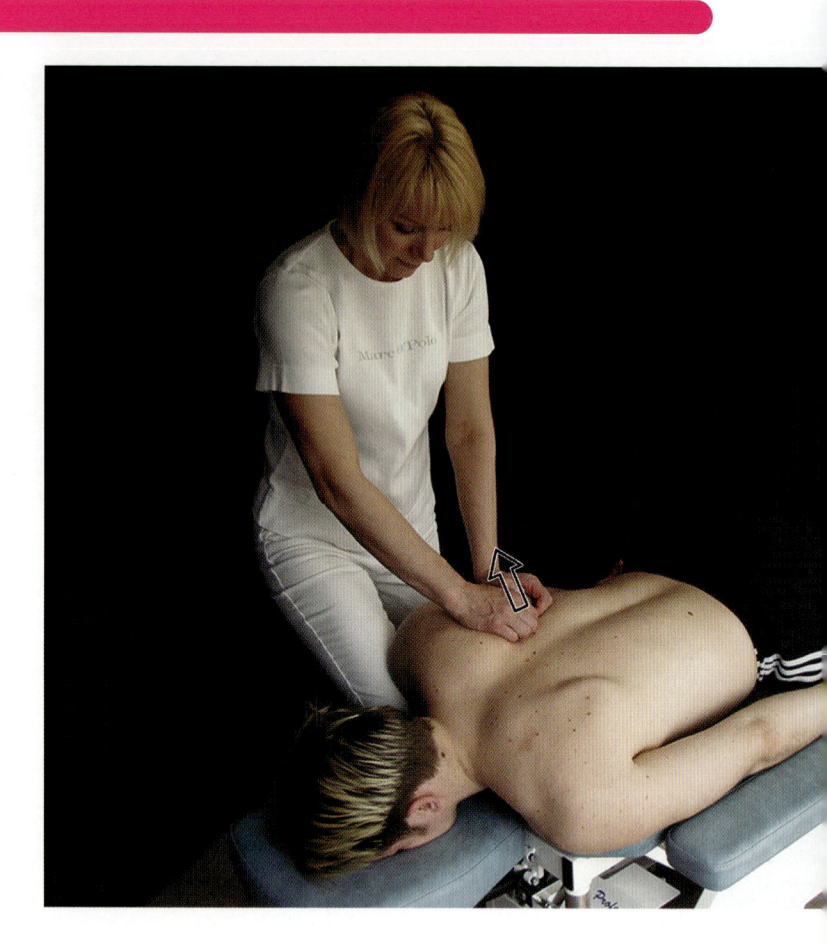

胸部の筋肉／背部の筋肉

僧帽筋 （そうぼうきん） 中部 Trapezius（Middle transverse part）

神経支配：副神経（脳神経 XI）の僧帽枝（第2～第4頚神経）
起　始：第1～第5胸椎の棘突起
停　止：鎖骨の外側、肩峰、肩甲棘
機　能：肩甲骨の内転、固定

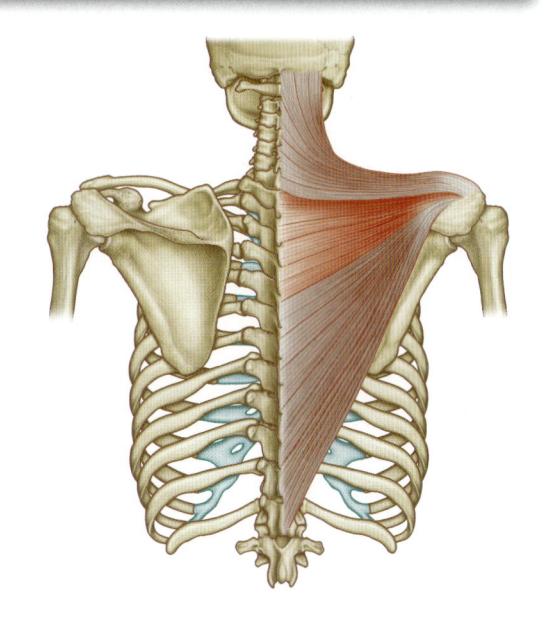

●ストレッチングテクニックA

患者を腹臥位にし、両腕をベッドの外にぶら下がるように出した状態にする。術者の両腕を交差させ、患者の肩甲棘に両手を置く。そして術者は身体を前方に倒し、左右の肩甲骨が離れるように、体重を使って両肩甲骨に圧を加えてストレッチングする。

テンション・リラクゼーションテクニック：患者に5秒間、肩甲骨を内転するように力を入れさせ、それに対し術者は抵抗をかける。そして患者にゆっくりと力を抜くように指示し、より大きくストレッチングを行う。

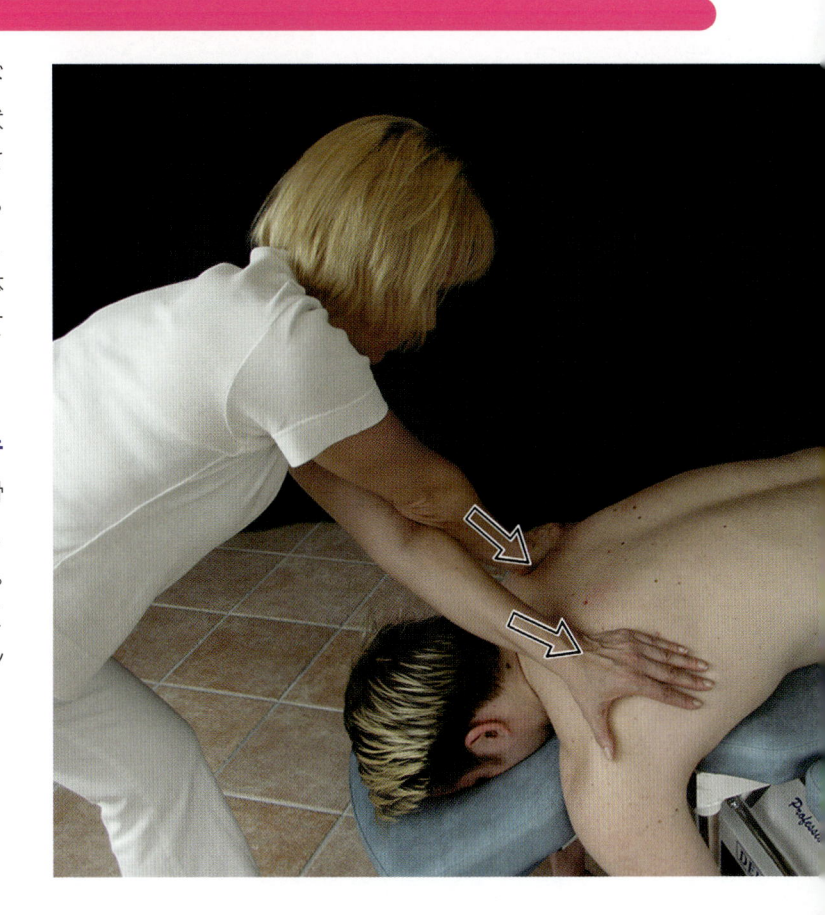

● **ストレッチングテクニックB**

患者を腹臥位にし、ストレッチングしたい側の腕をベッドの外にぶら下がるように出した状態にする。術者は母指を使って筋の停止部から離れるように筋腹に向かって圧をかけながら、もう一方の手で患者の肩甲骨を外転方向に押し出して、ストレッチングする。

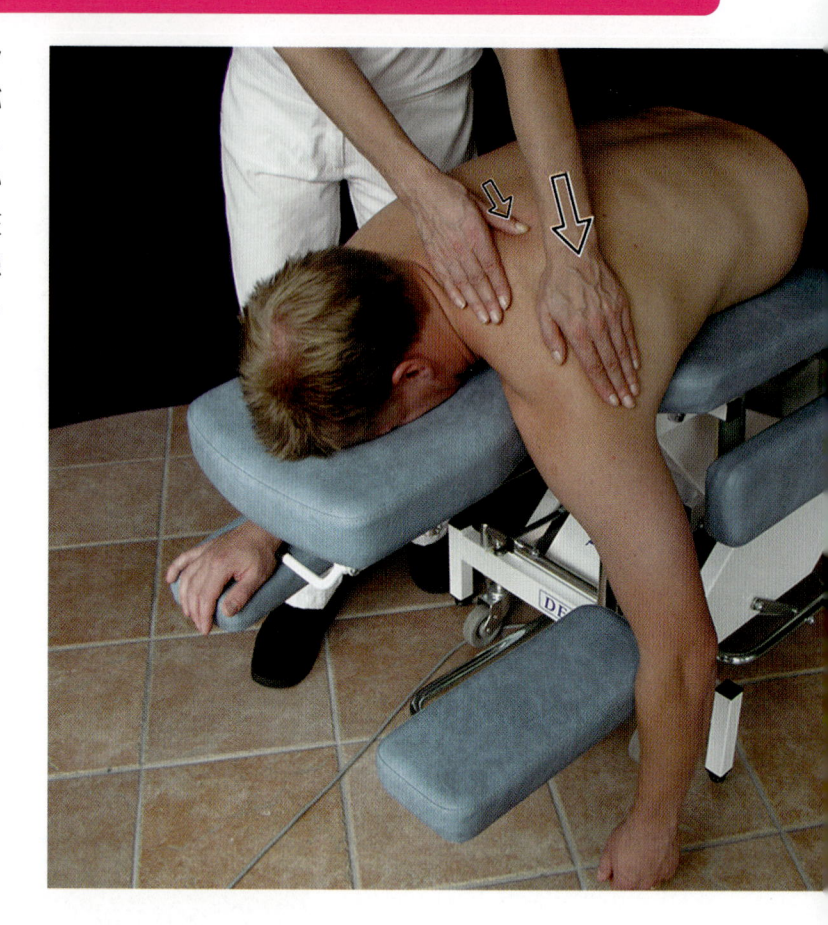

背部の筋肉

僧帽筋（そうぼうきん）下部 Trapezius（Inferior ascending part）

起　始：第6～第12胸椎の棘突起
停　止：肩甲棘
機　能：肩甲骨の内転、固定、下制

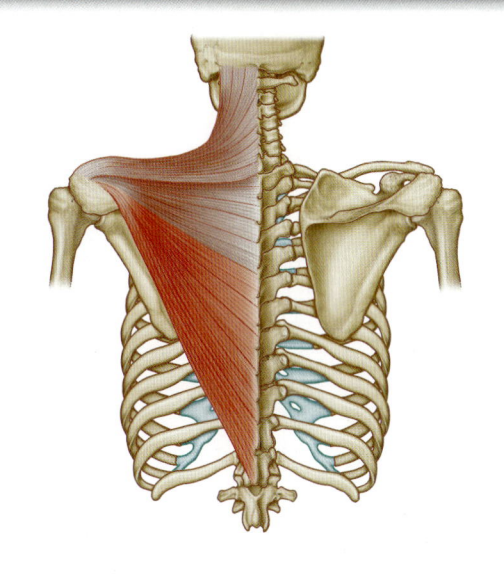

●ストレッチングテクニックA

患者を腹臥位にし、両腕を頭部の上に挙上した状態にする。術者は、患者の肩甲棘に両手を置き、両腕を真っすぐにした状態で、身体を前に倒し、肩甲骨が外転するように圧をかける。

テンション・リラクゼーションテクニック：患者に5秒間、肩甲骨を内転するように力を入れさせ、それに対し術者は抵抗をかける。そして患者にゆっくりと力を抜くように指示し、より大きくストレッチングを行う。

第2部　ストレッチングセラピー　テクニック編

● ストレッチングテクニックB

患者を腹臥位にし、ストレッチングしたい側の腕を頭の上まで挙上した状態にする。術者は、患者の肩甲骨の下角を上方に向かって押し、もう一方の母指と母指球を使って起始部である棘突起から筋線維を離すようにストレッチングする。

テンション・リラクゼーションテクニック：患者に5秒間、肩甲骨を下制するように力を入れさせ、それに対し術者は抵抗をかける。そして患者にゆっくりと力を抜くように指示し、より大きくストレッチングを行う。

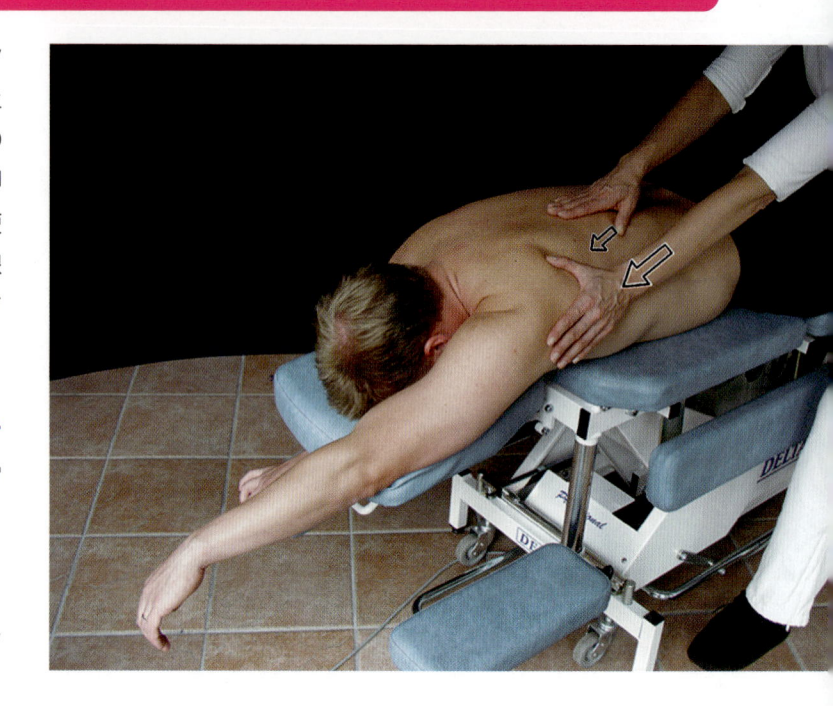

背部の筋肉

大菱形筋 （だいりょうけいきん） Rhomboid major

神経支配：肩甲背神経（第4～第5頚神経）
起　始：第1～第4胸椎の棘突起
停　止：肩甲骨の内縁中部
機　能：肩甲骨の内転、下方回旋、固定、引き上げ

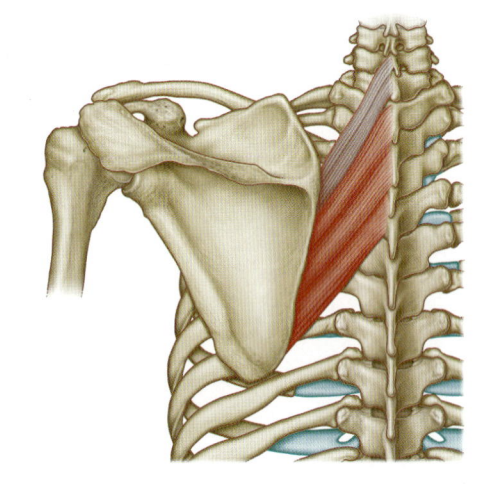

●ストレッチングテクニック

患者を腹臥位にし両腕を頭上に挙上させた状態にする。術者は、両腕を交差させて肩甲骨内縁に手を置き、身体を前に倒しながら肩甲骨が離れるように圧をかけてストレッチングを行う。

テンション・リラクゼーションテクニック：患者に5秒間、肩甲骨を内転するように力を入れさせ、それに対し術者は抵抗をかける。そして患者にゆっくりと力を抜くように指示し、より大きくストレッチングを行う。

小菱形筋 （しょうりょうけいきん） Rhomboid minor

神経支配：肩甲背神経（第4～第5頸神経）
起　始：第6～第7頸椎の棘突起
停　止：肩甲骨の内縁上部
機　能：肩甲骨の内転、下方回旋、挙上

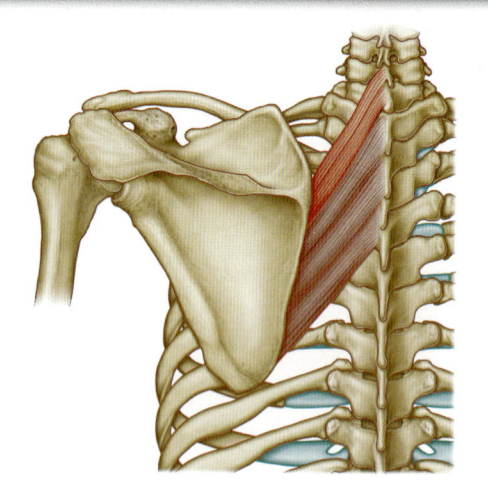

●ストレッチングテクニック

患者を側臥位にし、腕を頭上に挙上させた状態にさせる。術者の前腕を患者の上腕の下に入れ、肩甲骨の内縁をつかんで斜め上に引く。同時に、もう一方の手の母指と母指球で筋線維を停止部から筋腹に向かってストレッチングする。

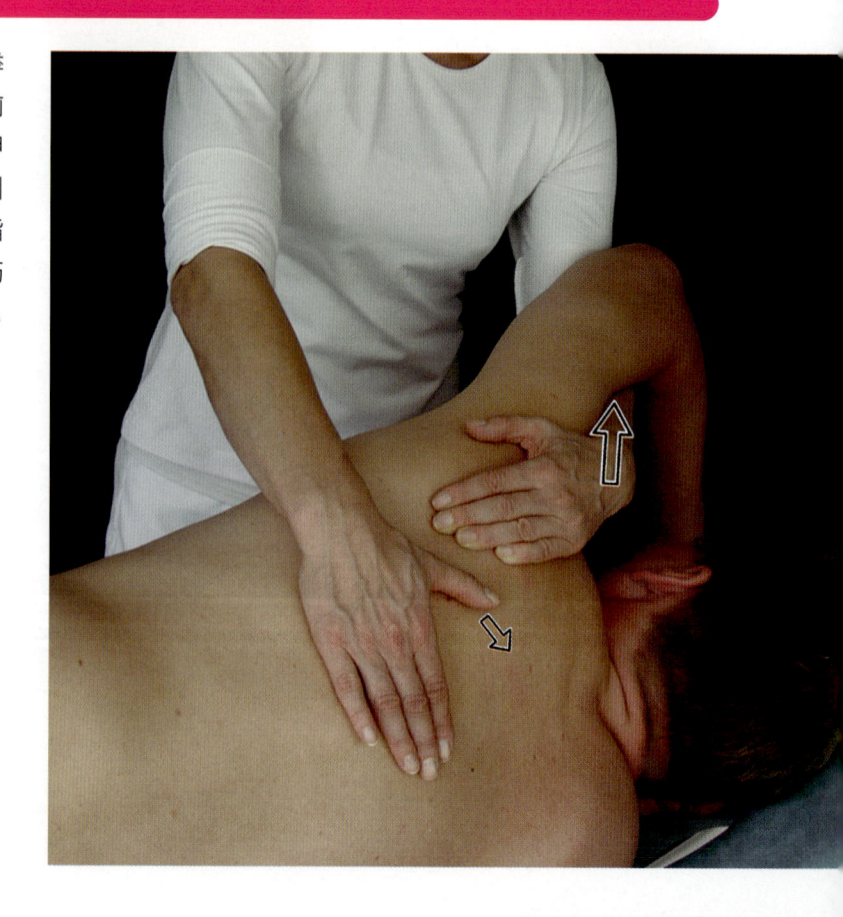

背部の筋肉

胸棘筋（きょうきょくきん）Spinalis thoracis

神経支配：脊髄神経後枝（第2～第12胸神経、第1～第2腰神経）
起　始：第10～第12胸椎、第1～第3腰椎の棘突起
停　止：第2～第8胸椎の棘突起（最も短い筋の線維は第10胸椎から第8胸椎に走行する）
機　能：胸椎と腰椎上部の伸展

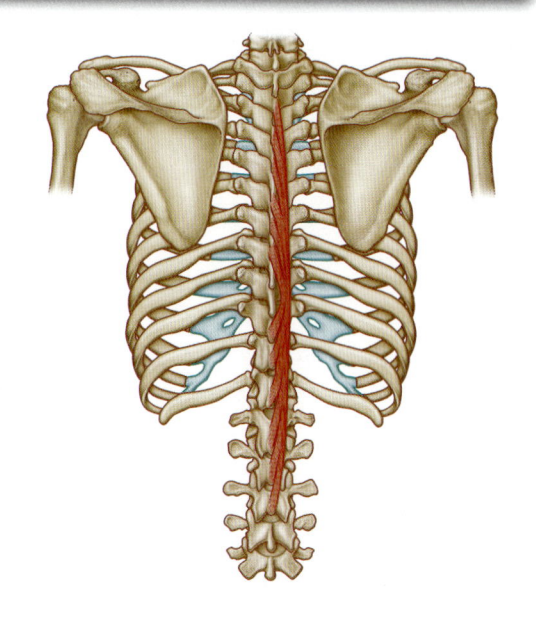

●ストレッチングテクニック

患者を腹臥位にし、頭部をしっかりと屈曲させた状態、もしくは胸部の下に枕を挿入して胸椎を屈曲させた状態にする。術者は腕を交差させ、両手の小指球を使って圧をかけてストレッチングする。圧をかける位置は、一方の手で第2～第8胸椎の椎間関節を斜め上に、もう一方の手で第10胸椎から第3腰椎の椎間関節を斜め下方向とする。

テンション・リラクゼーションテクニック：患者に5秒間、胸椎を伸展するように力を入れさせ、それに対し術者は抵抗をかける。そして患者にゆっくりと力を抜くように指示し、より大きくストレッチングを行う。

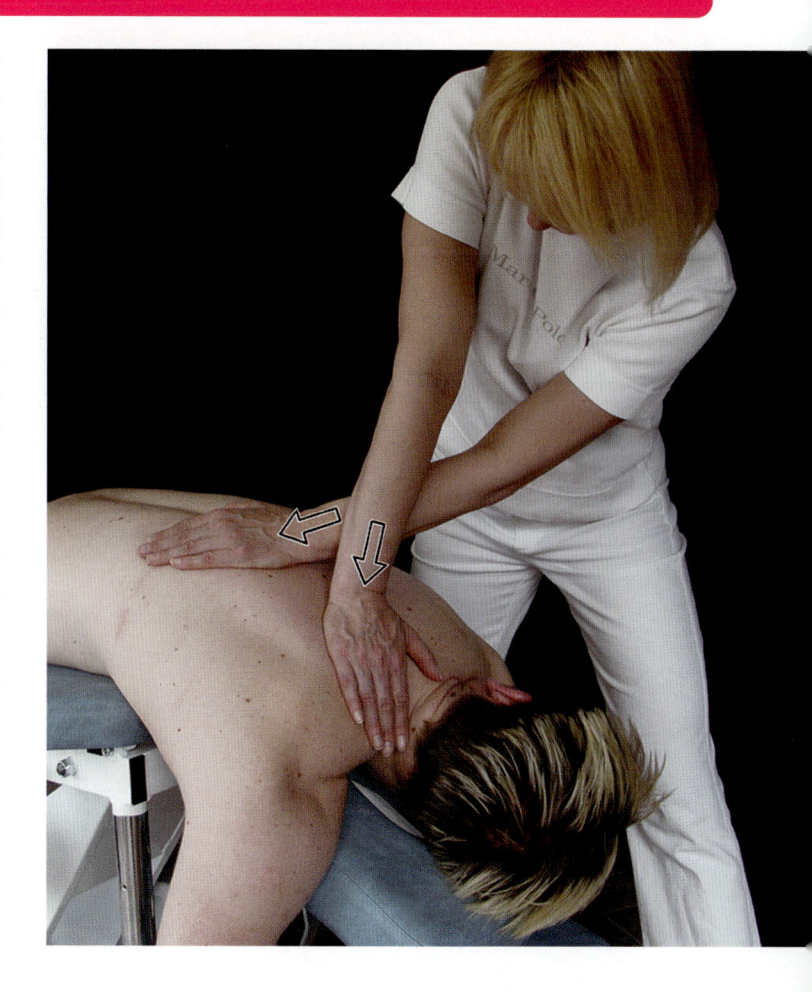

胸腸肋筋 （きょうちょうろくきん） Iliocostalis thoracis

神経支配：脊髄神経後枝（第1～第12胸神経）
起　始：第7～第12肋骨
停　止：第1～第6肋骨
機　能：胸椎の伸展、側屈

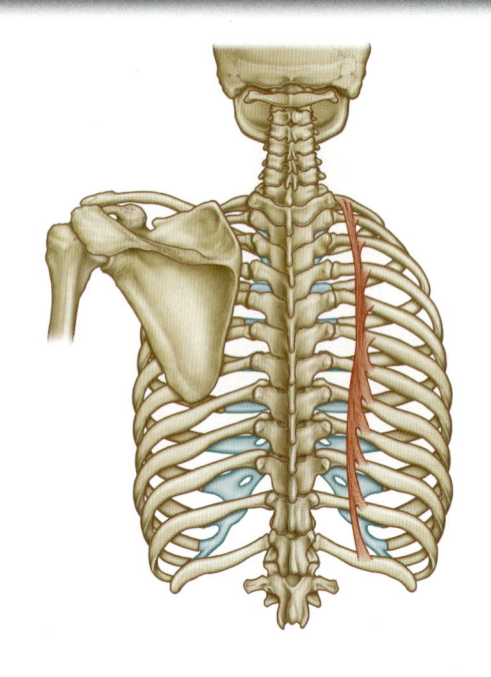

●ストレッチングテクニック

患者を腹臥位にし、患者の胸の下に枕を挿入する。もしくは折り曲げ可能なベッドを使って胸の下の部分を折り曲げる。ストレッチングしたい側の腕を頭上に挙げ、反対側に向かって胸椎を側屈させて、筋肉上部がやや伸張した状態にする。そして胸椎が側屈した方向と同じ方向に下肢を動かし、下部もやや伸張した状態にする。その状態で、術者は腕を交差させ、一方の手の小指球で第1～第6肋骨を斜め上に、もう一方の手で第7～第12肋骨を斜め下に向かって押す。術者の身体を前に倒して体重をかけ、ストレッチングを行う。

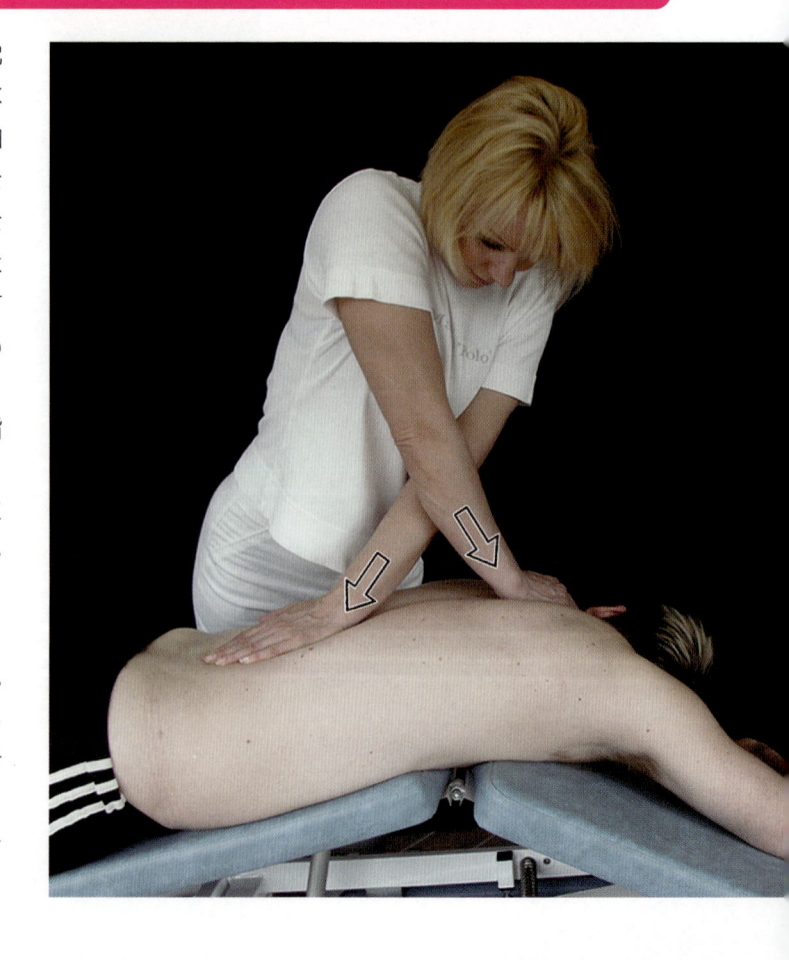

テンション・リラクゼーションテクニック：患者に5秒間、胸椎を伸展するように力を入れさせ、それに対し術者は抵抗をかける。そして患者にゆっくりと力を抜くように指示し、より大きくストレッチングを行う。

背部の筋肉

腰腸肋筋 （ようちょうろくきん） Iliocostalis lumborum

神経支配：脊髄神経後枝（第6～第12胸神経、第1～第3腰神経）
起　始：仙骨、腸骨稜、胸腰筋膜
停　止：第1～第3胸椎の横突起、第5～第12肋骨
機　能：胸椎と腰椎の伸展、側屈

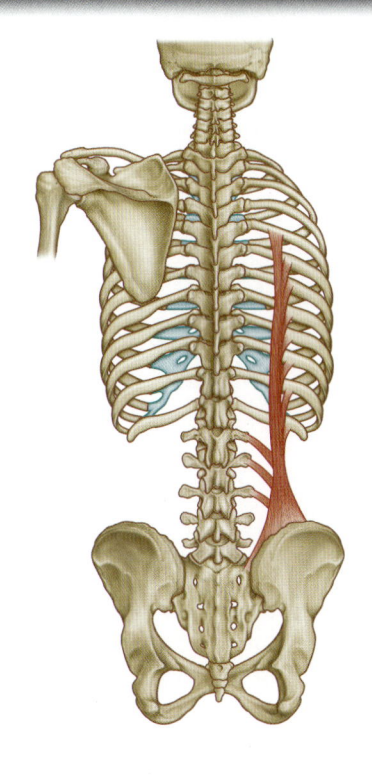

●ストレッチングテクニック

患者を腹臥位にし、患者の腹部の下に枕を挿入する。もしくは折り曲げ可能なベッドを使って腹部下の部分を折り曲げる。ストレッチングしたい側の腕を頭より上に挙上し、反対側に向かって胸椎を側屈させて筋肉上部がやや伸張した状態にする。そして胸椎が側屈した方向と同じ方向に下肢を動かし、下部の筋もやや伸張した状態にする。その状態で、術者は腕を交差させ、一方の手の小指球で第6～第12肋骨を斜め上に、そしてもう一方の手で腸骨稜を斜め下に向かって押す。術者は身体を前に倒して体重をかけ、ストレッチングを行う。

テンション・リラクゼーションテクニック：患者に5秒間、腰を伸展するように力を入れさせ、それに対し術者は抵抗をかける。そして患者にゆっくりと力を抜くように指示し、より大きくストレッチングを行う。

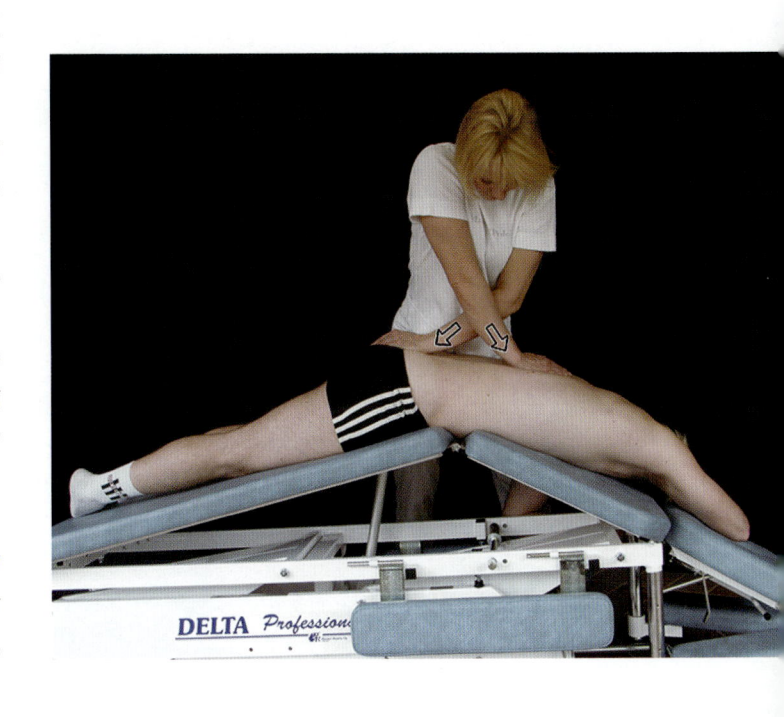

胸最長筋 (きょうさいちょうきん) Longissimus thoracis

神経支配：脊髄神経後枝（第1～第12胸神経、第1～第5腰神経）

起　始：第1～第5腰椎、仙骨の棘突起、第1～第2腰椎の乳頭突起、第7～第12胸椎の横突起

停　止：腰椎の副突起・肋骨突起、胸椎の横突起、肋骨

機　能：胸椎と腰椎の伸展、側屈

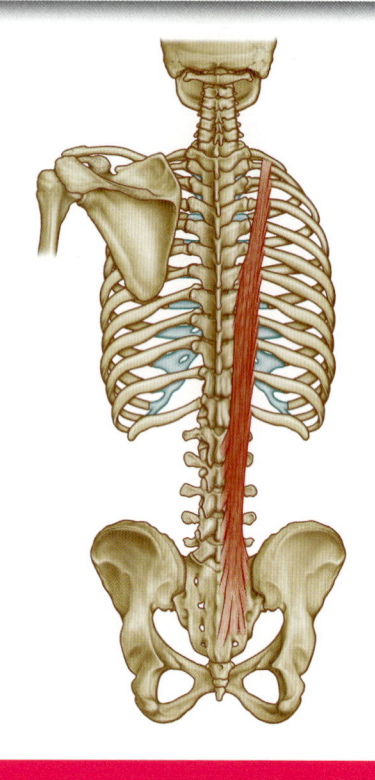

●ストレッチングテクニック

患者を腹臥位にし、腹部の下に枕を挿入する。もしくは折り曲げ可能なベッドを使って腹部下の部分を折り曲げた状態にする。ストレッチングしたい側の腕を頭より上に挙上し、反対側に向かって胸椎を側屈させて筋肉上部がやや伸張した状態にする。そして胸椎が側屈した方向と同じ方向に下肢を動かし、下部の筋もやや伸張した状態にする。その状態で、術者は腕を交差させ、一方の手の小指球で胸椎の横突起を斜め上の頭部に向かって押し、もう一方の手で仙骨を下肢に向かって斜め下に向かって押す。術者は身体を前に倒して体重をかけ、ストレッチングを行う。

テンション・リラクゼーションテクニック：患者に5秒間、腰を伸展するように力を入れさせ、それに対し術者は抵抗をかける。そして患者にゆっくりと力を抜くように指示し、より大きくストレッチングを行う。

⚠️**警告** 骨粗鬆症などの疾病がある場合、肋骨を骨折させる恐れがあるため、必要以上に強く押さないように気をつける。

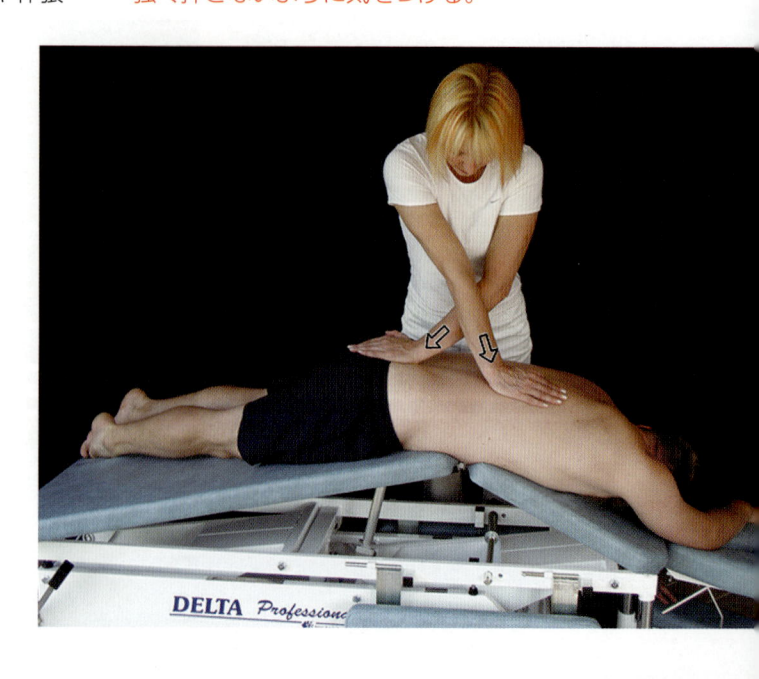

背部の筋肉

下後鋸筋 (かこうきょきん) Serratus Posterior inferior

神経支配：肋間神経（第9～第12胸神経）
起　始：第11～第12胸椎、第1～第3腰椎の棘突起周辺の胸腰腱膜
停　止：第9～第12肋骨
機　能：肋骨を下方に引く、深呼気の補助

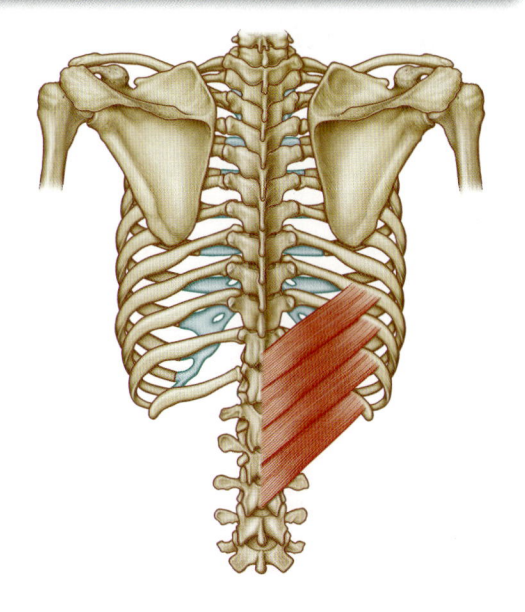

●ストレッチングテクニック

患者を腹臥位にし、患者の腹部の下に枕を挿入する。もしくは折り曲げ可能なベッドを使って腹部下の部分を折り曲げた状態にする。ストレッチングしたい側の腕を頭より上に挙上し、腕を挙げていない方向に向かって胸椎を側屈させて筋肉上部をやや伸張した状態にする。そして胸椎が側屈した方向と同じ方向に下肢を動かし、下部の筋もやや伸張した状態にする。その状態で、術者は腕を交差させ、一方の手で第9～第12肋骨を肩の方向に向かって押し、そしてもう一方の手は第11～第12胸椎、第1～第3腰椎の棘突起の横（もう一方の手と同側）に置き、下肢の方向に斜め下に向かって押す。術者は身体を前に倒して体重をかけ、ストレッチングを行う。

テンション・リラクゼーションテクニック：患者にゆっくり息を吸ってもらってから、力強く息を吐くように指示する。その後、自然にゆっくり息を吸ってもらい、筋肉をリラックスさせながらストレッチングを行う。

注意：下後鋸筋は深呼気を補助するため、患者が深く息を吸っているときにストレッチングを行ってはいけない。自然に呼吸している時、もしくは息を吸い終わる頃にストレッチングするようにする。

警告 このストレッチングは骨粗鬆症など、骨に脆弱性をきたす疾病を持つ患者に対しては禁忌である。

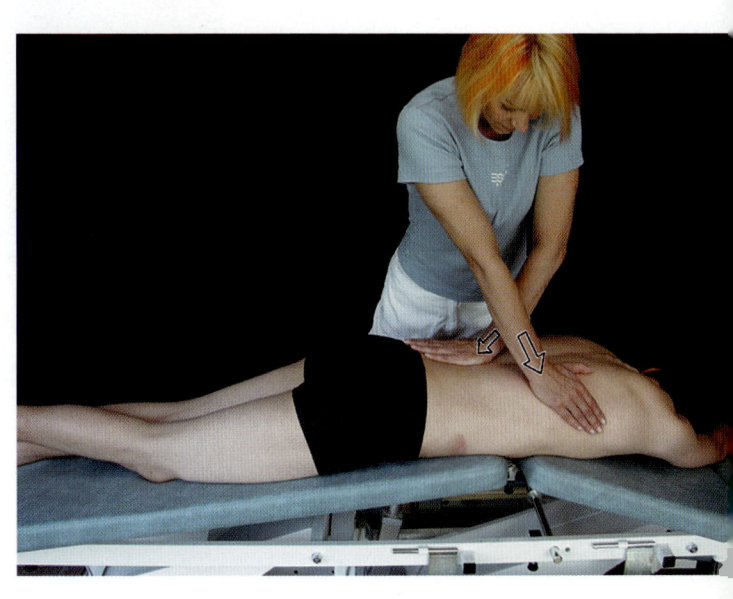

腰方形筋（ようほうけいきん）Quadratus lumborum

神経支配：脊髄神経後枝（第12胸神経、第1
　　　　　〜第3腰神経）
起　始：腸骨稜の後面内側縁
停　止：第1〜第4腰椎の横突起と第12肋
　　　　　骨の下縁
機　能：腰椎の側屈、第12肋骨を下方に引
　　　　　く、深呼気の補助

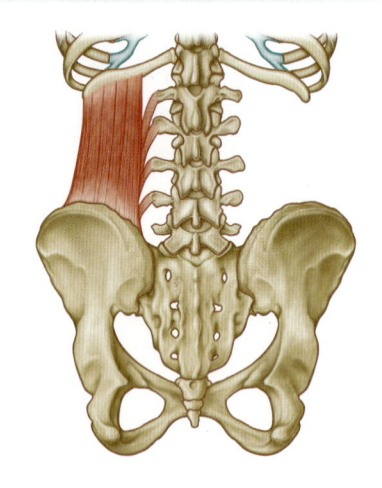

●ストレッチングテクニック

患者を側臥位にし、上にくる脚を下の脚のふくらはぎに載せ、手を頭の上に上げた状態にさせる。腰の下に枕を挿入するか、折り曲げ可能なベッドを使って腰の下の部分を折り曲げて腰椎を伸ばす。その状態で術者は体を前に倒し、自分の体重をかけながら、前腕を使って患者の腰を（患者にとって）前下方に押し下げ、もう一方の手の前腕で患者の上体を後下方に向かって押し下げる。この際、両手を同時に押し下げ、筋の停止部と起始部を引き離すようにしてストレッチングを行う。

テンション・リラクゼーションテクニック：患者に5秒間、上体を側屈させて起こすように力を入れさせ、それに対し術者は抵抗をかける。そして患者にゆっくりと力を抜くように指示し、より大きく骨盤と肋骨を引き離すようにしてストレッチングを行う。

注意：下後鋸筋は深呼気を補助するため、患者が深く息を吸っているときにストレッチングを行ってはいけない。自然に呼吸している時、もしくは息を吸い終わる頃にストレッチングするようにする。

警告 このストレッチングは骨粗鬆症など、骨に脆弱性をきたす疾病を持つ患者に対しては禁忌である。

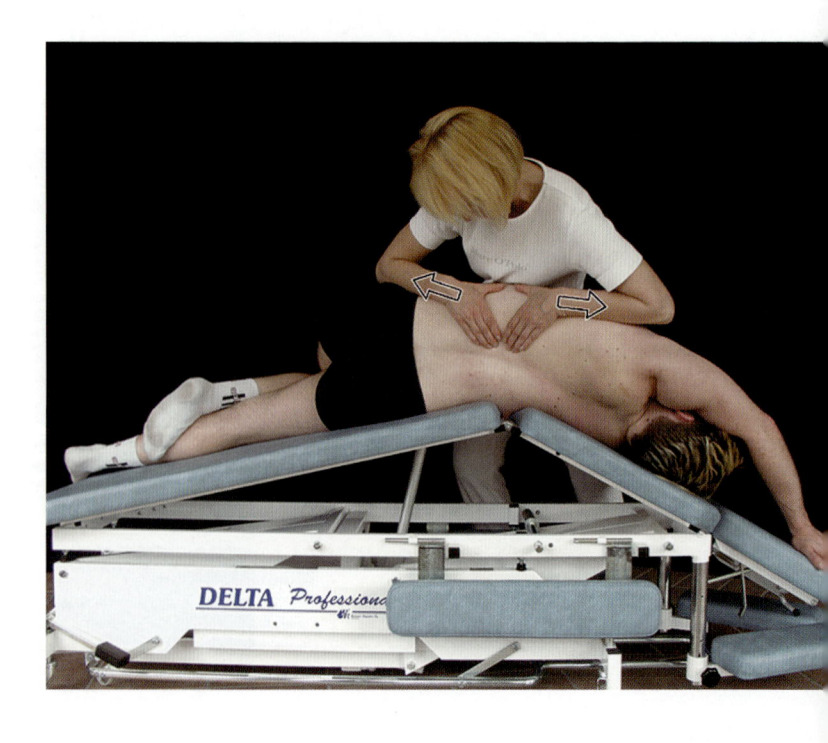

背部の筋肉

胸棘間筋（きょうきょくかんきん）Interspinales thoracis（2つのペアの筋肉）

神経支配：脊髄神経後枝（第11～第12胸神経）
起　　始：第11～第12胸椎の棘突起
停　　止：1つ下に位置する椎骨の棘突起
機　　能：胸椎の固定と伸展

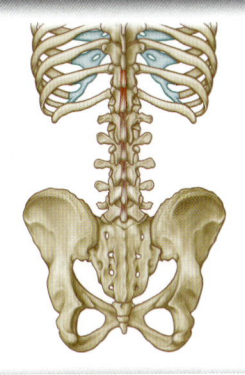

腰棘間筋（ようきょくかんきん）Interspinales lumborum（5つのペアの筋肉）

神経支配：脊髄神経後枝（第1～第5腰神経）
起　　始：第1～第5腰椎の棘突起
停　　止：1つ下に位置する椎骨の棘突起
機　　能：腰椎の固定と伸展

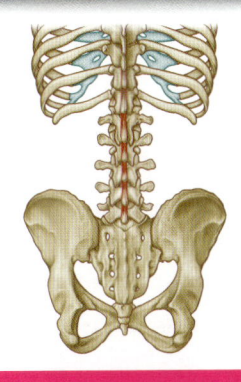

●ストレッチングテクニック

患者を腹臥位にし、足を床に着け、骨盤がベッドから出た状態にする。術者は小指球を使って患者の棘突起の横に手を置き、もう一方の手を仙骨に置く。上にある手を頭部に向かって押し、下にある手で仙骨を下方に向かって押してストレッチングする。術者の身体を前に倒し、体重をかけることで、より大きなストレッチングをかけることができる。

テンション・リラクゼーションテクニック：患者に5秒間、腰椎を起こすように伸展させ、それに対し術者は抵抗をかける。そして患者にゆっくりと力を抜くように指示し、より大きく骨盤と肋骨を引き離すようにしてストレッチングを行う。

警告 このストレッチングを座位や立位で行うと、椎間板や靱帯へのストレッチング効果が過度に強くなる。椎間板の変性は第4～第5腰椎、もしくは第5腰椎～第1仙椎で起こることが一般的で、そのような姿位で障害をきたしやすい。座位で前屈する際は、特に下部の椎間関節と椎間板に絞って圧をかけるようにすること。そのため、椎間板ヘルニアや椎間板の断裂がある場合は、このストレッチングは禁忌とする。

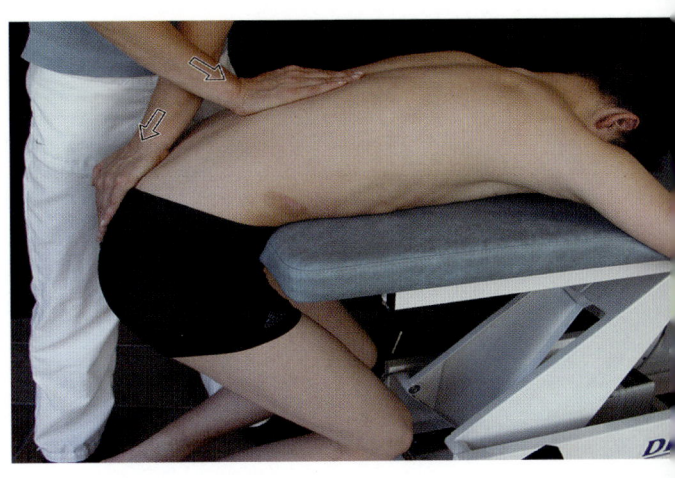

胸回旋筋 （きょうかいせんきん） Rotator thoracis

神経支配：脊髄神経後枝（第1～第11胸神経）
起　始：第1～第12胸椎の横突起
停　止：短頭－1つ上に位置する椎骨の棘突
　　　　　起および椎弓板
　　　　　長頭－2つ上に位置する椎骨の棘突
　　　　　起および椎弓板
機　能：胸椎の固定・回旋・側屈

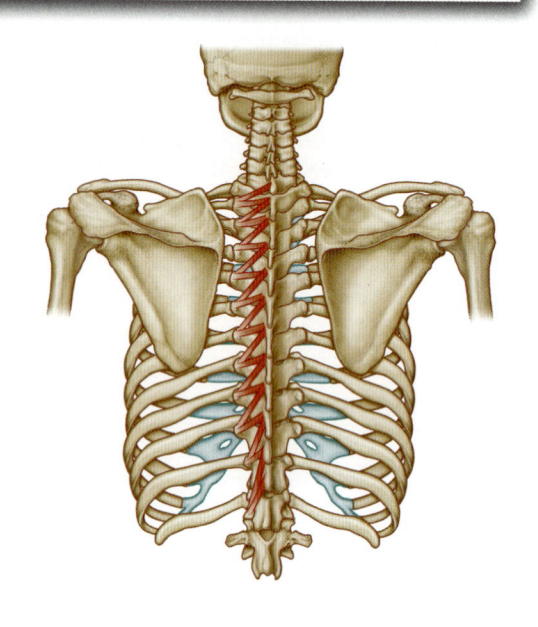

胸多裂筋 （きょうたれつきん） Mutifidus thoracis

神経支配：脊髄神経後枝（第4～第8頚神経、
　　　　　第1～第11胸神経）
起　始：第1～第12胸椎横突起、および最
　　　　　長筋膜
停　止：2～4つ上に位置する椎骨の棘突起
機　能：胸椎の固定・回旋・側屈

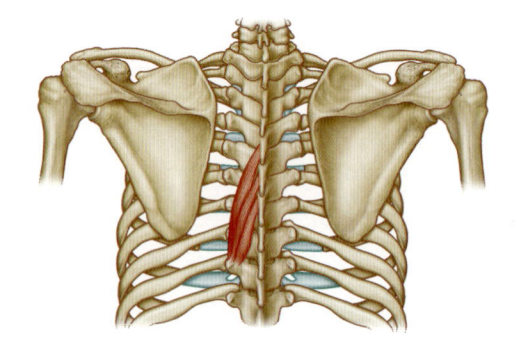

回旋筋と胸郭の筋肉

●ストレッチングテクニックA

患者を側臥位にし、股関節、膝関節を屈曲させた状態にする。肋骨下に枕を挿入するか、折り曲げ可能なベッドを使って中央部分を折り曲げて胸椎を伸ばす。下側にある肩と腕を前に出し、肋骨を後ろ向きに回旋させ、患者の手は頭の下に置く。上側にある腕は身体に沿わせ、肘関節を90度屈曲させる。術者の手で患者の肩を頭の方向、斜め後方に押し、肋骨を後方に回旋させる。同時にもう一方の手の指先で筋の停止部から引き離すようにして筋をストレッチングする。

テンション・リラクゼーションテクニック：患者に5秒間、肩を前方に押すように力を入れさせ、それに対し術者は抵抗をかける。そして患者にゆっくりと力を抜くように指示し、より大きく骨盤と肋骨を引き離すようにしてストレッチングをかける。

警告 特に骨粗鬆症がある場合は、肋骨に過度な圧をかけると骨折させる危険性がある。

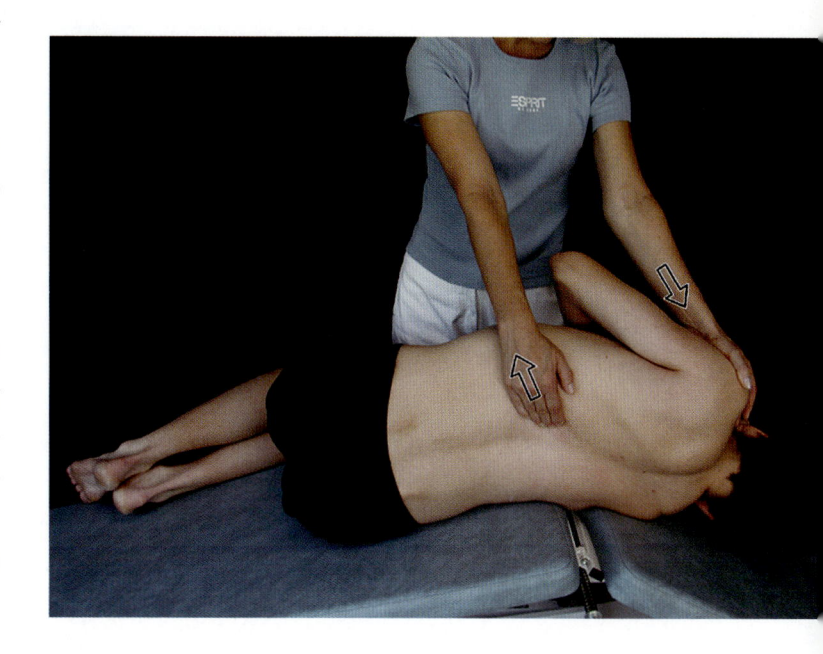

●ストレッチングテクニックB

患者を側臥位にし、股関節、膝関節を屈曲させた状態にする。肋骨下に枕を挿入するか、折り曲げ可能なベッドを使って中央部分を折り曲げて胸椎を伸ばす。下側にある肩と腕を前に出し、肋骨を後ろ向きに回旋させ、患者の下側の手を頭の下に置くようにする。上側にある腕は身体に沿わせ、肘関節を90度屈曲させる。術者は前腕を使って、患者の肩を頭の方向（斜め後方）に押して肋骨を後方に回旋させる。同時にもう一方の前腕で、患者の骨盤と胸椎を前方に回旋させる。その状態で術者の両手で筋の停止部と起始部を引き離すようにしてストレッチングを行う。

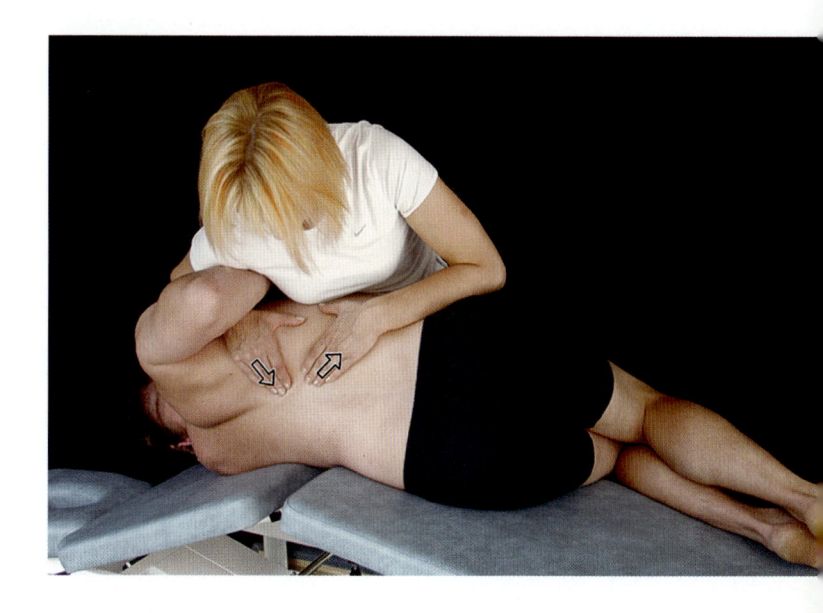

胸横突間筋 （きょうおうとっかんきん） Intertransversarii thoracis

神経支配：脊髄神経後枝（第4～第8頚神経、第1～第11胸神経）
起　　始：横突起
停　　止：1つ下に位置する椎骨の横突起
機　　能：椎骨の固定・側屈

注意：一般的に欠如している場合が多い。

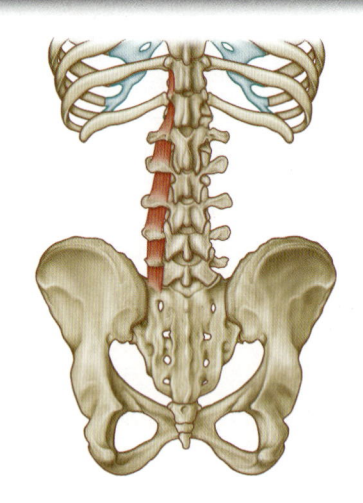

腰内側横突間筋 （ようないそくおうとっかんきん） Intertransversarii mediales lumborum

神経支配：脊髄神経後枝（第1～第5腰神経）
起　　始：第1～第5腰椎の横突起の乳頭突起
停　　止：1つ下に位置する椎骨横突起の乳頭突起および仙骨
機　　能：椎骨の固定・側屈

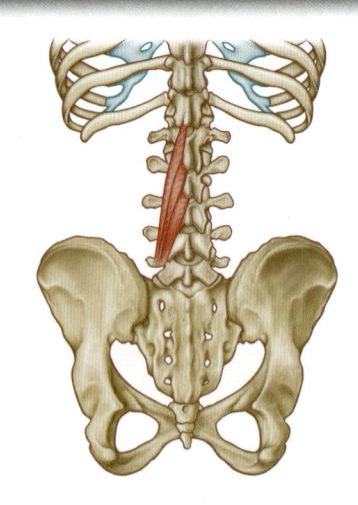

腰外側横突間筋 （ようがいそくおうとっかんきん） Intertransversarii laterales lumborum

神経支配：脊髄神経後枝（第1～第5腰神経）
起　　始：第1～第5腰椎の横突起の肋骨突起
停　　止：1つ下に位置する椎骨横突起の肋骨突起および仙骨
機　　能：椎骨の固定・側屈

腰多裂筋 （ようたれつきん） Multifidus lumborum

神経支配：脊髄神経後枝（第12胸神経、第1～第5腰神経）
起　　始：仙骨、第1～第5腰椎の横突起の乳頭突起
停　　止：2～4つ上に位置する椎骨の棘突起
機　　能：椎骨の固定、腰椎の回旋・側屈・伸展

回旋筋と胸郭の筋肉

腰回旋筋 （ようかいせんきん） Rotators breves and longi lumborum

神経支配：脊髄神経後枝（第12胸神経、第1〜第5腰神経）

起　始：第1〜第5腰神経、仙椎の横突起の乳頭突起

停　止：短頭－1つ上に位置する椎骨の棘突起
　　　　　長頭－2つ上に位置する椎骨の棘突起

機　能：椎骨の固定・回旋・側屈

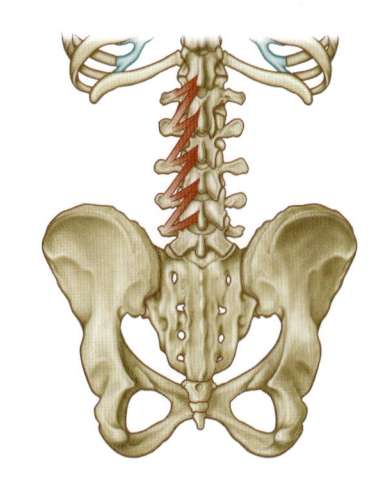

●ストレッチングテクニック

患者を側臥位にし、上にくる脚を下の脚のふくらはぎに載せる。腰の下に枕を挿入するか、折り曲げ可能なベッドを使って腰の下の部分を折り曲げて、腰椎を伸ばす。下側の肩と腕は身体の前に出すようにして肋骨を後方に回旋させ、上側の腕は肘を90度屈曲させた状態で身体に沿わせる。術者は前腕を使って肋骨をより大きく後方回旋させ、もう一方の前腕で骨盤をより前に出すように押す。術者の身体を前に倒し体重をかけることによって、骨盤をより下に前に押し、上体をより下に後ろに押す。術者の両手の指を棘突起の横に置き、反対方向に引っ張るようにすることで、より大きなストレッチングを行うことができる。

テンション・リラクゼーションテクニック：患者に5秒間、上体を回旋させるように力を入れさせ、それに対し術者は抵抗をかける。そして患者にゆっくりと力を抜くように指示し、より大きく骨盤と肋骨を引き離すようにしてストレッチングをかける。

警告 神経根の圧迫による障害を有する患者の場合、強く上体を回旋させることによって神経根により大きな圧を加えて痛みやしびれを引き起こす恐れがある。そのような場合、このストレッチングは禁忌である。

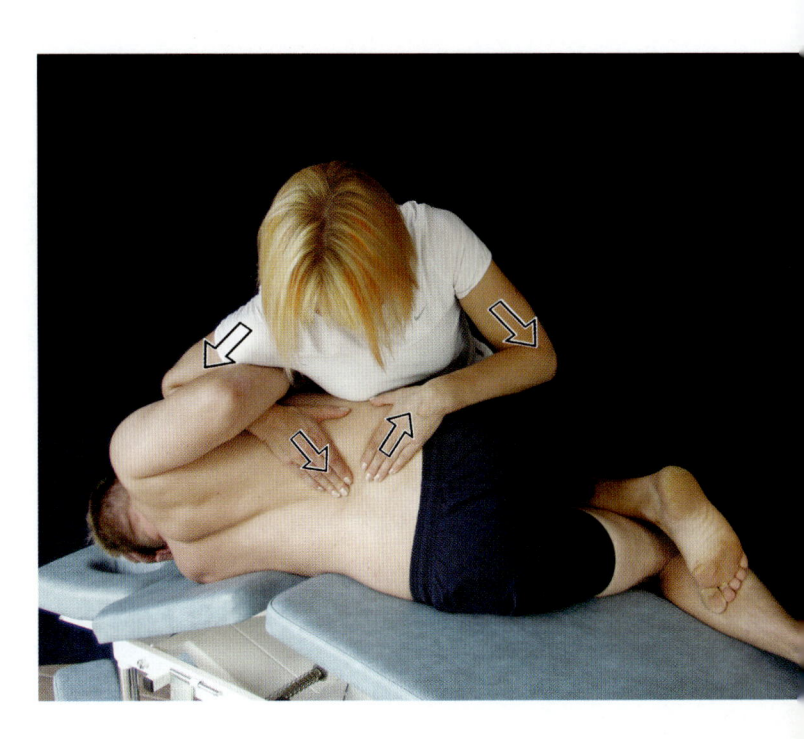

短肋骨挙筋 (たんろっこつきょきん) Levatores costarum breves

神経支配：脊髄神経後枝（第8頚神経、第1〜第11胸神経）
起　始：第7頚椎、第1〜第11胸椎の横突起
停　止：1つ下に位置する肋骨の肋骨角
機　能：深吸気の補助

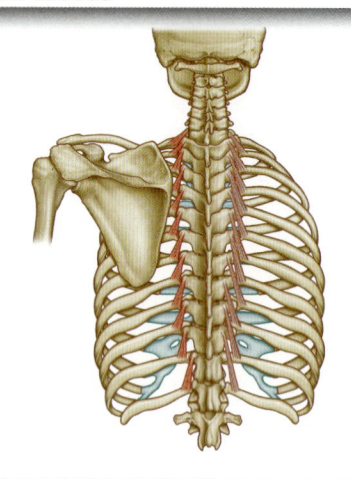

長肋骨挙筋 (ちょうろっこつきょきん) Levatores costarum breves

神経支配：脊髄神経後枝（第8頚神経、第1〜第11胸神経）
起　始：第7頚椎、第1〜第10胸椎の横突起
停　止：2つ下に位置する肋骨の肋骨角
機　能：深吸気の補助

●ストレッチングテクニック

患者を腹臥位にし、患者の胸の下に枕を挿入する。もしくは折り曲げ可能なベッドで胸の下の部分を折り曲げて胸椎を屈曲させた状態にする。ストレッチングしたい側の腕を頭より上に挙上し、反対方向に向かって胸椎を側屈させ、筋肉上部をやや伸張した状態にさせる。そして胸椎が側屈した方向と同じ方向に下肢を動かし、筋肉の下部もやや伸張した状態にさせる。その状態で、術者は小指球で椎間関節の棘突起横を圧し、椎骨を固定する。そしてもう一方の手の小指球で脊柱の反対側にある1〜2つ下の肋骨を斜め外側、股関節に向かって押し、ストレッチングする。術者の腕が交差した状態でストレッチングを行い、身体を前に倒し、体重をかけた状態でストレッチングを行う。

警告 このストレッチング方法では、肋骨に大きな圧が加わるため、十分に気をつけながら行うこと。椎骨のすぐ横に圧をかけず、押す位置を肋骨の外側にし過ぎることで骨折の危険が増大する。骨粗鬆症やその他、骨に脆弱性をもたらす疾病が疑われる場合では、このストレッチングは禁忌となる。

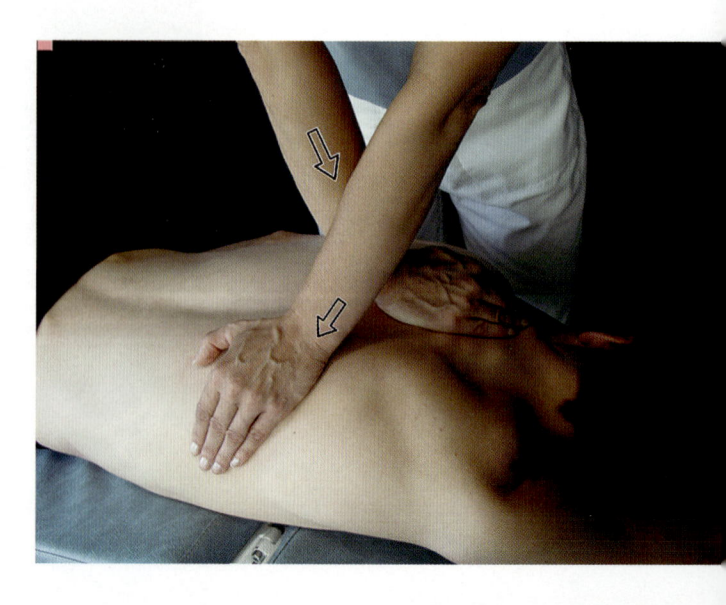

回旋筋と胸郭の筋肉

外肋間筋 (がいろっかんきん) External intercostals

- **神経支配**：肋間神経（第1～第11胸神経）
- **起　始**：肋骨の下縁
- **停　止**：1つ下に位置する肋骨の上縁（筋線維の方向は、前下方向に斜め）
- **機　能**：肋骨の引き上げ、胸郭の拡大、深吸気の補助

内肋間筋 (ないろっかんきん) Internal intercostals

- **神経支配**：肋間神経（第1～第11胸神経）
- **起　始**：肋骨の下縁
- **停　止**：1つ下に位置する肋骨の上縁（筋線維の方向は、後下方向に斜め）
- **機　能**：肋骨の引き下げ、胸郭の縮小、深呼気の補助

最内肋間筋 (さいないろっかんきん) Intercosales intimi

内肋間筋の深層

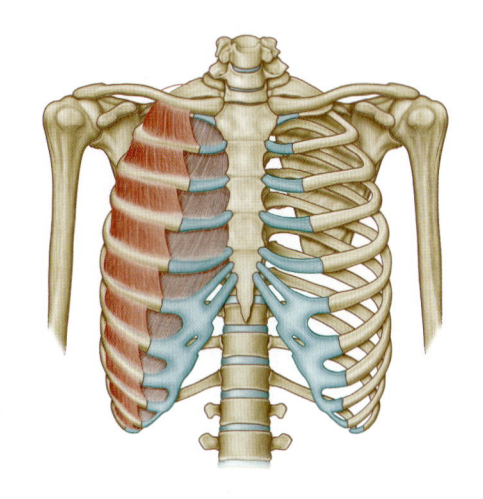

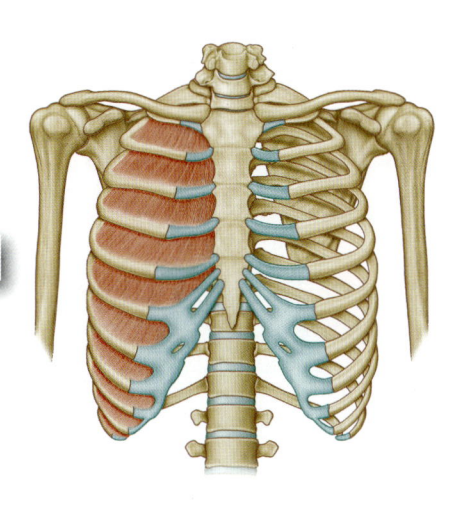

●ストレッチングテクニックA

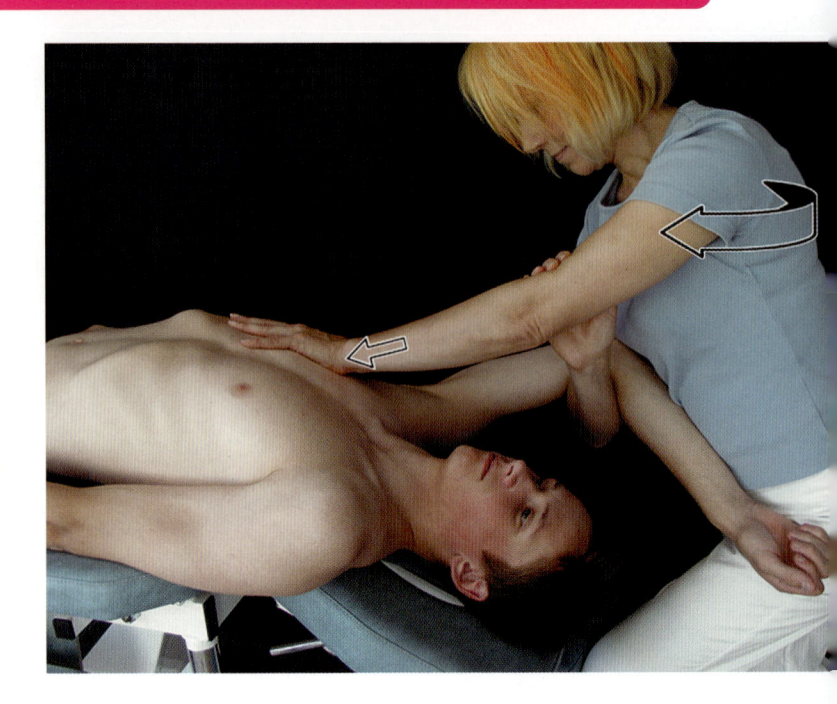

上位肋骨は息を吸う際、前上方に動く。この動きは"pump handle movement"として知られている。そのため、第1～第5肋間のストレッチングを行う際は、前方から行うようにする。

患者を背臥位にし、腕を頭より上に挙げ、肘を90度に屈曲させた状態にする。術者は患者の前腕を自分の前腕と身体で支える。その際、術者はもう一方の上腕に手をかけて、この姿勢を保ちやすくする。伸ばした手の母指球と小指球を肋骨の間に置く。ストレッチングする際、手で押すのではなく、手は固定したまま術者の身体を回旋させて、下の肋骨を1つ上の肋骨から引き離すようにする。患者が自然な状態で息を吐いているとき、または息を少し止めたときに、このストレッチングを行う。

警告 骨粗鬆症やその他、骨に脆弱性をもたらす疾病が疑われる場合では、このストレッチングは禁忌である。

回旋筋と胸郭の筋肉

●ストレッチングテクニックB

下位肋骨は息を吸う際、横に広がって動く。この動きは "bucket handle movement" として知られている。そのため、第6～第10肋間にある筋肉をストレッチングする際は、横から行うようにする。

患者を側臥位にし、前腕を頭部の下においた状態にする。術者は患者の前腕を自身の身体と前腕で支え、その手をもう一方の上腕にかけて、その姿勢を保持する。伸ばした手の母指球と小指球を肋骨の間に置く。ストレッチングする際、手で押すのではなく、手は固定したまま術者の身体を回旋させて、下の肋骨を1つ上の肋骨から引き離すようにする。患者が自然な状態で息を吐いているとき、または息を少し止めたときにストレッチングを行う。

注意：深呼気は内肋間筋を活性させ、深吸気は外肋間筋を活性させるため、深呼吸時下で行うストレッチングは無駄になり、これはよく見られる間違いである。そのため、このストレッチングを行う場合は、自然呼吸時、または短期間息を止めた状態で行うことが望ましい。

注意：どちらのテクニックでストレッチングしたとしても、1回のストレッチングで1つの肋間の筋肉しかストレッチングすることはできない。

警告 骨粗鬆症やその他、骨に脆弱性をもたらす疾病が疑われる場合では、このストレッチングは禁忌である。

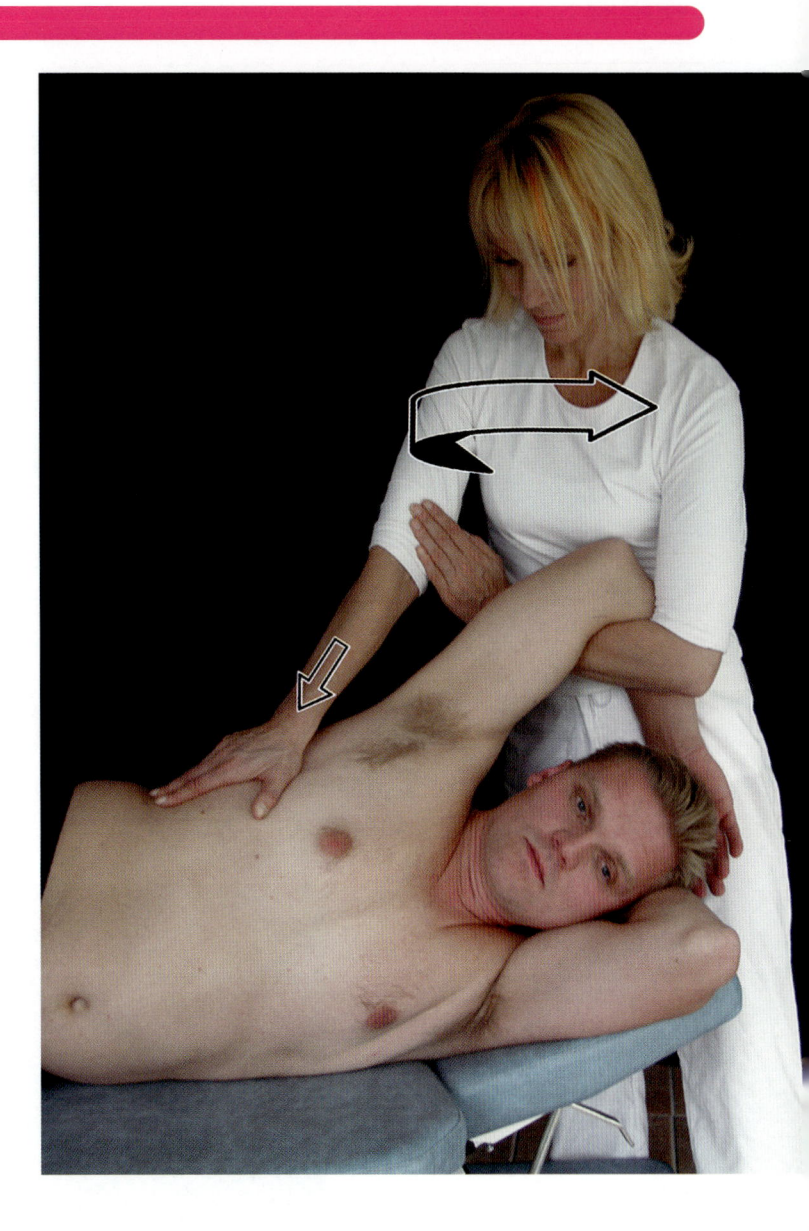

横隔膜（おうかくまく）Diaphragm

神経支配：横隔神経（第3〜第5頚神経）
起　始：肋骨部－胸骨剣状突起内面、第7〜第12肋骨、腰椎部－第1〜第4腰椎椎体前面、胸骨部は肋軟骨内面
停　止：横隔膜の腱中心
機　能：吸気

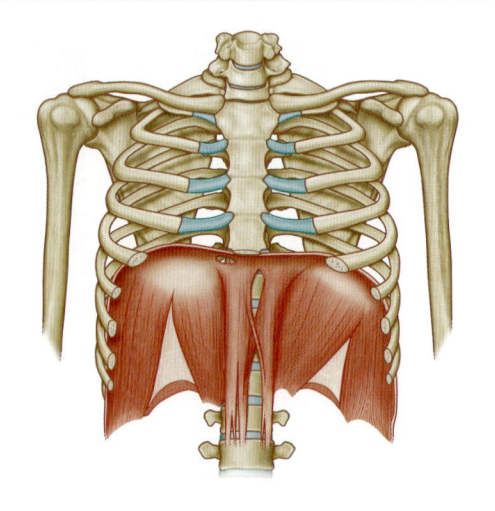

●ストレッチングテクニック

患者を背臥位にし、両腕を自然に身体の横に沿わせ、股関節と膝関節を屈曲した状態にする。術者は第6〜第8肋骨の位置で肋骨弓の軟骨部分をつかむ。横隔膜が下がって肋骨弓が上がり、胸郭がふくらむように、患者にゆっくり息を吸わせる。そして患者に自然に息を吐かせ、その間、横隔膜が肋骨に対して引き下げられるように、術者はその膨らんだ胸郭の位置をロック（保持）する。横隔膜が安静状態に戻ることを防ぐことで、横隔膜をストレッチングできる。

警告 肋間軟骨や神経に障害を引き起こす恐れがあるため、肋骨弓をつかむ位置が横になりすぎないように気をつける。

警告 骨粗鬆症やその他、骨に脆弱性をもたらす疾病が疑われる場合では、このストレッチングは禁忌である。

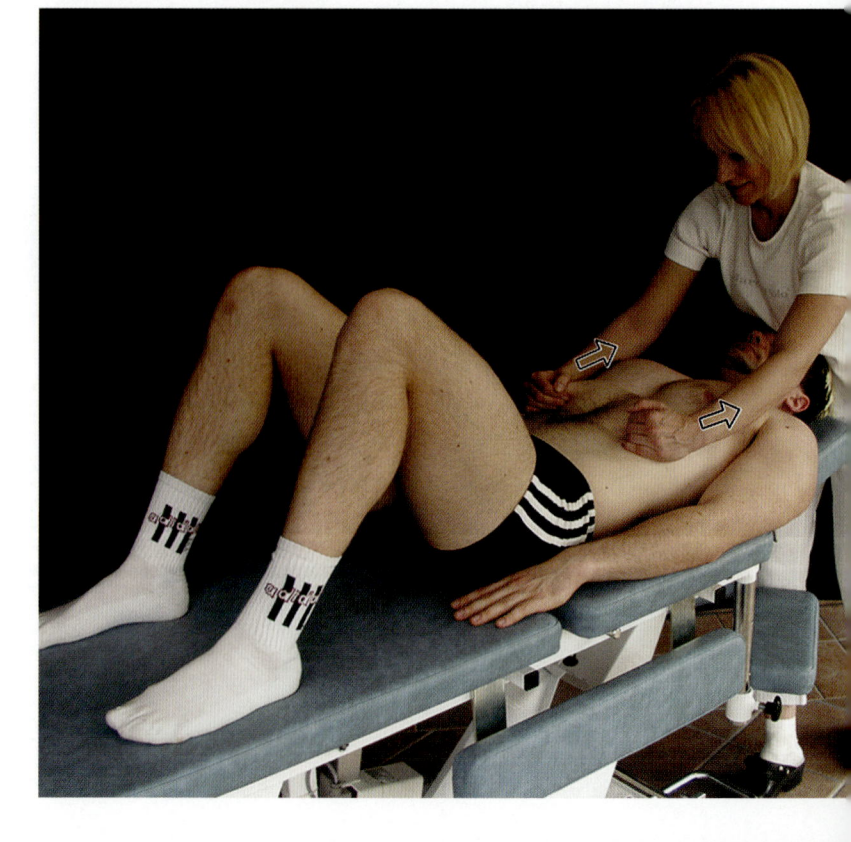

腹部の筋肉

腹直筋（ふくちょくきん） Rectus abdominis

神経支配：肋間神経（第5～第12胸神経）
起　始：恥骨稜と恥骨結合
停　止：第5～第7肋骨の前面、胸骨剣状突起、腱画
機　能：体幹の前屈、体幹のサポート、深呼気の補助

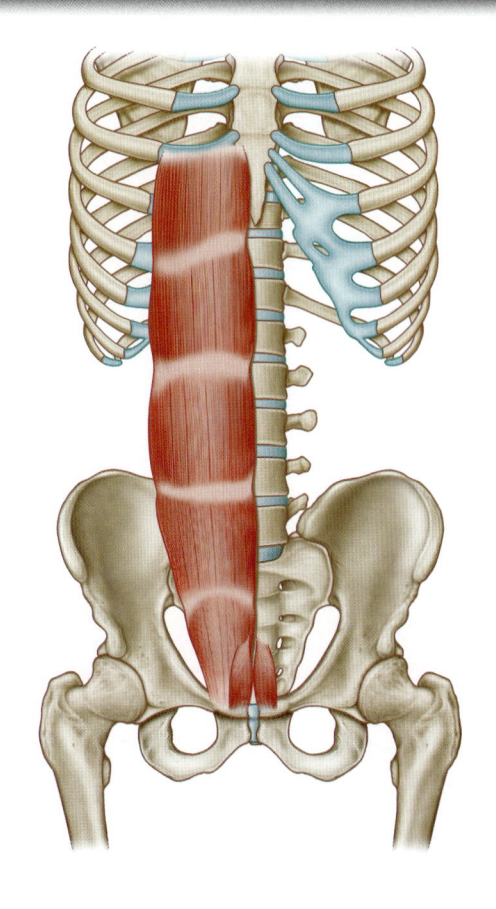

●ストレッチングテクニック

患者を背臥位にし、両腕を頭部より上に挙げた状態にする。折り曲げ可能なベッドを腰の位置で折り曲げたり、メディスンボールなどを腰の下に入れたりして腹直筋を少し伸ばした状態にする。患者にゆっくり息を吸ってもらって、後ろに伸びるようにさせ、横隔膜を使って胸郭を広げ、腹部の筋肉をリラックスさせる。術者は身体を前に倒して体重をかけながら、前腕で恥骨に下方の圧をかけ、同時にもう一方の手で胸骨剣状を頭部に向かって斜め下に押し、筋の起始部と停止部が互いに離れるように筋線維をストレッチングする。

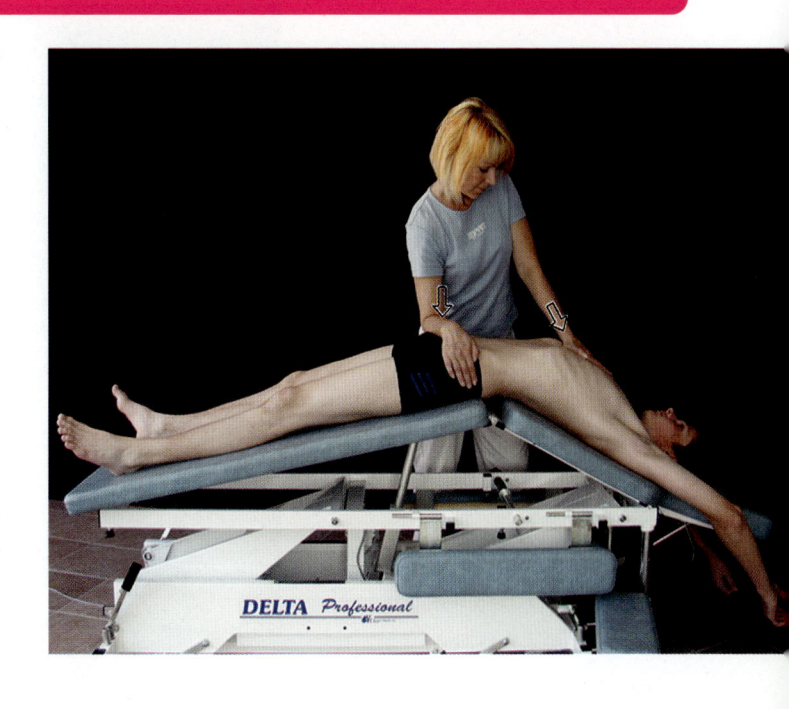

外腹斜筋 （がいふくしゃきん） External oblique abdominis

神経支配：肋間神経（第5〜第12胸神経）
起　始：第5〜第12肋骨の前面
停　止：腸骨稜の外側縁の前半分、鼠径靱帯、および腹直筋鞘の前葉
機　能：体幹の前屈・側屈、深呼気の補助
（筋線維の走行は下方内側方向）

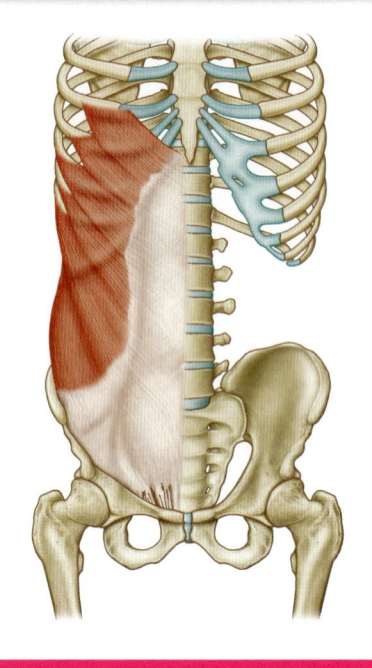

●ストレッチングテクニック

患者を側臥位にし、上側の上肢を頭上に挙げ、下側の手を頭の下に敷く。下側の下肢は屈曲させて身体を安定させて、上側の下肢をベッドの外に自然に垂らす。折り曲げ可能なベッドを腰の位置で折り曲げるか、枕を挿入して外腹斜筋を軽く伸張させる。術者は身体を前に倒し体重をかけながら、一方の手で骨盤を前下方に押し、同時にもう一方の手で胸郭を後下方に押す。両手で同時に押すことによって、筋の起始部と停止部がお互いから離れるように筋線維をストレッチングする。

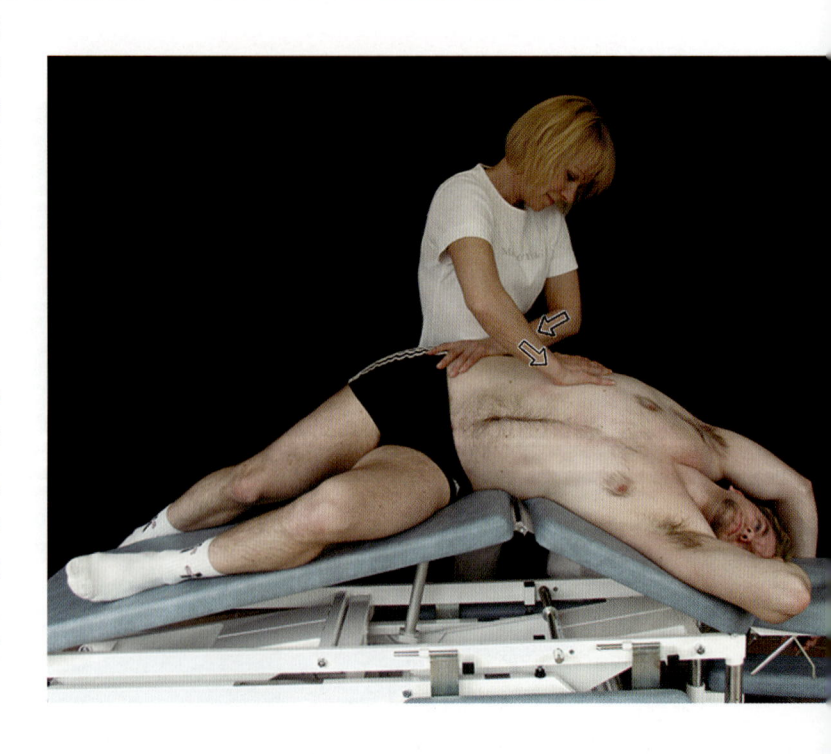

テンション・リラクゼーションテクニック：患者に5秒間、胸部が前方向に回旋するように力を入れさせ、それに対し術者は抵抗をかける。そして患者にゆっくりと力を抜くように指示し、より大きく骨盤と肋骨を引き離すようにしてストレッチングを行う。

警告 このストレッチングは、骨粗鬆症やその他、骨に脆弱性をもたらす疾病が疑われる患者には、骨折を生じさせる危険が非常に高いため、そのような疾患が疑われる場合、このストレッチングは絶対に禁忌である。

腹部の筋肉

内腹斜筋（ないふくしゃきん）Internal oblique abdominis

神経支配：肋間神経（第12胸神経、第1腰神経）
起　　始：胸腰腱膜、腸骨稜、上前腸骨棘、鼠径靱帯
停　　止：第10～第12肋骨、腱膜を介して腹直筋鞘
機　　能：体幹の前屈・側屈、深呼気の補助

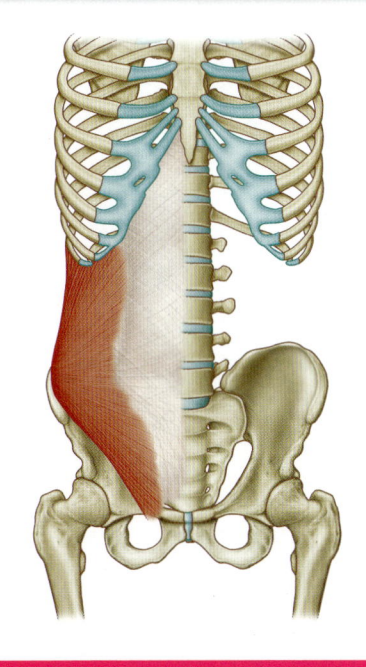

●ストレッチングテクニックA（筋上部）

患者を側臥位にし、上側の腕を頭上に挙げ、下側の前腕を頭の下にする。下側の下肢は屈曲させて身体を安定させ、上側の下肢をベッドの外に自然に垂らす。折り曲げ可能なベッドを腰の位置で折り曲げるか、枕を挿入して内腹斜筋を軽く伸張させる。術者は骨盤を後方に引きながら、同時に身体を前に倒し、もう一方の前腕で患者の胸部を前方回旋させつつ、同側の手で筋線維にストレッチングを加える。

テンション・リラクゼーションテクニック：患者に5秒間、胸部が後方に回旋するように力を入れさせ、それに対し術者は抵抗をかける。そして患者にゆっくりと力を抜くように指示し、前腕を使ってより大きく胸部を前方回旋させてストレッチングを行う。

注意：腹部の筋肉は深く息を吐くときにはストレッチングされずに筋は収縮しているが、自然に浅く呼吸しているときや、息を吸っているときにはストレッチングが行われている。

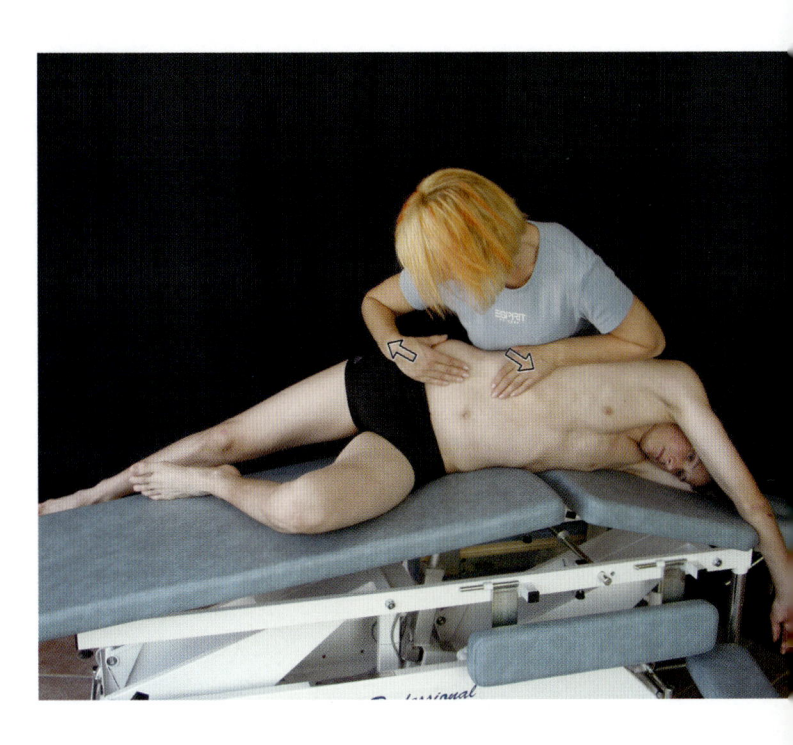

●ストレッチングテクニックB（筋下部）

患者を側臥位にし、下側の腕で頭部を支え、上側の腕は体の前に自然に真っすぐ伸ばす。下側の下肢は屈曲させて身体を安定させ、上側の下肢はベッドの後ろ側に自然に垂らす。患者の胸部を前方に回旋させ、骨盤は後方に回旋させる。術者は片手で骨盤を後下方に押し、もう一方の手と前腕で胸郭を前下方に引いて、ストレッチングを行う。

テンション・リラクゼーションテクニック：患者に5秒間、上体を後方に回旋するように力を入れさせ、それに対し術者は抵抗をかける。そして患者にゆっくりと力を抜くように指示し、より大きくストレッチングを行う。

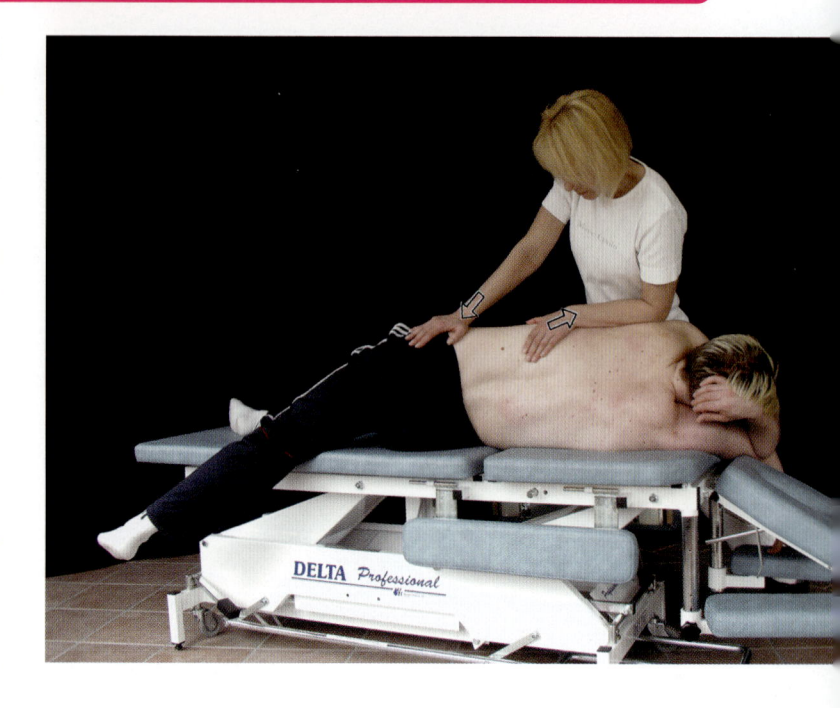

腹部の筋肉

錐体筋 (すいたいきん) Pyramidalis

神経支配：肋間神経（第12胸神経、第1腰神経）
起　始：恥骨櫛
停　止：腹直筋中央の白線
機　能：白線の緊張

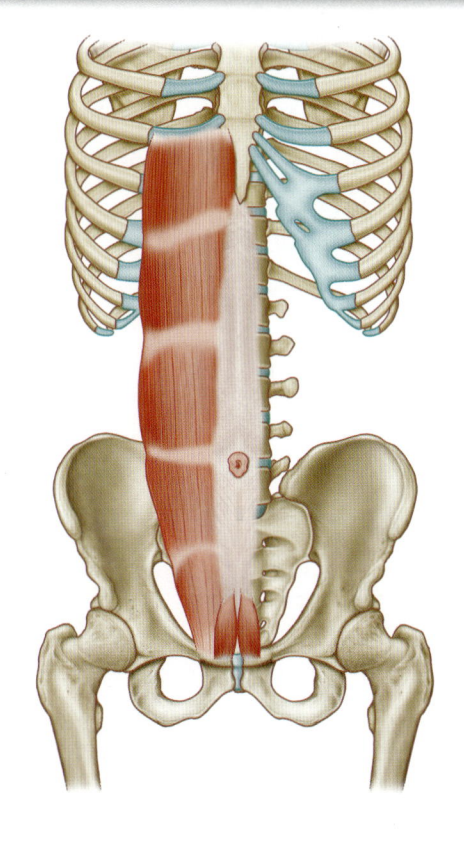

●ストレッチングテクニック

患者を背臥位にし、両腕を身体の横に自然に沿わせた状態にする。両手の母指を使って筋の起始から離れるように筋腹に向かってストレッチングする。腹直筋を緊張させた状態でストレッチングを行うと、より効果的に錐体筋のストレッチングを行うことができる。

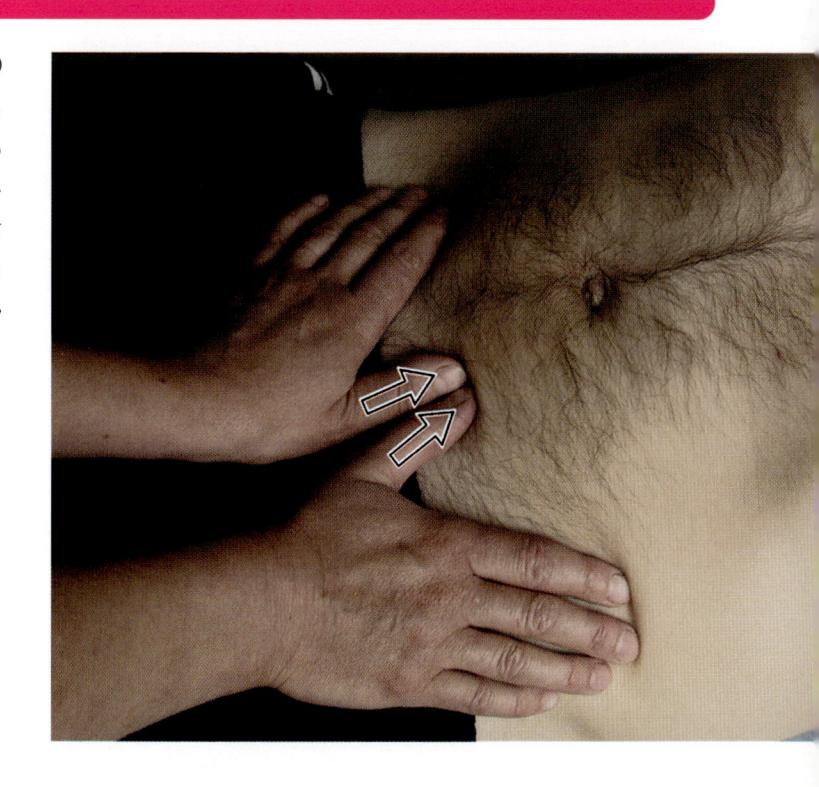

腹横筋 (ふくおうきん) Transversus abdominis

神経支配：肋間神経（第7〜第12胸神経、第1腰神経）
起　始：第7〜第12肋骨、胸腰筋膜、腸骨稜、下前腸骨棘、鼡径靱帯
停　止：腱膜を介して腹直筋鞘
機　能：体幹と腹部の固定

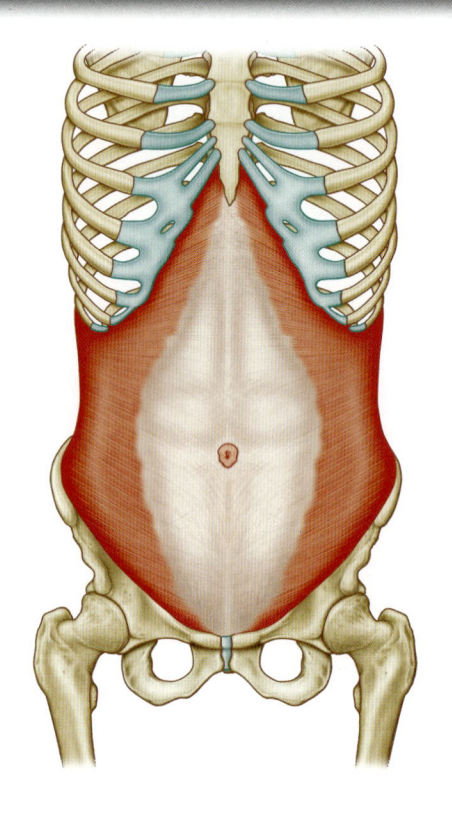

●ストレッチングテクニック

この筋肉は、過食することによってストレッチングされる。つまり、この筋肉は腹部が外に突き出すことを防ぐために働く。腹部の筋肉が伸張していないことは、全く問題なく、反対に一般的に良いこととされている。

従来から行われている腹部筋のストレッチングは、特にトレーニングを積んで腹部筋群が拘縮してしまった患者に対してのみ行う。反対に、ほとんどの患者ではこれらの筋肉が伸びてしまった状態にあり、その場合は、筋全体の過緊張ではなく、局所的な過緊張やトリガーポイントが発生して悩みの原因となる。また、腰部の可動性低下が腹部筋のストレッチングを制限するため、そのような場合で筋肉の過緊張を解くには、ストレッチングマッサージが唯一、効果的な方法である。従来から行われている腹部マッサージは、患者は腹部をリラックスさせた状態で背臥位になるため、その周囲にある筋肉に直接効果をもたらすことはない。腹部への徒手療法は、YlinenとCash（1998年）らが述べたように、深部摩擦マッサージなどの特殊なテクニックを要する。ストレッチングマッサージは、痛みなど、問題を起こしている小さな範囲の筋肉に集中して行うものである。

腹部の筋肉／下肢の筋肉

大殿筋 （だいでんきん） Gluteus Maximus

神経支配：下殿神経（第5腰神経、第1～第2仙骨）

起　始：腸骨稜、上後腸骨棘、腸骨翼、仙骨、尾骨、仙結節靱帯、殿筋膜

停　止：大腿筋膜張筋の腸脛靱帯、大腿骨の殿筋粗面

機　能：股関節の伸展、外旋、外転、内転を行う。骨盤を伸展、固定する。大きな負荷がかかって、初めて収縮する。骨盤底筋群の収縮を補助する

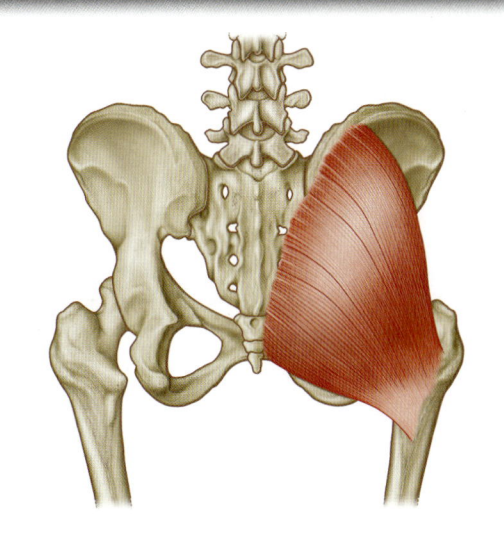

●ストレッチングテクニックA（屈曲＋内転＋外旋）

患者を背臥位にし、股関節と膝関節を屈曲させ、大腿骨を約20度外旋させた状態にする。術者は患者の膝に手を置き、前腕を下腿に沿わせ、やや内転させながら、前傾する。同時にもう一方の手の母指球で、筋線維を殿筋粗面から離れるように筋腹に向かってストレッチングする。

テンション・リラクゼーションテクニック：患者に5秒間、股関節を伸展させるように力を入れさせ、それに対し術者が抵抗をかける。そして患者にゆっくりと力を抜くように指示し、より大きくストレッチングを行う。

注意1：屈曲を妨げてしまうため、ストレッチングを始める時点で股関節を外旋、内転させすぎないように注意する。また内転させすぎると、股関節の前面の軟部組織に不快な圧迫感を与えることがあるため、脚の付け根に痛みを感じるようであれば、内転角度を和らげるべきである。この角度は臼蓋窩の位置によるもののため、個人差があると言われている。

注意2：中殿筋と小殿筋の後部は大殿筋の下に位置するため、これらの筋肉もこの方法によってストレッチングすることができる。

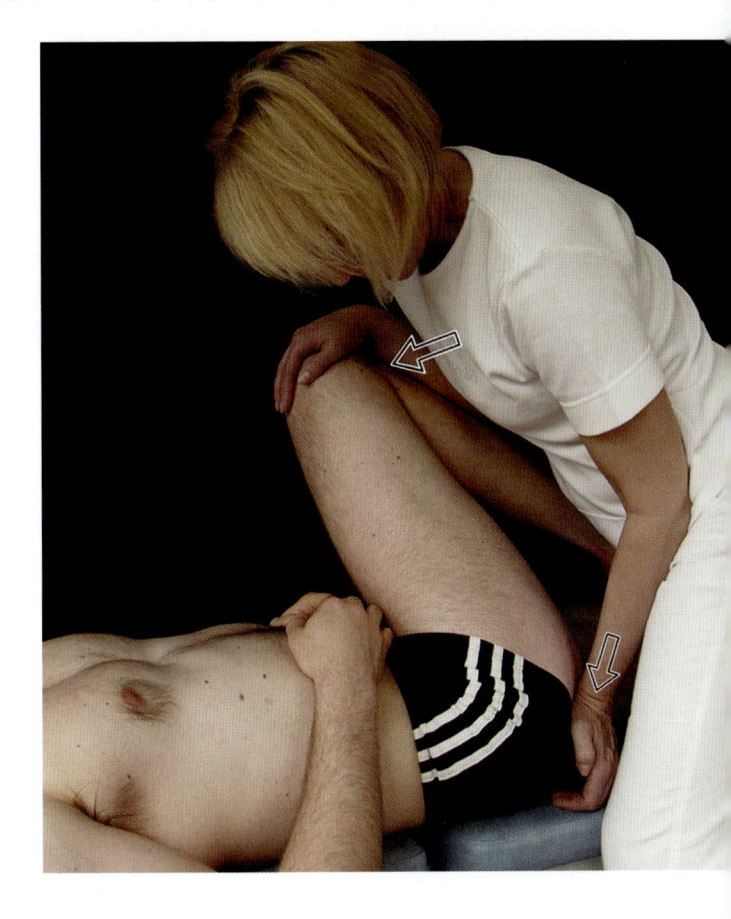

●ストレッチングテクニックB

患者を腹臥位にし、ストレッチングしたい側の脚をベッドの横に出して足を地面に着けた状態にする。術者は反対側の腸骨稜を手で圧し、骨盤を固定させた状態で、もう一方の手の母指球を使って、ストレッチングしたい側の筋肉を腸骨稜と仙骨から離れるように、筋腹に向かってストレッチングする。

テンション・リラクゼーションテクニック：患者に5秒間、股関節を伸展させるように力を入れさせ、それに対し術者は骨盤の上にもたれかかるようにして抵抗をかける。そして患者にゆっくりと力を抜くように指示し、より大きくストレッチングを行う。

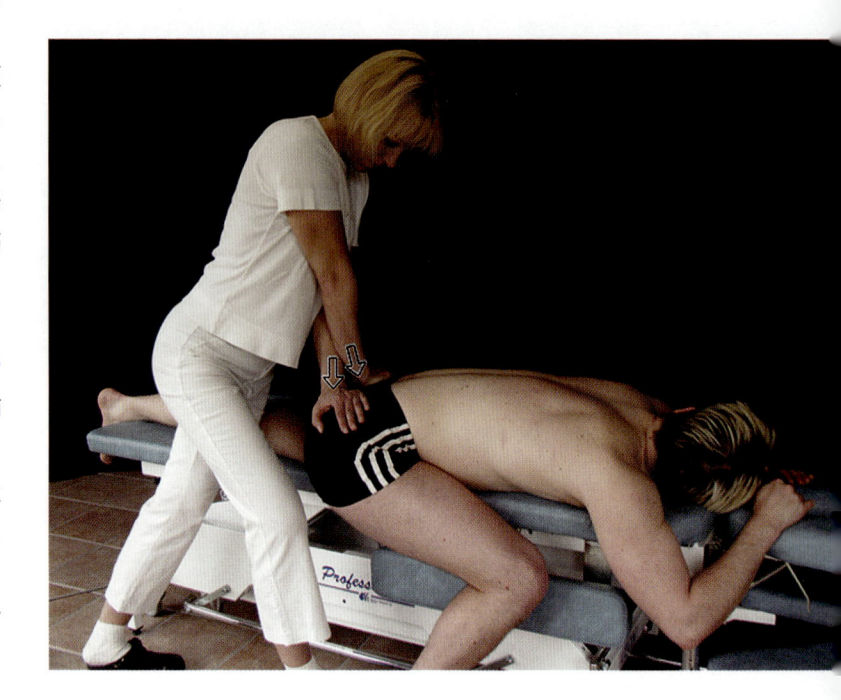

下肢の筋肉

中殿筋 （ちゅうでんきん） Gluteus medius

神経支配：上殿神経（第4～第5腰神経）
起　始：腸骨翼の外側、腸骨稜、殿筋膜
停　止：大腿骨の大転子
機　能：股関節の外転、伸展、屈曲、内旋、外旋

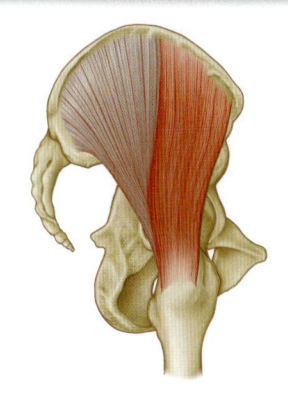

小殿筋 （しょうでんきん） Gluteus minimus

神経支配：上殿神経（第4～第5腰神経、第1仙骨神経）
起　始：腸骨翼の外側
停　止：大腿骨の大転子
機　能：股関節の外転、伸展、屈曲、内旋、外旋

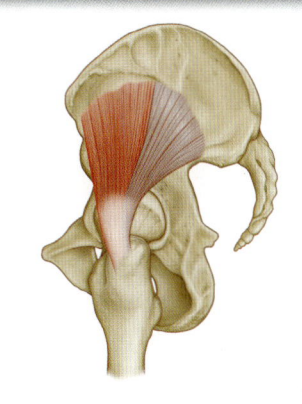

●ストレッチングテクニック（伸展＋内転＋内旋）

患者を側臥位にし、骨盤が安定するように、下側にある下肢の股関節と膝関節を屈曲させる。その状態で、上側の下肢の股関節を真っすぐにし、膝関節を70～90度屈曲させる。術者は、患者の膝に手を置き、足底を自分の大腿にあてて固定する。その状態から、股関節を内旋させつつ伸展させるため、患者の膝を下方に押しながら術者自身の身体を後方に引く。その際、もう一方の手で筋肉を停止部から引き離すように筋腹に向かってストレッチングする。

テンション・リラクゼーションテクニック：患者に5秒間、股関節を外転させるように力を入れさせ、それに対して術者は骨盤の上にもたれかかるようにして抵抗をかける。そして患者にゆっくりと力を抜くように指示し、より大きく内転、伸展、内旋させるようにストレッチングをかけていく。

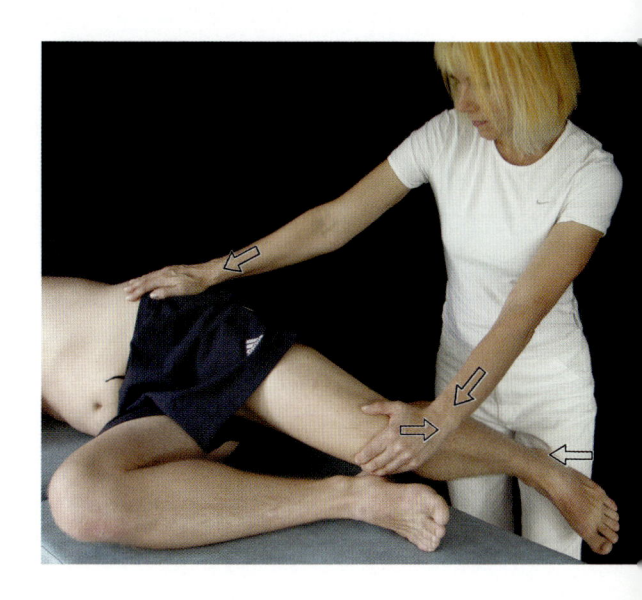

梨状筋 （りじょうきん） Piriformis

神経支配：仙骨神経叢（第5腰神経、第1～第2仙骨神経）
起　始：大坐骨切痕の腸骨・坐骨縁、仙骨の前面、仙骨孔の外側
停　止：大転子の内側前面
機　能：股関節の外転、伸展、外旋

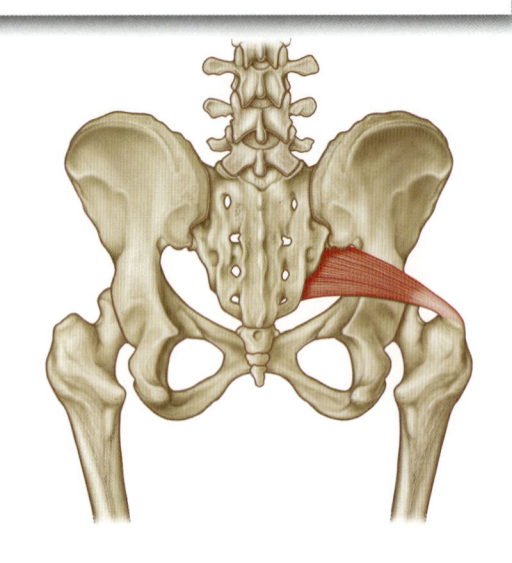

●ストレッチングテクニックA（屈曲＋外転＋外旋）

患者を背臥位にし、ストレッチングを行う側の股関節と膝関節を屈曲させる。術者は膝をつかみ、患者の股関節を最大限に屈曲しつつ、45～60度外旋させながら、患者の下腿を術者の上腕で外側に押し当てて、股関節を内転させる。また同時に下に向かって（ベッドに向かって）圧をかけ、股関節がベッドから浮き上がろうとするのを押さえる。その状態で、術者はもう一方の手を使って、停止部から筋腹に向かって筋線維をストレッチングする。

テンション・リラクゼーションテクニック：患者に5秒間、大腿を内旋させるように力を入れさせ、それに対し術者は抵抗をかける。そして患者にゆっくりと力を抜くように指示し、術者はより大きく股関節を屈曲、外転、外旋させてより大きくストレッチングを行う。

注意1：梨状筋は、立位において股関節の外旋筋として働くが、このストレッチング法では股関節を内旋させる方向にストレッチングすることができない。なぜならば、この梨の形をした筋肉は股関節が90度以上屈曲した状態では股関節の内旋筋として働くからである（Kapandji 1982）。

注意2：大腿を大きく内転させすぎると、股関節の内側前部にある軟部組織を圧迫してしまうため、そのような場合は、股関節をより屈曲、外転させてストレッチングを得るようにする。

注意3：梨状筋を有しない者も存在するため、その場合はストレッチングされた感覚は認められない。

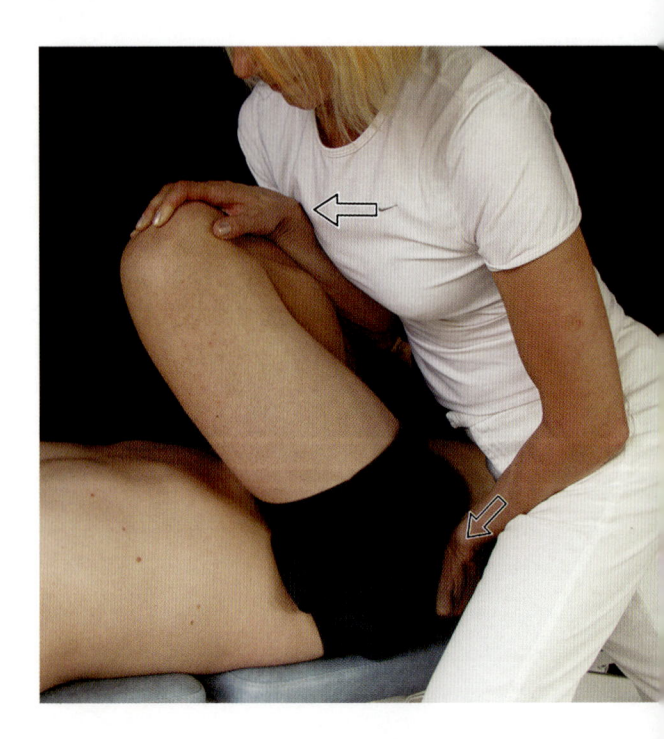

下肢の筋肉

●ストレッチングテクニックB（屈曲＋外転＋内旋）

患者を背臥位にし、膝を90度に屈曲させ、ストレッチングを行う側の股関節を約45度屈曲させる。術者は膝をつかみ、下肢を内転、内旋させる。その状態で、術者は反対側の手で停止部から筋腹に向かって筋線維をストレッチングする。

注意：この方法は、主に股関節の関節包の後方部位をストレッチングし、梨状筋に対するストレッチング効果はごくわずか、もしくは全くないと言われている。しかしながら、ごく稀なケースとして、股関節に過剰な可動性を有する患者においては、この方法で梨状筋をストレッチングすることができると考えられている。

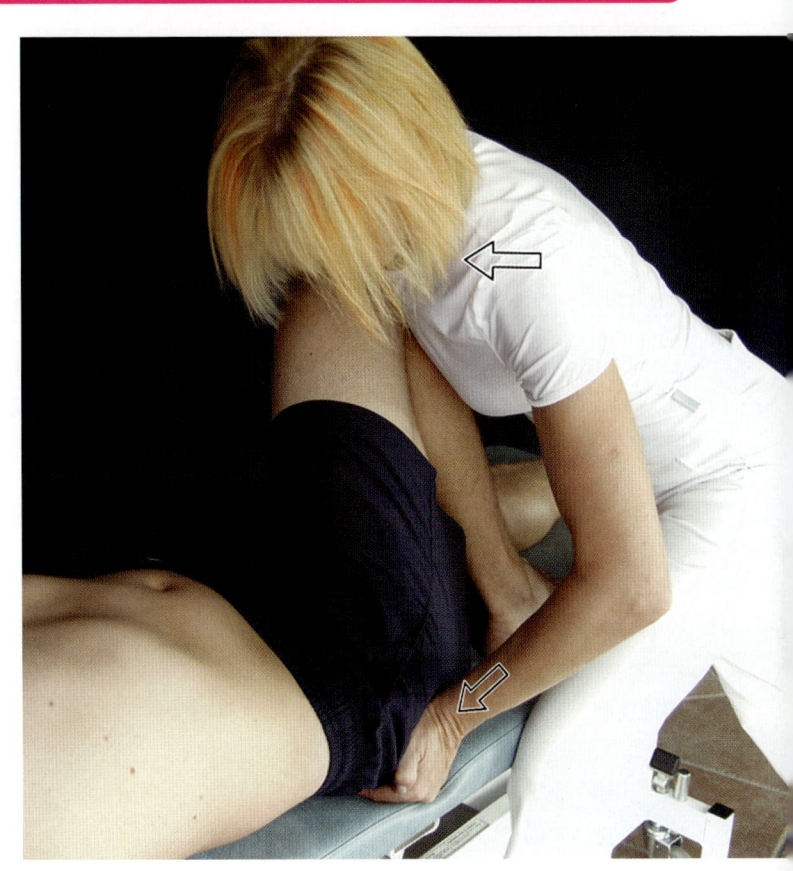

内閉鎖筋 (ないへいさきん) Obturator internus

神経支配：下殿神経（第5腰神経）、仙骨神経叢（第1～第2仙骨神経）
起　始：閉鎖膜、坐骨及び恥骨の閉鎖孔縁
停　止：大転子の転子窩
機　能：股関節の外旋、屈曲位にある股関節の外転

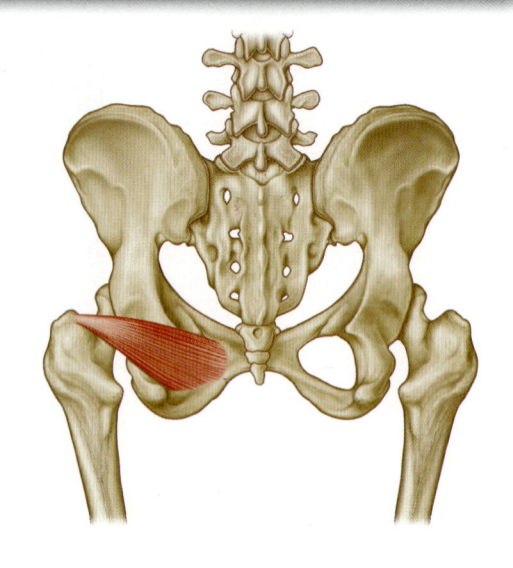

上双子筋 (じょうふたごきん) Gemellus superior

神経支配：下殿神経（第5腰神経）、仙骨神経（第1～第2仙骨神経）
起　始：坐骨棘
停　止：大転子の転子窩
機　能：股関節の外旋、屈曲位にある股関節の外転

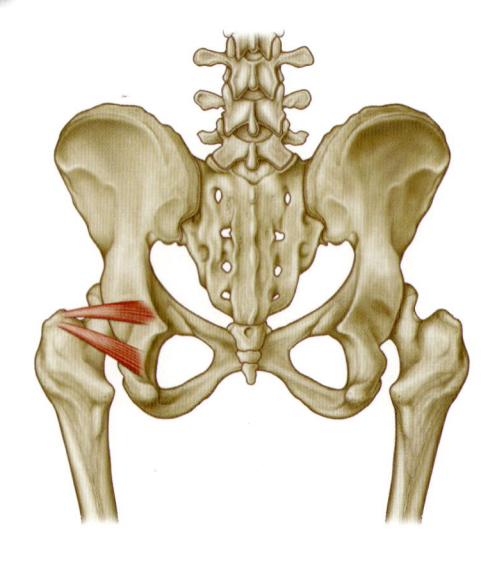

下双子筋 (かふたごきん) Gamellus inferior

神経支配：下殿神経（第5腰神経）、仙骨神経叢（第1～第2仙骨神経）
起　始：坐骨結節
停　止：大転子の転子窩
機　能：股関節の外旋、屈曲位にある股関節の外転

注意：これらの筋肉のうち一つ、もしくは双方を有しない患者も存在する。

下肢の筋肉

●ストレッチングテクニック（屈曲＋内転＋内旋）

患者を側臥位にし、下側にある下肢を屈曲させ、身体を安定させる。その状態で上側にある股関節を45度屈曲、膝関節を90度屈曲させる。術者は患者の足関節をつかんで上に持ち上げて股関節を内旋させながら、自身の大腿部を使って患者の膝を押し下げて股関節を内転させる。もう一方の手の母指球を使って、停止部から筋腹に向かって筋線維をストレッチングする。

テンション・リラクゼーションテクニック：患者に5秒間、大腿を外旋するように力を入れさせ、それに対して術者は抵抗をかける。そして患者にゆっくりと力を抜くように指示し、術者はより大きくストレッチングを行う。

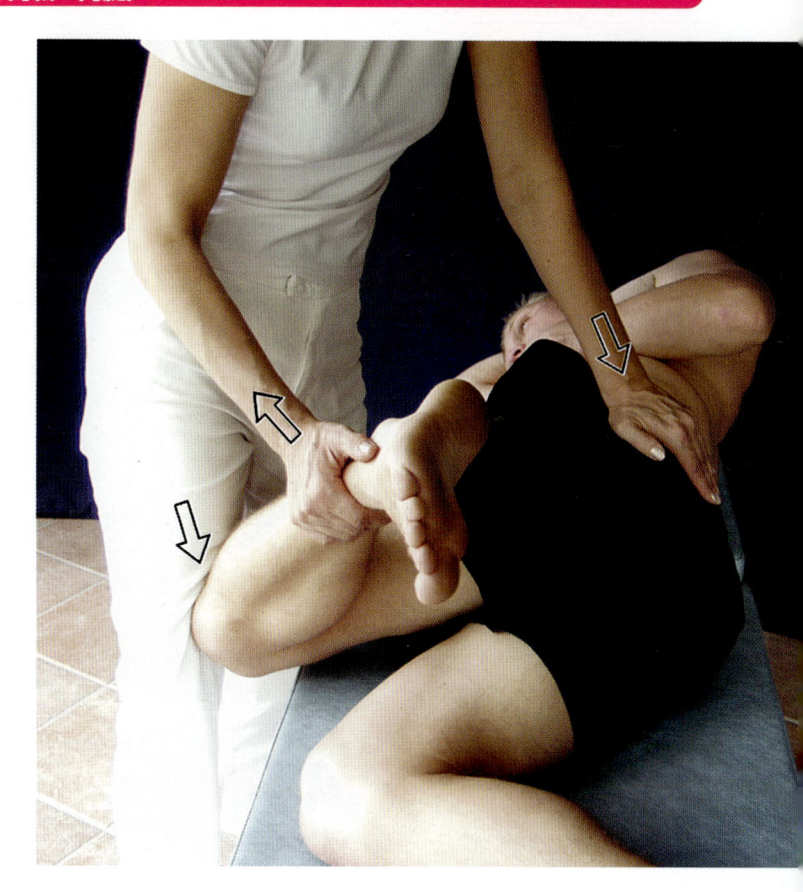

外閉鎖筋 (がいへいさきん) Obturator externus

神経支配：閉鎖神経（第1腰神経、第1〜第4仙骨）

起　始：閉鎖膜、坐骨及び恥骨の閉鎖孔外側縁

停　止：大転子の転子窩、時として股関節の関節包

機　能：股関節の外旋と若干の内転

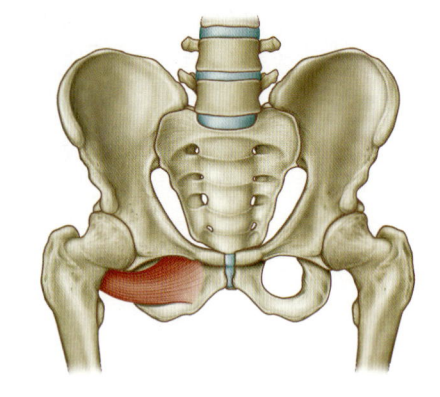

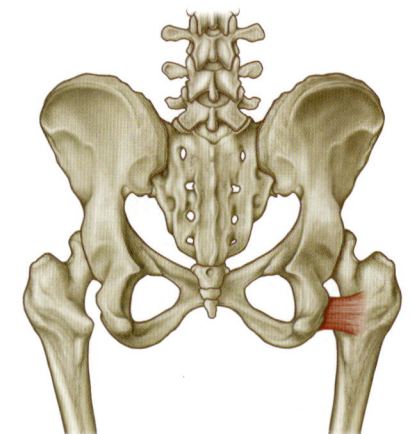

●ストレッチングテクニック（外転＋内旋）

患者を腹臥位にし、膝を90度に屈曲させた状態にする。術者は患者の膝をつかみながら下腿を術者自身の上体で支え、固定する。そして患者の大腿を、内旋させながら外転方向に動かす。その状態で、もう一方の手の母指球を使って、外閉鎖筋の停止部から筋腹に向かってストレッチングを行う。このとき、ストレッチングを行う術者の肘を自身の腰にあてることで、ストレッチングに必要な力が発揮しやすくなる。

テンション・リラクゼーションテクニック：患者に5秒間、大腿を外旋するように力を入れさせ、それに対して術者は抵抗をかける。そして患者にゆっくりと力を抜くように指示し、より大きく外転、内旋方向へのストレッチングを加える。

注意：外閉鎖筋の外側は、大腿方形筋に覆われているため、この方法で同時にストレッチングできる。

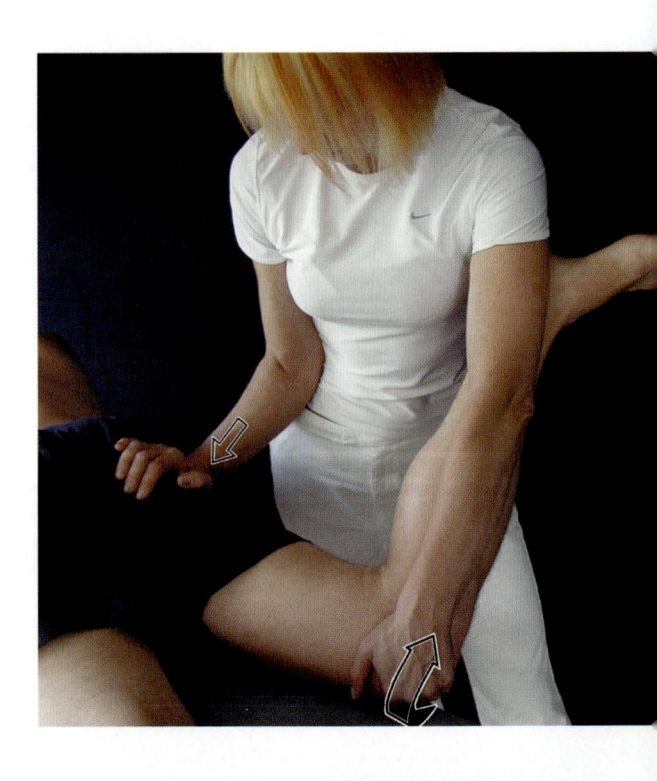

下肢の筋肉

大腿筋膜張筋（だいたいきんまくちょうきん）Tensor of fascia lata

神経支配：上殿神経（第4～第5腰神経）
起　始：上前腸骨棘
停　止：大転子の下方から大腿筋膜を通じて脛骨の外側顆
機　能：股関節の外転、屈曲、内旋。膝関節の屈曲、伸展、外旋

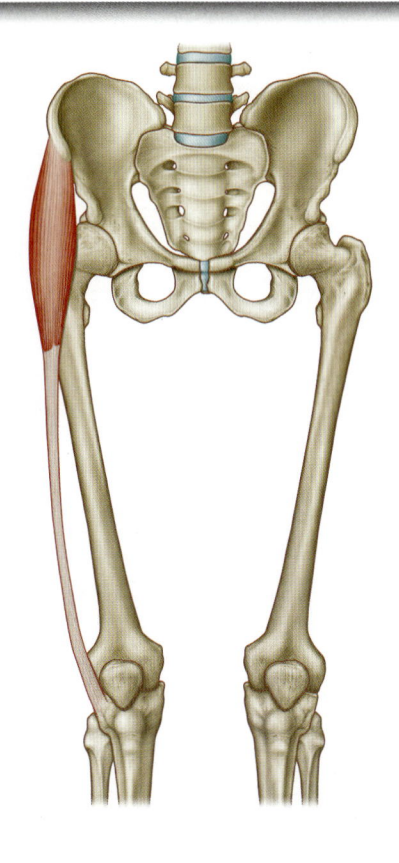

●ストレッチングテクニックA（伸展＋内転＋外旋）

患者を腹臥位にし、下肢をベッドから出し、足が地面についた状態にする。術者は患者の膝を90度に屈曲させ、下腿を術者の上腕と肩で支えて膝の上をつかむ。その状態から股関節を伸展、内転、外旋させる。もう一方の手の小指球を使って、大腿筋膜と筋肉の接合部から筋腹に向かって筋肉をストレッチングする。

テンション・リラクゼーションテクニック：患者に5秒間、大腿を外転するように力を入れさせ、それに対し、術者は抵抗をかける。そして患者にゆっくりと力を抜くように指示し、術者はより大きく内転、外旋させるよう力を入れる。

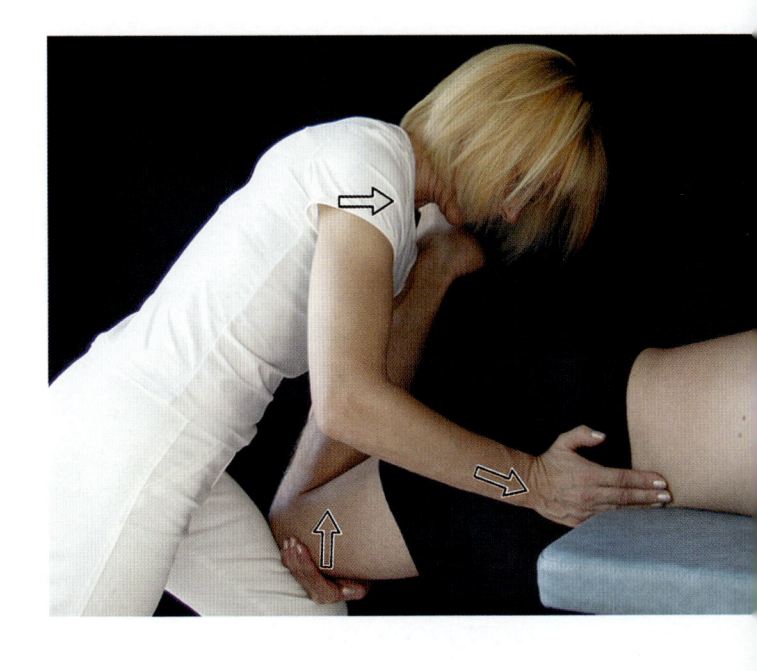

●ストレッチングテクニックB（伸展＋内転＋外旋）

患者を背臥位にし、両手で片方の膝を抱え込むような状態にし、膝と股関節を屈曲位で固定する。そして反対側の下肢を宙に浮かせてベッドの外に出す。術者は股関節を内転させながら手で膝を下方に押し、同時に自身の大腿部で下腿を押して股関節を外旋させる。その状態でもう一方の手の母指球を使って、筋膜接合部から筋腹に向かって筋肉をストレッチングする。

テンション・リラクゼーションテクニック：患者に5秒間、大腿を外転するように力を入れさせ、それに対し、術者は抵抗をかける。そして患者にゆっくりと力を抜くように指示し、術者はより大きく内転、外旋させるようストレッチングを行う。

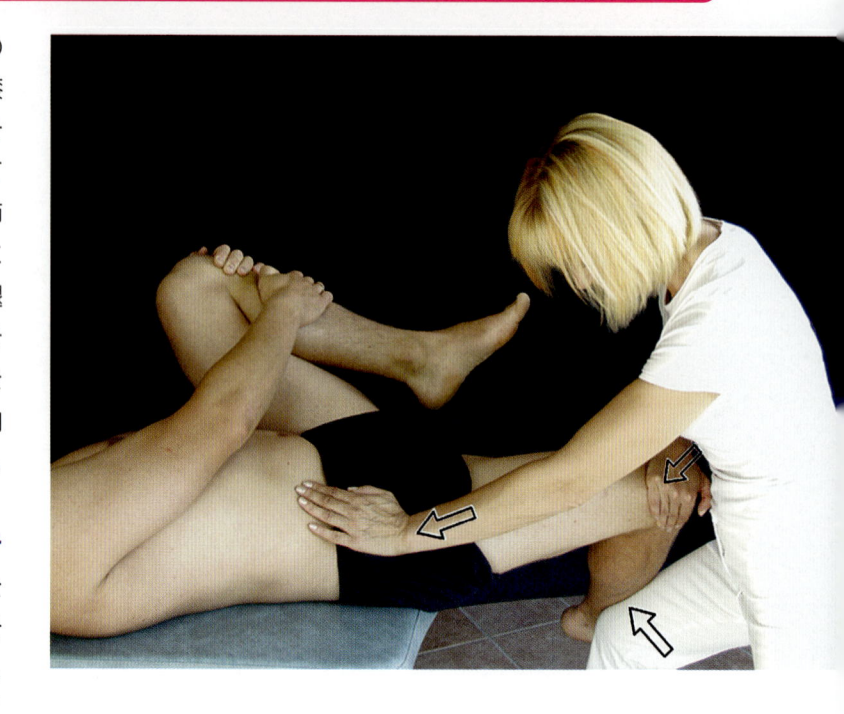

下肢の筋肉

腸腰筋（腸骨筋、大腰筋、小腰筋に分けられる）（ちょうこつきん）Iliopsoas

腸骨筋（ちょうこつきん）Iliacus

神経支配：大腿神経、腰神経叢（第1〜第3腰神経）
起　始：腸骨窩、下前腸骨棘
停　止：小転子
機　能：股関節の屈曲、外旋、内転

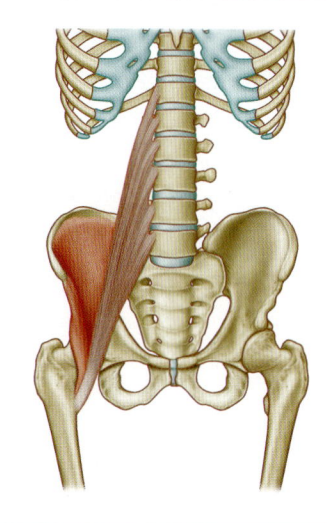

●ストレッチングテクニック（伸展、外転、内旋）

患者を背臥位にし、両手で片方の膝を抱え込み、股関節、膝関節を屈曲位で固定する。そして、反対側の下肢を宙に浮かせた状態でベッドの外に出す。術者は自身の下腿で患者の下腿を外側方向に押し出すことで、患者の股関節を内旋させる。同時に患者の膝を外側・下方に押して、股関節を伸展・外転させる。そしてもう一方の手を使って、停止部から筋腹に向かって筋線維をストレッチングする。

テンション・リラクゼーションテクニック

：患者に5秒間、股関節を屈曲するように力を入れさせ、それに対し、術者は抵抗をかける。そして患者にゆっくりと力を抜くように指示し、より大きく伸展させるようストレッチングする。

注意：ストレッチングをしている側の膝関節を必要以上に屈曲させないように注意する。膝を屈曲させると腸骨筋よりも大腿直筋に、ストレッチングがかかってしまうこととなる。また、患者が膝を屈曲位に保っている手を緩めてしまうと、骨盤が前傾してしまい、

それによってストレッチングの効果が薄れるだけでなく、腰にも悪影響を与える。

警告 骨盤の位置をしっかりと保持せずに腰椎を伸展させてしまうと、これらの部位に痛みをきたす危険性がある。

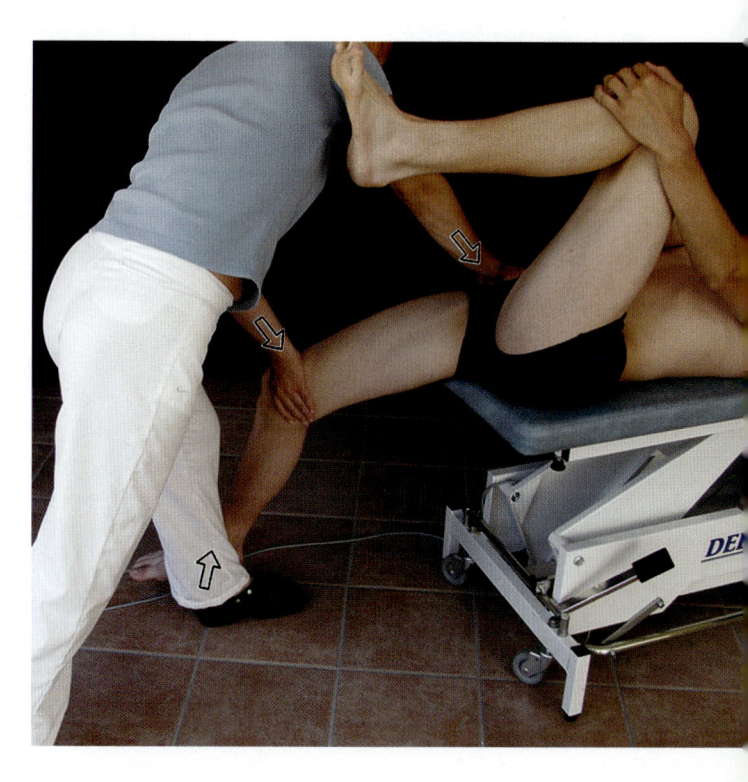

大腰筋 （だいようきん）Psoas major

神経支配：腰神経叢（第1〜第3腰神経）
起　始：浅頭—第12胸椎、第1〜第4腰椎までの椎体。深頭—第1〜第5腰椎の肋骨突起
停　止：大腿骨の小転子
機　能：腰椎の安定化。腰椎の屈曲、側屈。大腿骨の屈曲、内転、外旋。横になった状態での上体または下肢の挙上

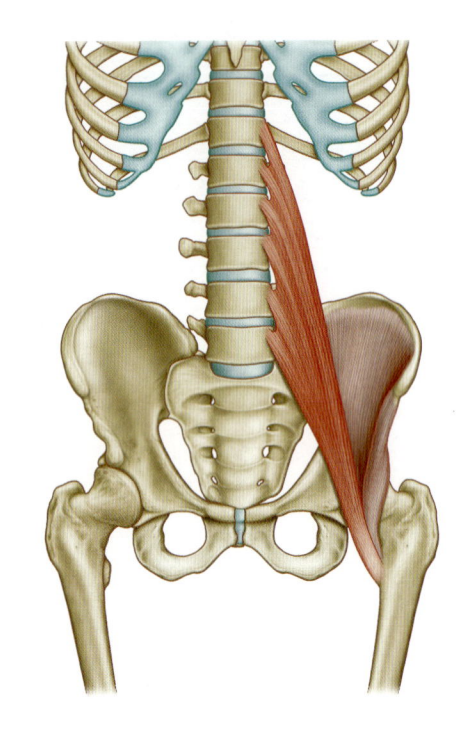

小腰筋 （しょうようきん）Psoas minor

神経支配：腰神経叢（第1〜第3腰神経）
起　始：第12胸椎、第1腰椎
停　止：腸骨窩、腸恥隆起、腸恥筋膜弓
機　能：腰椎の安定化

注意：50％未満の人に見られる筋肉

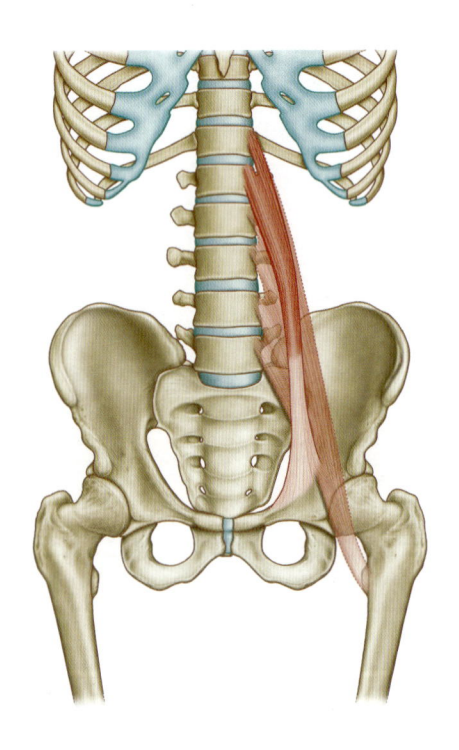

下肢の筋肉

●ストレッチングテクニックA（伸展＋外転＋内旋）

患者を背臥位にし、腰の位置で折り曲げ可能なベッドを用いたり、クッションなどを腰の下に入れたりして腰椎を伸展させる。患者は片方の下肢を屈曲させて抱え込み、反対側の下肢は宙に浮いた状態でベッドの外に出す。術者は膝を下方・外側に押し、伸展・外転させる。術者の下腿を患者の足首の内側に押し付けることで、患者の股関節を内旋させることができる。もう一方の手で、停止部から離れるように筋肉をストレッチングする。

テンション・リラクゼーションテクニック：患者に5秒間、股関節を屈曲させるように力を入れさせ、それに対し、術者は抵抗をかける。そして患者にゆっくりと力を抜くように指示し、術者はより大きく伸展させるよう力を入れる。

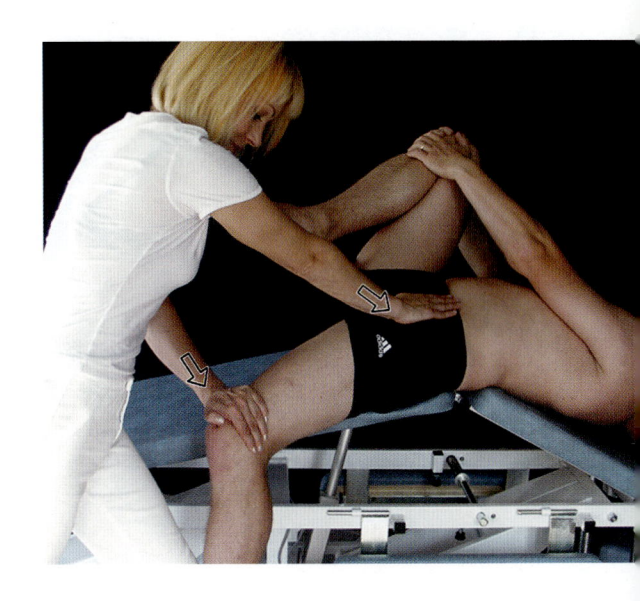

●ストレッチングテクニックB

患者を腹臥位にし、片方の下肢をベッドの外に出して足を地面に着ける。ベッドの一方を股関節が最大限伸展するように折り曲げる。術者は手で坐骨結節を圧して骨盤を固定し、股関節がより大きく伸展するようにさせる。患者は上肢を使って上体を起こし、ストレッチングしている側の方向に上体を捻る。

警告 椎間板障害を有する患者や、過剰な可動性を持つ患者には、腰椎の進展は腰痛を悪化させる危険があるため、慎重に対応すべきである。そのため、腰部の疼痛が増した場合は、ストレッチングを中止し、腰部をニュートラルな状態に戻して安定させるべきである。また、腰椎の過伸展をきたす恐れがあるため、絶対に腰椎を直接押してはならない。

注意：表層の腹筋群が収縮していない状態において、腸腰筋は、腰部前面にある筋肉のなかで、唯一、腰椎の安定性に寄与する筋肉である。そのため、この筋肉に過度な緊張や拘縮、疼痛をきたす例がしばしば見られ、それが慢性的な腰痛や股関節痛症候群の症状として出現することがある。そのうえ、一旦拘縮してしまった筋肉は、自身でストレッチングすることは非常に困難であるため、術者がこの筋肉の正しいストレッチング法を知ることは非常に重要である。

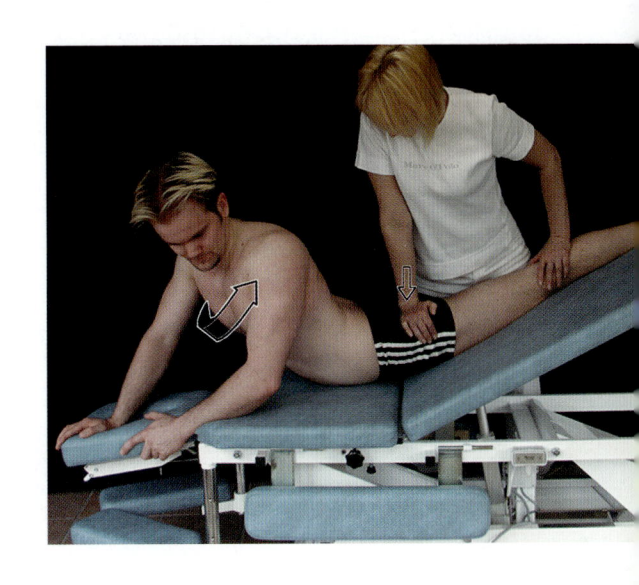

大腿四頭筋 (内側広筋、中間広筋、外側広筋、大腿直筋の4つに分けられる)（だいたいしとうきん）Quadriceps femoris

内側広筋 (ないそくこうきん) Vastus medialis

- 神　経：大腿神経（第2〜第4腰神経）
- 起　始：大腿骨粗線の内側唇から大腿骨の後内側面
- 停　止：膝蓋靱帯を介して脛骨粗面
- 機　能：膝の伸展

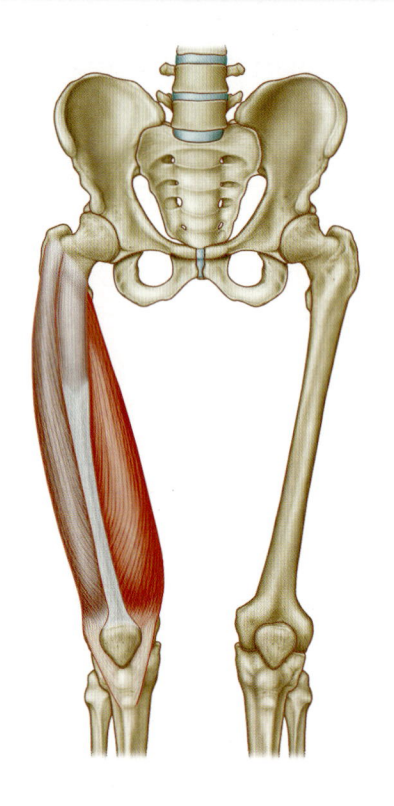

●ストレッチングテクニック

患者を背臥位にし、片方の脚は真っすぐに、反対側の脚はベッドの外に出るようにする。術者は患者の下腿をつかみ、股関節を20〜30度に、膝関節を90度に屈曲させる。術者自身の大腿部を患者の下腿に押し付け、膝関節をより屈曲させるようにする。その状態で、小指球を使って筋腱接合部から引き離すように筋肉をストレッチングする。

テンション・リラクゼーションテクニック：患者に5秒間、膝関節を伸展するように力を入れさせ、それに対し、術者は抵抗をかける。そして患者にゆっくりと力を抜くように指示し、術者はより大きく屈曲させるよう力を入れる。

注意：股関節は必ず屈曲位に保つようにすること。股関節が伸展してしまうと、内側広筋でなく、腸腰筋や大腿直筋にストレッチングがかかってしまうことになる。

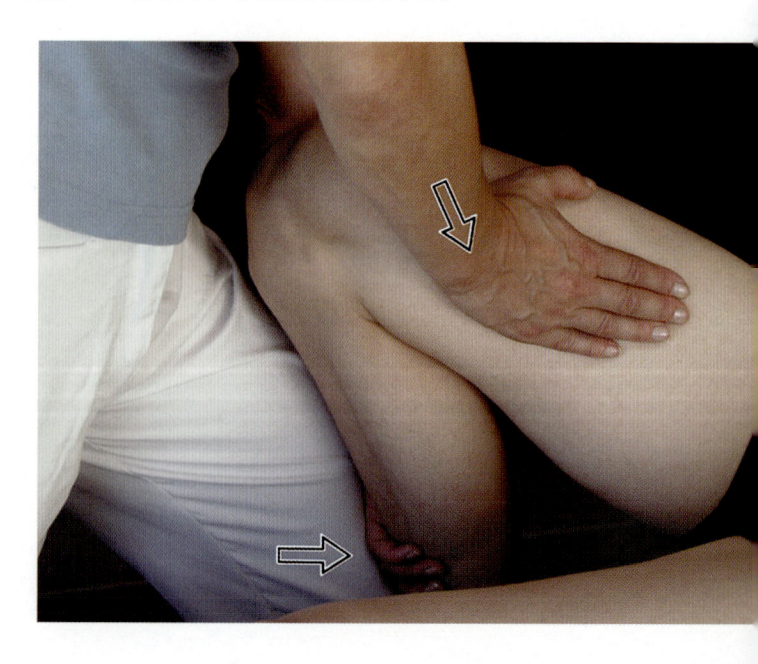

下肢の筋肉

中間広筋 (ちゅうかんこうきん) Vastus intermedius

- 神　経：大腿神経（第２～第４腰神経）
- 起　始：大腿骨の前側側面
- 停　止：膝蓋靭帯を介して脛骨粗面
- 機　能：膝の伸展

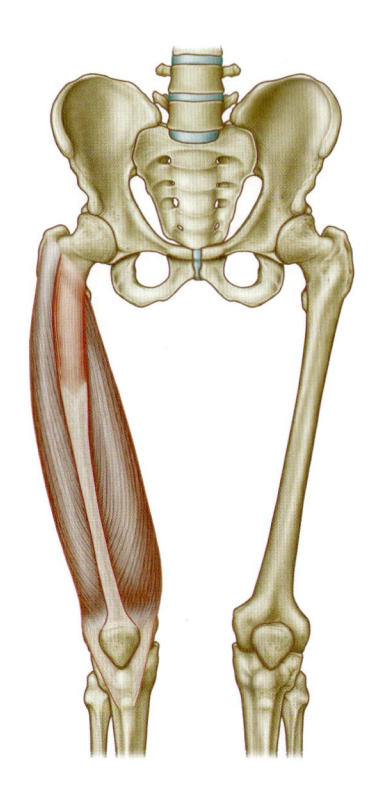

●ストレッチングテクニック

患者を背臥位にし、片方の脚は真っすぐに、反対側の脚はベッドの外に出るようにさせる。術者自身の前腕を大腿前面で支え、その状態で患者の下腿をつかみ、大腿直筋を緩めるために股関節を約20度屈曲させながら、膝関節を90度に曲げる。そして患者の下腿を押して膝関節をより屈曲させる。そしてもう一方の手を使って筋腱接合部から筋腹に向かって、筋肉を引き離すようにストレッチングを行う。

テンション・リラクゼーションテクニック：患者に5秒間、膝関節を伸展するように力を入れさせ、それに対し、術者は抵抗をかける。そして患者にゆっくりと力を抜くように指示し、術者はより大きく屈曲させるよう力を入れる。

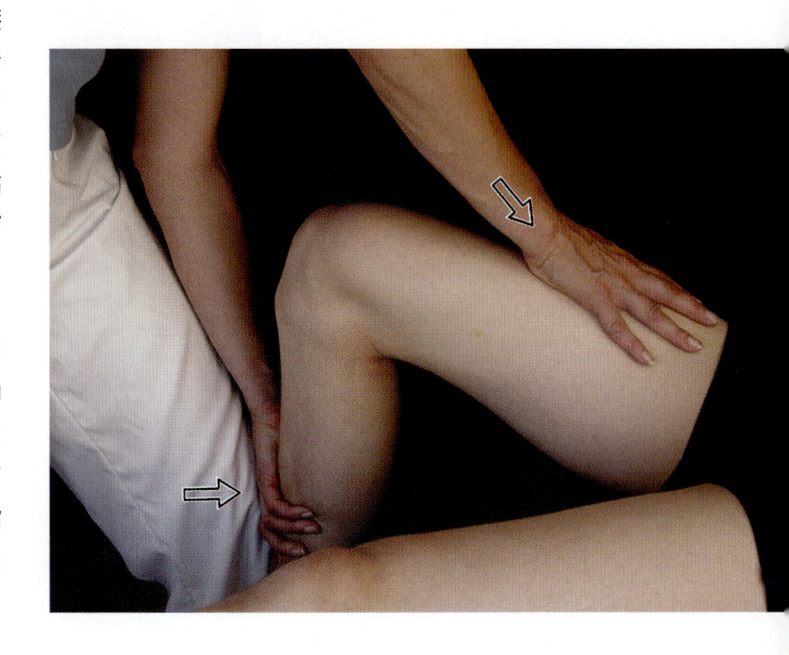

注意：股関節は必ず屈曲位に保つようにすること。股関節が伸展してしまうと、中間広筋でなく、腸腰筋や大腿直筋にストレッチングがかかってしまうこととなる。

外側広筋 (がいそくこうきん) Vastus lateralis

神　経：大腿神経（第2～第4腰神経）
起　始：大転子外側面、転子間線、殿筋粗面、
　　　　大腿骨の骨粗線外側唇から後外側面
停　止：膝蓋靱帯を介して脛骨粗面
機　能：膝の伸展

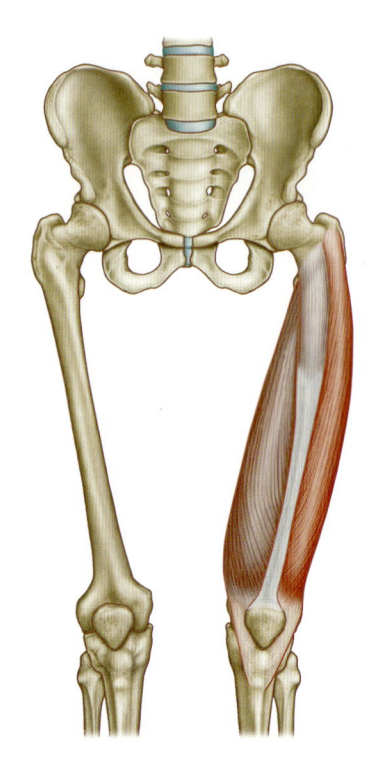

●ストレッチングテクニック

患者を背臥位にし、片方の脚は真っすぐに、反対側の脚はベッドの外に出るように寝かせる。術者は患者の下腿をつかみ、股関節を20～30度に、膝関節を90度に曲げる。その状態で術者自身の大腿部を患者の下腿に押し付け、膝関節をより屈曲させるようにする。小指球を使って筋肉を筋腱接合部から引き離すようにストレッチングを行う。

テンション・リラクゼーションテクニック：患者に5秒間、膝関節を伸展するように力を入れさせ、それに対し、術者は抵抗をかける。そして患者にゆっくりと力を抜くように指示し、術者はより大きく屈曲させるよう力を入れる。

注意：股関節は必ず屈曲位に保つようにすること。股関節が伸展してしまうと、中間広筋でなく、腸腰筋や大腿直筋にストレッチングがかかってしまうこととなる。

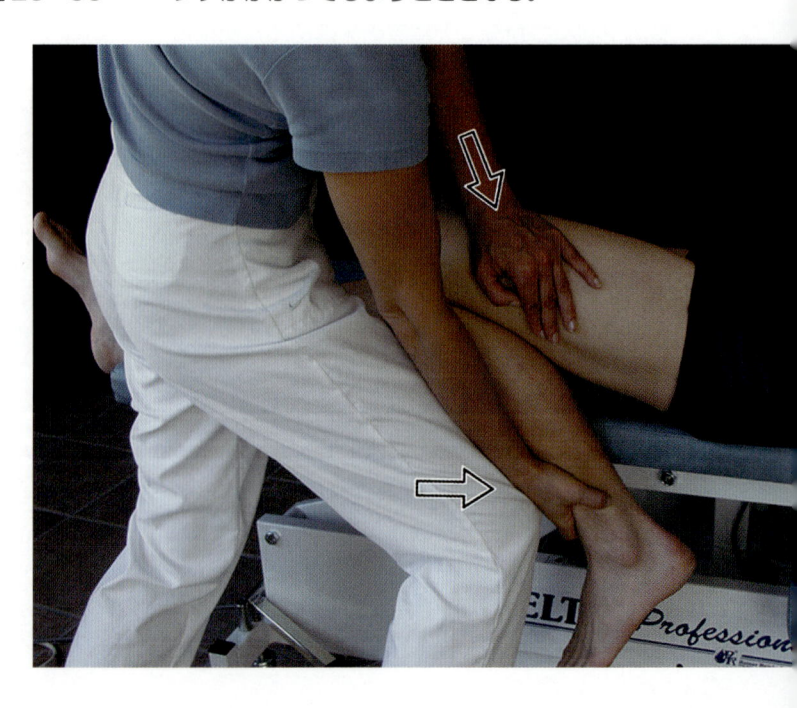

下肢の筋肉

大腿直筋（だいたいちょっきん）Rectus femoris

神　経：大腿神経（第2～第4腰神経）
起　始：下前腸骨棘、寛骨臼上縁
停　止：膝蓋靱帯を介して脛骨粗面
機　能：膝の伸展

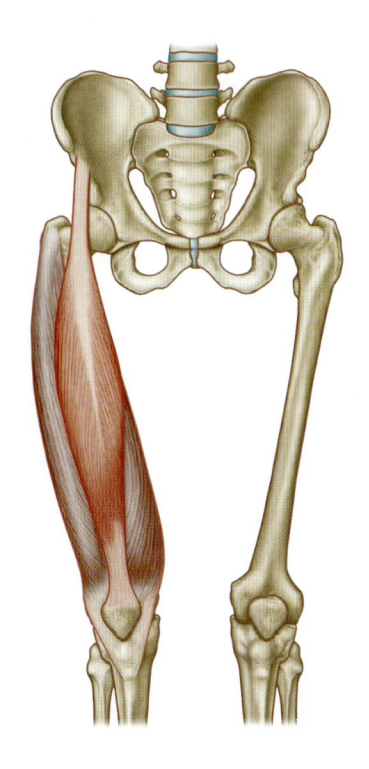

●ストレッチングテクニックA

患者を背臥位にし、ストレッチングしない方の脚は骨盤を安定させるために屈曲させる。反対側の脚をベッドからはみ出すようにし、股関節を伸展、膝関節を屈曲した状態にする。その状態で患者の下腿をつかみ、膝関節を90度まで屈曲させる。術者自身の大腿前面を使って患者の下腿を押し、膝関節をより大きく屈曲させる。もう一方の手の母指球を使って筋腱接合部から引き離すように筋肉をストレッチングしながら、股関節をより伸展するよう力を加える。

テンション・リラクゼーションテクニック：患者に5秒間、膝関節を伸展するように力を入れさせ、それに対し、術者は抵抗をかける。そして患者にゆっくりと力を抜くように指示し、術者はより大きく屈曲させるよう力を入れる。

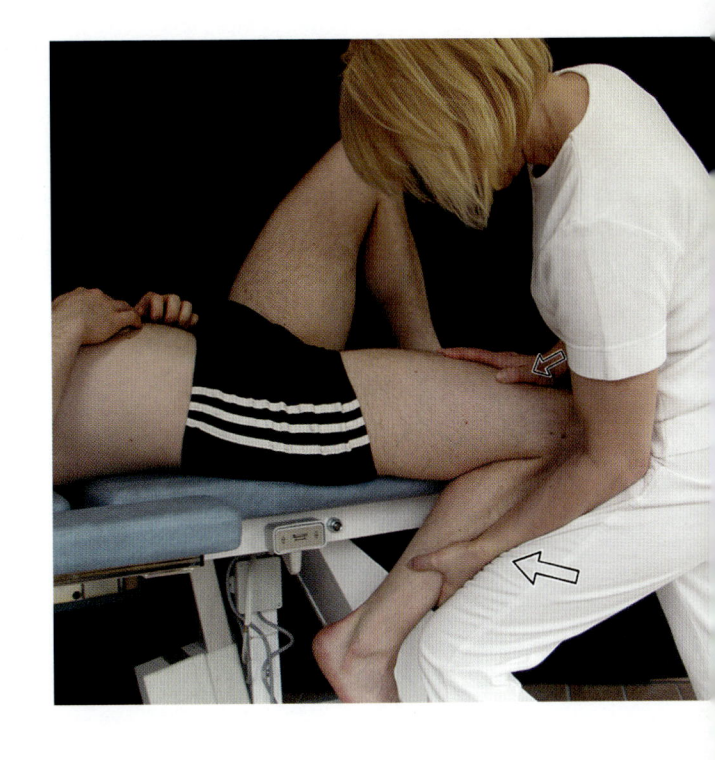

第2部　ストレッチングセラピー　テクニック編

●ストレッチングテクニックB

患者を背臥位にし、ストレッチングしない側の脚をベッドの上に屈曲して立たせ、骨盤を安定させる。その状態で、反対側の脚は、股関節を伸展させた状態でベッドの端から垂れ下がるようにする。術者は下腿をつかみ、膝関節を屈曲させる。もう一方の手の母指球を使って、筋肉を筋腱接合部から引き離すようにストレッチングを行い、同時に股関節をより伸展するように力を加えつつ、膝をより大きく屈曲させる。

テンション・リラクゼーションテクニック：患者に5秒間、膝関節を伸展するように力を入れさせ、それに対し、術者は抵抗をかける。そして患者にゆっくりと力を抜くように指示し、術者はより大きくストレッチングをかけるよう力を入れる。

注意：他のいくつかの筋肉も、この筋肉のように双方向のストレッチングが可能な場合もある。(テクニックA、B)

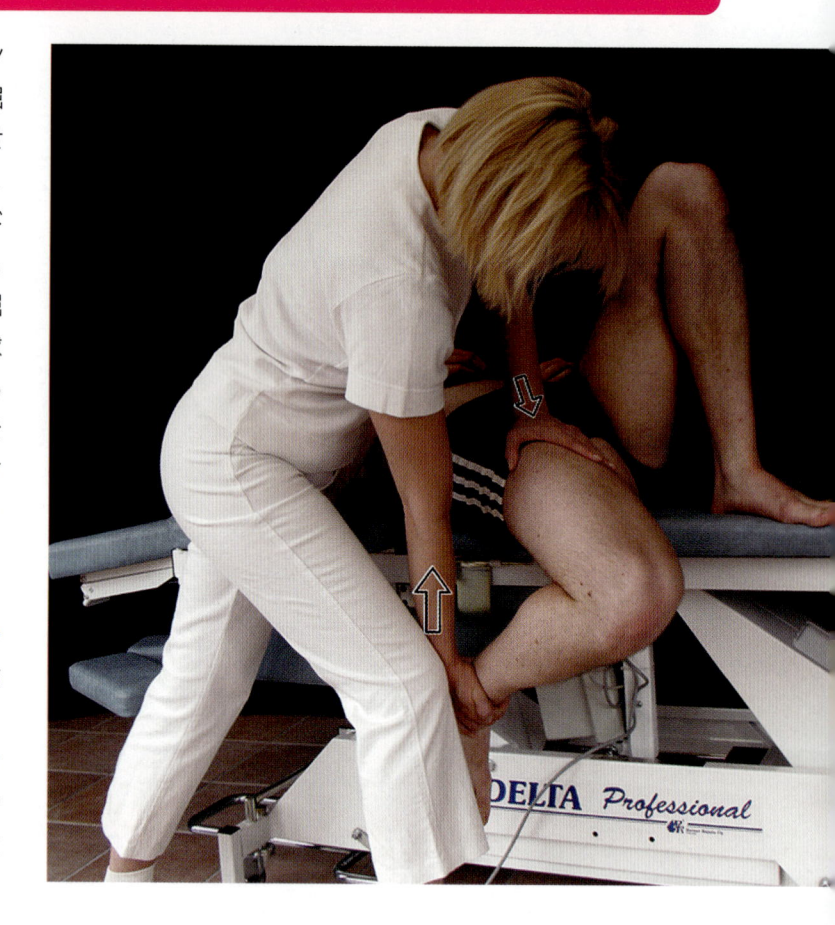

下肢の筋肉

縫工筋 (ほうこうきん) Sartorius

神経支配：大腿神経（第2～第3腰神経）
起　始：上前腸骨棘
停　止：脛骨粗面の内側
機　能：股関節の屈曲、外転、外旋。膝関節の屈曲、内旋

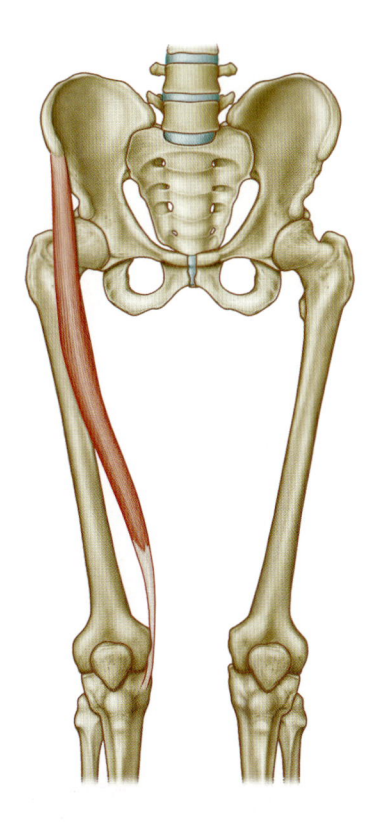

●ストレッチングテクニック（伸展＋内旋＋内転）

患者を背臥位にし、股関節と膝関節を屈曲させるように片方の膝を抱え込ませた状態で、反対の脚を股関節と膝関節が伸展するようにベッドの端から出す。術者は患者の足首をつかみ、前腕を使って脚を内旋させる。同時に股関節を内転させるために脚を内側に引きつつ、もう一方の手で筋・腱接合部から離れるように筋肉をストレッチングし、同時に股関節がより伸展するよう脚を押さえる。

警告：患者は膝関節をしっかりと屈曲した状態を保つことが重要である。屈曲位がしっかり保たれなければ、腰部に過伸展をきたし、痛みを出現させることがある。

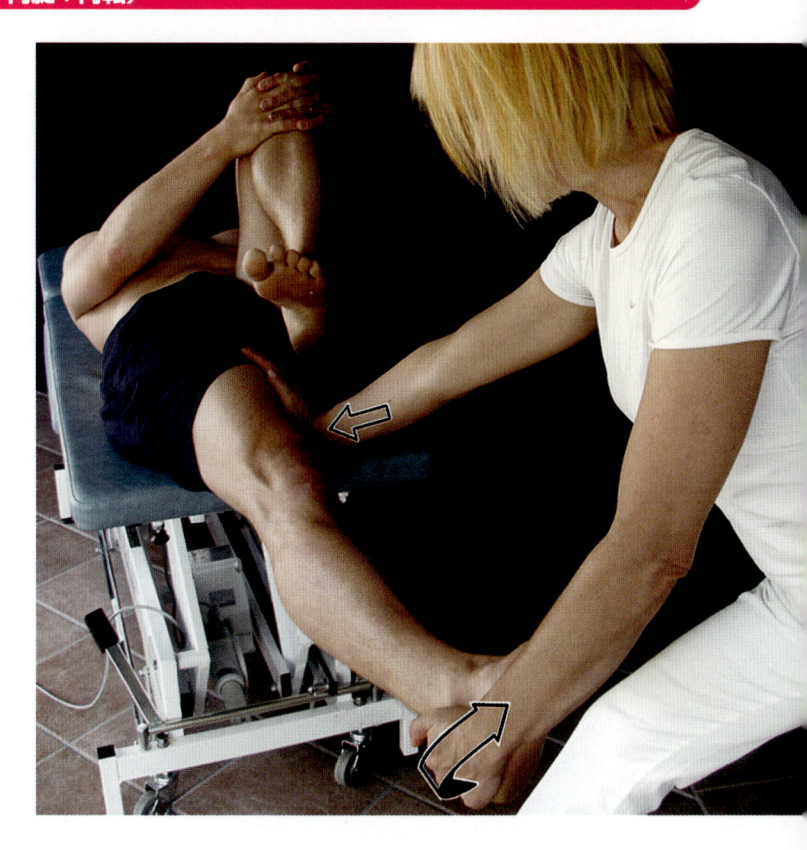

膝関節筋 (しつかんせつきん) Articularis genus

神経支配：大腿神経（第3～第4腰神経）
起　始：大腿骨下部前面
停　止：膝関節包上部
機　能：関節包を上方に引く

注意：この筋肉が存在しない場合もある。

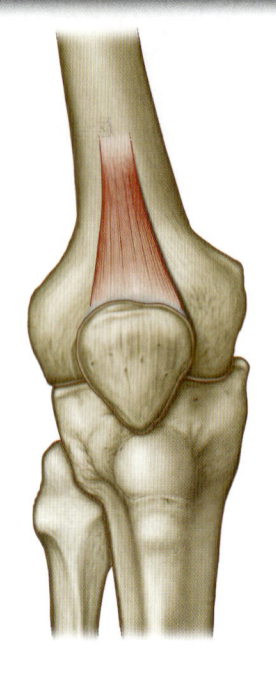

●ストレッチングテクニック

患者を背臥位にし、片方の脚は真っすぐに、そしてもう片方の脚をベッドから出して膝関節を屈曲させる。術者は大腿下部をつかみ、股関節を20度屈曲させる。術者の大腿前面で患者の下腿を押し、膝関節がより屈曲するようにする。両手の母指を使って停止部から筋肉本体に向かって筋肉をストレッチングする。

テンション・リラクゼーションテクニック：患者に5秒間、膝関節を伸展するように力を入れさせ、それに対し、術者は抵抗をかける。そして患者にゆっくりと力を抜くように指示し、術者はより大きく屈曲させるよう力を入れる。

注意：股関節は必ず屈曲させ、真っすぐにしないようにすること。股関節が伸びてしまうと膝関節筋の上にある大腿直筋にストレッチングがかかり、膝関節筋へのストレッチング効果が薄れてしまう。

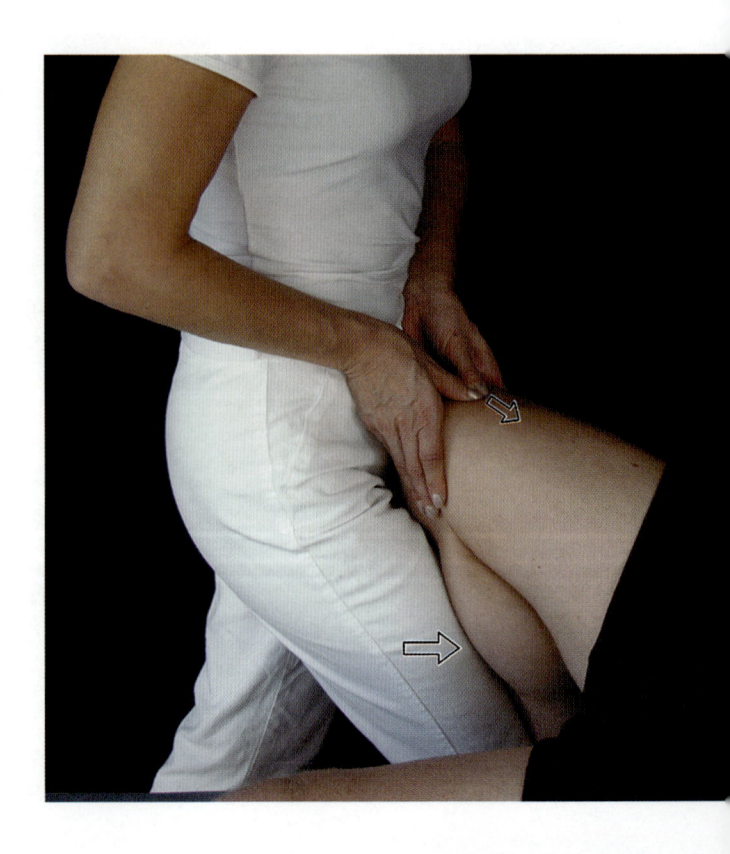

下肢の筋肉

薄筋 (はっきん) Gracilis

神経支配：閉鎖神経（第2～第3腰神経）
起　始：恥骨結合に近い恥骨下枝
停　止：脛骨の内側上縁
機　能：股関節の内転。股関節が伸展位にある場合の股関節の伸展と、股関節が屈曲位にある場合の股関節の屈曲。膝関節の屈曲と内旋

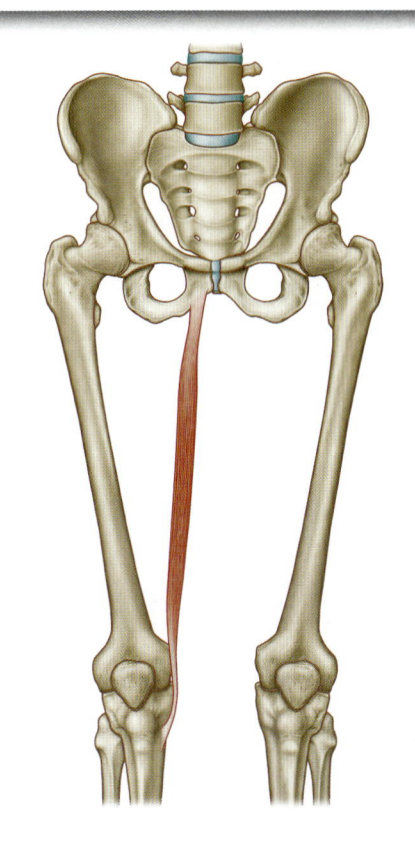

●ストレッチングテクニック（外転＋伸展）

患者を背臥位にし、両手で片側の膝を抱え込ませて骨盤を安定させた状態で、ストレッチングする側の脚をベッドの端から宙に浮くように出す。術者は足首の少し上の下腿をつかみ、膝関節を伸展させ、股関節を外転させるように術者の身体を使って脚を外側に押し出す。もう一方の手の母指球で、膝関節を屈曲させないように気をつけながら筋腱接合部から筋腹に向けてストレッチングし、同時に股関節を伸展、外転に導く。

テンション・リラクゼーションテクニック：患者に5秒間、股関節を内転するように力を入れさせ、それに対し、術者は抵抗をかける。そして患者にゆっくりと力を抜くように指示し、術者はより大きく外転させるよう力を入れる。

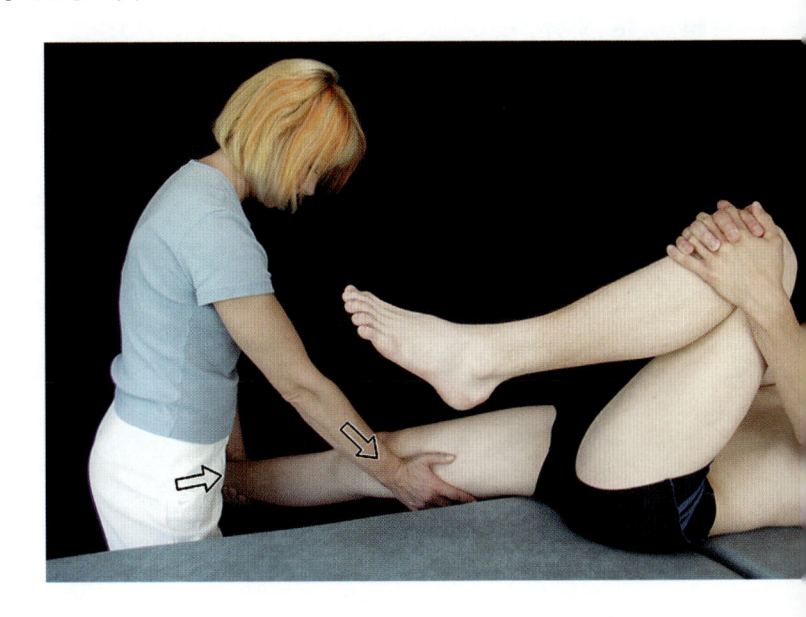

大内転筋 (だいないてんきん) Adductor magnus

神経支配：閉鎖神経（第2～第4腰神経）、脛骨神経（第3～第5腰神経）
起　始：恥骨下枝の前面、坐骨下肢の前面、坐骨結節の下面
停　止：大腿骨後側面の粗線、腱を介して大腿骨内側上顆の内転筋結節
機　能：股関節の内転、外旋。股関節が伸展位にある場合の股関節屈曲、股関節が屈曲位にある場合の股関節伸展。股関節が屈曲、外旋位にある場合、大腿骨内側上顆に付着している部分は内旋運動を行う

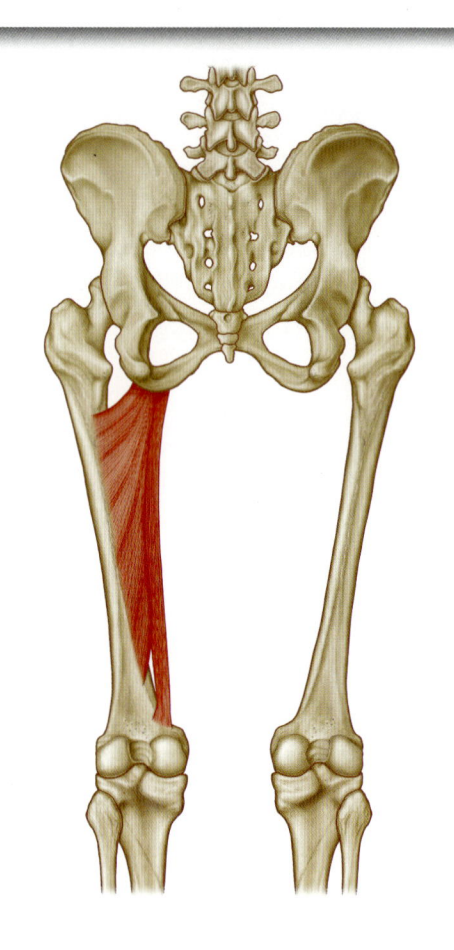

長内転筋 (ちょうないてんきん) Adductor longus

神経支配：閉鎖神経（第2～第4腰神経）
起　始：恥骨下枝の前面
停　止：大腿骨後側面にある粗線中央部分1/3の内縁
機　能：股関節の内転、外旋。股関節が伸展位にある場合の股関節屈曲、股関節が屈曲位にある場合の股関節伸展

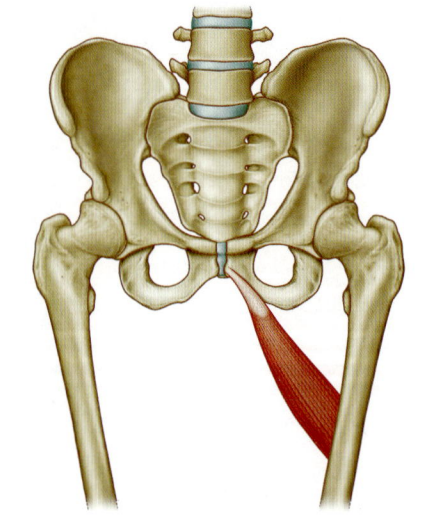

下肢の筋肉

短内転筋 (たんないてんきん) Adductor brevis

神経支配：閉鎖神経（第2～第4腰神経）
起　始：恥骨結合部に近い部分の恥骨下枝前面
停　止：大腿骨後側面にある粗線上方1/3の内縁
機　能：股関節の内転、外旋。股関節が伸展位にある場合の股関節屈曲、股関節が屈曲位にある場合の股関節伸展

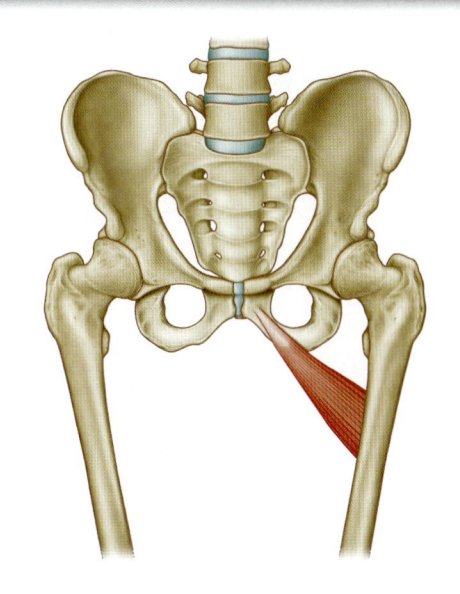

恥骨筋 (ちこつきん) Pectineus

神経支配：大腿神経（第2～第3腰神経）、閉鎖神経（第2～第4腰神経）
起　始：恥骨上枝の恥骨櫛、腸恥隆起
停　止：小転子の下方にある恥骨筋線、大腿骨後側面にある粗線の上方
機　能：股関節の内転、外旋。股関節が伸展位にある場合の股関節屈曲、股関節が屈曲位にある場合の股関節伸展

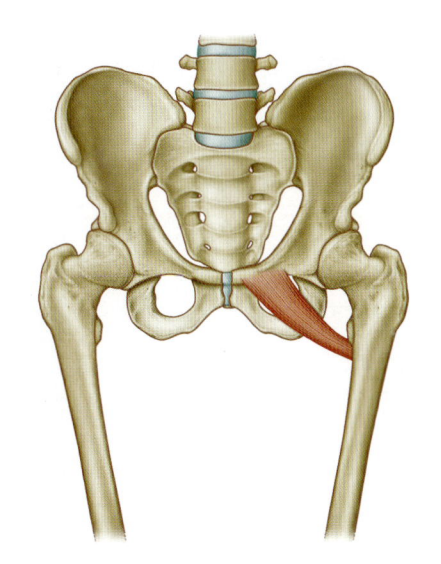

小内転筋 (しょうないてんきん) Adductor minimus

神経支配：閉鎖神経（第3～第5腰神経）
起　始：恥骨下枝
停　止：大腿骨後側面の粗線
機　能：股関節の内転、外旋。股関節が伸展位にある場合の股関節屈曲、股関節が屈曲位にある場合の股関節伸展

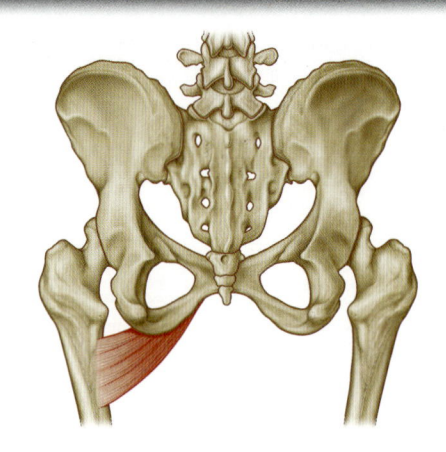

●ストレッチングテクニック（外転＋内旋＋伸展）

患者を背臥位にし、両手で片側の膝を屈曲位で抱え込ませて骨盤を安定させた状態で、ストレッチングする側の脚をベッドの端から宙に浮いた状態で出す。術者は股関節を伸展、外転させるために膝の上の部分を下方、外側に押す。そして術者自身の下腿を患者の下腿内側にあて、外側方向に押し、股関節を内旋させる。反対側の手の母指球を使って停止部から筋腹に向かって筋肉をストレッチングしつつ、股関節を外転させる。

テンション・リラクゼーションテクニック：患者に5秒間、股関節を内転するように力を入れさせ、それに対し、術者は抵抗をかける。そして患者にゆっくりと力を抜くように指示し、術者はより大きく伸展、外転させるよう力を入れる。

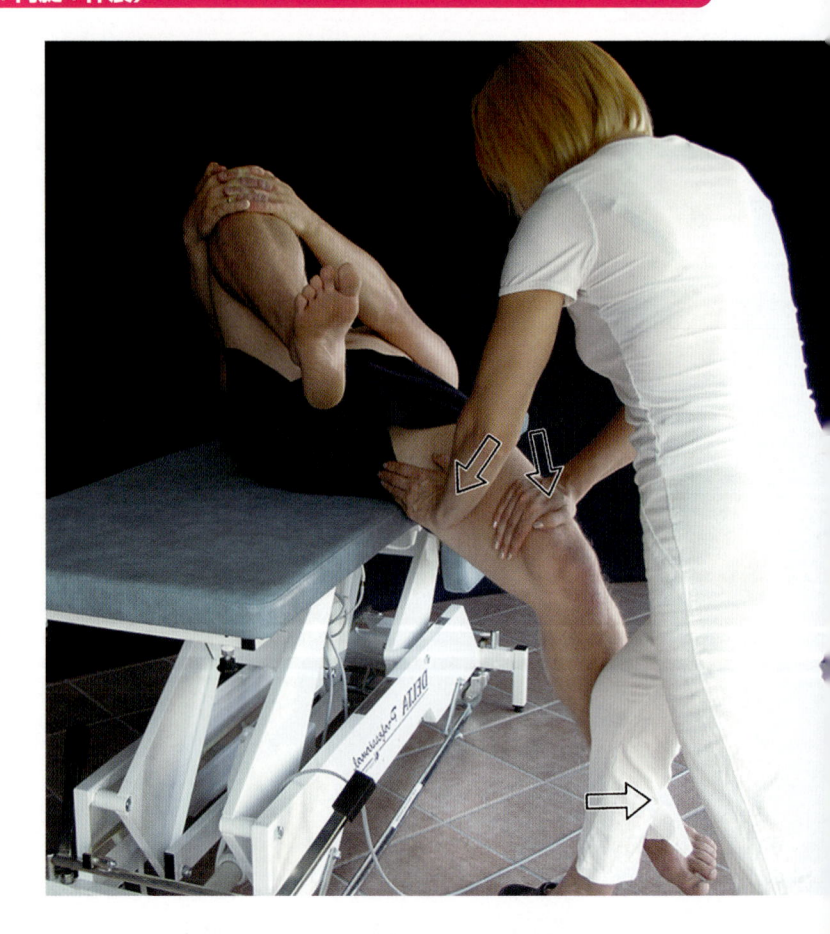

下肢の筋肉

大腿二頭筋（長頭）(だいたいにとうきん) Biceps femoris/Caput longum

神経支配：脛骨神経（第5腰神経、第1～第2仙骨神経）
起　始：坐骨結節
停　止：腓骨頭
機　能：股関節の伸展、外転、外旋。膝関節の屈曲。膝関節が屈曲位にある場合の膝関節の外旋

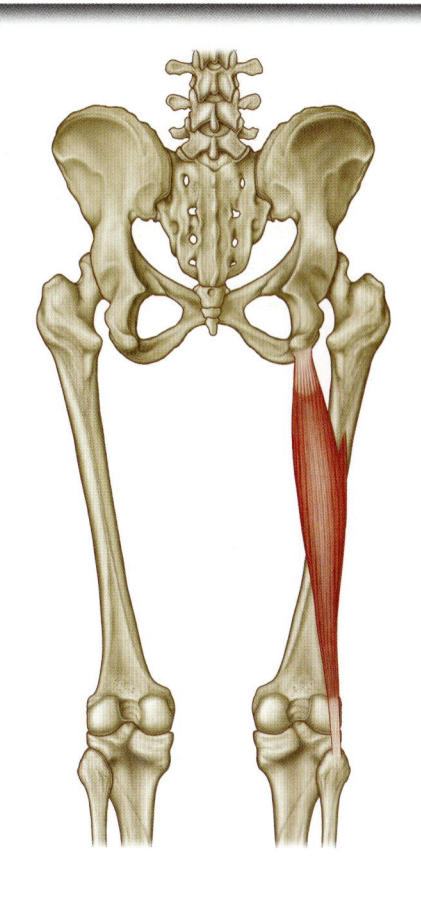

●ストレッチングテクニックA（屈曲＋外転）

患者を背臥位にし、術者は一方の脚を持ち上げ、その足を術者の脇の下で支え、膝を伸展させて、股関節を屈曲・外転させる。その状態で、もう一方の手を使って筋腱接合部から筋腹に向かって筋肉をストレッチングする。

テンション・リラクゼーションテクニック：患者に5秒間、股関節を伸展するように力を入れさせ、それに対し、術者は抵抗をかける。そして患者にゆっくりと力を抜くように指示し、術者はより大きくストレッチングさせるよう力を入れる。

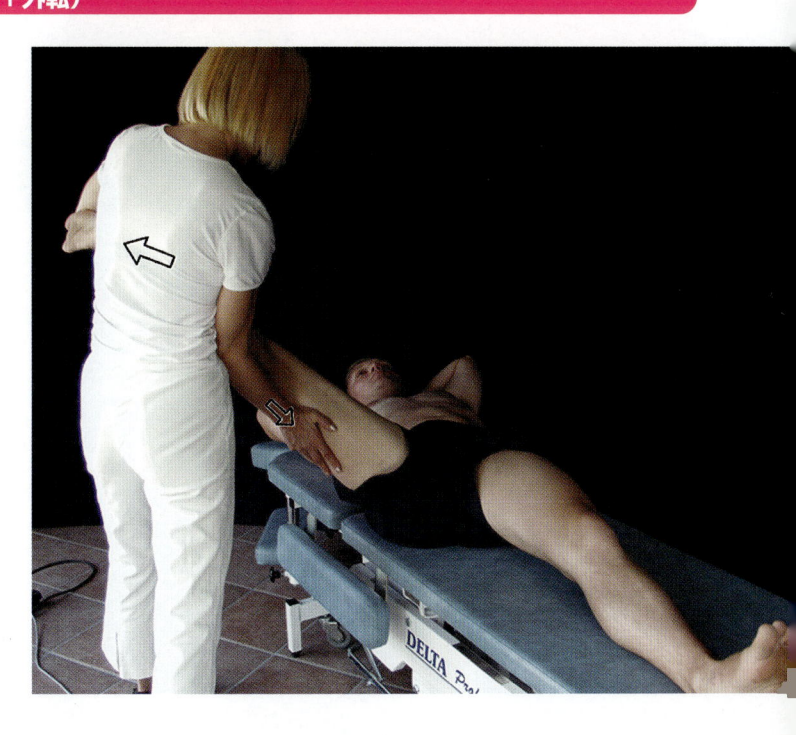

●ストレッチングテクニックB（屈曲＋外転）

患者を腹臥位にし、片方の脚をベッドの上に真っすぐに伸ばし、反対側の足をやや外転した状態にして足を床に着けさせる。術者は自身の足を使って患者の脚をできるだけ前に押し出すようにする。その状態で、母指球を使って起始部から筋腹に向かって筋肉をストレッチングする。

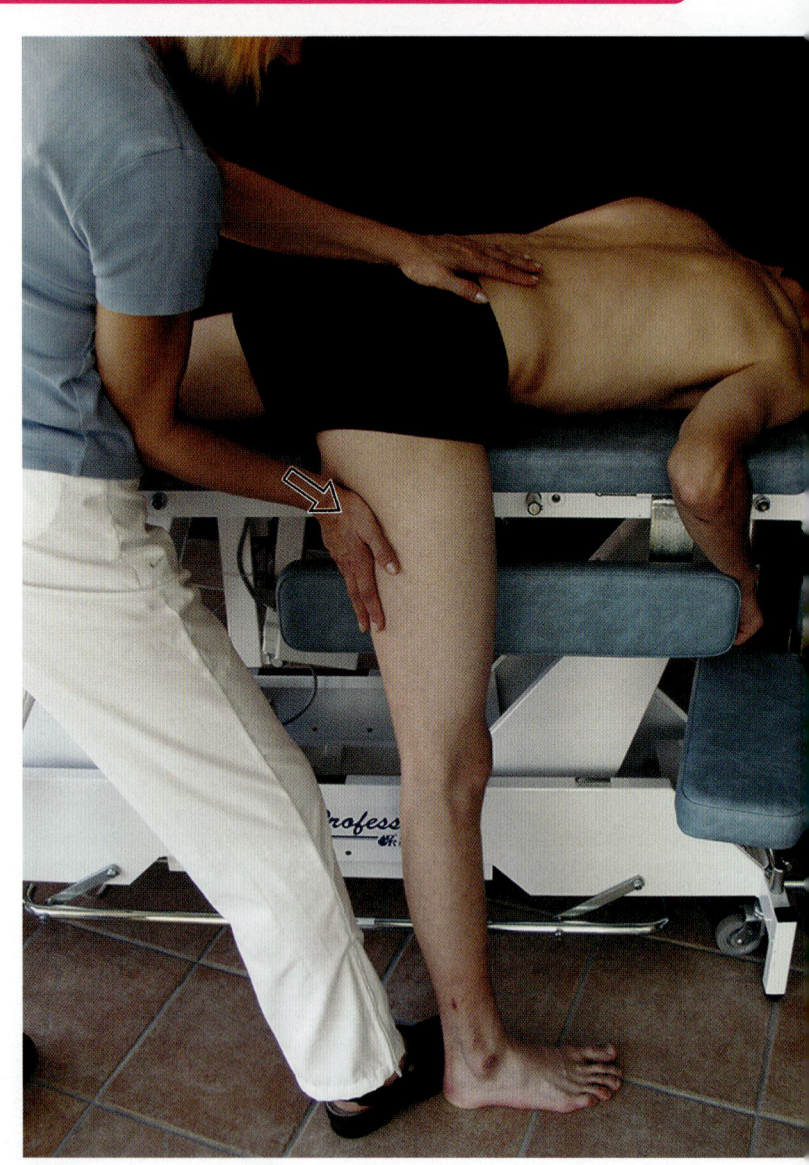

テンション・リラクゼーションテクニック：患者に5秒間、膝関節を屈曲するように力を入れさせ、それに対し、術者は抵抗をかける。そして患者にゆっくりと力を抜くように指示し、術者はより大きくストレッチングさせるよう力を入れる。

下肢の筋肉

●ストレッチングテクニックC（屈曲＋外転）

患者を側臥位にし、下側の脚の股関節と膝関節を屈曲させて身体を安定させる。術者は脚をつかんで股関節が外転するように持ち上げる。膝関節を伸展させながら股関節を屈曲させるように、その脚を術者の身体を使って支えるようにする。同時にもう一方の手の母指球を使って停止部から筋腹に向かって筋肉をストレッチングする。

テンション・リラクゼーションテクニック：患者に5秒間、股関節を伸展するように力を入れさせ、それに対し、術者は抵抗をかける。そして患者にゆっくりと力を抜くように指示し、術者はより大きくストレッチングさせるよう力を入れる。

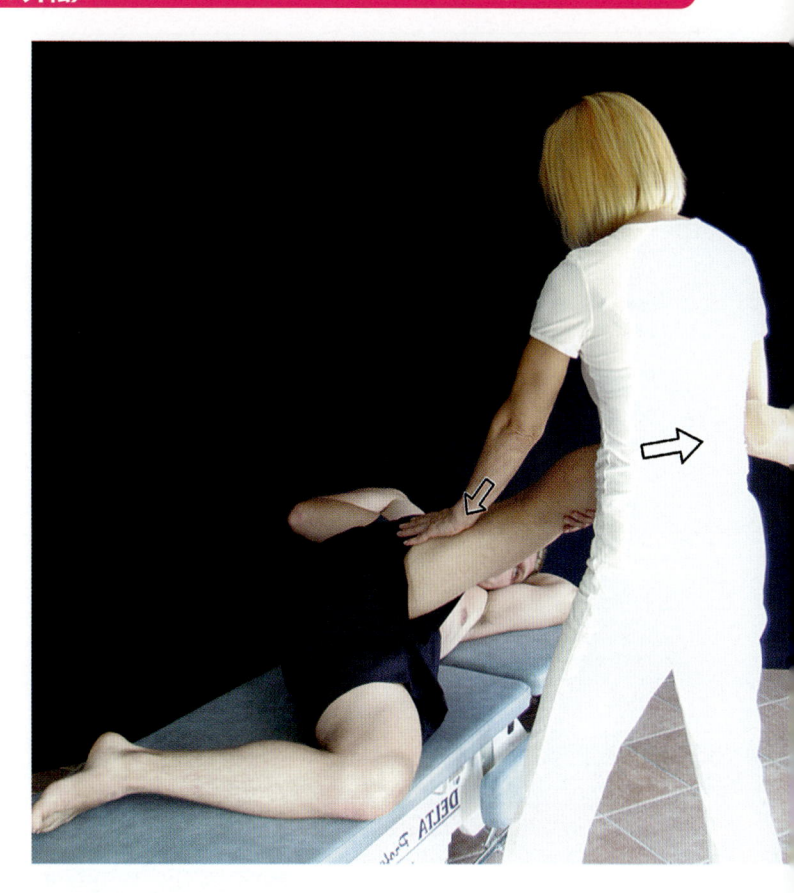

大腿二頭筋（短頭）(だいたいにとうきん) Buceos fenirus/Caput breve

神経支配：腓骨神経（第1～第2仙骨神経）
起　始：大腿骨粗面外側唇中央の1/3、筋間中隔
停　止：腓骨頭
機　能：膝関節の屈曲。膝関節が屈曲位にある場合の膝関節の外旋

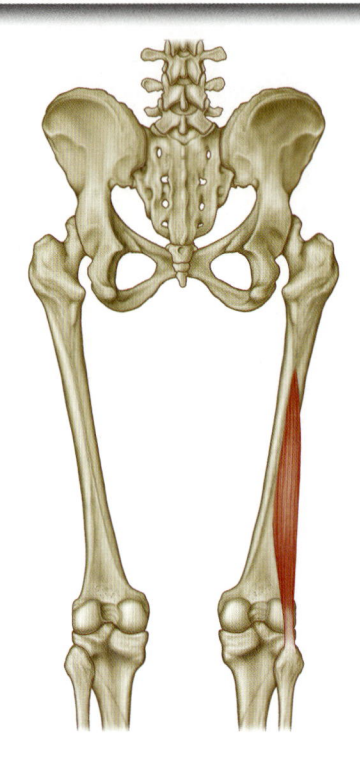

●ストレッチングテクニック

患者を腹臥位にし、片方の脚を真っすぐに、反対側の膝を45度に屈曲した状態にする。術者は小指球で停止部から筋腹に向かって圧をかけながら、足関節の上をつかんで、膝関節を伸展させる。

テンション・リラクゼーションテクニック：患者に5秒間、膝関節を屈曲するように力を入れさせ、それに対し、術者は抵抗をかける。そして患者にゆっくりと力を抜くように指示し、術者はより大きくストレッチングさせるよう力を入れる。

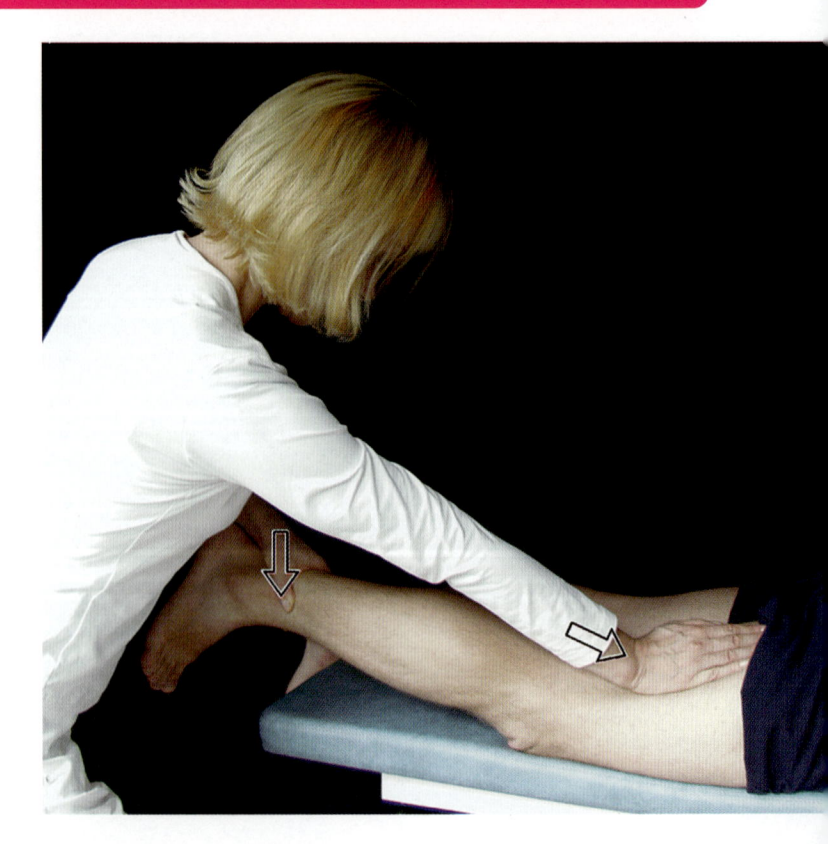

下肢の筋肉

半腱様筋 (はんけんようきん) Semitendinosus

神経支配：脛骨神経（第5腰神経、第1～第2仙骨神経）
起　始：坐骨結節
停　止：脛骨粗面の内側
機　能：股関節の伸展、内転、内旋。膝関節の屈曲、内旋

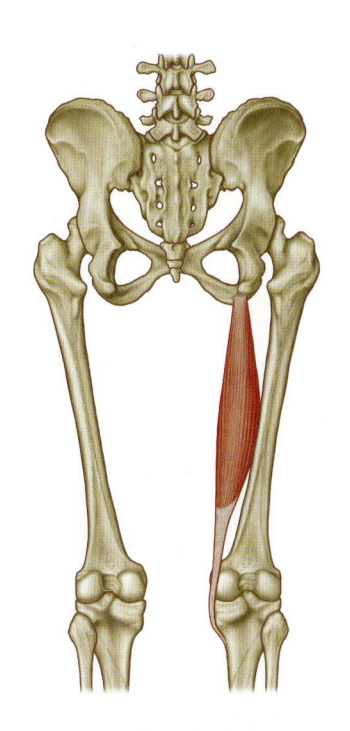

半膜様腱 (はんまくようきん) Semimembranosus

神経支配：脛骨神経（第5腰神経、第1～第2仙骨神経）
起　始：坐骨結節
停　止：脛骨粗面の内側、斜膝窩靱帯、膝関節包の後内側面、内側半月板
機　能：股関節の伸展、内転、内旋。膝関節の屈曲、内旋。膝関節包を上方に牽引

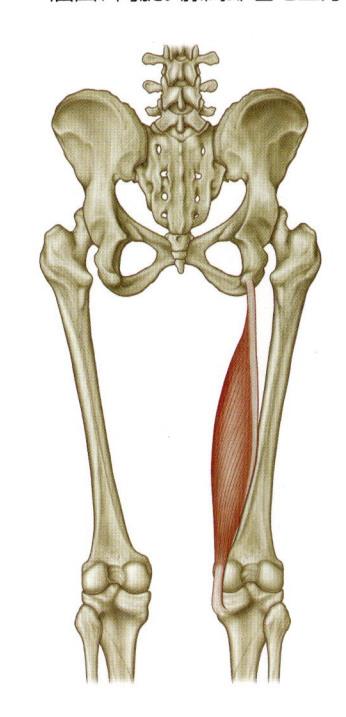

●ストレッチングテクニック（屈曲＋外転）

患者を背臥位にし、術者は片方の脚を自身の肩の上に持ち上げ、手を膝の上に置き、膝関節が伸展しないように保持する。その状態から下肢を約30度～45度外転させる。そしてもう一方の手の母指球を使い、筋腱接合部から筋腹に向かって筋肉をストレッチングする。

テンション・リラクゼーションテクニック：患者に5秒間、股関節を伸展するように力を入れさせ、それに対し、術者は抵抗をかける。そして患者にゆっくりと力を抜くように指示し、術者はより大きく伸展、外転させるよう力を入れる。

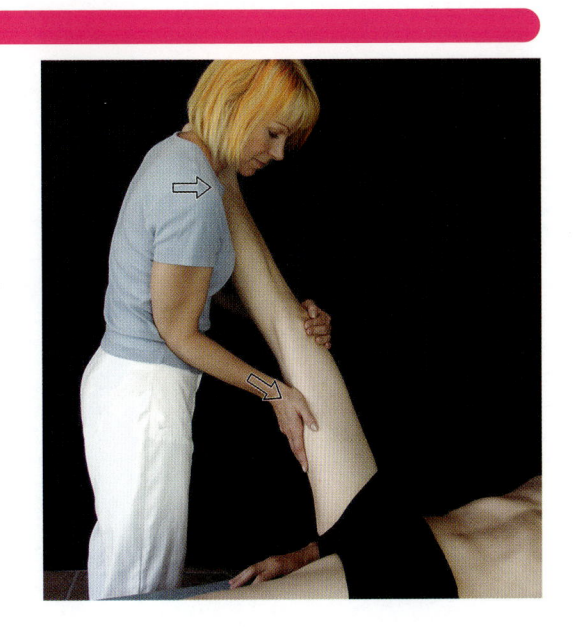

膝窩筋（しっかきん）Popliteus

神経支配：脛骨神経（第4〜第5腰神経、第1仙骨神経）
起　始：大腿骨の外側顆
停　止：脛骨の上部で後面、膝関節包の後外側面、外側半月板
機　能：膝関節の屈曲、内旋

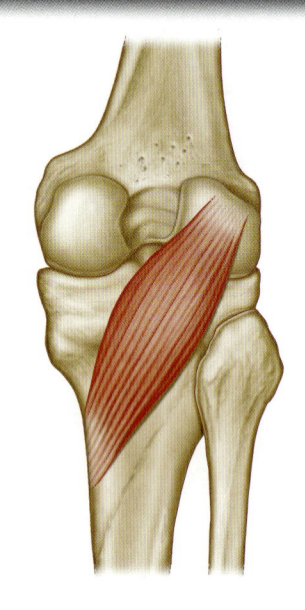

●ストレッチングテクニック

患者を腹臥位にし、術者は足関節の上で下腿をつかみ、膝関節を45度屈曲させる。その状態でもう一方の手の母指を使って停止部から筋腹に向かって筋肉をストレッチングしつつ、同時に膝関節を伸展させる。

テンション・リラクゼーションテクニック：患者に5秒間、膝関節を屈曲するように力を入れさせ、それに対し、術者は抵抗をかける。そして患者にゆっくりと力を抜くように指示し、術者はより大きく伸展、外転させるよう力を入れる。

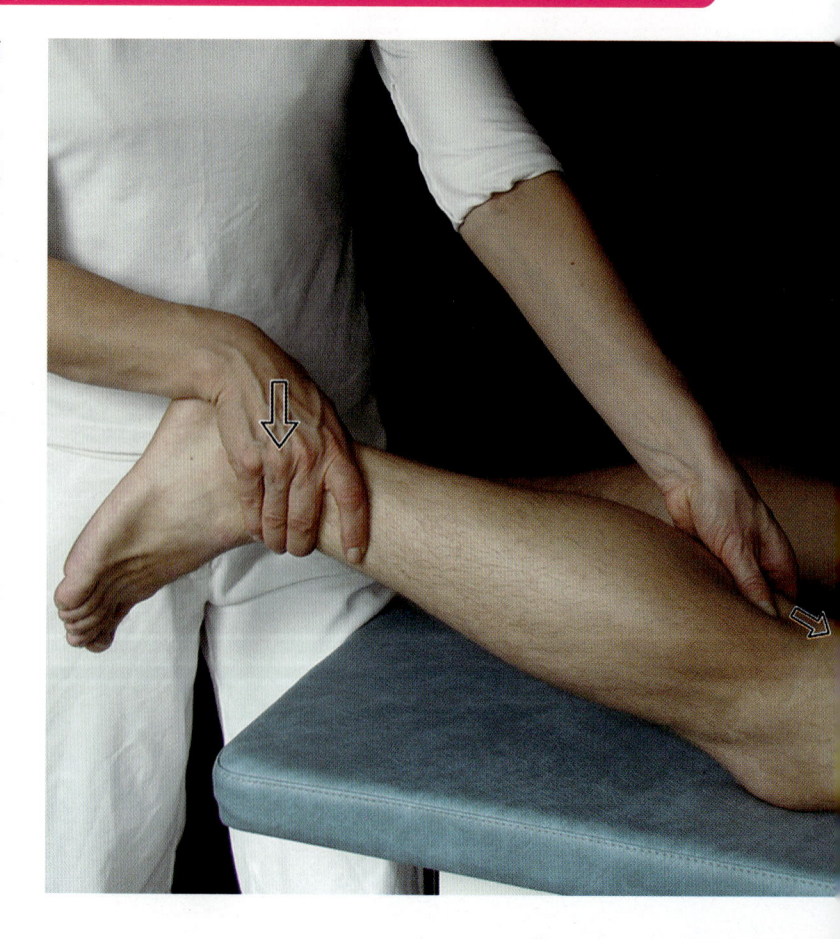

下肢の筋肉

前脛骨筋 (ぜんけいこつきん) Tibialis anterior

神経支配：深腓骨神経（第4～第5腰神経）
起　始：脛骨外側面上方の1/2、骨間膜、下腿筋膜
停　止：第1楔状骨の内側足底面、第1中足骨の内側面
機　能：足関節の背屈、回外

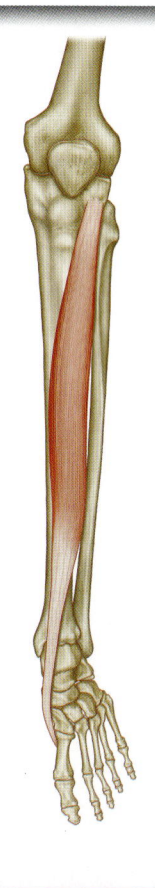

●ストレッチングテクニック（底屈＋回内）

患者を背臥位にし、術者は楔状骨と第1中足骨部分の足をつかみ、足が底屈、回内するように斜め下に向かって圧をかける。術者は母指球を使って停止部から筋腹に向かって筋肉をストレッチングする。

テンション・リラクゼーションテクニック：患者に5秒間、足関節を背屈するように力を入れさせ、それに対し、術者は抵抗をかける。そして患者にゆっくりと力を抜くように指示し、術者はより大きくストレッチングさせるよう力を入れる。

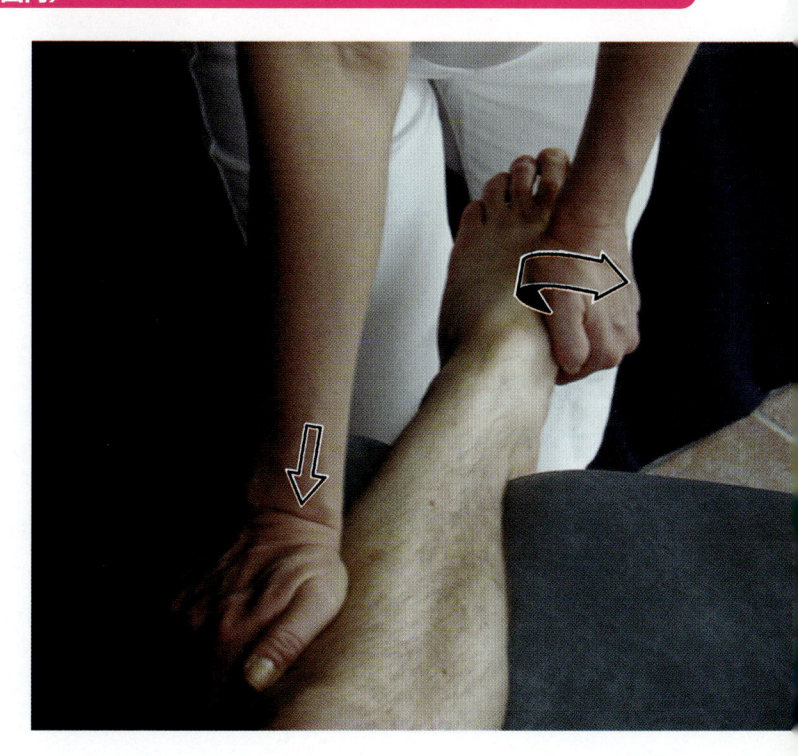

長指伸筋 （ちょうししんきん） Extensor digitorum longus

神経支配：腓骨神経（第5腰神経、第1仙骨神経）
起　始：脛骨外側顆、腓骨前側稜、骨間膜、深下腿筋膜
停　止：指背腱膜を介して第2から第5指の中節骨と末節骨
機　能：足指の伸展、足関節の背屈と回内

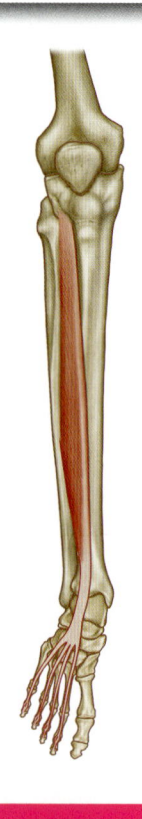

●ストレッチングテクニック（底屈＋回外）

患者を背臥位にし、術者は伸展させた第2〜第5指をつかみ、足を底屈、回外方向に動かす。同時にもう一方の手の母指球を使って停止部から筋腹に向かって筋肉をストレッチングする。

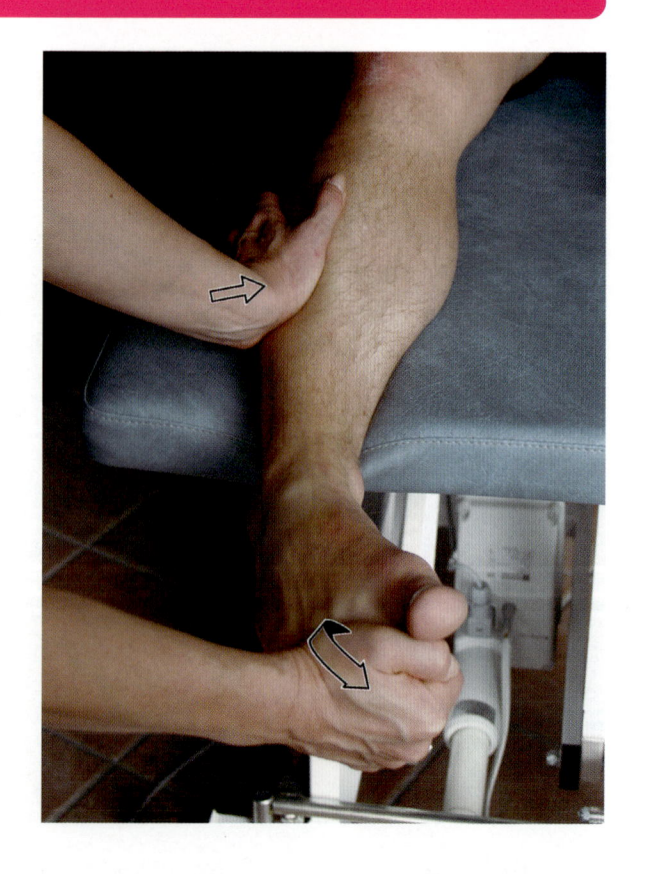

テンション・リラクゼーションテクニック：
患者に5秒間、足関節を背屈するように力を入れさせ、それに対し、術者は抵抗をかける。そして患者にゆっくりと力を抜くように指示し、術者はより大きくストレッチングさせるよう力を入れる。

下肢の筋肉

長母指伸筋 (ちょうぼししんきん) Extensor hallucis longus

神経支配：深腓骨神経（第4～第5腰神経、第1仙骨神経）
起　始：腓骨の内側面、骨間膜
停　止：足の第1指の基節骨底
機　能：足の第1指の伸展、足関節の背屈と回外

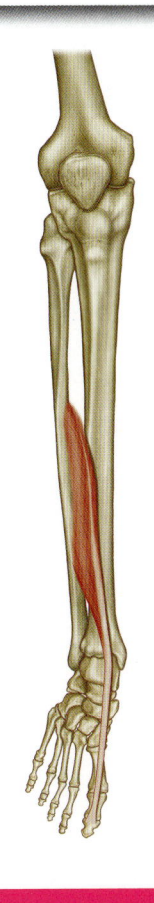

●ストレッチングテクニック（底屈＋回内）

患者を背臥位にし、術者は患者の第1指を底屈させた状態でつかみ、足部を屈曲、回内させる。もう一方の手の母指球を使って筋腱接合部から筋腹に向かって筋肉をストレッチングする。

テンション・リラクゼーションテクニック：患者に5秒間、第1指を背屈するように力を入れさせ、それに対し、術者は抵抗をかける。そして患者にゆっくりと力を抜くように指示し、術者はより大きくストレッチングさせるよう力を入れる。

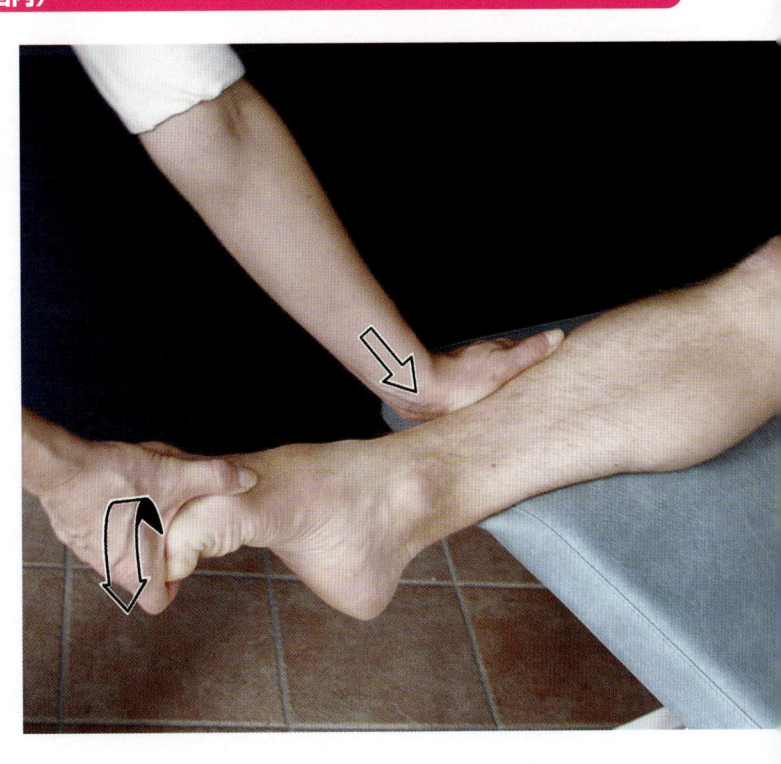

長腓骨筋 （ちょうひこつきん） Fibularis longus

神経支配：浅腓骨神経（第4〜第5腰神経、第1仙骨神経）
起　始：腓骨頭、脛腓関節の関節包
停　止：第1楔状骨底面、第1中足骨の底部
機　能：足部の底屈、回内

●ストレッチングテクニック（背屈＋回外）

患者を腹臥位にし、術者は第1楔状骨と第1中足骨付近の足部内側をつかみ、下腿を約45度まで持ち上げ、その状態で足部を背屈、回外させる。もう一方の手の母指球を使って、筋腱接合部から筋腹に向かって筋肉をストレッチングする。

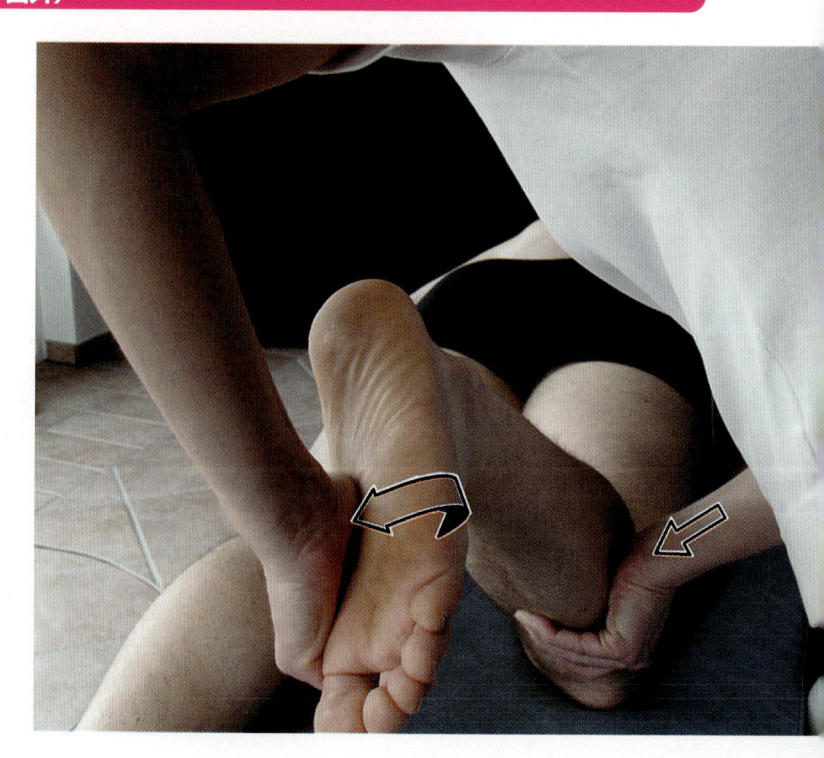

テンション・リラクゼーションテクニック：患者に5秒間、足関節を底屈するように力を入れさせ、それに対し、術者は抵抗をかける。そして患者にゆっくりと力を抜くように指示し、術者はより大きくストレッチングさせるよう力を入れる。

下肢の筋肉

短腓骨筋 (たんひこつきん) Fibularis brevis

神経支配：浅腓骨神経（第5腰神経、第1仙骨神経）
起　始：腓骨の外側面中央、下方の2/3
停　止：第5中足骨粗面の外側面
機　能：足部の底屈と回内

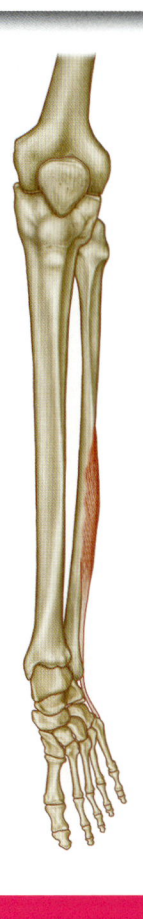

●ストレッチングテクニック（底屈＋回外）

患者を側臥位にし、脚を真っすぐにさせ、上側の足をベッドの端から出るようにする。術者は患者の足部をつかみ、回外方向に動かしながら、術者自身の大腿前面を足底面に押しつけて背屈させる。もう一方の手の小指球を使って、筋腱接合部から筋腹に向かって筋肉をストレッチングする。

テンション・リラクゼーションテクニック：患者に5秒間、足関節を底屈するように力を入れさせ、それに対し、術者は抵抗をかける。患者にゆっくりと力を抜くように指示し、術者はより大きくストレッチングさせるよう力を入れる。

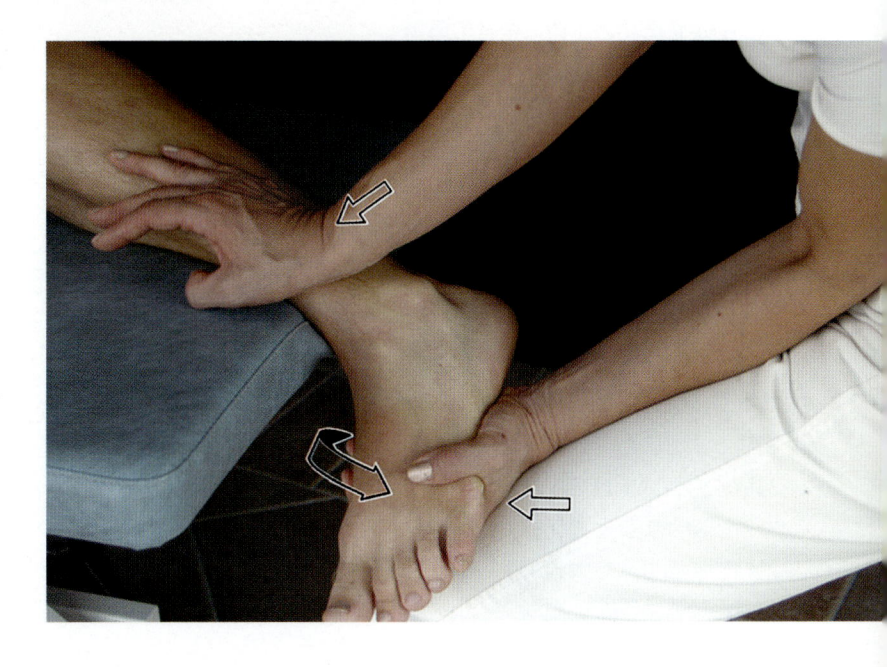

第3腓骨筋 （だいさんひこつきん） Fibularis tertius

神経支配：深腓骨神経（第5腰神経、第1仙骨神経）
起　始：腓骨外側の前方下部1/3
停　止：第5中足骨底の背面
機　能：足部の背屈と回内

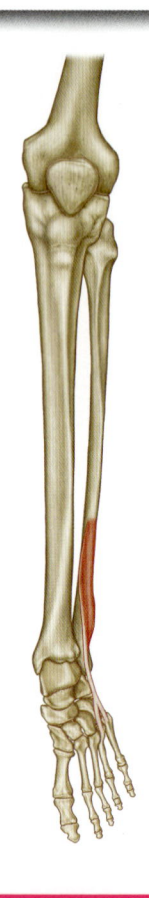

●ストレッチングテクニック（底屈＋回外）

患者を側臥位にし、足をベッドの端から出した状態にする。患者の第4〜5中足骨底部の足背に術者の母指球がくるような位置で足をつかむ。足関節が底屈するように圧をかけながら、外旋方向にひねる。その状態で、もう一方の手の小指球を用いて筋腱接合部から筋腹に向かって筋肉をストレッチングする。

テンション・リラクゼーションテクニック：患者に5秒間、足関節を背屈するように力を入れさせ、それに対し、術者は抵抗をかける。そして患者にゆっくりと力を抜くように指示し、術者はより大きくストレッチングさせるようにする。

下肢の筋肉

足底筋 (そくていきん) Plantaris

神経支配：脛骨神経（第1～第2仙骨神経）
起　始：大腿骨の外側顆、関節包
停　止：アキレス腱を介して踵骨隆起の内側上部縁
機　能：膝関節の屈曲、足関節の底屈の補助

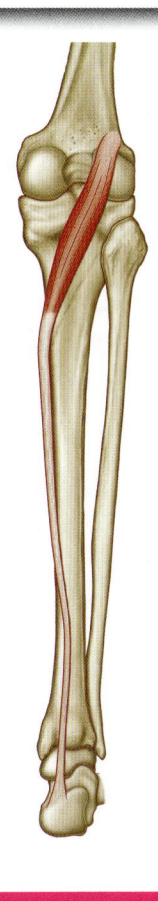

●ストレッチングテクニック（背屈）

患者を腹臥位にし、足をベッドから出した状態にする。術者は、患者の足底をつかみ、膝関節を約30度屈曲させる。術者自身の大腿前面を足底に押し当て、足部を背屈させる。その状態から、足を下方に下げるようにしながら、もう一方の手の小指球を用いて筋腱接合部から筋腹に向かって筋肉をストレッチングする。

テンション・リラクゼーションテクニック：患者に5秒間、足関節を底屈するように力を入れさせ、それに対し、術者は抵抗をかける。そして患者にゆっくりと力を抜くように指示し、術者はより大きくストレッチングさせるよう力を入れる。

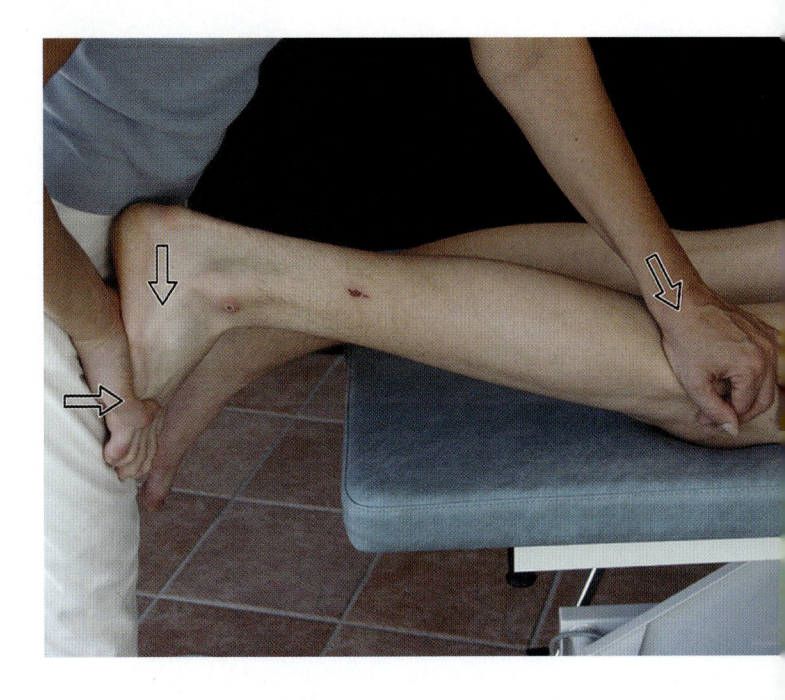

下腿三頭筋 (かたいさんとうきん) Triceps surae

（大腿三頭筋は腓腹筋とヒラメ筋から構成されている。）

腓腹筋 (ひふくきん) Gastrocnemius

神経支配：脛骨神経（第1～第2仙骨神経）
起　始：内側頭、外側頭として、大腿骨内側上顆、大腿骨外側上顆、膝関節包
停　止：アキレス腱を介して踵骨隆起
機　能：膝関節の屈曲、足関節の底屈、回外

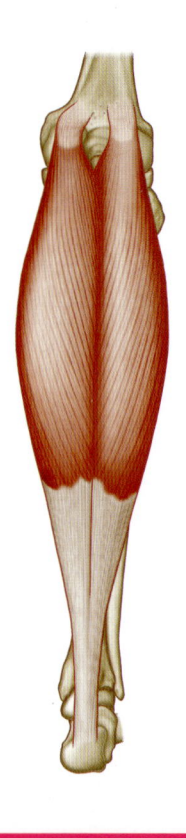

●ストレッチングテクニック（背屈）

患者を側臥位にし、脚を伸ばして両足をベッドの端からしっかり出す。術者は大腿前面を使って患者の足部を背屈させるように圧をかけ、同時に両手の母指球を用いて筋腱接合部から筋腹に向かって筋肉をストレッチングする。

テンション・リラクゼーションテクニック：患者に5秒間、足関節を底屈するように力を入れさせ、それに対し、術者は抵抗をかける。そして患者にゆっくりと力を抜くように指示し、術者はより大きくストレッチングさせるよう力を入れる。

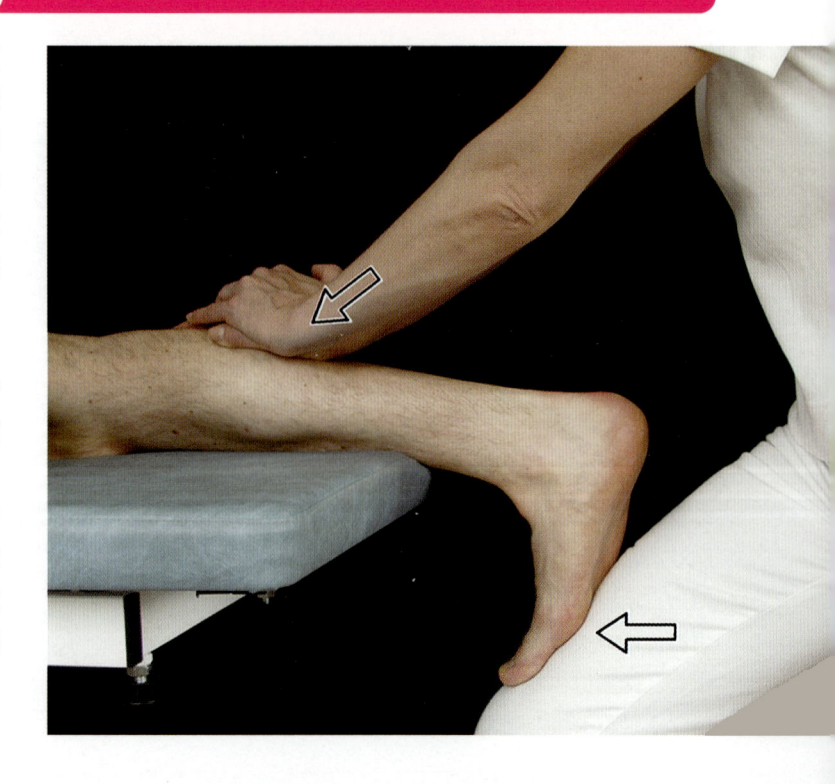

下肢の筋肉

ヒラメ筋 (ひらめきん) Soleus

神経支配：脛骨神経（第1～第2仙骨）
起　始：脛骨、腓骨の後面上部1/3
停　止：アキレス腱を介して踵骨隆起
機　能：足関節の底屈、回外

●ストレッチングテクニック（背屈＋回内）

患者を腹臥位にし、足をベッドの端から出した状態にする。術者は患者の足底をつかみ、膝関節を約20度屈曲させる。その状態から術者の大腿前面を使って足部を背屈させつつ、両手の母指球を用いて筋腱接合部から筋腹に向かって筋肉をストレッチングする。

テンション・リラクゼーションテクニック：患者に5秒間、足関節を底屈するように力を入れさせ、それに対し、術者は抵抗をかける。そして患者にゆっくりと力を抜くように指示し、術者はより大きくストレッチングさせるよう力を入れる。

注意：膝関節は伸ばさず、必ず屈曲させなければならない。膝関節が伸展されてしまうと腓腹筋に伸展負荷がかかってしまい、ヒラメ筋へのストレッチング効果が薄れることになる。

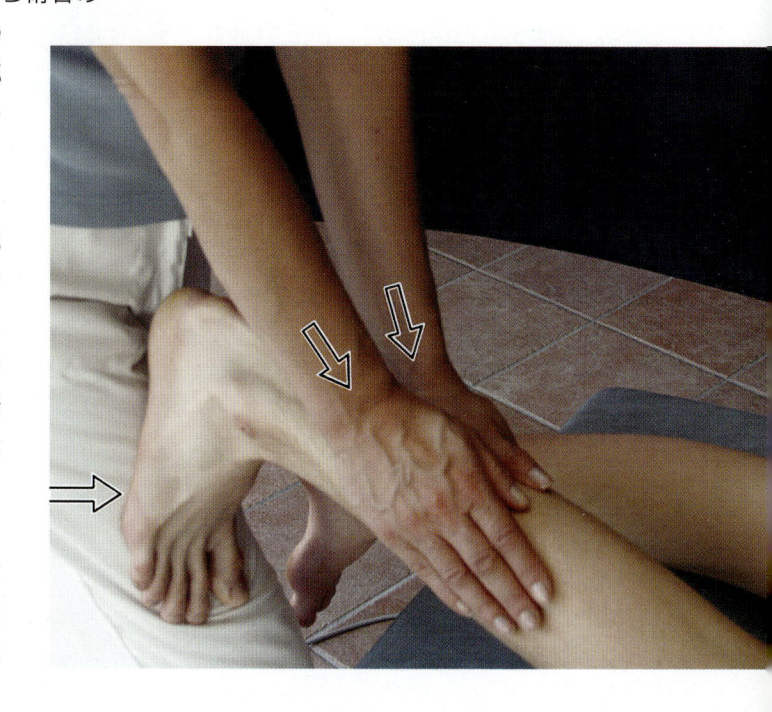

後脛骨筋 (こうけいこつきん) Tibialis posterior

神経支配：脛骨神経（第4～第5腰神経）
起　始：脛骨、腓骨後面上部と中央の2/3、骨間膜
停　止：舟状骨、全楔状骨、立方骨、第2～第4中足骨
機　能：足関節の底屈、回外

●ストレッチングテクニック（背屈＋回内）

患者を腹臥位にし、足関節の下にクッションなどを敷いて、膝関節を約20度屈曲させる。術者は足根骨・中足骨の外側足底をつかみ、足関節を背屈させて、足部を回内させる。その状態でもう一方の手の小指球を用いて筋腱接合部から筋腹に向かって筋肉をストレッチングする。

テンション・リラクゼーションテクニック：患者に5秒間、足関節を底屈するように力を入れさせ、それに対し、術者は抵抗をかける。そして患者にゆっくりと力を抜くように指示し、術者はより大きくストレッチングさせるよう力を入れる。

注意：膝関節を屈曲させることで、後脛骨筋の上を覆っている腓腹筋をリラックスさせることができ、より直接深部の筋肉層にストレッチングをかけることができる。

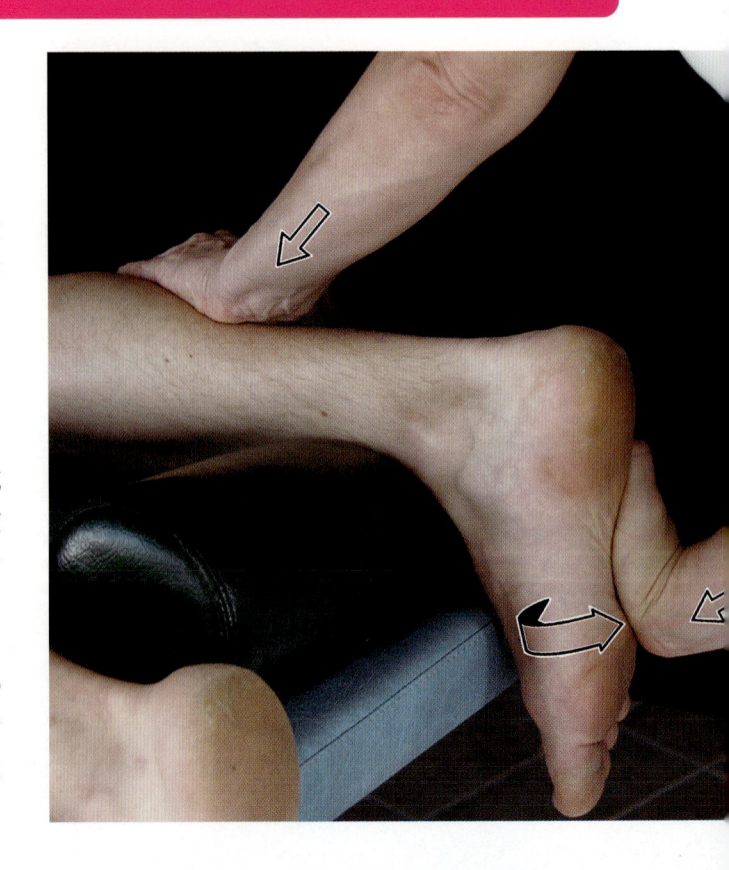

下肢の筋肉

長母指屈筋 （ちょうぼしくっきん） Flexor hallucis longus

神経支配：脛骨神経（第5腰神経、第1仙骨神経）
起　始：脛骨後面の下方2/3、骨間膜、筋間中隔
停　止：足の第1指の末節骨基部
機　能：足の第1指の屈曲、足関節の底屈、回内

●ストレッチングテクニック（背屈＋回外）

患者を腹臥位にし、術者の前腕で患者の下腿を支え、膝関節を屈曲させる。前腕を支えている手で患者の第1指を伸展させ、足関節を背屈させる。その状態でもう一方の手の小指球を用い、筋腱接合部から筋腹に向かって筋肉をストレッチングする。

テンション・リラクゼーションテクニック：患者に5秒間、足の第1指を屈曲するように力を入れさせ、それに対し、術者は抵抗をかける。そして患者にゆっくりと力を抜くように指示し、術者はより大きくストレッチングさせるよう力を入れる。

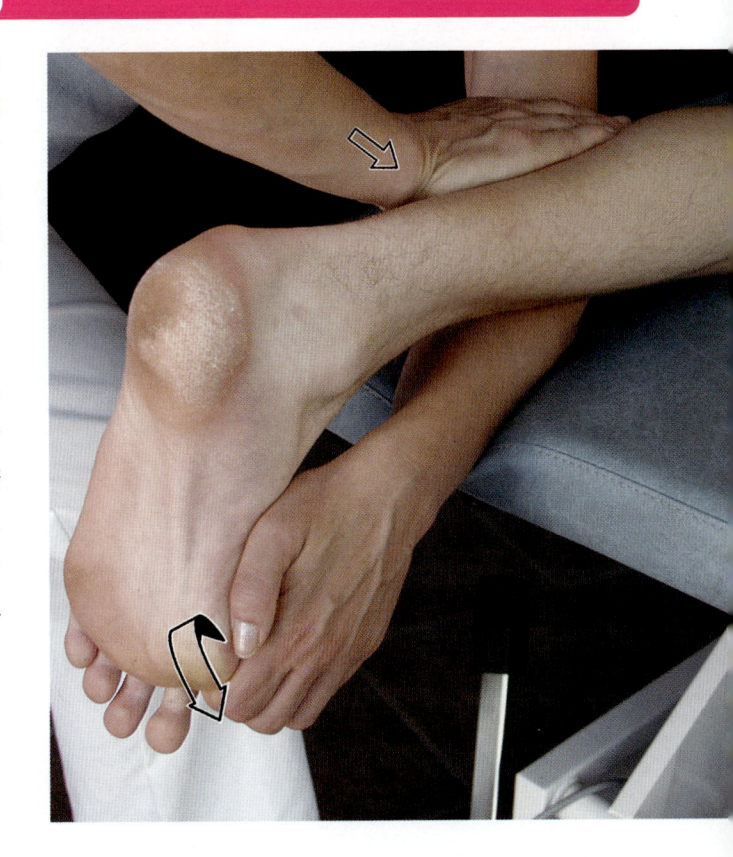

長指屈筋 (ちょうしくっきん) Flexor digitorum longus

神経支配：脛骨神経（第1～第3仙骨神経）
起　始：脛骨後面
停　止：第2～第5指の末節骨底
機　能：第2～第5指の屈曲、足関節の底屈、回外、アーチの支持

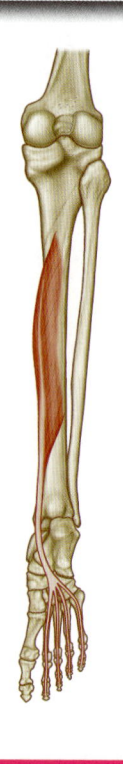

●ストレッチングテクニック（底屈＋回内）

膝を屈曲させた状態で患者を腹臥位にする。術者は第2～第5指をつかみ、足指を伸展し足関節を背屈するよう圧をかける。その状態で、もう一方の手の母指球を用いて筋腱接合部から筋腹に向かって筋肉をストレッチングする。

テンション・リラクゼーションテクニック：患者に5秒間、足指を屈曲するように力を入れさせ、それに対し、術者は抵抗をかける。そして患者にゆっくりと力を抜くように指示し、術者はより大きく背屈と内旋させるよう力を入れる。

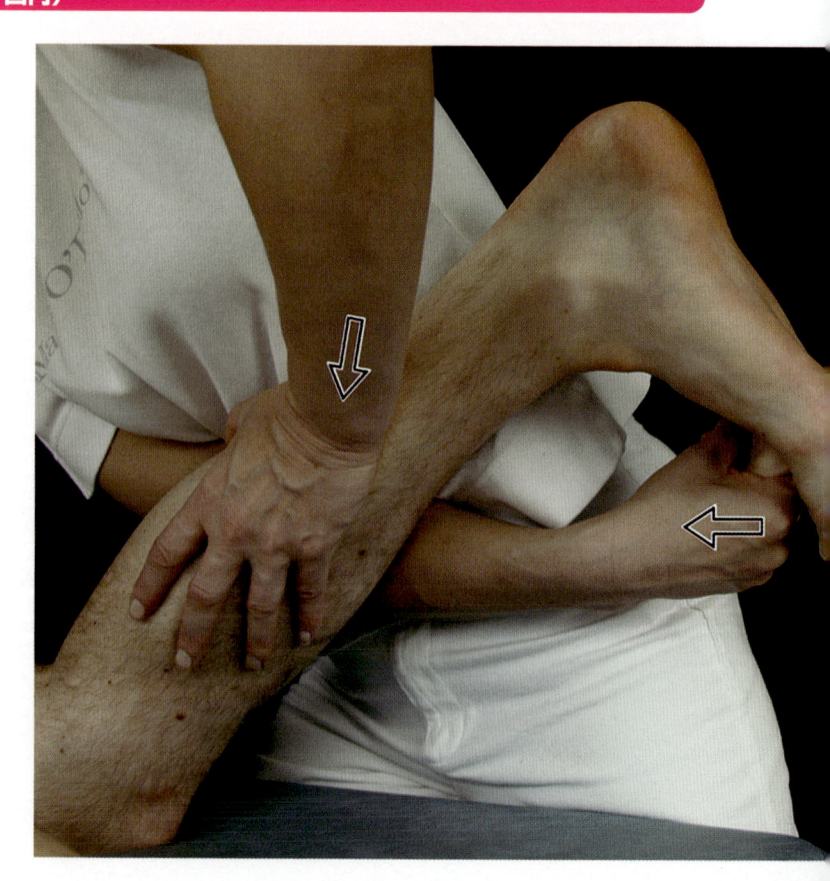

下肢の筋肉

283

短母指伸筋 （たんぼししんきん） Extensor hallucis brevis

神経支配：深腓骨神経（第1～第2仙骨神経）
起　始：踵骨の背面、伸筋支帯
停　止：足の第1指の基節骨の背面
機　能：足の第1指の伸展

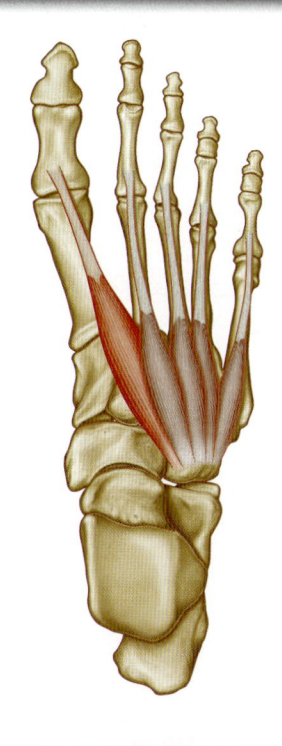

●ストレッチングテクニック

術者は患者の足の第1指基節骨をつかみ、中足指節関節の圧迫を防ぐために、牽引をかける。その状態から足の第1指を屈曲させると同時に、もう一方の手の母指を用いて筋腱接合部から筋腹に向かって筋肉をストレッチングする。

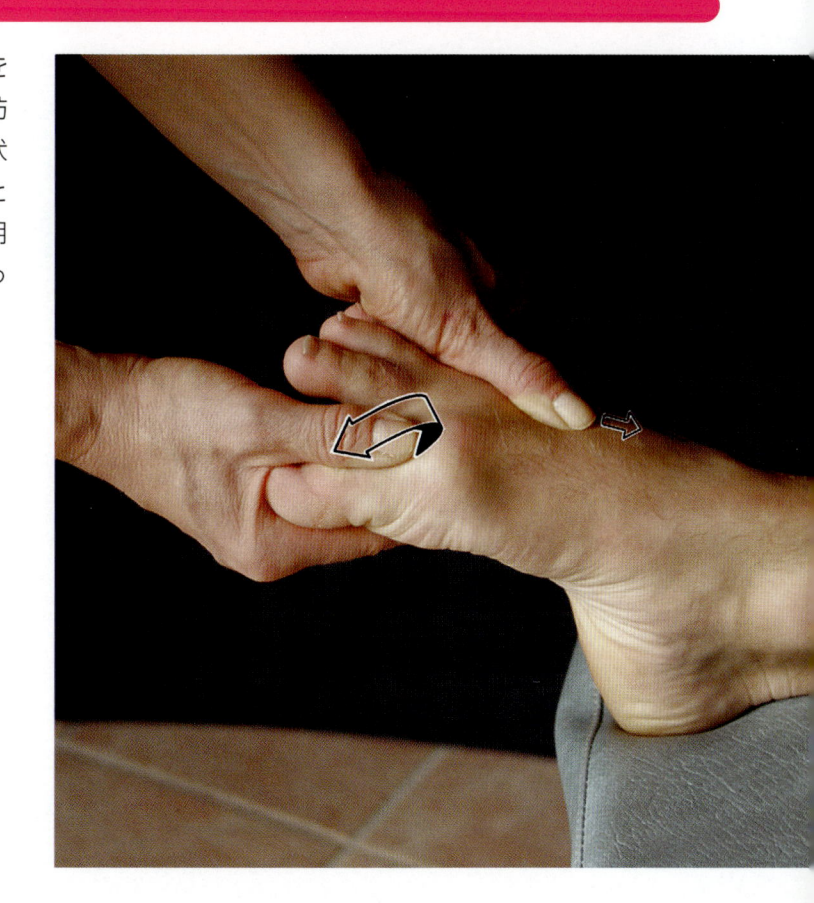

短指伸筋 (たんししんきん) Extensor digitorum brevis

神経支配：深腓骨神経（第1～第2仙骨神経）
起　始：踵骨の背面、伸筋支帯
停　止：指背腱膜を介して第2～第5中節骨、基節骨底。
機　能：足指の伸展

注意：第5指への筋肉が欠如している人もいる。

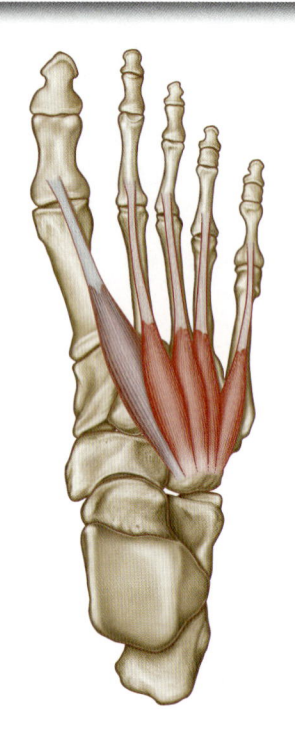

●ストレッチングテクニック

術者は患者の足指をつかみ、中足指節関節の圧迫を防ぐために、牽引をかける。その状態で足指を屈曲させると同時に、もう一方の手の母指を用いて筋腱接合部から筋腹に向かって筋肉をストレッチングする。

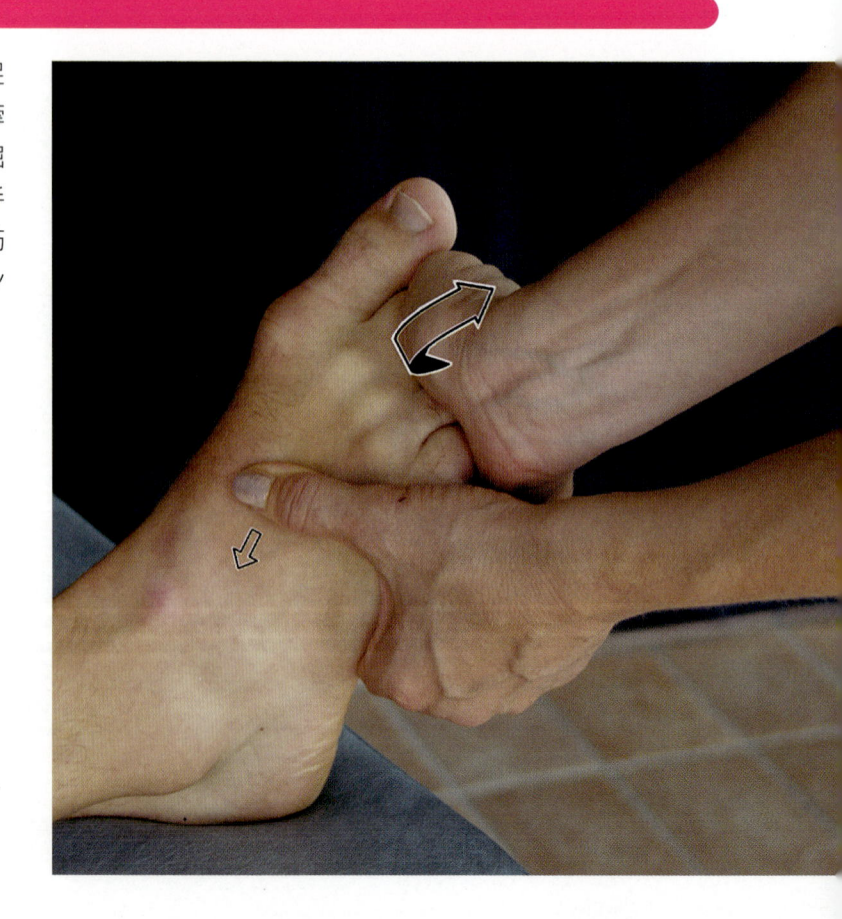

下肢の筋肉

背側骨間筋 (中足骨間に4つの筋肉がある)（はいそくこっかんきん）Interossei dorsales

- **神経支配**：外側足底神経（第1～第2仙骨神経）
- **起　始**：それぞれ両隣の中足骨側面および長足底靱帯
- **停　止**：第2指の基節骨内側、第2～第4指の基節骨外側
- **機　能**：足指の外転、中足指節関節の底屈

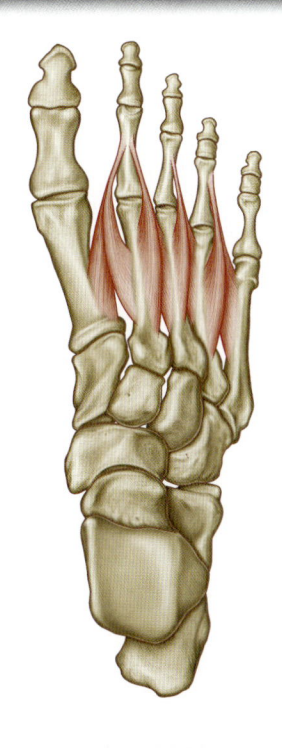

●ストレッチングテクニック

術者は患者の足指をつかみ、中足指節関節の圧迫を防ぐために、牽引をかける。その状態で足指を伸展させると同時に、もう一方の手の母指を用いてそれぞれの中足骨間を筋腹に向かってストレッチングする。

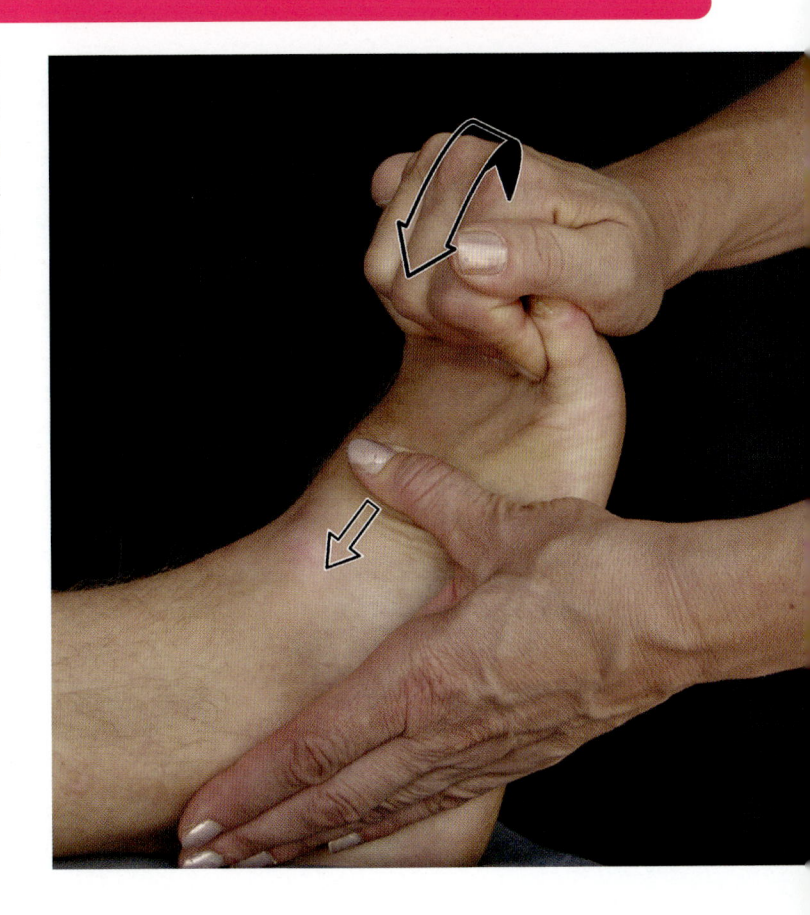

足底方形筋 （そくていほうけいきん） Quadratus plantae（flexor accessories）

神経支配：外側足底神経（第1～第2仙骨神経）
起　始：踵骨
停　止：第2～第5指の末節骨に付着している長指屈筋腱の内側縁
機　能：足指の屈曲、縦アーチの保持

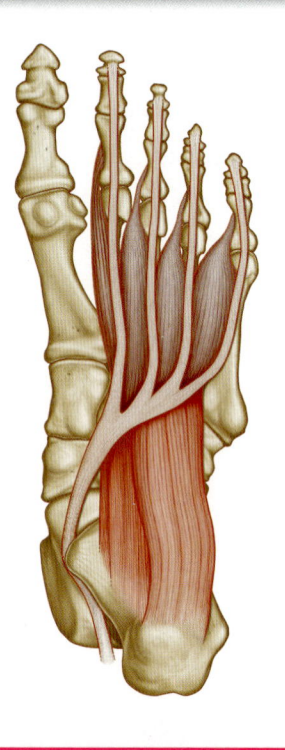

●ストレッチングテクニック

術者は患者の第2～第5指をつかみ、中足指節関節の圧迫を防ぐために牽引をかける。その状態から足指を伸展させると同時に、もう一方の手で、筋線維に沿って停止部から離れるように筋肉をストレッチングする。

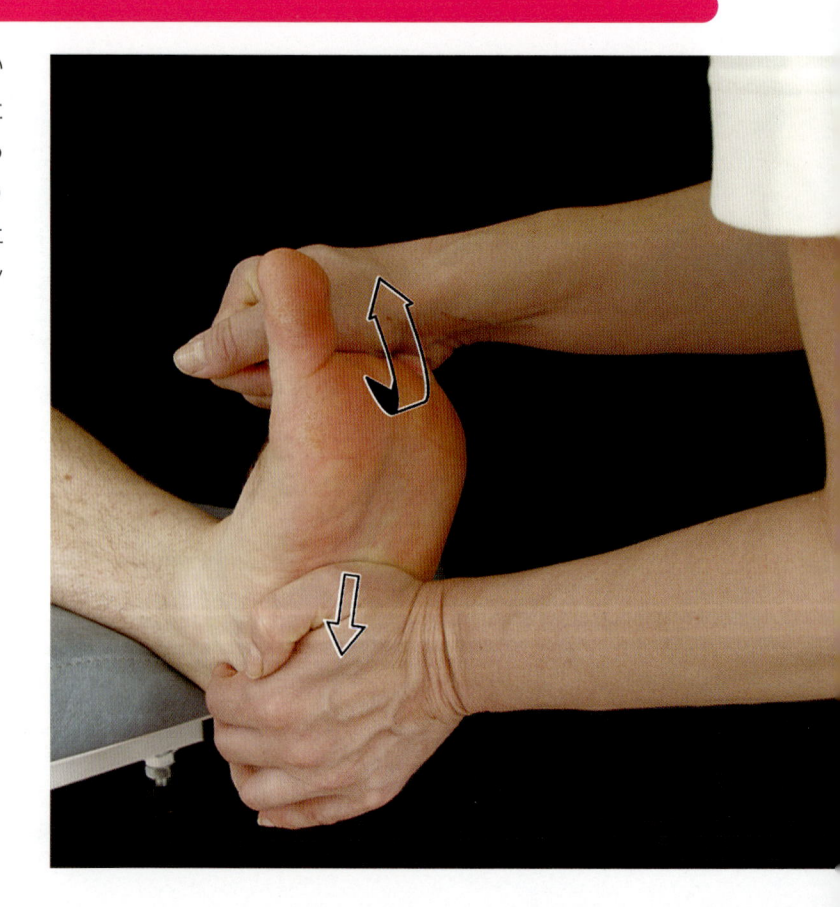

下肢の筋肉

虫様筋 (ちゅうようきん) Lumbricales

- 神経支配：内側足底神経、外側足底（第5腰神経、第1～第2仙骨神経）
- 起　始：それぞれの足指へと分枝した長指屈筋腱の内縁
- 停　止：第2～第5指の基節骨の内側底と指背腱膜
- 機　能：中足指節関節の屈曲、足の第1指方向への内転、縦アーチの保持

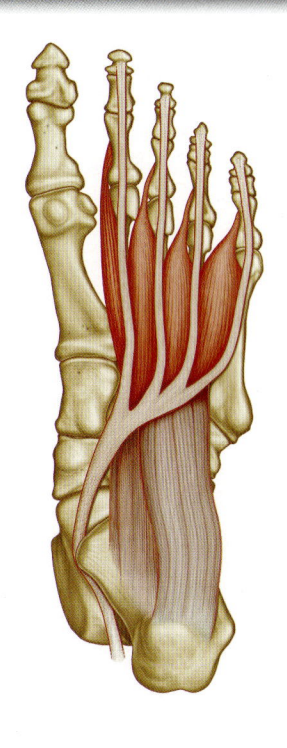

底側骨間筋 (そくていこっかんきん) Interossei plantares

- 神経支配：外側足底神経（第1～第2仙骨神経）
- 起　始：第3～第5中足骨の内側と長足底靱帯の一部
- 停　止：第3～第5基節骨の内側
- 機　能：足指の屈曲、内転

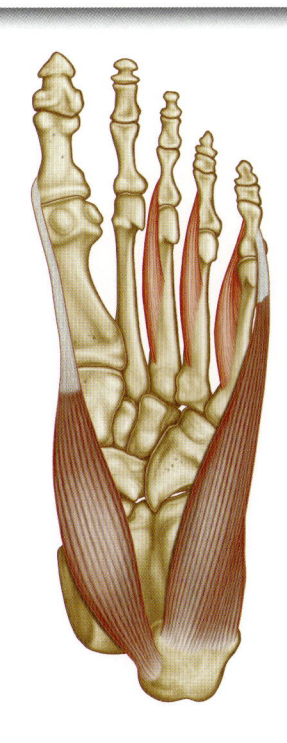

●ストレッチングテクニック

術者の指を患者の足の指と指の間に入れて外転させた状態から、伸展させる。その状態で、もう一方の手の母指で、中足骨間にある筋肉をストレッチングする。

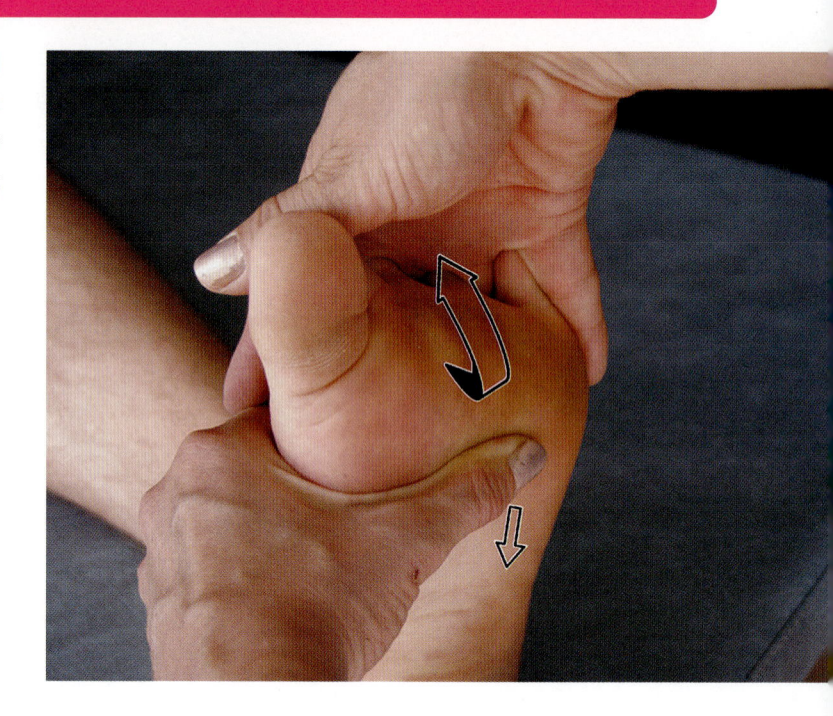

下肢の筋肉

短指屈筋 (たんしくっきん) Flexor digitorum brevis

神経支配：内側足底神経（第5腰神経、第1～第2仙骨神経）
起　始：踵骨隆起の前方縁、中枢よりの足底腱膜
停　止：分枝した腱を介して第2～第5指の中足骨底
機　能：足指の屈曲、縦アーチの保持

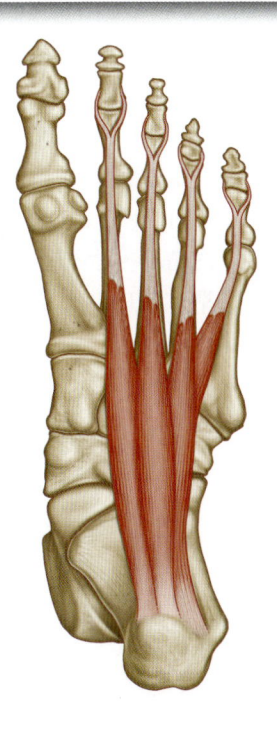

●ストレッチングテクニック

術者は患者の足指をつかみ、中足指節関節の圧迫を防ぐために牽引をかける。その状態から足指を伸展させると同時にもう一方の手の母指球で、筋腱接合部から離れるように筋線維に沿ってストレッチングする。

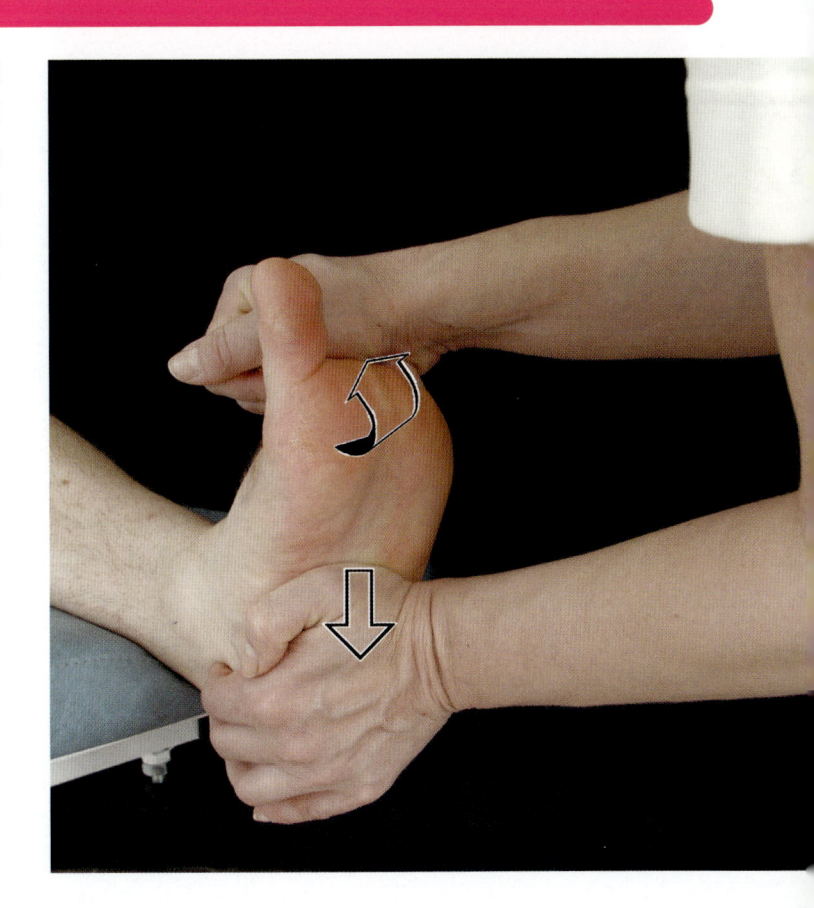

短母指屈筋 （たんぼしくっきん） Flexor hallucis brevis

神経支配：内側足底神経（第5腰神経、第1〜第2仙骨神経）
起　始：第1楔状骨、長足底靱帯、後脛骨筋腱、足底腱膜
停　止：二頭に分かれて足の第1指の基節骨底、内側、外側種子骨
機　能：足の第1指の屈曲、縦アーチの保持

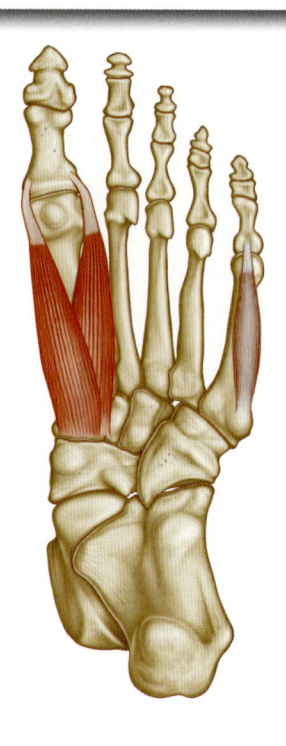

●ストレッチングテクニック

術者は患者の足の第1指をつかみ、中足指節関節の圧迫を防ぐために牽引をかける。その状態から足の第1指を伸展させると同時に、もう一方の手の母指球で、筋腱接合部から離れるように筋線維に沿ってストレッチングする。

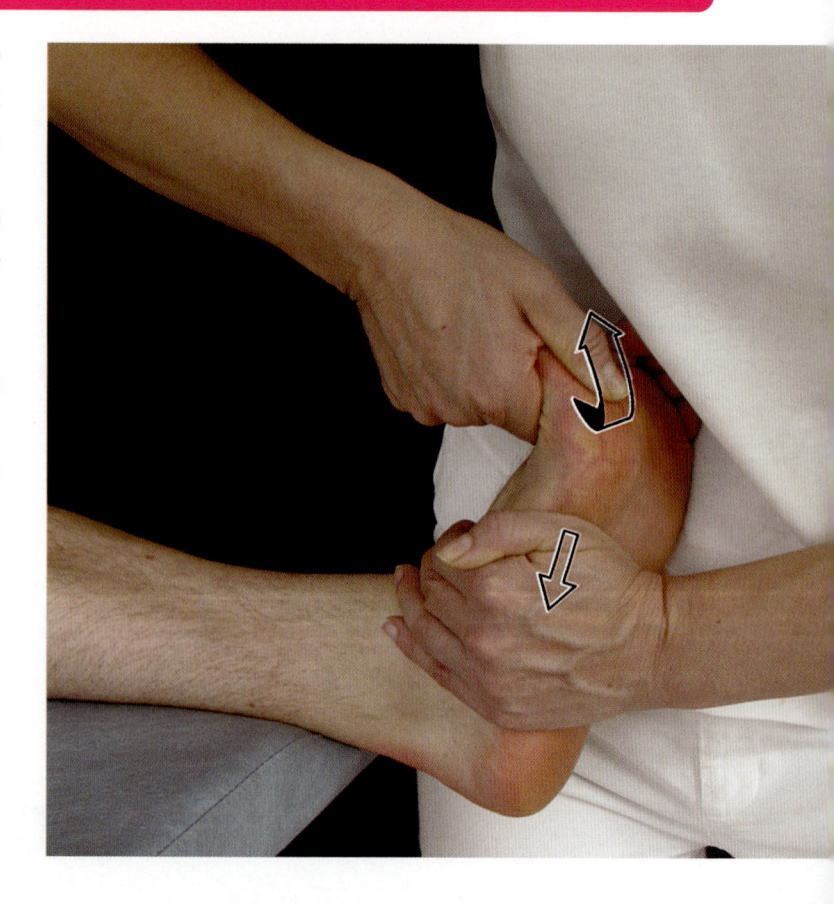

警告 足の第1指の中足指節関節に圧をかけると痛みを生じることがあるので、中足指節関節に直接圧をかけないようにする。

母指外転筋 (ぼしがいてんきん) Abductor hallucis

神経支配：内側足底神経（第5腰神経、第1仙骨神経）
起　始：踵骨の内側隆起、屈筋支帯、足底腱膜
停　止：足の第1指の基節骨底の内側、内側種子骨
機　能：足の第1指の外転、屈曲。縦アーチの保持

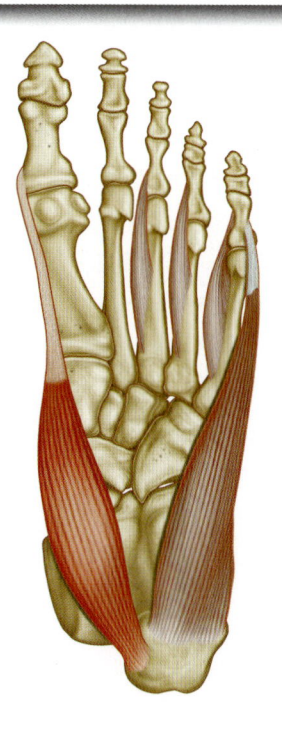

●ストレッチングテクニック

術者は患者の足の第1指をつかみ、内転方向に持ち上げて伸展させる。その状態で、もう一方の手の母指を使い、筋線維に沿ってストレッチングする。

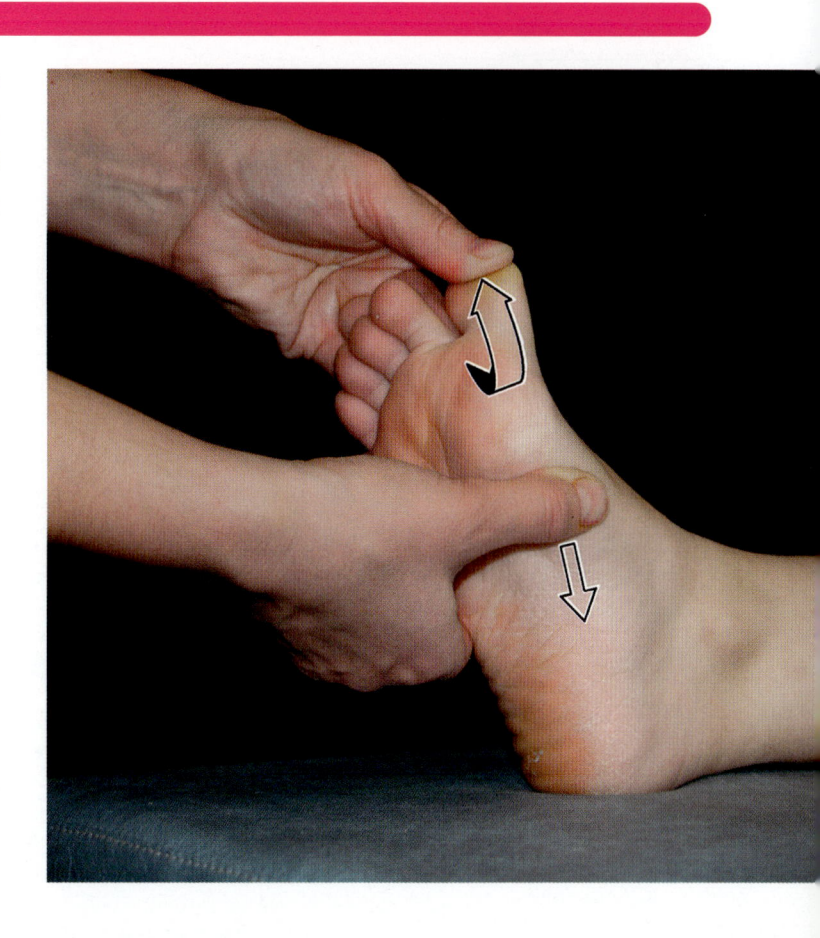

母指内転筋 （ぼしないてんきん） Adductor hallucis

神経支配：外側足底神経（第5腰神経、第1仙骨神経）

起　始：横頭は、第3～第5の中足指節関節包、深横中足骨靱帯。斜頭は、立方骨、第3楔状骨、第2～第4中足骨底部、足底踵立方靱帯、長足底靱帯、長腓骨筋腱

停　止：足の第1指の基節骨底の外側、外側種子骨

機　能：足の第1指の内転、屈曲。縦アーチの保持

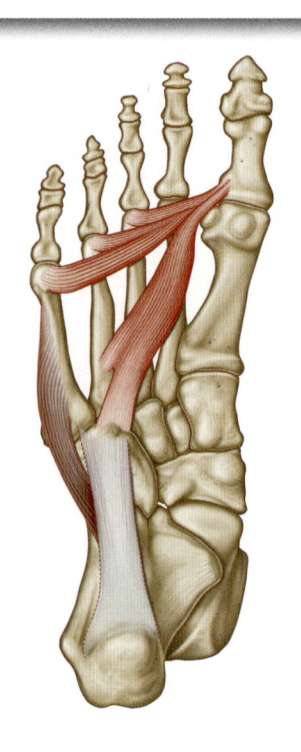

●ストレッチングテクニック

術者は患者の足の第1指と第1中足骨をつかみ、牽引をかけて中足指節関節への圧迫を防ぐ。その状態で足の第1指を外転、伸展させる。反対側の手で第3～第5中足骨をつかみ、術者の両手を引き離すようにして内転筋をストレッチングさせる。

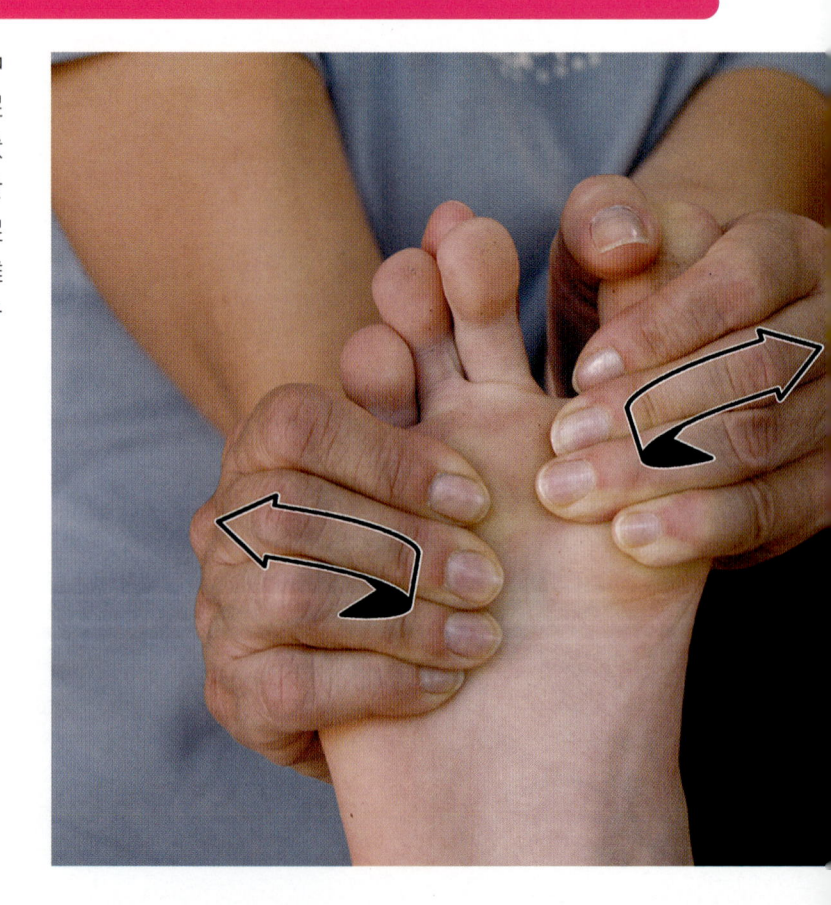

下肢の筋肉

短小指屈筋 (たんしょうしくっきん) Flexor digiti minimi

神経支配：外側足底神経（第1～第2仙骨神経）
起　始：第5中足骨の骨底、長足底靱帯、及び長腓骨筋筋腱
停　止：第5指の基節骨底の外側
機　能：足指の屈曲と外転

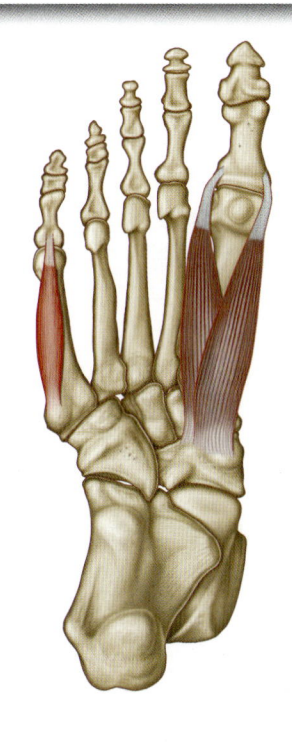

●ストレッチングテクニック

術者は患者の第5指と第5中足骨頭をつかみ、伸展、内転させる。同時にもう一方の手で、停止部から離れるように筋線維に沿ってストレッチングする。

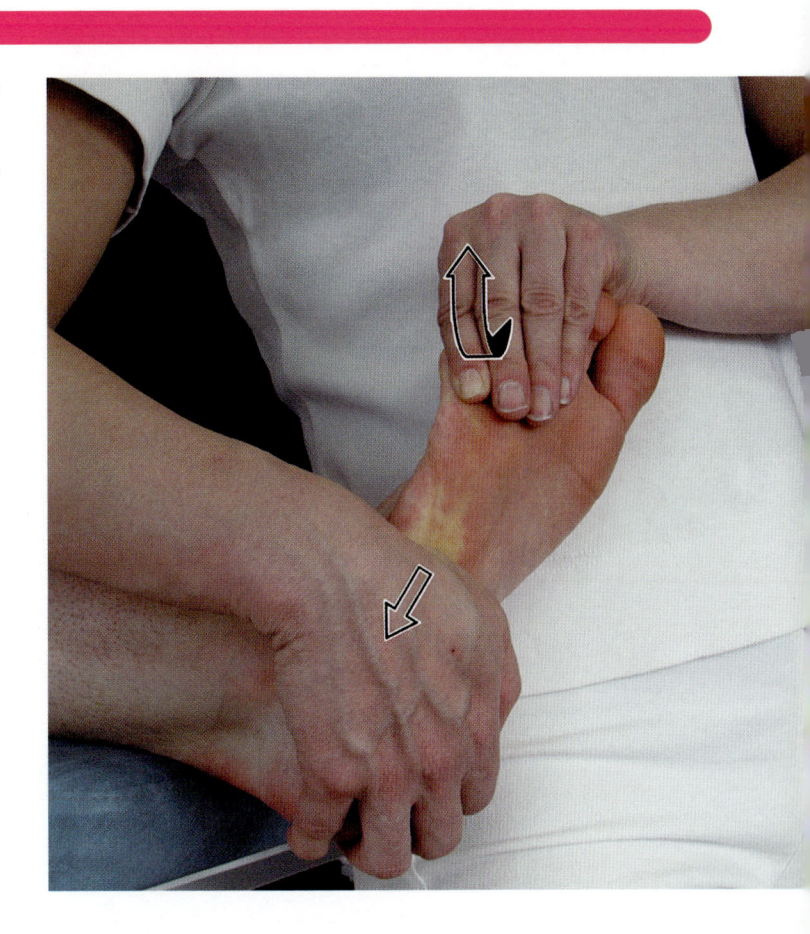

小指外転筋 (しょうしがいてんきん) Abductor digiti minimi pedis

神経支配：外側足底神経（第1～第2仙骨神経）
起　始：踵骨の前下方縁、第5中足骨底、足底腱膜
停　止：第5指の基節骨の底の外側
機　能：第5指の外転、屈曲

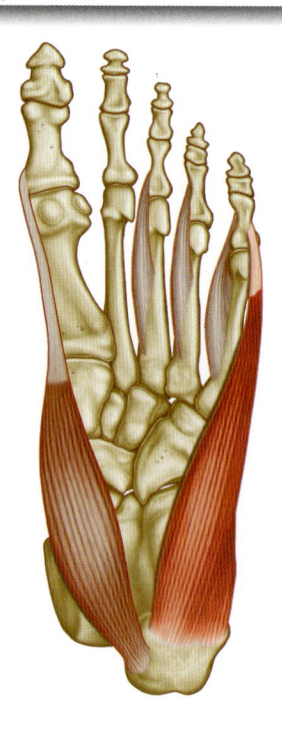

●ストレッチングテクニック

術者の手で、筋腹を停止部から引き離すようにストレッチさせながら、もう一方の母指で患者の第5指を伸展、内転させる。

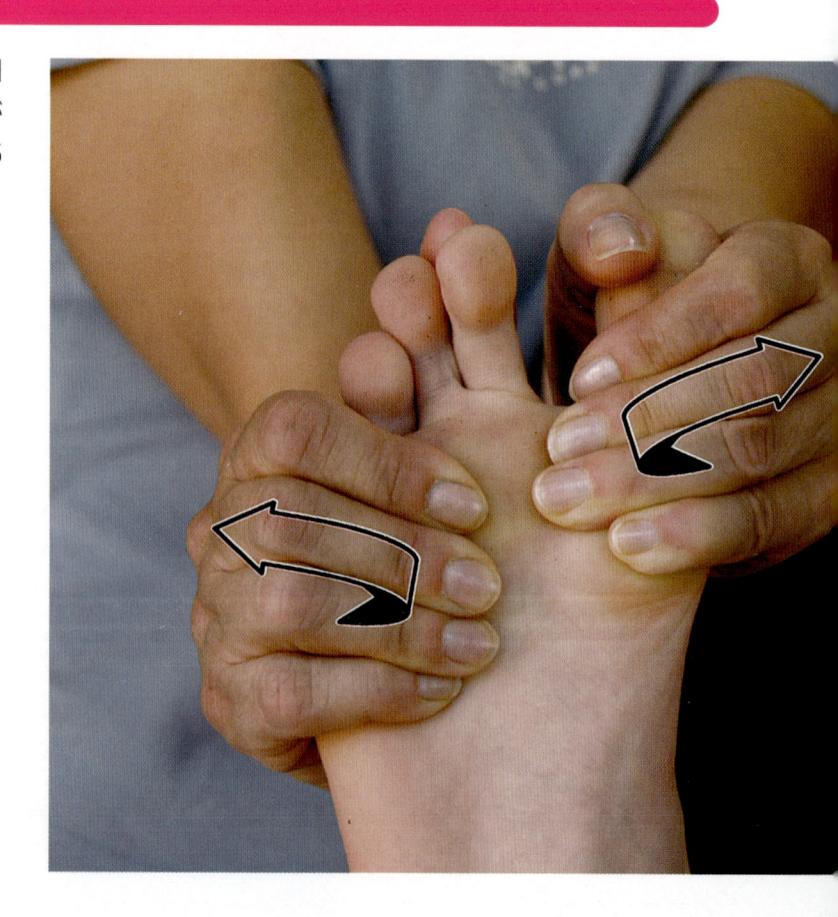

下肢の筋肉

小指対立筋 (しょうしたいりつきん) Opponens digiti minimi

神経支配：外側足底神経（第1〜第2仙骨神経）
起　始：長足底靱帯、長腓骨筋腱
停　止：第5中足骨の前方端の外側縁
機　能：第5中足骨の屈曲、外側縦アーチの保持

注意：小指対立筋を持たない人はしばしば見られる。

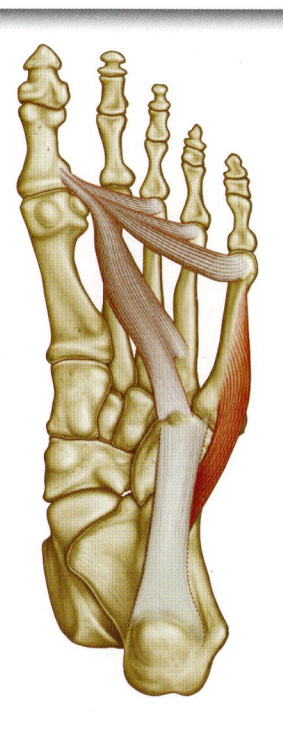

●ストレッチングテクニック

術者は患者の第4指、第5指を一方の手で伸展させる。その状態で、もう一方の手の母指球を使い、筋線維に沿ってストレッチングする。

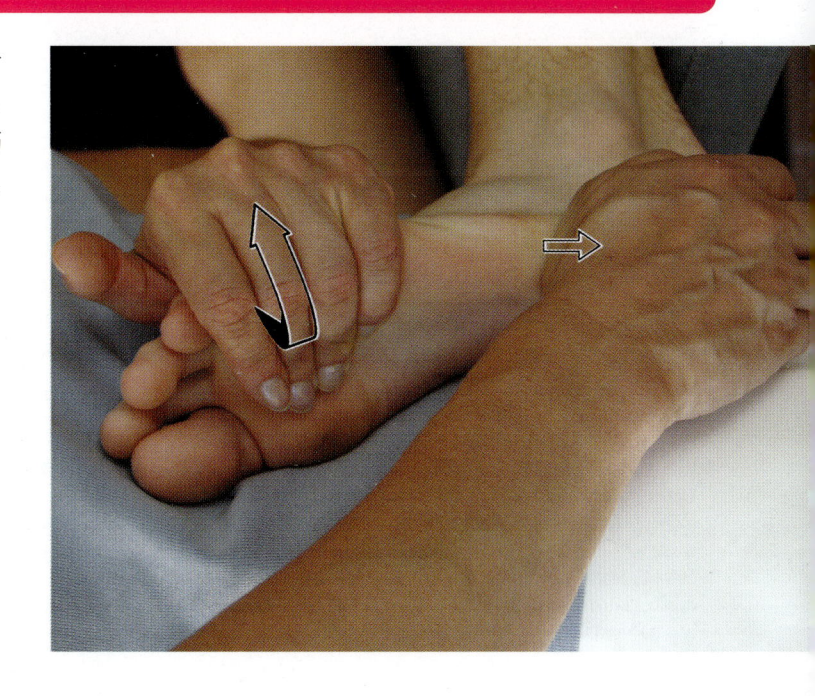

参考文献

Alexander RM, Bennet-Clark HC 1977 Storage of elastic strain energy in muscles and other tissues. Nature 265: 114-117

Avela J 1988 Stretch-reflex adaptation in man: interaction between load, fatigue and muscle stiffness. Thesis no 57 University of Jyväskylä, Jyväskylä

Avela J, Kyrüläinen H, Komi PV 1999 Altered reflex sensitivity after repeated and prolonged passive muscle stretching. Journal of Applied Physiology 86: 1283-1291

Bandy WD, Irion JIM 1994 The effect of time on static stretch on the flexibility of the hamstring muscles. Physical Therapy 74: 845-852

Bandy WD, Irion JIM, Briggler M 1997 The effect of time and frequency of static stretching on flexibility of the hamstring muscles. Physical Therapy 77: 1090-1096

Bandy WD, Irion JIM, Briggler M 1998 The effect of static stretch and dynamic ROM training on the flexibility of the hamstring muscles. Journal of Orthopaedic and Sports Physical Therapy 27: 295-300

Basur RL, Shephard E, Mouzas GI 1976 A cooling method in the treatment of ankle sprains. Practitioner 216: 708-711

Baxter MP, Dulberg C 1988 'Growing pains' in childhood a proposal for treatment. Journal of Pediatric Orthopedics 8: 402-406

Behm DG, Button DC, Butt JC 2001 Factors affecting force loss with prolonged stretching. Canadian Journal of Applied Physiology 26: 262-272

Beighton P, Grahame R, Bird H 1983 Hypermobility of joints. Springer-Verlag, Berlin

Bixler B, Jones RL 1992 High-school football injuries: effects of a post-halftime warm-up and stretching routine. Family Practice Research Journal 12: 131-139

Björklund M, Hamberg J, Crenshaw AG 2001 Sensory adaptation after 2-week stretching regimen of the rectus femoris muscle. Archives of Physical Medicine and Rehabilitation 82: 1245-1250

Bohannon RW 1984 Effect of repeated eight-min muscle loading on the angle of straight-leg raising. Physical Therapy 64: 491-497

Bonebrake AR 1994 A treatment for carpal tunnel syndrome: results of follow-up study. Journal of Manipulative and Physiological Therapeutics 8: 565-567

Borms J, Van Roy PV, Santens JP, Haentjens A 1987 Optimal duration of static stretching exercises for improvement of coxo-femoral flexibility. Journal of Sports Science 5: 39-47

Bressel E, McNair 2002 The effect of prolonged static and cyclic stretching on ankle joint stiffness, torque relaxation, and gait in people with stroke. Physical Therapy 82: 880-887

Brodowicz GR, Welsch R, Wallis J 1996 Comparison of stretching with ice, stretching with heat, or stretching alone on hamstring flexibility. Journal of Athletic Training 31: 324-327

Buroker KC, Schwane JA 1989 Does postexercise static stretching alleviate delayed muscle soreness? Physician and Sportsmedicine 17: 65-83

Carter AM, Kinzey SJ, Chitwood LF, Cole J 2000 Proprioceptive neuromuscular facilitation decreases muscle activity during the stretch reflex in selected posterior thigh muscles. Sport Rehabil 9: 269-278

Chan J, Hong Y, Robinson PD 2001 Flexibility and passive resistance of the hamstrings of young adults using two different static stretching protocols. Scandinavian Journal of Medicine and Science in Sports 11: 81-86

Chleboun GS, Howell JN, Conatser RR, Giesey JJ 1997 The relationship between elbow flexor volume and angular stiffness at the elbow. Clinical Biomechanics (Bristol, Avon) 12: 383-392

Cipriani D, Abel B, Pirrwitz D 2003 A comparison of two stretching protocols on hip ROM: implications for total daily stretch duration. Journal of strength and conditioning research/National Strength & Conditioning Association 17: 274-278

Clark S, Christiansen A, Hellman DF, Hugunin JW, Hurs KM 1999 Effect of ipsilateral anterior thigh soft tissue stretching on passive unilateral straight-leg raise. Journal of Orthopaedic and Sports Physical Therapy 29: 4-12

Clarke DH, Stelmach GE 1966 Muscular fatigue and recovery curve parameters at various temperatures. Research Quarterly 37: 468-479

Condon SM, Hutton RS 1987 Soleus muscle electromyographic activity and ankle dorsiflexion ROM during four stretching procedures. Physical Therapy 67: 24-30

Cook AC, Szabo RM, Birkholz SW, King EF 1995 Early mobilization following carpal tunnel release. A prospective randomized study. Journal of Hand Surgery 2(B): 228-230

Cornelius WL, Hinson MM 1984 The relationship between isometric contractions of hip extensors and subsequent flexibility in males. Journal of Sports Medicine and Fitness 20: 75-80

Cornelius WL, Ebrahim K, Watson J, Hill DW 1992 The effects of cold application and modified PNF stretching techniques on hip joint flexibility in college males. Research Quarterly for Exercise and Sport 63: 311-314

Cornwell A, Nelson AG, Heise GD, Sidaway B 2001 Acute effects of passive muscle stretching on vertical jump performance. Journal of Human Movement Studies 40: 307-324

Cornwell A, Nelson AG, Sidaway B 2002 Acute effects of stretching on the neuromechanical properties of the triceps surae muscle complex. European Journal of Applied Physiology 86: 428-434

Crosman LJ, Chateauvert SR, Weisberg J 1984 The effects of massage to the hamstring muscle group on the ROM. Journal of Orthopaedic and Sports Physical Therapy 6: 168-172

Dalenbring S, Schuldt K, Ekholm J, Stenroth 1999 Location and intensity of focal and referred pain provoked by maintained extreme rotation position of the cervical spine in healthy females. Eur J Phys Med Rehabil 8: 170-177

De Vries H 1962 Evaluation of static stretching procedures for improvement of flexibility. Research Quarterly 3: 222-229

De Weijer VC, Gorniak GC, Shamus E 2003 The effect of static stretch and warm-up exercise on hamstring length over the course of 24 hs. Journal of Orthopaedic and Sports Physical Therapy 33: 727-733

Draper DO, Castro JL, Feland B, Schulthies S, Eggett D 2004 Shortwave diathermy and prolonged stretching increase hamstring flexibility more than prolonged stretching alone. Journal of Orthopaedic and Sports Physical Therapy 34: 13-20

Draper DO, Ricard MD 1995 Rate of temperature decay in human muscle following 3 MHz ultrasound: the stretching window revealed. Journal of Athletic Training 30: 304-307

Duong B, Low M, Moseley AM, Lee RY, Herbert RD 2001 Time course of stress relaxation and recovery in human ankles. Clinical Biomechanics 16: 601-607

Dyck P 1984 Lumbar nerve root: the enigmatic eponyms. Spine 9: 3-6

Ekstrand J, Gilliquist J, Liljedahl SO 1982 Prevention of soccer injuries: supervision by doctor and physiotherapist. American Journal of Sports Medicine 11: 116-120

Ekstrand J, Wiktorsson M, Öberg B, Gillquist J 1982 Lower extremity goniometric measurements: a study to determine their reliability. Archives of Physical Medicine and Rehabilitation 63: 171-175

Elnaggar IM, Nordin M, Sheikhzadeh A, Parniapour M, Kahanovitz N 1991 Effects of spinal flexion and extension exercises on low-back pain and spinal mobility in chronic mechanical low-back pain patients. Spine 16: 967-972

Enoka RM 1994 Neuromechanical basis of kinesiology. Human Kinetics, Champaign, IL

Etnyre BR, Abraham LD 1986 Gains in range of ankle dorsiflexion using three popular stretching techniques. American Journal of Physical Medicine 65: 189-196

Etnyre BR, Abraham LD 1986 H-reflex changes during static stretching and two variations of proprioceptive neuromuscular facilitation techniques. Electroencephalography and Clinical Neurophysiology 63: 174-179

Etnyre BR, Lee EJ 1988 Chronic and acute flexibility of men and women using three different stretching techniques. Research Quarterly in Exercise and Sport 59: 222-228

Feland JB, Marin HN 2004 Effect of submaximal contraction intensity in Contract-relax proprioceptive neuromuscular facilitation stretching. British Journal of Sports Medicine 38: e18

Feland JB, Myrer JW, Merrill RM 2001a Acute changes in hamstring flexibility: PNF versus static stretch in senior athletes. Physical Therapy Sport 2: 186-193

Feland JB, Myrer JW, Schulthies SS, Fellingham GW, Measom GW 2001b The effect of duration of stretching of the hamstring muscle group for increasing range of motion in people aged 65 years or older. Physical Therapy 81: 1100-1117

Feretti G, Ishii M, Moia C, Ceretelli P 1992 Effects of temperature on the maximal instantaneous muscle power of humans. Journal of Applied Physiology 63: 112-116

Fowles JR, Sale DG, MacDougall JD 2000 Reduced strength after passive stretch of the human plantar flexors. Journal of Applied Physiology 89: 1179-1188

Frankeny IR, Holly RG, Ashmore R 1983 Effects of graded duration of stretch on normal and dystrophic skeletal muscle. Muscle Nerve 6: 269-277

Frisen M, Magi M, Viidik A 1969 Rheological analysis of collagenous tissue: part I. Journal of Biomechanics 2: 13-20

Funk D, Swank AM, Adams KJ, Treolo D 2001 Efficacy of moist heat pack application over static stretching on hamstring flexibility. Journal of Strength and Conditioning Research/National Strength & Conditioning Association 15: 123-126

Gajdosik RL 1991 Effects of static stretching on the maximal length and resistance to passive stretch of short hamstring muscles. Journal of Orthopedic and Sports Physical Therapy 14: 250-255

Garfinkel MS, Singhal A, Katz WA, Allan DA, Reshetar R, Schumacher HR Jr 1998 Yoga-based intervention for carpal tunnel syndrome: a randomized trial. JAMA: Journal of the American Medical Association 11(280): 1601-1603

Garrett WE, Nikolaou PK, Ribbeck BM, Glisson RR, Seaber AV 1988 The effect of muscle architecture on the biomechanical failure properties of skeletal muscle under passive extension. American Journal of Sports Medicine 16: 7-12

Gerritsen AA, de Vet HC, Scholten RJ, Bertelsmann FW, de Krom MC, Bouter LM 2002 Splinting vs surgery in the treatment of carpal tunnel syndrome: a randomized controlled trial. JAMA: Journal of the American Medical Association 11: 288: 1245-1251

Girouard CK, Hurley BF 1995 Does strength training inhibit gains in ROM from flexibility training in older adults? Medicine and Science in Sports and Exercise 27: 1444-1449

Gleim GW, Stachenfeld NS, Nicholas JA 1990 The influence of flexibility on the economy of walking and jogging. Journal of Orthopaedic Research 8: 814-823

Godges JJ, MacRae H, Longdon C 1989 The effects of two stretching procedures on hip range of motion and gait economy. Journal of Orthopedic Sports Physical Therapy 10: 350-357

Godges JJ, MacRae PG, Engelke K 1993 Effects of exercise on hip ROM, trunk muscle performance, and gait economy. Physical Therapy 73: 468-477

Goldspink G, Scutt A, Loughna PT, Wells DJ, Jaenicke T, Gerlach GF 1992 Gene expression in skeletal muscle in response to stretch and force generation. American Journal of Physiology 262: 356-363

Goldspink G, Tabary C, Tabary JC 1974 Effect of denervation on the adaptation of sarcomere number and muscle extensibility to the functional length of the muscle. Journal of Physiology 236: 733-742

Grady JF, Saxena A 1991 Effects of stretching the gastrocnemius muscle. Journal of Foot Surgery 30: 465-469

Guissard N, Duchateau J, Hainaut K 1988 Muscle stretching and neuron excitability. European Journal of Applied

Physiology 58: 47-52

Guissard N, Duchateau J, Hainaut K 2001 Mechanisms of decreased motoneurone excitation during passive muscle stretching. Experimental Brain Research 137: 163-169

Gunn CC 1996 The Gunn approach to the treatment of chronic pain. Churchill Livingstone, Edinburgh

Göeken LN, Hof AL 1991 Instrumental straight-leg raising: a new approach to Lasegue's test. Archives of Physical Medicine and Rehabilitation 72: 959-967

Haggmark E, Jansson E, Eriksson E 1981 Fibre type and metabolic potential of the thigh muscle in man after knee surgery and immobilization. International Journal of Sports Medicine 2: 12-17

Halar EM, Stolov WC, Venkatesh B, Brozovich RV, Harley JD 1978 Gastrocnemius muscle belly and tendon length in stroke patients and able-bodied persons. Archives of Physical Medicine and Rehabilitation 59: 476-484

Halbertsma JPK, Göeken LN 1994 Stretching exercises: effect on passive extensibility and stiffness in short hamstrings of healthy subjects. Archives of Physical Medicine and Rehabilitation 75: 976-981

Halbertsma JPK, Göeken LNH, Hof AL, Groothoff JW, Eisma WH 2001 Extensibility and stiffness of the hamstrings in patients with nonspecific low back pain. Archives of Physical Medicine and Rehabilitation 82: 232-238

Halbertsma JPK, Mulder I, Göeken LNH, Eisma WH 1999 Repeated passive stretching: acute effect on the passive muscle moment and extensibility of short hamstrings. Archives of Physical Medicine and Rehabilitation 80: 407-414

Halbertsma JPK, van Bolhuis AI, Göeken LN 1996 Sport stretching: effect on passive muscle stiffness of short hamstrings. Archives of Physical Medicine and Rehabilitation 77: 688-692

Hardy L 1985 Improving active range of hip flexion. Research Quarterly for Exercise and Sport 56: 111-114

Harms-Ringdahl K, Ekholm J 1986 Intensity and character of pain and muscular activity levels elicitated by maintained extreme flexion position of the lower cervical and upper thoracic spine. Scandinavian Journal of Rehabilitation Medicine 18: 117-126

Hartig DE, Henderson JM 1999 Increasing hamstring flexibility decreases lower extremity overuse injuries in military basic trainees. American Journal of Sports Medicine 27: 173-176

Hartley-O'Brien SJ 1980 Six mobilization exercises for active range of hip flexion. Research Quarterly for Exercise and Sport 51: 625-635

Harvey LA, Batty J, Crosbie J, Poulter S, Herbert RD 2000 A randomized trial assessing the effects of 4 weeks of daily stretching on ankle mobility in patients with spinal cord injuries. Archives of Physical Medicine and Rehabilitation 81: 1340-7

Harvey LA, Byak AJ, Ostrovskaya M, Glinsky J, Katte L, Herbert R 2003 Randomised trial of the effects of four weeks of daily stretch on extensibility of hamstring muscles in people with spinal cord injuries. Australian Journal of Physiotherapy 49: 176-181

Henricson A, Larsson A, Olsson E, Westlin N 1983 The effect of stretching on the ROM of the ankle joint in badminton players. Journal of Orthopedic Sports Physical Therapy 5: 74-77

High DM, Howley ET, Franks BD 1989 The effects of static stretching on prevention of DOMS, Research Quarterly Exercise and Sports 60: 357-361

Hocutt J, Jaffe R, Rylander CR, Bebbe JK 1982 Cryotherapy in ankle sprains. American Journal of Sports Medicine 10: 316-319

Holt LE, Smith RK 1983 The effects of selected stretching programs on active and passive flexibility. In: Terauds J (ed) Biomechanics in sport: 54-67

Holt LE, Travis TM, Okita T 1970 Comparative study of three stretching techniques. Perceptual and Motor Skills 31: 611-616

Hoover HV 1958 Functional technic. Acad Appl Osteop Yearbook 47-51

Hornsby T, Nicholson G, Gossman M, Culpepper M 1987 Effect of inherent muscle length on isometric plantar torque in healthy women. Physical Therapy 67: 1991-1997

Hortobagyi T, Faludi J, Tihanyi J, Merkely B 1985 Effects of intense stretching – flexibility training on the mechanical profile of the knee extensors and on the ROM of the hip joint. International Journal of Sports Medicine 6: 317-321

Howell DW 1984 Musculoskeletal profile and incidence of musculoskeletal injuries in lightweight women rowers. American Journal of Sports Medicine 12: 278-282

Hugh MP, Magnusson SP, Gleim GW, Nicholas JA 1992 Viscoelastic stress relaxation in human skeletal muscle. Medicine and Science in Sports and Exercise 24: 1375-1382

Issurin VB, Lieberman VG, Tenenbaum G 1994 Effect of vibratory stimulation training on maximal force and flexibility. Journal of Sports Science 12: 561-566

Jayaraman et al 2004 MRI evaluation of topical heat and static stretching as therapeutic modalities for the treatment of eccentric exercise-induced muscle damage. In press

Johansson PH, Lindström L, Sundelin G, Lindström B 1999 The effect of pre-exercise stretching on muscular soreness, tenderness and force loss following heavy eccentric training. Scandinavian Journal of Medicine and Science in Sports 9: 219-225

Johns RJ, Wright V 1962 Relative importance of various tissues in joint stiffness. Journal of Applied Physiology 17: 824-828

Jones AM 2002 Running economy is negatively related to sit-and-reach test performance in international-standard distance runners. International Journal of Sports Medicine 23: 40-43

Jones LH 1981 Strain and counterstrain. American Academy of Osteopathy, Colorado Springs

Khalil TM, Asfour SS, Martinez LM, Waly SM, Rosomoff RS, Rosomoff HL 1992 Stretching in rehabilitation of low-back pain patients. Spine 17: 311-317

Kjær M, Langberg H, Skovgaard D, Olesen J. Bulow J,

Krogsgaard M, Boushel R 2000 in vivo studies of peritendinous tissue exercise. Scand J Med Sci : 326-331

Klinge K, Magnusson SP, Simonsen EB, Aagaard P, Klausen K, Kjær M 1997 The effect of strength and flexibility training on skeletal muscle EMG, stiffness and viscoelastic response. American Journal of Sports Medicine 25: 710-716

Knight CA, Rutledge CR, Cox ME, Acosta M, Hall SJ 2001 Effect of superficial heat, deep heat, and active exercise warm-up on the extensibility of the plantar flexors. Physical Therapy 81: 1206-1214

Knott M, Voss DE 1968 Proprioceptive neuromuscular facilitation, 2nd edn. Harper and Row, New York

Kokkonen J, Nelson AG, Cornwell A 1998 Acute muscle stretching inhibits maximal strength performance. Research Quarterly in Exercise and Sports 69: 411-415

Krivickas LS, Feinberg JH 1996 Lower extremity injuries in collage athletes: relation between ligamentous laxity and lower extremity muscle tightness. Archives of Physical Medicine and Rehabilitation 77: 1139-1143

Kroll PG, Goodwin ME, Nelson TL, Ranelli DM, Roos K 2001 The effect of increased hamstring flexibility on peak torque, work, and power production in subjects with seventy degrees or greater of straight leg raise. Physical Therapy 81: A2

Kubo K, Kanehisa H, Kawakami Y, Fukunaga T 2000a Elasticity of tendon structures of the lower limbs in sprinters. Acta Physiologica Scandinavica 168: 327-335

Kubo K, Kanehisa H, Takeshita D, Kawakami Y, Fukashiro, Fukunaga T 2000b in vivo dynamics of human medial gastrocnemius muscle-tendon complex during stretch-shortening cycle exercise. Acta Physiologica Scandinavica 170: 127-135

Kubo K, Kawakami Y, Fukunaga T 1999 The influence of elastic properties of tendon structures on jump performance in humans. Journal of Applied Physiology 87: 2090-2096

Kubo K, Kanehisa H, Fukunaga T 2002 Effects of transient muscle contractions and stretching on the tendon structures in vivo. Acta Physiologica Scandinavica 175: 157-164

Kyröläinen H, Belli A, Komi PV 2001 Biomechanical factors affecting running economy. Medicine and Science in Sports and Exercise 33: 1330-1337

Læssøe U, Voigt M 2004 Modification of stretch tolerance in a stooping position. Scandinavian Journal of Medicine and Science in Sports 14: 239-244

Lehmann JF, Masock AJ, Warren CG, Koblanski JN 1970 Effect of therapeutic temperatures on tendon extensibility. Archives of Physical Medicine and Rehabilitation 51: 481-487

Leivseth G, Torstensson J, Reikerrås O 1989 Effect of passive muscle stretching in osteoarthritis of the hip joint. Clinical Science 76: 113-117

Lentell G, Hetherington T, Eagan J, Morgan M 1992 The use of thermal agents to influence the effectiveness of a low-load prolonged stretch. Journal of Orthopaedic and Sports Physical Therapy 16: 200-207

Li Y, Mc Cure PW, Pratt N 1996 The effect of hamstring muscle stretching on standing posture and on lumbar and hip motions during forward bending. Physical Therapy 26: 836-849

Lin YH 2003 Effects of thermal therapy in improving the passive range of knee motion: comparison of cold and superficial heat applications. Clinical Rehabilitation 17: 618-623

Lucas R, Koslow R 1984 Comparative study of static, dynamic and proprioceptive neuromuscular facilitation stretching techniques on flexibility. Perceptual and Motor Skills 58: 615-618

Lund H, Vestergaard-Poulsen P, Kanstrup I-L, Sejrsen E 1998 The effects of passive stretching on delayed onset muscle soreness, and other detrimental effects following eccentric exercise. Scandinavian Journal of Medicine and Science in Sports 8: 216-221

Madding S, Wong JG, Hallum A, Medeiros JM 1987 Effect of duration of passive stretch on hip abduction range of motion. Journal of Orthopaedic Sports Physical Therapy 8: 409-416

Magnusson PA 1998 Biomechanical evaluation of human skeletal muscle during stretch. Thesis, Kobenhavns Universitet, Lageforeningens forlag

Magnusson SP, Aagaard, P, Simonsen EB, Bojsen-Møller F 2000 Passive tensile stress and energy of the human hamstring muscles in vivo. Scandinavian Journal of Medicine and Science in Sports 10: 351-359

Magnusson SP, Simonsen EB, Aagaard P 1996 A mechanism for altered flexibility in human skeletal muscle. Journal of Physiology 497: 291-298

Magnusson SP, Simonsen EB, Aagaard P, Dyhre-Poulsen P, McHugh MP, Kjaer M 1996 Mechanical and physiological responses to stretching with and without preisometric contraction in human skeletal muscle. Archives of Physical Medicine and Rehabilitation 77: 373

Magnusson SP, Simonsen EB, Aagaard P, Gleim GW, McHugh MP, Kjær M 1995 Viscoelastic response to repeated static stretching in the human hamstring muscle. Scandinavian Journal of Medicine and Science in Sports 5: 342-347

McCarthy PW, Olsen JP, Smeby IH 1997 Effects of contract-relax stretching procedures on active range of motion of the cervical spine in the transverse plane. Clinical Biom 12: 136-138

McGlynn GH, Laughlin NT, Rowe V 1979 Effect of electromyographic feedback and static stretching on artificially induced muscle soreness. American Journal of Physical Medicine 58: 139-148

McHugh MP, Kremenic IJ, Fox MB, Gleim GNL 1998 The role of mechanical and neural restraints to joint range of motion during passive stretch. Medicine and Science in Sports and Exercise 30: 928-932

McNair PJ, Dombroski EW, Hewson DJ, Stanley SN 2000 Stretching at the ankle joint: viscoelastic responses to holds and continuous passive motion. Medicine and Science in Sports and Exercise 33: 354-358.

McNair PJ, Stanley SN 1996 Effect of passive stretching

and jogging on the series elastic muscle stiffness and range of motion of the ankle joint. British Journal of Sports Medcine 30: 313-318 Lisää??

Medeiros JM, Smidt GL, Burmeister LF, Soderberg G 1977 The influence of isometric exercise and passive stretch on hip joint motion. Physical Therapy; 57: 518-523

Melzack R, Wall PD 1965 Pain mechanisms: a new theory. Science 150: 971-978

Merrick MA, Bernard KD, Devor ST, Williams JM 2003 Identical 3-MHz ultrasound treatments with different devices produce different intramuscular temperatures. Journal of Orthopaedic Sports Physical Therapy 33: 379-385

Mitchell F Jnr, Moran PS, Pruzzo N 1979 An evaluation and treatment manual of osteopathic muscle energy procedures. Valley Park, IL

Moore M, Hutton R 1980 Electromyographic investigation of muscle stretching techniques. Medicine and Science in Sports and Exercise 12: 322-329

Möller M, Ekstrand J. Öberg B, Gillquist J 1985 Duration of stretching effect on range of motion in lower extremities. Archives of Physical Medicine and Rehabilitation 66: 171-173

Möller MH, Öberg B, Gillquist J 1985 Stretching exercise and soccer: effect of stretching on range of motion in the lower extremity in connection with soccer training. International Journal of Sports Medicine 6: 50-52

Nelson AG, Kokkonen J, Eldredge C, Cornwell A, Glickman-Weiss E 2001 Chronic stretching and running economy. Scandinavian Journal of Medicine and Science in Sports 11: 260-265

Newham DJ, McPhail G, Mills KR, Edwards RHT 1983 Ultrastructural changes after concentric and eccentric contractions of human muscle. Journal of the Neurological Sciences 61: 109-122

Noonan TJ. Best TM, Seaber AV, Garrett WE 1993 Identification of a threshold for skeletal muscle injury. American Journal of Sports Medicine 22: 257-261

Osternig L, Robertson R, Troxel R, Hansen P 1987 Muscle activation during proprioceptive neuromuscular facilitation (PNF) stretching techniques. American Journal of Physical Medicine 66: 298-307

Osterning LR, Robertson RN, Troxel RK, Hansen P 1990 Differential responses to proprioceptive neuromuscular facilitation (PNF) stretch techniques. Medicine and Science in Sports and Exercise 22: 106-111

Payne J, Morin S, Seibeneicher S, Langois M 2003 Comparison of three stretching techniques of the hamstring muscles on quadriceps and hamstring muscle strength. Journal of Orthopaedic and Sports Physical Therapy 33: A-39

Pope RP, Herbert RD, Kirwan JD, Graham BJ 1998 Effects of ankle dorsiflexion range and pre-exercise calf muscle on injury risk in army recruits. Aus J Phys 44: 165-172

Pope RP, Herbert RD, Kirwan JD, Graham BJ 2000 A randomized trial of preexercise stretching for prevention of lower-limb injury. Medicine and Sports and Exercise 32: 271-277

Prentice WE 1983 A comparison of static and PNF stretching for improvement of hipjoint flexibility. Athletic Training 18: 56-59

Reid J 1960 Effects of extension mvements of the head and spine upon the spinal cord and nerve roots. J Neurol Neurosurg Psychiatry 23: 214-221

Rosenbaum D, Hennig E 1995 The influence of stretching and warm-up exercises on Achilles tendon reflex activity. Journal of Sports Science 13: 481-490

Rozmaryn LM, Dovelle S, Rothman ER, Gorman K, Olvey KM, Bartko JJ 1998 Nerve and tendon gliding exercises and the conservative management of carpal tunnel syndrome. Journal of Hand Therapy 11: 171-179

Sady J, Wortman M, Blanke D 1982 Flexibility training: ballistic, static, or PNF? Archives of Physical Medicine and Rehabilitation 63: 261-263

Sawyer PC, Uhl TL, Mattacola CG, Johnson DL, Yates JW 2003 Effects of moist heat on hamstring flexibility and muscle temperature. Journal of Strength and Conditioning Research 17: 285-290

Seradge H, Jia YC, Owens W 1993 In vivo measurement of carpal tunnel pressure in the functioning hand. Journal of Hand Surgery 20A: 855-859

Simons DG, Travell JG, Simons LS 1999 Travel & Simons' myofascial pain and dysfunction: the trigger point manual, 2nd edn. Williams & Wilkins, Baltimore

Smith LL, Brunetz MH, Chenier T 1993 The effects of static and ballistic stretching on DOMS and creatine kinase. Research Quarterly for Exercise and Sport 64: 103-107

Solveborn SA 1997 Radial epigondyalgia ('tennis elbow'): treatment with stretching on forearm band. A prospective study with long-term follow-up including range of motion measurements. Scandinavian Journal of Medicine and Science in Sports 7: 229-237

Starring DT, Gossman MR, Nicholson GG, Lemons J 1988 Comparison of cyclic and sustained passive stretching using a mechanical device to increase resting length of hamstring muscles. Physical Therapy 68: 314-320

Steffen TM, Mollinger LA 1995 Low-load, prolonged stretch in the treatment of knee flexion contractures in nursing home residents. Physical Therapy 75: 886-895

Sucher BM, Hinrichs R 1998 Manipulative treatment of carpal tunnel syndrome: biomechanical and osteopathic intervention to increase the length of the transverse carpal ligament. Journal of the American Osteopathic Association 12: 679-686

Sullivan MK, Dejulia JJ, Worrell TW 1992 Effect of pelvic position and stretching method on hamstring muscle flexibility. Medicine and Science in Sports and Exercise 24: 1383-1389

Swank AM, Funk MP, Durham MP, Roberts S 2003 Adding weights to stretching exercise increases passive ROM for healthy elderly. Journal of Strength and Conditioning Research 17: 374-378

Tabary JC, Tabary C, Tardieu C, Tardieu G, Goldspink G 1972 Physiological and structural changes in the cat's soleus muscle due to immobilization at different lengths by plaster casts. Journal of Physiology 224: 231-244

Tanigawa MC 1972 Comparison of the hold-relax-procedure and passive mobilization on increasing muscle length. Physical Therapy 52: 725-735

Taylor DC, Dalton JD, Seaber AV, Garret WE 1990 Viscoelastic properties of the muscle tendon unit: the biomechanical effects of stretching. American Journal of Sports Medicine 18: 300-309

Thigpen LK, Moritani T, Thiebaud R, Hargis JL 1985 The acute effects of static stretching on alpha motoneuron excitability. In: Winter et al Biomechanics IX-A. Human Kinetics, Champaign, IL

Toft E, Espersen GT, Kålund S, Sinkjaer T, Hornemann BC 1989 Passive tension of the ankle before and after stretching. American Journal of Sports Medicine 17: 489-494

Todnem K, Lundemo G 2000 Median nerve recovery in carpal tunnel syndrome. Muscle Nerve 23: 1555-1560

Valente R, Gibson H 1994 Chiropractic manipulation in carpal tunnel syndrome. Journal of Manipulative and Physiological Therapeutics 4: 246-249

Vallbö AB 1974 Afferent discharge from human muscle spindles in non-contracting muscles. Steady state impulse frequency as a function of the joint angle. Acta Physiologica Scandinavica 90: 303-318

Vandenburgh HH 1987 Motion into mass: how does tension stimulate muscle growth? Med Sci Sports Exercise 19: 19 (Suppl): S142-149

Van den Dolder PA, Roberts DL 2003 A trial into the effectiveness of soft tissue massage in the treatment of shoulder pain. Aus J Phys 49: 183-188

Van Mechelen W, Hlobil H, Kemper HCG, Voorn WJ, de Jongh R 1993 Prevention of running injuries by warmup, cool-down, and stretching exercises. American Journal of Sports Medicine 21: 711-9

Viidik A 1972 Simultaneous mechanical and light microscopic studies of collagen fibers. Zeitschrift fur Anatomie und Entwicklungsgeschichte 136: 204-12

Wallin D, Ekblom B, Grahn R, Nordenborg T 1985 Improvement of muscle flexibility: a comparison between two techniques. American Journal of Sports Medicine 13: 263-8

Wang XT, Ker R, Alexander RM 1995 Fatigue rupture of wallaby tail tendons. Journal of Experimental Biology 198: 847-52

Ward RS, Hayes-Lundy C, Reddy R, Brockway C, Mills P, Saffle JR 1994 Evaluation of topical therapeutic ultrasound to improve response to physical therapy and lessen scar contracture after burn injury. J Burn Care Rehabil 15: 74-79

Weldon SM, Hill RH 2003 The efficacy of stretching for prevention of exercise-related injury: a systematic review of the literature. Systematic review. Manual Therapy 8: 141-150

Wessel J, Wan A 1994 Effect of stretching on the intensity of DOMS. Clin J Sports Med 4: 83-87

Wessling KC, DeVane DA, Hylton CR 1987 Effects of static stretch versus static stretch and ultrasound combined on triceps surae muscle extensibility in healthy women. Physical Therapy 67: 674-679

Wiktorsson-Möller M, Oberg B, Ekstrand J, Gillquist J 1983 Effects of warming up, massage, and stretching on ROM and muscle strength in the lower extremity. American Journal of Sports Medicine 11: 249-252

Williams PE, Goldspink G 1978 Changes in sacromere length and physiological muscle properties in immobilized muscle. Journal of Anatomy 127: 459-468

Williford HN, East JB, Smith FH, Burry LA 1986 Evaluation of warm-up for improvement in flexibility. American Journal of Sports Medicine 14: 316-319

Williford HN, Smith JF 1985 A comparison of propioceptive neuromuscular facilitation and static stretching techniques. Am Con Ther 39: 30-33

Willy RW, Kyle BA, Moore SA, Chleboun GS 2001 Effect of cessation and resumption of static hamstring muscle stretching on joint ROM. Journal of Orthopaedic and Sports Physical Therapy 31: 138-144

Winkelstein BA, McLendon RE, Barbir A, Myers BS 2001 An anatomical investigation of the human cervical facet capsule, quantifying muscle insertion area. Journal of Anatomy 198: 455-461

Witvrouw E, Bellemans J, Lysens R, Danneels L, Cambier D 2001 Intrinsic risk factors for the development of patellar tendinitis in an athletic population: a two years prospective study. American Journal of Sports Medicine 29: 190-195

Witvrouw E, Danneels L, Asselman P, D'Have T, Cambier D 2003 Muscle flexibility as a risk factor of developing muscle injuries in professional male soccer players. American Journal of Sports Medicine 31: 41-46

Wordsworth P, Ogilvie D, Smith R, Sykes B 1987 Joint mobility with particular reference to racial variation and inherited connective tissue disorders. British Journal of Rheumatology 26: 9-12

Wright V, Johns RJ 1961 Quantitative and qualitative analysis of joint stiffness in normal subjects and in patients with connective tissue diseases. Annals of the Rheumatic Diseases 20: 36-46

Ylinen J, Cash M 1988 Sports massage. Stanley Paul, London

Ylinen J, Takala E, Nykänen M, Häkkinen A, Mälkiä E, Pohjolainen T, Karppi S, Kautiainen H and Airaksinen O 2003 Active neck muscle training in the treatment of chronic neck pain in women, a randomized controlled trial. JAMA: Journal of the Aamerican Medical Association 289: 2509-2516

Youdas JW, Krause DA, Egan KS, Therneau TM, Laskowski ER 2003 The effect of static stretching of the calf muscle-tendon unit on active ankle dorsiflexion range of motion. Journal of Orthopaedic and Sports Physical Therapy 33: 408-417

補足

Adler SS, Beckers D, Buck M 1993 PNF in practice: an illustrated guide. Springer-Verlag, New York

Agre JC, Pierce LE, Raab DM, McAdams M, Smith EL 1998 Light resistance and stretching exercise in elderly women; effect upon stretch. Archives of Physical Medicine and Rehabilitation 69: 273-276

Alnaqeeb MA, Al Zaid NS, Goldspink G 1984 Connective tissue changes and physical properties of developing and aging skeletal muscle. Journal of Anatomy 139: 677-689

Alter MJ 1996 Science of flexibility. Human Kinetics, Champaign IL

American Academy of Orthopaedic Surgeons 1965 Joint motion: method of measuring and recording. Churchill Livingstone, Edinburgh

Anderson B, Burke ER 1991 Scientific, medical, and practical aspects of stretching. Clinics in Sports Medicine 10: 63-86

Arem AJ, Madden JW 1976 Effects of stress on healing wounds: intermittent noncyclical tension. Journal of Surgical Research 20: 93-102

Ashmore CR, Summers PJ 1981 Stretch-induced growth of chicken muscles: myofibrillar proliferation. American Journal of Physics 241: C93-97

Askter HA, Granzier HLM, Focant B 1989 Differences in I band structure, sarcomere extensibility, and electrophoresis of titin between two muscle fibre types of the perch. Journal of Ultrastructure and Molecular Structure Research 102: 109-121

Aten DW, Knight KT 1987 Therapeutic exercise in athletic training: principles and overview. Athletic Training 13: 123-126

Baker D 1974 The morphology of muscle receptors. In: Hunt CC (ed) Handbook of sensory physiology. Muscle receptors, vol. 3. Springer, New York

Barnett CH 1971 The mobility of synovial joints. Rheumatology and Physical Medicine 11: 20-27

Barnett JG, Holly RG, Ashmore CR 1980 Stretch-induced growth in chicken wing muscles: biochemical and morphological characterization. American Journal of Physiology, Cell Physiology 8: 239-246

Barrack RL, Skinner HB, Brunet ME 1983 Joint laxity and proprioception in the knee. Physical and Sportsmedicine 11: 130-135

Basmajian JV, Deluca CJ 1985 Muscles alive. Their functions revealed by electromyography. Williams & Wilkins, Baltimore

Bates RA 1971 Flexibility training: the optimal time period to spend in a position of maximal stretch. Unpublished master's thesis, University of Alberta, Edmonton

Battie MC, Bigos SJ, Fisher LD et al 1990 The role of spinal flexibility in back pain complaints within industry. Spine 15: 768-773

Battie MC, Bigos SJ, Sheehy A, Wortley MD 1987 Spinal flexibility and individual factors that influence it. Physican Therapy 67: 653-658

Beaulieu JE 1981 Developing a stretching program. Physical and Sportsmedicine 9: 59-65

Bell RD, Hoshizaki TB 1981 Relationship of age and sex with ROM of seventeen joint actions in humans. Canadian Journal of Applied Sport Sciences 6: 202-206

Belli A, Bosco C 1992 Influence of stretch-shortening cycle on mechanical behaviour of triceps surae during hopping. Acta Physiologica Scandinavica 144: 401-408

Bannet MB, Ker RF, Dimery NJ, Alexander RM 1986 Mechanical properties of various mammalian tendons. Journal of Zoology 209: 537-548

Bertolasi L, De Grandis D, Bongiovanni LG, Zanette GP, Gasperini M 1993 The influence of muscular lengthening on cramps. Annals of Neurology 33: 176-180

Bick EM 1961 Aging in the connective tissues of the human musculoskeletal system. Geriatrics 16: 448-453

Bird HA, Brodie DA, Wright V 1979 Quantification of joint lasxity. Rheum Rehabil 18: 161-165

Bobath B 1955 The treatment of motor disorders of pyramidal and extrapyramidal origin by reflex inhibition and by facilitation of movements. Physiotherapy 41: 146-152

Bobbert MP, Hollander AP, Huijing PA 1986 Factors in delayed onset muscular soreness of man. Medicine and Science in Sports and Exercise 18: 75-81

Bohannon RW, Chavis D, Larkin P, Lieber C, Liddick R 1985 Effectiveness of repeated prolonged loading for increasing flexion in knees demonstrating postoperative stiffness. Physical Therapy 65: 494-496

Bohannon RW, Gajdosik RL, LeVeau BF 1985 Contribution of pelvic and lower limb motion to increases in the angle of passive straight leg raising. Physical Therapy 1985; 65: 474-476

Bohannon RW, Gajdosik RL, LeVeau BF 1985 Relationship of pelvic and thigh motion during unilateral and bilateral hip flexion. Physical Therapy 65: 1501-1504

Bohannon RW 1982 Cinematographic analysis of the passive straight-leg raising test for hamstring muscle length. Physical Therapy 1(62): 1269-1274

Boone DC, Azen SP, Lin CM 1978 Reliability of goniometric measurements. Physical Therapy 58: 1355-1360

Boone DC, Azen SP 1979 Normal ROM of joints in male subjects. Journal of Bone and Joint surgery 61: 756-759

Borg TK, Caulfield JB 1980 Morphology of connective tissue in skeletal muscle. Tissue Cell 12: 197-207

Bosco C, Montanari G, Tarkka I 1987 The effect of pre-stretch on mechanical efficiency of human skeletal muscle. Acta physiologica Scandinavica 131: 323-329

Botelho SY, Cander L, Guiti N 1954 Passive and active tensionlength diagrams of intact skeletal muscle in normal women of different ages. Journal of Applied Physiology 7: 93-95

Botsford DJ, Esses SI, Ogilvie-Harris DJ 1994 In vivo diurnal variation in intervertebral disc volume and morphology. Spine 19: 935-940

Brodie DA, Bird HA, Wright V 1982 Joint laxity in selected athletic populations. Medicine and Science in Sports and Exercise 14: 190-193

Broer MR, Gales NR 1958 Importance of various body measurements in performance of toe touch test. Research Quarterly 29: 253-257

Bromley I 1998 Tetraplegia and paraplegia: a guide for physiotherapists. Churchill Livingstone, New York

Buckwalter JA, Woo SL, Goldberg VM 1993 Soft tissue aging and musculoskeletal function. J Bone Joint Surg Am 75: 1533-1548

Burke D, Hagbarth KE, Lofstedt L 1978 Muscle spindle activity in man during shortening and lengthening contraction. Journal of Physiology 277: 131-142

Byrnes WC, Clarkson PM 1986 DOMS and training. Clinics in Sports Medicine 5: 605-614

Calguneri M, Bird HA, Wright V 1982 Changes in joint laxity occurring during pregnancy. Annals of the Rheumatic Diseases 41: 126-128

Cameron DM, Bohannon RW Owen SV 1994 Influence of hip position on measurements of the straight leg raise test. Journal of Orthopaedic and Sports Physical Therapy 9: 168-172

Carlsen F, Knappels GG, Buchthal F 1961 Ultrastructure of the resting and contracted striated muscle fibre at different degree of stretch. The Journal of Biophysical and Biochemical Cytology 10: 95-118

Chapman EA, de Vries HA, Swezey R 1972 Joint stiffness: effects of exercise on young and old men. Journal of Gerontology 27: A105 218-221

Cheng JCY, Chan PS, Hul PW 1991 Joint laxity in children. Journal of Pediatric Orthopedics 11: 752-726

Cherry DB 1980 Review of physical therapy alternatives for reducing muscle contracture. Physical Therapy 60: 877-881

Child AH 1986 Joint hypermobility syndrome: Inherited disorder of collagen synthesis. The Journal of Rheumatology 13: 239-243

Ciullo JV, Zarins B 1983 Biomechanics of the musculotendinous unit: Relation to athletic performance and injury. Clinics in Sports Medicine 2: 71-86

Cleak MJ, Eston RG 1992 DOMS: mechanisms and management. Journal of Sports Science 10: 325-341

Clendenlel RA, Gossman MR, Katholl CR 1984 Hamstring muscle length in men and women: Normative data. Physical Therapy 64: 716-717

Corbin CB 1984 Flexibility. Clinics in Sports Medicine 3: 101-107

Cornelius WL 1983 Stretch evoked activity by isometric contraction and submaximal concentric contraction. Athletic Training 18: 106-109

Cornelius WL, Hagemann RW, Jackson AW 1988 A study on placement of stretching within a workout. Journal of Sports Medicine and Physical Fitness 28: 234-236

Craib VA, Mitchell KB, Fields TR Cooper R, Hopewell DW 1996 The association between flexibility and running economy in sub-elite male distance runners. Medicine and Science in Sports and Exercise 28: 737-743

Cureton TK 1941 Flexibility as an aspect of physical fitness. Research Quarterly 12: 381-390

Davidoff RA 1992 Skeletal muscle tone and the misunderstood stretch reflex. Neurology 42: 951-963

DeLateur BJ 1994 Flexibility. Physical Medicine and Rehabilitation Clinics of North America 5: 295-307

DeLuca C 1985 Control properties of motor units. Journal of Experimental Biology 115: 125-136

Denny-Brown D, Doherty MM 1945 Effects of transient stretching of peripheral nerve. Arch Neurol Psych 54: 116-122

Diaz MA, Estevez EC, Guijo PS 1993 Joint hyperlaxity and musculoligamentous lesions: study of a population of homogeneous age, sex and physical exertion. British Journal of Rheumatology 32: 120-122

Dickenson RV 1968 The specificity of flexibility. Research Quarterly 39: 792-794

Docherty D, Bell RD 1985 The relationship between flexibility and linearity measures in boys and girls 6-15 years of age. Journal of Human Movement Studies 11: 279-288

Donatelli R, Owens-Burkhart H 1981 Effects of immobilization on the extensibility of periarticular connective tissue. Journal of Orthopaedic Sports Physical Therapy 3: 67-72

Draper DO, Miner L, Knight KL, Ricard MD 2002 The carry-over effects of diathermy and stretching in developing hamstring flexibility. Journal of Athletic Training 37: 37-42 J Athl Train 1998.

Einkauf DK, Gohdes ML, Jensen GM, Jewell MJ. Changes in spinal mobility with increasing age in women. Physical Therapy 1986; 67: 370-375

Ekstrand J. Soccer injuries and their prevention 1982 Thesis no 130, Linköping University

Ekstrand J, Gilliquist J 1983 The frequency of muscle tightness and injuries in soccer players. American Journal of Sports Medicine 10: 13875-13878

Eldred E, Linsley DE, Buchwald JS 1960 The effect of cooling on mammalian muscle spindles. Experimental Neurology 2: 144-157

Etnyre BR, Abraham LD 1988 Antagonist muscle activity during stretching: A paradox re-assessed. Medicine and Science in Sports and Exercise 20: 285-289

Ethyre BR, Lee EJ 1987 Comments on proprioceptive neuro-muscular facilitation stretching techniques. Research Quarterly for Exercise and Sport 58: 184-188

Evjenth O, Hamberg J 1997 Muscle stretching in manual therapy. A clinical manual, 4th edn. Alfta Rehab Förlag

Fairbank JCT, Pynsent PB, van Poortvliet JA, Phillips H 1984 Influence of anthropometric factors and joint laxity in the incidence of adolescent back pain. Spine 9: 461-464

Fatney FW, Hirst DG 1978 Cross-bridge detachment and sarcomere 'give' during stretch of active frog's muscle. Journal of Physiology 276: 449-465

Faulkner JA, Brooks SV, Opiteck JA 1993 Injury to skeletal muscle fibres during contractions: conditions of occurrence and prevention. Physical therapy 73: 911-921

Feldman H 1968 Relative contribution of the back and hamstring muscles in performance of the toe-touch test after selected extensibility exercises. Research Quarterly 39: 518-523

Finni T, Komi PV, Lepola V 2001 In vivo muscle mechanics during locomotion depend on movement amplitude and contraction intensity. European Journal of Applied Physiology 85: 170-176

Ford LE, Huxley AF, Simmons RM 1981 The relation between stiffness and filament overlap in stimulated frog muscle fibres. Journal of Physiology 311: 219-249

Francis KT 1983 Delayed muscle soreness: a review. Journal of Orthopaedic and Sports Physical Therapy 5: 10-13

Fredericson M, Guillet M, DeBenedictis L 2000 Quick solutions for iliotibial band syndrome. Physician and

Sportsmedicine 28: 5553-5568

Frekany GA, Leslie DK 1975 Effects of an exercise program on selected flexibility measurements of senior citizens. Gerontologist 15: 182-183

Friden J, Lieber RL 1992 Structural and mechanical basis of exercise-induced muscle injury. Medicine and Science in Sports and Exercise 24: 521-530

Gadjosik RL, Bohannon RW 1987 Clinical measurements of ROM: review of goniometry emphasizing reliability and validity. Physical Therapy 67: 1867-1872

Gajdosik R, Lusin G 1983 Hamstring muscle tightness: Reliability of an active-knee-extension test. Physical Therapy 63: 1085-1089

Gajdosik R 1985 Rectus femoris muscle tightness: intratester reliability of an active knee flexion test 1985 Journal of Orthopaedic and Sports Physical Therapy 6: 289-292

Gajdosik RL, Giuliani CA, Bohannon RW 1990 Passive compliance and length of the hamstring muscles of healthy men and women. Clinical Biomechanics 5: 23-29

Gajdosik RL, LeVeau BF, Bohannon RW 1985 Effects of ankle dorsiflexion on active and passive unilateral straight leg raising. Physical therapy 65: 1478-1482

Gajdosik RL 1995 Flexibility or muscle length? Physical Therapy 75: 238-239

Gajdosik R 1991 Passive compliance and length of clinically short hamstring muscles of healthy men. Clinical Biomechanics 6: 239-244

Gareis H, Solomonow M, Baratta R, Best R, D'Ambrosia R 1991 The isometric length-force models of nine different skeletal muscles. Journal of Biomechanics 25: 903-916

Garfin SR, Tipton CM, Mubarak SJ, Woo SL-Y, Hargens AR, Akeson WH 1981 Role of fascia in maintenance of muscle tension and pressure. Journal of Applied Physiology 51: 317-320

Garrett WE, Safran MR, Seaber AV 1987 Biomechanical comparison of stimulated and nonstimulated skeletal muscle pulled to failure. American Journal of Sports Medicine 15: 448-454

Garrett WE 1996 Muscle strain injuries. American Journal of Sports Medicine 24: S2-S8

Germain NW, Blair SN 1983 Variability of shoulder flexion with age, activity and sex. American Corrective Therapy Journal 37: 156-160

Gersten JW 1955 Effect of ultrasound on tendon extensibility. American Journal of Physical Medicine 34: 368-372

Gifford LS 1987 Circadian variation in human flexibility and grip strength. Aus J Phys 33: 3-9

Gleim GW, McHugh MP 1997. Flexibility and its effects on sports injury and performance. Sports Medicine 24: 289-299

Glick JM 1980 Muscle strains: prevention and treatment. Physician Sports Medicine 8: 73-77

Goldspink G, Williams, PE 1979 The nature of the increased passive resistance in muscle following immobilization of the mouse soleus muscle. Journal of Physiology 289, 55P.

Goodridge JP 1981 Muscle energy technique: definition, explanation, methods of procedure. Journal of the American Osteopathic Association 1: 67-72

Gordon AM, Huxley AF, Julian FJ 1966 The variation in isometric tension with sarcomere length in vertebrate muscle fibres. Journal of Physiology 184: 170-192

Gossman MR, Sahrmann SA, Rose SJ 1982 Review of length-associated changes in muscle: experimental evidence and clinical implications. Journal of the American Osteopathic Association 62: 1799-1808

Grace TG 1985 Muscle imbalance and extremity injury. Sports Medicine 2: 77-82

Grahame R, Jenkins JM 1972 Joint hypermobility-asset or liability? Annals of the Rheumatic Diseases 31: 109-111

Grahn R, Nordenborg T, Wallin D, Nyström J, Ekblom B 1981 Improvement of muscle flexibility --- comparisons between two techniques. Scandinavian Journal of Sports Science

Guissard N, Duchateau J 2004 Effect of static stretch training on neural and mechanical properties of the human plantar-flexor muscles. Muscle Nerve 29: 248-255

Göeken LN, Hof AL 1993 Instrumental straight-leg raising: results in healthy subjects. Archives of Physical Medicine and Rehabilitation 74: 194-203

Göeken LN, Hof AL 1994 Instrumental straight-leg raising: results in patients. Archives of Physical Medicine and Rehabilitation 75: 470-477

Göeken LN 1988 Straight-leg raising in 'short hamstrings'. Thesis, University of Groningen, Groningen

Haftek J 1970 Stretch injury of peripheral nerve: Acute effects of stretching on rabbit nerve. Journal of Bone and Joint Surgery 52: 354-365

Hagbarth KE, Hägglund JV, Norkin M, Wallin EU 1985 Thixotropic behaviour of human finger flexor muscles with accompanying changes in spindle and reflex responses to stretch. Physiology 368: 323-342

Hamberg J, Björklund M, Nordgren B, Sahlstedt B 1993 Stretchability of the rectus femoris muscle: investigation of validity and intratester reliability of two methods including X-ray analysis of pelvic tilt. Archives of Physical Medicine and Rehabilitation 74 (3): 263-270

Hanus SH, Homer TD, Harter DH 1977 Vertebral artery occlusion complicating yoga exercises. Archives of Neurology 34: 574-575

Harms-Ringdahl K, Brodin H, Eklund L, Borg G 1983 Discomfort and pain from loaded passive joint structures. Scandinavian Journal of Rehabilitation Medicine: 205-211

Harris ML 1969 Flexibility. Physical Therapy 49: 591-601

Harvey C, Benedetti L, Hosaka L, Valmassy RL 1983 The use of cold spray and its effect on muscle length. Journal of American Podiatry Association 73: 629-632

Harvey LA, Crosbie J, Herbert RD 2002 Does regular stretch produce lasting increases in joint range of motion? A systematic review. Physiotherapy Research International 7: 1-13

Harvey LA, McQuade L, Hawthorne S, Byak A 2003 Quantifying the magnitude of torque physiotherapists apply when stretching the hamstring muscles of people with a spinal cord injury. Archives of Physical Medicine and Rehabilitation 84: 1072-1075

Harvey VP, Scott PP 1967 Reliability of a measure of forward flexibility and its relation to physical dimensions of college women. Research Quarterly 38: 28-33

Haut TL, Haut RC 1997 The state of tissue hydration determines the strain-rate sensitive stiffness of human patellar tendon. Journal of Biomechanics 30: 79-81

Hennessy L, Watson AWS 1993 Flexibility and posture assessment in relation to hamstring injury. British Journal of Sports Medicine 27: 243-246

Henricson A, Fredriksson K, Persson I 1984 The effect of heat and stretching on the range of hip motion. Journal of Orthopedic Sports Physical Therapy 6: 110-115

Herbert R, Gabriel M 2002 Effects of stretching before and after exercising on muscle soreness and risk of injury: systematic review. BMJ 325: 468-472

Highet WB, Sanders FK 1943 The effects of stretching nerves after suture. British Journal of Surgery 30: 355-371

Hilyer JC, Brown KC, Sirles AT, Peoples 1990 A flexibility intervention to reduce the incidence and severity of joint injuries among municipal firefighters. Journal of Occupational Medicine 32: 631-637

Hoeger WWK, Hopkins DR 1992 A comparison of the sit and reach and the modified sit and reach in the measurement of flexibility in women. Research Quarterly Exercise and Sport 63: 191-195

Hoen TI, Brackett CE 1970 Peripheral nerve lengthening. Exper J Neurosurg 13: 43-62

Holly RG, Barnett CR, Ashmore CR, Taylor RG, Moli PA 1980 Stretch-induced growth in chicken wing muscles: a new model of stretch hypertrophy. American Journal of Physiology 238: C62-71

Horowits R 1992 Passive force generation and titin isoforms in mammalian skeletal muscle. Biophysical Journal 61: 392-398

Horten MR 1987 Muscle elasticity and human performance. Med Sports Sci 25: 1-18

Hsieh C-Y, Walker JM, Gillis K 1983 Straight-leg-raising test: comparison of three instruments. Physical Therapy 63: 1429-1433

Hubbard RP, Soutas-Little RW 1984 Mechanical properties of human tendon and their age dependence. Journal of Biomechanical engineering 106: 144-150

Hubley CL, Kozey JW Stanish WD. The effects of static stretching exercises and stationary cycling on range of motion. Journal of Orthopaedic and Sports Physical Therapy 6: 104-109

Hunter JP, Marshall RN 2002 Effects of power and flexibility training on vertical jump technique. Medicine and Science in Sports and Exercise 34: 478-486

Hutton RS 1992 Neuromuscular basis of stretching exercises. In: Komi PV (ed) Strength and power in sport. Blackwell Scientific, Cambridge, 29-38

Huxley AF, Simmons RM 1973 Proposed mechanism of force generation in striated muscle. Nature 33: 533-538

Häkkinen K, Komi PV 1985 Changes in electrical and mechanical behavior of leg extensor muscles during heavy resistance strength training. Scandinavian Journal of Sports Science 7: 55-64

Iashvili AV 1983 Ative Active and passive flexibility in athletes specializing in different sports. Soviet Sports Review 18: 30-32

International Anatomical Nomenclature Committee 1983 Nomina anatomica, 5th edn. Williams & Wilkins, Philadelphia

Jackson AW, Baker AA 1986 The relationship of the sit and reach test to criterion measures of hamstring and back flexibility in young females. Research Quarterly Exercise Sport 57: 183-186

Jacobs SJ, Berson BL 1986 Injuries to runners: a study of entrants to a 10 000 meter race. American Journal of Sports Medicine 14: 151-155

Jaeger B. Reeves JL 1986 Quantification of changes in myofascial trigger point sensitivity with the pressure algorneter following passive stretch. Pain 27: 203-210

Jami 1992 Golgi tendon organs in mammalian skeletal muscle: Functional properties and central actions. Physiology Review 72: 623-626

Jesse EF, Owen DS, Sagar KB 1980 The benign hypermobile joint syndrome. Arthritis and Rheumatology 23: 1053-1056

Järvinen M 1976 Healing of a crush injury in rat striated muscle. With reference to treatment by early mobilization and immobilization. Thesis. University of Turku, Turku

Kabat H, McLeod M, Holt C 1959 The practical application of proprioceptive neuromuscular facilitation. Physiotherapy 45: 87-92

Kamibayashi LK, Richmond FJR 1998 Morphometry of human neck muscles. Spine 23: 1314-1323

Kapandji IA 1982 The physiology of joints. Churchill Livingstone, Edinburgh

Kendall HO, Kendall FP 1948 Normal flexibility according to age groups. Journal of Bone and Joint Surgery 30A: 690-694

Kerner JA, D'Kerner JA, D'Amico JC 1983 A statistical analysis of a group of runners. Journal of the American Podiatry Association 73: 160-164

King JW 1992 Static progressive splints. Journal of Hand Therapy 5: 36-37

Kirkebe A, Wisnes A 1982 Regional tissue fluid pressure in rat calf muscle during sustained contraction or stretch. Acta Physiologica Scandinavica 114: 551-556

Knapik JJ, Jones BH, Baumau CL, Harrsi J 1992 Strength, flexibility, and athletic injuries. Sports Medicine 14: 277-288

Knudson D, Bennett K, Corn R, Leick D, Smith C 2001 Acute effects of stretching are not evident in the kinematics of the vertical jump. Journal of Strength and Conditioning Research 15: 98-101

Kokkonen J, Eldredge C, Nelson AG 1997 Chronic stretching improves specific sport skills. Medicine and Science in Sports and Exercise 29: S63

Komi PV 1992 Stretch-shortening cycle. In: Komi PV (ed) Strength and power in sport. Blackwell Science, London, 169-179

Koslow RE 1987 Bilateral flexibility in the upper and lower extremities as related to age and gender. Journal of Human Movement Studies 13: 467-472

Kottke FI, Pauley DL, Ptak RA 1966 The rationale for prolonged stretching for correction of shortening of connective tissue. Archives of Physical Medicine and Rehabilitation 47: 345-352

Krahenbuhl GS, Martin SL 1977 Adolescence body size and flexibility. Research Quarterly 48: 797-799

Kubo K, Kanehisa H, Fukunaga T 2003 Gender differences in the viscoelastic properties of tendon structures. European Journal of Applied Physiology 88: 520-526

Kudina L 1980 Reflex effects of muscle afferents on antagonists studies on single firing motor units in man. Electroencephalography and Clinical Neurophysiology 50: 214-221

Kutsuna T, Watanabe H 1981 Contractures of the quadriceps and hamstring muscles in healthy male adults. Journal of the Japan Orthopaedic Association 55: 237-242

Labeit S, Kolmerer B 1995 Titins: giant proteins in charge of muscle ultrastructure and elasticity. Science 270: 293-296

Laubach LC, McConville JT 1966 Muscle strength, flexibility, and bone size of adult males. Research Quarterly 37: 384-392

Laubach LL, McConville JT 1966 Relationship between flexibility, anthropometry, and the somatotype of college men. Research Quarterly 37: 241-251

Leighton JR 1955 An instrument and technic for the measurement of range of joint motion. Archives of Physical Medicine and Rehabilitation 36: 571-578

Leighton JR 1956 Flexibility characteristics of males ten to eighteen years of age. Arch Phys Mental Rehabil 37: 494-499

Levarlet-Joye H 1979 Relaxation and motor capacity Journal of Sports Medicine 19: 151-156

Levine MG, Kabat H, Knott M. Relaxation of spasticity by physiological techniques. Archives of Physical Medicine 35: 214-223

Levine MG, Kabat H 1952 Cocontraction and reciprocal innervation in voluntary movement in man. Science 116: 115-118

Lewit K, Simons D 1984 Myofascial pain: relief by post-isometric relaxation. Archives of Physical Medicine and Rehabilitation 65: 452-456

Lieber RI 1991 Frog semitendinosis tendon load-strain and stress-strain properties during passive loading. American Journal of Physiology 261: C86-C92

Lieber RL, Woodbourn TM, Friden J 1991 Muscle damage induced by eccentric contractions of 25% strain. Journal of Applied Physiology 70: 2498-2507

Lieber RR, Friden J 1993 Muscle damage is not a function of muscle force but active muscle strain. Journal of Applied Physiology 74: 520-526

Liebesman JL, Cafarelli E 1994 Physiology of range of motion in human joints: a critical review. Crit Rev Physic Rehabil Med 6: 131-160

Light KE, Nuzik S, Personius W 1984 Low-load prolonged stretch vs. high load brief stretch in treating knee contractures. Physical Therapy 64: 330-333

Locke JC 1983 Stretching away from back pain. Occup Health Sci 52: 8-13

Loebel WY 1972 The assessment of mobility in the metacarpophalangeal joints. Rheumatology and Physical Medicine 9: 365-379

Logan GA, Egstrom GH 1961 Effects of slow and fast stretching on the sacro-femoral angle. Journal of the Association for Physical and Mental Rehabilitation 150: 85-89

Lund JP, Donga R, Widmer CG, Stohler CS 1991 The pain adaptation model: a discussion of the relationship between chronic musculoskeletal pain and motor activity. Canadian Journal of Physiology and Pharmacology 69: 683-694

Lundborg G, Rydevik B 1973 Effects of stretching the tibial nerve of the rabbit. Journal of Bone and Joint Surgery 55: 390-401

Lundborg G 1993 Peripheral nerve injuries: pathophysiology and strategies for treatment. Journal of Hand Therapy 6: 179-188

Lustig S, Ball T, Looney M 1992 A comparison of two proprioceptive neuromuscular facilitation techniques for improving range of motion and muscular strength. Isokinetics and Exercise Science 2: 154-159

Maganaris CN, Paul JP 1999 In vivo human tendon mechanical properties. Journal of Physiology 521: 307-313

Magnusson SP, Aagaard, P, Nielsson JJ 2000 Passive energy return after repeated stretches of the hamstring muscle-tendon unit. Medicine and Science in Sports and Exercise 32: 1160-1164

Magnusson SP, Aagaard P, Simonsen EB, Bojsen-Møller F 1988 A biomechanical evaluation of cyclic and static stretch in human skeletal muscle. International Journal of Sports Medicine 19: 310-316

Magnusson SP, Simonsen EB, Aagaard P, Kjaer M 1996 Biomechanical responses to repeated stretches in human hamstring muscle in vivo. American Journal of Sports Medicine 24: 622-628

Magnusson SP, Simonsen EB, Aagaard P, Sorensen H, Kjaer M 1996. A mechanism for altered flexibility in human skeletal muscle. Journal of Physiology 497: 291-298

Magnusson SP, Simonsen EB, Dyhre-Poulsen P, Aagaard P, Mohr T, Kjaer M 1996 Viscoelastic stress relaxation during static stretch in human skeletal muscle in the absence of EMG activity. Scandinavian Journal of Medicine and Science in Sports 6: 323-328

Magnusson SP 1998 Passive properties of human skeletal muscle during stretch maneuvers. A review. Scandinavian Journal of Medicine and Science in Sports 8: 65-77

Mair S, Seaber AV, Glisson RR, Garrett WE 1996 The role of fatigue in susceptibility to acute muscle strain injury. American Journal of Sports Medicine 24: 137-142

Mallik AK, Ferrell WR, McDonald AG, Sturrock RD 1994 Impaired proprioceptive acuity at the proximal interphalangeal joint in patients with the hypermobility syndrome. British Journal of Rheumatology 33: 631-637

Marcos PD 1979 Ipsilateral and contralateral effects of proprioceptive neuromuscular facilitation technique on hip motion and electromyographic activity. Physical Therapy 59: 1366-1373

Marras WS, Wongsam PE 1986 Flexibility and velocity of the normal and impaired lumbar spine. Archives of Physical Medicine and Rehabilitation 67: 213-217

Maruyama K 1986 Connectin, an elastic filamentous protein of striated muscle international Review of Cytology 1048-1115

Massey BA, Chaudet NL 1956 Effects of systematic, heavy resistance exercise on range of joint movement in young adults. Research Quarterly 27: 41-51

Mathews DK, Shaw V, Bohnen M 1957 Hip flexibility of college women as related to body segments. Research Quarterly 28: 352-356

Mathews DK, Shaw V, Woods JW 1959 Hip flexibility of elementary school boys as related to body segments.

Research Quarterly 31: 297-302

Mayerson NH, Milano RA 1984 Goniometric measurement reliability in physical medicine. Archives of Physical Medicine and Rehabilitation; 65: 92-94

Mayhew TP, Norton BJ, Sahrmann SA 1983 Electromyographic study of the relationship between hamstring and abdominal muscles during unilateral straight leg raise. Physical Therapy 63: 1769-1773

McAtee RE 1999 Facilitated stretching, 2nd edn. Human Kinetics, Champaign, IL

McCue BF 1963 Flexibility measurements of college women. Research Quarterly 24: 316-324

McDonald CM 1998 Limb contractures in progressive neuromuscular disease and the role of stretching, orthotics, and surgery. Med Rehabil Clin North Am 9: 187-211

McHugh MP, Kjaer M 1995 Viscoelastic response to repeated static stretching in the human hamstrings muscle. Scandinavian Journal of Medicine and Science in Sports 5: 342-347

McHugh MP, Magnusson SP, Gleim GW, Nicholas JA 1992 Viscoelastic stress relaxation in human skeletal muscle. Medicine and Science in Sports and Exercise 24: 1375-1382

McKenzie R 1981 Mechanical diagnosis and treatment of the lumbar spine. Spinal, New Zealand

McKenzie R 1983 Treat your own neck. Spinal, New Zealand

Mechelen W van, Mobil H, Kemper HCG, Voom WJ 1993 Prevention of running injuries by warm-up, cool-down, and stretching exercises. American Journal of Sports Medicine 21: 711-719

Mellin G 1985 Physical therapy for chronic low back pain: correlations between spinal mobility and treatment outcome. Scandinavian Journal of Rehabilitation Medicine 17: 163-166

Melzack R, Stillwell DM, Fox EJ 1977 Trigger points and acupuncture points for pain: correlations and implications. Pain 3: 3-23

Merni P, Balboni M, Bargellini S, Menegatti G 1981 Differences in males and females in joint movement range during growth. Med Sport 15: 168-175

Miglietta O 1973 Action of cold on spasticity. American Journal of Physical Medicine and Rehabilitation 52: 198-205

Milne RA, Mierau R 1979 Hamstring distensibility in the general population: relationship to pelvic and low back stresses. Journal of Manipulative and Physiological Therapeutics 2: 146-150

Milner-Brown HS, Stein RB, Lee RG 1975 Synchronization of human motor units: Possible roles of exercise and supraspinal reflexes. Electroencephalography and Clinical Neurophysiology 38: 245-254

Minajeva A, Kulke M, Fernandez JM, Linke WA 2001 Unfolding of titin domains explains the viscoelastic behavior of skeletal myofibrils. Biophysical Journal 80: 1442-1451

Mohan S, Radha E 1981 Age related changes in muscle connective tissue: acid mucopolysaccharides and structural glycoprotein. Experimental Gerontology 16: 385-392

Moore MA, Kukulka CG 1991 Depression of Hoffmann reflexes following voluntary contraction and implications for PNF therapy. Physical Therapy 71: 321-333

Moore MA 1979 An electromyographic investigation of muscle stretching techniques. Unpublished masters thesis, University of Washington, Seattle

Muir IW, Chesworth BM, Vandervoort AA 1999 Effect of a static calf-stretching exercise on the resistive torque during passive ankle dorsiflexion in healthy subjects. Journal of Orthopaedic and Sports Physical Therapy 29: 106-115

Murphy DR 1991 A critical look at static stretching: Are we doing our patients harm? Chiropractic Sports Medicine 5: 67-70

Murphy P 1986 Warning up before stretching advised. Physician and Sportsmedicine 14: 45

Myklebust BM, Gottlieb GL, Agarwal GC 1986 Stretch reflexes of the normal human infant. Developmental Medicine and Child Neurology 28: 440-449

Nagler W 1973 Mechanical obstruction of vertebral arteries during hyperextension of neck. British Journal of Sports Medicine 7: 92-97

Noonan TJ, Best TM, Seaber AV, Garrett WE 1993 Thermal effects on skeletal muscle tensile behavior. American Journal of Sports medicine 21: 517-522

Nordschow M, Bierman W 1962 Influence of manual massage on muscle relaxation. Journal of the American Physical Therapy Association 42: 653-657

Norkin CC, White DJ 1995 Measurement of joint motion. A guide to goniometry, 2nd edn. FA Davis, Philadelphia

Norton BJ, Sahrmann SA 1981 The effect of stretching procedures on EMG activity in the hamstring muscles. Physical Therapy 61: 686-674

Ogata K, Naito M 1986 Blood flow of peripheral nerve effects of dissection, stretching and compression. Journal of Hand Surgery 11B: 10-14

Osterning LR, Robertson RN, Troxel RK, Hansen P 1990 Differential responses to proprioceptive neuromuscular facilitation (PNF) stretch techniques. Medicine and Science in Sports and Exercise 22: 106-111

Page SG, Huxley HE 1963 Filament lengths in striated muscle. Journal of Cell Biology 19: 369-390

Petajan JH, Watts N 1962 Effects of cooling on the triceps surae reflex. American Journal of Physical Medicine Rehabilitation 41: 240-251

Pollack GH 1990 Muscles and molecules: uncovering the principles of biological motion. Ebner, Seattle

Pousson M, Van Hoeck J 1990 Changes in elastic characteristics of human muscle induced by eccentric exercise. Journal of Biomechanics 21: 343-348

Pratt M 1989 Strength, flexibility, and maturity in adolescent athletes. American Journal of Diseases of Children 143: 560-563

Prentice WE, Kooima E 1986 The use of PNF techniques in rehabilitation of sport related injury. Athletic Training 21: 26-31

Prentice WE 1982 An electromyographic analysis of the effectiveness of heat or cold and stretching for inducing relaxation in injured muscle. Journal of Orthopaedic and Sports Physical Therapy 3: 133-140

Proske U, Morgan DL, Gregory JE 1993 Thixotropy in skeletal muscle and in muscle spindles: a review. Progress in Neurobiology 41: 705-721

Provinciali L, Glattini A, Splendiani G, Logullo F 2000 Usefulness of hand rehabilitation after carpal tunnel surgery. Muscle Nerve 23, 211-216

Raab DM, Agre JC, Mcadam M, Smith EL 1988 Light resistance and stretching exercise in elderly women: effect upon flexibility. Archives of Physical Medicine and Rehabilitation 62: 268-272

Radin EL 1989 Role of muscles in protecting athletes from injury. Acta Medica Scandinavica 711(Suppl) 143-147

Read M 1989 Over stretched. British Journal of Sports Medicine 23: 257-258

Reimers J 1974 Contracture of the hamstrings in spastic cerebral palsy. Journal of Bone and Joint Surgery 56: 102-109

Riddle DL, Rothstein JM, Lamb RL 1987 Goniometric reliability in a clinical setting: shoulder measurements. Physical Therapy 67: 668-673

Roberts JM, Wilson K 1999 Effect of stretching duration on active and passive range of motion in the lower extremity. British Journal of Sports Medicine 33: 259-263

Rodenburg JB, Steenbeek D, Schiereck P, Bar PR 1994 Warmup stretching and massage diminish harmful effects of eccentric exercise. International Journal of Sports Medicine 15: 414-419

Rohen JW, Yokochi C, Lutjen-Drecoll E 2002 Anatomian värikuva-atlas. Medirehabook, Muurame

Rowe RWD 1981 Morphology of perimysial and endomysial connective tissue in skeletal muscle. Tissue Cell 13: 681-690

Russell P, Weld A, Pearcy MJ, Hogg R, Unsworth A 1992 Variation in lumbar spine mobility measured over a 24-hour period. British Journal of Rheumatology 31: 329-332

Sabbahi MA, Fox AM, Druffle C 1990 Do joint receptors modulate the motoneuron excitability. Electromyography and Clinical Neurophysiology I30: 387-396

Sanjeevi R 1982 A viscoelastic model for the mechanical properties of biological materials. Journal of Biomechanics 15: 107-109

Scott D, Bird HA, Wright V 1979 Joint laxity leading to osteoarthrosis. Rheumatology and Rehabilitation 18: 167-169

Seabee AV, Garrett WE 1993 Thermal effects on skeletal muscle tensile behavior. American Journal of Sports Medicine 21: 517-522

Segal RL, Wolf SL 1994 Operant conditions of spinal stretch reflexes in patients with spinal cord injuries. Experimental Neurology 130: 202-213

Shellock FG, Prentice WE 1985 Warming-up and stretching for improved physical performance and prevention of sports-related injuries. Sports Medicine 2: 267-278

Shephard RJ, Berridge M, Montelpare W 1990 On the generality of the 'sit and reach' test: an analysis of flexibility data for an aging population. Research Quarterly Exercise and Sport 61: 326-330

Shirado O, Ito T, Kaneda K, Strax TE 1995 Flexion relaxation phenomenon in the back muscles. American Journal of Physical Medicine & Rehabilitation 74: 139-144

Shorten MR 1987 Muscle elasticity and human performance. Med Sport Sci 25: 1-18

Shrier I 1999 Stretching before exercise does not reduce the risk of local muscle injury: a critical review of the clinical and basic science literature. Clinical Journal of Sport Medicine 9: 221-227

Shyne K, Richard H, Dominguez MD 1982 To stretch or not to stretch? Physician and Sportsmedicine 10: 137-140

Sihvonen T, Partanen J, Hanninen O, Soimakallio S 1991 Electric behavior of low back muscles during lumbar pelvic rhythm in low back pain patients and healthy controls. Archives of Physical Medicine and Rehabilitation 72: 1080-1087

Silman AJ, Haskard D, Day S 1986 Distribution of joint mobility in a normal population: results of the use of fixed torque measuring devices. Annals of The Rheumatic Diseases 1986; 45: 27-30

Smith CA 1994 The warm-up procedure: to stretch or not to stretch. Journal of Orthopaedic and Sports Physical Therapy 19: 12-17

Smith JL, Hutton RS, Eldred E 1974 Post contraction changes in sensitivity of muscle afferents to static and dynamic stretch. Brain Research 78: 193-202

Solveborn SA 1997 Radial epicondyalgia ('tennis elbow'): treatment with stretching on forearm band. A prospective study with long-term follow-up including range of motion measurements. Scandinavian Journal of Medicine and Science in Sports 7: 229-237

Stevens A, Stijns H, Roselle N, Stappaerts K, Michels A 1974 Slowly stretching the hamstrings and compliance. Electromyography and Clinical Neurophysiology 14: 495-496

Stolov W, Weilepp TG, Riddell WM 1970 Passive length-tension relationship and hydroxyproline content of chronically denervated skeletal muscle. Archives of Physical Medicine and Rehabilitation 51: 517-525

Stromberg DD, Wlederhielm C 1969 Viscoelastic description of a collagenous tissue in simple elongation. Journal of Applied Physiology 26: 857-862

Summers TB, Hines HM 1951 Effects of immobilization in various positions upon the weight and strength of skeletal muscle. J Neurophys 245-251

Sunderland S, Bradley KC 1961 Stress-strain phenomena in human spinal nerve roots. Brain 84: 102-119

Sutro CJ 1947 Hypermobility of bones due to 'overlengthened' capsular and ligamentous tissues. Surgery 21: 67-76

Svantesson U, Ernstoff B, Bergh P, Grimby G 1991 Use of a Kin-Com dynamometer to study the stretch-shortening cycle during plantar flexion. European Journal of Applied Physiology 62: 415-419

Tardieu C, Tabary JC, Tabary C, Tardieu G 1982 Adaptation of connective tissue length to immobilization in lengthened and shortened positions in cat soleus muscle. Journal of Physiology Paris 78: 214-220

Taunton JE 1982 Pre-game warm-up and flexibility. New-Zealand Journal of Sports Medicine 10: 14-18

Taylor DC, Brooks DE, Ryan JB 1997 Viscoelastic characteristics of muscle: passive stretching versus muscular contractions. Medicine and Science in Sports and Exercise 29: 1619-1624

Thompson DB, Chapman AE 1988 The mechanical response of active human muscle during and after stretch. European Journal of Applied Physiology 57: 691-697

Tomanek RJ, Lund DD 1974 Degeneration of different types of skeletal muscle fibres. II. Immobilization. Journal of Anatomy 118: 531-541

Troup JDG, Hood C, Chapman AE 1968 Measurement of the sagittal mobility of the lumbar spine and hips. Annals of Physical Medicine 9: 308-321

Urban LM 1981 The straight-leg-raising test: a review. Journal of Orthopaedic and Sports Physical Therapy 2: 117-134

Vandervoort AA, Chesworth BM, Cunningham DA, Patterson DH 1992 Age and sex effects on mobility of the human ankle. Journal of Gerontology 47: M17-21

Viidik A, Danielson CC, Oxlund H 1982 On fundamental and phenomenological models, structure and mechanical properties of collagen, elastin and glycoasaminolycan complexes. Biorheology 19: 437-451

Voss DE, Ionta MK, Myres BJ 1985 Proprioceptive neuromuscular facilitation. Harper and Row, Philadelphia

Vujnovich AL, Dawson NJ 1994 The effect of therapeutic muscle stretch on neural processing. Journal of Orthopaedic and Sports Physical Therapy 224: 231-244

Wall EJ, Massie JB, Kwan MK, Rydevik BJ, Myers RR, Garfin SR 1992 Experimental stretch neuropathy: changes in nerve conduction under tension. Journal of Bone and Joint Surgery 7413: 126-129

Walter J, Figoni SF, Andres FF, Brown E 1996 Training intensity and duration in flexibility. Clin Kines 50: 40-45

Warren CG, Lehmann JF, Koblanski JN 1976 Heat and stretch procedures: an evaluation using rat tail tendon. Archives of Physical Medicine and Rehabilitation 57: 122-127

Wear CR 1963 Relationship of flexibility measurements to length of body segments. Research Quarterly 34: 234-238

Wilby J, Linge K, Reilly T, Troup JDG 1987 Spinat shrinkage in females: circadian variation and the effects of circuit weight-training. Ergon 30: 47-54

Williams PE 1988 Effect of intermittent stretch on immobilized muscle. Annals of the Rheumatic Diseases 47: 1014-1016

Williams PE, Catanese T, Lucey EG, Goldspink G 1988 The importance of stretch and contractile activity in the prevention of connective tissue accumulation in muscle. Journal of Anatomy 158: 109-114

Wiliams PE, Goldspink G 1984 Connective tissue changes in immobilised muscle. Journal of Anatomy 138: 342-350

Wilson GJ, Elliot BC, Wood BA 1992 Stretch shorten cycle performance enhancement through flexibility training. Medicine and Science in Sports and Exercise 24: 116-123

Wilson GJ, Murphy AJ, Pryor JF 1994 Musculotendinous stiffness: its relationship to eccentric, isometric, and concentric performance. Journal of Applied Physiology 76: 2714-2719

Wilson GJ, Wood GA, Elliot BC 1991 The relationship between stiffness of the musculature and static flexibility: an alternative explanation for the occurrence of muscular injury. International Journal of Sports Medicine 19: 403-407

Wisnes A, Kirkebo A 1976 Regional distribution of blood flow in calf muscles of rat during passive stretch and sustained contraction. Acta Physiologica Scandinavica 96: 256-266

Witvrouw E, Mahieu N, Danneels N, McNair P 2004 Stretching and injury prevention. An obscure relationship. Sports Medicine 34: 443-449

Wolf SL, Segal RL 1990 Conditioning of the spinal stretch reflex: implication for rehabilitation. Physical Therapy 70: 652-656

Wolpaw JR, Noonan PA, O'Keefe JA 1984 Adaptive plasticity and diurnal rhythm in the primate spinal stretch reflex are independent phenomenon. Brain Research 33: 385-391

Wonell TW, Smith TL, Winegardner JW 1994 Effect of hamstring stretching on hamstring muscle performance. Journal of Orthopaedic and Sports Physical Therapy 20: 154-159

Woo SL-Y, Matthews JV, Akeson WH 1975 Connective tissue response to immobility: correlative study of biomechanical and biochemical measurements of normal and immobilized rabbit knees. Arthritis and Rheumatism 257-264

Worrell TV, McCullough M, Pfeiffer A 1994 Effect of foot position on gastrocnemius/soleus stretching in subjects with normal flexibility. Journal of Orthopaedic and Sports Physical Therapy 19: 352-356

Worrell TW, Perrin DH, Gansneder BM, Gieck JH 1991 Comparison of isokinetic strength and flexibility measures between hamstring injured and noninjured athletes. Journal of Orthopaedic and Sports Physical Therapy 13: 118-125

Wortman M, Blanke D 1982 Flexibility training: ballistic, static or proprioceptive neuromuscular facilitation? Archives of Physical Medicine and Rehabilitation 63: 261-263

Wyke B 1972 Articular neurology. Physiotherapy 58: 94-99

Wyke B 1979 Neurology of the cervical spinal joints. Physiotherapy 65: 72-76

Yamashita T, Ishii S, Oota I 1992 Effect of muscle stretching on the activity of neuromuscular transmission. Medicine and Science in Sports and Exercise 24: 80-84

Ylinen J, Airaksinen O, Kolari P 1993 Digital tissue compliance meter. Acup Electr Ther Res 18: 169-174

Zito M, Driver D, Parker C, Bohannon R 1997 Lasting effects of one bout of two 15-second passive stretches on ankle dorsiflexion range of motion. Journal of Orthopaedic and Sports Physical Therapy 26: 214-221

Zuurbier CJ, Everard AJ, Wees P, Huijing PA 1994 Length-force characteristics of the aponeurosis in the passive and active muscle condition and in the isolated condition. Journal of Biomechanics 27: 445-453

Öberg, B. Evaluation and improvement of strength in competitive athletes 1993 In: Harms-Ringdahl K(ed) Muscle strength. Churchill Livingstone, Edinburgh 167-185

索引

欧文

Ia求心性神経線維　33, 48, 57, 73
Ib求心性神経線維　48, 57, 80
Ⅱ求心性神経線維　33, 48
MRI　30, 68, 99
PNF　75, 76, 86, 87, 118
RICE　20, 89
VASスケール　100, 103, 104

ア

アイソメトリック収縮　33, 40, 45, 63, 70, 72, 73, 75, 76, 81, 82, 87, 90, 92, 118
アイソメトリックでの筋力評価　30
アキレス腱反射　33
アクチン　15, 41, 42, 43
アクティブ（自動）・ストレッチング　33, 37, 57, 58, 59, 60, 79, 90, 93, 97, 99
アシスティッド・ストレッチング　58
アスリート　24, 59, 72, 107
亜脱臼　8, 10
α運動ニューロン　33, 34, 48, 49, 52, 56, 57, 80

イ

萎縮　14, 15, 18, 23, 127
一過性筋　44
遺伝　2, 3, 11, 37, 39, 92, 108, 109, 113
インターバル　22, 25, 67, 69, 81
インパルス　21, 49, 51, 52, 53, 56, 80

ウ

ウエイト・アシスティッド・ダイナミック・ストレッチング　59
ウエイトリフティング　24, 34, 53, 59
ウォームアップ　2, 23, 25, 26, 27, 28, 29, 35, 36, 59
烏口腕筋　168
動きのコーディネーション　28
腕立て伏せ　34
運動神経　4, 6, 7, 13, 14, 16, 20, 29, 49, 50, 51, 54, 80, 83, 86, 87

エ

エアロビクス　24, 27, 39
栄養　3, 13, 37, 111
エキセントリック・エクササイズ　30, 31
エキセントリック収縮　87

エネルギー　19, 24, 25, 27, 31, 32, 33, 35, 40, 41, 43, 44, 45, 46, 52, 62, 65, 68, 74, 89, 90, 106
円回内筋　176
炎症　3, 4, 11, 12, 13, 17, 18, 20, 38, 45, 46, 48, 52, 56, 89, 90, 93, 94, 95, 108, 111, 112, 113, 116
遠心性筋収縮　44, 61

オ

横隔膜　234
黄色靱帯　47
横突間筋　155
オーバーストレッチング　60, 101, 108, 112, 114
オーバーヘッドプリーシステム　4
オステオパシー　88
オトガイ舌骨筋　128
折り畳みナイフ現象　6, 54

カ

回外筋　184
外傷　4, 5, 8, 11, 12, 13, 14, 15, 16, 18, 20, 21, 22, 30, 31, 45, 47, 57, 88, 90, 92, 94, 106, 108, 110, 111, 112, 113, 117, 152, 153, 205
外側広筋　256
外側頭直筋　154
外腹斜筋　236
外閉鎖筋　248
外肋間筋　231
核鎖線維　50, 51
顎舌骨筋　129
核袋線維　50, 51
顎二腹筋　128, 131
下後鋸筋　223
下肢モビリティー　25
硬い筋　2, 6, 25, 27, 33, 41, 63, 65, 96
下腿三頭筋　18, 83, 102, 278
可動域の増加　28, 58, 66, 67, 81, 82, 84, 93
下頭斜筋　152
下双子筋　246
空手　24
カルシウム　47, 113
加齢　4, 38, 46, 52, 96, 97, 102
関節炎　8, 38
関節組織　2, 4, 94
関節軟骨　6, 12, 38, 56, 108, 111
関節の安定性　6, 8, 12, 53, 89, 97
関節の柔軟性　2, 5, 39, 108
関節包　4, 8, 11, 12, 13, 14, 15, 38, 39, 45, 46, 53, 54, 55, 56, 60, 61, 64, 83, 89, 92, 93, 94, 95, 100, 101, 108,

112, 113, 114, 162, 169, 170, 173, 200, 245, 248, 260, 269, 270, 274, 277, 278, 292
感染症　4, 92
間代性痙攣　7

キ

拮抗筋　6, 12, 13, 15, 50, 53, 54, 58, 59, 72, 73, 79, 80, 82, 84, 86, 89
ギプス　4, 12, 15, 91
求心性筋収縮　44
胸横突間筋　228
胸回旋筋　226
胸棘間筋　151, 225
胸棘筋　219
胸骨甲状筋　135
胸骨舌骨筋　133
胸最長筋　222
胸鎖乳突筋　123
共収縮　53
胸多裂筋　226
胸腸肋筋　220
協動筋　50
胸半棘筋　148
棘下筋　161
棘上筋　160
棘上神経システム　48
筋緊張　4, 6, 7, 10, 12, 13, 14, 15, 16, 17, 20, 21, 22, 25, 26, 27, 29, 32, 36, 42, 43, 44, 48, 49, 50, 51, 54, 55, 56, 59, 60, 62, 63, 73, 74, 77, 78, 83, 84, 86, 87, 89, 91, 94, 95, 97, 98, 102, 103, 104, 105, 106, 112, 114, 116
筋痙攣　90, 91
筋-腱システム　2, 4, 6, 7, 18, 24, 25, 27, 29, 31, 32, 34, 35, 36, 39, 40, 41, 44, 45, 47, 48, 50, 52, 54, 60, 64, 65, 72, 83, 85, 89, 94, 95, 102, 113, 116
筋硬直　7, 31
筋骨格システム　2
筋スパズム　88, 98, 99, 102, 108, 116
筋線維　4, 5, 7, 13, 14, 24, 26, 34, 36, 38, 42, 43, 44, 45, 65, 90, 100, 116, 139, 161, 162, 163, 164, 171, 172, 175, 184, 193, 194, 195, 202, 203, 216, 218, 231, 235, 236, 237, 241, 244, 245, 247, 251, 286, 289, 290, 291, 293, 295
緊張筋　44
筋トーヌス　33, 36, 44, 46, 48, 52, 56, 57, 61, 91, 97, 103, 105, 109
筋の硬直　4
筋の短縮　3, 13, 14, 30, 36, 45, 95
筋の電気活動　44, 52, 54, 66, 79, 81, 83, 84, 85, 86, 104,

114, 115

ク

クールダウン　20, 26, 29
屈曲筋　63, 69, 75, 77, 92, 112
グリコーゲンレベル　95

ケ

頚回旋筋　156
頚棘間筋　151
頚棘筋　149
頚後横突間筋　155
警告サイン　3, 85
頚最長筋　145
痙性　6, 7, 22, 52, 56, 57, 84, 86, 87, 91, 92, 93, 104, 105, 113
頚前横突間筋　155
頚多裂筋　156
頚長筋　136
頚腸肋筋　144
茎突舌骨筋　131
頚半棘筋　147
頚板状筋　143
結合時間　25
結合組織層　45, 46
蹴り出し期　25, 31, 35, 45, 52, 53
肩関節　4, 10, 11, 22, 35, 92, 94, 157, 158, 159, 160, 161, 162, 163, 164, 165, 166, 167, 168, 170, 171, 172, 173, 174, 203, 204, 205, 206, 207, 209, 210
肩甲下筋　165
肩甲挙筋　140
肩甲舌骨筋　132
腱上膜　46

コ

後遺症　4
高強度のストレッチング　30, 31, 35, 36
咬筋　121
広頚筋　122
後脛骨筋　280
後斜角筋　126
甲状舌骨筋　134
項靱帯　47, 138, 142, 150
広背筋　164
コーチ　36
コーディネーション　10, 28, 29, 35, 36, 38, 40, 50, 53, 54, 58, 59, 84, 86, 89
骨折　4, 14, 47, 91, 92, 109, 110, 112, 113, 222, 227,

230, 236
コラーゲン　13, 20, 38, 43, 44, 46, 47, 48, 60, 67, 90, 92, 108, 113
ゴルジ腱紡錘　33, 48
コンセントリック収縮　31
コンディション　2, 74, 91, 93, 106
コントラクト・リラックス　21, 22, 27, 50, 58, 72, 73, 118
コントラクト・リラックス−アクティブ・コントラクト（CR−AC）・テクニック　58
コントロール群　18, 19, 22, 23, 24, 25, 26, 27, 28, 30, 32, 35, 62, 64, 66, 67, 68, 69, 70, 72, 74, 76, 78, 79, 80, 87, 93, 99, 100
コンプライアンス　26, 27, 29, 31, 34, 35, 36, 65, 67

サ

最小斜角筋　127
最大筋力　15, 23, 24, 28, 30, 33, 34, 35
最大屈曲　22, 44
座位体前屈　26
最内肋間筋　231
鎖骨下筋　207
坐骨神経痛　4, 12, 98, 110
サッカー　27, 62, 70
三角筋　157, 158, 159
酸素必要量　25

シ

事故　4, 16, 38, 89
示指伸筋　192
ジスキネジア　7
膝蓋腱反射　49
膝蓋骨腱炎　27
膝窩筋　270
膝関節筋　260
膝伸展群　24
尺側手根屈筋　178
ジャンプ　31, 34, 35
習慣的なストレッチング　3, 35, 45, 69, 91, 92, 96, 107
手根管症候群　101
手術　3, 4, 12, 15, 17, 22, 38, 43, 45, 47, 91, 92, 101, 109, 110, 111, 112, 113, 114
主動筋　5, 6, 12, 50, 53, 54, 57, 58, 59, 60, 73, 75, 77, 79, 80, 84, 86, 89, 117
主動筋コントラクト・ストレッチング　59
小円筋　162
傷害のリスク　5, 18, 19, 27, 28, 47, 74, 114
傷害予防　2, 26, 28, 32, 89

小胸筋　205
上後鋸筋　150
小後頭直筋　153
小指外転筋　196, 294
小指伸筋　188
小指対立筋　198, 295
掌側骨間筋　201
小殿筋　243
上頭斜筋　153
小内転筋　264
上双子筋　246
小腰筋　252
小菱形筋　218
上腕筋　169
上腕三頭筋外側頭　172
上腕三頭筋長頭　170
上腕三頭筋内側頭　171
上腕二頭筋短頭　166
上腕二頭筋長頭　46, 166
ジョギング　25, 26
尺側手根伸筋　186
神経疾患　4, 6
深指屈筋　181
靭帯　4, 6, 8, 11, 12, 13, 14, 15, 37, 38, 39, 40, 46, 47, 53, 54, 55, 56, 60, 61, 83, 88, 89, 91, 94, 95, 97, 100, 101, 102, 108, 109, 112, 113, 114, 128, 131, 138, 142, 150, 167, 174, 178, 184, 185, 186, 187, 193, 194, 196, 197, 198, 199, 225, 236, 237, 240, 241, 254, 255, 256, 257, 269, 285, 287, 290, 292, 293, 295
身体活動　2, 3, 11, 28, 39, 40, 91, 106
身体的特徴　26, 106
伸張反射　48, 49, 51, 52, 53, 54, 73, 84
伸展筋　63, 70, 78, 79
心拍数　28, 29

ス

髄核　40, 98
錐体筋　239
錐体路　6, 7, 56
錘内線維　34, 42, 50, 52, 53
スタティック・ストレッチング　6, 16, 18, 19, 22, 24, 25, 28, 29, 30, 31, 32, 34, 35, 41, 43, 48, 50, 52, 54, 59, 60, 62, 63, 64, 65, 66, 67, 68, 69, 70, 71, 72, 74, 75, 76, 82, 85, 99, 100
スタミナ　3, 24, 38, 39, 44
スティッフネス　6
ストレイン＆カウンターストレイン　88
ストレートレッグレイズ　19, 65, 66

ストレスリラクゼーション　44, 63, 68
ストレッチングの定義　57, 59
ストレングス・トレーニング　31, 32
スピード　24, 28, 38, 59
スプリンティング　92
スポーツ　2, 5, 19, 24, 25, 27, 28, 35, 36, 39, 46, 59, 70, 84, 91, 108
スロー・ストレッチング　61, 87
スロー・パッシブ・ストレッチング　86

セ

精神的ストレス　40
成長痛　37
静的なストレッチング・エクササイズ　34
青年期　2
脊髄損傷　93, 111, 115
脊柱のモビリティー　2, 96, 98
線維筋痛症　18, 40
線維性組織　3, 39
前鋸筋　209
前脛骨筋　271
浅指屈筋　180
前斜角筋　124
前頭直筋　137

ソ

（総）指伸筋　187
相反抑制　73, 80, 84, 86
僧帽筋　138, 213, 215
副木　4
足関節　11, 23, 33, 62, 63, 80, 82, 83, 87, 90, 93, 102, 247, 268, 270, 271, 272, 273, 274, 275, 276, 277, 278, 279, 280, 281, 282
足底筋　277
足底方形筋　286
側頭筋　120
塑性変形　61
速筋　13, 14, 15, 26, 44

タ

大円筋　163
大胸筋　203, 204
退行　4, 7, 12, 14, 15, 37, 38, 45, 46, 52, 96
大後頭直筋　152
第3腓骨筋　276
体操　24, 27, 39
大腿筋膜張筋　249
大腿四頭筋　23, 24, 27, 33, 34, 49, 54, 73, 78, 79, 96, 254
大腿直筋　257
大腿二頭筋　265, 268
大殿筋　241
大内転筋　262
大腰筋　252
大菱形筋　217
他動的抵抗　11, 46, 63, 68
短指屈筋　289
短指伸筋　284
短掌筋　199
短小指屈筋　197, 293
弾性エネルギー　24, 25, 27, 33, 35, 40, 41, 44, 45, 52, 68
弾性結合組織　2, 3, 33, 38, 89
短橈側手根伸筋　185
短内転筋　263
短腓骨筋　275
短母指外転筋　193
短母指屈筋　193, 290
短母指伸筋　191, 283
短肋骨挙筋　230

チ

遅筋　13, 14, 15, 26, 44
力ポテンシャル（フェースポテンシャル）　25, 32, 33, 34, 35, 36
恥骨筋　263
遅発性筋肉痛（DOMS）　4, 30, 33, 118
中間広筋　255
肘関節筋　173
肘筋　174
中斜角筋　125
中枢神経システム　4, 6, 7, 28, 29, 33, 38, 40, 48, 49, 51, 52, 53, 54, 56, 57, 60, 86
中殿筋　243
中年　3, 37, 46, 71, 97, 111
虫様筋　200, 287
腸骨筋　251
長指屈筋　282
長指伸筋　272
長掌筋　179
長橈側手根伸筋　185
長内転筋　262
長腓骨筋　274
長母指外転筋　189
長母指屈筋　182, 281
長母指伸筋　190, 273
腸腰筋　251

索引

長肋骨挙筋　230
直列弾性要素　41, 118

ツ
椎間板損傷　112
椎間板の損傷　4

テ
底側骨間筋　287
テーピング　26
テニス肘　96
デュピュイトラン拘縮　92
殿筋　34, 35, 241, 243, 256

ト
頭棘筋　146
凍結肩　94
頭最長筋　142
橈側手根屈筋　177
頭長筋　136
動的なストレッチング・エクササイズ　34
頭半棘筋　146
頭板状筋　142
動脈瘤　112, 122, 123, 137

ナ
内耳　48, 57
内側広筋　254
内腹斜筋　237
内閉鎖筋　246
内肋間筋　231

ニ
肉離れ　4, 14, 89, 97, 109, 110
妊娠中　17, 37, 39, 108

ネ
捻挫　4, 14, 31, 54, 109
粘性変形　61
年齢　3, 8, 37, 38, 39, 47, 69, 94, 95, 97, 109, 111

ハ
パーキンソン病　7
バイオメカニクス　5, 6, 13, 15, 113
背側骨間筋　202, 285
ハイパーモビリティー　7, 8, 39, 61, 96, 97, 99, 107, 108, 112, 138
バイブレーション　24

剥離骨折　110
薄筋　261
パッシブ（他動）　4, 5, 19, 28, 30, 32, 33, 50, 58, 62, 65, 70, 72, 75, 81, 86, 92, 93, 95, 101, 104, 109, 111
パッシブ（他動）・ストレッチング　19, 28, 30, 33, 50, 58, 59, 68, 70, 72, 73, 75, 76, 81, 82, 85, 86, 92, 95, 101, 104
バドミントン　62
バビンスキー反射　7
パフォーマンス　2, 24, 25, 26, 28, 29, 35, 36, 40, 41, 72
ハムストリング　19, 22, 23, 24, 25, 27, 28, 31, 32, 33, 34, 35, 44, 63, 64, 65, 66, 67, 68, 69, 72, 73, 75, 76, 77, 78, 79, 80, 81, 83, 84, 87, 93, 95, 96, 97, 98, 99, 100, 102, 104, 110, 111, 112, 114, 115
バリスティック・ストレッチング　24, 27, 50, 59, 75, 117
バルサルバ効果　87
パワーリフティング　24
半腱様筋　269
ハンドウエイト　34
ハンドボール　62
半膜様腱　269

ヒ
腓腹筋　33, 63, 75, 115, 278, 278, 279, 280
表面筋電図　79, 118
ヒラメ筋　14, 33, 75, 80, 82, 278, 279
疲労性傷害　27

フ
ファンクショナルストレッチング　89
フィブリン　89, 93, 96
フォローアップ　64, 100
腹横筋　240
腹直筋　235
フットボール　26, 27
プロトコール　68, 69
分類尺度　103
並列弾性要素　41, 118

ヘ
ヘルニア　4, 12, 52, 57, 98, 99, 111, 112, 116, 125, 225
ベンチプレス　35

ホ
方形回内筋　183
縫工筋　259
放射線　4, 14, 45, 113
ホールド−リラックステクニック　73

歩行　3, 6, 24, 25, 31, 45, 52, 53, 61, 89, 90, 92, 93
母指外転筋　291
母指対立筋　194
母指内転筋　195, 292
ポンピングシステム　98

マ
前向き研究　26, 27
麻酔　3, 12, 39, 54, 94
マニピュレーション　3, 12, 88, 89, 99, 109, 111
マニュアルストレッチング　45, 88, 117
慢性腰痛　96, 97, 99

ミ
ミオシン　15, 41, 42, 43
ミネラル　47

ム
無作為研究　26
無酸素系運動　36

モ
モビライゼーション　5, 12, 39, 88, 90, 92, 93, 94, 96, 98, 99, 101, 108
モビリティーの制限　3, 6, 11, 12, 14, 22, 38, 47, 64, 94, 95, 102, 107, 111
モビリティーの低下　3, 8, 32, 37, 38, 63

ヤ
火傷　4, 14, 19, 23, 45, 92

ヨ
腰回旋筋　229
腰外側横突間筋　228
腰棘間筋　225
腰多裂筋　228
腰腸肋筋　221
腰内側横突間筋　228

腰方形筋　224

ラ
ラセーグテスト　98, 110
ランニング　6, 24, 25, 26, 27, 31, 89
ランニング傷害　26

リ
理学療法　3, 12, 17, 26, 30, 85, 86, 89, 91, 93, 95, 96, 97, 99, 101, 106, 115
梨状筋　244
リラクゼーション　5, 16, 20, 21, 29, 36, 44, 52, 57, 62, 63, 66, 68, 70, 73, 76, 79, 81, 83, 84, 87, 89, 91, 94, 105, 106, 115, 124, 125, 127, 138, 140, 142, 143, 144, 145, 146, 147, 148, 149, 150, 151, 152, 153, 154, 155, 156, 157, 158, 159, 160, 161, 163, 164, 165, 167, 168, 169, 170, 171, 172, 175, 176, 177, 178, 179, 180, 181, 182, 183, 184, 185, 186, 187, 188, 189, 190, 191, 192, 203, 205, 206, 207, 209, 210, 213, 215, 216, 217, 219, 220, 221, 222, 223, 224, 225, 227, 229, 236, 237, 238, 241, 242, 243, 244, 247, 248, 249, 250, 251, 253, 254, 255, 256, 257, 258, 260, 261, 264, 265, 266, 267, 268, 269, 270, 271, 272, 273, 274, 275, 276, 277, 278, 279, 280, 281, 282

レ
レイノー症候群　23, 40
レジスタンス・トレーニング　31, 32, 96
レバーアーム　32
連続尺度　103, 104
レントゲン検査　37, 38, 99, 111

ロ
老廃物　36
老齢期　3

ワ
腕橈骨筋　175

○訳者略歴

泉　秀幸（いずみ・ひでゆき）

1967年、兵庫県生まれ。1991年、オハイオ大学アスレティックトレーニング・運動生理学専攻卒業。全米アスレティックトレーナーズ協会公認アスレティックトレーナー（ATC）、全米登録救急救命士取得（NREMT）後、帰国。ハンドボール、バスケットボール、ラグビーの社会人スポーツ現場の医療に携わる。1998年、花田学園日本鍼灸理療専門学校本科卒業、2003年、テキサス大学公衆衛生学大学院卒業。2008年からは、テンプル大学ジャパンMBA（経営修士）課程に在籍し、2010年4月卒業予定。
1996年、ジャパンアスレティックトレーナーズ機構設立に携わり、1996年～2002年理事、2005～2007年同機構副会長、2008年～同機構監事。ほかに有限会社エー・ティー・ピー取締役、酒井医療株式会社顧問、花田学園アスレティックトレーナー専攻科非常勤講師など。

【資格・その他】
・公衆衛生学修士（MPH）
・はり師、きゅう師、あん摩マッサージ指圧師
・日本体育協会公認アスレティックトレーナー（JASA-AT）
・全米アスレティックトレーナーズ協会公認アスレティックトレーナー（BOC-ATC）
・NSCA（全米ストレングス＆コンディショニング協会）公認ストレングス＆コンディショニングスペシャリスト（CSCS）、公認パーソナルトレーナー（NSCA-CPT）

ストレッチングセラピー

2010年 2月22日　初版第1刷発行
2014年11月10日　初版第3刷発行

著　者　Jari Ylinen
訳　者　泉　秀幸
発行者　戸部慎一郎
発行所　株式会社 医道の日本社
　　　　〒237-0068　神奈川県横須賀市追浜本町1-105
　　　　電話（046）865-2161
　　　　FAX（046）865-2707

2010ⓒIdo-no-Nippon-Sha, Inc.
印刷　ベクトル印刷株式会社
ISBN978-4-7529-3088-4　C3047